사회복지학총서 5

사회복지정책론

봉 민 근 저

지역사회연구소
KOREA COMMUNITY INSTITUTE

서 문

현대사회는 매우 복잡하고 다기하며 급변하고 있다. 또한 많은 사회문제를 노정시키고 있다. 따라서 많은 사회문제를 어떻게 해결하고 다양하게 증대되는 인간의 욕구를 어떻게 해결하는 것이 바람직한가?라는 질문에 대한 해답을 찾고자 하는 노력이 학문적으로나 실무적으로 많이 이루어져 왔고, 인간의 정신적·물질적 향상을 도모하고자 하는 노력이 많이 이루어져야 한다. 사회복지는 인간의 행복을 증진시키기 위한 것으로서 인간의 사회적 욕구에 대한 서비스이며, 사회문제에 대한 대책이며, 평등과 보장을 위한 체계적이고 조직적인 사회적 노력이며 실천과정이다. 그리고 정책이란 정치권력을 배경으로 권위있는 공공기관(중앙정부와 지방정부)이 정책목표(공익, 사회적 형평의 실현, 사회문제의 해결)를 달성하기 위하여 정치적·행정적 과정을 거치거나 당위성에 입각하여 공식적·의도적으로 선택한 미래의 행동지침이다.

사회복지정책이란 사회복지와 정책의 복합어이다. 다시말해 사회복지정책이란 정치권력을 배경으로 권위있는 공공기관(중앙정부와 지방정부)이 인간의 행복을 증진시키기 위하여 사회적 욕구에 대한 복지서비스, 사회문제의 예방 및 대책, 국민의 평등과 보장을 위하여 정치적·행정적 과정을 거치거나 당위성에 입각하여 공시적·의도적으로 선택한 미래의 행동지침이다.

본서는 다음과 같이 구성되어 있다.

제1장에서는 사회복지와 정책으로서 사회복지의 개념, 정책의 개념, 사회복지정책의 개념에 대하여 살펴보고, 사회복지정책의 유형과 과정에 대하여 살펴보았다.

제2장에서는 사회복지정책의 의제설정으로서 정책의제설정의 개념과 유형, 정책의제설정에 관한 이론모형, 정책의제설정과정에 영향을 미치는 요인에 대하여 고찰하였다.

제3장에서는 사회복지정책의 결정으로 정책결정의 개념과 과정, 정책결정의 이론모형, 정책결정의 참여자에 대하여 살펴보았다.

제4장에서는 사회복지정책의 집행으로서 정책집행의 본질, 사회복지 정책집행과정의 단계, 정책집행에 관한 이론모형, 효율적인 복지정책의 집행에 영향을 미치는 요인에 대하여 살펴보았다.

제5장에서는 사회복지정책의 평가로서 정책평가의 의의와 목적, 정책평가의 유형과 절차, 정책평가기준의 종류, 정책평가의 방법에 대하여 살펴보았다.

제6장에서는 사회복지정책의 실패와 변동으로서 정책실패의 의의와 평가기준, 정책실패의 원인, 정책변동의 의의, 정책승계와 정책종결의 유형, 정책변동의 원인, 합리적 정책변동과 정책변동에 대한 저항의 원인에 대하여 살펴보았다.

제7장에서는 사회보장정책으로서 사회보장정책의 개념과 목적, 사회보장정책의 원칙, 사회보장정책의 내용에 대하여 살펴보았다.

제8장에서는 빈곤문제에 대한 정책적 접근으로서 빈곤의 개념과 이론적 관점, 빈곤의 원인, 빈곤정책의 현황, 빈곤의 대책에 대하여 살펴보았다.

제9장에서는 노인문제에 대한 정책적 접근으로서 노인문제와 노인복지의 개념, 노인문제에 관한 이론적 논의, 노인복지정책의 내용, 노인복지정책의 현황과 정책방향에 대하여 살펴보았다.

제10장에서는 여성문제에 대한 정책적 접근으로서 여성문제와 부녀복지의 개념, 여성문제에 대한 이론적 관점, 자본주의사회의 여성문제의 본질, 부녀복지의 대상과 서비스, 부녀복지정책의 현황, 여성문제해결의 전망과 부녀복지정책의 발전방향에 대하여 살펴보았다.

제11장에서는 청소년문제에 대한 정책적 접근으로서 청소년문제와 청소년복지의 개념, 청소년문제에 대한 이론적 관점, 청소년의 사회화와 청소년비행, 청소년복지의 정책방향에 대하여 살펴보았다.

제12장에서는 가족복지정책으로서 가족복지와 가족문제의 개념, 가족복지의 기능과 역할, 가족복지의 내용, 한국의 가족복지사업에 대하여 살펴보았다.

제13장에서는 아동복지정책으로서 아동복지의 개념, 사회발전과 아동복지의 필요성, 아동복지의 대상과 내용, 아동복지사업의 원칙, 아동복지정책의 현황, 아동복지의 정책방향에 대하여 살펴보았다.

제14장에서는 장애자복지정책으로 장애자와 장애자복지의 개념, 장애자복지정책의 내용, 한국의 장애자복지정책의 현황, 장애자복지정책의 발전방향에 대하여 살펴보았다.

이 책은 본인이 다년간 사회복지정책을 담당해 오면서 나름대로 정리하여 온 것을 하나의 책으로 만든 것이다. 그동안 사회복지정책에 관한 저서가 많이 있었으나 본 저서는 정책이론적 관점에서 사회복지정책을 정리한 것이다. 본 저서는 사회복지정책을 연구하는 대학생 및 대학원생, 공무원시험을 준비하는 학생, 사회복지정책을 담당하는 실무자에게 유용한 책이다.

이 책이 나오기까지 저에게 가르쳐 주셨던 여러 스승님들에게 감사를 드리며, 동료교수 및 선후배에게 깊은 감사를 드린다.

늘 곁에서 시중을 드느라고 고생하고 있는 나의 아내 심혜영님에게 감사하며, 딸 봉주은과 아들 봉하빈에게 깊은 감사를 드린다.

가은(佳隱) 봉민근(奉珉根) 박사(博士)

目 次

第 *1* 章 社會福祉와 政策

第 *2* 章 社會福祉政策의 議題設定

第 4 章 社會福祉政策의 執行

第 5 章 社會福祉政策의 評價

第 7 章 社會保障政策

第 *8* 章 貧困問題에 대한 政策的 接近

第 *9* 章 老人問題에 대한 政策的 接近

第 10 章 女性問題에 대한 政策的 接近

第 12 章 家族福祉政策

第 13 章 兒童福祉政策

第 *14* 章 障碍者福祉政策

第1章
社會福祉와 政策

第 1 節 社會福祉政策의 意義

1. 社會福祉의 槪念

사회복지(social welfare)의 개념에 대해서는 학자들의 관점 및 시대와 국가에 따라 다양하게 규정하고 있다. 그러면 여기서 사회복지의 개념에 대하여 살펴보면 다음과 같다.

사회복지란 인간생활의 이상상태를 의미하는 개념인 동시에 그 이상상태를 지향하는 실천활동까지 포함하는 개념으로서 협의적인 것과 광의적인 것으로 대별될 수 있다.

(1) 협의적 의미에서의 사회복지는 전체 국민 중에서 보다 한정된 사람(사회적 낙오자, 약자)을 사회복지의 대상으로 하는 것으로서 전문사회사업(professional social work), 사회사업(social work), 대인서비스(personal social work) 등 다양한 용어로 표현되고 있다.[1]

협의의 사회복지란 사회적 약자 또는 사회적 낙오자에 대한 구제 · 보호 · 갱생을 위해 도움을 주는 제반시책과 방법의 실천활동을 의미한다. 즉, 사회사업이란 개인이 그의 일상생활 과정에서 사회적 기능을 원활히 수행해 나가는 데 필요한 사회복지기관의 전문가가 제공해 나가는 전문적 활동이다.[2]

사회복지란 스스로의 노력으로는 도저히 물질적 자원이나 건강유지가 곤란하거나 불가능한 개인 또는 가족들에게 일정한 서비스를 실시 · 제공하는 것,[3] 고뇌나 빈곤의 완화 내지 사회의 사고자들(casualties)의 조건을 개선시키고자 하는 비영리적 공 · 사의 사회적 기능을 의미한다.[4] 즉, 지역사회의 요구와 능력의 틀 안에서 사람들의 충분한 능력을 개발하고 만족

---

1) 최항순, 「복지행정론」, 신원문화사, 1993, p. 14.
2) 이계탁, 「복지행정학 강의」, 나남출판, 1994, p. 120.
3) P. Klein, *From Philanthropy to Social Welfare*, Jossey-Bass, Sanfransisco, 1968, p. 7.
4) R. Dolgoff and D. Feldstein, *Understanding Social Welfare*, Harper & Row, New York, 1980, p. 91.

스러운 관련성과 생활수준을 획득하기 위하여 그들을 도와주는 사회적 서비스를 말한다. 그리하여 모든 나라의 사회사업은 세 가지의 공통된 특성, 즉 ① 원조활동이고, ② 사회적 또는 비영리활동이며, ③ 연락활동을 지니고 있다는 것이다. 이것은 개인 또는 집단이 그들의 요구를 해결하기 위하여 지역사회의 유용한 자원을 동원함으로써 가능한 것이다.[5]

(2) 광의적 의미에서의 사회복지란 공 · 사 사회사업 및 사회정책을 포함하는 포괄적인 개념으로서 사회복지는 인간노력의 광범위한 분야이고, 사회사업은 그러한 분야에 있어서 하나의 전문직이라 할 수 있다. Dunham은 사회복지란 인구의 일부 또는 전체의 경제적 조건, 건강 또는 대인적 경쟁을 개선 또는 유지함으로써 사회적 행복을 추진하려는 조직적 활동이라고 하였다. 따라서 사회복지서비스란 인간적 요구에 대한 대책이고, 개인, 특정 집단, 지역사회 또는 대규모의 인간집단을 위한 보호, 소득유지, 치료 및 예방을 의미한다.[6]

사회복지란 인간의 요구와 사회문제에 대한 대책이며, 평등과 보장을 의미하며, 이것은 기존사회구조에의 적응을 목적으로 하는 것으로서,[7] 인간의 행복을 증진시키기 위하여 정부나 민간단체들이 여러 가지 프로그램이나 사회적 서비스 또는 제도를 통해서 사회적 역기능을 예방하고 감소시키기 위한 체계적이고 조직적인 노력이며 실천과정이라고 할 수 있다.[8]

사회복지는 국민의 경제적 조건, 건강, 그리고 인간 사이의 능력을 유지시키거나 향상시키는 기능을 발휘하는 기관, 제도 및 프로그램의 조직화된 체계이며,[9] 국민의 안녕에 기본적이라고 인정되는 사회적 욕구를 충족시키거나, 보다 나은 사회질서의 유지기능을 보장하거나 강화하는 법률, 프로그램, 혜택 및 서비스이다.[10] 즉, 사회복지란 국민의 복지를 도모하고 사회질서를 원활히 유지하는 데 반드시 필요하다고 생각되는 사회적 욕구를 충족시키기 위한 제반시책으로서의 입법, 프로그램, 혜택과 서비스를 포함하는 제도이다.[11]

사회복지는 개개인과 사회 전체의 복지를 증진시키려는 모든 형태의 사회적 노력을 포함하며, 사회문제의 치료와 예방, 인적 자원의 개발, 인간생활의 질적 향상에 직접적인 관련을 맺고 있는 일체의 시책과 과정을 포함한다. 또한 사회복지는 개인이나 가정에 대한 사회적 서비스의 제공뿐만 아니라 사회제도를 강화시키거나 개선시키려는 노력을 포함한다.[12]

---

5) A. Dunham, *The New Community Organization*, Thomas Y. Crowel, New York, 1970, p. 20.
6) Ibid., p. 14.
7) 김영모, 「현대사회복지론」, 한국사회복지정책연구소, 1989, p. 4.
8) 이계탁, 「복지행정학 강의」, 나남출판, 1994, p. 120.
9) H. L. Wilensky and C. N. Lebeaux, *Industrial Society and Social Welfare*, Free Press, New York, 1958, p. 138.
10) E. Wickenden, *Social Welfare in Changing World*, U. S. *Department of Health, Education and Welfare*, Washington, 1965, p. 7.
11) Walter A. Friedlander and Robert Z. Apte, *Introduction of Social Welfare, Englewood Cliffs, New Jersey* : Prentice-Hall, 1980, p. 4.
12) John M. Romanyshyn, *Social Welfare*, New York: Random House, 1971, p. 3.

사회복지란 모든 국민들의 인간다운 생활을 보장하기 위해 사회생활상의 곤란과 사회적 요구를 개인적 · 집단적 · 지역사회 수준에서 예방하고 보호하며, 치료 · 재활하기 위한 공공적 · 민간적 개입의 제도, 프로그램, 서비스 등을 총칭하는 체계이다.[13)]

미국의 사회사업가협회(The National Association of Social Workers)도 광의적 사회복지의 개념을 취하고 있다. 즉, 사회복지란 인정된 사회문제의 예방 · 완화 및 해결에 대한 기여를 추구하거나 개인 · 집단 및 지역사회의 안녕을 증진시키도록 하는 민간과 정부기관들이 행하고 있는 조직된 활동의 전부라는 것이다. 따라서 사회사업을 사회복지로 보는 것은 협의의 개념이라 할 수 있고, 사회복지를 사회정책과 사회사업으로 구성되어 있는 것으로 규정하는 것은 광의의 개념이라 할 수 있다.

(3) 기타의 사회복지의 개념규정에 대하여 살펴보면 다음과 같다. Titmuss는 사회정책을 사회복지제도라고 하면서 사회정책은 ① 유익한 것을 목적으로 하고 정책은 시민의 복지를 마련하는 것이 목적이며, ② 경제적 목적뿐만 아니라 비경제적 목적을 포함하며(예컨대, 최저임금, 소득유지의 최저기준 등), ③ 빈자로부터 부자에게 자원통제에 있어서 진보적 재분배의 대책을 포함한다는 것이다. 이러한 정의는 Marshall의 정의와 매우 유사하다. Marshall은 사회정책을 시민에게 서비스 또는 소득을 제공함으로써 시민의 복지에 직접적 영향을 주는 행동이라는 점에서 정부의 정책과 관련되어 있다고 한다. 그 핵심적 제도는 사회보험, 공적 부조, 보건과 복지서비스, 주택정책이라고 하였다.[14)]

Titmuss와 Mishra는 사회정책은 ① 사회봉사, ② 재정급여, ③ 직업복지로 구성되어 있다고 한다.[15)] 영국의 사회봉사는 국민의 요구를 충족하기 위한 소득유지 · 교육 · 보건 · 주택에 대한 법적 대책이고, 재정급여는 각종의 사회보장제도와 세제에서 볼 수 있는 연금 및 수당을 말하며, 직업복지는 비법률적인 일종의 기업보상제도이다. 이것은 평생고용제도와 온정적 복지대책(보험금 · 장학금 · 무료사택 등)과 같은 기업의 사적 사회정책인 것이다.

孝橋正一은 사회복지를 문화 · 교육정책, 보건 · 위생정책, 노동 · 사회정책, 아동 · 부녀정책 및 형사 · 범죄정책을 포함하는 광범위한 개념으로 파악한다. 그는 사회복지는 보통 사회정책과 사회사업으로 구성된 개념이고, 사회사업은 사회복지정책을 보충하는 사회적 시책이라고 한다. 사회정책은 최저임금제, 건강보험, 실업보험, 복지연금제도를 보충하는 생활보호 · 부녀노동정책을 보호하는 탁아소와 같이 광범위한 사회생활의 각 분야에 있어서 구호 · 보호 · 복지를 증진하기 위한 사회적 시책이고, 사회사업은 개별지도 · 집단지도와 같이 대인

13) 김만두 · 한혜경, 『현대사회복지개론』, 홍익재, 1993, p. 35.
14) R. M. Titmuss, *Social Policy*, Allen and Unwin, London, 1974, pp. 19~20.
15) Ibid., p. 42.

적 보호 및 원조를 행하는 사회정책의 보충적 시책이라고 하였다.[16)]

최일섭은 학자들의 견해를 바탕으로 하여 사회복지 개념에는 다음과 같은 속성이 있다고 한다. ① 사회복지는 인간이 만들어 낸 사회제도의 하나이다. ② 사회복지제도는 사회성원의 복리를 추구한다. ③ 사회성원의 복리는 그들의 사회적 욕구를 충족시킴으로써 증진된다. ④ 사회복지는 인간생활을 향상시키려는 제반시책과 노력을 포함한다. ⑤ 사회복지는 사회질서를 유지하고 사회안정을 도모하는 수단이 된다.[17)] 이상에서 살펴본 바와 같이 사회복지에 대한 개념규정은 매우 다양하다. 그런데 본 연구에서는 사회복지를 다음과 같이 정의하고자 한다. 사회복지란 인간의 행복을 증진시키기 위한 것으로서 인간의 사회적 욕구에 대한 복지서비스이고, 사회문제에 대한 대책이며, 국민의 평등과 보장을 위한 체계적이고 조직적인 노력이며 실천과정이다.

2. 政策의 概念

정책에 대한 개념규정은 학자들의 관점에 따라 다양하다. 그러나 학자마다 정책의 정의를 달리 표현하고 있을지라도 실제내용상에서는 커다란 차이가 없다. 다만 학자마다 각기 강조하는 바가 다르기 때문에 어떤 면은 포함하고, 어떤 국면은 배제하는 데 차이가 있을 뿐이다. 따라서 다양한 정책의 정의를 상호배타적으로 간주하기보다는 상호보완적으로 생각하여야 될 것이다.[18)] 그러면 여기서 정책에 대한 학자들의 정의에 대하여 살펴보면 다음과 같다.

H. D. Lasswell은 정책을 사회변동의 계기로서 미래탐색을 위한 가치와 행동의 복합체이며, 목표와 가치, 그리고 실제를 포함하고 있는 고안된 계획이라고 정의하였고,[19)] D. Easton은 정책을 사회 전체를 위한 제가치의 권위적 배분이며, 정치체제가 내린 권위적 결정이며, 권위적 산출물의 일종으로 보고 있다.[20)]

T. R. Dye는 정책을 정부가 활동하기 위해서나 또는 활동하지 않기 위해서 선택한 모든 것이라고 정의하였고,[21)] C. E. Lindbloom은 정책을 상호타협을 거쳐 여러 사회집단이 도달

16) 孝橋正一, 「社會事業の 基本問題」, 1962, pp. 16~18.
17) 최일섭, 「지역사회복지론」, 서울대학교출판부, 1990, p. 18.
18) Robert H. Salisbury, "The Analysis of Public Policy: A Search for Theories and Roles", in Austin Ranney(ed.), *Political Sciences and Public Policy*, Chicago: Markham Publishing Co., 1968, pp. 151~154.
19) Harold D. Lasswell, "The Policy Orientation", in Daniel Lerner(ed.), *The Policy Sciences*, Stanford: Stanford University Press, 1951, pp. 11~13.; Harold D. Lasswell & Abraham Kaplan, *Power and Society*, New Haven: Yale University Press, 1970, p. 71.
20) David Easton, *The Political System*, New York: Alfred A. Knopf, Inc., 1953, p. 129.
21) Thomas R. Dye, *Understanding Public Policy*, 4th ed., Englewood Cliffs, N. J.: Prentice-Hall, Inc., 1981, p. 1.

한 결정으로서 과정의 산물로 보고 있다.[22] R. H. Salisbury는 정책을 정부행위자가 작성한 권위적 내지 강제적 결정이라고 보고 있으며,[23] A. Etzioni는 정책이란 근본적인 결정으로서 전반적인 결정체계를 고려하면서 단편적인 일에 관한 구체적인 결정들간의 관련성을 검토하는 데 사용되는 것이라고 정의하였다.[24]

Y. Dror는 정책을 매우 복잡하고 동태적인 과정을 통하여 주로 정부기관에 의해 만들어지는 미래지향적인 행동지침을 말하며, 공식적으로는 최선의 가능한 수단을 통하여 공익을 달성할 것을 목적으로 하는 것이라고 보고 있다.

T. Lowi는 정책은 거시적인 것이며 결정은 미시적인 것으로서 양자는 상호구별되어야 한다는 점을 설명하는 가운데 정책이란 조직의 권력구조와 관련하여 강제력 행사의 목적 및 방법, 그리고 주체와 대상 등에 관한 윤곽을 나타내 보이려는 표현의 일종이라고 정의한다.[25] J. Anderson은 정책이란 문제 또는 관심사를 다룸에 있어 행위자 개인 또는 행위자 집단이 추구하는 의도적인 실제의 행동경로라고 정의하고 있다.

이상에서 살펴본 바와 같이 정책에 대한 개념규정은 학자들의 관점에 따라 매우 다양하다. 그러나 그 본질적인 내용은 유사하다. 따라서 본 연구에서는 이상과 같은 견해를 토대로 하여 다음과 같이 정의하고자 한다. 즉, 정책이란 권위있는 공공기관이 정책목표(공익 및 사회적 형평의 실현, 사회문제의 해결)를 달성하기 위하여 정치적 · 행정적 과정을 거치거나 당위성에 입각하여 공식적 · 의도적으로 선택한 미래의 행동지침이다. 따라서 정책은 다음과 같은 특징을 지니고 있다.

① 정책은 그 주체가 개인이나 사적 집단이 아니라 공공기관이라는 점이다. 즉, 정책은 권위있는 기관에 의해 이루어진다는 것이다. 물론 권위있는 기관에 의해 권한을 위임받은 집단도 포함되는 수가 있기는 하지만 종국적으로는 정부의 권위있는 기관에 귀속이 된다.[26]

② 정책은 정책목표를 지닌다. 비록 그 내용이 분명하지 않거나 표면상으로는 보이지 않는 경우가 있지만 원칙적으로 정책은 정책을 통해서 달성하고자 하는 목표를 지니고 있다.[27] 정책을 통해서 달성하고자 하는 것은 문제의 해결이나 공익 및 사회적 형평을 실현하는 것이다. 정책목표를 달성하기 위한 정책수단이 정책의 또다른 중요한 구성요소이다.

---

22) Charles E. Lindbloom, *The Policy-Making Process*, N. J.: Prentice Hall, 1968, p. 4.
23) Robert H. Salisbury, *op. cit.*, p. 152.
24) Amitai Etzioni, *The Active Society:A Theory of Societal and Political Processes*, New York:The Free Press, 1968, p. 252.
25) Theodore J. Lowi, "Decision Making vs. Policy Making:Toward an Antidote for Technocracy", *Public Administration Review*, Vol. 30, No. 3(May/June 1970), pp. 314~325.
26) 이종열, 「정책학원론」, 대왕사, 1984, p. 39.
27) 정정길, 「정책학원론」, 대명출판사, 1989, p. 37.

③ 정책에는 특정의 가치가 함축되어 있다. 여기서 특정의 가치라 함은 아주 특수한 경우 사익이 될 수 있겠으나 대부분의 경우 공익을 말한다. 이러한 공익을 최소한 표방하고 있거나 실제로 내포하고 있음으로 인해서 정책은 국민에 대하여 권위있는 것으로 받아들여지며, 일종의 규범으로서 또는 당위로서 받아들여지는 것이다. 정책이 구속성과 강제성을 지니게 되는 이유도 여기에 있다.[28)]

④ 정책은 복합적 구성체이다. 정책의 주체만 보더라도 그것은 개인에 의해서 만들어질 수도 있으며, 집단에 의해서도, 정부기관에 의해서도 또는 삼자가 함께 어우러져서 정책을 만들 수도 있는 것이다. 정책에 반영되는 이익 역시 어떤 개인의 사익인 경우는 극히 드물고 대부분의 경우 사회의 제반이익들이 복합적인 상호경쟁과 타협의 과정을 거쳐 정책에 반영된다.

사회적 요구와 사회문제 중에서 중요한 문제만 정책문제로 채택되어 정부에 의해 그의 해결이 시도된다. 일부의 채택된 정책문제는 계속적으로 복잡한 정치적 · 행정적 과정을 통하여 그의 해결을 위한 하나의 행동노선이 마련되어지는데, 그것이 바로 정책인 것이다. 이와 같이 동태적인 과정을 거쳐 이루어진 정책은 다음과 같은 여러 가지 기능을 수행한다.

㉠ 정책은 문제해결을 위한 노력의 산물이다. 오늘날 사회에는 해결해야 할 문제가 무수히 많다. 그러나 모든 사회문제를 정부가 다 해결하지는 못한다. 이에는 정부의 능력에 한계가 있을 뿐만 아니라 여러 가지 정치적 이유도 있을 수 있다. 그러나 일단 정부에 의해서 채택되어진 정책문제가 해결을 위한 하나의 청사진으로 나타난다는 것은 문제해결을 위한 노력의 일환으로 볼 수 있는 것이다.

정부가 정책을 통하여 문제해결을 하려는 노력은 시대에 따라서나 이데올로기에 따라서 많은 차이가 있다. 그러나 대다수 국가들은 적극적으로 대책을 통하여 사회문제를 해결하거나 노력하는 행정국가 내지 정책국가라고 할 수 있다.

㉡ 정책은 일관성 있는 행동지침을 제시해 준다. 정책은 그 자체가 하나의 행동노선을 담고 있기 때문에 그에 관련된 개인들의 행동을 위한 지침역할을 수행한다. 비록 정책이 명료하고 구체적이 아닐지라도 행동의 범위가 한계를 정해주며, 그에 따라서 활동을 하게 된다.

㉢ 정책은 변동을 야기시키기도 한다. 정부는 정책을 통하여 사회문제를 해결하려 한다. 따라서 정책은 환경에 무엇인가 변화를 일으키려 하는 것이다. 그러나 이러한 변화는 사회의 근본적인 변화를 지향하는 것은 아니고, 통상 체제유지의 범위 내에서 이루어진다. 정책을

---

28) 안해균, 「정책학원론」, 다산출판사, 1986. p. 78.

둘러싼 많은 이해관계자들은 제각기 자신의 이익을 위하여 노력을 경주하게 된다.

㉣ 정책은 사회를 재구성하는 기능을 한다. 정책을 통하여 사회문제를 해결한다는 것은 새로운 사회문제를 형성하는 것이다. 하나의 정책이 의도하는 사회재구성의 범위와 정도에는 여러 가지가 있을 수 있다. 가령 현존하는 사회적 분쟁과 일탈을 감소시키기 위하여 강제력을 동원할 수도 있고, 협의적인 대화에 의하여 조정을 시도할 수도 있다. 또 사회적 문제가 발생하는 원인이 그 사회의 구조적인 모순에 있다고 판단되면 이러한 구조상의 변혁을 시도할 것이다. 그리고 사회적 산출간에 불균형이 있거나 특정 분야의 산출에 감소가 있을 경우 사회적인 투자를 근절함으로써 이의 해결을 도모할 것이다. 미국과 같은 선진국가도 오늘날 수많은 사회문제로 인하여 그의 해결을 통한 사회재구성이 시도되기도 하지만, 이는 특히 개발도상국에서 중요시된다고 하겠다.

㉤ 정책은 처방적 기능을 지니고 있다. 사회문제를 해결하기 위하여 정책문제가 채택되고, 정책문제를 해결하기 위하여 정책이 구성되어진다. 이러한 정책의 구성에는 많은 내적 및 외적 요인이 관여하여 제각기 자신의 이익을 도모하며 노력하게 된다. 그러나 정책이 반드시 이러한 외적인 압력이나 요구에 의해서만 이루어지는 것은 아니고, 정책결정자의 신념이나 주관적 가치판단에 의해서 이루어질 수도 있다. 이와 같이 정책에는 여러 가지 요소가 개입되어 상호작용하는 가운데 하나의 산물로서 나타나는 것이다. 일단 구성된 정책은 사회에 대한 하나의 가치체계로서, 목표체계로서, 행동체계로서 규범적이고 처방적인 기능을 하게 된다.

㉥ 정책은 사회의 제이익을 조정하고 통합하는 기능을 수행한다. 사회에는 수많은 개인이나 집단이 제각기 이익을 위하여 투쟁하고 있다. 사회에서 발생하는 문제들이 이러한 이익의 갈등, 대립, 조정과정을 통하여 해결이 되기도 하지만, 한편 정부의 개입이 요구되는 것도 있다. 정부는 이러한 복잡하고 다양한 사회의 제이익을 정책을 통하여 조정하고 통합하는 기능을 한다. 만일 정책을 통하여 이러한 제이익이 순조롭게 통합되고 해결되지 못하면, 여러 가지 혼란과 역기능이 초래될 수도 있다. 따라서 정책의 형식에는 가급적 많은 관련인을 포함시켜 그들의 이익이 반영되고 조정되도록 해야 된다. 이러한 결과로서 정책은 구체적이고, 명료하지 못하며, 애매모호하고 추상적인 성격을 지니게 된다.

㉦ 정책은 사회를 안정화시키는 기능을 수행한다. 이는 어떻게 보면 정책이 사회를 변동시키는 기능과 상충되는 것처럼 보인다. 그러나 정책은 모든 것이 변동을 초래하는 것은 아니고, 기존의 상태를 그대로 보존하려고도 한다. 대체로 기존의 상태는 이미 많은 대립과 갈등이 잠재적으로 조정된 상태라고 볼 수 있다. 따라서 이러한 기존상태를 새롭게 구성하려든다면 그만큼 많은 어려움이 수반되어진다. 그리고 정치지도자의 입장에서 보면 사회의 급작스

런 변동으로 인한 지위불안보다는 오히려 기존의 상태를 안정화하려는 욕구가 강할지도 모른다.

3. 社會福祉政策의 槪念

사회복지정책은 나라와 시대적 배경 및 학자들의 관점에 따라 다양하게 규정되고 있다. 독일에서는 사회정책(sozialpolitik)이라는 용어를 사용하고 있는데, 사회정책이라는 말이 문헌상으로 처음 나타난 것은 독일의 Wihelm Heinrich Riehl(1823~1897)의 글에서이다.[29] 그는 사회정책을 전체사회와 관련되어 있는 것으로 보았고, 또한 사회해체와 재건의 핵심적 문제는 경제적 착취보다는 사회적 결속이 해이해 있다고 생각하였다. 독일에서 사회정책이라는 용어가 일반화되기 시작한 것은 1873년 Verein fur Sozialpolitik(사회정책학회)가 창립된 이후이다.[30]

독일에서 사회정책이라는 말이 먼저 사용된 것은 독일 산업화의 특수성이 그 배경으로 되었기 때문이다. 영국과 프랑스와 비교할 때 독일의 산업화는 출발시기가 뒤늦었다는 점에서 우선 차이가 나지만 그것의 진행과정이 상대적으로 매우 급속했을 뿐 아니라 경제성장에 있어 국가의 역할이 상대적으로 크게 작용했다는 점이 가장 현저한 특징이다.[31]

이러한 사회정책관이 그 후 독 · 일과 영 · 미에서도 찾아 볼 수 있으나 많은 변화를 일으키고 있다. 독일의 사회정책은 사회문제, 특히 노동문제를 해결하기 위한 사회개량(sozialreform)으로 인식하는 경향이 있으나 영 · 미의 경우는 사회적 요구를 해결하기 위한 사회봉사(sicial service) 또는 사회복지(social welfare)로 인식하는 경향이 강하다. 사회정책을 사회개량이나 사회복지, 사회봉사로 간주하더라도 이것은 사회적 목적과 사회변화를 초래하는 것을 의미하고 있다.[32] 이와 같이 사회정책의 개념이 나라에 따라 커다란 흐름의 차이가 있지만 같은 영어권에서도 영국은 사회봉사라는 말을 쓰고 미국은 사회복지와 공공정책이라는 말이 주로 사용되고 있다.

① 독 · 일의 모형 : 19세기 말 독일은 빠른 속도에의 경제성장에 따르는 후유증에 대한 대가를 치르지 않을 수 없었던 상황에 직면하게 되는데, 국가주도의 산업화라는 특성 때문에

29) 김영모, 「현대사회정책론」, 한국복지정책연구소출판부, 1986, p. 1.
30) 변시민, 「사회정책론」, 박영사, 1983. p. 9.
31) 김상균, 「현대사회와 사회정책」, 서울대학교출판부, 1990, p. 27.
32) 김영모, 「전게서」, 1986, p. 1.

산업화에 수반되는 문제의 처리에 있어서도 국가의 책임이 크게 인식되었던 것이다. 사회보험의 효시로 알려져 있는 1880년대의 비스마르크 사회보험법은 그러한 국가책임의 제도화였다.[33]

Otto von Zwiedineck Sudenhorst(1781~1956)는 사회정책이 사회적 목적의 지속적 획득을 보장하는 것을 목적으로 하는 정책이라고 하였다.[34] 그러므로 사회정책은 대규모의 사회에 있어서 뿐만 아니라 작업장에 있어서 공통된 이익과 협동의 요구에 기초한 새로운 도덕적 질서의 설립을 목적으로 해야 한다는 것이다.

한편 독일사회정책학회의 지도자이며 역사학파인 Gustav Von Schmoller(1838~1917)는 사회정책이란 노동자계급을 국가와 사회구조에 통합시키는 정부의 역할로 보았다. 그러나 Sombart(1863~1941)는 이러한 접근방법을 반대하였다. 그는 사회정책을 경제정책의 한 분야로 보고 역사학파의 분배문제와는 달리 경제적 완성을 의미한다고 보았다. 또한 그는 사회정책이 전체사회 이익을 다루는 것이 아니라 특수한 계급의 이익만을 다룰 수 있는 계급정책이라고 주장하였다. 이것은 최고의 생산성의 발휘가 가능하도록 경제질서와 노동조직을 실현하는 것을 목적으로 한다. 그는 협동적 사회체제를 포기하고 노동자의 입장에서 마르크스의 견해를 대변하였다. 그 후 그는 독일적 사회주의의 관점으로서 국가사회주의를 주장하였다.

이러한 견해는 Adolf Wagner(1835~1917)의 정의에서도 볼 수 있다. 그는 사회정책을 입법과 행정적 수단에 의하여 분배과정의 남용에 대해서 투쟁하려는 정부의 정책이라고 하였다. 즉, 사회정책은 분배과정의 폐단을 입법 및 행정수단에 의하여 극복하려는 국가정책이라 하였고, 그 후에 수정하여 사회정책은 재화의 생산과 아울러 분배영역에 있어서와 부분적으로나마 소비영역에 있어서 경제생활의 운영에 대한 의식적인 조정적 개입이라고 하였다. 그는 모호하지만 사회정책은 현상이 아니라 관점이라 하였고 이것은 경제발전과 사회현상간의 인과관계라고 하였다.

독일의 사회정책 개념은 2가지의 유형으로 크게 나눌 수 있다. 하나는 자본주의 경제를 수정하려는 계급협조론이고 다른 하나는 자본주의를 부정 · 극복하려는 계급투쟁론이다. 전자는 주로 제1차 세계대전 당시의 견해이고 후자는 주로 그 이후의 견해이다.

독일의 사회정책 개념은 모두 일차적으로 사회계급의 이익에 의미를 부여하고 있는 것이다. 그러므로 독일의 사회정책은 기본적으로 일반적 사회통합의 추진에 관심이 있다. 이것은

33) 김상균, 「전게서」, 1990, p. 28.

34) Otto Von Zwiedineck Sudenhorst, *Wandlungen in den Varaussetzungen der Sozialpolitik*, in Neuloh, Mensch und GesellSchaft, pp. 210~221. : 김영모, 「전게서」, 1989, pp. 9~16에서 재인용.

결국 사회의 불이익집단의 지위를 높여주고 이러한 재적응이 계급간의 응집과 사회통합의 유지에 기여한다. 그러나 복지 또는 빈민구제와 같은 특수대책은 그것이 비록 간접적으로 기여할지라도 사회정책의 측면으로 간주되지 않는다는 것이다.

빈민구제와 같은 특수대책은 그것이 비록 간접적으로 기여할지라도 사회정책의 측면으로 간주되지 않는다는 것이다. 빈민구제와 복지는 문제가 있는 개인의 직접적 요구에 관심이 있다는 것이다. 그러나 사회정책은 전체사회의 집단적 요구에 관심이 있고 예방적이고 장기적 관점과 관련되어 있다는 것이다.

독일의 사회정책은 사회문제를 다루는 것이 전통이었기 때문에 주로 산업사회의 주요한 사회문제인 노동문제를 다루는 것이 이상한 일은 아니다. 그러나 오늘날 독일의 사회정책은 비록 전통적인 특성이 강하지만 사회복지정책의 성격을 지녀가고 있다.

이러한 독일의 사회정책의 영향을 받은 일본의 사회정책은 아직도 노동문제를 해결하는 국가정책, 즉 사회개량으로 인식하는 경향이 있다.[35] 그 주류는 大河內一男과 孝橋正一과 같은 경제학적 접근과 급진주의 입장이 지배적이다. 大河內一男이 주장하는 사회정책의 경제이론은 자본축적에 있어서 노동력 보존이론이고 近藤文三의 견해는 계급투쟁을 사회정책의 본질로 본다. 전자는 노동운동의 존재가 사회정책을 나타나게 하였고, 노동에 대한 자본의 타협이 계급협조책 내지 산업평화정책과 같은 사회정책을 나타나게 하였다고 한다. 따라서 자본의 이익에 대한 노동자계급의 투쟁이 사회정책을 발생하게 하였다는 것이다. 전자의 경우 노동자계급, 특히 부녀노동자와 소년노동자의 보호와 이들의 자주적 행동을 제한하는 입법과 노동조건의 개선과 조정에 관심을 지닌다. 이들은 독일 사회정책학회의 초기 견해에 따르고 있다.

② 영 · 미의 모형 : 영국은 구빈법(poor law)과 사회봉사(social service)가 발달하였고, 1945년 이후 노동당 집권시에 사회보장(social security)이 확립되었다. 그리하여 영국의 사회정책은 사회복지제도라는 의미가 강하다. 영국의 사회정책은 사회입법과 사회행정의 개념과 동일시하는 경향이 있다. 그것은 구빈법의 개정과 사회봉사의 발달 더 나아가 복지국가 탄생에서 볼 수 있는 것처럼 꾸준한 사회입법과 사회행정을 통하여 사회정책이 발달되었기 때문이다.

T. H. Marshall은 사회정책을 시민들에게 서비스와 소득을 제공함으로써 그들의 복지에 직접적인 영향을 미치게 하는 조치(action)와 관련된 정부의 정책이라고 규정하고 있다.[36]

---

35) 김영모, 「전게서」, 1989, pp. 15~16.

36) T. H. Marshall, *Social Policy*, Hutchinson, London, 1965, p. 1.

R. Morris는 불평등의 시정, 불우계층의 조건개선 그리고 취약계층에 대한 원조의 제공을 목적으로 하는 정부의 정책을 사회정책이라고 규정하였다.[37)]

Townsend는 사회정책은 복지의 공공행정과 관련된 정책이고 이것은 일반적으로 인정된 특수한 사회문제를 해결하거나 사회목적을 추구하기 위한 국가와 지방정부의 건강 · 교육 · 복지 및 사회보장서비스와 같은 서비스의 개발과 관리에 관련된 정책이라고 하였다.[38)] 그러므로 사회정책은 사회적 목적을 추구하기 위한 사회적 관리에 대한 청사진으로 인식될 수 있다.

미국의 사회정책은 영국의 경우와는 달라서 개인주의적 복지정책이라 할 수 있다.[39)] 미국 사회정책의 기본정신을 이해하는 데 도움이 되는 것이 1964년에 실시된 Johnson 대통령의 빈곤전쟁(war on poverty)이라 불리는 경제기회법(Economic Opportunity Act)에서 찾아볼 수 있다. 빈곤전쟁은 1930년대의 시민봉사대(Civilian Conservation Corps)와 전국청년대(National Youth Administration)와 같은 뉴딜정책을 모방한 것이다. 빈곤전쟁은 사회보장과 실업보험과 같은 루즈벨트정책처럼 위대한 개혁은 아니었다. 뉴딜정책은 결핍과 빈곤을 구제하기 위한 사회봉사대책이었다. 이것은 최저임금의 보장, 노령연금의 보장에 기반을 제공하였다. 그러나 빈곤전쟁은 일거리와 교육의 선택을 확대시키고, 따라서 인간적 자유를 강화시키는 것을 목적으로 한다.

이와 같이 미국학자들은 사회정책을 영국의 경우와 마찬가지로 사회복지정책 또는 사회행정의 개념으로 보는 경우가 많다.

③ 사회복지정책의 개념 : 이상에서 살펴본 바와 같이 사회복지정책은 사회정책 · 사회봉사 · 사회보장 등 다양한 용어로 표현되고 있다. 사회정책이란 용어와 동의어로 사용되고 있는 예로서 사회복지정책과 복지정책이라는 어휘들이 있음을 확인할 수 있다. M. Rein은 사회복지정책 · 사회정책 그리고 복지정책이란 세 용어를 동일개념으로 사용하고 있다.[40)] D. DiNitto와 T. Dye는 사회정책이란 용어 대신에 전적으로 사회복지정책이란 단어를 사용하고 있다. N. Gilbert와 H. Specht는 사회복지정책의 동의어로서 사회정책과 공공정책이 있음을 지적한 바 있다. 그들에 의하면 정책내용의 범위에 따라 가장 광범위한 개념이 공공정책이고 그 다음이 사회정책이며 가장 좁은 개념이 사회복지정책이란 것이다.

김영모는 사회정책이란 용어를 사용하면서 사회정책이란 ① 사회적 요구에 대한 서비스이고, ② 사회문제에 대한 대책이며, ③ 사회적 평등과 보장을 증진시키는 정부의 역할이라고

---

37) Robert Morris, *Social Policy of the American Welfare State*, Harper & Row, New York, 1979, p. 1.
38) P. Townsend, *Sociology and Social Policy*, Penguin, Harmondsworth, 1975, pp. 2~6.
39) 김영모, 「전게서」, 1989, p. 7.
40) Martin Rein, *Social Policy*, Random House, New York, 1970, p. 14.

규정하고 있다.[41]

그런데 이러한 사회정책의 개념은 그 나라의 이데올로기에 의하여 특징지워진다. 그리고 김상균은 사회정책의 개념을 좁게 잡느냐 혹은 넓게 잡느냐에 따라 사회복지정책과 사회정책이 동의어가 될 수도 있고 또 안될 수도 있다고 보고 있다.[42] 따라서 그는 사회복지정책과 사회정책을 구별하려는 노력은 학술적인 측면에서 볼 때 별로 중요하지 않다고 보고 있다. 왜냐하면 사회복지서비스의 내용을 점차 확대해석하는 방향으로 가고 있는 사회복지학의 추세라면 사회복지서비스와 관련된 정책을 사회복지정책이라 부르든 혹은 사회정책이라 부르든 크게 문제될 것이 없기 때문이다. 그리고 그는 사회정책이란 인간의 기본적 니드(예컨대, 의 · 식 · 주, 의료, 교육, 고용, 교통, 기타 일상생활의 고민문제 등)의 충족을 위한 사회적 서비스의 제공에 필수적인 세부사항(예컨대, 프로그램 설정, 인력배치, 재원확보, 입법조치 등)에 관한 정부의 행동지침이라고 정의하고 있다.

따라서 본 연구에서는 사회복지정책과 사회정책을 동일한 개념으로 보고 사회복지정책을 다음과 같이 정의하고자 한다. 사회복지정책이란 정치권력을 배경으로 권위있는 공공기관이 인간의 행복을 증진시키기 위하여 사회적 욕구에 대한 복지서비스, 사회문제의 처방, 국민의 평등과 보장을 위하여 정치적 · 행정적 과정을 거치거나 당위성에 입각하여 공식적 · 의도적으로 선택한 미래의 행동지침이다.

第 2 節 社會福祉政策의 類型과 過程

1. 社會福祉政策의 類型

1) 정책유형

정책유형은 학자들의 관점에 따라 상이하게 제시되고 있는데, 그것은 학자들의 연구관심이 다르고 채택하는 기준이 달라지기 때문이다. 정책에 대한 연구가 1960년대 후반에 접어들면서 활발하게 진행되면서 학자들의 정책내용은 단순히 정책과정에 의해서 결정이 된다고 보았다. 따라서 어떤 정책의 질은 그것이 이루어지는 정책과정의 질에 따라 결정된다고 하였다.

그러나 1970년대부터 이러한 접근방법에 대한 비판이 가해지면서 정책내용에 대한 연구

41) 김영모, 「전게서」, 1989, p. 17.
42) 김상균, 「전게서」, 1990, p. 32.

에 새로운 관심이 나타나고 있다. 이러한 정책내용을 중시하는 입장은 정책내용이 달라짐에 따라 정책과정이 달라진다는 것이다. 따라서 정책의 유형을 알면 그러한 정책이 어떠한 과정을 거쳐서 결정될 것이라는 것을 예측할 수 있다는 것이다. 이러한 정책내용의 독립변수관은 Ripley와 Franklin에 와서는 정책의 유형이 달라짐에 따라 정책형성과정뿐만 아니라 정책집행과정도 달라진다고 보았다.[43] 그러면 여기서 학자들이 제시하는 정책유형에 대하여 살펴보면 다음과 같다.

(1) 정책의 분류

가. 기능별 분류

가장 전통적인 정책의 분류방법은 정부조직이 담당하는 기능별 분류로서 정책을 외교정책, 안보정책, 노동정책, 교통정책, 보건정책, 복지정책, 농업정책, 상공정책 등으로 분류하는 것이다. 행정부에는 각각 이들을 담당하는 부처가 있게 되고 국회의 상임위원회도 대강 이러한 기능별로 조직이 되어 있다.

기능별 분류는 정부의 기능 또는 정책목표나 이를 달성하여 얻고자 하는 효과를 기준으로 분류한 것이기 때문에 이 측면에서 실질적인 차이가 있을 뿐만 아니라 이를 달성하기 위한 정책수단면에서도, 특히 실질적 정책수단에서 커다란 차이가 있다. 그래서 국방이라는 정책목표달성을 위한 최선의 실질적 정책수단을 알기 위해서는 군사학에서의 이론이나 논리가 필요하고, 국민보건의 향상을 위해서는 의학이나 보건학의 이론이나 논리가 필요하다.

그러나 기능별 분류의 문제점은 어떤 종류의 정부기능, 예를 들면 특허나 센서스 등과 같은 것은 어떠한 기능에 포함시킬 것이냐 하는 문제가 있을 뿐만 아니라, 많은 정부의 사업이 다목적인 까닭에 정책의 기능별 분류로서 처리하기 어려운 문제가 많다. 이러한 실질적 분류는 유용성이 있는 반면에 몇 가지 단점이 있다.[44] 첫째, 정부조직이 담당하는 기능 중에는 이에 해당되지 않는 것이 있어서 정책의 실질적 내용과 정부조직기능이 일치하지 않는 경우가 있다. 예를 들면, 실행적 · 보조적 기능을 담당하는 조달청 · 총무처 등과 같은 경우이다. 둘째, 수많은 정책은 그 실질적 내용이 서로 다르므로 이들 모두를 하나하나 연구하는 것은 그 나름대로 중요하고 여러 학문분야의 이론들을 이용하는 데는 편리하지만, 여러 가지 정책들에 관한 보편적인 원리를 발견하고자 하는 정책학의 목적에는 적합하지 않다. 즉, 여러 가지 잡다한 정책에 공통되는 원리나 법칙을 발견하는 것이 정책학의 일목적이므로 개별정책 하

43) Randall B. Ripley and Grace A. Franklin, *Congress, the Bureucracy, and Public Policy*, 2nd ed., Homewood, ill. : Dorsey Press, 1980, p. 24.
44) 정정길, 「전게서」, pp. 53~54.

나하나의 특성을 밝히는 것으로는 이 목적을 달성할 수 없다.

한편 모든 정책에 보편적인 것만이 아니라 정책의 차이에 따라 어느 정도 상이한 여러 가지 특징을 밝히는 것도 정책학의 또 다른 측면에서 강조하는 목적의 하나이다. 이 상반되는 목적을 동시에 달성할 수 있는 방법이 정책을 분류하되 지나치게 잡다하게 하지 않으면서 몇 가지 의미있는 종류로 분류하는 방법이다.

나. Almond와 Powell의 분류

G. Almond와 G. Powell은 정치체제의 산출활동의 기능적 특성을 중심으로 추출적 · 분배적 · 규제적 · 상징적 등의 네 가지로 분류한 바 있는데, 바로 정치체제의 산출활동의 기능적 특성을 정책유형분류의 기준으로 응용하여 정책을 유형화시켜 보면 다음과 같이 네 가지 유형으로 분류하고 있다.[45]

① 추출정책(extractive policies) : 이것은 조세와 병역 등과 같이 국내 및 국외환경으로부터 물적 · 인적 자원을 추출해내는 산출활동으로 이루어지는 정책을 의미한다. 추출정책에서는 우선 정부가 거두어들이는 자원의 양과 그것을 누가 부담하느냐 하는 것이 문제가 된다. 뿐만 아니라 어떠한 방법으로 자원을 거두어들이느냐가 검토되어야 하며, 추출과 관련된 절차와 구조도 다루어져야 한다. 즉, 추출정책의 내용은 추출물의 종류, 그리고 그러한 추출에 의해 영향을 받는 집단의 특성에 의해 특징지워진다.

② 규제정책(regulatory policy) : 이는 개인이나 집단의 행동에 대하여 정부의 통제와 관련된 정책이다. 규제정책을 다룸에 있어서는 어떤 부류의 개인이나 집단이 규제를 받으며, 개인생활이나 집단생활의 어떤 측면이 규제를 받느냐 하는 문제뿐만 아니라 간섭의 척도와 강도가 고찰되어야 한다.

③ 분배정책(distributive policy) : 이 정책은 추출정책과는 반대로 정부가 각종의 물품, 서비스, 명예, 지위, 기회 등을 사회 내의 개인이나 집단에게 배분하는 문제와 관련된 정책이다. 즉, 사회의 개인과 집단에게 교육, 보건, 위생, 오락 등과 같은 경제적 재화와 용역과 지위, 신분, 공동체에의 소속감, 안전 등과 같은 여타의 가치들을 분배해 주는 산출활동으로 이루어지는 정책을 말한다. 분배정책의 내용은 분배물의 종류가 어떠한 것이냐 분배총량은 얼마나 되나 또 사회의 어느 부문에 어떤 종류의 분배물이 얼마나 분배되며, 또 분배구조는 어떻게 되어 있느냐, 그리고 그러한 분배양식은 시간적으로 어떻게 변화되느냐 등에 따라 특징지워진다.

---

45) Gabriel A. Almond and Powell, Jr., *Comparative Politics : System, Process, and Policy*. 2nd ed., Boston : Little, Brown and Company, 1978, pp. 286~321.

분배정책을 고찰함에 있어서는 분배물의 양과 중요성이 문제되어야 할 뿐만 아니라 이와 관련된 생활분야, 수혜자, 국민의 욕구와 이를 충족시키기 위한 정부의 분배와의 관련성 등이 다루어져야 한다. 예를 들면, 정부의 세출과 같은 것은 그것의 영향을 미치는 생활분야나 수혜집단별로 쉽게 분류하여 고찰할 수 있다. 국민의 물질적 소요를 충족시키기 위한 지출(예를 들면, 사회복지비), 국민의 경제활동을 돕기 위한 지출(예를 들면, 하수도사업, 경찰비) 등으로 구분할 수 있으며, 농민, 광부, 중소기업 등과 같은 수혜집단별로도 나눌 수가 있다.

그러나 여기서 주의해야 할 것은 세출이란 정부의 분배물의 일부에 지나지 않는다는 사실이다. 관직, 교육의 기회, 작위, 훈장 등 정부의 분배물은 수없이 많으며, 조세 · 규제 등도 분배정책과 밀접한 관련이 있다.

④ 상징정책(symbolic policies) : 이것은 정치체제가 환경으로 하여금 여타 정책에 보다 효과적으로 순응하도록 하기 위해 정치체제의 정당성에 대한 심리적 신뢰감을 증진시키는 산출활동으로 이루어지는 정책을 의미한다. 상징적인 산출이란 엘리트에 의한 가치의 확인, 국기게양, 분열식 등의 군대의식, 왕족이나 고관의 방문, 정치지도자들에 의한 정책의 천명 등을 말한다. 이러한 상징적 산출물들은 다른 정책의 성공적 추진을 위해서도 이용이 된다. 예를 들면, 국민들이 조세납부를 잘하도록 하거나 규제정책에 순응하도록 하기 위해서 또는 전쟁, 에너지, 위기, 대한발, 대홍수 등의 위기시에 정치지도자들이 국민들의 지원을 얻기 위하여 상징정책을 이용하는 경우 등이다. 공공건물이나 동상, 광장 등의 상징적 물건만이 아니라 국경일, 사열식, 국민윤리교육을 통한 애국심 앙양 등이 모두 이에 포함된다. 이 상징정책은 크게 두 가지 목적을 지니는데, 첫째 국민들 사이에 정치체제 및 정부의 정통성에 대한 인식을 좋게 하고, 둘째 다른 정책(특히 규제정책)에 대한 순응을 확보하기 위해서이다.

나. T. Lowi의 분류

T. Lowi는 최초로 정책자체의 특성, 즉 정책이 사회에 미치는 영향의 특성과 정책형성에 관여하는 사람들간의 관계의 특성을 기준으로 하여 정책유형론을 제시하였다고 볼 수 있다. 1960년대 초에 미국 정치학계의 대논쟁이 되었던 미국식 다원론자들의 주장과 엘리트주의자들의 주장을 통합하려는 의도를 지니고 정책의 분류를 활용하였던 것 같다. 그에 의하면 규제정책의 경우에는 다원론자의 주장이 옳고, 재분재정책의 경우에는 엘리트주의자들의 주장이 옳다는 것이었다. 그는 1964년에 발표한 논문에서는[46] 정책을 분배정책, 규제정책, 재

46) Theodore J. Lowi, "American Business, Public Policy, Case Studies, and Political Theory", *World Politics*, Vol. XVI, 1964, pp. 677~715.

분배정책들의 세 가지 유형을 제시하였으나 그 뒤 1972년에 발표한 논문에서는[47] 세 가지 유형에 구성정책을 추가하여 다음과 같은 네 가지 정책유형을 제시하고 있다.

① 분배정책(distributive policy) : 국민들에게 권리나 이익, 또는 서비스를 배분하는 내용을 지닌 정책이다. 이것의 전형적인 예는 본래 미국의 19세기 토지정책인데, 오늘날의 국유토지정책, 자원정책, 하천 · 항만사업, 군수품의 구매, 연구개발사업, 기타 노동조합 · 기업 · 농민 등의 수혜집단을 위한 특정 서비스 및 혜택제공을 위한 각종 정책 등도 이러한 유형에 속하는 정책들이라고 할 수 있다. 이와 같이 분배정책은 정부가 적극적으로 국민들이 필요로 하는 재화와 서비스를 산출 · 제공하는 것을 그 내용으로 한다.

이러한 배분정책은 몇 가지 특징이 있는데, 첫째 구체적인 내용을 보면 여러 가지 사업들로 구성되고 이 사업들은 상호 커다란 연계없이 독립적으로 집행될 수 있기 때문에 이러한 세부사업들의 집합이 하나의 정책을 구성한다. 환언하면 정책의 내용이 쉽게 하위 세부단위로 분해되고, 다른 단위와 별개로 또 일반원칙과 독립적으로 처리될 수 있다는 것이다. 그래서 이들은 고도로 개별화된 의사결정이며, 정책으로 보기가 어렵고 이 세부사업들의 집합이 하나의 정책을 구성하는 것이다. 둘째, 이 정책의 세부의사결정들은 그 결정과정이 pork-barrel식 갈라먹기 다툼으로 특징지워지는데, 저수지 건설에서 후보지구간의 싸움이나, 수출보조금이나 융자금을 더 많이 받으려고 기업들이 다툼을 벌이는 것과 같다. 셋째, 이러한 다툼이 있는 데도 승자와 패자가 정면대결을 벌일 필요가 없음을 Lowi는 강조하고 있다.

② 규제정책(regulatory policy) : 정부가 사회의 개인이나 집단의 활동에 제한을 가하는 것을 내용으로 한 정책들을 의미한다. 즉, 개인이나 일부 집단에 대해 재산권행사나 행동의 자유를 구속 · 억제하여 반사적으로 많은 다른 사람들을 보호하려는 목적을 지닌 정책으로서 기업간의 불공정 경쟁 및 과대광고의 통제 등이 구체적인 예가 된다.

이러한 규제정책은 피규제자가 스스로 규제받기를 원해서 이루어지는 경우도 있지만 대부분의 경우 피규제자가 원하지 않는 것으로서 규제정책의 형성과정뿐만 아니라 집행 및 평가과정에 상당한 정치적 투쟁과 갈등을 내포하고 있다. 그러한 대립의 양상은 규제를 원하는 집단과 규제를 원치 않는 피규제집단 사이에 나타나게 되는데, 규제를 원치 않는 피규제집단은 규제를 사유재산권에 대한 본질적 침해라고 주장하는 데 반해 중소기업, 농민, 중산계층 등 규제를 원하는 집단은 그러한 정부의 규제를 자유와 자본주의의 수호를 위해 절대적으로 필요한 것이라고 주장한다.

Lowi는 정책의 특징을 정부에 의한 강제력의 행사에서 찾고 있다. 이 강제력이 직접적으

---

47) T. Lowi, "Four Systems of Policy, Politics and Choice", *Public Administration Review*, Vol. 32, No. 4, July/August 1972, pp. 298~310.

로 이용되는 부분 중의 하나가 규제정책분야인데, 규제는 정부가 개인이나 사회를 통제하기 위한 방법의 하나이다.

규제정책의 특징을 보면, 첫째 정책의 불응자에게 강제력을 행사한다. 둘째로, 과거 전제군주시대에는 이를 함부로 남용하였으나, 이러한 규제정책은 국민 개개인의 권리나 자유를 제한하기 때문에 국가권력에 의한 남용을 두려워한 자유민주주의 국가가 성립한 이래로 반드시 국민의 대표기관인 국회의 의결을 얻도록 하고 있다. 즉, 법률의 형태를 취하도록 하는 것이 원칙이다. 세 번째 특징은, 정책으로부터 혜택을 보는 자와 피해를 보는 자(피규제자)를 정책결정시 선택하게 된다는 점이다. 그래서 양자간의 갈등이 심각하게 된다. 근로자를 보호하기 위해서 기업주를 규제하는 것이 그 예이다.

③ 재분배정책(redistributive policy) : 재분배정책이란 가진 자와 안 가진 자, 노동자계급과 자본가계급 등과 같은 사회의 주요계급이나 집단 사이에 나타나 있는 부, 소득, 재산, 권리 등의 분포상태를 변화시키는 정책을 말한다. 이러한 재분배정책이 추구하는 것은 재산의 사용이 아니라 재산 그 자체이며, 평등한 대우가 아니라 소유이며, 행위가 아니라 상태다. 고소득층으로부터 저소득층으로의 소득이전을 목적으로 하는 정책으로 누진세에 의하여 고소득층으로부터 보다 많은 조세를 징수하여 저소득층에게 사회보장지출을 하여 소득의 재분배를 도모하는 정책이다.

이러한 재분배정책은 다른 어떤 정책유형의 경우보다 강력한 이해대립을 야기시킬 소지를 지니고 있다. 왜냐하면 이것은 기존권력 또는 재력의 손실을 감수할 것이 노골적으로 요구되는 정책이기 때문이다.

재분배정책은, 첫째 계급대립적 성격을 지니는 것이 가장 큰 특징이다. 가진 자와 못 가진 자, 노동자계급과 자본가계급의 대립으로 이 정책의 결정은 계급정치의 전형적인 것이며, 따라서 계급정책(class policy)이라고 부를 수 있다. 둘째로, 이 정책은 규제정책에서나 분배정책에서와는 달리 재산권의 행사에 관련된 것이 아니라 재산 자체를, 그리고 평등한 대우가 문제가 아니라 평등한 소유를 문제로 삼고 있는 것 등의 특징을 지닌다.

④ 구성정책(constituent policy) : 정부기관의 신설 및 변경이라든가 선거구의 조정, 공직자 보수와 군인퇴직연금에 관한 정책 등과 같이 정부기구의 구조와 기능상의 변화를 목적으로 하는 정책들을 말한다. 그래서 정치체제에서 투입을 조직화하고 체제의 구조와 운영에 관련된 정책이라고 볼 수 있다. Lowi는 이 정책은 정당이 그 결정에 중요한 영향을 미친다는 것만 지적하고 있다.

다. J. Mitchell과 W. Mitchell의 분류

J. Mitchell과 W. Mitchell은 정책은 사회 내에 존재하는 각종의 문제를 해결하기 위하여 구상되며 결정되는 것이다. 따라서 정책 자체의 분류보다는 정책결정자가 해결 · 개선 · 방지하려는 문제에 대한 분류가 보다 근본적인 분류방법이라고 했다.[48]

이들은 사회적으로나 정치적으로 중요성을 지니는 문제들을 자원의 동원 및 배분, 분배, 비용부담, 규제 및 통제, 적응 및 안전, 정치적 분업 및 역할배분 등의 여섯 가지 유형으로 분류하였다. 그런데 이들은 정책이란 용어를 사용하지 않았으나 이들이 지적하고 있는 문제들을 정책이라고 불러도 무방할 것 같다. 이러한 문제의 특성을 정책유형분류의 기준으로 응용하여 정책을 유형화시켜 보면 다음과 같다.

① 자원의 동원 및 분배정책 : 이 정책유형은 G. Almond와 G. Powell의 추출정책과 유사한 것으로서 국가목적의 수행을 위하여 국민으로부터 어떤 종류의 자원을 어떤 방법으로 동원하여 어떤 목적을 위하여 어떻게 배분하느냐 하는 문제와 관련된 정책들을 총칭한다. 이러한 정책유형에 속하는 정책들의 내용은 동원되는 자원의 양과 종류 및 동원방법, 그리고 그것을 어느 정책부문에 어떤 종류의 자원을 얼마나 어떻게 배분하느냐 등에 따라 여러 가지로 특징지워진다. 고대에 있어서는 절대군주가 대규모의 공공사업을 위해 국민으로부터 막대한 자원을 동원하였다. 현대국가는 고대국가와 자원을 동원하는 방법이나 종류가 다를지는 몰라도 정부의 일반행정비, 국방비, 사회보장비 등을 위하여 막대한 자원을 동원하고 있다.

② 분배정책 : 보조금, 국유지, 권리, 지위, 이전지출(transfer payments) 등을 어떤 집단이나 계층에 얼마나 분배하느냐 하는 것과 관련된 정책이다. 이들은 G. Almond와 G. Powell이 말하는 분배정책과 상징정책을 포괄하는 뜻으로 사용하고 있으며, T. Lowi가 분배정책과 재분배정책을 구별하고 있는 데 반해 이들은 양자를 구분하지 않고 있다.

③ 비용부담정책 : 자원의 동원 · 배분정책과 다소 중복되는 면이 있는데 국민이 부담해야 할 각종의 비용을 누구에게 얼마나 부담시키느냐 하는 문제와 관련된 정책이다.

이들은 비용을 크게 ① 공식적 · 집단적 부담(formal collective burdens), ② 정치적 참여비용(costs of political participation), ③ 외부적 또는 간접적 비용(external or indirect costs) 등으로 분류하고, 공식적 · 집단적 부담을 다시 조세, 부담금과 같은 금전적 비용과 토지, 노동력, 노력, 시간 등의 실질적 비용으로 세분하고 있다. 그리고 정치적 참여의 비용이란 전화응답, 우편물발송, 호별방문, 기부의 종용, 집회의 준비 · 진행, 반대파와의 토론 등을 의미하는데, 이러한 정치적 참여비용의 부담자는 중산층 내지 중상층에 해당

---

48) Joyce M. Mitchell and William C. Mitchell, *Political Analysis and Public Policy*, Chicago:Rand McNally, 1969, pp. 41~56.

하는 사람들로 보고 있다.

외부적 또는 간접적 비용이란 남아연방이나 미국 남부의 흑인들과 같이 정치참여가 거부된 집단 또는 정치참여를 스스로 포기한 집단이 부담하는 비용과 같은 것이다. 이들은 또한 일부계층의 사람들의 무관심, 소외감, 좌절감, 절망, 무력감, 공포 등도 외부적 · 간접적 비용을 반영시키고 있는 것이다. 그런데 이러한 비용부담정책의 내용들은 비용부담자가 누구냐 또는 부담량이 얼마나 되느냐 등에 따라 특징지워진다.

④ 규제 및 통제정책 : 규제와 통제를 개념상 상호 대체적인 것으로 보고 있는 그들은 타인의 의사에 관계없이 그들의 행동에 정부가 영향을 미치고자 하는 문제와 관련된 정책들을 규제 및 통제정책이라 한다. 명령, 통제, 영향, 조작, 설득, 제안 등 규제를 의미하는 용어는 다양하며 규제의 방법 역시 다양하다. 규제자체가 정부노력의 직접적인 목적인 경우가 있는가 하면 때로는 다른 목적을 달성하기 위한 수단인 경우도 있다. 규제방식에 있어서도 직접적인 경우와 간접적인 경우가 모두 있을 수 있다.

규제는 직접으로 가해질 수 있는가 하면, 간접적으로 가해질 수도 있다. 전자의 경우에 있어서는 피규제자는 정부로부터 법규나 지시를 받으며, 이에 순응하도록 명시적 또는 암시적인 자극을 받는다. 이에 반하여 후자의 경우에 있어서는 정부는 국민들이 행동하는 상황이나 환경에 영향을 준다. 이러한 규제 및 통제정책의 내용들은 피규제자가 누구인가, 규제 및 통제의 수단의 종류와 성격, 그리고 그 강도 등에 따라 특징지워진다.

⑤ 적응 및 안정정책 : 이것은 급격한 사회변화에 따른 정치체제의 적응과 안정확보라는 문제와 관련된 정책들을 말한다. 이러한 적응 및 안정정책은 과학기술혁명, 도시혁명, 세대차, 도덕혁명, 학생반항운동, 저소득층의 반항운동 등으로 예시되는 각종의 사회변동이 나타나고 있는 미국의 경우를 보나 발전 내지 근대화의 과정에 수반된 갖가지의 사회적 변동을 경험하고 있는 발전도상국가의 경우를 보나 어느 국가를 막론하고 그 중요성이 부각되고 있는 정책들이다. 이러한 유형의 정책내용은 관련문제의 종류와 심각성의 정도와 그에 대한 적응방법 등에 따라 특징지워진다.

⑥ 정치적 분업 및 역할배분정책 : 각종의 과업을 수행하기 위하여 정치체제가 어떻게 조직되어야 하며, 개인들은 각종의 정치적 역할과업 등을 담당하기 위하여 어떠한 방법으로 선정되어야 할 것이냐 하는 문제와 관련된 정책들을 말한다. 이러한 유형에 속하는 정책의 내용들은 정치조직의 성격 및 분업의 정도, 그리고 충원되는 사람들의 특성과 충원방법 등에 따라 특징지워진다.

라. R. Ripley와 G. Franklin의 분류

정책의 유형은 정책과정 전체의 성격을 좌우하며, 또 반대로 정책과정 전체의 성격이 어떠하냐에 따라 정책유형의 성격도 달라진다는 가정하에 정책의 유형을 자신들의 정책연구의 중심개념으로 생각하고 있는 R. Ripley와 G. Franklin은 정부관료제가 달성하려고 하는 사회적 목적의 특성을 기준으로 하여 정책의 유형을 분배정책, 경쟁적 규제정책, 보호적 규제정책, 재분배정책 등으로 분류하고 각 정책유형별로 정책집행과정의 특성을 설명하고 있다.[49]

① 분배정책 : 사회정책에 유익하지만 정부의 보조없이는 착수될 수 없는 성질의 사업을 실시하기 위해 정부가 민간활동에 현물이나 현금 등을 지원하여 활동을 증진시키는 것과 관련된 정책을 의미한다. 이러한 정책의 예로서는 비행장 건설, 지방자치단체에 대한 보조, 가격지지를 위해 농산물의 구입을 위한 현금지불, 대학이나 민간연구기관에 대한 연구비지원 등을 들 수 있다. 분배정책의 특징으로서는 다음과 같은 것이 있다. 첫째, 민간부문에 대한 지원의 형태가 현금, 현물, 권리 등 다양하다. 둘째, 일반적으로 개인이나 집단의 급부에 대한 반대급부로 이루어진다. 셋째, 정책결정단계에서는 수혜자들이 경쟁관계에 서지 않으나 집행단계에서는 경쟁관계에 선다.

② 경쟁적 규제정책 : 이것은 다수의 경쟁자 중에서 특정한 개인이나 집단에게 특정한 서비스나 물품을 제공하는 것과 관련된 정책이다. 예를 들면, 특정한 방송회사에 특정한 채널로 방송할 것을 허가하는 경우이다. 이의 특징으로서는, 첫째, 규제기관이 개인이나 집단에게 제공하는 서비스나 물품은 희소한 것이다. 둘째, 일반대중은 서비스나 물품의 제공방법에 관해서 이해관계에 선다. 셋째, 분배정책과 보호적 규제정책의 혼합이라 할 수 있다.

③ 보호적 규제정책 : 이것은 각종의 민간활동이 허용되는 조건을 인정함으로써 국민을 보호하는 것이 목적인 정책이다. 예로서 최저임금제, 철도요금의 책정 등을 들 수 있다. 이의 특징으로서는, 첫째, 정책의 형성단계는 규제의 신설이나 강화를 주장하는 개인이나 집단과 피규제산업은 적대관계에 서며, 둘째, 집행단계에서는 규제기관과 투쟁하거나 자기편으로 끌어들이려 노력하게 된다.

④ 재분배정책 : 이는 사회 내의 개인이나 집단에 부, 재산, 권리 기타 제가치를 재분배하는 것과 관련된 정책이다. 이 정책의 특징은 무엇보다도 어떤 집단의 희생하에 다른 집단에게 가치있는 품목을 이전하는 것이다. 재분배정책은 막연히 누진세나 비례세를 의미하는 것은 아니며, 사회적 형평을 증진시키는 방향에서 불우계층에 이익이 되게 자원을 재배분하는 것을 의미한다. 불우계층을 위한 직업교육사업, 영세민 취로사업, 의료보호, 공적부조 등을

---

49) Randall B. Ripley and Grace A. Franklin, *Bureacracy and Policy Implementation*, Homewoood, Illinois : The Dorsey Press, 1982, pp. 69~76.

예로서 들 수 있다.

마. F. M. Frohock의 분류

F. M. Frohock은 Lowi의 세 가지 유형(규제정책, 분배정책, 재분배정책)에다 투자정책(capitalization policies)과 윤리정책(ethical policies)을 덧붙여서 다섯 가지 유형으로 분류하고 있다. 그러면 여기서 투자정책과 윤리정책에 대하여 살펴보면 다음과 같다.[50)]

① 투자정책 : 기업이나 지방정부는 중앙정부로부터 여러 가지 보조금을 받는다. 그러한 분배는 이론상 사회제도의 생산력을 높이려는 데 목적이 있다. 비록 분배정책에 포함시킬 수도 있을 것 같지만 투자정책은 그와는 달리 복지사업과 같은 소비적 분배가 주성격이 아닌 것이다. 이러한 투자정책의 예를 들어 보면 다음과 같다. ① 농업증진을 위한 농민에 대한 투자, ② 특정 산업육성을 위한 조세혜택, ③ 특정 도시의 공공사업을 지원하기 위한 저리융대부, ④ 대학생에 대한 저리융 융자 등이다.

② 윤리정책 : 공공정책은 어떤 도덕적 이슈에 대해 옳은 관행을 확립할 수도 있다. 예를 들면, 미국의 대법원은 최초 3개월 동안은 청구가 있는 부채를 허용하는 결정을 내렸다. 이러한 결정은 물론 논쟁의 여지를 남기고 있지만 일단 도덕적인 문제에 대한 법적 관행을 확립해 주었다. 이러한 정책은 규제적인 형태를 띠지만 행위에 있어 윤리적인 속성을 담고 있다는 점에서 차이가 난다.

2) 사회복지정책의 내용

전술한 정책의 유형에서 살펴 본 바와 같이 정책유형은 학자들의 관점에 따라 다양하게 분류하고 있다. 사회복지정책은 정책유형을 기능별로 분류할 경우 여러 정책내용 중 하나이고 재분배정책에 속한다고 할 수 있다.

사회복지정책의 내용은 사회복지정책에 대한 학자들의 관점에 따라 다양하다고 할 수 있다. W. Beveridge는 사회정책의 영역으로서 사회보장정책, 의료보장정책, 교육보장정책, 주택보장정책 그리고 고용보장정책 등을 제시하였다.[51)] 그리고 T. H. Marshall은 사회정책의 영역을 관례에 따라 사회보장정책, 의료보장정책, 개별사회적 서비스정책, 주택보장정책, 지역사회개발정책, 교육보장정책과 같이 6개의 정책영역으로 제시했다.[52)]

R. M. Titmuss와 R. Mishra는 사회정책은 사회봉사, 재정급여, 직업복지로 구성되어 있

---

50) Fred M. Frohock, *Public Policy : Scope and Logic*, Englwood Cliffs, N. J.:Prentice-Hall, Inc., 1979, pp. 11~15.

51) William Beveridge, *Social Insurance and Allied Service*, H. M. S. O., Cmd. 6404, 1942, Para, p. 456.

52) T. H. Marshall, *op. cit.*, pp. 11~12.

다고 한다.[53] 사회봉사에는 국민의 요구를 충족하기 위한 소득유지, 교육, 보건, 주택에 대한 법적 대책이고, 재정급여는 각종의 사회보장제도와 세제에서 볼 수 있는 연금 및 수당을 말하며, 직업복지는 비법률적인 일종의 기업보상제도이다. 이것은 평생고용제도와 온정적 복지대책(보험금, 장학금, 무료사택 등)과 같은 기업의 사적 사회정책인 것이다.

D. Watson은 사회정책의 개념을 광의적인 것과 협의적인 것으로 나누었는데, 그가 말하는 광의적 사회정책은 공공정책에 가까운 개념으로 해석할 수 있겠다.[54] K. E. Boulding은 가격정책, 조세정책 및 금융정책을 극단적 경제정책의 영역이라고 한다면 공적 부조, 사회보장 및 의료보호 등과 같이 소위 불우계층을 정책시행의 객체로 설정할 때, 그것은 극단적 사회정책에 속한다고 예시했다.[55]

D. DiNitto와 T. Dye는 사회복지정책을 국민의 생활의 질에 영향을 미치기 위하여 정부가 실행하기로 또는 실행하지 않기로 선택한 모든 것이라고 정의하면서 사회복지정책의 영역을 다음과 같이 제시하였다.[56] 즉, 사회복지정책의 영역으로서 소득유지(Income Main tenance : Aid to Fmilies with Dependent Children, General Assistance, Social Security, Supplemental Security Income, Unemployment Compensation), 영양(Nutrition : Food Stamps, School Breakfasts, School Lunches), 의료(Health : Medcaid, Medicare, Public Health), 그리고 사회적 서비스(Social Services : Community Action Programs, Community Mental Health, Comprehensive Employment and Training, Legal Services, Social Services for Children and Families, Social Services for elderly, Vocational Rehabilitation)와 같은 4가지 영역을 나열하였다.

N. Gilbert와 H. Specht는 사회복지정책의 동의어로서 사회정책과 공공정책이 있음을 지적한 바 있다. 그들에 의하면 정책내용의 범위에 따라 가장 광범위한 개념이 공공정책이고 그 다음이 사회정책이며 가장 좁은 개념이 사회복지정책이란 것이다. 그리고 그들은 T. H. Marshall의 사회정책의 개념을 원용하여 사회복지정책이란 시민에게 서비스와 소득을 제공함으로써 그들의 복지에 직접적인 영향을 미치게 하는 조치와 관련된 정부의 정책이라고 정의하였다.

대부분의 사회복지정책의 법령이 공공달러의 지출을 내포하고 있기 때문에 사회복지정책

---

53) R. M. Titmuss, *Social Policy*, Allen and Unwin, London, 1974, pp. 19~20.

54) David Watson, *Caring for Strangers*, Routlege & Kegan Paul, London, 1980, p. 9.; 김상균, 「전게서」, p. 32.

55) Kenneth E. Boulding, "The Boundaries of Social Policy", *Social Work*, Vol. 12, No. 1, 1967, p. 4.

56) D. DiNitto and T. Dye, *Social Welfare : Politics & Public Policy*, Prentice-Hall, Englewood Cliffs, 1983, pp. 2~4.

을 공공정책과 동일시한다. 그러나 공공정책은 사회복지활동보다는 그 범위가 넓으며, 그것은 국방, 대기권 조사 및 교통과 같은 공공기금에 의하여 유지되는, 광범위한 재화와 서비스를 내포하고 있다는 것이다. 그들은 사회정책, 공공정책 및 사회복지정책을 개념적으로 포괄하기 위하여 사회복지의 제도화라는 말을 사용하였다.[57)]

김상균은 우리나라에서 시행되고 있는 공공정책들 중에서 사회정책이 다루어야 할 정책의 내용들로서 ① 사회보장 : 사회보험, 공적부조, ② 의료보장 : 의료보험, 의료부조, ③ 교육서비스 : 학생급식, 사업체 부설학교, 장학금제도, ④ 직업서비스 : 직업안정, 직업훈련, ⑤ 사회복지서비스 : 아동 및 청소년복지, 노인복지, 여성복지, 장애자복지, ⑥ 주택서비스 : 서민아파트, 임대주택, 국민주택, ⑦ 공공교통 : 철도, 지하철, 버스 등 대중교통정책 등을 제시하였다.

2. 社會福祉政策의 過程

1) 정책과정

정책과정은 학자들의 연구목적이나 관점에 따라 조금씩 상이하게 규정하고 있으나 그 본질적인 내용에 있어서는 거의 유사하다. 그러면 여기서 학자들이 제시하고 있는 정책과정에 대하여 살펴보면 다음과 같다.

(1) H. D. Lasswell의 정책과정

H. D. Lasswell의 정책과정에 관한 견해는 다른 사람들에게 많은 영향을 미쳤다. 그가 제시하는 정책과정의 특성은 발동단계와 종결단계에서 찾아 볼 수 있다. 1970년대에 와서 학자들의 관심을 표명하기 시작한 정책의 종결을 그는 이미 1950년대에 정책과정에 포함시키고 있다는 것을 알 수 있다.

그러면 여기서 H. D. Lasswell이 제시하는 정책과정에 대하여 살펴보면 다음과 같다.[58)]

① 정보단계 : 정보를 수집하며 예측하고 기획하는 단계이다.

② 건의단계 : 정책대안을 작성하는 단계이다.

③ 처방단계 : 최종안을 선정하는 단계이다.

④ 발동단계 : 최종안을 잠정적으로 시행하는 단계이다.

---

57) Neil Gibert and Harry Specht, *Dimensions of Social Welfare Policy*, Prentice-Hall, N. J., 1974, pp. 3~4.

58) Harold D. Lasswell, *The Decision Process : Seven Categories of Functional Analysis*, College Park : University of Maryland, 1956, p. 2.

⑤ 적용단계 : 본격적으로 집행하는 단계이다.

⑥ 평가단계 : 정책의 성공여부를 판정하는 단계이다.

⑦ 종결단계 : 정책의 수정 또는 폐기 등을 결정하는 단계이다.

(2) Y. Dror의 정책과정

Y. Dror는 정책결정에 대한 합리모형과 점증모형이 모두 약점이 많다고 보고 직관, 통찰력, 영감 등을 적극 활용하는 특색을 지닌 최적 모형을 제시하면서 이것을 정책과정으로 구체화시켰다.[59] 그는 정책과정을 먼저 크게 3단계로 구분하고 이것을 다시 18개의 세부단계로 나누어서 설명하고 있다.

① 기본방침결정단계(Meta-Policymaking Stage) : Dror 스스로가 최적의 정책결정을 위해서 특히 중요하다고 강조한 이 첫 번째 단계에서는 크게 세 가지의 내용이 포함되어 있다.

첫째, 정책문제, 관련된 가치, 이용가능한 자원의 확인 및 확보단계이다. ⓐ 첫 번째 세부단계에서는 가치문제를 처리(processing values)한다. 즉, 구체적인 정책목표의 결정을 위해서 영향을 받는 가치들을 명백히 하고 그들간의 우선순위를 대략적으로 결정한다. 이때 우선순위는 가치들간의 모순 · 충돌을 피하고, 가치실현의 결과를 얻게 되는 사회적 결과(혜택과 희생)임을 고려하고, 가치실현의 가능성을 고려하여 결정되어야 한다. 이것은 결국 정책의 상위목표의 결정을 의미하는 것이다. ⓑ 두 번째 세부단계에서는 현실파악을 한다. ⓒ 세 번째 세부단계에서는 문제파악을 하게 되는데, 여기서는 문제를 있는 그대로 구체적으로 파악해야 할 뿐만 아니라 문제의 중요성도 파악해야 한다. 이때 문제의 중요성은 그 문제로 인하여 영향을 받는 가치의 중요성(첫번째 세부단계에서 결정해 둔)에 의해서 판단되어야 한다. ⓓ 네 번째 세부단계에서는 정책결정에 이용될 수 있는 자원을 탐색 · 처리 · 개발(surveying, processing and developing resources)하는 활동이다.

둘째, 정책결정체제의 설계와 문제 · 가치 · 자원의 배분단계이다. 이를 위해서 먼저 정책결정체제를 설계 · 평가 · 재설계한다. ⓔ 다섯 번째 세부단계에서는 결정조직을 분업화의 원리에 따라 나누어 전문화의 이점을 얻도록 한다. ⓕ 여섯 번째 세부단계에서는 문제, 가치와 자원들을 정책결정기관에 배분하는 단계이다. 해결해야 할 문제를 세부문제로 나누어서 이들을 각각 정책결정기관에게 배분하되 가장 적절한 기관에게 나누어 주어야 한다. 또 문제와 관련된 가치들도 각각의 문제담당기관에게 주로 처리하도록 하여야 하며 자원도 적절히 배분되어야 한다. 이러한 일은 다르게 표현하면 업무의 배분으로 볼 수 있다.

---

59) Y. Dror, *Public Policymaking Re-Examined*, Scranton, PA:Chandler Publishing Company, 1968, pp. 163~196.

셋째, 정책결정전략을 결정하는 단계이다. 이는 하나의 세부단계만으로 구성된다. 즉, ⓖ 일곱 번째 세부단계에는 여러 가지 의사결정전략 중에서 어느 것을 채택할 것인지(합리모형 혹은 점증모형) 등이 포함된다. 여기에서는 또 불확실성의 처리방법, 정책상황에 대한 가정이나 전제조건을 결정하는 것 등이 포함된다.

이상에서 본 세 가지 내용으로 구성된 정책의 기본방침의 결정에서 Dror는 후에 첫 번째와 세 번째 것을 합하여 기본정책이라고 부르는 특히 두 번째 것만을 기본방침이라고 불렀다. 두 번째의 것은 정책결정체제를 어떻게 개선할 것인가에 관한 것으로 위에서 지적한 것과 같으나 기본정책은 간단하게 살펴 볼 필요가 있다.

기본정책은 이후에 결정될 여러 가지 세부정책들의 테두리와 기본방침을 정하는 일종의 마스터정책(master policy)이다. 정책의 기본목표나 상위목표가 설정되어 있고, 정책을 통해서 영향을 미칠 범위가 개략적으로 결정되어 있으며, 목표를 달성하여 효과를 얻고자 하는 목표기간도 정해진다. 또 점진적 변화인지 아니면 혁신을 할 것인지와 이에 따른 위험부담의 정도 및 목표달성방법(충격요법 및 균형적 접근)들도 포함하고 있다. 또 미래의 문제상황, 정책목표와 수단간의 인과관계, 이용가능한 자원에 대한 기본전제도 기본정책 속에는 포함되어 있다. 예를 들면, 기본적 복지정책이 있고 이를 구체화시킨 실업구제정책, 직업재훈련정책 등이 있을 때 전자가 기본정책이 된다. 또 환경기본법이 기본정책이 되고 여기에 따라 공장공해법 등이 세부정책이 되는 것과 같다.

② 정책결정단계(Policymaking Stage) : 이 단계는 일반적으로 논의하는 정책결정단계와 비슷하다. 첫째, ⓗ 여덟 번째 세부단계로서 자원의 세부배분이 시발점으로 되어 있다. 이것은 정책결정을 위한 자원을 세부정책결정 단계에 배분하는 것을 의미한다.

둘째, 세부적 목표의 설정과 관련된 타가치들을 확정하고 이들간의 우선순위를 결정하는 단계이다(ⓘ, ⓙ의 세부단계).

셋째, 정책대안의 탐색, 정책대안의 결과예측, 정책대안의 비교 · 평가, 그리고 최선의 대안선택작업이다(ⓚ, ⓛ).

③ 정책결정이후 단계(Post-Policymaking Stage) : 정책결정이후에는 정책이 따르게 되는데, 이때 정책집행은 여러 가지 면에서 정책결정과 비슷하므로 정책결정의 논리가 적용될 수 있음을 Dror는 먼저 지적하고 있다. 그러나 정책집행의 독특한 측면을 지적하면서 다음의 세 가지 세부단계를 논의하고 있다.

먼저 집행준비단계(ⓜ 세부단계)에서는 집행을 위한 정치적 지지획득이 주요함을 강조하고 있다. 다음 정책집행(ⓝ 세부단계)에서는 정책집행과정에서 환류되는 정보에 따라 정책내용수정이 필요함을 강조하고 있다. 마지막으로 정책집행 후의 정책평가단계(ⓞ 세부단계)

에서는 집행결과의 확인에서 다시 정책결정을 검토해야 함을 지적하고 있다.

이상에서 본 Dror의 정책결정단계는 그 내용이 아주 치밀하고 기본정책이나 기본방침의 결정단계 등 중요한 측면을 제시하고 있다는 점 등에서 높이 평가될 만하다. 그러나 문제점도 있다. 첫째, 기본정책의 결정은 원래 세부정책결정과 본질적으로 차이가 없고 그 영향과 범위에 따라서 추상성만이 다를 뿐이다. 그러므로 정책결정은 기본방향의 결정과 구체적인 결정 사이에서 계속하여 환류가 일어난다. 둘째, 지나치게 복잡하게 설명하고 있으며, 무엇보다도 지나치게 너무 많은 연구와 작업을 요구한다. 특히 기본방침결정 등에서 그렇다. 셋째, 정책의제설정에 대한 논의가 전혀없다. 이러한 이유 때문에 우리는 다른 학자들의 논의도 검토하려고 한다.

(3) C. O. Jones의 정책과정구조

C. O. Jones는 정책개발과 집행을 연구하기 위하여 전통적인 제도적 과정 접근방법 대신에 정책과정접근법을 제시하였다.[60] 그는 정책과정구조의 기본요소를 14개의 활동으로 분류하고, 이들을 다섯 개의 하위체제로 묶고 있다.

가. 문제인식체제(problem identification)

이는 사회에서 대두된 문제상황과 국민의 욕구를 인지하여 그의 해결을 위한 정책을 마련하도록 요구하는 체제이다. 이 체제에서의 기능적 활동으로는 ① 사실의 인지(perception), ② 문제의 규정(definition), ③ 집약(aggregation), ④ 조직화(organization), ⑤ 대표(representation) 등이 있다.

나. 정책 또는 사업계획의 개발체제(program development)

이는 문제해결을 위한 행동지침을 마련하고, 제시된 정책들을 정당한 정치과정과 규칙에 따라 공식적으로 채택하며, 이의 실현을 위한 자원을 확보하는 체제이다. 이 체제에서의 기능적 활동으로는 ① 형성(formulation), ② 합법화(legitimation), ③ 재원배분(appropriation) 등이 있다.

다. 정책 또는 사업계획의 집행체제(program implementation)

이는 애매모호한 정책내용을 구체적인 지침으로 전환시키고, 정책의 실행을 위한 절차 및 구조적 장치를 마련하여, 그에 따라서 정책을 옮기는 체제이다. 이 체제에서의 기능적 활동

60) Charles O. Jones, *An Introduction to the Public Policy*, 2nd ed., North Scituate : Mass : Duxbury Press, 1977, pp. 9~12.

으로서는 ① 해석(interpretation), ② 조직화(organization), ③ 적용(application) 등이 이에 속한다.

라. 정책 또는 사업계획의 평가(program evaluation)체제

이는 정책평가의 목적과 대상을 규명하고, 필요한 정보 및 자료를 수집하며, 수집된 자료를 처리하여 정책효과를 비교하는 다양한 기법들이 사용되는 체제이다. 이 체제에서의 기능적 활동으로서는 ① 명세화(specification), ② 측정(measurement), ③ 분석(analysis) 등이 속한다.

마. 정책 또는 사업계획의 종결(program termination)체제

이는 정책을 통하여 문제가 해결되거나 혹은 다른 변화를 유발하여 기능적 활동이 일단은 종결되는 체제이다. 그러나 정책과정은 여기서 중단되는 것은 아니고, 집행체제, 개발체제, 규명체제 등에 다시 환류하는 순환적 과정을 이루게 된다.

이상에서 제시한 Jones의 정책과정구조는 간단한 미국의 사례들을 다루면서 비교적 종합적으로 정책현상을 포괄하고 있다. Jones가 말하였듯이 이 분석모형이 다른 체제에 적용해 보지는 않았지만, 제한된 문제체제에만 적용이 국한되는 것은 아니고, 아마도 우리와 같은 나라에서의 정책을 분석하는 데도 유용하리라 생각된다.

(4) T. R. Dye의 정책과정

T. R. Dye는 정책과정을 일련의 정치적 활동으로 파악하고 다음과 같이 다섯 단계를 제시하고 있다.[61]

가. 문제인식(identifying problems)

국민들이 정부에 대해 여러 가지 요구를 하는 단계이다. 이 단계에서는 특히 무수한 사회문제 중에서 특정의 문제만 정부에 의해서 공식적으로 채택되어지는 과정에 대한 연구가 중요하다.

나. 정책대안의 형성(formulating policy proposals)

이 단계에서는 먼저 앞 단계에서 나타난 요구에 대한 공공의 토론으로 의제가 설정된다. 그리고 난 후에 문제를 해결할 수 있는 사업계획대안이 개발된다.

61) T. R. Dye, *Understanding Public Policy*, 5th ed., Englewood Cliffs, N. J. : Prentice-Hall, Inc., 1984, pp. 23~26.

다. 정책의 합법화(legitimating policies)

이 단계에서는 정책대안을 선택하게 된다. 그리고 난 후에 대안에 대한 정치적 지지를 확보하려 노력하게 된다. 정치적 지지를 확보하고 난 후에는 법으로의 제정을 추구한다.

라. 정책의 집행(implementing policies)

이 단계에서는 먼저 집행을 위해서 관료제조직을 집행에 적합하도록 정리한다. 그리고 난 후에는 집행에 필요한 인적 · 물적 자원을 동원하게 되는데, 그 방법으로서는 대체로 세금을 부과하는 방법을 주로 사용한다.

마. 정책의 평가(evaluating policies)

정책과정의 마지막 단계인 정책의 평가에서는 먼저 정책사업을 검토하고, 정책결과(policies outputs)를 보고한다. 그리고 대상집단과 비대상집단에 대한 정책사업의 영향(policies impact)을 평가한다. 끝으로 정책에 대한 변화와 조정이 제시된다.

(5) J. E. Anderson의 정책과정

J. E. Anderson은 연구의 주된 관심을 정책과정에 둔다고 하면서 이러한 접근방법의 장점을 몇 가지 들고 있다.[62] ① 정책과정에서의 변동흐름을 쉽게 파악하게 해 준다. ② 변화에 대해 개방적이다. ③ 정책과정의 정태적 관점보다 동태적인 관점을 열어 준다. ④ 문화 제한적이 아니라 여러 국가의 정책연구에 적용될 수 있다.

가. 문제의 인식(problem identification)과 의제형성(agenda formation)

이 단계는 정부로 하여금 특정한 문제에 대해 고려하도록 하며, 여기서는 주로 다음과 같은 질문들과 관련된 것들을 검토하게 된다. 정책문제란 무엇인가?, 무엇이 이것을 공공문제(public problems)로 만드는가? 그리고 이 문제가 어떻게 정부의 의제(agenda of government)의 자리에 들어가는가 등이 그것이다.

나. 정책의 결정(formulation)

이 단계에서는 문제에 대처하기 위한 제안이 무엇인가에 관해 검토하며 다음과 같은 질문에 해답을 추구하는 활동이 진행된다. 즉, 문제를 다룰 수 있는 정책대안들이 어떻게 개발되는가? 그리고 정책결정에는 누가 참여하는가 등이 그것이다.

---

62) J. E. Anderson, *Public Policy-Making*, 3rd ed., New York: Holt, Rinehart and Winston, 1984, pp. 18~21.

다. 정책의 채택(adoption)

이 단계에서는 정부로 하여금 제기된 문제를 해결하기 위해서는 특정한 해결책을 채택하도록 하며, 다음과 같은 몇 가지 질문에 답변을 추구하는 활동들이 진행된다. 즉 정책대안은 어떻게 채택되고 합법화되는가?, 정책의 채택을 위해 충족되어야 할 조건은 무엇인가?, 정책의 채택자는 누구인가?, 정책이 채택되는 절차는 무엇인가?, 채택된 정책의 내용은 무엇인가? 등이 그것이다.

라. 정책의 집행(implementation)

정책의 집행단계에서는 문제를 해결하기 위해 정부의 정책을 적용하게 되며 다음과 같은 몇 가지 질문들을 중심으로 하는 활동들이 진행된다. 즉, 집행에 참여하는 사람은 누구인가?, 정책이 효과적으로 집행되기 위해서 해야 할 것은 무엇인가? 정책의 집행이 정책의 내용에 어떤 영향을 미치는가?

마. 정책평가(evaluation)

Anderson이 제시하는 정책과정의 최종단계로서 정책평가단계에는 정책이 문제를 해결하였는가를 알고자 하며, 여기서는 다음과 같은 몇 가지 질문과 관련된 활동들을 수행한다. 즉, 정책의 효과성이나 영향은 어떻게 측정될 수 있는가?, 정책평가자는 누구인가?, 정책평가의 영향은 무엇인가?, 정책에 대한 변화나 폐지의 요구가 있는가 등을 포함한다.

특히 Anderson은 이들 정책과정 가운데 정책결정과 집행을 정치적 활동이라고 인식하고 있는데, 이는 이들 단계들이 공공정책의 이슈에 대한 상충된 욕구를 가진 개인과 집단들 사이에 갈등과 투쟁을 포함하기 때문이다.

(6) R. B. Ripley와 G. A. Franklin의 정책과정

정책의 유형과 집행의 관계를 고찰한 R. B. Ripley와 G. A. Franklin은 정책과정으로서 다음과 같은 4단계를 제시하고 있다.[63]

가. 형성 · 합법화단계

정책의제를 설정하고 정보를 수집하며 타협과 협상을 거쳐 인준까지 받는 단계를 이들은 형성 · 합법화단계라고 부르고 있다. 이 단계의 산출은 정책이나 프로그램의 목표 · 디자인 · 결과 등에 관한 일반적인 진술이라고 할 수 있는 법률이라고 말하고 있다.

---

63) Randall B. Ripley and Grace A. Franklin, *Policy Implementation and Bureaucracy*, 2nd ed., Homewood : Dorsey, 1986, pp. 5~9.

나. 집행단계

자원을 획득하고 정책에 대한 해석을 내리며 기획 · 조직을 거쳐 대상집단에게 혜택서비스를 제공하는 단계를 집행단계라고 호칭한다. 이 단계의 산출물은 구체적인 정책이나 프로그램의 활동이다.

다. 평가단계

집행의 결과로 발생한 단기적인 실적이나 장기적인 정책영향(policy impact)을 평가하는 단계를 말한다. 평가의 결과를 토대로 하여 다음 단계가 전개된다.

라. 정책변동단계

평가의 결과를 토대로 하여 정책의 미래에 관한 결정이 이루어지며, 이 결정이 형성 · 합법화단계로 환류된다.

(7) H. W. Hogwood와 B. G. Peters의 정책과정

H. W. Hogwood와 B. G. Peters는 정책과정을 정책순환이라고 명명하고, 이 정책순환은 정책이 효과적이기 위해 거쳐야 할 단계들에 초점을 맞추었다. 그리하여 이들은 이와 같이 정책순환을 포함하는 정책단계들은 다음과 같은 일곱 단계들을 제시하고 있다.[64]

가. 의제설정(agenda-setting)

이 단계에서는 먼저 사회 내에 존재하는 문제들의 해결을 위해서는 정부의 행위가 요구된다고 인식되며, 이들 문제들은 해결을 위해 공식적 의제의 위치를 차지하게 된다.

나. 정책결정(policy formulation)

이 단계에서는 환경 속에서 인지된 바 있는 문제, 즉 어려움을 완화시킬 수 있는 정책대안이 마련되어진다.

다. 합법화(legitimation)

이 단계에서는 앞의 단계에서 수립된 정책대안(policy instruments)이 일련의 공식적 행위를 통해서 권위를 갖게 된다. 이와 같이 정책대안이 권위적이 되고 합법화되기 위해서는 무엇보다도 입법조치, 규제조치 또는 국민투표 등의 절차가 필요하다.

라. 조직화(organization)

정책을 집행하기 위한 조직구조가 이 단계에서 개발된다. 물론 전혀 새로운 조직을 설립하

---

64) H. W. Hogwood and B. G. Peters, *Policy Dynamics*, New York:St. Martin's Press, 1982, pp. 7~9.

기보다는 기존의 조직에 정책을 집행하게 할 수도 있다.

마. 집행(implementation)

이는 행정조직이 실제로 정책을 집행하는 단계이다. 이 단계에서는 정책이 바람직한 산출(desired outputs)을 달성하기 위해서 합법적인 집행자, 책정된 자원 그리고 집행조직을 환경에 연계시키는 작업이 포함된다.

바. 평가(evaluation)

이 단계에서는 산출(outputs)이나 산출의 영향(consequences of the outputs)이 특정한 기준에 의해서 분석되어지고 평가되어진다. 그리고 여기서 기준이란 원래적인 합법화에서 유래될 수도 있으며, 또는 조직구조와 집행단계에서 형성된 원래적 정책의도의 수정에서 기인할 수도 있다.

사. 종결(termination)

정책집행조직이나 다른 정책결정기구들의 활동을 종식시키기 위해서 다양한 절차들이 이미 개발된 바 있으며, 이 절차들이 정책의 종결단계에서 활용되어지고 있다.

이상과 같은 정책순환의 특징은 먼저 정책결정의 동태성을 강조한다는 것이다. 그리고 이 모형은 정책의 정치적 본질(political nature)을 강조하며, 순환절차 내에서 정책의 본질에 영향을 미칠 수 있는 다양한 접근점이 존재한다는 사실을 강조하고 있다.

(8) D. J. Palumbo의 정책과정

D. J. Palumbo는 Hogwood와 Peters처럼 정책과정을 정책순환으로 파악하고 정책순환에 포함되는 단계들로서 의제설정(agenda setting), 정책결정(formulation), 정책집행(implementation), 정책평가(evaluation) 그리고 정책종결(termination) 등 다섯 단계를 제시하였다.[65] 이하에서는 먼저 이들 다섯 단계에 관해 개략적으로 검토한 후 이들을 요소로 하는 정책순환모형을 살펴보기로 하겠다.

가. 의제설정

이 단계에서는 흔히 하나의 이슈가 공공의제의 위치를 차지하게 됨으로써 시작된다. 그리고 이는 곧 입법부, 사법부 또는 행정부 등의 기구에 의해서 이슈가 취급되어져야 함을 의미한다.

나. 정책결정

이 단계에서는 문제가 정의되고, 이익집단들이 지지와 반대를 중심으로 하여 결합되며, 제

65) D. J. Palumbo, *Public Policy in America: Government in Action*, New York : Harcourt Brace Jovanovich, Publishers, 1988, pp. 17~18.

기된 문제를 해결할 수 있는 특정한 방안이 채택된다.

다. 정책집행

이 단계는 이전에는 정책과정에서 생략되었으며 또는 간과되어지기도 하였으나 오늘날에는 활발하게 연구되어지고 또한 강조되어지는 부분이다. 그리고 이 단계에서는 사업계획이 설계되며, 집행기구와 정책이 목표로 하는 대상집단의 요구, 자원, 결핍 등에 맞도록 정책을 수정하기도 한다.

라. 정책평가

이 단계에서는 앞 단계에서 집행된 바 있는 정책과 절차가 대상집단에게 의도되거나 또는 의도되지 않은 어떠한 영향이 나타났는가에 대해 평가한다.

마. 정책종결

정책은 정치적 지지를 상실하거나, 목표를 달성하지 못한다는 것이 입증되거나, 비용이 들거나 너무 많이 들거나 또는 다른 이유 등으로 인해서 종결되어지게 된다.

이와 같은 정책순환모형은 정책결정과정에서 포함되는 복잡한 행위요소들을 명확하게 구분하여 상황을 단순화하였다는 점에서 매우 유용하다. 그럼에도 불구하고 이 모형이 지니는 문제점으로는 정책과정의 많은 구성요소들이 포함되지 않았다는 점이다. 이 밖의 문제로서는 이 모형이 너무 간결하며, 논리적이고 또한 너무 순차적이라는 점을 들 수 있다. 사실 실제의 정책과정은 이 모형에서와 같이 간결할지라도, 논리적이지도 그리고 순차적이지도 않기 때문이다.

F. M. Frohock은 정책과정을 행위의 체계로서 파악하여 다음과 같은 요소들을 포함하는 체제모형을 제시한 바 있다.[66] 즉, 이 모형에 의하면 환경으로부터 투입되는 요소로서 문제의 지각, 인지, 조직화, 요구, 지지, 그리고 무관심이 정책결정과정인 정치체제에 들어간다. 그리고 정책결정과정으로부터 규제정책, 분배정책, 재분배정책, 그리고 윤리정책 등이 나오며, 이는 또한 산출로 이어진다. 그리고 산출요소에는 적용, 강제, 번역, 평가, 합법화, 수정, 조정, 그리고 후퇴거부 등이 있다. 위 모형에서 볼 수 있는 것과 같이 산출은 정책에 영향을 미치고, 정책이나 산출은 투입에 영향을 미쳐 산출의 결과는 환류되어 투입되어진다.

따라서 이 모형은 D. Easton의 체제모형과 매우 유사하며 다소 차이가 있다면 투입의 요소들이 보다 상세하며, 정책과 산출을 분리하여 구체화하고 있다는 점이라 하겠다.

---

66) F. M. Frohock, *Public Policy : Scope and Logic*, Englewood Cliffs, N. J. : Prentice-Hall, Inc., 1979, pp. 15~18.

第2章
社會福祉政策의 議題設定

第 1 節 政策議題設定의 意義

1. 政策議題設定의 槪念

의제란 일련의 정치적 논쟁거리로서 특정한 시기에 대중의 관심을 끌만하다고 인식되는 문제 또는 기존 정부기구의 합법적 관할권에 속하는 문제이며, 정치체제의 구성원들에 의해 간주되는 문제라고 정의하였다.[1] 이에 비해 Jones는 의제란 공적인 대응조치(public actions)가 필요하다고 판단되는 이슈들이라고 함으로써 비교적 넓게 정의하고 있다.[2] 그리고 Edwards와 Sharkansky는 정책의제를 중요한 정책결정자들에 의해서 적극적이고 신중한 고려를 받는 이슈항목들이라고 정의하였다.[3]

어떤 사회를 막론하고 잠재적인 공적 이슈의 수량은 의사결정기관의 처리능력을 훨씬 초과하고 있다. 따라서 이슈와 그 주창자들은 의사결정의제의 자리를 놓고 경쟁할 수밖에 없다. 각종 집단의 요구가 정부의 진지한 관심의 대상이 되는 항목으로 전환되어가는 과정을 정책의제설정이라고 부른다.[4] 즉, 정책의제설정이란 정부가 정책적 해결을 위하여 사회문제를 정책문제로 채택하는 과정 또는 행위, 즉 사회문제가 정책문제로 전환되는 과정이나 행위를 의미한다.

정책의제설정 혹은 정책문제채택에 관한 연구는 1960년대 초반에 흑인폭등을 계기로 학

---

1) R. W. Cobb and C. D Elder, *Participation in American Politics : The Dynamics of Agenda- Building*, 2nd ed., Baltimore, Maryland : The John Hopkins University Press, 1983, p. 14.
2) Jones, *op. cit.*, p. 59.
3) G. C. Edwards III & I. Sharkansky, *The Policy Predicament : Making & Implementation Public Policy*, San Francisco : W. H. Freeman & Co. 1978, p. 100.
4) Roger Cobb, Jennie-Keith Ross, and Mare Howard Ross, "Agenda Building as a Comparative Political Process", *American Political Sciences Review*, March, 1976, p. 126.

자들의 관심을 끌기 시작하였다.[5] 흑인들의 문제를 정책문제화하지 못하도록 백인들이 방해했기 때문에 흑인들은 여타 수단이 봉쇄당한 상황에서 사회문제를 정책문제화하지 못하게 방해하였는가를 연구 · 분석하는 과정에서 정책문제의 채택과정에 학자들이 관심을 가지게 된 것이다.

2. 政策議題의 類型

정책의제의 유형은 학자들에 따라 다양하게 분류되고 있다. 즉, Cobb과 Elder는 체제적 의제(systemic agenda)와 제도적 의제(institutional agenda)로 구분하였다. 그리고 L. N. Gerston은 실질적 의제와 상징적 의제로 분류하였다.[6] C. O. Jones는 고려하고자 하는 기능적 목적을 구체화하여, 즉 문제를 규정하려는 것인가, 해결을 구하려는 것인가, 다수를 확보하려는 것이 목적인가 등에 따라서 제도적 의제를 문제정의의제(problem definition agenda), 제안의제(proposal agenda), 협상의제(bargaining agenda), 반복의제(continuing agenda) 등으로 분류하고 있다.

1) Cobb and Elder의 分類

가. 체제적 의제

체제적 의제란 대중의 관심이 되며, 또한 기존 정부기구의 합법적 관할에 속하는 문제들로 정치체제의 구성원들에 의해서 공통적으로 인식되는 의제들이라고 정의하였다. 따라서 지방자치단체나 중앙정부 등 모든 정치체제는 이와 같은 체제의제를 지니고 있다.

체제의제는 공중의제라고도 한다. 이는 정치집단의 구성원이 공적인 관심과 문제의식을 가지며, 정부의 정당한 관할권 내에 속하는 문제로서 인식하는 모든 이슈를 의미한다. 하나의 이슈가 체제적 의제가 되기 위해서는 ① 광범위한 주목(widespread attention)을 받거나 아니면 적어도 광범위한 인식(awareness)을 받아야 하며, ② 어떠한 유형의 대처행위이든 꼭 필요하다는 데에 대해 국민 가운데 상당수가 공유된 관심(shared concern)을 보여야 하며, ③ 그 이슈에 대해 정부에서 관심을 갖는 것이 정당하며, 또한 정부의 관할권 내에 속한다는 것에 대해 공통으로 인식을 가지고 있을 것 등의 여러 조건이 필요하다. 이러한 제조건

5) 정정길, "정책과정과 정책문제채택", 김운태 외, 「한국정치행정의 체계」, 박영사, 1982, pp. 247~248.

6) L. N. Gerston, *Marking Public Policy : From Conflict to Resolution*, Glenview, Ill. : Scott, Foresman and Comp., 1983, pp. 23~24.;Cobb and Elder, op. cit., pp. 84~85.;김병진, 「정책학개론」, 박영사, pp. 103~105.

은 결국 그 사회의 여론의 분위기를 의미하게 되는데, 이것은 또 그 사회의 지배적인 규범가치 및 이데올로기를 반영한다고 보겠다. 따라서 체제적 의제는 이를 조작화하기가 매우 어렵다. 다시 말해서 이슈가 의제로 되기 위해서 전체사회의 인식이 필요한 것은 아니고 단지 사회 내의 상당히 많은 사람들이 이슈의 중요성에 대해 공통적인 인식을 가져야 할 필요가 있다는 것이다.

체제적 의제의 특징은 무엇보다도 문제의 영역을 발견하는 데 있으며, 또한 비교적 추상적이고 일반적인 항목들로 구성되어 있는 점을 들 수 있다. 그러므로 이러한 체제적 의제에 대해서는 문제를 해결할 대안이나 수단들이 제시될 수가 없다. 체제적 의제의 예로서는 차별대우를 종결시키는 정도(ending discrimination)의 막연한 항목들이 제시되는 것이 고작이다.

체제적 의제는 본질적으로 토론의제(discussion agenda)로서[7] 제도적 의제가 행동의제(action agenda)인 것과 구별이 된다. 그리고 체계적 의제를 다시 공적 근심(public worry)과 기회의제(opportunity agenda)로 구분하기도 한다.

나. 제도적 의제

제도적 의제란 합법적 정책결정자가 적극적이고 신중하게 고려하는 명백한 이슈항목들이라고 정의하였다. 제도적 의제는 정부의제(governmental agenda) 혹은 공식적 의제(formal agenda)라고도 한다. 그러므로 중앙정부의 각 부처나 지방자치단체 수준에서 고려되는 모든 이슈들은 제도적 의제에 속한다고 할 수 있다.

제도적 의제를 국가적 차원에서 보면 국회의제, 대통령의제, 행정부의제, 사법부의제 등으로 구분해 볼 수 있으며, 체제적 의제가 토론의제인데 반해서 제도적 의제는 행동의제(action agenda)로서 체제적 의제보다 더 구체적이고 명세적이다.

제도적 의제는 구항목(old items)과 신항목(new items)으로 구분해 볼 수 있다. 구항목은 공무원봉급인상, 예산배분 등과 같이 규칙성을 지니고 공무원에게 익숙해져 있으며, 그것을 다루는 대안들도 다소 정형화되어 있는 항목을 말한다. 그에 반해 신항목은 전국적 파업이나 돌발적인 외교사태 등과 같은 특수한 상황에 의해서 만들어지는 것을 말한다. 제한된 시간과 과로한 업무로 시달리는 공무원들에게는 항상 구항목이 더 우선적으로 고려될 가능성이 많으며, 특히 구항목의 장수성(longevity)과 더 가까운 친숙성(familiarity) 때문에 더 관심을 끈다. 물론 신항목도 시간이 지남에 따라 구항목이 되며, 양자의 엄밀한 구별은 용이하지 않다.

---

7) J. E. Anderson, *Public Policy-Making*, 2nd ed., New York: Holt, RineHart and Winston, 1979, p. 56.

한편 Cobb과 Elder는 신중하고 능동적인 관심을 표명하는 제도적 의제와 단지 말로서만 관심을 나타내는 의사의제항목(pseudo-agenda items)을 구별하고 있다. 그러나 신중하고 능동적인 관심인지, 아닌지를 구분한다는 것은 가치판단적인 것으로서 쉬운 일이 아니기 때문에 제도적 의제를 명확히 식별한다는 것은 어려운 일이다.

2) C. O. Jones의 分類

가. 문제정의의제(problem definition agenda)

이는 권위있는 정책결정자가 신중하고 능동적인 관심을 표명하여 문제정의를 내리고 연구를 하는 항목들을 의미한다. 예를 들면, 교육부장관이 각료회의에서 입시제도의 문제점에 대해서 적극적인 관심을 나타내는 경우이다.

나. 제안의제(proposal agenda)

문제정의단계를 지나 해결책을 모색하기 위하여 제안단계에 이르게 되는 항목들을 의미한다. 예를 들면, 교육부장관이 입시제도개혁을 위해서 관계기관과 연구기관에 의뢰하여 구체적인 개혁안을 마련하는 경우이다. 그래서 교육부장관이 입시제도개혁을 위해서 관계기관과 연구기관에 의뢰하여 구체적인 개혁안을 마련하는 경우이다.

다. 협상의제(bargaing agenda)

제안의제의 적극적인 지지를 얻기 위하여 국민이나 관련집단과 협상하는 형식의 의제를 말한다. 예를 들면, 입시제도의 개혁안을 실시하기에 앞서 학부모들과 공청회를 연다든지, 교사나 학생들과 토론을 벌인다든지 하는 경우이다.

라. 반복의제(continuing agenda)

이는 계속적인 검토를 받는 항목들을 의미한다. Cobb과 Elder는 규칙적인 검토를 받는 습관적 항목이라 하였다. 예를 들면 공무원임용시험제도가 해마다 계속적으로 재고되는 경우이다.

이와 같이 제도적 의제를 다시 몇 가지로 구분하여 살펴보았는데, 여기서 주의할 점은 이러한 의제들이 어떤 공공문제에 대해서 반드시 순서대로 진행되는 것은 아니라는 점이다.

3) Gerston의 분류

가. 실질적 의제(substantive agenda)

실질적 의제란 매우 광범위하고 잠재적으로 폭발가능성이 있는 공공정책이슈라 할 것이다. 그리고 정책문제가 실질적 의제가 되기 위해서는 세 가지 요소들을 충족시켜야만 한다. ① 상당한 양의 공공재의 할당문제가 제기되어 있어야 한다. ② 이슈는 시민이나 공공정책결정자의 대대적인 관심을 유발할 수 있어야만 한다. ③ 어떤 이슈의 해결도 큰 변화에 대한 잠재성을 내포하여야만 한다. 이와 같은 실질적 의제는 범위에 있어서 매우 넓으며 강도가 매우 높은 것으로서 공공의 토론이 상당기간에, 그리고 집중적으로 수반되어야 한다. 그리고 여기서 가장 중요한 것은 이슈가 지니는 긴급성이 대응을 촉구하게 된다는 것이다.

나. 상징적 의제(symbolic agenda)

상징적 의제란 상징적 반응에 의해서 해결될 수 있는 정책이슈들에 대한 정책의제를 말한다. 미국과 같이 복잡하고 다원화된 사회에 있어서는 실질적 의제는 많은 갈등과 충돌을 가져올 수가 있으므로 실질적 개선이 없이도 필요한 문제들을 인식하는 방법으로 상징적 정책을 채택하기도 한다. 그러므로 이 경우 상징주의(symbolism)는 정치의 중요한 요소가 된다.

정책결정자가 상징적 정책을 채택하게 되는 데 몇 가지 이유가 있다. 먼저 이슈의 범위는 매우 좁고 강도는 상당히 충격적인 경우 정책결정자는 소수의 사람들의 요구에 대응하는 동시에 문제의 해결에는 큰 효과가 없는 상징적 정책을 채택하게 된다. 이는 곧 정책결정자가 원하는 바는 사회의 보다 많은 사람들의 요구에 부응하는 것이지만 그렇다고 소수의 강경론자들의 요구를 무시할 수도 없기 때문이다. 둘째로, 정책이슈가 지나치게 다면적 성격(mutifaceted in nature)을 지닌 경우 정책결정자가 정치적 · 경제적 또는 권력집단의 압력을 받게 되어 의미있게 해결할 수 없을 때 상징적 정책이 채택될 수 있다. 이에 대한 예로서 오늘날 미국의 인권문제(human rights)에 관한 정책을 용어의 정의문제로 인해서 또는 미국의 우방국들이 여러 가지 국내적 사정 때문에 상징적으로 선언하는 정도에 머무르고 만다. 셋째로, 복잡한 정책문제(complicated policy problems)의 경우 종합적 변화나 개혁이 가능하지 않고 최소의 대응(minimum response)이 최선의 대응방법이므로 상징적 정책을 채택할 수가 있다. 끝으로 상징적 정책이 지니는 안전판(safety valve)적 성격이 의제에 있어서 실제로 발생하는 것보다 더 많은 변화를 포함한다. 이를 다른 말로 바꾸어 말하면 상징적 정책은 실제로 개선은 하지 않으면서도 개선에 대한 환상을 제공함으로써 대상집단의 요구를 충족시키는 역할을 한다는 것이다.

第 2 節 政策議題設定에 관한 理論模型

정책의제가 어떻게 형성되고 또 어떻게 채택되는가에 대해 체계적으로 연구되기 시작한 것은 최근의 일이다. 그러나 그 전에도 정책의제형성을 연구대상으로 한 이론적 논의가 전무한 것은 아니었다. 그러면 여기서 학자들이 제시한 정책의제설정에 관한 이론모형을 제시하여 보면 다음과 같다.

1. J. E. Anderson의 模型

J. E. Anderson은 문제, 이슈, 그리고 체제적 또는 기구적 의제 등의 요소들을 모두 연결하여 정책의제가 형성되는 과정으로 도식함으로써 하나의 모형을 제시하였는데, 그 내용은 〔그림 2-1〕과 같다.[8]

그림에 의하면 사적 · 개인적 문제가 공공의 문제가 되고, 공공의 문제는 다시 해결이 어려운 이슈로 되며, 이들 이슈가 체제의제로 된 후, 끝으로 이들 체제의제가 제도적 의제가 됨으로써 의제형성과정이 종결된다고 보았다.

여기서 J. E. Anderson은 먼저 사적 문제와 공공문제를 구별하고, 사적 문제가 공공문제로 되는 과정을 설명하기 위해 공공문제는 직접 관련되지 않는 사람에게도 영향을 미치는 광범위한 효과를 가져오는 문제라는 John Dewey가 제시한 공공문제에 대한 정의를 인용하여 구별하였다. 그리고 이슈가 정책의제로 되기 위해서는 Cobb과 Elder가 제시하는 촉발적인 장치나 사건의 발생이 필요하다고 설명하고 있다. 그러나 이와 같은 정책의제형성과정모형에서 Anderson은 체제적 의제가 어떻게 제도적 의제로 되는가를 설명하지는 않고 있다.

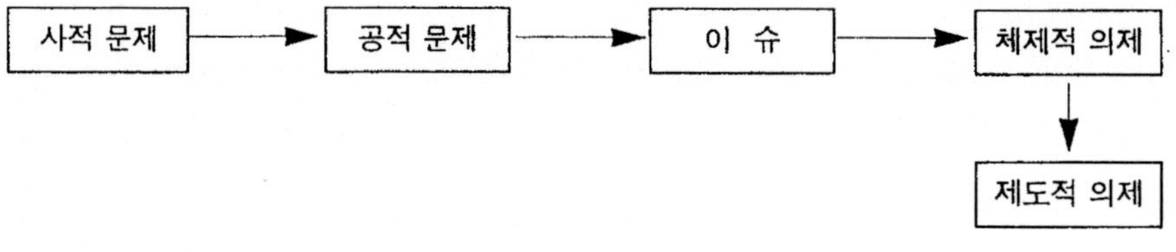

〔그림 2-1〕 정책의제 형성과정

8) J. E. Anderson, *op. cit.*, pp. 45~50.

2. C. O. Jones의 模型

C. O. Jones는 정책의제형성과정을 문제가 정부로 들어가는 과정에서 발생하는 네 가지의 기능적 활동을 제시함으로써 개념적 모형을 제시하였다. 즉, 그의 모형을 좀더 상세히 보면 정책의제형성을 문제가 정부로 들어가는 과정으로 보고 이 과정에서 발생하는 기능적 활동을 문제나 사건의 인식과 정의, 결합과 조직, 대표, 그리고 의제설정 등 크게 네 가지 유형을 들고 있다.[9] 그러면 여기서 Jones가 제시하는 이들 네 가지 유형의 기능적 활동들에 관해 검토해 보면 다음과 같다.

1) 인식과 정의(perception and definition)

C. O. Jones는 인식을 시각, 청각, 촉각, 그리고 후각 등을 통해서 사건을 수용하고 기록하는 것이라고 하였다. 이와 같은 인식은 문제에 대한 정의를 한정짓기 때문에 정책과정에서 매우 중요하다. 다시 말해서 문제에 대한 정의는 정의를 하는 사람이 문제 자체를 어떻게 인식하는가에 따라서 달라질 수가 있기 때문이다.

그리고 정책의제로 되는 문제의 대부분은 정책을 집행하는 과정에서 발생하기도 한다. 다시 말해서 개인이나 집단의 문제로 인식하고 정의하는 사건들은 정부로부터 발생한 것들이라는 것이다. 이와 같은 이유로 인해서 정부는 정부의제에 기여하는 주요한 행위자가 된다. C. O. Jones는 이에 대한 예로서 도시재개발을 들고 있다. 즉, 그에 의하면 대도시의 중심상업지역이 지속적으로 폐허가 되어 가는 것에 대해 개인이나 집단이 상이한 인식을 가질 수가 있다는 것이다. 먼저 일부는 이러한 현상은 어디서나 발생하는 자연적 현상으로 별로 걱정할 일이 못 된다고 당연시 할 수가 있다는 것이다. 그러나 다른 사람들이 이와 같은 도시의 황폐화는 빈곤 · 질병 · 범죄 등 많은 문제들을 야기시킨다고 인식하게 되면 이에 대한 개선을 추구하게 된다는 것이다. 그리하여 이 문제에 정부가 개입하게 되고 해결방안과 관련된 일련의 정책이 개발되면 승인이라는 과정을 거쳐서 집행이 된다. 이와 같이 정부가 문제를 해결하기 위해 활동하는 과정에서 정부의 활동은 개인이나 집단에게 영향을 미치게 됨으로써 또다른 새로운 사건을 발생시킬 수가 있다. 즉, 정부가 황폐화된 대상지역을 개선시키기 위해 먼저 대상지역의 건물들을 철거하고 정리하게 되는데, 이 경우 그 지역에서 생활하고 영업을 하는 사람들의 삶의 터전이 위협을 받는 사건이 발생된다. 그리하여 이와 같은 위협에서 직면한 사람들이 이 사건을 문제가 있다고 인식하게 되고 자신의 생계를 위협하는 문제

9) C. O. Jones, *op. cit.*, pp. 51~57.

를 해결할 것을 정부에 요구한다면 처음부터 문제를 해결하기 위해서 취한 정부의 활동이 새로운 문제의 원인으로 대두되는 현상을 발견하게 되는 것이다.

2) 결합과 조직(aggregation and organization)

Jones에 의하면 결합이란 사회 내에서 진행되는 일에 의해 영향을 받는 사람들을 집합시켜 놓은 것을 의미한다. 그러나 영향을 받는 사람들을 집합시켜 놓았다고 해서 이들이 곧 조직화된 것은 아니다. 오늘날 우리 사회 내에는 공장노동자들의 임금파업, 택시기사들의 파업, 교사들의 파업, 지하철노조의 파업, 아파트 관리인들의 파업, 그리고 농산물 가격과 정책에 불만을 품은 농민들의 시위 등 수없이 많은 파업과 시위가 난무한다. 즉, 부당하다고 생각되는 상황을 개선시키려는 사람들에 의한 파업과 시위활동이 매일같이 도처에서 수도 없이 발생하고 있다. 그러나 이들 파업이나 시위활동들은 대부분 관련조직에 의해서 상당히 조직화된 양상을 띠고 있으나 일부에는 아직도 전혀 조직화가 이루어져 있지 않은 것들이 많다. 그리고 이들 조직화가 이루어지지 않은 파업이나 시위활동은 조직화된 것들에 비해 요구를 표현하고 관철시킴에 있어 효과적이지 못하다. 뿐만 아니라 사건에 영향을 받고 인식을 같이하는 사람들의 수와 이들에 대한 결합의 정도, 그리고 조직의 정도와 유형 등 모든 것들이 정책과정과 정책과정의 결과에 영향을 미친다고 할 것이다.

집합과 조직화에 대한 이해를 제고시키기 위해서는 David Truman의 이익집단에 관한 연구를 참조할 필요가 있다. 즉, 그에 의하면 집단의 공식적 조직은 정책결정에 중요한 특징들을 보여준다고 하였다. 그리고 이와 같은 공식적 조직의 특징들로는 응집의 정도(degree of cohesion), 영속성에 대한 기대(expectation of permanence), 노동의 내부적 구분(internal division of labor), 그리고 공식화된 가치(formalized values) 등을 들고 있으며 이와 같은 것이 조직의 존립과 영향력에 밀접하게 영향을 미친다고 하였다.

3) 대표(representation)

대표는 여러 가지 의미를 갖는다고 할 수 있겠으나 Jones에 의하면 각종 행사나 집회 등의 활동에 참여하는 것이라고 하고 있다. 그리고 그는 Hanna F. Pitkin의 연구를 인용하여 대표란 대표로 내보내는 사람들이 원하고 생각하는 대로 또는 위임받은 대로 행동하는 것이라고 설명하고 있다. 그러나 Jones는 이와 같은 대표로서의 행위가 항상 수동적이고 중립적 활동은 전혀 아니며 오히려 그 반대에 가깝다고 하고 있다. 다시 말해서 대표자가 대표권을 위임한 사람들의 의도에 충실하게 행동하는 경우란 대표자가 대표권을 위임한 사람들과 사건에 대한 인식을 같이하는 경우라 할 것이다. 그러나 만약에 양자간에 있어서 사건에 대한 인식에 차이를 보이는 경우에는 상당한 갈등과 충돌까지 예상될 수도 있다.

그런데 이와 같은 개념적 해설은 용어가 지니는 의미를 분명히 해주기는커녕 오히려 용어상의 혼란만을 가져오는 것 같다. 그러므로 대표를 해석함에 있어 개념적으로 하기보다는 대표가 초래하는 현실적인 상황에 의해 설명하는 편이 더 쉬운 방법이 될 수도 있다. 이와 같이 정책의제형성에서 대표란 용어는 문제를 지닌 대중이 정부에 접근하는 수단이 되며, 또한 정부와 문제를 지닌 대중과의 연계로도 사용되고 있음을 발견하게 된다. 따라서 어떤 사건이 대중에 의해서 문제가 있는 것으로 인식되고, 정의된 후, 인식을 같이하는 사람들이 결합하고, 조직화가 되었다 해도 이 내용이 대표자에 의해서 정부에 전달되지 않는다면 이것은 결코 정책의제가 되지 않기 때문에 대표의 중요성이 대두된다고 하겠다. 그리고 대표와 관련해서 보다 중요한 것은 인식되고, 정의된 문제의 내용은 정확하게 대표되어야 한다는 것이다. 이는 만약 문제가 정확하게 정책의제 형성자에게 대표되고 전달되지 않을 경우 문제에 대한 해결방안이라고 결정된 것으로 처음부터 인식된 문제를 제대로 해결할 수가 없을 것이 분명하기 때문이다.

4) 의제설정(agenda setting)

의제설정은 Jones의 의제형성과정 가운데 문제가 정부로 들어가는 최종의 단계로서 문제가 인식되고 정의되며, 또한 결합되며 조직되어 대표된 후 의제로서의 지위를 획득하는 것에 초점을 맞추게 된다. 이상과 같이 의제설정과정에 관한 연구는 특정한 사건이 어떻게 이슈로 된 후 정부의 관심을 끌게 되어 정책의제로 되는가의 과정을 종합적으로 검토하게 한다. 이는, 즉 Layne D. Hoppe가 공공정책을 위한 의제설정전략을 연구하는 과정에서 "정책의제설정과정을 분석하는 것은 문제가 어떻게 발전되고, 정의되며, 이들 문제에 대응하는 행동유형과 이 행동에 대한 적법화를 이루는 것 등 이와 같은 문제들을 계속적으로 다룰 수 있는 정책체제의 등장 등에 관해 분석하는 것"이라고 의제설정과정을 정리한 것과 유사하다. 이와 같이 의제설정과정을 정의할 때 당면하게 되는 문제는 "이 의제설정과정을 인식할 수 있고, 일시적이며, 단계적 과정이라고 구별하는 데 상당한 어려움이 따른다."는 것이다.

지금까지 우리는 Jones가 제시하는 문제가 정부로 들어가는 과정, 즉 정책의제 형성과정에서 발생하는 기능적 활동들을 인식과 정의, 결합과 조직, 대표, 그리고 의제설정 등 네 가지로 분류하여 이들의 내용에 관해서 검토하였다. 이와 같은 연구는 특정한 사건이 어떻게 이슈로 등장해서 정부의 관심영역이 정책의제로 되는가에 관해 개략적이지만 종합적으로 검토할 수 있다는 장점을 지닌다. 그러나 이와 같은 기능적 활동연구가 지니는 문제점으로는 네 가지 활동들에 관해 주로 그 내용들을 검토한 것으로서 이를 통해서 의제형성의 전반적인 과정에 대해서 충분히 이해하기에는 다소 부족한 점이 있다. 특히 각 기능적 활동들이 어떻게 연결되며, 경우에 따라서는 이들 가운데 일부 기능을 의제설정과정에서 생략할 수가 있는지에 대해서도 분명히 밝히고 있지 않다.

3. R. Cobb과 J. K. Ross, M. H. Ross의 模型

R. Cobb과 그의 동료들은 먼저 정책의제가 ① 광범위하게 주목을 받거나 또는 인식되는 주제로서의 이슈, ② 대중들 중에서 상당수가 대응행위가 필요하다고 간주하는 이슈, ③ 지역사회의 구성원들이 정부기관의 적절한 이슈들로 구성된다고 함으로써 정책의제로 될 수 있는 이슈들의 종류를 한정하고 있다.

R. Cobb과 C. Elder는 〔그림 2-2〕에서 보는 바와 같이 정책의제형성과정의 출발을 이슈발생(issue creation)에서 찾고 있다.[10] 여기서 말하는 이슈란 지위나 자원의 배분과 관련된 실체적 · 절차적 문제들을 둘러싼 둘 이상의 집단간의 갈등을 뜻한다. 이러한 논제는 논제를 제기하는 개인이나 집단이 어떤 계기에 의해서 특정한 문제에 대해 정부가 신중하고도 능동적인 관심을 가지고 해결해야 한다고 의사를 표명함으로써 생성된다.

이슈제기집단은 자신들이 제기한 이슈에 관해 정부가 관심을 기울이도록 하기 위해 그것이 이슈제기집단에 한하는 문제가 아니라 불특정 다수인으로서의 공중의 문제로 정부가 인식하도록 하기 위해 각종의 상징 등을 이용하여 자신들이 제기한 논제를 관련공중에게 확산시킨다. 이러한 확산과정에서 중요한 역할을 담당하는 것이 소위 대중매체이다. 이러한 확산과정에서 성공을 거둔 이슈는 공중의제(public agenda), 즉 체제의제(systemic agenda)가 되고 진입과정을 통해 정부의 정책의제, 즉 기관의제(institutional agenda)로 성립된다.

그리고 이들은 의제의 제기(initiation), 구체화(specification), 확산(expansion), 그리고 의제로서의 진입(entrance) 등 네 가지의 주요 의제형성단계를 거치는 차원에 따라 공중의제와 공식의제로 형성되는데, 여기서 공중의제란 그 정치체제가 처리하여야만 할 체제의제이고 비교적 높은 수준으로 대중의 관심을 모은 확산단계를 거친 논제를 의미한다. 그리고 공식의제란 기관의제와 동일한 개념으로 공중의제가 정부에 진입되어 정책결정자들의 공식적인 관심을 끌고 해결이 필요하다고 인정되어 채택되는 논제를 말한다.

10) R. W. Cobb and C. D. Elder, *Participation in American Politics : The Dynamics of Agenda- Building*, Boston : Allyn and Bacon, 1972, pp. 85~89.

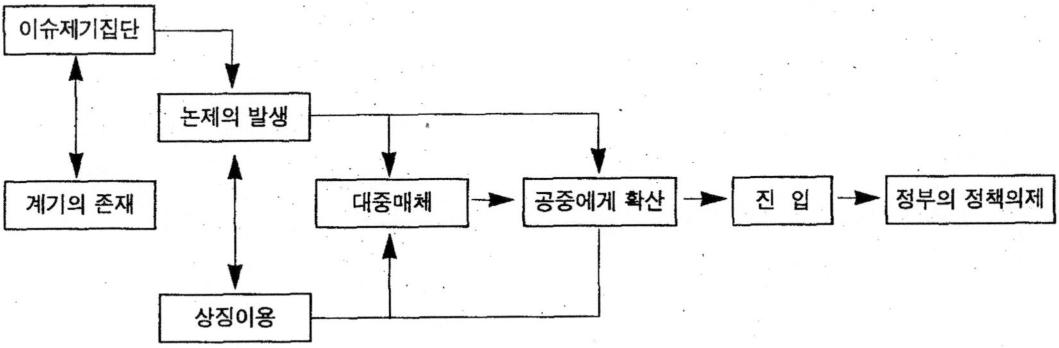

〔그림 2-2〕 R. Cobb과 C. Elder의 정책의제 형성과정모형

R. Cobb은 1972년에 발표한 이상의 정책의제 형성과정이론을 1976년 J. Ross와 M. Ross 등과 함께 더욱 발전시켜 정책의제 형성과정을 크게 제기, 구체화, 확산, 진입의 4가지 순서적 과정으로 나누고 있다. 그리고 각 과정을 논제나 정책대안의 성격 및 공식의제로 채택되는 양상에 따라서 ① 외부주도형(outside initiative model), ② 동원형(mobilization model), ③ 내부접근형(inside access model) 등 세 가지 모형들을 제시하였다.[11]

1) 외부주도형 : 사회문제 - 공중의제 - 정부의제

외부주도형이란 공식적 정부구조의 외부, 즉 환경으로부터 비정부집단에 의해 논제가 제기되어 공중에 확산됨으로써 일차적으로 공중의제가 되고, 최종적으로는 공식의제로 채택되는 정책의제 형성과정을 설명하는 모형으로 민주적이고 평등한 사회에서 흔히 나타나는 모형으로 설명되고 있다.

대립하는 집단 사이의 갈등으로 이슈가 발생하고, 이 이슈가 널리 공중에 확장되어 체계적 의제의 지위에 오르게 되면 이는 정책결정자의 관심을 끌게 되어 제도적 의제에 도달하게 된다. 이슈가 발생하여 공중으로 확장되는 확장경로와 체계적 의제에서 제도적 의제로 오르는 진입경로에는 이슈경로를 촉진시키거나 방해하는 수많은 요인들이 나타난다.

외부주도형이란 정부 바깥에 있는 집단이 자신들에게 피해를 주고 있는 사회문제를 정부가 해결해 줄 것을 요구하여 이를 사회쟁점화하고 공중의제로 전환시켜 결국 정부의제로 채택하도록 하는 의제설정과정이다. 이 모형은 정부에 대하여 압력을 가할 수 있는 이익집단들이 발달하고, 정부가 외부의 요구에 민감하게 반응하는 정치체제, 즉 다원화되고 민주화된

11) R. W. Cobb, J. K. Ross and M. H. Ross, "Agenda Building as a Comparative Political Process", *American Political Science Review*, Vol. 70, 1976, pp. 126~138.

선진국 정치체제에서 많이 나타나는 유형이다. 이때 언론기관이나 정당의 역할 등이 모두 중요하다.

2) 동원형 : 사회문제 - 정부의제 - 공중의제

어떤 논제가 정부내부에서 제기되었을 때 거의 자동적으로 정부의 공식의제로 채택되는 과정과 그것이 정책으로 입안되고 난 후, 그 성공적인 집행을 위해서는 공중의 지지와 협조가 필요하게 됨에 따라 이를 위해 공식의제를 공중의제로 확산시키는 과정으로서 외부주도형에 역행하는 절차를 거치는 모형이라 하겠다.

이 모형에서 정책결정자들은 비록 정부내부에서 논제를 제기하고 의제로 만들었으나 정책의 집행에 필요한 재정적 자원 등을 충분히 동원하지 못할 경우 효과적인 정책집행을 성취할 수가 없음을 잘 알기 때문에 논제의 채택 이후에 공중의제에로의 확산을 시도하게 된다.

동원형은 정부 내의 정책결정자들에 의하여 주도되는 경우이다. 주로 정치지도자들의 지시에 의하여 사회문제가 바로 정부의제로 채택되고, 일반대중의 지지를 얻어 정책의 집행을 성공적으로 이끌기 위해서 정부의 PR활동을 통해 공중의제가 된다. 그래서 집행에 필요한 대중의 지지를 얻고 순응(compliance)확보를 위해 정부의제가 된 것이 역진하여 공중의제로 나가는 경우이다. 정책집행의 성공을 위해서 일반대중의 광범위하고 자발적인 순응이 필요한 경우(가족계획사업, 새마을운동 등)만이 아니라, 공무원 등 정부기관 구성원의 협조와 헌신적 노력이 필요한 경우(공직사회의 부패방지가 더욱 필요한 사회정화운동)도 있다. 이 모형은 정부의 힘이 강하고 민간부문의 이익집단이 취약한 후진국에서 많이 나타나는 모형이다. 이 모형의 특징은 사회문제가 먼저 정부의제로 채택되고 정부의 의도적인 노력에 의해서 공중의제로 확산되는 것이다. 이때 정부의제가 된 후 정책결정이 진행되면서 공중의제화되는 수도 있고(경부고속도로건설, 최초의 지하철공사, 미국의 Johnson대통령시대의 빈곤퇴치운동(War on Poverty)), 완전한 정책결정이 있은 후에 공중의제화하는 수도 있다.

3) 내부접근형 : 사회문제 - 정부의제

정부 내의 집단에 의하여 이슈가 제기되고 공식적 의제가 되도록 충분한 압력을 가하는 경우이다. 동원형과는 달리 이 모형은 이슈가 공중에 확산되어 공중의제가 되기를 원치 않으며, 그들의 영향력에 의하여 호의적인 결정과 그 후의 성공적인 집행도 가능하다고 보는 것이다.

Cobb 등에 의하면 부와 지위(status)가 집중되어 있는 사회, 즉 엘리트사회일수록 내부접근형에 의존할 가능성이 높다고 보고 있다. 전략적으로도 사회적 지위가 높은 집단일수록 내부접근형을 활용할 가능성이 높다는 것이 Cobb 등의 주장이다.

내부접근형은 정부기관 내의 관료집단이나 정책결정자에게 쉽게 접근할 수 있는 외부집단에 의하여 주도되어 최고정책결정자에게 접근하여 문제를 정부의제화하는 경우이다. 부와 권력이 집중된 나라에서 많이 나타나는 것으로서, 일반대중에게 알리지 않으려고 하므로 일종의 음모형에 속한다.

동원형과 내부접근형의 차이점은 ① 동원형의 주도세력이 최고통치자나 고위정책결정자인데 비해서 내부접근형의 경우는 이들보다 낮은 지위에 있는 고위관료인 경우가 많다. ② 무엇보다도 중요한 것은 정부의제가 되고 난 후에 동원형에서는 정부 PR활동을 통해서 공중의제화 하는데 비해서 내부접근형에서는 공중의제화하는 것을 오히려 막으려 한다는 점이다.

각 과정을 위의 세 가지 모형별로 살펴보면 다음과 같다.

① 제기단계(initiation stage) : 제기단계는 의제형성의 첫번째 단계로서 개인이나 집단에 의해서 고충이 표명되는 단계를 말한다.

ⓐ 외부주도형의 경우 공식적 정부구조의 외부, 환경에 있는 개인이나 집단들에 의해서 어떤 불만이나 고충이 매우 포괄적이고 일반적인 용어로 표출되는 단계를 말한다.

ⓑ 동원형에서는 정치체제 내부의 정책결정자인 정치지도자에 의해 새로운 정책이나 프로그램이 제안되는 단계를 뜻한다. 동원형에서는 이와 같이 정책이나 프로그램이 발표되기 전에 정부 내에서는 그것에 관해 많은 논쟁들이 벌어지기도 하지만 일반대중은 이에 대해 깊은 관심이나 지식이 없는 경우가 흔하다.

ⓒ 내부접근형의 경우 제기단계란 정부내부에 있는 집단이나 기관 또는 정부의 지도자들과 밀접히 연결되어 있는 집단에 의해 불만이 표명되거나 새로운 정책제안(policy proposal)이 제기되는 단계이다.[12)]

② 구체화단계(specification stage) : 구체화단계는 의제형성의 첫번째 단계인 제기단계에서 표출된 불만이나 고충이 다양한 방법을 통해 구체적이고도 특정한 요구로 전환되는 단계라 할 것이다.

ⓐ 외부주도형의 경우 이와 같은 구체화단계에서 활동하는 행위자들로는 매스컴과 여론지도자, 이익집단, 그리고 정당 등을 들 수 있으며, 이 과정에서는 동일한 불만에 대해서도 다양한 요구가 구체화될 수가 있다.

ⓑ 동원형의 경우 이 단계에서는 정치지도자들에 의해 제안되고 발표된 새로운 정책이나 사업에 대해 공중의 반응을 알아보고 이에 의거하여 구체적인 세목을 탐색하고 결정하는 단계라 할 수 있다. 이는 대개의 경우 새로운 정책이나 사업이 제기단계에서 세부적인 사항들

---

12) *Ibid.*, p. 132.

까지 결정되어 발표되는 일이 거의 없기 때문이다. 다시 말해서 제기단계에서 정치지도자들에 의해 정책의 전반적인 방향이 제안되고 발표된 후 막료들은 대중의 반응을 검토함으로써 필요한 협력과 인적 · 물적 자원을 구체적으로 검토하게 되는 것을 말한다. 이와 같은 구체화 단계를 통해서 정치지도자들은 대중들에게 정책과 사업의 내용을 보다 분명하게 밝혀 주며, 동시에 이에 대한 지지를 확보하려고 시도하게 되는 것이다.

ⓒ 내부접근형의 경우 이 단계는 불만이나 고충을 정책대안으로 제기한 개인이나 집단들이 정책제안에는 관련이 없으나 정책제안의 성립에 필요한 다른 지도자들과 정책결정자들에게 동조를 추구하여 정책대안을 구체적인 제안으로 전환시키는 단계라 할 수 있다. 그런데 하나의 정치체제 속에는 수없이 많은 정책대안들이 제기되고 있기 때문에 특정한 정책대안이 최고지도자나 정책결정자에 의해 채택되기 위해서는 상당한 노력이 필요하게 된다. 이와 같은 내부접근형에 의존하여 정책대안을 제기하고 구체화시키려는 집단들은 그들의 특권적인 지위 때문에 타집단에 비해 배경이나 관습, 그리고 목표 등에 있어서 훨씬 더 밀착되어 있어 동질성이 높다. 따라서 이와 같은 이유들 때문에 정책결정자들부터 지지를 얻어내는 데 보다 더 큰 이점을 가지고 있다고 하겠다.

③ 확산단계(expansion stage) : 의제형성의 확산단계는 제기되고 구체화된 정책의제가 대중에서 확산되고 이들의 관심과 지지를 얻어내어 정부의 공식의제로 성립되려고 추구하는 과정을 말한다.

ⓐ 외부주도형의 경우 정부외부에서 제기된 정부의제로 전환되기 위해서는 정책의 관심을 끌어야 한다. 외부주도형에서 확산과정은 바로 그러한 관심을 끌기 위해 보다 많은 환경집단에게 그 논제를 확산시키거나 그 논제가 기존논제들과 밀접한 관계에 있는 것으로 인식시킴으로써 정책결정자로 하여금 그 문제가 공중의 문제인 것으로 생각되도록 노력하는 과정이다. 물론 어떤 논제는 공중에게 확산되지 않은 채 바로 정책결정자의 관심을 끌어서 정부의제화하는 수도 있으나 대부분의 경우 사회적으로 중요한 논제들은 관련공중에게 확산되어 공중의제, 즉 체제의제가 됨으로써 손쉽게 정부의제화하게 된다.

ⓑ 동원형에 있어서 확산과정이란 공표된 정책과 관련된 환경집단들에게 그 정책의 유용성을 주지시킴으로써 그 정책의 성공적 집행을 도모하는 과정을 두고 하는 말이다. 이러한 확산과정에는 외부주도형이든 동원형이든 양자 모두 각종 상징과 대중매체를 흔히 이용한다.

ⓒ 내부접근형에 있어서는 의제를 공중에게 확산시키지 않는다. 즉, 확산과정이 없는 것이 된다.

④ 진입방법(entrance stage)

ⓐ 진입단계는 정책의제형성의 최후의 단계로서 외부주도형에서는 확산단계에서 관련대중에게 확산된 논제가 공중의제 또는 체제의제가 되어 많은 사람들의 관심을 끌게 되면 정부 정책결정자들이 이 논제에 대해 관심을 갖게 되고, 또한 신중하게 고려하게 됨으로써 공식의제 또는 정부의제로 전환되는 단계를 의미한다. 그런데 진입단계는 논제에 따라 그리고 정치체제의 유형에 따라 매우 다양하게 나타날 수 있으며, 경우에 따라서는 확산단계에서 진입단계에로의 전환이 전혀 이루어지지 않는 경우도 있다. 또한 확산단계와 진입단계 사이에 집단간의 이해가 상충되고 반발이 발생하여 정책결정자들이 적극적으로 관심을 보이는 것을 보류한 채 장기간 방치될 수가 있다.

ⓑ 동원형에서의 진입단계는 이미 제기단계와 구체화단계에서 제안된 공식의제가 정책이나 사업으로 구체화되고 대중으로부터 이의 지지를 확보하기 위해서 확산단계를 관련대중에게 확산시킨 후 공중의제로 전환되는 단계를 의미한다. 다시 말해서 대다수의 관련대중이 확산단계를 통해서 정책이나 사업의 효용성에 대해 이해할 수 있게 됨으로써 공중의제 또는 체제의제로 전환되어 진입하게 되는 단계를 의미한다.

〈표 2-1〉 Cobb, J. Ross & M. Ross의 정책의제형성이론요약

과정 \ 모형	외부주도형	동원형	내부접근형
제기과정	환경으로서의 한 개인이나 집단에 의한 고충의 표명	정부정책결정자에 의한 새로운 정책의 공표	정책결정자나 측근자에 의한 정책안의 제시
구체화과정	고충의 특정 요구화	공표된 정책의 세목결정	구체적 제안제 ''
확산과정	여타 환경집단에게 논제의 중요성인식(대중매체와 상징이용)	환경집단으로서의 공중에게 정부정책의 중요성과 유용성인식 (대중매체와 상징이용)	
진입과정	체제의제의 정부의제화(정부기관의 관심표명)	정부인식의 체제의제화(정책에 대한 공중의 지지표명)	
문제전환의 방향	환경 ——→ 정책결정자	환경 ——→ 정책결정자	양자관계 無

ⓒ 내부접근형의 경우 논제 자체가 정부내부에서 제기되었을 뿐만 아니라 논제에 대한 대중의 지지가 없이도 정책이나 사업이 성립할 수 있는 경우이므로 진입단계라는 용어를 사용하는 것이 부적절하다. 다시 말해서 내부접근형에서는 진입단계가 없다는 말이다.

4. F. Kendrick 등의 理論

F. Kendrick 등은 정책의제 형성과정을 자신이 기울이고 있는 특정의 사회문제가 정책에 의해 해결되기를 바라는 개인이 정책결정과정에 참여하는 과정으로 보고 형성과정을 문제의 진술 → 의사전달 → 조직화 등과 같은 개인의 참여과정으로 이루어진다고 설명하고 있다.[13] 이 이론의 대전제는 이슈정치(issue politics)라는 그들의 신용어가 함축적으로 시사하듯이 정치란 희소자원의 분배에 관한 결정이므로 정치에 대한 진정한 참여는 선거를 통해서가 아니라 구체적인 논제에 참여함으로써 달성된다는 것이다.

1) 문제진술과정(phrasing the question)

이 과정은 정책의제 형성과정의 첫단계로서 사회문제를 정책의제화하려는, 먼저 당면한 문제를 명확히 진술할 수 있어야 한다. 문제를 정확하게 진술하지 못하면 그 문제에 대한 다수의 관심을 얻는데 절대적으로 필요한 의사전달상에 장애가 일어날 뿐만 아니라 그 문제를 해결하는 데 필요한 정책이 구체적으로 어떠해야 하는지도 생각할 수 없게 되며, 나아가 그러한 정책의 산출을 반대하는 사람들을 효과적으로 설득할 수 없게 된다. 다시 말해서 문제의 명확한 진술을 통해 그 문제에 대한 자신의 입장을 명백히 강구할 수 있으며, 그 문제를 해결하기 위한 구체적인 정책적 대안작성의 방향을 명백히 설정할 수 있게 되고, 또한 그 문제의 중요성과 심각성을 다른 사람들에게 효과적으로 전달할 수 있고 예상되는 반발에 대비할 수 있게 되는 것이다.

문제진술과정에서 고려되는 중요 고려사항에는 다음과 같은 것들이 있다. 문제의 원인과 그 결과는 어떤 것인가?, 관련자들은 누구인가?, 누가 그 문제에 대하여 가장 관심이 많은가 혹은 누가 그 문제에 의해 가장 많은 손해를 보고 있는가?, 그에 대한 이익집단들의 반응은 어떤가?, 정책결정자는 그 문제에 대해 어떻게 생각하는가?, 그가 원하는 정책이 다른 사람들에게 주는 영향은 어떤 것인가? 등이다. 이러한 문제진술과정을 통해 자신의 문제에 대해 다른 집단들의 심한 반대가 예상될 경우에는 문제의 재정의를 통하여 그러한 반발을 완화시켜 나간다.

2) 문제전달과정(communication)

이 과정은 정책결정자로 하여금 관심을 기울이게 하기 위해 많은 사람들, 즉 관련공중에게 문제의 중요성과 심각성을 전파함으로써 정책결정자에게 영향력을 행사하는 과정이다. 그

13) F. Kendrick, et al., *Strategies for Political Participation*, 2nd ed., MA : Winthrop Publishers, Inc., 1974, pp. 116~145.

영향력은 압력행사의 회수(압력의 양), 압력을 행사하는 사람의 지위(압력의 양) 또는 압력행사를 하는 사람들의 관여 정도(압력의 강도) 등에 의해 좌우된다. 문제를 전달함에 있어 핵심적 요소가 되는 것은 자신에게 유리한 결과를 초래할 정보를 유포시키는 것이다. 이것을 통하여 더 많은 지지자를 확보하거나 조직화된 집단을 끌어들일 수 있게 된다. 조직화된 집단을 끌어들이기 위해서 그러한 집단들과 연합하기도 한다. 이러한 연합이 성립될 수 있는 근거가 되는 것은 목표의 공통성 이외에도 이해관계의 공통성이다. 즉, 각자가 추구하는 목표는 다르더라도 이해관계가 서로 같은 경우에는 상호연합할 수 있는 것이다.

3) 조직화과정(organization)

자신이 관심을 가지고 있는 문제가 어느 정도 광범위하게 타집단에게 전파되어 사회 전체적인 문제로 전환되고 나면 그것을 보다 효과적으로 정부의 정책결정자의 관심대상이 되도록 하기 위해서는 그 문제를 대표하는 조직을 확보하려는 것이 필요하게 된다. 왜냐하면 정책결정자는 조직되지 않는 일반국민들보다는 잘 조직된 집단들의 주장에 더 많은 관심을 보이는 경향이 있기 때문이다. 따라서 특정 문제를 정책의제화 시키고자 원하는 사람은 그의 입장을 대신해 줄 수 있는 조직을 찾게 되며, 그러한 조직이 없는 경우에는 스스로 새로운 조직을 만들어야 한다. 새로운 조직을 만들기 위해서는 수많은 요소들이 고려되어야 하겠지만 정책의제 형성과정과 관련시켜 볼 때 조직의 응집력이다. 조직에 관여하는 모든 사람들이 문제에 관해 일치된 견해를 가질 수 없으므로 조직에 관여하는 정도도 또한 각기 다르게 나타난다. 따라서 이러한 다양한 견해들을 조정하기 위한 노력이 추가적으로 필요하게 된다.

5. R. Eyestone의 理論

R. Eyestone은 정책의제 형성과정을 논제성격의 변화를 중심으로 다음과 같이 제시하고 있다.[14)]

제1단계 : 사회의 집단에 의해 사회문제가 인지된다.

제2단계 : 다른 견해를 가진 집단들이 관련된다.

제3단계 : 사회문제가 사회논제로 된다.

제4단계 : 더 많은 집단들이 관련되어 공중의제가 된다.

제5단계 : 논제기업가들이 활동한다.

제6단계 : 공중의제가 공식의제로 된다.

---

14) R. Eyestone, *From Social Issues to Public Policy*, New York : John Wiley and Sons, 1978, pp. 69~86.

여기서 사회문제란 사회구성원들의 인지나 신념상에 나타나는 사회적 상황에 대한 광범위한 결핍감이나 불만족의 상태를 말하며, 사회논제란 그러한 사회문제들 중 그 해결방법에 대해 의견이 엇갈리고 있는 문제를 의미한다. 공중의제는 공적 근심(public worry) 및 기회의제(opportunity agenda)와의 상대적 비교를 통하여 그 개념이 정의될 수 있는데 기회의제는 공적 근심보다 공적인 관심이 장기적이며 안정적이지만 구체성이 결여되어 있어 문제에 대한 즉각적인 반응이 불필요한 문제를 말한다. 이에 반해 공중의제는 정부의 정책적 해결노력이 꼭 필요하다고 많은 대중이 믿고 있는 사회의제들의 집합체를 말한다. 공식의제란 정책의제로서 그 해결을 위한 정부의 관심과 행동이 집중되는 의제를 의미한다. R. Eyestone은 정부의제가 되었다고 해서 모두 정책결정의 대상이 되는 것은 아니라는 점을 지적하고 있다. 그것은 주로 정부내부에서 그러한 문제들을 받아들이고 그에 대한 정책적 중요성의 정도를 측정하고, 그 결과에 입각하여 정책결정자에게 그 문제에 대한 정책적 노력의 필요성을 인식시키는 활동을 하는 정부내부의 논제기업가의 활동에 중대한 영향을 받게 된다고 한다. 그는 이러한 논제기업가를 그 활동의 성격에 따라 논제제기자(issue generator)와 의제중계자(issue broker)로 나누고 있다.[15]

그는 또는 현실세계에는 앞에 제시한 모든 단계를 전부 거치지 않고 일부의 단계만 거쳐 공식의제로 성립하는 경우도 있을 수 있다는 점을 지적하면서 사회논제의 단계를 거치지 않고 공중의제로 되었다가 공식의제로 성립되는 경우와 사회논제에서 바로 공식의제로 성립되는 경우를 예로 들고 있다.

R. Eyestone의 정책의제 형성과정을 간략히 그림으로 나타내면 다음과 같다.

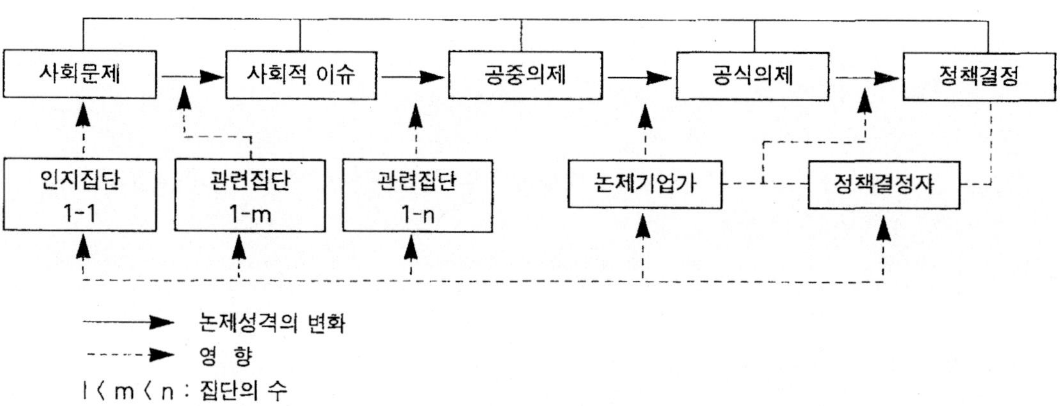

〔그림 2-3〕 Eyestone의 정책의제 형성과정이론

15) *Ibid.*, pp. 88~91.

6. G. Starling의 模型

G. Starling은 정책의제 형성과정을 정책이슈 개발과정과 동일하게 보고 이 과정은 문제의 인식에서 시작하여 정책결정 이전까지의 모든 활동들을 포함해서 〔그림 2-4〕의 모형을 제시하였다.[16]

〔그림 2-4〕의 모형에서 Starling은 인식된 문제가 체제적 의제의 편견의 장애를 넘기 위해서는 대항요소의 도움을 얻어야 하며, 일단 체제적 의제로 되고 난 후에는 이슈부화와의 상호작용과 대항요소의 도움을 얻어 기구적 의제로 발전한다. 그러나 모든 체제의제들이 기구적 의제로 되는 것은 아니고 이슈소산을 통해서 더이상 발전하지 못하고 사라지는 것들도 있다. 그리고 일단 기구적 의제로 된 이슈는 이슈부화와의 상호작용을 통해서 정책결정단계에로 나아갈 수가 있다. 물론 이 단계에서도 모든 체제적 의제들이 기구적 의제로 되는 것은 아니고 일부 기구적 의제들은 이슈소산을 통해서 사라지는 것들도 있다. 그러므로 다음에서는 위에서 언급한 정책이슈개발단계의 핵심이 되는 ① 체제적 의제와 기구적 의제, ② 편견의 근원(sources of bias), ③ 대항요소(countervailing factors), ④ 이슈부화(issue incubation)와 이슈소산(issue dissipation) 등 제요소들에 대해 좀더 구체적으로 알아보기로 하겠다.

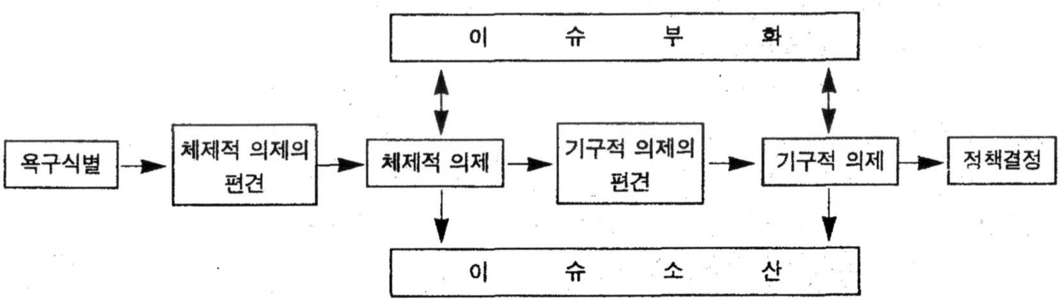

〔그림 2-4〕 정책이슈개발의 기능적 모형

1) 체제적 의제와 기구적 의제(systemic and institutional agenda)

Starling은 Cobb과 Elder의 체제적 의제와 기구적 의제에 대한 정의를 인용하여 자신의 모형을 설명하였다. Cobb과 Elder는 체제적 의제란 대중의 주의를 끌만한 이슈 또는 기존 정부의 합법적 권한영역에 속하는 이슈이며, 정치적 사회구성원들이 공통적으로 인식하는

16) G. Starling, *Strategies for Policy Making, Chicago*, Ill. : The Dorsey Press, 1988, pp. 69~75.

이슈라고 정의하였다. 그리고 이들은 기구적 의제가 합법적 정책결정자의 적극적이고 신중한 고려의 대상이 되는 명백한 이슈들이라고 구별하여 정의하였다.

2) 편견의 근원(sources of bias)

대중에 의해서 인식된 이슈는 직접 체제적 의제나 기구적 의제로 되지 않으며, 두 의제로 되는 과정에서 각종 편견들의 방해를 받는다. 먼저 체제적 의제와 관련된 편견의 예로는 저소득층의 거의 대부분이 이슈들에 대한 제한을 받는 경우를 들 수 있다. 또한 종교적 이슈에 관해서는 정부가 가급적 개입하지 않는다는 문화 · 종교적 편견도 있다.

그리고 기구적 의제에 대한 편견으로서는 정책결정자가 신의제항목보다는 구의제항목을 더 선호한다는 관념 등을 들 수 있다. 또한 각종 이슈들의 기구적 의제의 지위를 얻기 위해서는 정책결정자들의 지지를 얻어야 하는 경우가 많기 때문에 이들 정책결정자들은 기구적 의제에 대한 편견의 근원이 된다. 이는 의제형성과정에서 활발하게 참여하는 정책결정들이 특정한 이슈들에 선호를 나타냄으로써 스스로 이슈선정에 어떤 편견을 보일 수가 있기 때문이다. 예로서 의제형성에 활발하게 참여하는 정책결정자가 저소득층에 대한 주택공급문제에 각별한 관심을 보일 경우 이 이슈가 기구적 의제로 될 가능성이 매우 높은 것이다.

이와 같이 정책결정자는 기구적 의제에 대한 영향력의 크기 때문에 특정한 이슈를 기구적 의제화하려는 각종 집단들은 이들 정책결정자에 대해 접근할 수 있는 방법들을 모색하기 위해 많은 시간과 노력을 기울이게 된다.

3) 대항요소(countervailing factors)

의제형성과정에서 이슈들에 대한 장애요소로서 각종 편견이 있는 것과 같이 이들 편견을 극복하려는 각종 대항요소들이 존재한다. 다시 말해서 대항요소란 의제형성과정에서 각종 편견들에 대항하여 이들 편견들을 극복하려는 요소들이라고 할 수 있다. 이와 같은 대항요소들의 유형에는 다양한 종류가 있겠으나 그 중에서도 미디어와 개인적 · 집단적 대항요소 등이 비교적 중요하다.

먼저 뉴스미디어는 각종 이슈들이 체제적 의제가 되거나 기구적 의제로 될 가능성을 높이기 위해서 명백한 대항요소의 역할을 수행한다. 개인이나 집단도 대항요소로서 역할을 할 수 있다. 소비자 보호문제와 관련하여 미국의 경우 Ralph Naderd와 우리나라의 정광모 박사의 역할은 개인적 대항요소에 대한 좋은 예가 될 것이다. 그리고 경제이슈를 포함한 각종 이슈와 관련하여 경제정의실천연합의 역할과 환경문제와 관련하여 환경운동연합의 역할을 보면 집단적 대항요소들의 예로서 충분하다.

4) 이슈부화(issue incubation)와 이슈소산(issue dissipation)

문제의 인식에서 시작하여 정책결정 이전까지의 과정으로 요약되는 Starling의 모형이 Jones 등 다른 모형들과 특별하게 차이가 나는 점을 들라면 무엇보다도 이슈부화와 이슈소산이다. 먼저 이슈소산은 정책의제 형성과정을 통과하는 동안 각종 이슈들이 서서히 퇴색해 가고 마침내는 사라져 가는 경우를 말한다. 이와 같은 이슈소산은 비교적 초기단계라 할 수 있는 체제적 의제단계는 물론이고 말기단계인 기구적 의제단계에서도 종종 발생한다. 그리고 이슈부화란 닭이 알을 품어 병아리를 부화하듯이 이슈가 내면적으로 성숙하게 되는 일정 기간의 잠복기간 또는 부화기간을 거친 후에 활성화되는 것을 말한다. 다시 말해서 이슈부화란 체제적 의제가 기구적 의제에로 전환되는 것이 어느 순간에 일어나기도 하지만 경우에 따라서는 내면적 성숙기간인 일정한 잠복기간 또는 부화기간을 거친 후 표면에 나타나는 것을 말한다.

이와 같은 이슈부화에 대해 N. W. Polsby는 미국의 경우 극빈자에 대한 의료보호제도라 할 수 있는 '메디케어(medicare)'의 예를 들었다. 즉, 그는 미국의 메디케어 이슈는 89회 의회에서 Johnson 행정부에 의해 의제화되었으나 실제로는 Truman 행정부에 의해서 일찍이 시작된 후 성숙에 필요한 부화기간을 거침으로써 이슈가 부화되었다는 것이다. 보다 구체적으로 Truman 행정부와 Johnson 행정부 사이의 기간 동안 미의회의 상원의원들이나 하원의원들은 메디케어 이슈가 성숙될 수 있도록 이 안에 대해 자료요청을 하거나 강연을 하고 청문회 등을 개최하였다. 그리고 심지어는 통과되지 않을 것을 알면서도 메디케어 예산을 제안하기도 하였다는 것이다.[17)]

이상에서 설명한 Starling모형의 특징이라 할 수 있는 이슈부화와 이슈소산 가운데 이슈부화는 의제형성과정과 상호작용을 하지만 이슈소산은 일반통로의 역할밖에 하지 못한다.

7. M. D. Cohen, J. G. March, and J. P. Olsen의 模型

Polsby의 이슈부화에 대한 아이디어는 어떤 이슈는 부화되고 다른 이슈는 소산하는지에 대해 충분히 설명하지 못하고 있다. 이에 대해 M. D. Cohen, J. G. March, 그리고 J. P. Olsen은 쓰레기통 모형을 제시하여 이와 같은 상황을 설명하려고 시도하였다. 즉, Cohen과

---

17) N. W. Polsby, "Policy Analysis and Congress", *Public Policy*, 17, Fall, 1969, pp. 66~71

그의 동료들은 먼저 조직을 '조직화된 무질서 상태(organized anarchies)', 즉 쓰레기통(garbage can)으로 간주하였다. 그리고 이들의 쓰레기통모형은 문제, 해결책, 참여자들, 그리고 선택기회라는 네 개의 요소들이 조직화된 무질서 상태, 즉 쓰레기통 속에서 존재하며, 특정한 시점에서 연계될 때 해결책으로서 정책대안이 산출된다고 파악한 것이다.

8. Albert D. Hirschman의 模型

Albert D. Hirschman은 남미에 깊은 관심을 가지고 연구를 하였다. 그는 남미의 여러 국가들이 빈번하게 정책실패를 하는 것을 고찰하고, 누구나 애국자이지만 애국하는 방법이 남미의 상황과 맞지 않는다고 주장하였다. 즉, 정책시행 → 부작용 → 쿠테타 → 정책시행 → 부작용 → 쿠테타가 악순환을 거듭한다고 하였다. 그는 정책은 꼭 실패하고만다는 남미인의 심리적 요인을 가리켜 실패병 환자라고 불렀다.

이러한 남미 제국가들의 빈번한 정책실패를 분석하면서 정책문제가 어떻게 채택되어지는가를 기준으로 다음과 같이 두 가지 유형으로 분류하였다.

① 선택된 정책문제 : 선택된 정책문제는 Cobb와 그의 동료들이 분류한 동원형과 일치하는 것이다. 이는 정책문제를 정권을 담당한 자들이 선택한 것으로 일반이론과는 관계없이 집권자의 신념이나 이념 등에 의해서 채택되는 경우이다. 이러한 경우는 반대자가 많고, 인기가 없을지 몰라도, 집권자가 자기들의 신념과 소신에 따라 국가를 위해서 해결을 필요로 하는 문제로 채택한 것이다.

정책문제의 해결을 위해 정책대안을 탐색하거나 비교평가를 할 경우에 분석적으로 문제를 해결하며, 종합적 계획을 수립하여 추진하는 것이 보통이다. 따라서 결정이나 집행과정이 자연히 하향적이 된다. 이러한 예로서는 특히 개발도상국의 경우에 많이 볼 수 있는 것이다. 우리나라의 경부고속도로건설, 브라질의 수도이전문제, 농지개혁문제 등이 여기에 속한다.

② 압력에 의한 문제 : 압력에 의한 문제는 코브와 그의 동료들이 분류한 외부주도형과 일치하는 것이다. 이는 정치체제 바깥의 압력에 의해서 정책적 해결을 목적으로 정책문제를 채택하는 경우로서 여러 집단들이 자기들의 이익을 위해 사회체제로 하여금 정책문제로 받아들이게끔 노력한 것이다. 따라서 정책담당자의 신념이나 가치에 의해 정책문제가 채택되는 것이 아니라, 일반국민의 여론에 의해 정책문제가 채택되어진다.

이러한 경우에는 정책문제 자체나 정책대안들이 서로 모순되거나 충돌되는 내용도 포함되고 있으며, 따라서 분석적으로 해결대안을 채택하기보다는 오히려 정치체제 바깥의 이해당사자들이 서로 타협하거나 협상을 벌이는 경우가 보통이다.

이러한 정책문제화를 둘러싸고 발생하는 타협과 협상은 채택단계에서 중단되는 것이 아니고, 그 이후의 결정, 집행, 평가에 이르기까지 계속된다. 따라서 정책결정, 집행, 평가를 담당하는 자는 계속적으로 충돌하는 세력들 사이에서 행동하게 되며, 결정이 자연히 상향적이 된다.

이상에서 설명한 A. O. Hirschman의 분류를 요약해 보면 다음과 같다.

선택된 정책문제		압력에 의한 정책문제
누가	정책담당자	일반국민
결정유형	분석적 제안 종합적 계획	이미 논의된 대안들이 서로 모순될 가능성, 타협과 협상
집행	하향식	상향식

9. 政策議題設定의 過程

이상에서 살펴본 바와 같이 정책의제 설정과정에 관한 이론모형은 학자들의 관점에 따라 다양하게 분류되고 있다. 그런데 정책의제 설정과정의 일반적인 유형은 다음과 같다고 볼 수 있다.[18]

> 사회문제(social problem)−사회적 쟁점(social issue)−공중의제(public agenda)
> −정부의제(governmental agenda)

① 사회문제 : 사회의 많은 사람들이 바람직하지 못하다고 여겨 그것을 해결하려는 욕구를 느끼게 되는 상태 또는 상황, 즉 사회의 부적응과 불평등, 사회해체를 의미한다.

② 사회적 쟁점 : 문제의 성격이나 문제의 해결방법에 대해서 집단들 사이의 의견의 일치를 보기 어려운 사회문제로서 집단들 간에 논쟁의 대상이 되고 있는 사회문제를 말한다.

사회문제의 해결은 일반적으로 여러 사회계층이나 집단에 서로 다른 영향을 미친다. 석유가격의 폭등이라는 문제를 해결하면 자동차 이용자가 크게 혜택을 보게 되고 쌀값이 갑자기 상승될 때 이 문제를 해결하면 도시의 서민들이 크게 혜택을 보는 것과 같다.

또 문제의 해결은 특정 집단에게 혜택을 주면서 타집단에게는 피해를 주는 것이 일반적이다. 그리고 이러한 피해와 혜택을 받는 집단이 누가 되느냐는 해결방법에 따라서 달라진다.

18) 정정길, 「정책학원론」, 대명출판사, 1989, pp. 216~219.

폭등하는 쌀값을 다시 인하하여 안정시키면 도시서민들은 혜택을 받게 되지만 쌀을 판매하려는 농민에게는 피해를 주는 것과 같다. 일반적으로 규제정책은 피규제자의 희생으로 타집단을 보호하는 성질을 지니고 있다. 쌀값을 안정시키면 농민의 희생과 소비자의 혜택을 가져오게 되지만, 상승된 쌀값만큼을 재정자금에서 돈을 내어 도시의 서민들에게 제공하게 되면 다른 소비자, 조세납세자 등은 피해를 보고 서민과 농민들은 혜택을 받게 된다.

그런데 문제의 핵심적 성격을 무엇으로 정의하느냐에 따라 어떤 해결방법을 채택하느냐가 결정되는 경우가 많다. 쌀값 폭등의 문제를 두고 그 핵심적 내용이 무엇인가에 대해서 여러 가지 견해가 있을 수 있는데, 첫째 쌀값 폭등이 서민들의 생활을 위협하는 문제의 핵심적 내용으로 볼 수도 있고, 둘째 쌀값 폭등이 모든 물가를 상승시키게 되는 측면을 문제의 핵심으로 생각할 수 있다. 첫째의 것을 강조하면 서민들에게 쌀값 보조금을 주는 방법을 해결책으로 생각할 수 있지만, 둘째의 것을 강조하면 쌀값을 인하시키는 방법을 생각해야 한다. 그러므로 문제의 내용에 대한 정의는 채택할 수 있는 해결방법을 좌우하게 된다.

이와 같이 문제해결방법에 따라 영향받는 집단이 달라지고, 문제해결방법은 문제의 내용을 어떻게 정의하느냐에 따라 달라지기 때문에 문제내용의 정의 · 채택될 해결방법의 종류에 대해서 집단들간의 견해의 차이가 있게 되고 갈등이 발생하게 되는 것이다. 그러므로 사회문제가 있고 이에 대한 해결책이 필요하다고 주장하는 집단이 있으면 이를 둘러싸고 반대집단과의 논쟁이 발생한다. 이러한 논쟁이 상당한 규모에 달하면 많은 사람들의 주목을 받게 되는데, 이러한 문제가 사회적 쟁점 또는 이슈이다.

모든 사회문제가 사회적 쟁점이 되는 것은 아니다. 그 사회문제를 쟁점화시키려는 주도가 있어야 하고 점화장치가 있어야 한다. 이 점화장치는 주로 사람들의 주목을 끌만한 사건들을 말한다. 과거에 중학교입학시험이 사회문제가 되었을 때, 시험공부에 견디다 못한 초등학생들이 집단으로 가출한 사건이 발생하자 이 문제가 사회적 쟁점이 되었던 것과 같다. 이러한 사건들은 폭우 · 태풍 · 지진 등의 자연적인 것도 있고, 살인 · 강도 · 폭등 등의 인위적인 것도 있으며, 대내적인 것 못지 않게 전쟁이나 외국과의 대립 등과 같은 대외적인 것도 있다.

③ 공중의제 : 공중의제 또는 체제의제는 일반대중의 주목을 받을 만한 가치가 있으며, 정부가 문제해결을 하는 것이 정당한 것으로 인정되는 사회문제를 의미한다. 많은 사람들의 관심이 집중되어 있으며 정부가 그것을 해결할 수 있는 것을 인정하는 것이 사회문제인 것이다. 쌀값이 갑자기 올라갔을 때 정부에서 이 문제를 해결할 수 있다고 믿게 되는 것과 같다. 그러나 정부가 무더위를 제거할 수 있다고 믿는 사람은 없기 때문에 여름에 아무리 무더워도 그것은 공중의제가 되지 않는다.

그러므로 사회적 쟁점이 공중의제가 되려면 세 가지 전제조건이 필요하다. 첫째, 많은 사람들이 관심을 가지고 있거나 알고 있고, 둘째 어떤 방식이든 정부의 조치가 필요하다는 사람들이 상당수 있고, 셋째 문제가 정부의 적절한 고려대상이 될 뿐 아니라 그 문제해결이 정부의 권한에 속한다고 많은 사람들이 믿을 것 등이다.

④ 정부의제 : 정부의제는 제도적 의제 또는 공식의제라고도 부른다. 정부의제는 정부의 공식적인 의사결정에 의하여 그 해결을 위해서 심각하게 고려하기로 명백히 밝힌 문제들이다. 즉, 좁은 의미의 정책문제 · 정책의제이다.

정부의제는 그 문제의 해결을 심각하게 고려한다는 점에서 정부가 불만세력을 무마하기 위해서 겉으로만 관심을 나타내는 유사의제(pseudo agenda)와는 다르다. 그러나 실제에 있어서 정부의제와 유사의제를 구분하는 것은 무척 어렵다. 유사의제에서도 정부의 책임자들이 표면적으로는 진실로 해결을 의도하는 듯이 보이려고 노력하기 때문이다.

공중의제가 정부의제로 변화하는 과정이야말로 정부의제설정이론의 핵심부분이다. 공중의제까지는 공식적 정부기관의 바깥에 존재하는 것들이지만 공중의제 중에서 정부기관으로 침투하게 된 것이 정부의제, 이때에 어떠한 공중의제는 정부의제화하고 어떤 것은 그렇지 못하는가를 밝히는 것이 정책의제 설정이론의 핵심이기 때문이다. 정책의제설정의 다양한 과정은 다음과 같다.

제1유형 :	사회문제 ———————————————— 정부의제
제2유형 :	사회문제 ———— 사회적 쟁점 ———— 정부의제
제3유형 :	사회문제 ———— 공중의제 ———— 정부의제
제4유형 :	사회문제 —— 사회적 쟁점 —— 공중의제 —— 정부의제

① 제1유형 : 사회문제가 정책결정자에게 인지되어 바로 정부의제가 되고 정책결정이 따르게 되는 경우이다. 대통령이나 최고정책결정자가 문제의식을 가지고 관심을 갖는 경우에 나타나는 유형으로 후진국에서 많이 나타난다. 농민들이 운명론적 체념 속에서 생활하고 있다는 것이 사회적 쟁점도 아니고 정부에서 이를 해결해야 한다는 논란도 없는 상태에서 5 · 16이후에 정부에서 이를 심각하게 검토하여 결국 국민재건운동을 대대적으로 추진했던 일이나, 정부소속연구소들의 중복적인 연구활동이 사회적 쟁점도 아니고 공중의제도 아닌 상태에서 이 문제를 정부의제로 받아들이고 연구소의 통폐합운동을 추진한 것도 이러한 예에 속한다. 정부지도자가 압도적인 역할을 하는 후진국에서는 이러한 유형이 많이 나타나게 된다.

② 제2유형 : 사회문제가 사회쟁점화하여 많은 사람들에 의하여 해결방법을 둘러싸고 논란이 되고 있기는 하나 정부가 이를 해결하는 것이 옳으며, 또 해결해야 한다고 많은 사람들

간에 합의가 있기 전에 정책결정자들이 먼저 이를 정부의제로 채택하여 심각하게 검토하는 것이다. 사회적 쟁점이 언론기관이나 여론지도자층에 의하여 큰 주목을 받지 못하고 있을 때에 정부지도자가 먼저 이 쟁점을 공식 · 검토하는 경우에 흔히 나타난다. 청소년 범죄문제를 일선교사, 학부모, 전문가 등이 걱정하고 다양한 해결책을 논의하고 있을 때 이를 교육부에서 공식 · 검토하게 되는 경우와 같다. 이러한 유형은 후진국에서 흔히 나타난다.

③ 제3유형 : 사회문제가 갑자기 많은 대중 또는 공중에게 알려지게 되고, 또 이 문제해결을 위해서 정부의 조치가 필요하다는 의견이 광범위하게 확산되고 이에 따라 정부의제로서 성립되는 경우이다. 극적인 사건이 발생하여 문제의 심각성에 대한 인식이 급속하고 광범위하게 확산되었을 때 나타난다. 여객선이 침몰하여 많은 사람이 죽게 되자, 이 사건을 계기로 정원초과탑승이라는 문제해결을 위해서 정부가 무슨 조치를 취해야 한다는 여론이 광범위하게 형성되고, 이에 따라 정부가 이를 공식 · 검토하는 것과 같다. 선진국에서 많이 볼 수 있다.

여객선침몰－많은 사람 사망－정원초과 탑승에 대한 정부의 조치가 있어야 한다는 여론－정부의제

④ 제4유형 : 네 가지 단계를 모두 거치는 것이다.

의제설정과정의 일반적 절차에 대한 가장 극단적인 예외로서 반복적(recurrent) 또는 습관적(habitual) 의제를 들 수 있다. 정책의제로서 정부에서 공식적으로 거론 · 검토하는 안건으로서 정기적으로 반복되거나 정기적인 것은 아니지만 반복되는 것들이다. 해마다 되풀이하여 검토해야 하는 예산배정문제, 공무원의 봉급인상문제, 정부가 수매하는 쌀의 매입가격문제 등과 같은 것이다.

第 3 節 政策議題設定過程에 影響을 미치는 要因

사회문제가 정부의제화되어 최종적으로 정책결정의 대상에 이르기까지에는 수많은 여과과정을 겪게 된다. 즉, 곧 정부의 정책결정의 대상이 되는 문제는 애초의 사회문제수에 비하면 극히 소수의 사회문제만이 정부의 정책적 고려와 행동의 대상이 된다는 것을 의미한다.[19] 그러한 여과과정에는 수많은 요인들이 작용한다. 그러한 요인들에 대한 설명은 곧 특정의 문제가 보다 용이하게 정책의제화되도록 하는 정책의제 설정전략과 또는 정책의제화되지 못하도록 하는 의식적 노력, 즉 무의사결정전략에 대한 설명과 직결된다.

19) 안해균, 「정책학원론」, 다산출판사, 1986, pp. 226~227.

R. W. Cobb과 C. D. Elder는 정책의제설정에 영향을 미치는 요인에 관해서 많은 사람들이 고찰하고 있다. 그리고 그는 크게 문제의 성격과 주도집단으로 나눈 다음 문제의 성격을 다시 구체성, 사회적 유의성, 기간적 적합성, 복잡성, 전례의 유무로 세분하고 있다.[20)]

문제의 성격에 따라서 그것이 정책의제화로 선정될 가능성과 그에 대한 정책의제 형성과정의 양상이 달리 나타날 수 있다. 왜냐하면 문제가 어떠한 것이냐에 따라 그것에 관계되는 집단과 해결방법이 달라질 수 있기 때문이다. R. W. Cobb과 C. D. Elder에 의하면 문제가 포괄적일수록 관련되는 이해관계자가 많아지므로 정책의제화될 가능성이 높아지며, 사회적으로 관심이 높고 사회 전체에 주는 충격의 강도가 클수록, 또 오랫동안 누적되어 온 것이거나 앞으로 장기적인 고통을 주는 것일수록, 유사한 선례가 많았던 문제일수록, 단순하고 기술적으로 이해가 쉬울수록 정부기관의 관련자와 관련 사회집단의 보다 많은 관심을 얻을 수 있게 되어 그렇지 않은 반대 경우의 문제들보다 용이하게 정책의제로 선정될 수 있다고 한다.

B. W. Hogwood and L. A. Gunn은 주로 영국의 경우를 염두에 두고 정책의제설정에 영향을 미치는 요인으로서 ① 위기, ② 특수성, ③ 감정적 측면, ④ 광범위한 영향, ⑤ 권력과 정통성문제의 개입여부, ⑥ 유행성, ⑦ 의제설정자들(주도집단)을 들고 있다.[21)] 그리고 그들은 이익집단, 항의집단(protest groups), 정당지도자 및 유력자, 고급공무원, 신문편집국장 및 TV제작자 등을 의제설정자라고 하고, 이들의 활동도 아울러 연구함으로써 정책의제설정의 문제를 올바로 이해할 수 있다고 하고 있다.

Walker는 미국상원의 정책의제설정에 관한 논문에서 ① 많은 사람들에게 영향을 주는 문제, ② 심각한 문제, ③ 해결책의 유무 등을 들고 이러한 특징을 지니지 않는 문제라 할지라도, ④ 유력한 상원의원이 제안자가 된 안건은 상원의 심의대상이 된다고 하고 있다.[22)]

J. Kingdon은 정책의제설정에 영향을 미치는 요인으로 정책문제와 주도집단, 그리고 정치적 상황을 제시하고 있다.[23)] J. Kingdon의 세밀하고 체계적인 분석에 의하면 다원적인 미국의 경우 정책의제설정에서는 의회의 유력한 지도자들과 행정부의 지도자들이 가장 중요한 역할을 한다고 한다. 행정부에서는 장관 · 차관이나 대통령비서실도 중요하지만 대통령이 무엇보다 중요하며, 의제설정에 관한 한 미국에서도 놀라우리만큼 하향식 모형이 타당하다고

20) R. W. Cobb and C. D. Elder, *op. cit.*, pp. 82~109.
21) Brian W. Hogwood and Lewis A. Gunn, *Policy Analysis for the Real World*, Oxford University Press, 1984, pp. 67~68.
22) Robert Walker ed., *Applied Qualitative Research*, Brookfield, V. M. : Gowea Publishing Co., 1985, pp. 430~431.
23) John W. Kingdon, *Agendas, Alternatives and Public Policies, Boston* : Little, Brown and Company, 1984, pp. 23~27.

한다. 어떤 문제가 중요하고 주의를 기울여 검토할 필요가 있는가는 부하가 아니라 대통령과 같은 상관이 결정하는 것이다.

또한 이들은 외부의 비공식참여자보다 월등하게 큰 영향력을 행사하는 데 대통령과 그의 보좌관들은 정부의제를 통하여 여론의 초점이 되는 공중의제를 좌우하는 경우가 많다. 전문가, 학자 등 외부참여자 중에서는 이익집단의 영향력이 가장 크지만 의제설정에서는 정치적 변화를 극복할 수 없으며, 정치지도자들에 대항하지도 못한다. Kingdon에 의하면 정부기관 내의 관료, 의회의 분석전문가들, 대통령비서실 및 외부의 전문가들, 그리고 이익집단은 어떤 문제를 정부의제로 전환시키는 영향력을 행사하기보다는 정책대안을 마련하는 데 큰 영향력을 미친다고 한다. 문제해결을 위한 해결책으로서의 정책대안은 이들이 주로 마련하는 것이다. 또 이익집단은 일단 정부의제가 성립된 후에 자신들이 선호하는 대안을 제시하고, 이것이 정책결정과정에서 채택되도록 노력한다는 것이다. 이익집단은 흔히 새로운 문제를 정부의제로 올려놓기 위해 노력을 하는 것이 아니라 자신들이 향유하고 있는 특권을 침해할 가능성이 있는 문제가 정부의제로 채택되지 못하도록 방해하기 위해 영향력을 행사한다. 이것은 바로 무의사결정론에서 주장하는 엘리트집단의 역할과 같다.

J. Anderson은 이슈가 정책의제로 됨에 있어 결정적인 영향을 미치는 요인으로 다음과 같은 것을 제시하고 있다.

① 집단의 균형에 대한 위협 : 정치학자인 D. Truman은 이익집단에 관한 자신의 저서에서 집단들은 합리적인 균형을 유지하려고 노력하는데 만약 이 균형에 대한 심각한 도전이 발생하면 이에 대응하고 이러한 대응과정에서 정책의제가 설정되게 되는 것이라고 하였다. 그 예로 미국의 철강제조업자들은 값싼 철강의 수입이 자기들의 철강가격과 이윤에 대한 도전으로 간주하고 정부에 대해 철강수입을 규제해 줄 것을 촉구하여 정책의제를 설정한 바 있다.

② 정치적 지도력 : 정치적 지도력은 의제설정에 있어서 중요한 요인이 될 수가 있다. 정치적 지도자들은 때로 자신들의 정치적 이익과 대중의 이익을 위해서 또는 경우에 따라서는 이들 양자를 위해서 특정한 문제에 집념을 갖게 되어 이를 대중에게 알리고 해결책을 제안하기도 한다. 이와 같은 의제설정에 있어서 정치지도자들의 역할의 중요성은 정도상의 차이만 있을 뿐 국가형태에 상관없이 거의 모든 국가에 적용된다. 다시 말해서 정도상의 차이만 있을 뿐이지 사회주의 국가나 민주주의 국가에 있어서나 모두 정치적 지도자로서는 대통령을 먼저 생각하게 되며, 대통령 다음으로 중요한 정치지도자는 물론 국회의원들을 들 수 있다.

③ 위기 또는 대사건 : 광산붕괴사건이나 지진과 같은 위기나 재난은 의제의 위치를 획득하는 데에 있어 매우 용이하다. 이러한 극적인 사건들이 광범위하게 많은 사람들의 주의를 집중시키고 이로 인해 공공관료가 이에 대한 예로서 1957년에 소련이 최초의 인공위성인

Sputnik을 미국보다 먼저 발사에 성공하자 충격을 받은 미국의 J. Kennedy 행정부는 1960년대 말 이전에 달을 정복한다는 Apollo 우주계획을 마련하게 되었던 것을 들 수 있다.

④ **시위활동** : 폭력을 동반한 시위활동은 정책결정자의 주의를 끌고 또한 문제를 정책의제로 만드는 수단이 될 수 있다. 시위활동의 문제를 정책의제로 만든 예는 미국이나 한국에서 수없이 찾아 볼 수가 있다. 먼저 미국의 경우 1960년대 빈번했던 월남전 반대시위, 민권운동, 그리고 핵발전에 대한 반대시위 등을 들 수 있다. 그리고 이들 시위의 대상이 되었던 문제들의 대부분은 정책결정자의 관심을 끌었으며 정책으로 연결되었던 바 있다. 우리나라의 경우 대부분의 시위는 대학을 중심으로 전개되었으며, 시위의 주제가 되었던 수많은 문제들 가운데 졸업정원제, 대학생 전방입소, 교련수업 등 일부 문제들이 정책의제화되고, 나아가서는 해결방안이 마련된 바 있다.

⑤ **매스컴의 보도** : 특정한 문제나 이슈는 의사전달매체의 주의를 끌어서 이들의 보도를 통해 정책의제로 되기도 한다. 이에 대한 예로서 1960년대 중반 미국에 있어서 신문매체들은 빈곤에 관해 집중적으로 다룸으로써 정부가 빈곤을 정책의제로 삼게 하고 결국에는 빈곤과의 투쟁을 선언하도록 만들었다.

안해균은[24] 정책의제설정에 영향을 미치는 요인을,

① 문제의 성격 : 문제의 성격에 따라서 그것이 정책의제로 선정될 가능성과 그에 대한 정책의제 설정과정의 양상이 달리 나타날 수 있다. 왜냐하면 문제가 어떠한 것이냐에 따라 그것에 관계되는 집단과 해결방법이 달라질 수 있기 때문이다.

② 관계집단의 조직적 특성 : 정책의제설정과정에 영향을 미치는 요인으로서의 관계집단의 조직적 특성으로는 피해집단의 규모, 문제해결요구의 강도, 조직의 정치적 · 경제적 · 사회적 역량 등을 지적할 수 있다. 문제를 방치함으로써 계속 피해를 입게 될 것이라고 믿는 사람들의 수가 많을수록 그 해결에 대한 정부개입의 필요성은 높아지게 되며, 많은 사람들로부터의 지지에 정당성의 근거를 두고 있는 정부는 그에 대해 그렇지 않은 다른 문제들보다 우선적으로 고려하게 된다. 또한 관계집단이 문제를 해결하고자 하는 의지가 강할수록 그들은 보다 적극적인 노력을 기울이게 되어 결과적으로 정부의 정책의제로 채택될 가능성이 높아진다.

③ 정책결정체제의 특성 : 정책의제 설정과정의 양상은 환경으로부터 투입되는 문제에 대해 정부가 어떠한 태도를 취하는가에 따라서도 달라진다. C. Jones는 사회문제에 대해 정부

---

24) 안해균, 「정책학원론」, 다산출판사, 1995, pp. 191~208.

가 취할 수 있는 태도의 경우를 다음과 같이 크게 세 가지로 나누어 제시하고 있다. 즉, 방관적 태도, 후원자적 태도, 주도적 태도 등이다.

④ 정치 · 경제 · 사회 · 문화적 특성 : 사회 내의 일반적인 정치적 분위기와 통치이념이 무엇이냐에 따라 정책의제 설정과정의 성격이 달라질 수 있다. 대표적인 예로서 공산주의 국가에서의 정책의제 형성과정과 자유민주주의 국가에서의 정책의제 설정과정은 심한 대조를 보이고 있다. 신생국가와 정치적으로 성숙된 국가간에도 정책의제 설정과정의 양상은 달리 나타난다. 그리고 자유민주주의 국가와 독재국가간에도 상당한 차이가 난다. 경제발전의 정도는 정책의제 설정과정 중 특히 동원되는 경제적 자원의 양적 측면과 정책의제 설정과정에서의 정부와 관계집단간의 관계에 차이를 가져온다. 경제가 고도로 발전된 국가에서는 그렇지 않은 미개발국가나 발전도상국에 비해 정책의제 설정과정에 보다 많은 경제적 자원의 절대량이 투입되며 정부에 대한 관계집단의 영향력이 훨씬 커진다. 그리고 경제적 부의 편중도 정책의제 성립과정의 양상에 중대한 영향을 끼친다. 사회문화가 권위적이냐, 민주적이냐, 대중문화가 지배적이냐, 엘리트문화가 지배적이냐 하는 것에 따라서도 정책의제 설정과정의 양상이 달라질 수 있다. 특히 대중문화가 지배적인 사회에 있어서는 여론형성에 TV, 신문, 라디오 등과 같은 대중매체가 정책의제 형성과정에 중요한 영향요인으로 작용한다. 또한 시간에 대한 사회구성원의 정향이 어떠하냐에 따라 문제인식이 차이가 날 수 있다. 정치문화도 특정 문제에 대한 정책결정자와 국민의 가치 · 신념 · 태도 등에 영향을 끼쳐 그 문제를 정책문제 및 정책의제로 전환시키는 데 주요요인으로 작용하게 된다.

⑤ 문제해결이 가능해졌을 때 비로소 정책문제로 부각되는 경우도 있다. 1950년대 인간을 달나라에 올려보낼 수 있다는 가능성이 나타났을 때 인간을 달나라에 보낸다는 것이 정책문제와 정책의제로 등장하게 된 것이라든가 환경이 오염된 지 오랜 세월이 지난 다음 그것을 해결할 수 있는 기술이 개발된 다음에 정책문제 및 의제화되었다는 사실이 그러한 예가 된다.

유훈[25]은 정책의제설정에 영향을 미치는 요인을,

① 사회적 유의성 : Cobb과 Elder가 들고 있는 요인으로서 극히 한정된 사람에게만 적용되는 특이한 문제이냐 많은 사람과 관련이 있는 문제이냐 하는 것이다. 같은 요인을 Hogwood와 Gunn은 광범위한 임팩트(wide impact)라고 부르고 있으며, Walker는 많은 사람들에게 임팩트를 주는 문제라고 하고 있다.

② 심각한 문제 : Walker가 들고 있는 요인인데 문제가 심각할수록 공식의제로 채택이 될

---

25) 유훈, 「정책학원론」, 법문사, 1995, pp. 223~225.

가능성이 높다는 것이다. Hogwood와 Gunn은 위기라는 표현을 사용하고 있으며 Anderson 은 위기 또는 극적인 사건이라고 하고 있다.

③ 구체성 : 주도집단에 의하여 문제가 얼마나 구체적으로 제기되었느냐 하는 것이다. 어떤 지방자치단체에서는 외설적인 간행물의 판매를 금지해야 한다고 주장하나 구체적으로 어떠한 간행물이 외설적인가를 제시하지 않고 있다. 이에 반하여 어떤 지방자치단체에서는 이러이러한 잡지는 판매금지되어야 한다고 주장한다면 구체성이 높은 후자의 경우가 정책의제로 채택이 될 가능성이 높은 것은 더 말할 것도 없다.

④ 해결책의 존재여부 : 위에서 언급한 구체성과도 관련이 있는 요인인데 제기된 문제가 쉽게 이해할 수 있는 해결책을 지니고 있을 때에는 정책의제로 채택이 될 가능성이 높다. 이에 반하여 긴 역사를 지니고 있는 사회문제로서 많은 사람들이 해결되기를 원하나 쉽사리 해결책을 찾을 수 없는 문제는 정책의제로 채택되기 어려울 것이다.

⑤ 감정적 측면 : 제기된 문제가 감정적 측면(emotive aspect) 또는 Human interest angle을 지니고 있어서 대중매체의 관심을 끄는 것일 때에는 정책의제로 채택이 될 가능성이 높다는 것이다. 진정제 · 수면제로 사용되었던 Thalidomide가 불구아의 출생을 가져온다는 문제가 제기되어 의약물에 대한 통제가 더욱 강화된 사건이 좋은 예라 하겠다.

⑥ 유행성 : 다른 나라에서 제기되어 해결책이 강구된 문제나 다른 지방자치단체에서 정책의제로 채택이 된 문제 등은 쉽게 정책의제로 채택이 될 가능성이 높다. 일본 · 대만 · 미국 등의 경향이 우리나라 정책의제설정에 영향을 미치는 것이 좋은 예라 하겠다.

⑦ 주도집단 : 위에서 언급한 요인들은 주로 문제의 성격에 관한 것이지만 이러한 요인 외에도 주도집단의 크기나 정치적 자원이 정책의제설정에 많은 영향을 미친다는 것은 여러 사람이 지적하고 있다.

第3章
社會福祉政策의 決定

第 1 節 政策決定의 槪念과 過程

1. 政策決定의 槪念

정책결정에 대한 개념규정은 학자들의 관점에 따라 다양하게 규정되고 있다. Dror는 정책결정을 다양한 인자들이 상이한 작용을 하는 복잡한 동태적인 과정으로서 주로 정부기관에 의해서 장래의 활동지침을 결정하는 것을 의미하며, 이러한 지침은 최선의 가능한 방법을 통해 공익달성할 것을 목적으로 한다고 정의하였다.[1] Edward S. Quade는 정책결정이란 사회 스스로에 의해서 이루어지는 결정 또는 선출된 대표들이 사회를 위하여 내리는 결정이다. 또한 결정에 관여한 사람들이 아닌 사회의 구성원들에게 물질적 영향을 미치는 정부의 결정들이다[2]라고 규정하고 있으며, Caiden은 정책결정을 사회적 문제를 공적으로 해결하는 일반적 방향의 결정이라고 하였다.[3]

김신복은 정책결정을 정책형성과 유사한 것으로 보고, 정책형성을 어떤 문제해결 또는 목표달성을 위해서 여러 개의 대안 중에서 하나를 선택하는 정책결정과정이라고 정의하였으며,[4] 이종열은 정책형성을 어떤 문제해결을 위해 정부기관이 장래의 주요행동지침을 결정하는 매우 복잡한 동태적인 과정으로 규정하고 있다.[5]

이상과 같은 견해를 배경으로 하여 본 연구에서는 정책결정을 다음과 같이 정의하고자 한

---

1) Yehezkel Dror, *Public Policymaking Reexamined*, Scranton, Pennsylvania : Chandler Publishing Company, 1968, p. 12.
2) Edward S. Quade, *Analysis for Public Decision*, 2nd. ed., New York : Elsevier Science Publishing Co., 1972, p. 3.
3) Gerald E. Caiden, *Public Administration*, 2nd ed., Pacific Pulisade, Califonia : Palisades Publishers, 1982, p. 51.
4) 유훈 외 공저, 「정책학」, 법문사, 1983, p. 11.
5) 이종열, 「정책학원론」, 대왕사, 1984, p. 152.

다. 즉, 정책결정이란 권위있는 공공기관(정부)이 문제해결을 위하여 여러 개의 대안 중에서 하나를 의식적으로 선택해 가는 동태적인 과정이다.

2. 政策決定의 過程

정책결정의 과정은 학자들의 관점에 따라 다양하게 설정되고 있다. 이러한 정책결정과정에 대한 구분은 학자들의 관점에 따라 정책결정과정, 정책분석과정, 정책개발과정 등 다양하게 표현하고 있다.

Dewey는 의사결정과정을 문제해결단계로 보고 ① 문제가 무엇인가, ② 대안이 무엇인가, ③ 어느 대안이 최적인가 등 3단계로 구분하고 있다.[6] 그리고 H. Simon은 Dewey와 유사하게 의사결정과정을 ① 정보활동(intelligence), ② 설계활동(design), ③ 선택활동(choice) 등으로 구분하고 있다.[7]

Quade는 문제를 다룰 때 논리적으로 고려해야 하는 다섯 가지 중요한 요소를 다음과 같이 단계별로 제시하고 있다.[8]

① 목표(the objectives) : 목표란 결정자가 결정을 통해서 달성하려고 하는 것이다. 실제로는 분석가가 이러한 목표를 명확히 규명한다는 것은 쉽지 않다. 따라서 목표는 종종 일반적이고 추상적인 용어로 표명이 되는데, 이것은 집행과정이나 평가과정에 중대한 영향을 미치게 된다.

② 대안(the alternatives) : 대안이란 목표달성을 위하여 결정자에게 도움을 주는 수단이다. 즉, 문제해결을 위한 일종의 전략이라고 할 수 있다. 그리고 대안들은 상호 대체적일 필요는 없으며, 똑같은 구체적 기능을 수행할 필요도 없다. 따라서 교육, 오락, 가정보조, 경찰감시 등이 청소년 범죄를 예방하기 위한 대안들로서 개발적으로 고려되거나 혹은 혼합하여 고려될 수 있다.

③ 영향(the impacts) : 대안을 선택함으로써 나타나게 될 긍정적 혹은 부정적 영향 등이 규명되어야 한다. 그리고 이러한 영향에는 간접적인 외부효과도 고려되어야 한다.

④ 준거(the criteria) : 준거란 대안들을 소망스러운 정도에 따라 서열화하는 규칙이다.

---

6) John Dewy, *How We Think*, New York : D. C. Health and Company, 1910, chapter 8 참조.;이종열, 「전게서」, p. 158.

7) Herbert A. Simon, *The Shape of Automation for Men and Management*, New York : Harper & Row, 1965, p. 54.

8) E. S. Quade, *Analysis for Public Decision*, 2nd ed., New York : North Holland, 1982, pp. 45~47.

대개 최소의 비용으로 주어진 과업을 달성할 수 있는 대안이 우선순위의 대안이 된다.

⑤ 모형(the models) : 결정분석에서 중요한 것 중의 하나가 대안의 선택에 따른 결과를 예측할 수 있게 해 주는 틀 내지 과정을 만드는 것이다. 이것이 바로 모형이다. 그리고 Quade는 이와 같이 분석과정에 있어서 중요한 다섯 가지 요소들을 지적하고서 일반적으로 최선의 대안을 찾기 위해서는 다음과 같은 단계를 순차적으로 반복해야 된다고 한다.

ⓐ 형성(formulation) : 이는 관심사항이나 문제를 규정하고, 목표를 명료화하여 분석의 대상을 한정하는 단계이다. 이 단계는 문제의 중요도를 밝혀 줄 뿐만 아니라 해결방향도 제시해 준다는 점에서 가장 중요한 단계라고 하겠다.

ⓑ 탐색(search) : 이는 관련요인과 그들간의 관계를 규명하고, 문제해결을 위한 여러 가지 대안과 자료를 찾아내는 단계이다. 이러한 탐색활동을 위해서는 분석가는 과학적인 노력뿐만 아니라 창조적인 노력도 요구되어진다.

ⓒ 예측(forecasting) : 이는 대안이 실시될 장래의 상황을 예측하는 것을 의미한다. 따라서 항상 불확실성이 개재하게 된다. 이러한 예측에는 여러 가지 계량기법이 사용되지만 공공정책의 분석에는 한계가 따른다.

ⓓ 모형(modeling) : 미래의 광범위한 영향을 비교하기 위해서는 모형을 사용하게 된다. 이러한 모형에는 여러 가지 종류가 있으며, 그 문제의 속성에 따로 적당하게 형성되어야 한다.

ⓔ 평가(evaluation) : 이는 각 대안을 비교하고, 서열화하는 단계이다. 이를 위해 체제분석의 방법이 이용된다.

ⓕ 결론과 제언(conclusions and recommendations) : 마지막 단계로서 분석가는 평가의 결과에 따라서 정책결정자에게 제안을 한다. 그런데 이러한 제안에 있어서 분석가는 현실의 상황을 신중히 고려해야만 한다. 왜냐하면 그가 평가를 위해 틀로 삼은 모형은 현실 그대로가 아니기 때문이다.

정책결정과정은 정치 · 행정체제가 그 목표를 달성하기 위하여 둘 또는 그 이상의 가능한 대안들 중에서 하나를 의식적으로 선택하는 결정행위 내지 과정이다. 정책의 내용은 주로 정책목표와 정책수단으로 구성되어 있으므로 합리적으로 정책을 결정한다는 것은 정책목표와 정책수단을 합리적으로 결정한다는 것을 의미하며, 이것을 흔히 합리적 정책결정(rational policy making) 또는 분석적 정책결정(analytic policy making)이라고 부른다. 그런데 정책결정의 과정에 대해서는 전술한 바와 같이 학자에 따라서 다양하지만 합리적 · 분석적 정책결정의 일반적인 과정은 다음과 같다. ① 문제의 인지와 목표설정, ② 정보의 수집 및 분석, ③ 대안의 탐색 및 평가, ④ 최선의 정책대안의 선택에 이르는 일련의 동태적이고 연속적인 과정에 의하여 정책이 결정된다.

1) 정책문제의 인지와 정책목표의 설정

정책의제 설정과정이 이루어지고 나면, 즉 정부의제(정책문제)에 대하여 명확한 파악이 되고 나면 정책문제를 해결하기 위해서 얻게 될 효과와 이를 해결하기 위해서 사용될 비용 및 문제의 해결가능성을 검토하여 정책목표의 우선순위와 달성수준을 결정한다.

정책문제의 내용을 정확하게 분석하여 파악하는 것은 정책의 바람직한 결정을 위해서 필수적이다. 먼저 무엇보다도 바람직한 정책목표의 결정을 위해서 정책문제에 대한 정확한 파악은 반드시 선행되어야 한다. 정책문제가 명확하게 인식되었을 때 그 문제의 해결을 위한 방안을 찾게 되며, 또 정책결정이 시작된다고 볼 수 있고, 인식이 되었다고 하더라도 문제해결을 위한 적극성이나 속도 등은 환경적 · 구조적 요인에 따라 달라질 수 있다.

정책목표란 정책을 통하여 달성하고자 하는 바람직한 미래상태이다. 정책목표는 정책을 통하여 실현하고자 하는 이상적인 상태로서 정책의 존재이유가 된다.

정책목표에는 공식목표와 실질목표, 상위목표와 하위목표, 유형의 목표와 무형의 목표 등이 있다. 공식목표란 조직이 대외적으로 공표하여 공식적으로 내세우는 목표이며, 실질적 목표란 조직이 실질적으로 추구하는 목표이다. Simon은 목표와 수단의 계층제를 제시하였다. 목표를 달성하기 위한 수단이 존재하며 이러한 수단의 실현을 위하여(이 수단을 목표로 하여 이 목표를 달성하기 위한) 새로운 수단이 세워진다. 이러한 관계에서 목표와 수단이 계층적인 관계가 성립되고, 수단적인 목표가 하위목표가 되며 원래의 목표는 상위목표가 된다. 일반적으로 상위목표는 하위목표에 비하여 추상적이고 하위목표가 구체적이다. 하위목표는 상위목표보다 구체적이며, 명백하고 계량화가 가능하다.

유형의 목표란 가시적이며, 구체적인 목표이다. 무형의 목표란 불가시적이며, 불명확한 목표를 의미한다. 하위목표일수록 유형의 목표일 가능성이 많고 상위목표일수록 무형의 목표일 가능성이 많다는 점에서 상위목표와 하위목표의 구별과 유사하다. 그리고 정책목표에는 정책문제해결을 내용으로 하는 소극적 · 치유적 목표가 있고, 새로운 것을 창조하려는 적극적 · 창조적 목표도 있다.

치유적 정책목표는 정책문제의 해결을 목표로 설정한 경우를 말한다. 그러므로 어떠한 목표를 치유적인 정책목표로 설정하는 것이 바람직스러운가라는 질문은 어떠한 정책문제를 해결하는 것이 바람직스러운가라는 질문과 표리일체의 관계에 있다. 어떠한 정책문제를 해결하는 것이 바람직스러운지는 정책문제의 정확한 파악이 있은 후에야 판단할 수 있다.

① 정책을 통하여 해결하여야 할 정책문제를 정의하는 것은 바로 정책이 달성하고자 하는

정책목표를 일차적으로 규정하는 것이나 동일한 것이다.[9)]

정책문제의 바람직한 정의란 정책문제의 구성요소 중에서 특정의 요소를 해결하는 것이 바람직스럽다고 판단하여 정책문제로 규정하는 것이다. 정책문제의 정의 중에서도 정책목표 설정과 직결되는 것은 정책문제의 결과와 구성요소에 대한 정의이다.

② 정책목표의 소망성 평가기준 : 바람직한 정책목표는 그 실질적 내용면에서 두 가지의 기본적 속성을 지녀야 한다. 그래서 이 두 가지의 속성은 정책목표의 소망성(desirability)을 평가하는 기준이 된다. 이들은 적합성과 적절성이다.

정책목표의 적합성(appropriateness)은 달성할 가치가 있는 여러 가지 목표들 중에서 가장 바람직한 것들을 목표로 채택했는지의 여부를 의미한다. 정책목표의 적절성(adequacy)은 정책목표의 달성수준이 지나치게 높거나 낮지 않고 적당한 수준인지의 여부를 의미한다. 먼저 정책목표는 지나치게 낮은 수준이 아니라 원래 의도하는 효과를 얻을 수 있도록 충분한 수준이어야 한다.

정책목표의 적절성은 목표달성수준에 관한 것으로 문제정의에서는 뚜렷이 부각되는 것이 아니다. 그러나 목표의 적절성은 바로 올바른 문제정의가 있어야 보장되는 것으로 목표설정과 문제 정의의 공통적인 속성이 되는 것이다.

③ 정책목표들의 우선순위결정 : 하나의 정책은 구체적인 수준에서 보면 거의 언제나 몇 개의 목표를 지니고 있다. 또한 여러 가지 목표를 한 개의 목표로 추상화시킬 수는 있지만 의미있는 구체적인 목표로서의 역할을 하지는 못한다. 그러므로 추상적인 수준에서 막연하게 표현된 정책목표는 반드시 구체화되어야 한다. 이 구체화과정에서 상호모순 · 대립상태에 있는 구체적 정책목표들이 등장하게 된다. 이들 간의 우선순위를 결정하지 않으면 정책목표의 결정은 의미가 없게 된다.

정책목표를 바람직스럽게 결정한다는 것은 정책목표들간의 우선순위를 바람직스럽게 결정한다는 것과 동일한 의미이다. 정책목표들의 우선순위결정을 이해하기 위해서는 목표들의 상호관계를 이해해야 한다. 여러 가지 정책목표들은 서로 상호 모순충돌관계 또는 경쟁관계에 있거나 경우에 따라서는 보완관계에 있다. 이들을 유형화하면 다음과 같다.

ⓐ 상 · 하 관계 : 하나의 정책문제가 다른 정책문제의 상위에 있는 경우에 두 정책문제는 상 · 하 관계에 있다.

ⓑ 보완관계 : 동위수준에 있는 정책문제들은 보통의 경우에는 상호보완관계에 있다.

ⓒ 모순충돌관계 : 하나의 정책문제를 해결하면 다른 문제가 더욱 악화되거나, 하나의 정

9) 정정길, 「정책학원론」, 대명출판사, 1989, pp. 277~289.

책문제를 달성하면 다른 정책목표의 달성이 더욱 어려워질 때 정책문제 또는 정책목표는 서로 모순 · 충돌관계에 있는 것이다.

ⓓ 경쟁관계 : 정책목표나 문제들은 이용될 자원의 획득을 위해서 경쟁관계에 있는 경우가 대부분이다. 정책문제의 해결을 위해서나, 정책목표의 달성을 위해서는 사회적 자원이 소모되어야 하는데, 사회적 자원은 전체적으로 보아 한정되어 있으므로 해결될 정책문제들이나 달성될 정책목표들은 보다 많은 자원을 사용하기 위해서 서로 경쟁관계에 있다.

여러 가지 목표를 보다 중시하지 않느냐의 우선순위는 구체적으로 보면 하나하나의 달성수준에 의하여 결정된다. 일반적으로 목표의 막연한 우선순위보다는 구체적인 달성수준을 결정하는 것이 보다 실질적으로 우선순위를 결정하는 것이 된다.

④ **정책목표설정의 이상적인 방법과 제약** : 일반적으로 정책목표의 우선순위나 달성수준을 바람직하게 결정하기 위해서 고려할 요소는 크게 네 가지로 나눌 수 있다. ⓐ 정책목표달성이나 정책문제의 해결로서 얻게 될 효과, ⓑ 정책목표달성이나 정책문제해결을 위한 비용, ⓒ 정책효과와 정책비용의 배분, ⓓ 정책목표의 달성가능성이나 정책문제의 해결가능성 등이다.

정책목표의 우선순위와 각 목표의 달성수준을 결정하는 이상적인 방법은 ⓐ 정책문제 중에서 해결불가능한 것, 즉 정책목표에서 달성불가능한 것은 제외시킨다. ⓑ 실현가능한 정책목표 중에서 능률성과 공평성 및 다른 기준을 고려하여 여러 가지 목표들의 달성수준을 결정한다.

이상적인 방법의 한계와 차선책은 목표들의 달성에서 얻게 되는 효과나 비용의 측정 · 비교가 어렵고 목표선택의 기준간에 모순 · 충돌이 있는 경우에 어느 기준을 우선 적용해야 하는지를 판단하기가 어려운 점 등이다.

⑤ **정책목표의 구체화와 수정** : 바람직한 정책목표는 무엇보다도 실질적 내용면에서 바람직스러워야 한다. 그러나 형식적인 면에서 구체적이며 명확하고 가능한 한 그 달성여부를 측정할 수 있도록 표현되는 것도 또한 바람직하다. 이것은 정책목표가 수행하는 다른 기능 때문이다.

정책목표란 정책문제의 해결을 의도하거나 새로운 것을 창조하려고 의도하는 것이지만 어느 것이든 바람직한 상태를 실현하려는 의도를 지니고 있으며, 이것은 정책목표가 담당하는 실질적 기능에 해당한다. 정책목표가 이러한 실질적 기능을 충실히 수행하기 위해서는 최선의 정책수단선정기준, 정책집행 및 정책평가의 기준 등과 같은 지침적 기능을 잘 수행해야 한다. 정책목표가 이러한 기능을 충실히 수행하기 위해서는 정책목표가 명확하고 구체화되어야 하므로 가능한 범위 내에서 구체적이고 명확하게 결정되어야 한다.

정책목표를 구체화하는 것은 다음과 같은 세 가지 커다란 한계 또는 제약에 부딪친다.

ⓐ 정책목표의 구체화는 정책집행단계에 가서야 비로소 가능해지는 경우가 많다. 즉, 정책결정단계에서는 막연하고 추상적인 목표로 결정하고 집행단계에 가서 명확하고 구체적인 목표가 결정될 수 있다는 것이다. 목표의 달성가능성이나 소망성을 보다 정확히 검토하려면 목표달성을 위해서 투입될 사회적 비용이나 희생 등을 면밀하게 검토해야 한다. ⓑ 정책목표가 구체화되고 명확하게 될수록 수정 · 변경의 필요성이 커진다. 즉, 명확하고 구체적인 목표는 결정 후에 수정 · 변경의 필요성이 커지는 것이다. ⓒ 목표가 구체화되고 명확하게 될수록 정치적 지지의 획득이 어렵고 정치적 반대가 강화될 가능성이 커진다. 즉, 정치적 반대를 감소시키고 보다 많은 정치적 지지를 얻기 위해서는 애매모호하고 추상적인 목표를 내세워야 하는 것이다.

2) 정보의 수집 및 분석

해결해야 할 대상으로서 정책문제와 정책목표가 구체화되고 나면 그와 관련된 정보를 수집 · 분석 · 보존 · 전달하는 일련의 과정을 밟게 된다. 정책정보란 정책과정 전반에 걸쳐 각 정책활동에 유용하도록 구성된 자료이며, 모든 목표지향적인 조직의 생존을 위해 필수적인 것이다. 또한 정보는 정보의 사용자에게 유의미한 형태로 처리된 자료이며, 동시에 현재 또는 미래의 결정에서의 실제적 또는 인지되는 가치에 관한 것이다. 그리고 정보활동은 정책과정에 필요한 기술적 · 정치적 정보를 수집 · 분석 · 보존 · 전달하는 일련의 행동을 의미한다.

정책정보는 정책결정자로 하여금 구체화된 정책문제를 해결하기 위한 각종의 정책대안을 작성 · 예측 · 평가 · 선택하는 데 필요한 각종의 지식을 제공함으로써 궁극적으로는 합리적이고 효과적인 정책을 결정할 수 있도록 하는 기능을 한다.[10)]

정책정보는 비단 정책결정과정에만 국한되어 중요성을 지니는 것이 아니다. 정책정보는 정책형성과정을 둘러싸고 벌어지는 제반 요구투입활동의 성공 여부를 판가름지어주기도 하며, 정책집행 및 평가활동의 효과성과 적실성을 제고시켜 주기도 한다. 정책과정 전체를 그러한 정책정보의 수집 · 해석 · 확산과정으로 이해하게 되는 것도 바로 그러한 이유 때문이다.

정책정보활동의 종류는 크게 조직내부의 기술적인 사항과 관련된 기술적 정보활동과 조직의 내적 환경뿐만 아니라 외적 환경과의 상호작용과 관련한 전략적 정보활동(strategic intelligence)으로 나누어 볼 수 있다. 기술적 정보활동은 조직 내에서의 일상적인 관리활동에 유용한 정보를 획득 · 해석 · 전파하는 활동이다. 전략적 정보활동은 정부의 미래활동노선이라든가 목표를 설정하는 데 기여하며 기타 여러 전략적인 활동을 돕는다.

10) 안해균, 「정책학원론」, 다산출판사, 1986, pp. 295~301.

정보활동과정의 최초단계는 정보의 수집단계이다. 이 단계에서 활동지침이 되는 것은 정책결정과 관련된 가능한 한 많은 정보를 수집하고, 중요한 정보가 소홀히 취급되지 않도록 관련주제를 지속적으로 인식하며, 정보의 왜곡을 극소화시킬 것 등이다. 이러한 정보수집과정은 일반적으로 다음과 같은 속성을 지니고 있다. ⓐ 정보수집과정은 문제의 존재 여부에 따라 진행의 계속 여부가 결정된다. 다시 말해서 어떤 문제에 대한 인식이 없는 한 정보수집활동의 필요성은 생기지 않는다. 정보수집과정은 문제상황의 인식으로부터 출발되며, 그 상황이 계속 존재하는 한 정보수집의 필요성은 계속 자극을 받게 된다. ⓑ 최초의 정보수집은 수집자에 의해 관찰되어지는 문제의 징후로부터 비롯되며, 그러한 징후와 직접적인 관련이 없다고 판단되는 분야는 수집대상에서 제외될 가능성이 높다. ⓒ 정책정보 수집과정은 그 결과로서의 정책정보가 정치적으로 활용될 수 있는 것이기 때문에 그 과정 역시 다분히 정치적인 성격을 띤 편견이 개입될 소지가 많다. 정보의 수집자 자신이나 정책결정자에게 유리한 결과를 초래할 정보만 선별적으로 수집하고 불리한 결과를 초래할 정보는 고의적으로 수집과정에서 제외시킬 가능성도 있는 것이다.

정보활동과정의 제2단계는 수집된 정보를 분석하는 과정이다. 이 과정에서는 수집된 정보들간의 내 · 외적 일관성을 중심으로 분석하여 특정의 당면문제를 해결하기 위한 인과관계적 대안작성의 기초를 마련하는 데 주안점이 두어지게 된다. 이러한 분석과정을 통해 정보는 보다 구체화되며 문제해결에의 유용성이 보다 높아지게 된다. 그리고 중요한 정보와 중요하지 않은 정보가 분리되어 중요하지 않은 정보에 대해 그것을 기각시켜 버리거나 또는 그에 대한 보다 충분하고 세부적인 재수집활동의 필요성이 나타나는 단계도 바로 이러한 정보분석과정에서이다.

정보활동과정의 제3단계는 정보보존과정이 된다. 이 과정은 수집 · 분석된 정보를 향후의 필요시를 대비해서 일정한 기준과 분류방식에 입각해서 체계적으로 보존하는 과정인데, 여기서는 특히 다음과 같은 사항들이 중요한 작업이 된다. 정보의 보존과정 중 제일 먼저 고려하게 되는 사항은 수없이 많은 정보들 중에서 어떤 정보는 보존하고, 어떤 정보는 버릴 것인가를 정하는 것이다. 그러한 결정기준을 획일적으로 정할 수는 없는 것이긴 하지만 일반적인 기준으로 생각해 볼 수 있는 것으로서 동일한 정보를 요하는 문제상황의 발생빈도와 역사적 기록유지 필요성의 정도를 지적할 수 있다. 정보보존작업에서 유념해야 하는 또 하나의 상황은 정보를 원래 상태 그대로 보존할 것이냐 아니면 그것을 요약하거나 일부만 보존해야 하느냐 또는 요약과 원상태 모두 보존해야 하느냐 하는 것이다. 이 것 역시 어떤 획일화된 원칙이 정해져 있는 상황이 아니다.

정보활동의 마지막 단계는 수집 · 분석 · 보존된 정보를 전달하는 과정이다. 이러한 정보전달과정에서 중시되는 것은 유용한 정보를 정책결정자에게 여하히 신속하게 제공하느냐 하는 것이다. 정보가 신속하게 제공되기 위해서는 잘 구조화된 분류체계를 확립하여야 할 뿐만 아니라 정책결정자와 정보장치간에 지나친 계층적 거리가 없어야 한다.

끝으로 정보를 전달하는 과정에서 중요시되는 것으로 개방성의 문제와 관련된 사항이다. 정보의 성격상 어떤 정보는 일반에게 공개해도 무방하거나 반드시 공개되어야 할 일반정보가 있는가 하면 극히 제한된 소수의 정책결정자나 특정 조직 내부에서만 업무상 개방이 허용되어야 할 비밀정보가 있다.

이상의 과정을 거쳐 처리된 정보는 정책결정과정의 핵심적 단계인 대안형성 및 선택과정에서의 제반 정책결정활동에 이용되게 된다. 정책정보활동은 정책결정활동을 위한 수단적 활동이라고 말하게 되는 것도 바로 그러한 이유에서이다.

3) 대안의 탐색 · 비교 및 평가

정보 · 자료의 수집과 분석이 끝나면 문제의 해결을 위한 대안을 작성하고 이를 분석 · 평가해야 한다. 즉, 수집 · 분석된 정보자료를 바탕으로 문제를 해결할 수 있는 대안을 탐색해야 한다. 문제를 해결할 수 있다고 생각되는 모든 대안을 작성하여 보고, 이들 대안을 분석하고 평가하여 각각의 대안이 채택되었을 경우와 채택되지 못했을 경우에 나타날 수 있는 모든 결과를 예측하여 본다.

정책수단은 정책목표를 달성하기 위한 수단이다. 이러한 정책수단은 정책목표와 더불어 목표수단의 계층제를 이룬다. 또한 정책수단이 공식적 정책담당자인 정부기관의 실현활동을 의미할 때도 있다. 정책수단의 결정이 중요한 만큼 최선의 정책수단을 선택할 필요성은 커진다. 그러나 현실의 정책결정은 여러 가지 이유로 최선의 정책수단을 채택하지 못하는 경우가 많다.

최선의 정책수단선택을 위해서는 다음과 같은 순서를 밟아야 한다. ① 해결할 정책문제 또는 달성할 정책목표를 명확히 하고, ② 정책대안을 광범위하게 탐색 또는 개발하고, ③ 정책대안이 가져올 결과를 예측하고, ④ 정책대안의 결과를 비교 · 평가하고, ⑤ 최선의 정책대안을 선택하는 것이다.[11)]

정책대안은 채택가능한 여러 가지 정책들 하나하나를 지칭하는 용어이다. 일정한 정책목표를 달성하기 위한 일정한 정책수단들의 배합 하나하나가 정책대안이다. 예를 들어 보면 대도시의 교통문제를 해결하는 것을 정책목표로 하여 이를 달성하기 위한 정책수단으로 대중교통수단의 확대를 채택할 수 있을 때, 이것이 하나의 정책대안이 되고 동일한 정책목표달성

---

11) 정정길, 『전게서』, pp. 293~356.

을 위해서 도로의 신설 · 확대 · 포장을 정책수단으로 채택할 수 있을 때 이 목표와 수단의 조합이 또 하나의 정책대안이 된다. 이런 식으로 하나의 정책목표를 위해서 여러 가지 정책수단이 이용된다.

최선의 정책대안을 선택하기 위해서는 우선 정책대안들을 광범위하게 탐색하고 개발해야 한다. 여러 가지 대안들을 비교 · 평가한 후에라야 어떠한 대안이 최선인지 알 수 있고, 그러기 위해서는 우선 중요한 모든 대안들을 찾아내어 비교 · 평가의 대상으로 삼아야 한다. 중요한 대안 또는 바람직한 대안들이 빠짐없이 비교 · 평가되어야 그 중에서 가장 좋은 것으로 선택된 대안이 비로소 최선의 대안이 될 수 있다. 그러므로 최선의 정책수단을 선택하기 위해서는 우선 중요한 대안들을 찾아내어 개발하여 비교 · 평가의 대상에서 제외되지 않도록 분명히 확인해 두어야 한다. 이 작업이 정책대안의 개발 · 탐색작업이다.

실제에서 정책대안의 개발이나 탐색은 여러 가지 요인에 의하여 제약을 받고 있다. 그리하여 비교 · 평가에서 실제로 고려되는 정책대안은 소수에 불과하다. 정책결정자나 관련인의 능력이 부족하여 광범위한 정책대안을 구상하지 못하는 경우가 많다. 또 정책의제설정론에서 보았듯이 조직이나 강력한 집단의 이해관계와 충돌하거나 정치체제의 이념에 반하는 정책대안들은 고려대상에서 처음부터 제외된다.

정책결정자가 의식적으로 또는 무의식적으로 고려하는 정책대안은 몇 가지의 원천에서 나오는 것이다. ① 과거 또는 현존의 정책은 정책결정자들이 현실적으로 고려하는 정책대안을 제공해주는 가장 중요한 원천이 된다. ② 타정부의 정책목록들이다. 이때의 다른 정부는 다른 지방정부인 경우도 있고 또다른 국가의 정부인 경우도 있다. ③ 과학과 기술이다. 이것은 흔히 이론이라고 불리기도 하며 모형설정과 직접 관련된다. 과학적 지식이나 이론으로부터 정책대안을 도출할 수 있는 이유는 과학적 지식이나 이론이 정책목표와 정책수단간의 인과관계를 내포하고 있기 때문이다. ④ 정책대안을 탐색하기 위해서 모형을 작성 · 이용하는 방법은 이론이나 전문지식의 부족, 상황에 대한 정보의 부족 등으로 어려움에 부딪친다. 더욱이 외국의 정책이나 과거의 정책사례가 없는 경우도 많이 있다. 이런 경우에는 부정확하고 허무맹랑한 대안이 될 가능성이 있기는 하지만 여러 사람들로부터 많은 의견을 들어서 정책대안을 탐색하는 것이 바람직하다. 환언하면 관계자의 주관적 의견을 이용하는 방법이다.

주관적 · 직관적 판단을 이용하는 방법으로서 흔히 논의되는 것이 Brainstorming과 Delphi방법이 있는데, 양자 모두가 정책대안의 개발 · 창출뿐만 아니라 정책대안의 결과를 예측하는 데 사용되고 있다. Brainstorming은 즉흥적이고 자유분방하게 여러 가지 기발한 아이디어를 창안하는 활동이다. 이 방법은 A. Osborn에 의하여 제안되었는 데 원래 문제의 여러 가지 해결책을 고안하려는 목적을 지니고 있었다고 한다. Brainstorming은 또 가능한 대로 많은 아이디어를 얻기 위하여 등장한 방법이기 때문에 여러 사람을 모아서 집단적 토의를 하게 된다. 여러 사람들이 머리에 떠오르는 대로 아이디어를 제시하게 하는 것이다. 좋은 대안을 많이 얻기 위해서는 관련분야의 전문가만이 아니라 상상력이 풍부하고 선입견에 구애받지 않는 독창적인 사람 또는 정책에 직접 영향을 받는 관련자들을 널리 포함시키는 것이 바람직하다.

Delphi방법은 1948년 Rand연구소에서 개발되어 전문가들의 주관적 판단에 의한 미래예측을 위해서 주로 사용되어 왔다. Delphi는 전문가들의 의견을 종합하여 보다 합리적인 아이디어를 만들려는 시도이다. 그런데 전문가들이 집단적 토의를 하게 되면 집단토의의 여러 가지 약점 때문에 좋은 아이디어를 얻기 어려운 경우가 많다.

외국의 경우나 과거의 경험으로부터 정책대안을 탐색하든지 또는 이를 과학적 지식 또는 모형 등으로부터 새롭게 창조해내든지 어느 경우든지 정책대안을 탐색하거나 개발할 때는 다음의 세 가지 단계를 거치는 것이 합리적이다. ① 정의된 정책문제를 정확하게 인지하고 정책목표를 명확히 한다. ② 여러 가지 종류의 정책수단을 광범위하게 파악하는 것이다. 이 작업은 과학적 지식이나 이론뿐만 아니라 과거의 정책목록이나 외국정부의 정책 등을 통해서도 수행될 수 있다. ③ 개발 · 발견된 여러 가지 정책수단을 배합하고 여기에 대응하는 정책목표와 결합시켜 구체적인 정책대안을 만드는 과정이다. 여러 가지 정책수단을 배합시킬 때는 정책수단의 실현수준을 다르게 하여 또다른 무수한 정책대안을 만들 수도 있다.

이상과 같이 정책대안을 개발한 후에는 원칙적으로 이 대안들의 분석을 행하고 이에 따라서 최선의 정책대안을 선택하여야 한다. 그러나 정책대안은 무수히 많이 개발될 수 있는데 이들 하나하나를 모두 분석할 수는 없다. 너무 많은 시간과 노력이 들게 되므로 무수한 대안을 모두 분석하는 것은 기술적으로 어려울 뿐만 아니라 바람직스러운 것도 아니다.

그러므로 무수한 대안 중에서 중요한 정책대안을 골라내어 이들만을 본격적으로 분석할 필요가 있다. 이때 본격적 분석작업 이전에 행하는 예비분석을 통하여 본격적으로 검토될 대안을 골라내는 작업을 흔히 정책대안의 screen(예비검토)이라고 부른다.

정책대안의 스크린은 무수한 정책대안 중에서 본격적 분석의 대상이 될 몇 개의 대안만을 골라내는 작업이다. 이를 위해서는 일반적으로 두 가지 기준이 이용되고 있는데 ① 정책대안의 실현가능성이고, 실현가능성은 정치적 · 행정적 · 경제적 · 기술적인 측면에서 모두 검토되어야 한다. ② 소망성측면에서의 타정책대안의 지배 또는 지배가능성이다. 하나의 정책대안이 다른 대안에 비해서 대안이 가져올 결과의 측면에서 우월할 때 전자가 후자를 지배하는 것이다. 따라서 다른 대안에게 지배당하는 대안들은 본격적인 분석에서 제외하는 것이 시간과 노력을 절약시켜 준다.

정책대안이 집행 또는 실현되었을 경우에 나타날 결과들을 정책대안실현 이전에 미리 예상하는 것을 정책대안의 결과예측이라고 부른다. 정책대안의 결과를 미리 예측하는 것은 합리적 · 분석적 정책결정에서 가장 어려운 단계 중의 하나이며, 능력과 시간이 부족한 정책결정자에게 정책분석이 도움을 줄 수 있는 가장 중요한 단계이다. 그러므로 이 단계를 위해서 많은 분석기법이 개발되어 왔고 또한 계속 개발되고 있다. 흔히 체제분석, 관리과학, OR, 정책분석 등의 분야에서 이용되고 있는 각종의 기법들이나 모형들이 정책대안의 결과예측을 위해서 개발된 것들이다.

정책대안의 결과를 예측하는 것은 지극히 어렵기 때문에 고도의 능력과 시간 및 경비가 요구된다. 그러므로 많은 정책결정자들이 실제로 정책을 결정할 때는 주먹구구식이거나 막연한 짐작 또는 직관(intuition)적인 판단 등의 비분석적 방법에 의존한다. 물론 바람직하게 최선의 정책대안을 선택하기 위해서는 각 대안의 결과를 보다 정확하게 예측해야 한다.

정책대안이 가져올 결과를 예측하는 방법은 여러 가지가 있다. 우선 주먹구구식의 직관적 판단, 과거의 정책이나 외국의 정책결과에 의존하는 방법 등이 있다. 그러나 이들 비분석적 방법은 약점이 있다. 비교적 합리적이고 바람직한 방법은 크게 두 가지가 있다. 두 가지 바람직한 방법이란 모형을 이용하는 방법과 정책실험을 하는 경우이며 어느 방법이나 통계적 기법을 활용한다. 이 두 가지가 어려운 경우이거나 또는 약점이 있을 경우에 흔히 전문가에 의한 Delphi방법을 보완적으로 사용한다.

정책대안이 집행되었을 때 어떤 결과가 나올 것인지를 예측하는 가장 쉽고 힘들지 않은 방법은 예측자의 짐작이나 느낌에 따라 예측하는 것이다. 이 방법은 착각이나 오해 등에 의하여 엉뚱한 예측을 하게 될 가능성이 크다. 과거에 추진했던 정책이나 이와 유사한 것을 정책대안으로 고려하는 경우가 있고, 외국에서 추진하고 있는 정책을 대안으로 고려하는 경우에도 외국에서 나타난 정책추진 결과가 우리나라에서도 나타날 것으로 예측하는 경우가 많다. 이때에도 외국과 우리나라의 상황의 차이 때문에 동일한 정책대안이 다른 결과를 만들어낼 수 있다는 점을 특히 주의해야 한다.

정책대안이 추진되었을 때 나타나는 결과는 효과와 비용의 양자가 있기 때문에 모형도 흔히 효과모형과 비용모형으로 구분된다. 모형은 여러 가지 의미로 쓰이고 있으나 현실의 추상적인 표현이라고 이해하면 된다. 현실을 있는 그대로 완전히 나타내는 것이 아니라 필요하고 중요한 측면만을 뽑아서 이것들을 표현한다.

모형은 정책대안의 탐색을 돕고 정책대안의 결과예측을 가능하게 해주는데, 이때 구체적으로 어떤 정책대안을 개발하고 이것이 어떠한 결과를 가져올 것인지를 예측하려고 하면 정책대안과 직접 관련된 중요한 요소들은 모형에 포함시켜야 한다.

정책분석적 목적을 위해서 모형을 작성할 때는, ① 해결해야 할 정책문제를 명백히 하고 정책문제발생의 원인 및 정책대안이 추진되었을 때 영향을 받는 결과들을 탐색해야 한다. ② 각 원인 또는 결과변수 및 요소들간의 상호관계의 방향 및 강도를 파악하면 모형작성은 완료된다.

정책분석에서 모형을 작성하는 이유는 크게 두 가지가 있는데 이는 정책분석에 모형이 행하는 두 가지 역할에 해당한다. ① 정책대안의 탐색에 도움을 주는 것이고, ② 정책대안이 가져올 결과를 예측하는 것이다. 정책대안의 결과를 예측할 때 결과를 확정적으로 예측하는 경우도 있고, 상황에 따라 다르게 결과를 예측하면서 상황의 발생확률을 밝히는 방법도 있다. 전자는 확정적 모형(deterministic model)을 이용한 예측방법이고, 후자는 확률적 모형을 이용한 예측방법이다.

정책대안의 결과를 이용하여 정밀하게 예측하는 것은 무척 어려운 작업임을 알 수 있다. 이 정밀도를 좌우하는 요인을 보면, ① 모형의 예측력은 그 자체의 정확성 또는 타당성이 결정적으로 좌우한다. 이것은 모형의 구성요소에 중요한 변수들이 어느 정도 포함되어 있느냐와 변수간의 인과관계의 방향이나 강도가 얼마만큼 사실을 정확하게 표현 또는 반영하고 있느냐의 두 가지에 의해서 결정된다. ② 모형 속에 변수의 상태에 대한 자료의 정확성이다. 모형이 중요한 변수를 포함하고 있고 그 변수들간의 인과관계의 방향이나 강도가 아무리 정확하여도 변수들의 상태에 대한 자료가 정확하지 않으면 예측되는 결과는 부정확해진다.

정책대안의 결과예측을 위해서 필요한 자료는 보통 개인의 힘으로 획득하기 불가능하거나 경비와 시간의 부족으로 어려운 경우가 많다. 그래서 정부의 각 부처는 통계담당조직을 지니고 있다. 한편 이러한 각 부처의 통계담당조직이 수집하지 않는 자료로서 중요한 자료들은 사회지표 · 문화지표 등의 작성을 통해서 수집하기도 한다.

불확실성은 올바른 의사결정을 위하여 알아야 할 것과 실제로 알고 있는 것과의 차이라고 정의할 수 있다. 또는 정책대안의 성공에 영향을 미치는 요소들에 대한 예측가능성이라고 정의하기도 한다.

정책결정에서 불확실하게 느끼는 대상을 기준으로 불확실성을 분류하면 다음과 같다. ① 정책목표로서 바람직한 것이 무엇인지 모르는 경우, ② 정책문제의 내용이나 원인을 확실히 모르는 경우, ③ 정책대안의 종류가 어떠한 것인지 모르는 경우, ④ 어떠한 정책대안이 가져올 결과가 어떻게 될 것인지 모르는 경우, ⑤ 정책대안의 비교 · 평가기준으로서 바람직한 것이 무엇인지 모르는 경우 등이다. 결국 이들 다섯 가지는 합리적 · 분석적 정책결정에서 밟아야 할 단계 하나하나에서 우리가 알고자 하는 것에 대한 것이며 이것을 모른다는 사실을 불확실성으로 표현한 것이다.

불확실성의 발생원인은 여러 가지로 분류할 수 있다. 불확실성의 발생원인에 따라 불확실성의 정도와 그에 대한 대책도 달라질 수 있다. Quade는 불확실성을 ① 무작위적인 사건에 의한 것(확률적 불확실성), ② 어떤 개념 자체는 알려져 있으나 그것의 결과나 확률을 알 수 없는 경우(실질적 불확실성), ③ 인간의 의도적인 행동이나 또는 선호 · 행동의 가변성으로 인해 생기는 경우(실질적 불확실성)로 구분하고 있다.[12)]

불확실성의 심각한 정도는 불확실성의 대상에 따라서 다르게 생각할 수 있다. ① 정책대안의 추진으로 나타날 결과의 종류, 수준, 그리고 이들의 확률까지 알고 있으며, 다만 어떤 특정한 결과가 나타날지 모르는 경우이다. ② 정책대안의 추진으로 나타날 결과의 종류 및 수준을 알고 있으나 나타날 확률을 모르는 경우, 즉 위의 불확실성에 추가하여 발생확률도 모르는 경우이다. ③ 정책대안의 추진으로 나타날 결과의 종류는 알고 있으나 그 수준 및 확률 등을 모르는 경우이다. ④ 가장 극단적인 불확실성의 경우로서 정책대안이 추진될 때 나타날 결과의 종류조차 명백하게 예측할 수 없는 상태를 들 수 있다.

불확실성에 대처하는 방안은 논리적으로 보아 두 가지가 있다. ① 불확실한 것을 적극적으로 확실하게 하려는 불확실성의 적극적인 극복 또는 해소방안이며, ② 불확실성을 주어진 것으로 전제하고 이 불확실성을 감안하여 정책을 결정하는 소극적 방법인데, 현실적으로는 위의 두 가지 종류의 방안들을 동시에 사용하게 된다.

먼저 불확실한 것을 확실하게 하려는 적극적인 불확실성 극복방안은 성질별로 보아 크게 두 가지로 나눌 수 있다. ① 상황에 대한 정보의 획득이나 모형을 개발하는 방법이고, ② 불확실성을 발생시키는 상황 자체를 통제하는 방법이다. 가장 이상적으로 불확실성을 극복하는 방법으로서는 이론이나 모형의 개발로서 정책대안과 결과의 관계를 명백히 하고 이들이 현실에 적용될 때 개입되는 여러 가지 조건이나 상황변수들에 대한 정보를 획득하여 정책대안이 가져올 결과를 확실하게 예측하도록 하는 방법이다. 불확실한 상황을 확실하게 함으로써 불확실성을 적극적으로 극복하는 방법은 불확실성을 발생시키는 상황 자체를 통제하는 것이다.

불확실성을 주어진 것으로 보고, 불확실한 상태하에서 정책대안의 결과예측이나 정책결정을 진행하여 불확실성에 대처하는 소극적 방법도 많이 있다. 이 소극적 방법은 ① 보수적인 접근방법, ② 중복성의 확보방안, ③ 민감도분석, ④ 분기점 분석이나 악조건가중분석이 있다.

가장 간단한 방법은 불확실성하에서 발생될 최악의 경우가 실제로 나타나리라고 전제하고, 이 전제하에서 정책대안의 결과를 예측하여 최선의 방안을 선택하는 방법으로 이것은 일종의 보수적인 방법이라고 볼 수 있다.

---

12) E. S. Quade, *Analysis for Public Decisions*, 2nd ed., New York : North Holland, 1982, pp. 155~156.

위험발생의 경우에 대비하여 중복성, 신축성 등의 추가안전장치를 확보하는 방법이다. 중복성이란 체제 내의 여러 하위체제들이 동일한 기능을 중복적으로 수행하고 있거나 또는 유사시에 수행할 수 있도록 되어 있는 상태를 의미한다. 그러므로 이 개념은 정책결정의 측면에서보다는 체제나 조직의 관리 및 운영에서 사용되는 행정이나 정책집행에서 중요한 개념이다.

정책결정에서 중복성을 감안하는 방법은 다음과 같다. 정책대안의 결과가 어떻게 될 지 불확실할 때(특히 바람직스럽지 못한 결과가 발생할 위험의 가능성이 있으나 과연 위험이 발생할 지 모르는 상태일 때), 이 정책대안의 추진을 위해서 일종의 중복적 수단을 보유하도록 하고 중복적 수단을 추진하는 데 소모될 비용을 이 정책대안의 비용으로 추가적으로 계상하여 타대안들과 비교하도록 하는 것이다.

불확실성하에서 의사결정을 하면서 위험발생의 경우에 대비하여 가장 중요하게 널리 사용되는 방법이 민감도분석(sensitivity analysis)과 상황의존도분석(contingency analysis)이다. 원래 민감도분석은 모형에서의 패러미터가 불확실할 때 이 패러미터가 취하리라고 생각되는 가능한 값들을 모두 고려하여 하나하나의 값들에 따라 정책대안의 결과가 각각 어떻게 되는가를 파악하려는 방법이다. 즉, 정책대안의 결과들이 모형상의 패러미터의 변화에 얼마나 민감한 지를 파악하려는 시도라고 볼 수 있다.

상황의존도분석은 민감도분석과 본질적으로 동일하지만 다만 패러미터의 변화가 아니라 외생변수나 조건변수 등의 정책상황의 변화 및 발생확률에 정책대안의 결과들이 얼마나 민감한 지를 파악하기 위한 분석을 지칭한다. 일반적으로는 양자를 모두 합쳐서 민감도분석이라고 부른다.

민감도분석은 투자사업의 타당성을 평가하는 경우에 투자사업을 추진해서 얻게 되리라고 예측되는 수익과 사업추진의 경비 등이 여러 가지 패러미터나 상황조건이 변함에 따라서 어떻게 달라지는가를 보려는 분석으로서 많이 이용되고 있다.

불확실성하에서 발생할 위험을 감안하면서 최선의 정책대안을 선택하기 위하여 정책대안의 결과예측을 행하는 방법은 악조건가중분석(a fortiori analysis)과 분기점분석(breakeven analysis)이다. 이 두 가지 방법은 Quade가 추천하고 있는데 두 가지 모두 비교적 우수하다고 판단되는 정책대안을 보다 치밀하게 분석하기 위한 방법이다.

악조건가중분석은 예비분석이나 현재까지의 분석결과로 보아서 가장 우수하다고 판단되는 정책대안에 대하여 그 결과를 다시 예측하되, 결과를 좌우하는 요인(model의 parameter, 조건적 상황이나 외생변수의 발생확률 등)에 불확실성이 있을 때 우수한 정책대안에서는 최악의 상태가 나타나리라고 가정하고 나머지 대안들에게는 최선의 상태가 발생하리라는 가정하에서 각각 대안들의 결과를 새로 예측하는 방법이다. 이런 식으로 예측하였는 데도 최초에 우수한 것으로 판단된 대안이 여전히 가장 우수하다면 우리는 자신있게 그 대안을 채택할 수 있게 된다.

그러나 예비분석에서 최선으로 판단되었던 정책대안이 이상과 같은 악조건을 가중하는 데도 여전히 최선의 대안으로 나타나는 경우는 드물 것이다. 이런 경우에 Quade는 분기점분석을 권장하고 있다. 즉, 최선 및 차선으로 예상되는 대안들을 몇 가지 두고, 이 대안들이 동등한 결과를 산출하기 위해서는 불확실한 요소들에 대해서 어떠한 가정들을 해야 하는지를 파악하는 방법이다. 이렇게 가정들이 만들어지면 이것을 그 분야의 전문가들에게 의뢰하여 어떠한 가정이 그럴 듯한지 판단하도록 하여 가장 발생가능성이 높다고 생각되는 가정을 지닌 정책대안을 최선의 대안으로 판단하는 방법이다.

정책평가의 한 방법으로서 사업이나 정책의 일정한 효과를 발생시키는지 알아보기 위해서, 대대적인 사업집행이나 전면적인 정책추진을 하기 전에 소규모로 일정 정책대상집단에게 시험적으로 실시해 보는 일종의 시험적 · 시범적 · 실험적인 사업집행 또는 정책집행이다.

사회실험이나 정책실험은 또한 동일한 정책목표를 위하여 정책수단을 약간씩 달리하여 어느 방법이 보다 좋은 결과를 내는지 알아 볼 수 있도록 추진할 수도 있는데, 이때 약간씩 다른 정책수단은 정책대안에 해당된다. 따라서 여러 가지 정책대안의 결과가 될 것이며, 어떻게 서로 다른지 한꺼번에 알아 보기 위해 정책실험을 실시할 수 있는 것이다.

정책실험이나 사회실험은 이론이나 모형에 의한 정책대안의 결과예측이 극히 불확실할 때 사용되는 방법이다. 모형 자체의 오류나 상황에 대한 정보의 부족 등으로 인하여 모형에 의한 결과예측은 불확실한 경우가 많다. 따라서 특정 정책대안을 추진하여 나타날 결과를 모형에 의하여 정확하게 예측할 수 없을 경우에 실험이라는 방법을 사용하게 되는 것이다.

정책대안의 결과예측방법으로서 주관적 · 직관적 방법들이 있다. Brainstorming, Delphi, 정책Delphi 등이다. ① Brainstorming은 주요정책대안의 창출을 위해서 사용하는 방법이므로 결과예측을 위해서는 크게 활용되지 않겠지만 이용된다면 대안의 결과들이 어떤 종류가 있는지를 찾는데 도움이 된다. ② 정책Delphi는 정책대안뿐만 아니라 대안의 결과예측을 위해서도 사용되는데, 이 경우에도 정책대안의 결과가 어떠한 종류가 있는지를 예측하는 데 주된 도움을 준다. 물론 결과의 발생확률까지도 예측할 수 있겠지만 이것은 전문가를 이용하는 일반 Delphi의 경우에 주로 하는 일이며, 정책Delphi는 문외한인 정책관련자가 핵심이므로 결과발생의 확률까지 예측하는 것은 어렵다.

중요한 정책대안들이 각각 어떠한 결과를 가져올 것인지를 예측하고 난 후에 이러한 결과들이 얼마만큼 바람직스러운지를 평가하고, 정책대안을 비교 · 평가할 수 있는 기준을 적용하여 최선의 대안을 선정하여야 한다. 이 부분이 합리적 · 분석적 정책결정작업의 마지막 단계이다.

대안들의 우선순위를 정하여 최선의 정책대안을 찾으려면 우선순위를 정하는 기준이 있어야 한다. 이렇게 정책대안들간의 우선순위를 나타내는, 즉 최선의 정책대안과 최악의 정책대안을 판단할 수 있게 하는 기준을 정책대안의 비교 · 평가기준이라고 부른다. 이들은 또 정책의 평가기준으로 불리우기도 한다. 정책대안이 정책으로 선택되었을 경우에는 정책대안의 평가가 바로 정책의 평가가 되기 때문이다.

정책대안의 비교평가기준은 크게 두 가지로 나누어진다.

(1) 소망성(desirability)기준이다. 소망성이라는 것은 바람직스러움을 의미하는 것으로 정책대안의 평가기준으로서의 소망성은 정책대안(정책수단 또는 정책 자체)이 과연 얼마나 바람직스러운가를 나타내는 것이다. 소망성을 판단하는 기준이 여러 가지가 있으나 효과성, 능률성, 공평성이 가장 중요하다.

효과성은 일반적으로 목표달성의 정도를 의미한다. 원래 정책의 효과는 정책목표달성의 결과로서 나타나는 것도 있고 부수적으로 나타나는 부수효과(side effect)도 있다. 효과성이 정책대안의 비교 · 평가기준으로 사용하는 것은 이와 같이 정책목표달성의 극대화를 가져다 주는 정책대안을 선택하는 데 커다란 장점이 있다. 반면에 이 기준은 목표를 달성하기 위하여 희생하여야 할 정책비용을 고려하지 않는 단점이 있다. 어떠한 대안이 아무리 목표달성을 극대화시키는 것이라고 하더라도 정책비용이 다른 정책대안에 비해서 지나치게 많으면 최선의 대안이라고 보기는 힘든 경우가 많은 것이다. 그래서 일반적으로는 정책목표달성의 극대화만이 최선이 아니라 정책비용도 고려하므로 효과성만을 정책대안의 비교 · 평가기준으로 삼는 것은 한계가 있다. 그래서 능률성이라는 기준이 중요한 것이다. 능률성은 투입과 산출의 비율이다.

일반적으로 보면 산출은 어떤 활동이나 업무수행의 직접적 결과를 의미하고, 투입은 이러한 활동을 위하여 사용되는 인적 · 물적 자원을 의미하는데, 이 투입된 자원을 화폐가치로 표시한 비용으로 나타낸다. 능률성을 기준으로 최선의 정책대안을 찾을 때는 동일한 비용으로 최대의 산출을 내거나 또는 동일한 산출을 위해서 비용을 최소로 하는 정책대안이 가장 능률적인 정책대안이 될 것이다. 그러나 넓은 의미의 능률성을 기준으로 하면 동일한 비용으로 최대의 정책효과를 내거나, 동일한 정책효과를 위해서 최소의 정책비용을 지불하는 정책대안이 가장 능률적인 대안이 될 것이다.

정책비용은 정책의 추진으로 인하여 희생되는 사회적 가치로서 경제적인 관점에서 보면 자원에 해당된다. 그러므로 일정한 정책비용으로서 정책효과를 최대화하는 대안을 채택하여 추진하게 되면 사회적 자원을 최대한 능률적으로 사용하는 것이다. 능률성을 기준으로 정책대안을 선택하면 자원의 최적 배분을 도모할 수 있는 것이다.

능률성을 이론적으로 뒷받침하는 기준으로서 흔히 Pareto Otimum과 Kaldor-Hicks기준이 논의되고 있다. 이들은 대표적인 능률성의 기준이다. 그러나 Pareto최적이나 Kaldor-Hicks의 기준은 모두 어떤 정책이 가져오는 정책효과나 비용의 배분상태가 바람직한가에 대해서는 논의하지 않는다. 그래서 능률성은 배분의 평등성을 고려하지 못하는 약점이 있다. 요약하면 능률성을 기준으로 할 때에 비해서 정책효과만이 아니라 정책비용도 고려하여 최선의 대안을 선택할 수 있는 장점이 있다. 그러나 이 양자 모두가 평등성 또는 공평성문제를 고려할 수 없다는 약점이 있다.

일반적으로 형평성은 '동일한 경우는 동일하게 취급하고, 서로 다른 경우는 서로 다르게 취급하는 것'을 의미하게 된다. 이러한 의미는 두 가지 서로 다른 내용을 포함하고 있는데, '동일한 것을 동일하게 취급'하는 것과 '서로 다른 것을 다르게 취급'하는 것이다. 전자를 수평적 형평성, 후자를 수직적 형평성이라고 부를 수 있다.

수직적 형평성 또는 평등성이 정책대안의 비교 · 평가기준으로 지니는 역할은 비교적 명백하다. 특히 이 기준이 효과성이나 능률성과 모순 · 충돌될 가능성이 있다는 점은 더욱 명백하다. 즉, 가장 효과적이거나 능률적인 정책대안이 가장 평등한 대안이 못되는 경우가 많은 것이다.

일반적으로 능률성이나 효과성에서는 정책효과가 사회전체적으로 얼마만큼 발생하고 정책비용이 사회적으로 얼마만큼 지불될 것인지를 측정하여 계산된다. 정책효과나 정책비용이 누구에게 돌아가느냐는 효과성이나 능률성의 계산에서는 제외된 문제이다. 이 제외된 문제를 고려하는 것이 평등성 또는 형평성의 기준이다.

평등성 또는 형평성은 경제적 측면에서 보면 중요치 않겠지만 정치적 측면에서는 중요한 가치의 하나에 해당된다. 정책의 효과가 보다 많은 사람에 의하여 향유되고 또 가난하고 약한 자에게 보다 많은 혜택이 주어지며, 반면에 이들 능력이 없는 사람들에게 정책비용을 가볍게 부담시키고, 대신에 능력이 있는 사람들이 보다 많은 정책비용을 부담하게 하는 것, 즉 평등성을 향상시키면 그 자체로서 바람직스럽다고 판단될 수 있다. 나아가 가난하고 약한 사람들의 국가와 사회에 대한 저항이나 반감이 줄어들고 사회 또는 소득계층간에 화합과 단결을 가져와 결과적으로 사회적 융화, 국민적 단합을 도울 것이며, 정치체제에 대한 지지도를 향상시켜 정치적 안정과 체제의 정치적 능력을 향상시키는 등의 여러 가지 효과를 가져올 것이다. 그러므로 평등성, 형평성은 그 자체가 중요한 정치적 가치를 지닐 뿐만 아니라 그로 인하여 여러 가지 정치적으로 바람직한 효과를 가져온다.

정책대안의 비교평가기준으로서 정치적 가치를 강조한 것은 몇 가지가 더 있다. 이들은 흔히 정치적 합리성이라는 논의가 된다. 정치적으로 바람직한 가치를 극대화하거나 이의 손실을 극소화하는 것을 정치적 합리성이라 하여 경제적 합리성에 대립되는 개념으로 흔히 사용한다. 여기서 경제적 합리성은 정책효과나 비용에서 경제적인 것, 그리고 능률성 등 경제적 가치를 중시하는 개념으로서 정치적 합리성과 대비된다.

Diesing에 의하면 정치적 합리성은 '의사결정구조의 보존과 개선을 취급'하는 것이라고 밝히고 있다. 그는 계속해서 '제안된 행동대안은 어떤 것이나 그것이 정치구조에 미치는 영향을 먼저 평가해야 한다. 어떤 대안이 비록 사회 · 경제적 문제를 해결할 수 있다고 하더라도 정치적인 개선에 도움을 주는 것이면 그 대안은 바람직한 것이라고 주장하였다.[13]

이러한 Diesing의 정치적 합리성에 대한 사고방식은 A. Wildavsky에 의하여 보다 구체화되었다. Wildavsky는 기획예산제도(PPBS)를 비판하면서, PPBS는 극단적인 중앙집권화의 편견을 내포하고 있다고 주장했다. 그래서 Wildavsky는 정책결정권이 중앙에 집중되는 정치체제의 구조변화는 커다란 정치적 손실이며, 따라서 PPBS는 이러한 손실 때문에 정치적으로 합리적이지 못하다고 생각하는 것이다.

Wildavsky는 정치적 합리성을 약간 더 일반화하여, 경제적인 것이 아닌 정치적 비용과 정치적 효과의 개념을 제시하고, 그 자신이 명백하게 밝히지는 않았지만 정치적 비용보다 정치적 효과가 클 때 정치적 합리성이 향상된다는 것을 암시하고 있다. 환언하면, 정치적 효과 · 정치적 비용 등 정치적 가치를 중시하고 이를 경제적 가치와 대비시킨 것이다.

그래서 우리는 일반적으로 표현하여 정치적 비용보다 정치적 효과가 크면 정치적 합리성이 향상된다고 할 수 있다. 이러한 정치적 가치 중에서 많이 논의되었던 것이 자유 · 평등 등의 인권문제와 정치체제의 권력구조면에서의 민주성이나 정책결정 · 집행 등의 운영면에서의 민주성이 대표적인 것이다.

정책결정의 정치적 합리성은 대안간의 객관적이고 분석적인 비교를 통하여 최선의 대안을 선택함으로써 제고되기보다는 당사자간의 타협에 의해서 그 향상을 기대할 수 있다고 보는 학자가 있다. Diesing은 극단적으로 다음과 같이 주장한다. '정치적 결정에서는 좋은 제안과 나쁜 제안간에 타협이 일어나는 경우라도 타협은 언제나 합리적인 절차이다.' 이러한 주장은 이해가 대립되는 자들에게 영향을 주는 정책결정에 있어서 상반되는 이해를 타협에 의하여 바람직스럽게 조정하는 경우에 적절한 표현이다.

타협에 의한 결정은 언제나 정치적 · 합리적이라고 보게 되면 자칫 잘못하면 현존하는 정치권력의 민주성 여부나 현존하는 권력분포의 평등성 여부는 고려함이 없이 정치적으로 강한 지지를 받는 정책대안을 정치적 합리성이 있는 것으로 보기 쉽다. 정치적 지지획득 여부는 정치적 실현가능성에 관한 것으로서 정치적으로 합리성과는 차이가 있다.

---

13) A. Wildavsky, *The Politics of Budgetary Process*, 2nd ed., Boston:Little, Brown, 1974, pp. 79~80.

전술한 경제적 합리성의 기준과 정치적 합리성의 기준 등은 서로 모순 · 대립적인 관계에 있는 경우가 많다. 능률성과 평등성의 대립, 효과성과 타기준과의 대립 등이 많은 경우에 나타난다.

이런 경우에 어떤 기준을 적용해야 하는가? ① 가장 바람직한 기준을 먼저 적용하여 정책대안의 우선순위를 정하는 방법이다. 이것은 현실적으로 가능한 방법이지만 무슨 기준을 우선하여야 할지에 대해서 사람마다 다른 주장을 하게 될 것이다. 즉, 이것은 가치판단의 문제이며 따라서 사람들마다 다르게 될 것이다. ② 모든 기준을 통합하여 단일종합기준을 만드는 방법을 생각할 수 있다. 이것은 이질적인 정책효과를 통합하는 것과 마찬가지로 실제적으로 불가능하다.

그러므로 결국 민주주의적인 원리에 따라서 국민의 의사를 정확히 반영하여 우선적으로 적용될 기준을 정하는 것이 바람직하다고 생각할 수 있으나 여기에서도 문제점이 있다.

(2) 실현가능성이다. 정책대안의 실현가능성은 그것이 정책으로 채택되고 그 내용이 충실히 집행될 가능성을 뜻한다. 그래서 정책으로서의 채택가능성과 채택된 후의 집행가능성이 그 내용이 된다.

정책대안의 실현가능성의 두 부분 중에서 정책의 집행가능성이 보다 많이 거론된다. 소망성의 측면에서 가장 바람직스러운 대안이더라도 이것이 정책으로 채택되었을 때 집행이 불가능한 것이면 최선의 대안으로 볼 수는 없다.

정책대안이 정책으로 채택된 후의 집행가능성을 논의하였으나, 정책대안으로 정책으로 채택될 가능성도 '정책대안'의 실현가능성에는 중요하다. 이런 경우에는 정책의 실현가능성이라는 표현은 물론 부적합하다. 특히 문제가 되는 것이 소망성 기준으로 보아서 우수한 정책대안이 정치적으로 큰 반대에 부딪쳐서 정책으로 채택될 가능성이 없을 때, 즉 정치적 실현가능성이 없는 경우이다.

정책대안의 정치적 실현가능성은 정책으로 채택된 후의 집행과정에서 정치적 반대로 인한 집행가능성이 문제될 수도 있으나 이보다는 정책으로서 채택되는 때에 정치적 반대로 인한 채택가능성의 문제핵심이 된다. 반면에 행정적 · 재정적 · 기술적 실현가능성은 정책의 집행가능성에서의 논의의 초점이 된다.

정책대안의 실현가능성이 없다고 판단되면 정책으로 채택될 수 없기 때문에 소망성의 판단을 위한 여러 가지 어려운 분석이나 작업을 할 필요가 없는 것으로 생각하기 쉽다. 그러나 비록 실현가능성에서 약간의 문제가 있는 대안이라도 그것이 결과예측과 평가에서 훌륭한 대안임이 밝혀지면 이를 실현시키기 위해서 우리가 노력할 수도 있다.

정책 또는 정책대안의 실현가능성은,

① **기술적 실현가능성** : 정책이 정책대안(정확하게 표현하면 이들의 주내용이 되는 정책수단)이 현재 이용가능한 기술로서 그 실현이 가능한 정도를 의미한다. 기술적 실현가능성은 기술의 개발로서 또는 기술의 획득으로 이용가능한 기술수준이 향상되면 이에 따라 향상이 된다. 원자력기술의 개발에 따라서 석유대체에너지로서 원자력발전이 추진되는 것과 같다.

② **재정적 또는 경제적 실현가능성** : 이용가능한 재원으로서 정책 또는 정책대안이 실현가능한지의 여부를 의미한다. 이러한 재정적인 제약을 좀 넓게 보면 정부와 정책담당기관의 예산이 아니라 사회전체적으로 이용가능한 자원의 제약까지도 포함할 수 있다.

③ **행정적 실현가능성** : 정책의 집행을 위하여 필요한 집행조직 · 집행요원 및 전문인력 등의 이용가능성을 의미한다. 정책대안을 추진하기 위해서 기존의 행정기구로서 집행이 불가능하거나, 기존의 행정인력으로 집행이 어려우면 행정능력상 제약이 있는 것이다.

④ **법적 실현가능성** : 정책대안이나 정책의 내용이 타법률의 내용과 모순되지 않을 가능성을 의미한다. 이것은 정책대안의 실현과정에서 법적 제약을 받지 않을 가능성을 의미한다.

⑤ **정치적 실현가능성** : 정치체제에 의하여 정책대안이 정책결정국면에서 정책으로 채택되고 이것이 집행될 가능성을 의미한다. 즉, 정책대안의 채택과 집행에서 정치적 측면에서 지원받을 가능성을 정치적 실현가능성이라고 부른다. 무엇보다 중요한 것은 정책결정이란 정치적 결정이며, 따라서 정치적 실현가능성이 가장 큰 대안이 결국 정책으로 채택되기 때문에 정치적 실현가능성은 곧 그 정책대안이 정책으로 선택되느냐를 나타내는 가장 중요한 것이다.

4) 최선의 정책대안의 선택

중요한 정책대안들이 빠짐없이 탐색 · 검토되어 이들이 추진되었을 때 발생할 것으로 예상되는 결과들이 예측되고, 이들을 비교 · 평가할 기준까지 검토되고 나면 최선의 정책대안선정은 비교적 단순한 논리에 따라 집행된다.

최선의 정책대안을 선택하기 위한 논리는 여러 학문분야에서 개발되어 왔으나 가장 정교한 것이 후생경제학의 논리를 적용한 선형계획(linear programming)이다.

3. 우리나라의 政策決定過程

정책결정은 원래 국회의 고유권한이지만 행정국가시대에 와서는 정책집행이 일차적인 업무인 행정부도 많은 정책을 결정한다. 특히 개발도상국의 경우 국회보다 행정부가 더 많은 정책결정권한을 갖는 경향을 보이며, 이와 같은 상황은 우리의 경우도 예외는 아니다. 그러므로 우리나라의 정책결정과정을 제대로 이해하기 위해서는 행정부 정책결정과정과 입법부 정책결정과정 등 크게 두 가지로 구분하여 검토하는 것이 필요하다.[14)]

1) 정책결정과정의 내용

(1) 행정부의 정책결정과정

먼저 행정부 정책결정의 경우는 아래 ①의 경우처럼 개별부처에서 단독적으로 정책을 결정하는 경우가 있으며, ②의 경우처럼 두 개 부처 이상이 관련되어 정책을 결정하게 되는 경우가 있다.

① 개별부처 정책결정과정 : 개별부처 단독으로 정책결정이 이루어지는 과정은 대체로 다음과 같이 과에서 기안책임자인 사무관이 정책을 기안하고 과장이 결제한 후 국장, 차관, 그리고 최종적으로 장관이 결재함으로써 정책이 결정되는데, 이와 같은 각 원·부·처의 정책결정과정을 도표화하여 구체적으로 살펴보면 다음과 같다.

과(기안책임자:사무관) → 과 장 → 국 장 → 차 관 → 장관(정책결정)

② 둘 이상 院·部·處 關聯 政策議案 決定過程 : 둘 이상 원·부·처가 관련되는 정책의 안의 결정과정은 매우 복잡하여 아래에서처럼 경제관련 정책결정과정과 비경제관련 정책결정과정의 두 가지로 나누어 검토할 수 있다.

㉠ 경제관련 정책결정과정

동일한 경제관련 사안으로 둘 이상의 원·부·처가 관련될 경우 다음과 같이 다소 복잡한 결정과정을 가진다.

ⓐ 기안부처발의 : 정책의 기안을 담당하는 원·부·처에서 정책을 기안하는 경우는 앞의 개별부처가 정책을 결정하는 과정과 동일하다.

ⓑ 관련부처합의 : 심의안건의 성질이 2개 원·부·처 이상의 소관사항이나 협조를 요하는 사항의 경우 합의 또는 협조를 필한 후에 경제차관회의를 거치거나 또는 경제장관회의에 직접 제출하여야 한다. 다만 긴급을 요하는 안건 또는 관계부처간의 합의 또는 협조를 필하지 못한 안건은 그 사유를 제시하여 제출할 수 있다(경제장관회의 규정 제6조 2항, 국무회의 규정 제5조).

ⓒ 경제차관회의 : 경제차관회의 경제 각 부처간의 상호협조를 긴밀히 하며, 경제장관회의

---

14) 김병진, 「정책학원론」, 박영사, 1995, pp. 284~295.

에 제출된 의안과 경제장관회의로부터 지시받은 사항을 심의한다(경제차관회의 규정 제1조).

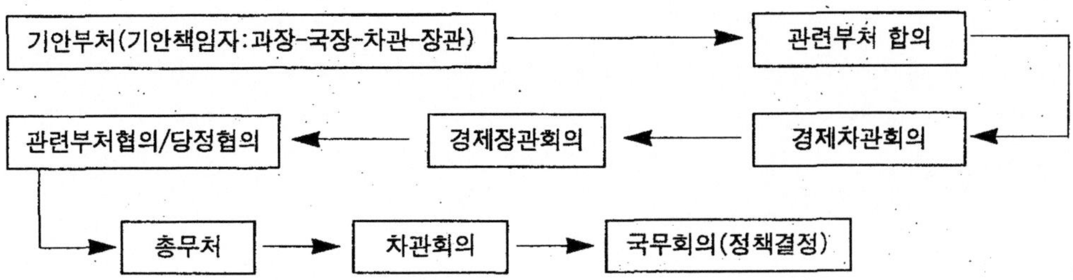

경제차관회의는 재정경제부차관, 외교통상부차관, 행자부차관, 농림수산부차관, 통상산업부차관, 건설교통부차관, 보건복지부차관, 노동부차관, 정보통신부차관, 과학기술처차관, 환경부차관 및 부총리가 지정하는 정무차관을 위원으로 하고(경제차관회의 규정 제2조), 의장은 재정경제부차관이 된다(동 규정 제3조).

경제차관회의는 의안의 구체화 내지 보완장치로서 경제장관회의에 대한 예비심의기관이며 생략되는 경우도 있다. 즉, 경제차관회의는 경제장관회의와는 달리 필수적 절차는 아니며 의안에 따라 성립하지 않을 수 있다.

ⓓ 경제장관회의 : 경제장관회의는 재정경제부장관, 외교통상부장관, 농림수산부장관, 통상산업부장관, 건설교통부장관, 정보통신부장관, 과학기술처장관, 환경부장관, 보건복지부장관, 노동부장관 기타 국무총리가 지정하는 국무위원과 심의안건의 해당부장관이 정위원으로 구성되며(동 규정 제3조), 재정경제부장관이 의장이 된다. 경제장관회의는 경제관계 각 부처간의 상호협조를 긴밀히 하며, 국민경제의 효율적 운영을 위한 종합계획과 산업경제에 관한 중요시책 및 개별계획을 심의하는 기능을 한다(동 규정 제1조). 경제장관회의에서 심의되는 사항들은 다음과 같다(동 규정 제2조).

* 국무회의의 심의를 요하는 경제에 관한 안건
* 정부의 경제개발계획과 대내 · 대외의 경제정책에 관한 안건
* 정부의 재정투융자계획에 영향을 미치는 안건
* 재정 · 금융 및 물가안정 등 국민의 경제생활에 영향을 미치는 사항으로서 각 부처간의 조정을 요하는 안건
* 국무회의의 의결에 의하여 회부된 안건
* 기타 행정 각 부처의 장에게 제출하는 경제에 관한 안건 및 보고사항 등이다.

끝으로 경제장관회의에서 심의될 안건의 성질이 2개부처 이상의 소관사항이거나 협조를 요하는 사항일 경우에는 합의 또는 협조를 필한 후에 이를 제출하여야 한다. 다만 긴급을 요하는 안건 또는 관계부처간의 합의 또는 협조를 필하지 못한 안건은 그 상유를 제시하여 제

출할 수 있다(동 규정 제6조 제2항).

ⓔ 관계부처협의 : 관계부처협의란 법제처, 재경원 등과의 협의를 의미한다. 즉, 법령관련 안건의 경우 법제처와의 협의를 거쳐야 하며, 특별한 예산이 수반되는 안건의 경우에는 재정경제원과의 협의를 거쳐야 한다.

ⓕ 당정협의

* 각 원 · 부 · 처 · 청의 장은 법률안이나 국민생활에 중대한 영향을 미치는 대통령령안을 입안할 때에는 정부 공식심의기구(차관회의 등)에 상정하기 전에 (제1)정무장관을 경유하여 여당과 사전 협조하되, 특별한 사유가 없는 한 상정되기 3주 전까지 협조하여야 한다(당 · 정협조에 관한 국무총리훈령 제244호 1(다), 1990. 8. 9).
* 각 원 · 부 · 처 · 청의 장이 의안을 국회에 제출할 때에는 국회에서 충분한 심의가 이루어질 수 있도록 시간적 여유를 두고 이를 제출하여야 한다(국무총리훈령 제244호, 2(나), 1990. 8. 9).
* 당정협의기구에는 청와대 확대당직자회의, 고위 당 · 정정책조정회의, 당 · 정정책분과회의, 실무 당 · 정회의, 지역 당 · 정회의 등이 있다. 이와 같은 당 · 정협의기구들 가운데 가장 실질적인 협조기구로는 고위 당 · 정정책조정회의를 들 수 있다.

ⓖ 고위당 · 정정책조정회의 : 여당으로부터는 대표, 사무총장, 원내총무, 정책위의장, 전당대회장, 정무장관 등 당 6역과 행정부로부터는 국무총리, 양부총리, 관련부서장관 등으로 구성되며, 여당과 정부가 번갈아 가면서 주관하는 실질적인 최고의 당 · 정협조회의이다.

ⓗ 총무처 : 관계부처의 협의까지 마친 안건은 총무처가 개회일 7일 전까지 의사일정과 함께 차관회의 참석자들에게 배부한다(경제차관회의 규정 제9조).

ⓘ 차관회의 : 국무회의에 제출된 의안과 국무회의로부터 지시받은 사항을 심의하기 위한 차관회의에서 가결된 의안은 그 의결결과를 첨부하여 국무회의에 상정하고 부결된 의안은 국무회의에 상정하지 아니한다. 다만, 그 부결이유를 명시한 심의의견을 의안에 첨부할 경우 이를 국무회의에 상정할 수 있다(동 규정 제6조 2항). 차관회는 국무총리행정조정실장을 의장으로 하여 각 원부처의 차장 및 정무장관실의 정무차관으로 구성된다(동 규정 제2조). 차관회의는 행정 각 원 · 부 · 처 · 청간의 협조를 긴밀하게 하며, 국무회의에 제출된 의안과 국무회의로부터 지시받은 사항을 심의하고(동 규정 제1조), 가결된 의안은 그 의결결과를 첨부하여 국무회의에 상정하고 부결된 의안은 국무회의에 상정하지 아니한다. 다만, 그 부결이유를 명시한 심의의견을 의안에 첨부할 경우에는 이를 국무회의에 상정할 수 있다(동 규정 제6조 제2항).

따라서 차관회의는 국무회의에 제출될 의안들에 대해 심의 · 검토 · 조정함으로써 국무회의가 보다 효율적으로 가능할 수 있도록 도와주는 중요한 역할을 수행한다.

ⓙ 국무회의 : 국무회의는 대통령이 의장이 되고 국무총리가 부의장이 되며, 각 부처의 장관이 위원이 되는 명실상부한 행정부의 최고정책심의 및 결정기관이다. 따라서 국무회의의 의결은 곧 정책결정이 된다. 그러나 의제의 성격이 법안으로 성립을 요할 경우 국무회의의 의결은 정책결정이 아니라 의회에 내놓을 행정부의제의 채택, 즉 행정부발의의 성격을 지니며 이 경우 의회의 의결이 최종적인 정책결정이다. 행정자치부장관은 차관회의의 심의를 거친 의안을 국무회의 개회일 2일 전까지 의사일정과 함께 대통령 · 국무총리 국무위원 및 기타 배석자들에게 배부한다(국무회의 규정 제3조 5항). 국무회의에 상정할 의안으로서 2개 이상 원 · 부 · 처에 관련되는 의안은 사전에 관계 원 · 부 · 처간에 합의를 얻어서 제출하여야 한다. 다만, 합의를 얻지 못한 때에는 그 사유를 명시하여 국무회의에 상정할 수 있다(동 규정 제4조).

국무회의에 제출된 의안은 먼저 차관회의의 심의를 거쳐야 한다. 다만 긴급한 의안은 그러하지 아니하다(동 규정 제5조 1항).

Ⓛ 비경제정책의안 결정과정

둘 이상 원 · 부 · 처가 관련되는 비경제정책의안에 대해 정책을 결정할 경우 다음과 같이 비교적 단순한 결정과정을 거친다. 그리고 이와 같은 각 단계들은 앞에서 검토한 둘 이상의 원 · 부 · 처가 관련되는 경제관련 정책결정과정의 단계들과 동일하므로 여기서는 더 구체적인 설명을 생략하겠다.

(2) 입법부 정책결정과정

입법부에서 정책이 결정되는 경우는 입법부의 발의에 의해서, 입법부에서 정책을 결정하는 경우와 행정부 발의에 의해서 입법부에서 정책이 결정되는 경우의 두 가지로 구분하여 볼 수 있다.

① 입법부 발의, 입법부 정책결정과정 : 입법부가 발의하여 입법부의 정책을 결정함으로써 입법부가 정책의제형성과 정책결정과정을 주도하는 경우이다. 우리나라의 경우 입법부가 공식적 정책결정자임에도 불구하고 입법부가 발의한 건수는 행정부가 발의한 건수보다 상대적으로 적다(예로서 행정부 발의안이 전체의 90% 가량을 차지함). 뿐만 아니라 입법부 발의안은 행정부 발의안보다 최종적으로 결정된 비율도 낮다.

② 행정부 발의, 입법부 정책결정과정 : 행정부의 특정 부처가 기안하고 국무회의에서 의결됨으로써 행정부안으로 발의되고 당정회의 등을 거쳐 국회로 넘겨진 후 국회가 심의 · 의결하여 입법함으로써 정책을 결정하는 과정으로서 개략적으로 다음과 같이 크게 세 단계로 나누어 볼 수 있다.

행정부 발의(국무회의 의결-대통령재가 및 국회제출) → 국회해당위원회 심 의 → 본회의 의결 (정책결정)

第 2 節 政策決定의 理論模型

1. 意思決定의 諸類型

바람직한 정책결정이나 정책집행을 위해서 필요한 의사결정의 논리나 방법은 의사결정의 합리모형에 의하여 제시되고 있으며, 이 합리모형을 흔히 합리적 · 분석적 모형이라고 부르기도 한다. 의사결정론의 유형론은 주로 이 합리모형과의 대비를 기초로 이루어진다. 이때 의사결정론의 유형은 다음과 같이 분류된다.[15)]

① 합리모형(rational model) : 의사결정자가 합리적인 의사결정을 한다고 가정하면 나타나리라고 예상되는 것을 유추하여 실제의 의사결정과정을 설명하거나(실증적 · 기술적 합리모형), 의사결정자가 합리적인 의사결정을 하려고 할 때 따라야 할 논리나 절차를 밝히는 의사결정론(규범적 또는 처방적 합리모형)이다.

② 인지모형(cognitive model) : 넓게 보면 cybernetics model과 심리학의 인지과정에 관한 이론을 포함한 모형이지만 특히 후자에 더 큰 비중을 두고 있기 때문에 인지모형이라고 명명한 것이다. 인지모형은 인간의 능력에 한계가 있기 때문에 합리모형에서와 같은 의사결정이 이루어질 수 없다는 실증적인 측면을 강조하는 데 초점이 있다(Simon, March, Cyert 등의 조직 내에서의 의사결정에 관한 기술적 · 실증적 연구이다.). 그러나 이러한 불완전한 인간의 능력을 전제로 하여 바람직한 의사결정의 방법을 제시하는 규범적인 또는 처방적인 모형도 있다(Lindblom의 점증주의, 하지만 점증주의도 현실에서 일어나고 있는 의사결정에 대한 실증적 · 경험적 · 기술적인 측면이 규범적인 측면보다 훨씬 강하다.).

따라서 전체적으로 보면 합리모형은 규범적인 측면이 강하고 인지모형은 실증적 · 경험적인 측면이 훨씬 강하다.

③ 규범론(normative theory) : 무엇이 바람직한 목표이며, 이를 위해서 무엇을 어떻게 해야 하는가를 밝히고자 하는 이론이다. 그래서 sollen에 관한 이론이다. 바람직한 목표 자체가 이미 결정되어 있는 때에는 그 목표달성을 위한 최선의 수단을 선택하는 데 초점이 있게

15) 정정길, 「전게서」, pp. 385~388.

되고, 이러한 모형은 흔히 처방적 모형(prescriptive model)이라고 부른다.

④ 실증론(positive theory) : 현실에서 실제로 발생하고 있는 현상을 기술하고 설명하는 목적을 지니고 있는 것이다. 따라서 sein에 대한 것이며, 동시에 경험을 통해 현상을 파악하고 이렇게 파악된 현상에 의하여 모형의 타당성을 검토하기 때문에 경험적·실증적 모형(empirical or positive model)이다.

〈표 3-1〉 의사결정론의 분류

연구목적 / 의사결정자의 능력	규 범 적	실 증 적
합 리 적	선형계획, 의사결정분석, 비용편익분석	가격이론, 게임이론, 공공선택이론
인 지 적	점증주의	만족모형, 점증주의 회사모형

2. 合理模型

1) 의 의

인간의 이성과 합리성에 근거하여 결정하고 행동한다는 이론으로서 '포괄적 모형', '최선의 대안선택모형', '순수합리성모형' 등으로 불리운다.[16] 즉, 이것은 관련된 모든 대안들을 고려할 수 있다는 객관적 합리성에 근거한 의사결정자에 대한 전능의 가정과 주어진 목적달성의 극대화를 위하여 최대한의 노력을 한다는 주관적 합리성에 근거한 경제인과 같은 합리적 인간을 전제로 한 이론모형인 것이다.[17]

T. Dye에 의하면 합리적 정책은 '최대한의 사회적 소득을 달성하는 것'을 말하며, 여기서 '최대한의 사회적 소득'이란 정부가 정책을 선택함에 있어 사회에 대한 소득이 비용보다 훨씬 상회하여야 하며, 반대로 비용이 소득을 능가하는 정책은 결코 선택해서는 안 된다는 것을 의미한다.[18]

그런데 이와 같은 최대한의 사회적 소득의 의미 속에는 두 가지 중요한 지침이 있다. 먼저 비용이 편익을 초과하는 경우 어떠한 정책도 채택되어서는 안 된다는 것이며, 둘째로 여러 가지의 정책대안 가운데서 비용에 비해 편익이 가장 많은 정책을 채택하여야 한다는 것을 의

16) 이종열, 「정책학원론」, 대왕사, 1984, p. 187.

17) 안해균, 「정책학원론」, 다산출판사, 1986, p. 322.

18) T. R. Dye, *Understanding Public Policy*, 5th ed., Eglewood Cliffs, N. Y. : Prentice-Hall, Inc., 1984, pp. 30~31.

미한다.[19]

이것을 바꾸어 말하면 정책을 달성하는 가치가 정책의 달성으로 인해서 희생되는 가치보다 많고 다른 어떤 정책에 비해 가장 많을 때 합리적이라고 할 수 있다. 그런데 여기서 합리주의를 금전적인 의미로 제한하여 생각할 필요는 없다. 합리주의는 공공정책에 의해서 희생되거나 달성되는 모든 사회적 · 정치적 그리고 경제적 가치를 포함하고 있으며, 금전적으로 측정되는 것만을 의미하지는 않는다. 그리하여 합리적 정책을 선택하기 위해서 정책결정자는, ① 모든 사회적 가치선호와 이들의 상대적 비중을 알아야 하며, ② 유용한 모든 정책대안을 수립할 수 있어야 하며, ③ 각 정책대안에 관한 비용과 편익의 비율을 계산할 수 있어야 하며, ④ 각 대안에 관한 비용과 편익의 비율을 계산할 수 있어야 하며, ⑤ 가장 능률적인 정책대안을 선택하여야 한다.[20]

즉, 이 모형은 어떻게 하는 것이 최선의 경제적인 결정을 할 수 있는가에 관한 경제적 이론에서 유래된 의사결정모형이다. 이러한 합리적 종합모형은 문제의 진단, 모든 대안의 탐사, 그리고 최선의 잠재적 해결책의 정의 등으로 특징지어진다. 합리적 종합이론의 전반적인 목표는 소득의 극대화, 투자재원에 대한 최대한의 가능한 소득확보, 대안을 수립하기 위한 의사결정의 각 단계와 관련한 정보수집 등을 추구하는 것이다. 그리고 이 모형의 한계는 경제적 분석에 대한 시간적 제약과 수집된 정보를 소화하는 데 있어서의 의사결정자의 무능력, 그리고 미래예측에 대한 의사결정자의 무능력 등을 들 수 있다.[21]

2) 내용과 과정

J. E. Anderson은 합리모형을 '합리적 종합이론'이라고 부르며, 의사결정이론에서 가장 잘 알려지고 광범하게 수용되어진다고 주장한다. 그에 의하면 이 모형은 다음과 같은 몇 가지 특징적 요소를 포함한다는 것이다.[22]

① 의사결정자는 다른 문제와 구분되거나 적어도 다른 문제에 비해 이미 있는 문제에 직면한다.

② 의사결정자에게 지침이 되는 목표 · 가치 또는 목적은 중요성에 따라 명백히 하고 서열화할 수 있다.

---

19) R. H. Haveman, *The Economic of the Public Sector*, New York : John Wiley, 1970.
20) Y. Dror, "An Optional Model of Public Policy-Making", *Public Policy-Making Reexamined*, Part IV, San Francisco : Chandler, 1968.
21) E. R. Kruschke and B. M. Jackson, *Public Policy Dictionary*, Santa Barbara, Calif. : ABC-Clio, Inc., 1987, p. 64.;김병진, 「정책학개론」, 박영사, 1995.
22) J. E. Anderson, *op. cit.*, p. 8.

③ 문제를 다루는 것과 관련된 다양한 대안들이 검토된다.

④ 각 대안의 선택에 따른 영향(비용과 편익, 이익과 불이익)이 조사된다.

⑤ 각 대안과 그 영향이 다른 대안의 경우와 비교된다.

⑥ 의사결정자는 목적 · 가치 또는 목표를 가장 잘 달성할 수 있는 대안을 선택한다.

그리하여 Anderson은 이와 같은 과정의 결과로 합리적 결정이 나오며, 이 결정이 주어진 목적을 가장 효과적으로 달성한다고 보고 있다.

이에 비해서 R. L. Lineberry는 정책결정자가 합리적이 되기 위해서는 다음에서 제시하는 몇 가지 사항들이 기본적으로 필요하다는 것이다.[23] ① 목표의 명백한 세분화, ② 목표의 서열화, ③ 목표를 달성할 수 있는 정책대안들의 인식, ④ 대안들에 관한 최대한의 정보수집과 비용편익에 관한 체계적인 분석

R. L. Lineberry는 이들 요소들을 중심으로 순수합리성 모형의 각 단계들을 다음과 같이 제시하였다.

① **문제의 인식과 목적의 서열화** : 먼저 합리적 정책결정자는 문제를 인식함과 동시에 자신의 목적들을 수립하고 서열화한다. 여기서 목적의 서열화가 특히 필요한 것은 모든 목적들을 동시에 달성하기란 불가능하기 때문이다. 하나의 목적이 다른 목적보다 더 중요하며 바람직하기도 하고 경우에 따라서는 다른 목적보다 훨씬 덜 중요하다. 예를 들면, 의료보호 분야의 경우 양질의 의료보호를 보장하는 것이 하나의 목적이 될 수 있으며, 다른 한편으로 낮은 비용이 소요되는 의료보호를 보장하는 것이 또 하나의 목적이 될 수가 있다. 그런데 더 나은 양질의 의료보호는 많은 재정이 필요하기 때문에 동시에 적은 비용이 드는 의료보호를 보장하는 일은 거의 불가능할 수가 있다.

② **정책대안의 인식** : 합리적 정책결정과정의 초기단계에 목적을 달성할 수 있는 일련의 정책대안들이 인식되어져야 한다. 다시 말해서 합리적 정책결정자들은 목전의 대안들에만 급급하지 말고 심지어는 수백 개의 대안까지도 고려의 대안까지라도 고려의 대상으로 간주하여야 한다. 이와 같은 정책대안의 인식과정은 대안의 범위와 질에 영향을 미치기 때문에 매우 중요하다. 일단 정책문제가 정의되고 나면 정책대안은 근본적으로 경험적 탐색과정, 유추적 탐색과정, 비교적 탐색과정, 변호적 탐색과정의 네 가지 탐색과정에서 초래되기도 한다. 그럼에도 불구하고 때로는 정책대안이 단순하고도 우연한 사건의 결과에 의해서 얻어질 수가 있다. 아주 새롭고 혁신적인 정책대안이 갑작스런 묘안의 결과로 얻어지기도 한다. 그

---

23) R. L. Lineberry, *American Public Policy : What Government Does and What Difference It Makes*, New York : Harper and Row, 1977, p. 27.

러나 대체로 정책대안들은 심사숙고한 결과로 나타나게 되며 합리적 정책은 구체화와 열거를 필요로 한다.

③ 비용과 편익에 관한 예측 : 순수합리모형의 제 단계 가운데 가장 어려운 단계는 각 대안의 목적달성가능성과 비용계산을 비교하는 것이다. 즉, 여기에서는 각 대안이 문제의 해결에 어느 정도 기여할 것인가를 예측함과 동시에 이들 대안의 비용은 얼마나 드는가를 계산하는 것을 말한다.

④ 대안의 편익과 비용의 비교 및 검토 : 각 대안의 편익과 비용이 산출되고, 여러 대안에 대한 편익과 비용을 비교하여 편익에 비해 비용이 가장 적게 드는 정책대안을 선택하는 아주 쉬운 일만이 남게 된다. 즉, 앞의 여러 단계가 적절하게 진행되면 대안의 편익과 비용을 비교하고 최선의 대안을 선택하는 문제는 매우 간단하게 된다.

문제를 완전히 이해하고, 해결을 위한 모든 대안을 이해하고, 대안선택의 기준이 명확히 존재하며, 자원이 충분하며 합리적으로 최선의 대안을 선택한다는 것을 전제로 한다.

합리적 의사결정의 일반적인 단계를 살펴보면 다음과 같다. ① 해결해야 할 문제나 달성하고자 하는 목표를 명백히 하고, ② 문제를 해결할 수 있는 또는 목표를 달성할 수 있는 여러 가지 대안들을 광범위하게 탐색하며, ③ 대안들이 추진되었을 때 나타날 결과들을 예측하고, ④ 대안들의 결과를 비교 · 분석 · 평가하여, ⑤ 최선의 대안을 선택한다.

3) 비 판

합리주의 모형은 해결해야 할 문제를 종합적으로 분석하여 최소의 비용으로 최선의 목표를 달성한다는 점에서 매우 이상적인 모형이라 할 수 있다. 따라서 이 모형은 선진국과 격차를 단시일 내에 극복하려는 후진 개발도상국들이 즐겨 사용할 뿐만 아니라, 특히 전통적인 양식을 극복하고 혁신적인 정책을 수립하려는 경우에 유용한 모형이다. 그리고 대부분의 정책결정모형들은 이 모형의 문제점을 비판하는 과정에서 생성되었다는 점에서 그 중요성은 높이 평가된다.

그러나 이와 같은 종합적 이론의 장점에 비해서 단점이 많은 학자들에 의해서 포괄적으로 제시되었다. 합리적 모형에 대한 비판은 크게 두 가지로 구분할 수 있는데, 첫째는 이 모형의 기반인 합리성에 대한 비판이며, 둘째는 모형에 대한 전반적인 비판이다.

이 모형의 합리성에 대한 비판은 Lineberry와 Simon 등에 의해 제기되었다. 먼저 Lineberry에 의하면 순수합리성모형은 무엇보다도 합리성 자체에 한계가 있으며, 여기에 이론적 한계와 실증적 한계의 두 가지 유형을 제시한다.

① 이론적 한계 : ⓐ 이론적으로도 합리적 결정이 항상 최적의 결정이 될 수가 없는데, 이

는 개별적 합리성과 집단적 합리성에는 차이가 있기 때문이다. ⓑ 비록 합리성이 이론적으로 선호될지라도 경우에 따라서는 민주적 정책결정과 같은 다른 중대한 목적과 교환하지 않으면 안 될 경우가 있다.

② 실증적 한계 : ⓐ 실층적으로 합리적 탐색행위와 행위에 대한 요구 사이에는 갈등이 있다. ⓑ 정치가들은 일반적으로 정치적 실현가능성보다도 합리적 선택을 중요시하지만 양자간의 갈등이 있는 경우 정치적 실현가능성을 더 선호한다.

그리고 H. A. Simon도 합리성의 한계를 다음과 같이 세 가지로 요약하고 있다.

① 합리성은 각 선택에 따른 영향의 완전한 지식과 예측을 요구하는데, 실제에 있어서 영향에 대한 지식은 완전한 것이 되기보다는 항상 분파적인 것에 불과하다.

② 일반적으로 대안선택의 영향은 미래에 발생하며 경험으로부터 도출되는 상상력이 영향에 충분한 가치를 부여하지 못하는 경우 이를 보완하여야만 한다. 그러나 여기서 가치를 예견한다는 것은 항상 어려운 문제이다.

③ 합리성은 모든 가능한 대안행위 가운데 하나의 행위만 선택하도록 강요한다. 그러나 실제의 경우 모든 대안이 제시된다기보다는 몇 개의 가능한 대안만이 제시될 뿐이다.

이에 비해 C. E. Lindblom 등 일련의 학자들은 합리적 · 종합적 모형이 지닌 문제점에 관해서 포괄적으로 비판한다. 따라서 Lindblom. Braybrooke, Widavsky, Anderson, 그리고 Dye 등의 학자들이 지적한 합리적 정책결정의 장애들에 관해 검토해 보면 다음과 같다.

① 합리적 모형은 정책결정자들이 명백하고도 잘 정의된 문제 또는 다른 문제들과 구분될 수 있는 문제에서 출발한다고 가정하는데, 실제의 경우 의사결정자는 문제의 인지와 결정을 내려야 하는 부담을 가지고 시작해야 한다.

② 합리적 모형에서 주장하는 것처럼 사회전체적으로 합의된 사회적 편익으로 표현되는 가치란 있을 수 없으며, 단지 특정한 개인들이나 집단에 의해서 합의된 사회적 편익 또는 가치가 있을 뿐이다.

③ 편익이나 비용들로 대표되고 상충하는 많은 가치들은 서로 비교되거나 서열화될 수가 없는데, 예를 들면 개인의 존엄성이란 가치와 세금증가를 비교하거나 비중을 매길 수 없음과 같다. 그리하여 이와 같은 가치가 충돌하여 상호간의 비교나 비중을 결정하는 일이 매우 어렵게 되며, 더욱이 의사결정자가 자신의 개인적 가치와 공공의 가치를 혼동하기도 한다. 더 나아가서는 가치와 사실이 분리될 수 있다는 합리주의적 가정은 실제의 경우에는 맞지 않는다는 것이다.

④ 정책결정자는 사회적 목적에 근거를 두고 정책을 결정하도록 동기가 부여되지 않으며, 권력 · 지위 · 재산 · 금전 등과 같은 개인의 보상을 극대화하는 방향에서 정책결정을 하게 된다.

⑤ 정책결정자는 또한 사회적 순소득을 극대화하도록 동기가 부여된다기보다는 단순히 진보를 위한 요구를 만족시키는 방향에서 정책결정을 하게 된다. 그리하여 이들은 최선의 정책대안이 나올 때까지 대안탐색을 계속하는 것이 아니고 그저 그 문제를 어느 정도로 해결하는 대안만 나타나면 곧 이상의 대안탐색을 중단하게 된다.

⑥ 기존의 사업계획이나 정책에 투입된 막대한 투자, 즉 매몰비용(sunk cost)은 합리적 정책결정을 하는데 장애요소가 된다. 합리적 · 종합적 모형은 이전의 결정과 공약을 무시한 상황에서 새로운 결정을 할 수 있다고 보지만 기존의 정책이나 사업으로 인해 투자된 비용 때문에 새로운 대안이 결정되어질 가능성에 장애가 된다고 볼 수 있다.

⑦ 합리적 정책결정의 단계에서 요구되고 있는 모든 정책대안과 각 대안의 영향을 알기 위해서는 모든 정보를 수집할 필요가 있는데, 이에는 감당할 수 없는 비용 · 시간, 그리고 능력이 필요하다. 따라서 대개의 경우 의사결정자는 시간, 비용, 그리고 능력 등의 부족 때문에 정교한 컴퓨터의 도움을 받는다 해도 대안과 대안의 영향에 관한 정보를 충분하게 수집할 수가 없는 것이다.

⑧ 사회학이나 행태과학, 그리고 물리학이나 생물학 등 어느 분야에서도 정책결정자가 각 대안의 편익과 비용을 이해할 수 있도록 그 예측능력이 충분히 발달되지 못하였다.

⑨ 심지어 오늘날 분석기술이 가장 발달되었다고 일컬어지고 있는 컴퓨터를 가지고 정책결정자가 여러 다양한 정치적 · 사회적 · 경제적 그리고 문화적 가치들이 걸려 있는 문제에 대해서는 비용과 편익을 정확하게 계산할 수가 없다.

⑩ 다양한 정책대안의 영향을 확신할 수 없으므로 정책결정자는 불안과 예상 밖의 영향을 감소시키기를 원하게 되고, 이는 곧 가급적이면 이전의 정책에 집착하게 되는 결과를 가져오게 한다. 그리고 거대한 관료제에 있어서의 정책결정이 분할되어 있기 때문에 의사결정의 순간에 다양한 모든 전문가들을 투입하여 협조적인 정책결정을 하는 것이 불가능하다.

3. 滿足模型

1) 의 의

만족모형은 J. March와 H. Simon에 의해서 주장되었으며, 그 후 R. Cyert와 J. March의 회사모형 또는 연합모형에 의해 조직의 차원으로까지 발전된 모형이다.[24] 만족모형은 활

24) Richard M. Cyert and James G. March, *A Behavioral Theory of the Firm*. N. J. : Prentice-Hall, 1963.

용가능성(availability) 비용(cost), 기술(technology), 시간(time) 등과 같은 기존의 이론들이 비판한 합리성의 외재적 제약요건에다가 ① 정보처리과정상의 제약요인, ② 선호성의 제약요인, ③ 습관적 행동성향이라는 세 가지 측면을 가진 개인의 심리적(내재적) 제약요인을 첨부하고 있다는 점에서 다분히 개인적 · 행태적 의사결정모형이라고 하겠다. 이 모형은 합리모형의 현실적 제약점을 극복하기 위해 제시된 것이다. 이 모형은 합리모형과는 달리 완전무결한 합리성이 아닌 제한된 합리성(bounded rationality)에 기초하고 있다는 데에 그 특색이 있다.

즉, 모든 정보와 대안 및 그 대안이 초래할 모든 결과를 예측하기에는 인간의 인지능력에 한계가 있다는 것이다. 따라서 정책결정자는 자신의 외부환경에서 인식하게 되며, 여러 가지 목표나 문제 중에서도 자기와 관련된다고 느끼는 지극히 일부분만을 관심의 대상으로 삼게 된다는 것이다.

또한 목표 역시 간소화시키게 되는데 이는 수단-목표분석을 통해 목표를 상위목표와 하위목표로 나누어내는 요소화작업을 통해 이루어진다. 그리고 대안탐색 및 선택도 모든 대안에 대해서 고려하는 것이 아니라 주위에서 쉽게 찾을 수 있는 대안을 우선적으로 검토하여 그 대안이 당면한 문제를 해결하는 데 어느 정도 심리적으로 만족할 만한 것이라고 생각되면 그대로 채택하게 된다는 것이다.

만족모형은 인간의 제한된 합리성(bounded rationality)에 기초하여 최적 수준에 의한 최적 대안보다는 현실적으로 만족할 만한 만족대안의 선택에 타당성을 두고 있는 이론이다. 만족모형의 핵심적 관심은 인간의 사회적 행동이 합리적 측면과 비합리적 측면의 경계부분에 존재한다는 것이다.

2) 내용과 과정

Simon은 심리적인 면, 특히 의사결정의 인지과정을 연구대상으로 하여 의사결정자가 최적(optimum)의 대안이 아니라 만족할 만한(satisficing) 대안을 선택하게 되는 것을 설명하고 있다. 그는 합리모형에서 가정하는 의사결정자를 경제인이라고 부르고 자신이 제시하는 합리성의 제약을 받는 의사결정자를 행정인이라고 부르면서 다음과 같은 주장을 하고 있다.[25)]

① 경제인은 극대화를 도모한다. 즉, 모든 가능한 대안 중에서 최선의 대안을 선택한다. 그러나 행정인은 만족하는 것으로 그친다. 즉, 만족할 만한 또는 그 정도면 괜찮은(good

25) Herbert A. Simon, *Administrative Behavior*, 3th ed., New York, The Free Press, 1976, pp. 309~314.

enough) 대안을 선택한다. 그러므로 행정인은 모든 대안을 검토하지 않고 만족할 만한 대안만 찾으면 선택한다.

② 그래서 실제의 의사결정자는 모든 대안을 탐색하기 않고 몇 개의 대안만을 탐색한다. 이때 대안의 탐색은 무작위적(random)이고 순차적(sequential)으로 이루어진다. 즉, 어떤 대안이 머리에 떠오르면 이 대안이 가져올 결과를 예측해 보고 다음에 다른 대안을 생각하고 그 대안의 결과를 예측하는 식으로 대안의 결과예측은 만족할 만한 결과를 가져오는 대안을 찾을 때까지 계속된다.

③ 경제인은 복잡하고 동태적인 상황을 있는 그대로 모두 고려하여 대안의 결과예측을 시도하지만 행정인은 불확실성이나 불충분한 정보자료 때문에 대안의 결과를 정확하게 예측할 수 없음을 알고 있다. 그래서 복잡한 상황을 단순화시키고 또 그가 가장 적절하고 중요하다고 생각하는 요소들만을 고려하여 대안의 결과를 예측하려고 한다. 이러한 단순화는 인간이 정보처리상 지니고 있는 인지능력면의 제약 때문에 어쩔 수 없는 일이다. 또 몇 가지의 대안에서 중요한 결과만을 예측하는 것도 사유능력의 제약 때문에 어쩔 수 없는 일이다.

한편 Y. Dror는 이 모형을 규범적이면서 행태적 모형의 특징을 지닌다고 하며 다음과 같은 대안탐색의 단계를 제시한다.[26)]

① 정책결정자는 최근의 정책결정경험에 기반을 둔 명백한 대안들을 인식하여 제한된 범위 내에서 가능한 대안만을 탐색한다.

② 이들 각 대안의 만족할 수 있는 질적 측면에서 예상되는 결과를 평가한다.

③ 만약 하나의 대안의 예상되는 결과가 만족할 만하다고 생각되어지는 경우 정책결정자들은 더 나은 질을 가져다 줄 수 있는 다른 대안들을 더이상 탐구하지 않고 이 대안을 선택하고 집행한다.

④ 명백한 대안들의 예상되는 모든 결과가 만족할 만한 질에 미치지 못하는 경우에 한해서 정책결정자는 대안탐색의 노력을 계속적으로 시도한다. 그리고 이 경우 다소 혁신적인 대안과 이들의 예상되는 결과도 고려하게 된다.

⑤ 이상과 같은 과정과 방법에 의해서 만족할 만한 대안이 발견될 때까지 대안탐색과 활동이 계속된다. 그러나 만약 정책결정자가 이와 같은 방법과 과정에 의해서 만족할 만한 대안이 발견될 것이 절망적일 경우 만족의 질에 대한 수준을 낮출 수가 있다. 이와 같은 과정을 통해서 대부분의 경우 정책결정의 결과는 최적의 질은 안 될지라도 만족할 만한 질을 달성할 수 있게 된다.

---

26) Y. Dror, *op. cit.*, p. 147.

3) 비 판

규범적 모형으로서 만족모형은 인간적 타성(human inertia)과 조직의 보수성 때문에 대안탐색활동이 조기단계에서 멈춰질 위험성이 있고, 따라서 만족의 질이 낮아질 수 있을 뿐만 아니라 만족할 만한 질을 달성하는 것이 매우 어렵다. 따라서 만족할 만한 질을 얻을 수만 있다면 그 자체만으로도 대단한 성과이므로 조직활동에 유용한 목표로 지나치게 유토피아적인 최적의 질을 추구하기보다는 만족할 만한 질을 추구하여야 한다.[27]

만족모형은 실제의 의사결정을 설명하고 기술하는 경험적·실증적 연구로서는 획기적이다. 이 이론은 규범적 처방적인 측면에서도 커다란 장점이 있는데, 바로 의사결정은 비용이 들어가는 작업임을 명백히 한 점이다. 즉, 대안 하나를 찾아내고 결과를 예측하기 위해서 정보를 수집하고 모형을 작성하는 데 많은 시간과 경비가 소모되고 또 의사결정자의 지적 능력을 소모시킨다. 이 모두가 대안 하나를 더 탐색하는 데 들어가는 비용이 된다. 논리적으로는 이 비용보다 대안을 하나 더 탐색하여 얻게 되는 추가적 효과(현재 탐색되어 있는 결과에 비해서 더 좋아진 효과)가 커야만 대안의 추가적 탐색이 바람직하게 된다.

만족모형은 최선의 대안이 아니라 만족할 만한 대안을 찾은 후에 대안탐색을 중단하게 되면 검토하지 않은 대안 중에 훨씬 더 중요한 대안이 있어도 이것이 탐색되지 않고 포기된다. 이러한 위험은 책임회피와 보수적 사고방식에 젖기 쉬운 공무원의 경우에 더욱 심해질 수가 있으므로 의사결정에서 만족모형을 적용하라고 권할 수는 없다. 만족 여부는 기대수준에 달려 있는데 이 기대수준 자체가 극히 유동적이므로 어느 것이 만족할 만한 대안인지를 객관적으로 판단하기 어려운 때가 많다. 일반적이고 가벼운 의사결정에는 무작위적으로 대안을 고려하고 만족할 만한 대안이 있으면 대안의 탐색이 중단된다는 Simon의 주장이 옳겠지만, 이례적이고 중대한 의사결정에는 이런 식의 의사결정이 아니라 보다 분석적 결정이 이루어질 가능성이 크다.

① 만족의 질을 주어진 것으로 여기고 있으며, 만족의 질을 형성하고 있는 변수들이 무엇인지에 관해서는 간과하고 있다.[28] 심리적 만족을 대안선택의 기준으로 삼고 있으나, 그 만족의 정도를 결정지워주는 객관적 척도가 없다.

② 이 모형은 대안의 선택에 있어서 지나치게 주관의 지배를 받기 쉽다.

③ 그리고 조직에 따라서는 만족의 수준이 쇄신적인 수준에 가까울 수도 있고, 또는 현수

---

27) 김병진, 「정책학원론」, 박영사, 1995, pp. 224~225.

28) Yehezkel Dror, *Public Policymaking Reexamined*, Scranton : Pennsylvania : Chandler Publishing Company, 1968, p. 148.

준을 벗어나 쇄신적인 수준에 가까울수도 있겠으나 오히려 보수적인 성향이 더 강하리라는 생각이 든다.

④ 이 모형은 개인의 의사결정에 초점을 두고 있기 때문에 정책결정의 상황이 그대로 적용하기에는 한계가 있다고 하겠다.

4. 漸增主義 模型

1) 의 의

점증주의는 Lindblom과 Wildavsky에 의해 대표되는 이론으로서 합리모형을 전적으로 거부하고 정책의 실현가능성을 중시하는 이론이다.[29] Simon이 인간의 인지과정의 제약에 관심을 쏟아 개인적 의사결정의 기초를 쌓은데 비해서 점증주의는 이 기초 위에서 정치적 결정에 내재된 가치판단 · 사실판단의 상호작용, 정책결정상황의 복잡성, 정책결정의 정치적 의미와 그로 인한 제약 등에 커다란 관심을 기울이면서 정책결정 자체에 초점을 둔 것이다.

2) 내 용

Lindblom은 정책결정자의 분석능력 및 시간이 부족하고 정보도 제약되어 있으며, 대안비교의 기준으로 이용할 가치기준마저 불분명한 상태에서는 현존의 정책에서 소폭적인 변화만을 대안으로 고려하여 정책을 결정하고, 시간이 흐름에 따라 환류되는 정보를 보아 잘못된 점이 있으면 수정 · 보완하는 식으로 연속적인 정책결정을 하는 것이 가능하면서도 바람직한 정책결정방법이라고 주장하는 것이다.

정책결정에 있어 점증주의 이론 또는 세부적 점증주의 모형을 점증주의라고 부른다. 그리고 점증주의는 합리적 종합이론이 내포하고 있는 수많은 문제들을 해결해 준다. 이 모형은 공공관료가 실제로 의사결정을 할 때 보다 서술적 방법으로 한다고 하며 다음과 같은 특징 또는 전략들을 내용으로 하고 있다.

① 목적이나 목표의 선택과 이들을 달성하는 데 필요한 행위에 대한 실증적 분석은 상호간에 분리되어 있는 것이 아니고 밀접하다.

② 정책분석가들은 문제를 해결할 수 있는 대안을 고려함에 있어서 기존의 대안과 한계적

---

29) C. E. Lindblom, "The Science of Muddling Through", *Public Administration Review*, 19, Spring, 1959, pp. 79~88.

으로 차이가 나는 대안에 초점을 맞춘다.

③ 그리고 정책분석가들은 대안을 탐색함에 있어 상상할 수 있는 모든 대안들은 고려하는 것이 아니고 단지 제한된 대안들만을 고려한다.

④ 이들 일부분의 대안들에 관해서 단지 제한된 수의 중요한 영향들만을 평가한다.

⑤ 점증주의에서는 합리적 모형과 달리 항상 수단을 목적에 맞추는 것이 아니고 목적을 수단에 맞추기도 하는 소위 수단과 목적의 상호조정이 이루어진다. 이것은 또한 의사결정자가 당면하는 문제가 계속적으로 재조정하는 것을 의미하기도 한다. 그리하여 점증주의에서는 끊임없는 목적과 수단 또는 수단과 목적에 대한 조정이 가능하게 되며, 이러한 조정을 통해서 문제가 다루어질 수 있게끔 된다.

⑥ 점증주의에서는 자료가 항상 원래의 상태대로만 분석되어지는 것이 아니고 개조되어 처리되기도 한다. 이리하여 정책대안이 재구성된 자료에 의해서 새로이 설계되어지기도 한다.

⑦ 정책분석과 평가는 긴 정책단계의 연속에 의해서 진행된다. 그리고 점증주의 전략은 안정되고 장기적인 목표를 지향하기보다는 당장 회피해야 할 상황이나 문제들을 인식하는 데 초점이 맞추어진다. 다시 말해서 점증적 의사결정은 미래의 사회적 목적을 함양시키는 데에 주력한다.

⑧ 점증주의에서는 분석과 평가는 수없이 많은 시점에서 발생할 정도로 사회적으로 단절되어 있다. 즉, 제시된 문제나 이에 대한 가능한 해결방안으로서의 정책은 종종 수많은 기관들에서 수행되어진다.

⑨ 문제를 해결하는 데는 유일한 결정이나 또는 완벽하게 올바른 해결책이란 거의 존재하지 않는다. 따라서 좋은 결정에 대한 시험은 이 결정이 합의된 목적에 가장 적절한 수단이라고 동의함이 없이 다양한 분석가들이 직접적으로 이 결정을 동의하는 경우이다.

3) 비 판

점증모형이 일반적으로 현실의 결정상황에 적용가능성이 매우 높다고 하지만 다음과 같은 조건이 충족되어야만 하는 것이다.[30)]

① 점증주의 모형에서는 과거의 정책뿌리는 그대로 유지되고, 가지만 조정되는 것이다. 이를 부분최적화(branch method)라고 부른다. 한편 영기준예산제도처럼 과거정책을 뿌리채 뽑아버리는 것을 전체최적화(root method)라고 부른다.

점증주의자들은 부분에서의 최적을 모두 합치면 전체도 최적이 된다고 주장한다. 그러나

30) 이종열, 「정책학원론」, 대왕사, 1984, pp. 200~202.

이를 비난하는 학자들은 전체적으로 보면 부분간에 충돌이 일어날 수 있고, 바람직스럽지 못할 경우도 있다는 것이다. 대체로 학자들은 현실의 정책결정이 점증적으로 이루어진다고 있다는 데에는 수긍을 하지만, 점증주의자들이 그렇게 해야만 최적이 된다는 데 대해서는 비판을 하고 있다. 그렇게 되기 위해서는 과거의 정책이 합리적이어야 하며, 정치적 다원론(political pluralism)의 주장이 옳아야 한다. 정치적 다원론이란 정책결정자의 결정이 사회 각 계층의 이익을 골고루 반영하여 이루어진다는 것이다. 따라서 이러한 조건을 충족시키지 못하는 상황, 즉 과거의 바람직한 것이 아니거나 또는 다원론자들의 주장이 옳지 못할 경우에는 점증주의자들의 주장은 비판을 면하기 어렵다.

② 점증주의 모형은 반쇄신적이다. 현실적으로는 점증적으로 정책이 결정되지 않는 경우도 많이 있다.

③ 빈부의 격차가 심하고 권력이 한곳으로 편중되어 있어 약자의 의견이 무시되는 사회에 있어서는 기존사회의 대대적인 개혁이 필요하게 되는데, 점증주의 모형은 이를 과소평가하는 보수적인 성향을 지니고 있다. 이러한 주장은 정치적 다원론의 주장이 옳아야 한다는 전제와 밀접한 관련이 있는 것이다. 이에 대해 Lindbloom은 점증주의 모형이 반드시 보수적인 것이 아니라고 주장한다. 즉, 사회의 구조적 모순이 있다 하더라도 이를 일시에 급격하게 개혁하는 것보다는 계속적으로 점증적인 개선을 해야만 혼란이 없이 해결할 수 있다고 주장하면서, 미국에 있어서 흑인의 지위에 대한 정책을 예로 들면서 설명을 하고 있다.

④ 미국과 같이 개방적이고 정치적 활동이 활발한 사회에서는 몰라도 우리와 같이 결정자에 대한 여러 방면으로부터의 압력이 약해 결정자 자신의 판단이 크게 작용할 가능성이 많은 사회에서는 점증주의 모형의 적용이 적어진다고 한다. 이러한 비판도 정치적 다원론의 주장이 옳아야 한다는 전제와 밀접하게 관련이 있다.

⑤ 정책이 점진적으로 변화하는 또 하나의 중요한 이유는 현대사회가 점차 거대화되어 가는 정부관료제의 타성 때문이다. 그런데 산업사회에 있어서 급격한 사회변동에 대처하는 방법으로서 기존정부조직의 점증적 정책보다는 새로운 조직을 창설함으로써 형성되며, 기존의 정책과 전혀 다른 정책에 의존한다는 것이다.

⑥ 점증주의 모형은 합리성을 거의 부정하는 입장인데, 오늘날 여러 가지 분석기법의 개발과 정보처리기술의 발전은 이러한 합리성을 크게 신장시켜 주고 있다. 또한 정책결정에는 시간과 비용이 반드시 수반되는 것인데도 충분한 시간과 비용을 들이지 않고 정책을 만든다면, 그것은 사실상 쓸모없는 정책이 될 우려도 있는 것이다.

5. 混合走査模型

1) 의 의

A. Etzioni가 기술적 · 경험적이면서도 규범적 · 처방적 모형으로서 주장한 혼합주사모형은 합리모형과 점증모형의 변증법적 통합임을 자처한다. 양자의 단점을 제거하고 장점만을 추출하여 통합모형으로서 혼합주사를 주장하는 것이다.[31)]

A. Etzioni는 합리모형을 완전분석적 의사결정으로 파악한 후 이는 모든 대안의 모든 결과를 정확하게 예측할 것을 요구하는 등 지나치게 엄격하고, 이상적인 지적 작업을 정책결정자에게 요구하게 되어 실제로 추진이 불가능할 뿐만 아니라 논리적으로 보아 무수하게 존재할 수 있는 대안들 중에서 몇 가지를 다 검토하기도 전에 결정자의 시간 · 정력 · 비용 등을 모두 소모하게 될 것이므로 바람직한 의사결정전략이 아니라는 주장이다. 즉, 합리모형은 비현실적이며 바람직스럽지도 않다는 것이다.

한편 점증주의는 근시안적이고, 방향감각이 없고, 너무 보수적이며, 반혁신적인 정책결정을 정당화시켜 주는 역할을 하는 경향이 있어서 양자 중 어느 것도 바람직한 정책결정전략은 아니라고 주장한다. 결국 그는 합리모형과 점증주의의 장점을 뽑아 놓은 소위 혼합주사모형을 제시하고 있다.

2) 내용과 과정

① A. Etzioni는 의사결정을 크게 두 가지로 나누었는데, 근본적 결정과 세부적 결정이 그것이다. 근본적 결정(fundamental decision) 혹은 맥락적 결정(contextual decision)은 세부적 결정이 이루어질 테두리나 맥락을 결정하는 것이다. 근본적 결정은 주요한 대안들을 탐색한 후 이루어지는데, 이때 세세한 내용들이나, 구체적인 것들은 의식적으로 제외함으로써 개괄적인 검토가 가능하도록 한다. 이러한 개관은 전반적이고 근본적인 방향을 올바로 설정하려는 목적을 지닌 것이다. 한편 세부적 결정(bit decision)은 근본적 결정이 설정한 맥락 안에서 점증적으로 결정되는데, 성질상으로 보면 근본적 결정의 구체화 내지 집행에 해당되는 것이다. 그래서 혼합주사모형은 합리모형과 점증모형을 적절히 배합하여 두 모형의 단점을 극복한다고 한다.

---

31) Amitai Etzioni, "Mixed Scanning:A Third Approach to Decision Making", *PAR* 12, 1967, pp. 385~392. Amitai Etzioni, *The Active Society*, N. Y.:The FreePress, 1968, pp. 249~309.:정정길, 『전게서』, pp. 418~423.

② 그러나 A. Etzioni가 말하는 양 모형의 배합은 혼란을 불러일으키기 쉬운데 그가 의미하는 내용을 정리하면 다음 〈표 3-2〉와 같다.

〈표 3-2〉 혼합주사의 내용

	고려한 대안	예측할 대안의 결과
근본적 결정	중요한 대안을 포괄적으로 모두 고려 (포괄적 합리모형)	중요한 결과만 예측하고 미세한 세목은 무시 (합리모형의 지나친 엄밀성을 극복)
세부적 결정	근본적 결정의 테두리 내에서 소수의 대안만 고려(점증주의)	여러 가지 결과의 세밀한 분석, 포괄적 고려 (합리모형)

A. Etzioni는 태풍의 발생 등을 미리 탐지하기 위한 기상관측을 예로 들고 있다. 이때 합리모형대로 한다면 하늘의 한쪽 끝에서 다른 쪽 끝까지 샅샅이 정밀관측을 할 것인데, 이것은 미세한 사항에 대한 엄청난 분량의 자료 때문에 분석이 불가능하게 될 것이다. 한편 점증주의는 과거에 태풍이 발생하던 지역과 그 근처에만 초점을 두고 관측하게 되는데 다른 지역에서 발생할 가능성이 있는 태풍을 전혀 관측하지 못하게 된다. 혼합주의의 방법에서는 두 가지 서로 다른 카메라를 이용하여 넓은 시야를 지닌 카메라를 이용하여 거시적으로 하늘 전체를 조감하되 미세한 부분은 관측하지 않는다(이것이 근본적 결정에 해당된다.). 반면에 이렇게 거시적 · 개략적으로 관측에서 정밀한 검토가 필요하다고 판단되는 지역만 중점적으로 자세히 미시적인 관측을 행한다(이것이 세부적 결정에 해당된다.).

③ 전체조감적(overview) · 거시적 탐사를 하나의 극단에 두고 세부적 · 미시적 탐사를 또 다른 극단에 둔다면 양 극단 사이에 무수하게 많은 탐사방법이 있을 수 있다.

즉, 근본적 결정을 자주 하면서 여기에 많은 노력과 시간을 투입할 수도 있고 근본적 결정이 한 번 있으면 그 내용에 대한 전면적으로 재검토없이, 그것을 수정 · 보완하는 식의 세부적 결정을 하고 이에 많은 노력과 시간을 투입할 수도 있다. 이때 어느 쪽의 탐사에 보다 많은 시간 · 자원을 투입하느냐는 여러 가지 요소에 따라 달라지지만 Etzioni는 크게 두 가지를 들고 있다. ⓐ 전체적 조감을 하지 않아서 발생할 가능성이 있는 피해의 크기인데, 이것은 바로 현존의 정책에만 관심을 두고 있다가 입게 되는 점증주의의 피해의 크기를 말한다. ⓑ 추가적인 탐사에 필요한 경비와 시간의 크기이다.

여하튼 양자에 대한 자원배분은 국가전체의 정책결정에서 근본적이고 상위적인 정책의 결정에 얼마만큼 정책결정체제의 노력과 시간을 투입하느냐의 문제가 되고, 이것에 대한 판단은 정책분석가의 미시적이고 분석적인 지적 작업에 의해서 결정될 것이 아니라 국가전체의 차원에서 결정되어야 하는데, Etzioni가 말하는 이른바 사회지도체제에 의하여 결정되어야 한다.

혼합주사모형에 의해서 의사결정을 하는 전략은 다음과 같이 몇 단계에 의해서 이루어질 수가 있다.

① 결정과정은 전략적 측면에서 다음과 같은 네 단계를 거친다.

ⓐ 의사결정자의 생각에 떠오르는 모든 관련된 대안들, 참모들에 의해 제기된 대안들, 그리고 고문들이 주장하는 모든 대안들 가운데 평소에는 실현가능하지 않다고 생각하던 대안들까지 포함하여 모든 관련있는 대안들을 모두 기록한다.

ⓑ 앞의 ⓐ단계에 의해서 발견된 모든 대안들을 간략하게 검토하고 다음에 제시되는 몇 가지 장애에 의한 반대에 해당하는 대안들을 제외시켜 나간다. 즉, 이와 같은 제외요인들은, ㉠ 가용하지 않은 수단을 필요로 하는 대안들에 대해 실현가능성 측면에서의 반대, ㉡ 의사결정자의 기본적 가치를 위배하는 대안들에 대한 규범적 측면에서의 반대, ㉢ 의사결정자이나 결정의 집행을 위해서 지지가 꼭 필요한 행위자들의 기본적 가치나 이익을 위배하는 대안들에 대한 정치적 측면에서의 반대 등을 말한다.

ⓒ 앞의 ⓑ단계의 과정에 의해서도 제외되어지지 않고 남은 대안들을 대상으로 하여 ⓑ단계를 보다 정밀하게 반복한다.

ⓓ ⓒ단계에 의해서도 남아 있는 대안들을 대상으로 하여 ⓑ단계과정을 보다 더 정밀하게 진행하여 하나의 대안만이 남을 때까지 계속하거나 또는 남은 대안들 가운데 어느 대안만이 남을 때까지 계속하거나 또는 남은 대안들 가운데 어느 대안을 무작위로 선택해도 무방할 수 있는 상황이 되기까지 ⓑ단계를 계속한다. 그리고 참모들에게는 미래의 대안들의 차이를 분석하는 데 충분한 정보를 수집하라고 요구한다.

② 상기 단계에 의해서 대안의 결정이 이루어지고 나면 대안의 집행을 위해 집행 전에 다음과 같은 몇 개의 단계가 필요하다.

ⓐ 가능한 한 집행을 여러 개의 연속적 단계로 분할한다(행정적 규칙).

ⓑ 가능한 한 집행의 수행을 여러 개의 연속적 단계로 분할한다(정치적 규칙).

ⓒ 자원의 수용을 여러 개의 연속적 단계로 분할하고 전략적인 자원의 보존을 유지한다(실용적 규칙).

ⓓ 그리고 가능한 한 비용이 많이 들고 반복할 수 없는 결정은 나중으로 미루고 비용이 적게 들고, 또한 반복이 가능한 결정이 먼저 나타나도록 집행의 순서를 정한다.

ⓔ 추가적으로 결정적인 전환점이 되는 시점에 정보가 유용하게 보조적인 정보의 수집과 처리를 할 수 있도록 집행에 있어서 시간적 여유를 갖는다. 그러나 이와 같이 정보의 투입에

대한 가능성으로 인하여 '예측하지 않은' 집행의 지연을 가정한다. 그리고 이와 같은 정보가 가용한 경우에는 전환점 이전에 모두 종합적인 조사를 한다.

③ 그리고 결정을 집행하는 동안에도 다음과 같은 주사가 수행된다. ⓐ 초기의 몇 단계를 집행한 후 중범위적 수준에서의 주사를 하고 만약 여기서 양호하다는 평가가 얻어지면 보다 많은 단계를 집행하고 부정기적으로 주사를 계속한다.

ⓑ 일련의 점증적 집행이 이루어질 때보다 종합적으로 주사를 하는데, 이와 같은 점증적 집행은 올바른 과정으로 인도되기도 하지만 경우에 따라서는 보다 어려운 가정으로 인도되기도 한다.

ⓒ 모든 집행이 매우 잘 수행되는 경우에도 일련의 단계가 끝나는 시점에는 꼭 주사를 해야 하는데 이는 다음의 몇 가지 이유 때문이다. 즉, 초기의 주사에서는 나타나지 않던 결정적인 위험이 뒤늦게 어렴풋이나마 관측되는 경우, 장애에 의한 반대에 의해서 초기에는 무시되었던 보다 낮은 전략이 늦게나마 가능하게 되는 경우, 목적이 달성되었으므로 더이상의 집행이 필요 없게 되었고, 이 경우 새로운 목적을 요구하게 되고 원래의 집행은 종결을 고려하게 된다.

④ 결정의 집행을 보다 효과적으로 수행하기 위해서는 다양한 수준의 주사에 있어서 자원과 시간의 할당을 위한 규칙을 형성한다. 여기서 규칙이라 함은 가용한 파이를 다음과 같은 몇 가지 방법에 의해서 몇 조각씩으로 할당하는 것과 같다. ⓐ 점증적 집행이 효과적인 경우 '정상적' 순서에 의하고, ⓑ 중범위적 검토, ⓒ 전반적인 검토, ⓓ 전반적인 새로운 문제나 전략이 고려되는 경우 초기의 검토, ⓔ 위기가 전개되도록 기다리지 않고 보다 종합적인 검토를 촉진시키기 위해 집행의 매 단락마다 시간적 촉발장치, ⓕ 전반적인 검토에 있어서 할당규칙의 간헐적인 검토와 초기 전략적 검토에 있어서 할당유형의 수립 등의 제규칙을 결정하는 것이다.

3) 비 판

이와 같은 혼합주사모형의 장점은 대체로 다음과 같이 몇 가지로 요약될 수 있다.

① 혼합주사모형의 장점은 무엇보다도 합리적 모형과 점증주의 모형의 약점들을 보완하여 하나의 의사결정모형을 만드는 시도를 하였다는 점을 들 수 있다. 다시 말해서 합리적 모형처럼 지나치게 이상적이지도 않고 점증주의 모형처럼 지나치게 보수적이지도 않으며, 그리고 경제성이 높고 현실적으로 실현가능한 모형을 제시하였다는 점이다.

② 혼합주사모형의 두 번째 장점은 모든 결정을 동일한 수준으로 보지 않고 근본적인 결정과 세부적인 결정의 두 가지와, 그리고 이 양극단 사이에 존재할 수 있는 수많은 결정수준들

을 제시함으로써 변화하는 상황에 능동적으로 대처할 수 있다는 점에서 결정수준상의 융통성을 보여 주었다는 점이다.

이와 같은 장점에 비해 A. Etzioni의 혼합주사모형을 실제적으로 적용하는 데 있어서 다음과 같은 몇 가지 문제점들이 비판의 대상이 되고 있다.

① 혼합주사모형은 합리적 모형과 점증주의를 결합하여 만들었다고는 하나 사실상 이 두 모형에서 제시된 것 이상의 특별히 새로운 것이 없다고 비판을 받고 있다.

② 뿐만 아니라 이 모형에서 혼합이라는 용어는 사실상 적절하지 못하다는 비판을 받을 수가 있다는 점이다. 다시 말해서 혼합이 합리모형과 점증모형의 변증법적 통합이라고 주장하고 있으나 실제로는 점증주의 성격은 아주 약하고 합리모형의 성격이 강하여 규범적 · 처방적 성격이 강한 모형이다.

③ 혼합주사모형에서 토론되고 있는 기본적 결정과 세부적 결정에 관해서 검토해 볼 때 A. Etzioni는 이 두 가지의 결정을 구분할 수 있는 명확한 기준을 제시하고 있지 않다는 비판을 받을 수가 있다.

④ A. Etzioni가 주장하는 것과 같이 이 모형이 잘 적용되는 능동적 사회를 다른 사회체계와 분명히 구별하기가 어렵다는 비판이 있을 수 있다.

⑤ 기상관측위성과 사회적 현상 사이의 유추가 계속해서 지지될 지 분명하지가 않다.

6. 最適 模型

1) 의 의

Y. Dror는 실존적 현상인 정책결정을 개선하는 데 길잡이가 될 규범적 모형으로 최적 모형(optimal model of policy making)을 제시하였다. 기존의 규범적 모형들로는 복잡한 정책결정현상을 파악하고 평가하는 일을 해낼 수 없다는 판단 아래 정책결정의 최적 모형을 새로 개발하게 된 것이다.[32)]

최적 모형(optimal model)은 특히 Lindblom의 muddling through모형의 타성적 성격에 대한 반발로서 나타난 것이다. 이 모형은 종합적 합리성에 기초하고 있는 합리모형과 지속적인 한정적 비교방법에 기초하고 있는 점증모형의 혼합을 주장하고 있다는 점에서는 Etzioni의 혼합모형과 유사하다. 그러나 양자의 단순합계적 혼합이 아니라 합리성과 초합리성을 동

32) Yehezekel Dror, "Muddling Throuch: Science or Inertia?", *PAR*, Vol. 24, No. 3, 1964, pp. 153~157.

시에 고려하는 최적치 중심의 규범적 최적 모형을 제시하고 있다는 점에서는 Etzioni의 경우와 다르며 합리모형에 보다 가깝다.

Y. Dror에 의하면 정책결정을 개선하는 방법은 크게 두 가지로 구분해 볼 수 있다고 한다. 그 첫째는, 행동자들의 주관적 인상과 비조직적인 지식을 바탕으로 하는 방법이다. 둘째는, 정부의 정책결정에 관한 규범적 모형이 인도하는 바에 따라 실제의 정책결정을 분석하고 개선방안을 제시하는 방법이다. 전자가 실제로는 더 많이 쓰이는 방법이지만 바람직한 것은 후자라고 한다.[33]

규범적 모형이 정책결정의 개선에 효율적인 길잡이를 제공할 수 있으려면 세 가지의 조건을 충족시켜야 한다고 하였다. Dror가 말한 세 가지 조건은 다음과 같다.

첫째, 현실적합성이 높아야 한다. 규범적 모형은 정책결정의 분석 · 평가에 행동지향적인 기준을 제시하여야 하며, 실현가능한 개선제안의 도출을 인도할 수 있어야 한다.

둘째, 규범적 모형은 유의미하고 심층적인 분석을 하는데 충분할 만큼 포괄적 · 체계적이어야 한다.

셋째, 규범적이어야 한다. 규범적 모형이 규범적이라고 하는 것은 정책결정의 최종적인 목적 자체를 처방한다는 의미가 아니다. 최종적인 목적에 도달하는 수단을 처방한다는 의미에서 규범적인 것이다. 규범적 모형은 바람직한 목적 또는 가치의 산출이 최대화될 수 있는 과정과 구조를 설정하는 것이라야 한다.

Dror는 기존의 규범적 모형들이 위의 조건을 충족시키지 못한다고 비판하였다. 지금까지 정책결정의 평가에 쓰여온 규범적 모형들은 지나치게 이상향적이거나 지나치게 현실타협적이라고 하였다. 이들은 너무 밝거나 아니면 너무 어두운 그림을 제시하기 때문에 실제의 정책결정을 개선하는 데는 모두 부적합하다고 하였다.

그가 비판한 기존의 모형들이란 ① 순수합리성모형(pure rational model), ② 경제적으로 합리적인 모형(economically rational model), ③ 순차적 결정모형(sequential decision model), ④ 점증적 모형(incrementalchange model), ⑤ 만족모형(satisfying model), ⑥ 초합리적 과정모형(extrarational processes model)이다.

순수합리성모형은 정책결정절차의 완전한 합리성을 전제로 하는 모형이다. 이밖에 초합리적 과정모형을 제외한 다른 네 가지 모형들은 모두 순수합리성모형을 가장 바람직한 것이라고 전제하는 모형들이라고 한다. 다만 현실에서 순수합리성을 충족시킬 수 없는 제약요인들

---

33) Yehezkel Dror, Public Policymaking Reexamined, Transaction Books, 1983.; 오석홍 편, 「정책학의 주요이론」, 경세원, 1993, pp. 120~133.

이 많기 때문에 타협하지 않을 수 없다고 보는 모형들이라는 것이다.

Dror에 따르면 경제적으로 합리적인 모형이란 정책결정의 합리적 절차에 경제성이 있을 때에만 그것을 따라야 한다고 보는 모형이라고 한다. 순차적 결정모형은 최종적인 성공을 가져올 대안에 관한 정보가 없을 때에는 당장의 정보에 따라 가장 유망한 대안을 집행하면서 최적 대안의 발견에 이르기까지 차례로 배워나갈 것을 처방하는 모형이다. 점증적 모형은 조심스러운 점증적 변동을 처방하는 모형이다. 만족모형은 제한된 합리성의 범위 내에서 주관적으로 만족할 수 있는 대안을 선택하도록 처방하는 모형이다.

이런 모형들은 합리적 절차에 의한 결정을 바람직하다고 보지만 제약이 있기 때문에 혹은 적게 혹은 많이 타협하지 않을 수 없다고 처방한다. 그러나 초합리적 과정모형은 초합리적 과정이 정책을 결정하는 최적의 방법이라고 본다. 따라서 초합리적 과정모형은 순수합리성 모형과 정반대되는 것이다.

초합리적 과정이란 정책결정자의 직관이나 영감적 판단에 의존하는 과정이라는 정도로 이해되고 있을 뿐이다. 사회과학에서 초합리성이 무엇인지 잘 규명되어 있는 것도 아니며 그에 대한 증거가 뚜렷한 것도 아니다. 그러나 대부분의 정책결정상황에서 순수합리성은 달성할 수 없기 때문에 정책결정자들은 초합리성에 크게 의존하지 않을 수 없다. Dror는 초합리성의 중요성을 결코 과소평가해서는 안 된다고 하면서 합리성과 초합리성이 가능한 최선의 배합을 이룩하고, 이 두 가지 상이한 구성요소가 함께 기능할 수 있는 조건을 설정해야 한다고 하였다. 이를 위해서는 새로운 규범적 모형의 개발이 필요하다고 하였다. 그가 개발한 지나치게 현실타협적이지도 않고 지나치게 이상적이지도 않은 모형이 정책결정의 최적 모형이다.

2) 내용과 과정

최적 모형의 주요특징은, ① 양적인 것이 아니라 질적인 것이라는 점, ② 합리적 및 초합리적 구성요소를 함께 지닌다는 점, ③ 경제적으로 합리적이어야 한다는 것이 기본적 원리라는 점, 그리고 ④ 상위정책결정을 포함한다는 점, 그리고 ⑤ 많은 환류가 내장된다는 점 등이다. 그러면 여기서 최적 모형의 특징을 보다 상세하게 검토하여 보면 다음과 같다.

① 질적 특징 : 최적 정책결정의 양적 측면이 금전과 같이 일반적인 자원뿐만 아니라 인력이나 자료와 같은 가능한 투입과 규정된 산출에 의존하기 때문에, 보편적이고 규범적인 모형은 항상 명백하게 질적이거나 또는 한계적 효용성 유형과 같은 질적이라 할 수 있는 용어를 사용해야만 한다. 그러나 미래에는 적어도 정책결정에 있어서는 조작적이고 양적인 최적 모형을 수립하는 것이 가능할지도 모른다. 그러나 이와 같은 양적 · 최적 모형이 현재나 가까운 미래에는 가능하지 않다고 보고 있다.

그리하여 Dror는 이와 같은 문제에 대한 해결방안으로 정책결정에 있어 양적 측면과 질적 측면을 구별하고, 가용한 투입과 규정된 산출이 무엇이든지간에 관계없이 최적의 정책결정 단계를 인지하고 검토할 수 있는 질적 모형을 수립하고자 최적 모형을 제시하고 있다.

② **초합리적 구성요소** : Dror는 이전의 어떤 다른 의사결정이나 정책결정에서는 볼 수 없었던 초합리적 과정이 최적 모형의 정책결정과정에서는 고도로 발달된 합리적 요소의 보조적 요소로서 중요하고 핵심적이며, 긍정적인 역할을 할 수 있다고 믿고 있다. 다시 말해서 Dror는 최적 정책결정에서는 합리적 요소와 초합리적 요소의 양자를 모두 필요로 한다고 보고 있다.

그리하여 Dror는 정책결정자가 불가피하게 초합리적 과정에 의존하게 되는, 다소 논란이 있을 수 있는 경우를 다음과 같이 몇 가지로 들고 있다. 첫째, 제한된 자원, 불확실한 조건, 그리고 지식의 결여로 인하여 정책결정이 합리적이 되는 데 상당한 제한을 가함으로써 정책결정자는 상당한 정도로 초합리적 과정에 의존하게 된다. 둘째, 정책결정자가 새로운 대안을 창조하기 위해 창조성이 필요한 것처럼, 정책결정의 어떤 단계에서는 합리적 과정보다 초합리적 과정이 문제를 더 잘 해결할 수가 있다고 보고 있다.

③ **경제적 합리성의 원칙** : 정책결정이 고도로 훈련된 요원, 시간, 직관, 지식, 그리고 장비 등과 같이 상이하고도 희귀한 자원들을 필요로 하기 때문에 상이한 문제들에 대해서 이들 자원들을 배당하는 정책이 또한 필요하다. 이를 위해서 Dror는 적절한 비용으로 달성할 수만 있다면 순수합리성모형이 최선의 모형이라고 하고 있다. 그러나 이 모형은 순산출을 극대화할 수 있도록 자원들을 할당하려고는 하지만 이것이 가능하지 않거나 설령 가능할지라도 시간과 노력을 필요로 한다는 점에서 문제가 된다. 이에 비해서 최적 모형은 정책결정의 다양한 단계가 자원을 가장 경제적으로 사용할 수 있도록 자원을 할당하는 데에 있어 자원을 한정짓는 제약에 대해 인정하고 있다.

④ **초정책결정단계** : 광의로 볼 때 정책결정은 다음과 같은 세 가지의 주요단계를 포함하고 있다. ⓐ 정책결정에 관한 정책결정으로서 초정책결정, ⓑ 평범한 의미로서의 정책결정, 즉 실질적인 문제에 관한 정책결정, ⓒ 정책집행에 대한 환류에 기반을 둔 정책에 있어 변화로서의 정책의 재결정 등의 세 가지가 그것이다. 그리고 종합적 최적 모형은 동적으로 상호연결된 이들 세 가지가 그것이다. 그리고 종합적 최적 모형은 동적으로 상호연결된 이들 세 단계들을 포함하여야만 한다.

이와 같은 초정책결정단계에서 해야 할 일들은 다음과 같이 세 가지가 있다. ⓐ 문제, 가치, 자원을 인식하고 이들을 상이한 정책결정 단위에 할당, ⓑ 정책결정체제를 설계, 평가, 그리고 재설계, ⓒ 중요한 정책결정전략의 결정이다. 이와 같은 세 가지 일들은 최적 모형의 매우 중요한 부분들로서 특히 대부분의 규범적 모형들에서 간과되어온 바 있는 것들이다.

⑤ 확장된 환류단계 : 순수합리성모형에서는 정책이 집행되기 전에 예상되는 결과의 부분 또는 전체가 요구하는 정도로 실제적 정책을 조정하기 위한 일련의 지시를 포함하는 등 완전한 모형을 추구하므로 정책의 집행에 따른 개선을 위한 환류가 필요하지 않다. 그러나 최적모형을 포함한 대부분의 규범적 모형들에서는 정책을 개선하고, 또한 정책결정체제를 개선시키기 위해서 환류가 필요한 것이다.

특히 최적 모형에 있어서는 다음에서 열거하는 두 가지의 목적을 위해서 환류가 필요하다. 즉, 그들은 ⓐ 불연속적인 정책의 수정이 필요한가를 알아보고, ⓑ 정책결정체제 자체를 배울 수 있게 하기 위한 두 가지의 목적이 그것이다. 그리고 이와 같은 환류는 특정한 문제에 관한 정책결정과정이 진행 중 또는 완료 후의 두 시기에 모두 발생한다.

최적 모형은 의사전달과 환류통로에 의해 긴밀히 연결된 세 가지의 주요단계, 즉 상위정책결정, 정책결정, 그리고 재정책결정의 단계들을 포함한다. 그러면 여기서 최적 모형의 단계를 구체적으로 살펴보면 다음과 같다.

① 상위정책결정단계 : 상위정책결정은 정책결정에 관한 정책결정을 의미한다. 여기에 포함되는 일곱 가지 하위단계에서는 정책결정체제 전체를 설계하고 관리하는 데 필요한 활동, 그리고 정책결정의 일반적인 원리와 규칙을 설정하는 데 필요한 활동을 한다. 일곱 가지 하위단계를 보면 다음과 같다.

ⓐ 가치의 처리(processing values) : 문제의 평가나 정책결정의 목표설정에서 쓰일 수 있도록 사회 내의 여러 가치들을 구체화 · 명료화하고 우선순위를 정한다.

ⓑ 현실의 처리(processing reality) : 정책결정에서는 객관적 현실(objective reality)을 그대로 다루는 것이 아니다. 객관적 현실로부터 필요한 사실들을 추출하여 구성한 현실에 대한 주관적 영상(subjective images of reality)에 입각하여 정책결정을 하게 된다. 최적 정책결정에서는 가치처리단계에서 설정한 목표와 가치에 비추어 중시되어야 할 사실들을 적정하게 선택하여 현실에 대한 영상을 구성해야 한다. 최적의 정책결정을 하려면 현실에 대한 주관적 영상을 꾸준히 개선해 나가야 한다.

ⓒ 문제의 처리(processing problems) : 정책결정자들이 지닌 가치와 현실에 대한 주관적 영상 사이의 괴리가 체제의 주관적인 문제인 것이다. 이러한 문제를 확인하기 위해 가치와 주관적 영상을 체계적으로 비교하여야 한다. 이러한 비교과정을 통해 현실성이 높은 주관적 문제를 확인한 다음에는 그것을 구체화 · 조작화하고 문제들 사이의 서열 또는 우선순위를 결정해야 한다.

ⓓ 자원의 조사 · 처리 · 개발(surveying, processing and developing resources) : 상위정책결정에서는 현재 및 장래의 문제와 자원을 체계적 · 주기적으로 탐색하고, 자원의 잠재적

이득을 예상하고, 자원의 수요와 공급을 명확히 평가하며, 추가적 자원의 필요를 명시하고 새로운 자원의 개발을 촉진해야 한다.

ⓔ 정책결정체제의 설계 · 평가 · 재설계(designing, evaluating and redesigning the policymakng system) : 구조와 과정을 포함하는 정책결정체제를 설계한다. 그리고 이를 지속적으로 평가하여 필요한 수정을 가하는 재설계를 되풀이한다.

ⓕ 문제 · 가치 · 자원의 배정(allocating problems, values and resources) : 문제들을 분할하여 여러 정책결정단위와 하위체제에 배정한다. 문제해결을 인도할 가치와 특정한 문제해결이나 정책결정과정에서 필요한 자원도 배정한다.

ⓖ 정책결정전략의 결정(determining policymaking strategy) : 정책결정자들이 개별적인 정책결정상황에서 채택해야 할 기본적 방침과 자세를 결정한다.

② 정책결정단계 : 이 단계에서는 개별적인 경우의 정책을 결정한다. 이 단계의 하위단계 또는 국면들은 대체로 상위정책결정단계의 국면들에 상응하는 것들이다. 여기에 포함되는 국면도 일곱 가지이다.

ⓐ 자원의 재배정(suballocating resources) : 어떤 정책결정문제 또는 정책결정단위에 배정된 자원은 정책결정의 여러 국면들에 재배정되어야 한다.

ⓑ 실천적 목표의 설정(establishing operational goals, with some order of priority) : 상위정책결정단계에서 배정한 문제와 가치를 구체화한다. 목표들은 조작적으로 명확하게 규정되어야 하며 목표들 사이의 우선순위도 설정되어야 한다.

ⓒ 기타의 가치설정(establishing a set of other significant values, with some order of priority) : 정책의 실천적 목표를 구성하지는 않지만 정책결정에서 고려해야 할 주요가치들을 명료화하고 그들 사이의 우선순위를 설정한다.

ⓓ 정책대안의 탐색(preparing a set of major alternative policies, including some 'good' ones) : 좋은 정책대안이 발견될 때까지 탐색작업을 한다. 주어진 수단으로 좋은 대안을 찾을 수 없을 때에는 자원을 더 동원하거나 좋은 것에 관한 기준을 낮추어야 한다. 최적 모형에서 탐색되는 대안의 수는 순수합리모형의 경우보다는 적다. 그러나 주관적으로 만족할 수 있는 대안이 발견되면 탐색을 멈추어 버리는 만족모형에서와는 달리 최적의 또는 좋은 대안이 발견될 때까지 탐색을 계속해야 한다.

ⓔ 정책대안의 비용 · 편익예측(preparing reliable predictions of the significant nenefits and costs of the various alternatives) : 정책대안들의 비용 · 편익을 예측하는 단계에서는 보다 창의적인 대안을 발견하는 데 역점을 둘 것인지 아니면 비용 · 편익의 정확한 예측에 역점을 둘 것인지에 관한 전략적 선택을 분명히 해야 한다. 그리고 어떤 전략이 선택되든지 정책결

정자들은 주어진 자원의 범위 내에서 신뢰성이 높은 예측을 하도록 노력해야 한다.

ⓕ 정책대안의 비교와 최선대안의 확인(comparing the predicted benefits and costs of the various alternatives and identifying the best ones) : 여러 대안들의 비용 · 편익을 비교하여 최선의 대안을 확인한다. 다른 대안들보다 특출한 대안이 있을 때 최선의 대안을 확인하며, 최선의 대안을 선택하는 일은 쉬운 일이다. 그러한 대안은 여러 대안의 좋은 점들을 합성해 만들 수도 있고 풍부한 상상력에 의해 만들어질 수도 있다. 특출한 대안이 없고 새로 만들어낼 수도 없을 때에는 대안들을 예측된 비용 · 편익에 관련하여 비교 · 평가해야 한다. 이러한 비교 · 평가는 초합리적 과정에 의존하는 바가 크다.

ⓖ 최선대안의 평가(evaluting the benefits and costs of the best alternatives and deciding whether they are good or not) : 최선이라고 확인된 대안의 비용 · 편익을 배정된 문제와 가치에 비추어 평가하여 좋은 수준의 대안인지를 결정해야 한다. 최선대안이 좋은 것이라고 할 수 없을 때에는 대안탐색을 다시 하거나 좋은 것을 정하는 기준을 바꾸어야 한다.

③ 정책결정이후 단계 : 재정책결정단계 : 정책결정이후 단계의 주된 국면은 정책을 집행하는 단계이며, 이를 위해서는 정책집행의 동기를 유발해야 한다. 그리고 정책을 집행한 다음에는 정책결정을 평가해야 한다.

ⓐ 정책집행의 동기유발(motivating the executing of the policy) : 최선의 정책대안이 선택된 다음에는 이를 집행해야 하며 집행에는 동기유발이 필요하다. 동기유발의 수단 또는 방법에는 정책의 공식적 승인, 집행에 필요한 자원의 배분, 강력한 추진 등이 있다. 이러한 동기부여를 좌우하는 것은 정치권력이다. 그러므로 관련된 권력중추들의 연합체를 구성하여 정책집행을 지지하도록 해야 한다.

ⓑ 정책의 집행(executing the policy) : 정책의 집행은 현장의 작업(field operations)뿐만 아니라 많은 하위정책결정을 포함한다. 정책의 실제적 내용은 집행과정에서 결정된다. 그리고 필요가 생기면 집행의 과정에서 재정책결정을 하게 된다.

ⓒ 정책결정의 평가(avaluating policymaking after the policy has been executed) : 정책결정의 평가는 정책의 진행이 개시되면서부터 시작되어 정책집행이 종료될 때까지 계속된다. 여기서 말하는 정책집행에는 정책의 필요한 수정과 수정된 정책의 집행을 포함한다. 정책평가국면은 정책집행의 실제적 결과, 즉 정책결정의 실제적 산출을 기대했던 결과와 비교하는 하위국면, 그리고 양자의 차이를 평가하는 하위국면을 포함한다. 이 두 가지 하위국면을 거쳐 실제와 기대의 차질이 시정행동을 요구하는 것으로 판명되면 집행방법을 바로잡거나 정책을 수정하는 재정책결정을 하게 된다.

④ 의사전달과 환류 : 의사전달과 환류가 이루어지는 국면은 앞서 고찰한 모든 국면을 가

로질러 연결하는 것이기 때문에 상위정책결정단계, 정책결정단계, 정책결정이후 단계 내지 재정책결정단계 등과는 구별되는 별개의 범주를 구성하는 것으로 보아야 한다.

ⓐ 의사전달과 환류의 통로(communication and feedback channels interconnecting all phases) : 정책평가의 결과는 환류되어 정책결정체제, 정책, 그리고 정책집행방법 등의 개선에 활용된다. 이러한 환류는 최적 정책결정의 모든 국면 및 하위국면을 연결짓는 의사전달과 환류통로의 일부임에 불과하다. 최적 정책결정이 가능하려면 정책결정체제의 모든 국면과 하위국면을 연결하는 의사전달 및 환류의 망을 정교하고 능률적인 것으로 만들어야 하며, 의사전달장애는 엄격히 통제해야 한다. 의사전달 및 환류의 망을 구성하는 요소들은 주의깊게 설계 · 관리되어야 한다.

3) 비 판

최적 모형이 공헌한 것으로서는 ① 무엇보다도 정책결정과정에서 가치의 존재를 중요시하였다는 점, ② 정책결정과정에 직관, 판단, 그리고 창의와 같은 초합리성 요인을 소개함으로써 합리모형을 더욱 체계적으로 발전시켰다는 점이다. ③ 정책결정에 앞서 정책결정을 위한 정책이라고 하는 초정책결정과정을 소개함으로써 정책결정이론모형의 새로운 영역을 구축하였다는 점이다. ④ 최적 모형은 다른 모형과 달리 집행과정과 집행 후의 환류로 정책의 재결정에 기여할 수 있다는 점을 강조하였다는 점에서 높이 평가될 수 있다.[34)]

그러나 최적 모형의 이상과 같은 장점과 공헌에도 불구하고 다음과 같은 문제점들을 들 수 있다. ① 초합리성과 합리성의 관계가 모호하고, ② 초합리성 요인들의 달성에 대한 기준 등에 관해 구체적으로 언급하고 있지 않으며, ③ 초정책결정과정에 관해서도 논란의 여지가 있을 뿐만 아니라, ④ 더 나아가서는 정책결정과정에 정책과정을 포함시킨 것도 논란의 여지가 있을 수도 있다.

7. 組織模型과 會社模型

1) 조직모형

(1) 의 의

조직모형은 Simon과 March가 공저한 「조직론(Organizations)」에서 전개한 것이고, 회

---

34) 김병진, 「전게서」, pp. 259~260.

사모형은 이 조직론을 한 걸음 더 발전시켜 실제 기업체의 의사결정과정을 밝힌 것으로서 Cyert와 March가 공저한 『회사의 행태이론』의 핵심부분이다.

양자는 중복되는 것도 있지만 상호보완적인 것이 더 많으므로 따로 검토할 필요가 있다. 더욱이 두 필서는 집단적 의사결정론의 기초가 되고 획기적인 것이며, 앞으로 볼 Allison의 두 번째 모형의 핵심적인 내용이 되기도 한다.

(2) 내 용

① **의사결정의 두 가지 방법과 문제해결식 의사결정** : March와 Simon은 조직은 본질적으로 합리성이 제약된 인간들로 구성되어 있다고 전제하고 조직의 구조와 기능을 조직이 문제해결, 즉 의사결정을 수행하는 과정에서 필연적으로 나타나는 현상으로 취급하고 있다. 그들은 의사결정의 단순화된 모형으로서 다음과 같은 특징을 열거하고 있다. 최적화 대신 만족화가 추구되고, 대안이나 대안의 결과는 탐색과정에 의하여 순차적으로 발견되고, 행동프로그램의 묶음 또는 목록이 개인과 조직에 의하여 개발되어 선택의 대안으로 계속 이용되며, 개별적인 행동프로그램 하나하나는 한정된 범위의 상황과 결과만을 취급하고, 하나하나의 행동프로그램은 다른 것들과 반독립적으로 집행될 수 있다. 그래서 이들은 서로 느슨하게 연결되어 있다. 문제해결식 의사결정(비프로그램화된 의사결정, 생산적 문제해결)은 새로운 자극이 발생하였을 때 기존의 프로그램으로 대응하면 만족스러운 결과를 가져오지 못한다고 판단되어 새로운 대안들이 제안되고 이 새로운 대안 중에서 어느 하나가 채택되는 의사결정을 의미한다. 이때 새로운 대안을 제안하는 것을 발안(initiation)이라고 부르고, 이러한 대안을 고안 · 평가 · 채택하는 것을 혁신(innovation)이라고 한다.

새로운 대안을 찾아내는 활동을 탐색(search)이라고 부르는데, 이 대안들이 가져올 결과를 예측하는 것도 탐색의 일부로 취급된다.

② **상례화된 의사결정과 프로그램 목록** : 문제해결식 의사결정을 통하여 채택된 대안은 하나의 프로그램이 되어 조직의 기억 속에 저장되고 프로그램화된 의사결정에 그대로 이용된다. 상례화된 혹은 프로그램화된 의사결정이란 어떤 문제를 해결하기 위한 방법으로서 이미 개발된 프로그램 목록 속에 저장되어 있는 프로그램 중에서 어느 하나를 선택하는 행위를 지칭한다. 그래서 자극이 있으면 즉각적으로 반응프로그램들의 창고로부터 적절한 프로그램을 뽑아내는 것이다.

③ **요소분해와 업무 및 목표의 분화** : 조직 전체의 업무를 목표-수단의 계층제, 또는 프로그램 구조에 의하여 무수한 하위수준의 업무로 단순화 · 전문화함으로써 업무추진의 속도를 빨리 하는 장점이 있는 반면, 수단의 목표화, 할거주의 등 여러 가지 피해도 발생한다. 특히

분화된 조직에 있어서 어느 하위부서나 개인이 정보를 전달할 때에 자신이 나름대로 해석 · 요약한 후에 결론만을 전달하는 경향이 많은데 이를 불확실성의 흡수라 한다.

④ 조직 내의 갈등 : 조직 내 갈등의 원인으로는 공동의사결정의 필요 때문이고, 서로 추구하는 목표의 차이가 있고, 목표가 같더라도 문제상황에 대한 판단이 다를 수 있기 때문이다. 갈등의 해결방법으로 새로운 대안을 탐색하고 보다 많은 정보를 수집함으로써 합의할 수 있는 대안을 선택하게 된다. 상위목표에 의한 조정으로 합의할 수 있는 대안을 선택하게 된다. 타협 등의 방법으로 대안에 대한 합의를 구한다. 연합을 구성하여 새로운 세력을 끌어들인다.

2) 회사모형

(1) 의 의

회사모형은 Simon과 March가 공저한 『조직론』을 한 걸음 더 발전시켜 실제 기업체의 의사결정과정을 밝힌 것으로서 Cyert와 March가 공저한 『회사의 행태이론』의 핵심부문이다. 회사모형은 개인의 의사결정의 원리를 그대로 유추 · 적용하여 조직의 의사결정을 설명한 것이 많은데, 조직의 집단적 측면을 보다 자세하게 취급하고 발전시킨 것이다.

(2) 내 용

회사모형은 조직모형보다 더욱 철저하게 기업조직 내부의 의사결정에 초점을 맞추었는데, 고전파 경제학에서 기업이 합리모형에 따라 의사결정을 하는 것으로 전제하는 데에 대한 비판에서 출발한다. 이러한 합리모형의 전제는, 첫째 기업은 이윤극대화의 목표를 지니고 있고, 둘째 이러한 목표달성에 필요한 수단의 탐색과 관련된 모든 것들에 대한 완전한 지식을 지니고 있다는 가정이다.

① 갈등의 준해결 : 회사모형에서는 회사조직이 서로 다른 목표들을 지닌 구성원들의 연합체라고 가정한다. 예를 들면, 생산부 · 판매부 · 자재부 등은 각각 서로 상이한 하위목표를 지니고 있는데, 목표들간에 갈등이 일어날 수도 있고 이들 갈등 · 모순되는 목표들을 하나의 차원이나 기준으로 통합하는 방법이 없다. 그래서 갈등의 완전한 해결은 불가능하며 준해결에 머물고 만다.

② 문제중심의 탐색 : 보통의 의사결정에는 목표나 해결할 문제를 확인한 후에 대안탐색이 있게 되는데, 그들은 회사에서의 탐색활동은 문제지향적이라고 지적하고 있다. 문제에 의하여 탐색이 시작되어 문제의 해결책을 찾는 방향으로 향하게 되는데, 이러한 현상을 문제중심의 탐색이라고 불렀다.

③ 불확실성 회피 : 장기적인 전략을 통해 매일매일의 행동에 대한 의사결정을 하려는 것

은 자칫 부정확해지기 쉬운 것이며 미래예측이 어렵다. 따라서 주로 단기적인 환류를 이용한 단기적인 대응책을 강조하여 어떤 문제가 발생하면 해결책을 강구하고 그것이 해결되면 다음 문제가 등장할 때까지 기다리는 식의 의사결정방식을 택한다. 그리고 회사모형에서는 환경의 불확실성을 제거하기 위해서 환경을 통제하는 방법을 찾는다.

④ 조직의 학습 : 인간의 경험을 통하여 학습하는 것과 똑같지는 않지만 조직도 그 구성원의 학습을 통하여 전체로서 학습을 하게 된다. 구체적으로 보면 조직은 경험에 의하여 그들의 목표를 변화시키며, 관심의 대상을 변화시키고 탐색을 위한 절차도 수정하게 된다. 그래서 시간이 흐름에 따라 적응적인 행태를 보이게 된다.

⑤ 표준운영절차 : 조직 내의 개인이나 하위조직에게 부과된 업무를 수행하는 방법을 세밀하게 밝혀 둔 것으로서 과업수행규칙, 업무수행결과로서의 성과에 관한 기록이나 예산서를 모두 포함한 기록과 보고, 정보가 필요한 장소에서 적절한 시기에 이용될 수 있도록 해주는 기능을 하는 정보처리규칙이 필요하다.

8. G. T. Allison의 세 가지 模型

1) 의 의

집단적 의사결정을 성질별로 분류하여 국가적 정책결정에 적용한 경우 중 가장 널리 알려진 것이 Allison의 3가지 모형이다. 그는 이 모형을 이용하여 Cuba가 1960년대 초에 소련의 미사일(미국을 공격할 수 있는)을 도입하려고 했을 때 미국이 왜 해상봉쇄(미사일이 운반되지 못하도록)하는 대안을 채택했는지를 설명하려고 했었다.[35] 그는 정부의 정책결정과정을 설명하기 위해서 3가지 상호배타적인 모형으로서 합리적 행위자모형(model I), 조직과정모형(model II), 관료정치모형(model III)을 제시하였다. 이들을 구별하는 중요한 기준의 하나가 정책결정에 참여 또는 관여하는 자들의 응집성이다. 모델 I 에서는 정부를 잘 조정된 유기체로 간주하고, 모델 Ⅱ에서는 정부를 반독립적인 하위조직들이 느슨하게 연결되어 있는 집합체로 간주하며, 모델 Ⅲ에서는 서로 독립적인 정치적 참여자들의 집합체로 취급한다.

2) 내 용

(1) 합리모형

Allison의 첫번째 모형은 개인적 차원의 합리적 결정을 설명하는 합리모형의 논리를 집단

35) Graham T. Allison, *Essence of Decision*, Boston : Little, Brown and Company, 1971.

적으로 결정되는 국가정책, 정부정책의 경우에 유추한 것이다. 이러한 유추는 새로운 것이 아니고 외교정책분야에서는 과거부터 당연한 것으로 받아들여졌던 것이다. 즉, 어느 국가든지 국가이익을 극대화시키는 최선의 대안을 외교정책으로 결정한다고 믿어왔던 것이다. 국가정책에서도 마찬가지이다. Allison은 이러한 사고방식을 체계적으로 정리하여 합리모형이라고 부른 것이다.

① 정책결정주체 : 국가 또는 정부는 국가목적이나 전략적 목표를 극대화시키는 대안을 선택한다고 본다. 그러므로 국가 또는 정부는 합리적이고 단일적 결정자이다. 일관된 선호, 일관된 목표, 일관된 평가기준을 지니고 있는 것으로 본다. 즉, 정책결정에 참여하는 자들은 국가 전체의 이익(정부조직체의 목표)을 위하여 개인의 이익을 전혀 고려하지 않을 것이다. 그리하여 정책결정에서 극대화하여야 할 목표는 오로지 조직목표만 있게 되고 이 목표를 모든 참여자가 공유하게 될 것이다. 그러므로 개개인들의 이해관계가 충돌되는 일도 없다.

② 합리적 결정 : 조직성원 또는 참여자들은 합리적인 정책을 결정하기 위해서 최선의 노력을 기울일 것으로 가정한다. 또한 참여자의 능력도 합리적인 결정을 하기에는 충분하다고 가정하고 있다. 이러한 가정하에서 정책이 합리적으로 결정되면 정부 전체적으로 보아 상호모순 · 충돌되는 정책들도 있을 수 없으며, 장기적으로 보아도 정책의 일관성이 유지될 것이다.

③ 적용가능분야 : 이상과 같은 의사결정이나 정책결정은 현실적으로 존재하기 어렵다. 즉, 집단적 의사결정이 합리적으로 이루어지는 경우는 드문 것이다. 그러나 특정 국가의 외교정책이나 국방정책에 대해서는 합리모형에 의한 설명이 보다 설득력이 있을 때가 많다. 국가 전체의 운명에 관계되는 치명적인 문제에 대해서는 정부 전체가 위에서 말한 것과 같이 움직여 합리적인 정책결정에 보다 가까울 때가 많을 것이다. 그렇지만 전체적으로 보아 이 모형이 널리 적용된다고 볼 수는 없다.

(2) 조직과정모형

① 정책결정주체 : 국가 또는 정부는 모델 I 에서와 같은 단일적 결정주체가 아니라 느슨하게 연결된 반독립적인 하위조직들의 집합체이며, 이것이 국가정책을 결정한다. 정부지도자는 이러한 집합체의 꼭대기에 자리잡고 있지만 정책은 하위조직들의 내부절차에 의하여 결정되는 조직의 산물이다.

② 합리성의 제약 : 반독립적인 하위조직들로서 정부가 구성되어 있기 때문에 하위조직들은 각각 상이한 목표들을 지니고 정책결정에 임하게 된다. 외교적 분쟁이 발생하였을 때 외무성은 문제의 평화적 해결을 목표로(따라서 외교적 해결방법을 대안으로 생각한다.) 생각하고 국방성에서는 힘에 의한 해결을 목표로 하여 정책문제에 대처하려고 하는 것과 같다.

③ S.O.P에 의한 의사결정 : 조직체의 의사결정은 하위조직들의 목표에 의해서 크게 영향을 받는 동시에 그들의 의사결정방법에 크게 영향을 받는다. 하위조직은 전체조직과 마찬가지로 불확실성을 회피하려고 노력하며, 동시에 의사결정에 적용될 규칙을 습득한다. 특히 조직은 학습을 통하여 SOP와 프로그램 목록을 만들고 이들에 의존하여 의사결정을 하게 된다.

(3) 정치모형

정부의 정책결정은 참여자들간에 갈등과 타협 · 흥정에 의하여 이루어지는 것으로서 결국 정치적 변동으로 보는 것이다.

① 정책결정주체 : 국가정책을 결정하는 주체는 단일주체로서의 정부(합리모형)나 하위조직으로서의 부처들의 연합체(조직모형)가 아니고 참여자들 개개인이라고 본다. 그러므로 정책은 전체가 부딪친 문제의 해결을 위하여 채택한 해결책이라기보다는 이들 개개인의 참여자들간의 타협 · 갈등 · 흥정 등의 정치적 결과로 본다. 쿠바의 미사일 사건을 해결하기 위한 미국의 정책결정도 대통령을 포함한 관료들과 고위정책결정자들이 상이한 목표를 지니고 서로 정치적 게임을 하여 그 결과로서 정책이 결정되었다고 보는 것이다. 여기서는 대통령도 하나의 참여자에 불과하다.

② 정치적 결정 : 구성원들 사이의 응집성이 약한 집단이 하나의 문제를 놓고 의사결정을 할 때는 구성원들 각자가 달성하고자 하는 목표가 각각 다르게 된다. 구체적으로 보면 집단의 목표, 자신이 속한 하위집단의 목표, 자기 개인의 목표가 혼합된 상태에 있게 된다. 그러므로 의사결정에 참여하는 구성원들간의 목표의 공유도는 극히 약하게 된다. 그러므로 개개인은 자신이 지닌 정치적 자원(공식권한)을 이용하여 정치적 게임규칙에 따라서 목표달성을 위해서 노력하게 된다.

9. 쓰레기통 模型

1) 의 의

조직이나 집단이 구성단위나 구성원 사이에 응집성이 아주 약한 상태에서 이루어지는 의사결정의 특징적 측면을 강조한 것으로, 이러한 혼란상태를 조직화된 무정부상태라고 모형의 작성자인 Cohen, March, Olsen 등은 지적하고 있다.[36] 이 이론모형의 결론은 실제로 정

36) M. Cohen, J. March and J. Olsen, "A Garbage Can Mode of Organizational Choice", *Administrative Science Quartely*, Vol. 17, No. 1, March, 1972. pp. 1~25.

책결정이 어떤 일정한 규칙에 따라 움직이는 것이 아니라 쓰레기통처럼 뒤죽박죽 움직인다는 것이다. 다당제인 의회에서 이루어지는 결정이나 의회, 사법부, 행정부가 모두 관련된 결정 또는 행정부 내의 여러 부처가 관련되는 정책결정 등에 쉽게 적용이 된다. 이 모형은 합리성을 극도로 제약하는 3가지 전제조건하에서 의사결정의 4가지 요소가 우연히 결합되어서 의사결정이 이루어지는 경우가 많으며, 이때의 의사결정에는 과거의 의사결정모형에서 볼 수 없었던 방식이 많이 있음을 지적하고 있다.

2) 3가지 전제조건

① 문제성 있는 선호 : 결정에 참여하는 여러 사람들은 서로 다른 선호를 가지고 있으며, 어떤 경우엔 자기의 선호가 무엇인지조차 모르고 있다가 결정과정이 어느 정도 진행되면서 차츰 자기의 선호가 구체적으로 어떤 것인가를 깨닫게 되는 수도 있다. 따라서 결정에의 참여자는 자기 자신의 선호에 입각해서 결정한 행동을 하는 선선호 후행동(先選好 後行動)의 경우뿐만 아니라 불분명한 선호아래 일단 행동해 나가다가 특정의 선호를 갖게 되는 소위 선행동 후선호(先行動 後選好)의 양상을 나타내는 경우도 많다는 데 주의를 기울여야 한다는 것이다.

② 불분명한 기술 : 여기서 기술이라는 것은 문제를 해결하기 위해서 고안된 대안과 그 대안이 초래하는 결과간의 인과관계를 의미하는데, 조직은 그러한 기술을 분명하게 알고 있다기보다는 시행착오를 통해서 조직에 관련된 문제를 해결하는 방법을 학습하게 된다는 것이다.

③ 수시적 참여자 : 결정과정에 참여하는 사람들은 계속적으로 참여하는 것이 아니라 그 자신의 시간적 제약 때문에 결정과정의 전체적 시간에서 보면 극히 일시적으로 참여하게 되는 것이라고 한다. 또한 결정과정이 진행됨에 따라 봉착하게 되는 여러 가지의 문제를 해결하기 위해서는 또 다시 새로운 참여자가 관여하게 되어 어떤 결정이 내려지기까지에는 여러 참여자가 계속해서 바뀌어지고 그 개개인으로 볼 때 그는 결정 전체에 대해 극히 부분적으로 관여하게 되는 셈이라는 것이다.

3) 의사결정의 4가지 요소

어떠한 경우든지 의사결정이 이루어지려면 네 가지의 요소가 모두 구비되어야 하는데 쓰레기통 모형에서는 이를 분명히 하고 있다.

① 결정해야 할 문제(정책문제), ② 문제의 해결책(문제를 해결하기 위한 정책대안), ③ 참여자(의사결정을 할 수 있는 지위에 있거나 회의 등에 참여하기로 되어 있는 사람들), ④ 의사결정의 기회(정책결정권자 개인이 결정을 하는 경우는 그 결정의 순간을 의미하고 집단적 결정의 경우는 회의 등이다.)

10. 公共選擇理論

1) 의 의

공공선택이론에 기여한 학자들은 크게 정치학자들과 경제학자들의 두 분야로 구분할 수 있다. 정치학자로서는 William Riker, Vincent Ostrom, Peter Ordershook, Robert Abrams 등이 있다. 그리고 경제학자로서 공공선택모형에 공헌한 사람들은 Kenneth Arrow, James Buchanan, Gordon Tullock, Anthony Downs 등을 들 수 있다.[37] 이들 중 특히 경제학자들은 대부분의 의사결정분야에 관한 연구에서 지대한 공헌을 하였다. 그리고 공공선택모형은 1963년 11월에 집단적(collective)·정치적(political)·사회적(social) 의사결정에서 경제적 합리성이 어떻게 응용될 수 있는가를 연구하기 위해서 경제학자들을 중심으로 일단의 사회과학자들을 James Buchanan과 Gordon Tullock이 초청한 데서 비롯된다. 여기에 모인 학자들은 한결같이 이 분야에 대해서 공통된 관심을 보였음에도 불구하고, 이 분야에 대한 명칭에 합의를 보지 못하다가 1967년 12월에 공공선택학회(Public Choice Society)를 결성하고 「공공선택(Public Choice)」이라는 학술지를 발간함으로써 최초로 공공선택이라는 명칭이 사용되었다.[38]

2) 내 용

공공선택이론(public choice)은 경제학이론으로서 합리적 의사를 가진 사람들이 자신의 이익을 추구할 것이라는 가정에 입각하고 있다. 다시 말해서 사람들은 적절한 유인책이 보장되지 않을 경우 집단의 이익을 위해서 노력하지 않는다는 것이다. 그러므로 이와 같은 의사결정에 있어서 주된 문제를 어떻게 하면 개인적인 선호(이익)를 결합하여 집단적 선택(이익)으로 전환시킴으로써 관련된 모든 사람들에게 해롭지 않게 할 수 있는가 하는 것이다. 여기서 나타날 수 있는 모순은 개인이 각자의 이익을 합리적으로 추구할 수 있는 경우에도 이 결과로 발생하는 집단적 선택은 합리적이지도 않고 모든 참여자들에게 해로운 것이 될 수가 있다는 점이다.

이와 같은 모순을 보다 잘 이해하기 위해서 농산물을 생산하는 농부의 예를 들어 보면 다음과 같다. 즉, 농산물의 총생산물이 적을 경우 농산물 가격은 올라가기 때문에 농부 개인은 농산물의 생산량을 감소시키는 것이 개인의 이익과 부합된다. 그런데 실제에 있어서 농부 각

37) 김병진, 「전게서」, pp. 260~262.
38) V. Ostrom and E. Ostrom, "Public Choice:A Different Approach to the Study of Public Administration", *Public Administration Review*, Vol. 31, No. 2, March/April, 1971, pp. 203~216.

자는 자신의 생산량이 총생산량 가운데 극소의 부분을 차지한다고 생각하고 자기만의 이득을 위해서 생산량을 증가하는 것이 합리적이라고 간주할 수 있다. 그리고 모든 농부가 이와 같은 자기 합리성의 전제하에 생산량을 증가시킬 경우 농산물 총생산량은 엄청나게 증가될 것이고, 이로 인해 농산물의 가격이 하락하여 개인에게 피해를 주게 될 것이다. 이와 같은 예에서 개인에게는 합리적인 선택이 집단에게는 비합리적인 결과를 가져올 수가 있음을 알았다.[39]

3) 비 판

공공선택이론의 개인적 선택은 합리적일지라도 이러한 개인을 경합한 집단선택이 비합리적일 수밖에 없는 갈등을 해결하기 위해서 다양한 방법을 검토한다. 그리고 이러한 과정에서 공공선택을 보다 잘 이해하는 데 기여한다. 공공선택이론의 가장 큰 공헌은 전체사회의 편익, 즉 공익이라는 집단적 목적과 목표에 기여하도록 대중과 집단을 동원하는 문제를 분명히 하였다는 점이다. 그러나 이와 같은 공공선택이론에 대해서 순수한 개인주의자들은 개인의 이익을 총합한 것이 아닌 다른 집단적 이익이나 공익이란 있을 수 없다고 반박하고 있다. 개인주의자들과 공공선택이론가들과의 이와 같은 논쟁은 아직은 쉽게 해결될 것 같지 않았으며, 공공선택모형은 아직은 더욱 개발되어야 하는 상황이다.[40]

第 3 節 政策決定의 參與者

정책결정에 누가 참여하느냐의 문제는 정치문화 · 정치환경이나 사회적 · 경제적 여건에 따라 차이가 있으며 그 영향과 제약을 받는다. 정책결정의 참여자는 법적 권한을 가진 공식적 정책결정자와 중요한 역할을 할 수 있으나 구속력을 가진 정책결정을 내릴 법적 권한을 보통 가지지 않는 비공식적 참여자로 나눌 수 있다.[41] 공식적 참여자란 정책결정에 참여할 헌법 · 적법적 권한을 가진자를 말한다. 즉 의회, 대통령, 법원, 행정기관들이 여기에 해당된다. 공식적 참여자는 1) 대통령, 2) 고급공무원, 3) 국회의원, 4) 사법부 등을, 비공식적 참여자는 1) 정당, 2) 외부전문가, 3) NGO, 4) 일반시민, 5) 대중매체 등을 들 수 있다.

---

39) D. J. Palumbo, *Public Policy in America: Government in Action*, New York: Harcourt Brace Jovanovich, Publishers, 1988, pp. 84~85.

40) *Ibid.*, p. 85.

41) 김규정, 「행정학원론」, 법문사, 1996, pp.158-163.

1. 公式的 參與者

1) 대통령

대통령의 리더십스타일에 따라서 정책결정에 미치는 영향력이 달라질 수도 있지만, 오늘날 대통령의 영향은 막강하다. 대통령은 행정부내의 정책결정권과 입법권을 통해 정책을 결정한다. 대통령은 행정부지휘감독권 및 공무원의 임면권을 통하여 정책결정과정에 참여한다.

정책에 관한 최고 · 최종결정권은 정무관으로서 정치적 책임을 지는 행정수반을 비롯한 최고관리자에 의하여 행사된다. 행정활동의 기본지침인 주요정책에 관한 결정은 최고관리자의 가장 중요한 임무라 할 수 있다.

특히 행정수반은 공무원의 임명권을 통하여 정책결정에 중요한 간접적 영향을 미칠 수 있다. 발전도상국가에 있어서는 정책결정체제가 고도로 집권화됨으로써 행정수반이 선진국에 비하여 훨씬 더 광범위한 정책결정권을 행사하고 있다.

정책결정과 정책집행의 효율성을 높이기 위해서는 최고관리자와 직업공무원인 고급관료간에 정책결정상의 적절한 기능적 배분과 통합이 이루어져야 한다. 정무관은 직업관료에게 전문적 지식과 경험에 의하여 정책건의를 할 수 있는 기회를 주고 건의한 정책에 대한 정치적 책임을 질 수 있어야 하며 행정관은 적극적으로 성실하게 정책건의를 할 수 있는 자세를 가져야 한다. 관료의 쇄신적 자세가 건의를 적극적으로 뒷받침함으로서 정책결정에 유리한 분위기를 조성하는 것이 정무관의 중요한 역할이다.

최고관리자는 정책결정에 있어서 자신의 정치철학 · 행정철학을 비롯하여 역사관 · 가치관이나 식견을 따르게 되지만 고위행정참모에게 중요문제에 관한 정책검토를 지시하거나 참모가 제시하는 정책대안을 선택하는 데 현명하게 대처할 수 있는 자질과 능력이 요구된다.

이러한 자질과 능력으로서는 1) 고도의 정치적 판단력 · 창의력과 직관, 2) 타인의 의견을 폭넓게 들을 수 있고 정책결정에의 부하참여를 촉진시킬 수 있는 태도, 3) 새로운 정책제안을 할 수 있게 하는 쇄신적 분위기의 조성능력, 4) 정책추진에 대한 적극성 · 책임성과 성실성, 5) 불확실성을 극복할 수 있는 미래예측능력 등을 들 수 있다.

2) 고급공무원

직업공무원의 핵심체가 되는 고급공무원은 정책에 관한 전문적 지식이나 경험을 통하여 정보를 수집 · 분석하고 대안을 작성하여 새로운 아이디어나 창의적인 의견 · 구상을 최고관리층에 제시함으로서 정책결정에 광범하게 참여하고 있다.

우리나라에서는 중간관리층을 형성하는 이들 중견공무원이 아직도 정책문제에 대한 전문성이나 경험이 낮은 수준에 머물고 있기 때문에 정책결정의 합리성을 높이는 데 충분한 기여를 하지 못하고 있으며 행정외부의 정책결정참여자의 취약성을 메꾸지 못하고 있다.

특히 고급공무원은 시급히 해결해야 할 행정업무에 시달리고 있기 때문에 미래지향적인 정책결정기능의 개선에 주력하기 어려우므로 정책결정체제의 합리성을 높이기 위하여 고급공무원의 정책참모로서의 능력을 강화하기 위한 훈련이 요청된다. 효과적인 민주통제가 확립되지 못하는 경우 정책결정에 있어서 고급관료가 담당하는 큰 역할로 말미암아 국민의사를 무시하면서 정책이 독단적으로 결정될 가능성이 많다.

3) 국회의원

민주국가에서는 유권자에게 제시한 정책에 대하여 다수의 지지를 받은 정치인이 국회에 진출하여 정책결정에 입법활동을 통한 영향을 미치게 된다. 국회의원은 입법기능을 통해서 민의를 반영함으로써 정책결정에 관여하고 있으나 독자적인 정책결정기능을 가지고 있다고는 볼 수 없다. 현실적으로 국회의원은 정책결정보다 자신의 정치생명 연장에 더 관심을 갖는 경향이 강하다.

일반적으로 국회는 발전도상국가나 공산국가에 비하여 민주체제를 가진 선진국에서 정책결정에 보다 중요한 역할을 수행하며 민주체제에서도 미국과 같은 대통령중심제보다 영국과 같은 내각책임제에서 더 중요한 역할을 담당하고 있다. 발전도상국가에서는 최고권력자가 국회를 실질적으로 지배하고 있으므로 독자적인 정책결정기능은 거의 수행하지 못한다.

4) 사법부

사법부는 법률심사권이나 법령해석권을 통하여 정책의 내용을 규정하거나 변경함으로서 정책의 결정에 영향을 미친다. 사법부는 법에 위반될 때에 무효를 선언하거나, 중단을 명령할 권한을 지니고 있다. 또 법령의 해석에 있어 갈등이 생기면 사법부가 이를 최종적으로 결정할 수 있기 때문에 이런 측면에서 사법부는 정책결정에 참여할 수 있다.

2. 非公式的 參與者

1) 이익집단

이익집단이란 특정문제에 관한 관심이나 이해관계를 자각하여 결합된 집단을 말한다. 이익집단은 오늘날 정치체제 내지 정치문화의 특징과 국가발전수준에 따라 성격 및 기능이 다양하지만 선진국·후진국을 막론하고 실질적으로 정책결정에 중요한 역할을 담당하고 있다. 특히 행정국가화의 경향과 더불어 행정부가 주요한 정책결정기능을 수행하고 사회변동에 따른 다각적인 정책결정기능을 담당하도록 요구되어 감으로써 이익집단의 활동대상이 입법부로부터 행정부로 옮겨지고 있다. 공식적 정책결정자는 그들 자신들의 관심이나 이해관계만으로 정책결정을 하는 것은 아니며 법적 결정권을 가지고 있지 않은 사람들의 여러 가지 요구가 정책결정의 기초가 된다.

개인이나 집단이 정책결정자에게 요구를 제기해 가는 과정을 이익표출이라 한다. 이익집단은 이익표출기능의 중요한 담당자이며 이와 같이 표출된 이익이 정책결정의 기초가 된다. 이익집단이 이익표출기능을 수행하는 경우 압력활동을 한다는 점에서 압력단체라는 말을 쓰게 된다.

정책결정에 대한 이익집단의 영향력을 좌우하는 변수로서는 1) 회원수와 회원의 전국적인 분포성, 2) 재력과 기타 자원, 3) 집단의 응집성과 조직력, 4) 지도자의 능력·사회적 지위와 열성도, 5) 경쟁집단의 유무, 6) 관료의 태도, 7) 정치체제내의 의사결정상의 위치 등을 들 수 있다.

2) NGO

(1) NGO의 개념

NGO(Non-Governmental Organizations)란 다의적이며 포괄적 개념으로서 비정부, 비국가 조직체를 의미하며, 자발성을 바탕으로 비영리적인 집단이나 조직 또는 결사체, 기구나 단체 그리고 운동세력을 포함한다. 실제적인 면에서 NGO는 정부간 기구인 국제기구에서 정부기구(Government Organization)가 아닌 행위자들을 총칭하기 위해 만들어진 용어이다. 초기에 봉사영역 중심으로 구체활동으로 출발한 NGO는 그 후 각국이 지니고 있는 역사적 배경, 정치문화적 환경, 그리고 정치체제에 따라 다양하게 정의되고 있기 때문에 NGO개념정의에 있어 상당한 혼란을 나타내고 있다.

시민운동으로서 NGO의 첫걸음은 1863년 스위스에서 시작된 국제적십자운동이었다. 그러나 NGO를 공식영역에 끌어들인 것은 UN이었다. 1948년 UN은 후진국 경제개발을 지원하면서 민간기구에 감시를 맡겼고, NGO라는 용어는 1950년 2월 UN경제사회 이사회에서 정의한 288조가 통과되면서 공식적으로 사용되기 시작하였다. 이후 NGO는 UN이 인정하는 민간기구 뿐만 아니라 국제협력 사업에 참여하는 민간단체, 즉 UN과 협의적 위치를 갖는 정부와 관련되지 않은 공식적으로 인정되는 조직을 총칭하게 되었다.

이와 유사한 용어로 NGO의 특성 중 비영리성을 강조한 NPO(Non-Profit Organization), 자원성, 자발성을 강조한 VO(Voluntary Organization), 사회경제적 약자인 민중조직의 PO(People Organization), 풀뿌리 조직이라 해서 GO(Grassroots Organization)라는 용어도 사용되고 있다. 그런데 여러 가지의 사회운동 가운데 하나인 시민운동이란 정치적 주권자 의식을 강하게 가진 시민들이 주체가 되어 벌이는 운동인 것이며, 시민으로서의 권익을 주장하고 대변하는 운동으로서 시민운동은 정부로부터 자립해 있는 운동이라는 점에서 그리고 정부로부터 자율적이란 점 때문에 NGO라 불린다. 또한 NGO는 국가부문, 영리부문을 제외한 제3의 영역(제3섹터), 즉 비영리민간부문에 위치해서 활동한다고 할 수 있다. 따라서 일반적으로 NGO가 널리 쓰이고 있다. 그러나 외형상 NGO의 양상을 지니나 정부가 조직한 GONGO(Government-Organized NGO), 기업이 조직한 BINGO(Business-Initiated NGO), 기금증여자가 조직한 DONGO(Donor-Organized NGO), 공적 재원조달에 의존하는 QUANGO(Quasi NGO) 등과 NGO의 활동은 구분되어야 한다.

NGO란 공공문제의 해결을 위하여 자발적으로 형성된 시민 중심의 비영리적 조직체이다.[42] NGO란 집합적 서비스를 생산하며 기존의 시장 및 공공부문과 독립된 자발성이 강한 민간기구이다.[43] NGO란 비정부, 비정파, 비영리 결사체로서, 시민들이 자발적이고 능동적인 참여로 이루어지고 자원주의에 입각하여 회원의 직접적인 수혜와 관계없이 공익 추구를 목적으로 하는 조직체이다.[44] 본 연구에서는 NGO란 정부에 기초를 두지 않고 이익을 창출하지 않는 조직이라고 본다.[45]

(2) NGO의 등장배경

현대사회의 제도부문 가운데 가장 빠른 성장을 보인 것은 비영리적 정부부문도 아니고 영리적 시장부문도 아닌 비영리적 부문인 NGO이다. 시민운동의 활성화, 사회의 다원화 현상에 따른 공공서비스의 수요증가 그리고 민영화와 민간위탁 등 민간조직을 통한 전지구적 정부의 역할 변화는 비정부 비영리조직인 NGO의 역할을 증가시키고 있다.

NGO가 이와 같이 20세기 후반에 하나의 전지구적 현상으로 발전된 것은 복지국가의 위기, 발전의 위기, 환경의 위기, 사회주의의 위기 등 4대 위기와 경제성장률의 상승, 정보통

42) 윤태범, "부패방지를 위한 NGO와 정부간의 역할체계".정부와 NGO, 한국행정학회 2000년도 기획세미나 발표논문집, 2000, 205쪽.

43) 김준기, "정부-NGO관계에 관한 이론적 고찰 및 정부 NGO지원사업 분석", 「한국행정학회 동계학술대회 발표논문집」, 1999, 667쪽.

44) 박상필, "시민단체와 정부의 관계유형과 지원체제", 「한국행정학보」, 한국행정학회, 1999, 263쪽.

45) Olena P. Maslyukivska, *Role of Nongovernmental Organizations in Development Cooperation*, New Haven, 1999, p.6.

신기술의 발전 등 2대 발전적 요소를 지니고 있는데, 이런 요인들이 비영리조직인 NGO의 성장을 촉진시켰다고 주장한다. 사회의 분화 및 다양성과 더불어 변화하는 사회에 대한 욕구를 충족시키는데 정부가 지니고 있는 한계에 대한 하나의 대안으로 등장한 것이 NGO라고 볼 수 있다. 공적인 정부와 사적인 시장에 대해 제3의 영역으로서의 NGO는 정부조직이 지니고 있는 한계성을 인식함과 동시에 사적영역이 지니고 있는 지나친 경쟁원리와 이윤추구 속성의 문제점 때문에, 그리고 급격한 경제발전과 중산층의 성장에 의하여 NGO의 활성화가 이루어졌다고 볼 수 있다. 또한 사회주의 체제의 붕괴는 냉전체제하에 반정부세력으로 적대시하였던 각종 인권보호, 환경보전, 소비자보호, 경제정의 구현, 부정부패 추방 단체 등이 급격히 조직, 활발하게 활동하게 되었고, 최근 발달된 정보통신기술, 특히 인터넷혁명은 NGO가 전지구적 현상으로 발전하는데 큰 역할을 하였다. 고도로 발달된 정보통신기술은 공간적인 개념을 뛰어 넘어 지구가 하나의 공동체로 전하는데 기여하고 있으며, 이런 현상은 각국의 NGO간의 원활하고 신속한 정보교환을 가능하게 하여 NGO의 설립은 물론 활동에 있어 상당한 도움을 주었다.

(3) NGO의 기능

정부와 NGO는 상호관계를 통해 상호간의 단점을 보완할 수 있다. NGO는 정부의 지원을 통해 활동에 필요한 자원의 획득과 이를 통한 활동영역 확대가 가능하게 된다. 반면에 정부는 NGO를 활용하여 복지 및 환경관련 공공서비스나 정보창출이 가능하다. 특히 정부활동이 법규의 제정과 관련이 있는 경우 NGO를 통하여 신속히 이에 대응할 수 있다.

이와 관련하여 ① NGO는 정부조직에 비하여 절차적 통제 메카니즘과 관료적 형식주의로 인한 비효율성이 적고, ② NGO가 서비스를 제공하는 경우 다양한 요구에 부응한 차별화 된 소규모 시장에 효과적으로 진출이 가능하고, ③ NGO에 의해 제공되는 서비스는 정치적 간섭의 최소화와 일정수준의 서비스 질 유지가 가능하다는 등의 장점을 지니고 있다.

반대로 NGO 또한 서비스 공급을 특정의 공공수요에 일치시키고 정부관료제보다는 소규모로 활동함으로서 필요한 공공조직의 규모를 축소하고 정부조직보다는 고객의 수요와 필요를 충족시키는 방향으로 조정할 수 있는 장점이 있다. 또한 경쟁을 도입함으로서 이에 따른 장점을 들 수 있다. 반면에 NGO가 정부에 제공할 수 있는 긍정적인 자원은 정부정책에 대한 적극적 지원, 즉 순응과 정책형성 및 집행과정에 있어 NGO의 정책적 지원은 정부정책의 정당성을 부여할 수 있고, NGO 등의 사회단체의 침묵도 순응에 포함될 수 있다고 하겠다.

비시장적 비정부적인 특성을 지닌 종교적 서비스, 기초과학연구, 예술활동 등의 분야는 타 제도부문과 독립된 비영리부문이 생산해야 하는 것이 타당하므로 NGO에 의해 재화 및 서비스가 생산될 수 있다. 사회적 수요가 존재하나 시장실패와 정부실패에 의하여 시장이나 정부와 같은 제도부문이 충족시키지 못하는 경우 NGO는 시장과 정부를 보완하는 역할을 수행하게 된다.

(4) 사회복지정책결정에 있어서 NGO의 역할

① 사회복지 정책결정과정에서의 NGO의 역할은 제언자적 역할이다.[46] 정책과정에서의 정책제언자적(advocacy) 역할을 보다 구체적으로 살펴보면 사회복지 정책의제설정단계에서 NGO는 시민들의 요구사항을 관철시키기 위해 여론형성을 하거나 정책대안을 제시하게 된다.

② NGO는 사회복지정책과정에서 관료행태를 변화시키는 역동체로서의 역할을 한다. 현대관료제가 갖는 문제로서 획일적인 대응, 개별성이나 창조적 행동의 억제, 형식주의 등 관료주의적인 행정조직이나 공무원의 행태를 주민위주로 쇄신할 수 있는 개혁의 계기로서 NGO의 역할을 활용할 수 있다는 점이다. 그 예로서 민간위탁을 통하여 지역의 복지관, 문화회관, 지역이벤트 개최 등 기존의 정부부문에서 NGO를 활용하는 것은 정부에서 제공하는 공공서비스가 빠지기 쉬운 매너리즘에서 탈피하여 대상자에게 더 친근감있게 접근할 수 있는 이점이 있으며, 대민행정에서 획일적인 서비스를 지양하고 주민들의 다양한 개별적인 요구에 대응하여 친절하고도 전문적인 서비스를 제공하는 효과도 거둘 수 있는 장점이 있다.

③ NGO는 사회복지서비스 전달체제로서의 역할을 수행한다. NGO를 정부서비스주체의 일부로서 활용하는 것은 행정서비스 활동의 질을 높이는 역할을 수행한다. 특히 정책집행과정에서의 NGO활동은 NGO활동을 통하여 공공서비스의 생산과 분배에 주민들이 생산적으로 참여함으로서 서비스 공급의 효과성을 높일 수 있는 유용한 대안이다. 사실 대부분의 공공서비스는 소비자인 시민과 서비스 전달자의 결합된 노력을 통하여 제공되는 것이 일반적이며, 이 과정에서 시민들의 자발적인 노력의 양과 질이 어떠하냐에 따라 공공서비스의 양과 서비스수준이 결정된다고 해도 과언이 아니다. 이것은 공공서비스의 효과성이 지역사회의 사회경제적 특성이나 지리적 특성 등 그 지역사회의 여러 요인에 의해 크게 영향을 받게 되며 주민들이 그 지역사회의 사정에 대해 잘 알 고 있기 때문이라고 할 수 있다. 예를 들어, 사회복지서비스 전달에 있어서 NGO의 사회복지정책과정에서의 역할은 이미 선진제국의 경우 보편적인 것이 되어 있다.

---

46) 임승빈, "한일 지방정부의 정책과정에서의 NGO와 파트너십관계", 「정부와 NGO」, 한국행정학회 2000년도 기획세미나 발표논문집, 2000, 116~117쪽.

④ 사회복지정책을 집행하는데 있어서 NGO의 역할은 정부의 인력과 예산의 부족을 충당할 수 있는 능동적인 인력활용의 대안으로서의 기능을 수행할 수 있다는 점이다. 특히 지방정부의 경우, 중앙정부의 재정지원이 한계에 달하고 지방의 재정력이 취약한 상태에서는 NGO와 같은 민간의 활동을 이용하여 지역개발의 진흥에 진력할 수밖에 없는 것이다. 따라서 지방정부부문에 NGO를 활성화하여 사회복지서비스를 생산하고 전달하는 것은 지방정부의 인적, 물적 자원을 상대적으로 증가시키는 것이라고 할 수 있다. 일본의 경우 전통적 주민조직이라고 할 수 있는 정내회(町內會)가 행정의 정책집행력을 향상시키기 위하여 행정기관과 같은 역할을 하고 있다.[47)]

⑤ NGO는 그들의 기술이나 전문성을 활용하여 특별한 프로젝트나 조사, 일상업무 등에 참여함으로써 공무원들의 시간을 자유롭게 하여 공무원들이 전문성을 요하는 업무에 그들의 에너지를 집중시킬 수 있게 해 줌으로서 보다 긴급한 업무에 열중하게 할 수 있다. 이와 같이 중앙정부 및 지방정부의 사회복지정책과정에 있어서 NGO의 역할은 다양한 측면에서 활용되고 있다.

⑥ NGO는 지역사회에서 사회문제를 발견하고 그것을 이른바 당사자의 관점에서 해결하려고 하는 사회적 요구의 발구자 및 조사자로서의 역할을 한다.

⑦ NGO는 사회복지정책과정에서 사회적 서비스를 담당하는 가운데 과제의 배경이나 관련되는 문제를 명확히 하면서 그들 문제를 사회에 제기하고 과제의 공유화를 도모함과 아울러 그 해결을 위한 자원의 제공을 사회에 불러일으키는 대변자로서의 역할을 한다.

파트너십이란 정부와 시장에서의 기업, 그리고 비정부부문(NGO)으로 대표되는 시민사회가 각 사회복지정책과정에서 필요에 따라 상호 협력하고 경쟁하기도 하는 국정운영방식의 한 형태를 이르는 것이다.[48)]

Gidron에 의하면 정부와 NGO간의 파트너십 관계는 재정(finance)과 서비스공급(service provision)에 따라서 기본적으로 네 가지로 나누어지며 그 내용은 다음의 〈표-1〉과 같다고 지적한다.[49)]

---

47) 임승빈, 일본 지역사회에 있어 전통적 주민조직의 역할, 「지방행정연구」, vol.12.No 1, 한국지방행정연구원, 1997.

48) Gary Craig & Jill Manthorpe, "Unequal Partners? Local Government Reorganization and the Voluntary Sector", *Social Policy & Administration*, Vol 33, 1999, pp.55~72.; Jane Lewis, "Voluntary Organizations in New Partnership with Local Authorities: The Anatomy of a Contract", *Social Policy & Administration*, Vol 28, 1994, pp.206~217.; 김광웅, "협력체제(Partnership)와 효과적인 국정운영", 「정부와 NGO」, 한국행정학회 2000년도 기획세미나 발표논문집, 2000.

49) B. Gidron, M. Kramer & L. Salamon, *Government and the Third Sector : Energing Relationships in Welfare States*, San Francisco : Jossey-Bass, 1992, 16~20.

〈표1〉 정부와 NGO간의 관계(Models of Government-Third Sector Relations)

구 분	정부우위형 (government dominant)	중첩모형(dual)	협동모형 (collaborative)	NGO주도모형 (third sector domninant)
재 정 (finance)	정 부 (government)	정부(government)/NGO(third sector)	정부(government)	NGO (third sector)
서비스공급 (provision)	정 부 (government)	정부(government)/NGO(third sector)	NGO (third sector)	NGO (third sector)

자료: Gidron et. al.(1992:18)을 재구성한 것임.

가. 정부우위형(government dominant model)

이 모델은 정부가 재정과 인간적 서비스분배(delivery of human services)에 있어서 주도적인 역할을 하는 것으로 많은 사람들이 말하는 복지국가와 같은 개념이다. 정부주도형은 본질적으로 조세체계와 정부의 고용에 의한 재원조달과 서비스분배체계를 갖고 있다.

나. NGO주도형(third sector dominant model)

정부주도형의 반대 위치에 있으며 자원봉사조직(voluntary organizations)이 재정과 서비스분배에서 주도적 역할을 한다. 이러한 모델은 전형적으로 사회적 복지공급에 있어서 이데올로기나 분파적인 이유로 정부주도의 반대편이나, 또는 아직까지 사회에 넓게 받아들여지지 못한 서비스부문에서 나타난다.

다. 중첩형(dual model)

중첩형은 정부와 비영리부문이 재원과 서비스공급에 있어서 광범위하게 퍼져있기는 하나, 두 부문이 각각 분리된 독자적인 영역을 가지고 있기도 한 유형이다. 병렬궤적형(parallel-track model)이라고도 하며, 이것은 두 가지 다른 방식을 가질 수 있다. 먼저 비영리조직이 국가에 의해 분배되는 서비스를 보충하는 것인데 그러나 같은 종류의 서비스를 분배하는 것은 국가에 의해 고객들에게 도달하지 않는다. 아니면 정부가 채워주지 못하는 서비스의 수요를 NGO부문이 보완해 줄 수 있다. 어느 경우에나 구별하는 특징은 상당히 크지만 비교적 자율적인 두 가지의 서비스의 재정과 전달시스템의 존재이다.

라. 협동형(collaborative model)

정부와 NGO의 관계는 정부와 비영리부문 둘 다에 의해 중요한 역할을 한다는 특색이 있다. 그러나 여기서 두 부문은 개별적으로 일하기보다는 함께 행동한다. 이것을 협동형이라고 하는데 주로 이것은 정부가 재정을 책임지고 NGO가 실질적인 공공서비스를 담당한다. 이 반대의 모델도 가능하기는 하다. 이러한 모델은 특히 미국에서 매우 광범위하게 퍼져있는 모델이다. 이 모델은 양자간이 협상력과 재량의 범위에 따라 두 가지로 나눌 수가 있는데, 하나는 NGO가 일종의 정부의 서비스프로그램의 대리인으로서 재량권과 협상력을 거의 갖지 않는 것으로 이것을 협동적 대리인형(collaborative vendor model)이라고 하며, 하나는 반대로 NGO조직이 많은 재량권을 행사하면서 서비스프로그램을 주도하거나 정치적인 과정을 통해서 그러한 재량권을 더욱 키워나가는 모델이라고 할 수 있다. 후자는 공동협동형(collaborative partnership model)이라고 한다.

우리나라의 사회복지정책과정에서 정부와 NGO는 사회복지서비스의 생산성을 향상시키기 위하여 협력적 관계(partnership)에서 역할을 수행하는 것이 바람직하다.

3) 정당

정당이란 국민의 정치적 통합의 실질적인 매개체로서 동일한 정견을 지닌 사람들이 모여 정치권력의 획득유지를 통하여 그들의 정견을 실현시키려는 자주적이고 지속적인 결사체이다. 정당은 정책보다 권력에 혹은 선거에서 승리하는 데 관심을 가지며 정책지향적 성향이 강한 것은 아니지만 정책개발이나 정책결정에 영향을 미친다. 정치체제의 특징이나 사회경제적 환경에 따라 기능 역할에 차이가 있으나 정당은 이익집단을 비롯한 각종 사회집단의 특정요구 또는 일반국민의 요망을 일반정책대안으로 전환시키는 이익집약기능을 수행한다.

일반적으로 정당은 이익집단에 비하여 정책에 대한 관심의 폭이 넓고 정책결정과정에서 특정이익을 주도적으로 대표하기보다 중개자로서의 역할을 취하는 경향이 있다.

4) 일반시민

민주국가에 있어서 시민과 유권자는 투표를 통하여 정책을 선택할 수 있고 지도자의 선거에 의하여 정책결정에 영향을 미치게 된다. 집권자는 다수의 유권자가 원하는 정책을 채택하지 않거나 여론을 정책결정에 반영하지 않는 경우 계속적인 집권이 어려워진다.

5) 외부전문가

행정의 급격한 전문화 · 복잡화와 정책결정의 중요성에 따라 외부전문가가 정책결정에 참여하는 비중이 어느 나라에서나 높아지고 있다. 영국의 왕립위원회, 미국의 대통령자문위원회, 일본의 심의회, 우리나라의 행정자문위원회 등에 전문가가 많이 참여하고 있다.

외부전문가를 정책결정에 참여시키는 이유로서는 1) 정책결정에 전문적 지식을 반영 · 흡수시키고, 2) 정책의 공정성을 기하고, 3) 정책에 권위를 부여하는 효과를 기대함으로써 행정기관의 정책결정에 대한 국민의 불신감을 배제하는 점 등을 들 수 있다.

6) 대중매체

오늘날 라디오 · TV · 신문 등의 대중매체의 눈부신 발전으로 그것이 정책결정에 미치는 영향은 매우 강력하다. 대중매체는 일반국민의 여론을 형성해 줄 뿐만 아니라, 정책결정자에게 직접적인 정보를 제공해주는 수단이 된다.

第4章 社會福祉政策의 執行

第 1 節 政策執行의 本質

현대사회는 매우 복잡하고 급변하고 있으며 많은 사회문제를 노정하고 있다. 그런데 이러한 많은 사회문제를 어떻게 해결해 나가야 할 것인가? 사회문제는 정책문제로 채택되어 정책결정이 이루어지고 정책이 집행 · 평가되는 순환적인 정책과정을 통하여 해결될 수 있다.

사회복지에 관한 요구나 문제가 정책가들에 의하여 논의됨으로써 사회복지에 관한 정책의제가 형성되고 정책대안들이 제시되며, 이러한 여러 대안들 가운데 하나가 선택됨으로써 정책결정이 이루어지면, 그것은 사회복지 프로그램으로 성립하며, 그 정책 프로그램은 집행기관에 의해 시행되고 평가된다.[1)]

이와 같이 하나의 사회복지정책 프로그램이 형성되고 집행되는 과정은 복잡한 여러 개의 과정을 거치게 된다. 그런데 이러한 과정들은 그 과정에의 주요참여자, 그 과정에서 주로 다루어지는 것, 그리고 그 과정에서 나타나는 성격이라는 점에서 서로 다른 특징을 띤다.

정책학이 발달하던 초기에는 정책결정단계에 관한 연구가 많이 이루어졌는데 반하여 정책이 결정되고 난 후의 단계인 정책집행에 대한 연구는 활발하지 못하였다. 즉, 정부의 정책이 실제로 어떻게 이루어지고 있는가에 대한 실증적 연구와 합리적인 정책결정을 위해서 요구되는 지식은 무엇인가에 관한 연구는 많이 있어 왔으나 결정된 정책이 실제로 어떻게 정부의 활동에 의해서 구체화되어 가고 있으며, 성공적인 정책집행을 위해서 요구되는 변수는 무엇인가에 관해서는 관심이 미약했었다. 왜냐하면 정책결정이 합리적이기만 하면 집행과 성과는 자동적으로 행해진다고 믿었기 때문이다.

오늘날의 정책과정에 관한 연구는 정책결정, 집행, 그리고 평가의 세 과정을 연결된 순환

---

1) 송근원 · 김태성, 「사회복지정책론」, 나남출판, 1995, p. 33.

과정으로 보고 있다. 더욱이 정책결정은 정책집행을 전제로 하고, 정책평가는 정책결정과정에서 또는 이의 완결 후에 이루어지는 것을 전제로 하기 때문에, 정책집행은 정책학의 중요부분이 되고 있다. 그러나 정책집행의 중요성이 인식된 것은 최근에 이르러서이다. 60년대 말까지만 해도, 정책모형들은 정책집행을 소홀히 취급하여 일단 정책이 만들어지면, 정책은 집행되어지고, 정책결정자들에 의해 기대되어진 결과들에 근접되어질 것이라는 가정을 받아들이고 있었다.[2]

그런데 미국의 경우 Johnson 대통령의 주도 아래 추진된 위대한 사회를 건설하기 위한 여러 정책들을 통해서, 모호한 법령을 통과시켜 사회정책을 정당화하는 것보다 효과적인 정책집행의 수단에 의해 정책을 이행하는 것이 더욱 어렵다는 사실들을 경험하였다. 그리하여 1970년대에 들어서면서 정책집행에 관한 연구가 활발히 진행되었다.[3]

이러한 1970년의 서설적 연구는 1980년대에 들어와서 본격화되었다.[4] 이와 같은 학문적 추세에 맞추어 우리나라에서도 정책집행에 관한 연구들이 1980년대에 들어와 조금씩 나오기 시작하였다.[5] 그러나 1960년대의 미국의 사회사업계획이 실패함으로써 정책집행의 분야에 대해 많은 연구가 진행되고 있으며, 정책의 효율적 집행, 정책집행 변수 등에 관한 연구가 쏟아져 나오고 있다. 이와 같이 정책집행에 관한 연구가 폭발적으로 활발해진 이유는 정책집행상에 개재하는 다양한 요소들이 작용, 원래 의도된 정책목표와 집행결과, 즉 실제결과간에는 불완전한 대응이 된다는 사실에 연유하는 까닭이다.[6]

---

2) Thomas B. Smith, "*The Policy Implementation Process*", *Policy Science 4*, 1973, p. 198.;김문성, "정책집행에 관한 모형형성을 위한 실증적 연구", 한국행정학보, 제21권 제2호, 한국행정학회, 1987, p. 399.

3) Erwin C. Hargrove, *The Missing Link:The Study of The Implementation of Social Policy*, Washington D. C. : The Urban Institute, 1975.;Beryl A. Radin, *Implementation, Change, and the Federal Bureaucracy*, New York : Teacher's College Press, Columbia University, 1977.;Jeffrey L. Pressman and Aaron Wildavsky, *Implementation*, Berkeley : University of California Press, 1973;Eugene Bardach, *The Implementation Game:What Happens After a Bill Becomes a Law*, Cambridge, Mass. : The MIT Press, 1977.

4) Robert Nakamura and Frank Smallwood, *The Poltics of Policy Implementation*, New York, st. Martin's Press, 1980;Susan Barrett and Colin Fudge(eds), *Policy and Action*, London : Methuen, 1981;Randal B. Ripley and Grace A. Franklin, *Bureaucracy and Policy Implementation*, Homewood, Illinois : The Dorsey Press, 1982;Daniel Mazmanian and Paul Sabatier, *Effective Policy Implementation*, Lexington : Heath, 1983.

5) 김광웅, "정책의 효율적 집행", 「행정논총」 제4권 제2호, 서울대학교, 1976. : 유훈, "정책유형과 정책집행", 「행정논총」 제21권 제1호, 서울대학교 1983. : 김병준, "정책집행연구의 비판적 고찰", 「한국행정학보」 제18권 제2호, 한국행정학회, 1984. : 김형렬, "효과적인 정책집행모형에 관한 고찰", 「사회과학논문집」 제16집, 연세대학교 사회과학연구소, 1985. : 봉민근, "정책집행에 영향을 미치는 요인에 관한 연구", 「석사학위논문」, 광운대학교, 1986.

6) D. Van Meter & C. Van Horn, "The Policy Implementation Process : A Conceptual Framework", *Administration and Society*, Vol. 6, No. 4, 1975, p. 446.

1. 政策執行의 意義 및 重要性

정책과정 속에서 정책집행이 차지하는 비중이 점차 증대되어가는 이유는 실제로 정책목표의 달성, 정책의도의 실현이 정책집행의 성공 여부에 달려있기 때문이다. 정책의 집행이 정책목표의 달성을 자동적으로 담보하는 것이 아니라 성공적인 정책집행이 이루어진 경우에만 그것이 가능하다는 전제 때문에 정책집행의 중요성이 부각되는 것이다.[7]

정책의 여러 부문 중에서 집행에 대한 연구는 비교적 그 출발이 늦은 편이라고 할 수 있다. 그래서 Charles Wolf나 Graham T. Allison같은 학자는 정책에서 집행연구가 소홀히 취급된 점을 빗대어 집행을 정책연구에서의 빠뜨려진 장(missing chapter)으로 말하고 있다.[8]

정책집행에 대한 관점이 변화되어 옴에 따라 1970년대에 들어와 많은 연구가 진행되었다. 즉, 1973년에 발간된 Pressman과 Wildavsky 공저의 『집행(implementation)』이라는 저서가 계기가 되어 많은 학자들의 관심을 끌게 되었다.[9] 그 후 정책학자들에 의하여 집행과정의 중요성이 충분히 부각되었고, 집행현상은 정책학자들에게 새로운 연구과제로 인식되었다. 집행과정은 정책의 아이디어와 정당성이 구현되는 장이며, 정책의 성패가 결정되는 중요한 정책과정이다. 이러한 점에서 Goggin과 그의 동료들은 1990년대는 "집행연구의 시대(the implementation era)"가 될 것이라고 거침없이 예언하기도 했다.[10] 이때까지의 집행연구는 두 가지 연구경향으로 요약될 수 있다.[11]

그것은 집행의 행정과정중심의 연구경향과 정치과정중심의 연구경향이다. 전자의 행정과정중심의 연구는 정부행정조직의 집행활동과 집행조직간의 계층적인 관계에 초점을 두었다. 또한 이러한 연구는 집행과정에서 정책결정자, 집행기관, 일선 집행공무원(street-level bureaucracy)간의 명령-복종관계를 중점적으로 다루었다. 집행과정에서 비정부기관(또는 단체)의 역할이나 영향은 거의 무시되었다. 즉, 집행과정은 집행참여자간의 정치적 이해관계에 오염되지 않은 순수하고 기술적인 행정과정으로 파악되었다.[12] 그 결과 집행과정을 너

---

7) 안해균, 『정책학원론』, 다산출판사, 1995, p. 316.

8) 전상경, "Jeffrey L. Pressman and Aaron Wildavsky의 공동행동의 복잡성", 『정책학의 주요이론』, 경세원, 1993, p. 409.

9) Jeffrey L. Pressman and Aaron Wildavsky, *Implementation*, Berkeley : University of California Press, 1973, p. 13.

10) Malcolm L. Goggin, Ann O'M. Bowman, James P. Lester, and Laurence J. O'Toole, Jr., *Implementation Theory and Practice : Toward a Third Generation*, Glenview : Scott, Foresman/ Little, Brown Higher Education, 1990, p. 9.

11) Randall B. Ripley, *Policy Analysis in Political Science*, Chicago : Nelson-Hall Publishers, 1985, pp. 134~138.

12) Randall B. Ripley and Grace A. Franklin, *Policy Implementation and Bureaucracy*, 2nd. ed., Chicago : The Dorsey Press, 1986, p. 1.

무나 단순히 취급함으로써 집행현상의 복잡성을 설명하는 데 한계가 있었다.

반면 집행의 정치적 과정에 초점을 둔 집행연구는 연구의 초점을 정부의 집행조직과 집행활동에 한정시키지 않았다. 정부 외의 여러 민간참여기관과 이익집단들의 활동과 영향을 정책집행의 중요 측면으로 다루었다. 또한 정부의 집행기관과 정부 외의 집행참여자간의 상호작용을 중시한다. 따라서 이러한 연구경향은 집행과정의 복잡성을 가능한 한 있는 그대로 서술하고 설명하려 한다. 즉 "집행과정에서 무엇이 일어났으며(What is happening?)", "어떻게 일어났으며(How)", "왜 일어났는가(Why?)"에 연구의 초점을 두고 있다.[13]

정책집행은 정책의 내용을 실현시키는 과정을 의미한다. 정책의 내용을 실현시키는 과정은 일련의 활동들로서 구성된다. 정책의 내용은 정책목표와 정책수단으로 이루어지는데, 정책의 내용을 실현시킨다는 것은 정책수단을 실현시키는 것이 그 핵심이 된다.[14]

그런데 정책집행에 대한 개념정의내용이 학자들이 지닌 이론틀의 성격에 따라 약간씩 강조점이 다르다. 그러나 이미 결정된 정책을 실천에 옮겨서 그 정책의 효과를 거두어보려는 의도된 활동임에는 틀림없다. 따라서 여기서는 몇몇 학자들의 정책집행에 대한 개념을 살펴보기로 한다.

사실 정책집행에 해당하는 용어로서 'policy implementation'이 미국에서 사용되기 시작한 것은 약 15년 남짓밖에 되지 않는다. Y. Dror는[15] policy execution이라는 용어를 D. Bunker는[16] activation of plans라는 용어를 사용했었다. 그러나 J. Pressman과 A. Pressman과 A. Wildavsky의[17] 「집행론(Implementation)」이라는 저서가 출간된 이래 정책집행을 지칭하는 용어로서 대체로 policy implementation이 사용되고 있다.

Pressman과 Wildavsky는 정책집행을 Webster와 Roger 사전을 이용하여 '실행하는 것, 수행하는 것, 충족시키는 것, 생산하는 것, 완성하는 것'이라고 하면서 그 대상을 정책이라고 하였다.[18] 그러나 후에 집행이라는 용어를 다의적으로 사용하여 집행을 '예견된 결과를 달성할 수 있는 능력'이라고 하는가 하면 '목표의 설정과 이를 달성하기 위한 활동간의 교호작용'을 집행이라고 하고 있다.

---

13) Randall B. Ripley, *op. cit.*, 1985, p. 138 : Isabel Marcus, Dollars for Reform, Lexington : D. C. Heath, 1981, p. 11.
14) 정정길, 「정책학원론」, 대명출판사, 1994, p. 463.
15) Yehezkel Dror, *Public Policy Making Reexamined*, San Francisco : Chandler Publishing Co., 1968, pp. 188~192.
16) Douglas R. Bunker, "Policy Science Perspectives on Implementation Process", *Policy Science*, Vol. 3. 1972, p. 71.
17) A. Pressman and A. Wildavsky, *Implementation*, Berkeley : University of California Press, 1973, p. 13.
18) Jeffrey L. Presman and Aaron Wildavsky, *op. cit.*, 1973, pp. 11~15.

따라서 Dunsire는 Pressman과 Wildavsky가 정책의 영향(policy impact)과 정책집행을 명확히 구분하지 못하고 있으며, 집행이라는 용어를 다의적으로 사용하고 있다고 비판하고 있다.[19]

Van Meter와 Van Horn은 집행이란 '정책결정에서 미리 설정된 목표를 성취하기 위하여 정부부문 및 민간부문의 개인이나 집단이 행하는 활동'이라고 규정하였다.[20] 이들은 정책집행을 단일방향적 과정으로 파악하고 있으며, 정책집행에 인간적이고 심리적인 요소의 영향을 강조하고 있는 점에서 고전적 집행관에서 진일보한 견해를 피력하고 있다.

Bardach는 집행은 기계를 조립하여 행동하도록 하는 조립과정(assembley process)이라고 정의하였다.[21] 그는 집행문제라는 것은 집행과정을 구성하는 조립활동에 한정된 통제문제라고 보고 느슨하게 연결된 집행게임의 체제라는 관점을 통해 과정상의 조립과 정치부분을 통합하려고 시도하였다. 집행과정을 기계의 조립과정에 비유한 것은 다소 무리가 아닐 수 없다고 생각된다.[22]

C. Jones는 그의 저서 「정책연구입문」의 초판에서는 정책집행을 'policy execution'이라는 용어를 사용하여 간단히 취급하였으나 재판에서는 정책집행을 중시하여 용어를 'policy implementation'으로 개칭하고 집행이란 사업계획의 실시를 지향하는 행위들이라고 정의하고 행위들이란 해석행위(사업계획상의 용어를 설득력있고 실현가능한 지시로 전환시키는 행위)와 조직행위(사업계획)를 실시하는 데 필요한 행정부서와 방법들을 강구하는 행위 그리고 적용행위(서비스와 보수 또는 다른 합의된 사업계획의 대상과 수단들을 상시로 제공하는 행위)의 집합으로 구성된다고 한다. 그리고 그는 자신이 말하는 사업계획의 본질에 관해서도 언급하고 있는데, 사업계획의 본질은 문제를 해결하는 데 관한 명제라고 이해하고 있다. C. Jones의 정책집행개념이 강조하고 있는 것은 행위성, 문제해결지향성, 사업계획유관성 등이다.[23]

McLaughlin은 집행을 이해하는 데 있어서 정책의 목표와 현지실정, 현지환경과 참여자들간의 상호관계를 강조하였다. 또한 그녀는 집행의 단일방향적 관점을 부정하고 상호적응과정으로서 집행을 파악하고 있다.[24]

---

19) Andrew. Dunsire, *Implementation in Bureaucracy*, New York, St Martin's Press 1978, pp. 67~69.

20) D. Van Meter & C. Van Horn, "The Polciy Implementation Process : A Conceptual Framework", *American and Society*, Vol. 6. No. 4, 1975, p. 447.

21) E. Bardach, *The Implementation Game : What Happens After a Bill Becoms a Law*, Cambridge, Mass. : The MIT Press, 1977.

22) 유훈, "정책집행의 의의와 유형", 강신택 외 공저, 「정책학」, 법문사, 1983, pp. 82~83.

23) Churles O. Jones, *An Introduction to the Study of Public Policy*, 2nd. ed., North Scituate, Mass : Duxbury Press, 1977, chapter 7.

24) McLaughlin, M., "Implementation as Mutual Adaptation : Change in Classroom Organization", in W. Willian and R. Elmore eds, *Social Program Implementation, New York : Academic Press*, 1977, p. 169.

Rein과 Rabinovitz는 집행이란 상호적 권력관계와 협상을 핵심적 요소로 하는 순환과정을 창조하는 수많은 행위자들이 고려한 정부의 선호를 표명하는 것이라고 정의함으로써 정책집행에 관한 전통적 관점, 즉 정책과 집행은 구별되고 먼저 정책이 결정되고 나면 그 뒤를 이어 정책이 집행된다고 하는 단일방향적 시각으로부터 탈피하여 집행의 모든 단계가 상호의존적이라는 순환성의 원칙(principles of circularity)을 강조하였다.[25)]

R. Nakamura와 F. Smallwood는 집행이란 권위적인 공공정책지침을 수행하는 과정이라고 정의한다. 이러한 정의에서 강조하고 있는 것은 과정성과 정책지향성인데, 정책집행에 관한 그들 이론의 전반적인 입장은 정책집행을 미리 설정된 정책목표를 실천에 옮기는 과정을 단일방향적 과정이 아니라 순환적 과정으로 보고 있다는 점에서 Rein과 Rabinovitz의 개념정의와 유사하다.[26)]

Ripley와 Franklin은 집행을 사업계획, 정책, 수혜 및 어떤 종류의 구체적 산출에 정당성을 부여하는 법이 통과된 후에 발생하는 것이라고 정의를 내렸다. 이러한 집행단계에서 권한있는 집행기관의 주요활동으로서는 ① 자원확보(resources asquisition), ② 해석과 기획(interpretation and planning), ③ 조직화(organizing), ④ 서비스 제공(providing bebefits and services) 등을 들고 있다. 이들은 특히 집행과정의 복잡성과 동태성을 강조하고 있다.[27)] Lineberry는 집행이란 정책의 공표와 그의 영향 사이에 개재하는 모든 것을 포함하는 것으로서 어느 시점에 가서는 집행보다 상대적으로 안정되고 일상적인 행정에 의해서 대체되는 계속적인 과정이라고 정의하고 있다.[28)]

이상과 같이 정책집행에 관한 개념정의는 논자에 따라 다소 차원을 달리하고 있는데, 본 연구에서는 여러 학자들의 개념정의를 토대로 하여 정책집행을 공식적으로 표명된 정책목표를 달성하기 위해서 실행되는 일련의 역동적 순환과정이라고 한다.

전술한 바와 같이 고전적 행정모형하에서의 정책집행관은 정책이 일단 결정되어지면 그것은 자동적으로 목적한 대로 집행되어진다고 가정했었다. 그런데 1960년대 중반에 Johnson 행정부가 위대한 사회를 주창하면서 수립했던 수많은 정책들이 예상한 결과를 달성하지 못했던 것은 우리로 하여금 아무리 좋은 정책이라도 이를 집행하지 않으면 소용이 없으며, 또

---

25) Martin Rein and Francine F. Rabinovitz, "Implementation : A Theoretical Perspective", in Walter D. Burnham and Martha W. Weinberg eds, *American Politics and Public Policy*, Cambridge : MIT Press, 1978, p. 332.

26) R. Nakamura and F. Smallwood, *The Politics of Policy Implementation*, New York, St. Martin Press, 1980, p. 1.

27) Randall B. Ripley and Grace A. Franklin, *Bureaucracy and Policy Implementation*, Ontario, The Dorsey Press, 1982, pp. 4~5.

28) Robert L. Lineberry, *American Public Policy*, New York : Harper and Row, 1978, p. 70.

한 그 집행이 바람직스럽지 못하다면 정책이 본래 의도했던 바를 달성할 수 없어 정책이 실패한다는 교훈을 인지하게 해준다.

따라서 결정된 정책을 의도된 목표에 따라 적절한 수단을 강구하여 성공적으로 집행한다는 것은 합리적인 정책결정 못지않게 중요하다고 할 수 있다.

2. 社會福祉政策 執行硏究의 展開過程에 대한 檢討

정책집행에 관해서는 학자들의 연구목적이나 정책집행을 보는 관점에 따라 많은 견해의 차이를 나타내 주고 있다. 그러므로 여기서는 정책집행이 어떠한 관점에서 인식되어 왔는지를 살펴봄으로써 정책집행에 대한 이해의 폭을 넓혀 보고자 한다.[29)]

1930년대 행정학의 고전모형은 과학적 관리의 원리에 기초를 두고 있다. 이 모형은 집행가들을 정책과정의 중요한 역할로부터 배제했다는 명백한 가정에 기초를 두고 있다. 고전적 모형이 정책집행에 대한 우리의 초기인식을 형성하는 데 도움이 되었기 때문에 이러한 이론의 중요 성분을 이해하는 것은 집행에 대한 이해에 도움을 준다.[30)]

고전적 행정이론의 요소로서 계층제, 정치행정이원론, 과학적 관리법을 들 수 있는데, 이 모형은 부하에 대한 재량권을 거의 인정하지 않는 하향식 명령구조에 입각하고 있기 때문에 정책과정에서 집행의 중요성을 과소평가하게 된다. 고전모형에서는 Smith가 지적한 바와 같이 일단 정책이 결정되면 자동적으로 집행되며, 그 결과는 정책결정자들이 기대한 것과 별 차이가 없다는 것을 전제로 하고 있다.[31)]

따라서 고전적 행정모형하의 정책집행관을 보다 명백히 하기 위하여 고전모형이 정책결정과 정책집행에 관해서 가지고 있는 가정을 검토해 보기로 한다.

1) 정책결정에 대하여

고전적 행정모형은 정책결정이 다음과 같은 절차에 따라 이루어진다고 보았다. ① 주어진 문제에 직면한다. ② 성취해야 할 목표 · 가치를 명백히 하고 우선순위를 부여한다. ③ 목표성취를 위한 모든 중요한 대안 또는 정책을 나열한다. ④ 이러한 각 대안적인 정책으로부터

29) 김병진, 「정책학개론」, 박영사, 1995, pp. 297~305. ; 유훈, 「정책학원론」, 법문사, 1995, pp. 291~307. ; 이종렬, 「정책학원론」, 대왕사, 1984, pp. 337~340.
30) Robert T. Nakamura and Frank Smallwood, *op. cit.*, 1980, pp. 7~10.
31) Thomas B. Smith, "The Policy Implementation Process", *Policy Science 4*, 1973, pp. 197~198.

발생할 모든 중요한 결과를 검토한다. ⑤ 각 정책의 결과를 목표에 비추어 비교한다. ⑥ 목표에 가장 밀접하게 부합하는 결과를 가져오는 정책을 선택한다. 이처럼 고전적 행정모형하에서는 정책결정이 합리적으로 이루어진다고 가정했다.

2) 정책집행에 대하여

고전적 행정모형에 비추어 본 정책집행은 다음과 같은 절차에 따라 집행이 이루어진다고 보았다.[32] ① 정책결정자는 선택된 정책을 가장 잘 집행할 수 있는 유능한 집행자(즉, 기술적 기준을 의미)를 선정한다. ② 정책결정자는 구체적인 지시의 형태로 정책을 집행자에게 전달한다. ③ 집행자는 정책결정자로부터 전달된 세부정책지침에 따라 구체적인 지시를 실천한다.

이상과 같은 고정적 집행의 세 단계에 의하면 F. E. Rourke가 지적하는 바와 같이 집행자는 수단만을 선택할 재량권을 가지며 집행활동이 목적이나 목표는 법령이나 책임있는 정치적 관료의 지시에 의해서 이전부터 고정되어 내려오는 것을 알 수 있다.[33]

고전적 행정모형은 정책결정과 정책집행에 대하여 선입견을 가지고 있는데 그것을 요약하면, ① 정책결정과 정책집행은 분리되어 있고 연속적이며 경계가 분명하다. ② 그런데 이러한 경계는 정책결정자와 정책집행자간에 존재하는데, 그 이유는 ㉠ 목표를 설정하는 정책결정자들과 이러한 목표를 수행하는 정책집행자들 간에는 일의 분업이 명백하고, ㉡ 정책결정자들은 상이한 목표들 간의 우선순위에 대해 합의에 도달할 수 있기 때문에 정책을 수행할 수 있는 기술적 능력 · 복종심 · 의지를 소유하기 때문이다. ㉢ 정책결정자들과 정책집행자들이 각자의 과업간의 경계를 받아들임으로써 정책결정이 이루어진 다음에 순차적인 형태로 집행이 이루어진다. ④ 정책의 집행에 관련된 결정은 사실상 비정치적이고 기술적이다. 즉, 중립적이고 객관적이며 합리적이고 과학적인 유형으로 수행해 나가는 것이 정책집행자들의 책임이다. 이상의 고전적 행정모형을 도시하면 다음과 같다.

---

32) Nakamura and Smallwood, *op. cit.*, 1980, pp. 9~10.

33) F. E. Rourke, Bureaucracy, *Politics and Public Policy*, 2nd ed., Boston : Little, Brown, 1976, p. 33.

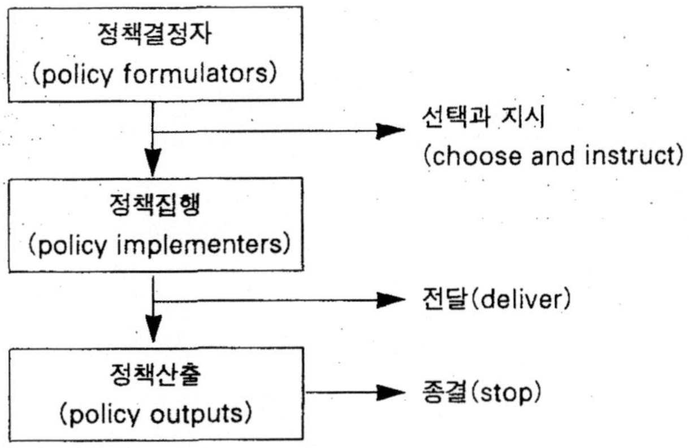

〔그림 4-1〕 고전적 계층제 모형

전술한 고전적 행정모형의 가정은 정책과정을 너무 단순하게 파악하고 있다는 것을 알 수 있다. 몇 가지 문제점을 지적하면 다음과 같다. ㉠ 정책결정과정은 고전모형이 지적한 것보다 훨씬 더 복잡하다는 것이 많은 의사결정에 관한 연구에 의해 밝혀졌다. ㉡ 행정과 조직행위에 관한 그 뒤의 많은 연구에 의해 정책집행은 고전모형이 생각하는 것보다 훨씬 복잡하다는 것이 밝혀졌다. 특히 Appleby는 정치와 행정은 성질상 구별할 수 없다고 보며, 따라서 결정자와 행위자도 구별할 수 없다고 하였다.[34] ㉢ 이론의 세계에서가 아니라 실제 행동의 세계에서 고전모형의 정책집행에 대하여 비판을 하는 학자들이 있다. 고전적 모형, 즉 정책이 결정되면 행정가에 의해 기술적으로 집행된다는 가정이 1960년대 중반에 빈곤 · 소년범죄 · 실업 · 도시문제 등 위대한 사회의 건설을 위한 정책을 Johnson행정부에서 결정하고 집행하는 과정에서 예기치 않았던 여러 가지 혼란을 가져옴으로써 모순을 드러냈다.

第 2 節 社會福祉 政策執行過程의 段階

사회복지 정책집행과정은 여러 가지 단계로 구성된다. 본 연구에서는 Rein과 Rabinovitz의 견해, Jones의 견해, Ripley와 Franklin의 견해를 중심으로 고찰하고자 한다.[35]

34) Paul Appleby, *Policy and Administration*, Tuscalloosa, Ala : University of Alabama Press, 1949, p. 8.
35) 유훈, 「전게서」 1995, pp. 320~322.

1. Rein과 Rabinovitz의 段階

Rein과 Rabinovitz는 정책집행과정을 지침개발(guideline development), 자원의 배분(resource distribution), 감시과정(oversight process)의 3단계로 나누어 상세히 고찰하고 있다.[36)]

1) 지침개발단계

지침개발이 집행과정의 첫째 단계이다. 지침은 법률에 의하여 위임된 사항 또는 법률의 시행에 필요한 사항에 관하여 규정하는 것으로서 입법부의 의도를 충실히 구현하며 중립적이라고 하나 지침의 개발에 있어서 행정기관이 누리는 재량은 경우에 따라서 상당히 넓은 것이라 할 수 있다.

2) 자원배분단계

집행과정의 둘째 단계는 필요한 예산을 확보하고 그것을 사용할 때에 관하여 교섭을 벌이는 단계이다.

예산의 확보는 의회의 예산심의과정하고만 관련이 있는 것이 아니라 사업에 따라서는 의회가 총액만 결정하고 그 배분은 중앙예산기관에 일임하는 경우가 있다. 예산액도 중요하지만 이에 못지않게 중요한 것이 사용가능시기이다. 이것을 결정하는 주된 장치가 예산의 배정과 재배정제도이다. 예산의 배정은 중앙예산기관이 정부 각 기관에 일정한 기간 동안 집행할 수 있는 예산액을 정해 주는 것을 말하며, 예산의 재배정이란 각 부처가 그 산하기관에 대하여 다시 배정해 주는 것을 말한다.

3) 감시단계

Rein Rabinovitz에 의하면 감시단계는 monitoring이라고 할 수 있겠는데, 미국연방정부에 있어서는 관리예산처가 그 절차를 각 부처에 시달하나 지침대로 실시되지 않는 경우가 많다고 한다. 감사는 각 부처의 내부감사기관도 담당하나 회계검사원이 주로 담당하는 것이 주지의 사실이다.

평가는 사업의 성과를 판단하는 것이다. 근래에 와서 평가에 대한 관심이 높아진 것은

---

36) Martin Rein and Francine F. Rabinovitz, "Implementation : A Theoretical Perspective", in Walter D. Burnham and Marths W. Weinberg(eds), *American Politics and Public Policy*, Cambridge : MIT Press, 1978, pp. 315~321.

monitoring이 제대로 이루어진다고 하더라도 소기의 사업성과가 달성된다는 보장이 없기 때문이다.

2. C. Jones의 段階

Charles Jones는 정책집행과정을 해석(interpretation), 조직(organization), 적용(application)의 3단계로 나누고 있다.[37)]

1) 해석단계

Rein과 Rabinovitz가 말하는 지침개발을 Jones는 해석이라고 부르고 있다. 프로그램의 내용을 수용가능하며 실현가능한 지침으로 전환시키는 것을 말한다.

2) 조직단계

프로그램을 실천에 옮기는 데 필요한 조직단위를 구상하고 실천방법을 정립하는 단계이다.

3) 적용단계

서비스나 금전적 혜택과 같은 프로그램의 목적이나 도구에 해당되는 것을 제공하는 단계이다.

3. Ripley와 Franklin의 段階

Ripley와 Franklin은 정책집행과정을 자원의 확보 · 해석 및 기획 · 조직 · 혜택 · 제한의 전달의 4단계로 구분하고 있다.[38)]

1) 자원확보단계

집행을 담당하게 되는 기관은 예산 · 인력 · 장비 등과 같은 자원을 확보해야 한다.

---

37) C. Jones, *An Introduction to the Study of Public Policy*, 3rd ed., Monterey, 1977, p. 139.

38) Randall B. Ripley and Grace A. Franklin, *Policy Implementation and Bureaucracy*, 2nd ed. Homewood : Dorsey Press, 1986, pp. 4~5.

2) 해석·기획단계

법률의 내용을 토대로 하여 구체적인 지침·규칙 등을 제정할 뿐만 아니라 계획을 수립하는 단계이다.

3) 조직단계

기구를 설치하고 업무처리를 위한 루틴을 확립함으로써 각종 활동을 조직화하는 단계이다.

4) 혜택·제한전달단계

집행담당기관이 수혜집단에게 혜택을 제공하고 대상집단에게 통제를 가하는 단계이다.

第 3 節 政策執行에 관한 理論模型

정책을 집행하여 정책목표를 달성하는 등 원래 의도했던 일들을 성취하는 성공적인 정책집행은 극히 중요하며, 이 때문에 정책집행을 성공적으로 추진하기 위한 지식이나 논리를 연구하는 것이 정책집행론이다.[39]

정책집행을 바라보는 다양한 시각은 집행과정에 대한 이해를 높여주는 반면 통합된 하나의 일반모형(general model)을 발전시키는 데에는 장해요소가 된다. 기존의 여러 시각들은 크게 두 가지로 분류해 볼 수 있는데, 통제(control) 내지는 하향식(top-down) 모형과 상호작용(interaction) 또는 상향식(bottom-up) 모형이다.[40]

전자는 고전적 행정관을 바탕으로 ① 구체적인 법령과 계획, ② 정책결정과 집행의 이원화, ③ 단일방향적(unidirectional) 집행과정, ④ 집행의 비정치적이고 기술적인 성격 등을 강조하는 입장으로서 집행을 "흔히 법령의 행태를 취하는 정책을 실제로 수행해 나가는 활동" 혹은 "미리 정해진 목표를 달성하고자 하는 일련의 행위"로서 파악하고 있다.[41] 따라서

---

39) 정정길, 「정책학원론」, 대명출판사, 1994, p. 464.
40) 박경효, "정책집행측면에서 본 한국가족계획사업실적의 결정요인", 「한국행정학보」 제24권 제2호, 한국행정학회, 1990, p. 1011.
41) Paul A. Sabatier and Daniel A. Mazmanian, "The Implementation of Public Policy : A Framework of Analysis", in Daniel A. Mazmanian and Paul A. Sabatier, eds, *Effective Implementation*, Lexington Mass : D. C. Heath and Company, 1981.; Robert Montjoy and Lawrence O'Toole, "Toward a theory of policy implementation", *Public Administration Review 38*, 1979. ; Theodore J. Lowi, *The End of Liberalism*, New York : Norton, 1969.

여기서는 고위정책결정자 내지는 사업관리자들의 역할이 집행의 성공 여부를 좌우한다는 생각이 지배적이다.

반면에 후자는 집행에 참여하는 행위자들(implementing actors) 사이의 상호작용 또는 협상을 중시하는 입장으로서 ① 집행의 정치적 성격, ② 부하집행관료의 역할, ③ 기술적 능률성보다는 고객의 요구에 부응하는 집행, ④ 정책과정의 순환성 등을 강조하고 있다.[42)]

효율적인 사회복지 정책집행을 위해서는 정책집행에 영향을 미치는 요인들을 잘 파악해야 한다. 정책집행에 영향을 미치는 요인은 학자들의 관점에 따라 다양하게 설정하고 있다. 그러면 여기서 학자들이 제시한 정책집행에 관한 이론모형을 살펴보면 다음과 같다.

1. T. B. Smith의 理論模型[43)]

1) 의 의

T. B. Smith는 정부의 정책을 새로운 제도로 확립하거나 기존의 제도 내에 이미 확립되어 있는 유형을 변화시키기 위한 정부의 의도적인 행동조치라고 규정하고 정부에 의해 형성된 정책이 사회 내의 긴장유발력으로 작용한다고 보았다. 따라서 정책이 집행되면 긴장유발력에 따라 정책집행의 제요소내부 또는 상호간에 긴장이 발생하며, 이 긴장은 교환거래 유형을 변화시키며 새로운 제도를 만들게 한다. 그리고 교환거래 유형의 변화와 새로운 제도화는 다시 정책결정과정이나 정책집행매트리스 내로 환류된다고 보았다. 그러므로 그는 이러한 입장에서 정책집행과정을 설명하기 위해 체제모형을 이용하고 있는 것이다.

42) Theodore J. Lowi, *The End of Liberalism*, New York : Norton, 1969. ; Robert Montjoy and Lawrence O'Toole, "Toward a theory of policy implementation", *Public Administration Review 38*, 1979. ; P. Berman, "The study of macro and micro-implementation", *Public Policy 26*, 1978, pp. 172~174. ; Benny Hjern, Kenneth Hanf, and David Poter, "Local networks of manpower training in the Federal Republic of Germany and Sweden", in International Policy Making : Limits Coordation and Central Control, London : Sage, 1978, pp. 303~344. ; Clarence N. Stone, "The implementation of Social Programs : Two Perspectives", *Journal of Social Issues 36*, 1980, pp. 13~34.

43) T. B. Smith, *op. cit.*, pp. 197~209.

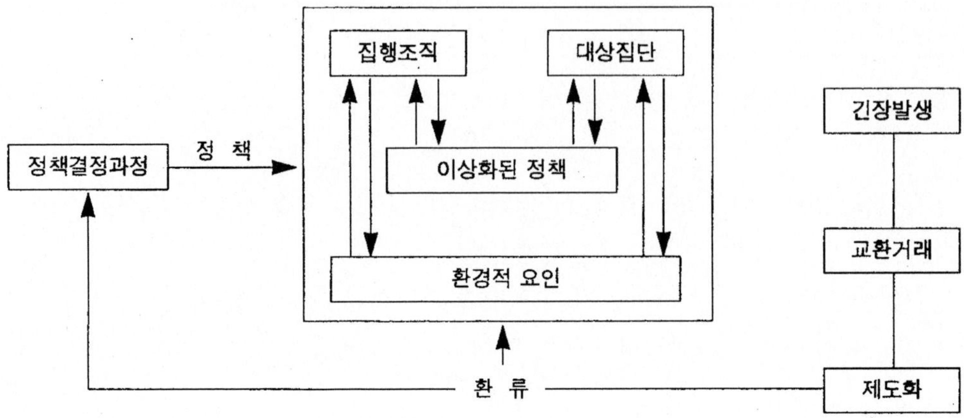

〔그림 4-2〕 Smith의 정책집행모형

2) 내 용

T. B. Smith는 정책집행을 매트릭스화하여 정책집행매트릭스 내부의 구성변수로서 이상화된 정책(idealized policy), 집행조직(implementation organization), 대상집단(target group), 환경적 요인(environment factor) 등을 들고 있다. 정책이 집행됨에 따라 이 변수들이 이상화된 정책을 중심으로 상호간에 긴장을 유발하게 되고 이 긴장은 교환거래과정을 밟으며, 거래가 원만하게 이루어지지 못할 때 다시 정책집행 매트릭스 내 혹은 정책결정과정으로 환류된다. 거래과정이 원만히 이루어지면 제도화를 낳는 데 이 제도화는 다시 긴장유발력으로 작용해 환류과정을 밟게 된다. 이러한 일련의 과정을 도시한 것이 〔그림 4-2〕이다.

이하에서는 정책집행 매트릭스 내의 변수와 긴장, 교환거래, 환류의 의미를 살펴보겠다.

(1) 정책집행 매트릭스 내의 변수

① 이상화된 정책(idealized policy) : 이상화된 정책이란 정책결정자들이 유발시키려고 하는 변수간의 이상화된, 즉 바람직한 상호작용의 양태를 의미하는데, 이에 대한 분석에는 다음과 같은 관련변수가 있다. ㉠ 정책이 어떻게 형성되느냐에 관한 것으로서 정부가 집행하려고 하는 정책이 공식적인 결정의 진술의 형태냐 아니면 법률의 형태냐 또는 프로그램의 형태에 관한 것, ㉡ 정책의 유형인데 정책의 성격이 복잡한 것이냐, 단순한 것이냐 또는 정책이 공식적 조직의 유형 또는 신설을 요하는가의 여부, 정책의 성격이 분배적이냐, 재분배적이냐, 규제적이냐, 자기 규제적이냐, 정서적이냐, 상징적이냐로 구분하는 것, ㉢ 정부가 정책의 집행에 전념하는 정도, 즉 지지도(intensity of support)와 정책이 사회적 필요와 요청에 의해 생겨난 것이냐 아니면 요구와 지지없이 형성된 것이냐, 즉 정책의 근원(the source of policy)과 정책이 광범하고 전반적이냐 아니면 국지적인 데 국한된 것이냐, 즉 정책의 범위 등의 세 측면이 고려되고, ㉣ 정책에 대한 인상도 중요한 고려요인이 된다.

② 대상집단(target group) : 대상집단은 정책에 의해서 새로운 상호작용의 유형을 지니도록 요구되는 사람들로서 정책으로부터 가장 많은 영향을 받는 집단을 말하는데, 여기서는 대상집단의 조직화와 제도화의 정도, 대상집단의 지도력, 대상집단의 정책경험 등을 고려해야 한다.

③ 집행조직(implementation organization) : 집행조직은 정책을 실행하는 역할을 하는 조직을 말하는데, 대개의 경우 집행조직은 정부관료조직의 한 단위로 되어 있으며, 정책집행을 집행조직과 관련하여 집행조직의 구조와 인적 자원의 속성, 집행조직의 지도력, 집행계획과 그것을 수행할 능력을 고려해야 한다.

④ 환경적 요인 : 환경적 요인은 정책집행에 영향을 미치거나 또는 정책집행으로부터 영향을 받는 요인으로서 문화적 · 사회적 · 경제적 여건을 말한다. 집행할 정책의 특성이나 유형에 따라 그에 대응하는 환경적 여건의 양상은 달라질 것이다.

정책을 집행함에 있어서 환경으로부터 받은 이점이나 제약점을 검토하는 것은 매우 중요하다.

(2) 긴장(tension)

전술한 정책매트리스 내부에 있는 4개의 주요정책 집행변수들은 이상화된 정책을 둘러싸고 긴장을 표출시킨다. 긴장은 정책집행 매트릭스의 구성요소 자체 내에서 일어나는 경우(예를 들어, 인적 · 물적 능력 등 전반적인 집행능력의 부족에도 불구하고 어떤 정책을 집행해야만 할 때 집행조직이 느끼는 모순을 들 수 있다.), 구성요소 상호간에 일어나는 경우(예를 들어, 정책결정자들이 대상집단으로부터 환영을 받을 것이라 기대하고 결정한 정책이 실제로 환영받지 못할 때, 대상집단과 이상화된 정책간에 나타나는 긴장을 말한다.)가 있다.

(3) 교환거래유형(transaction patterns)

아직 구체화되지 않은 상호작용의 형태로서 전술한 정책집행 매트릭스의 구성요소의 내부 또는 상호간에 발생하는 긴장에 대한 반응을 교환거래유형이라 한다.

정부의 정책은 영구적인 제도의 확립을 목적으로 하는 경우보다는 단지 그러한 교환거래유형망을 유발시키려는 것에 그치는 경우가 많다. 비록 제도화가 정부정책의 주요목적 중의 하나라 해도 제도가 형성되지 않는 수도 흔히 있다. 많은 국가들이 이상화된 정책을 헌법과 법률에 명시하고 있지만 어떤 상업계획이든 그에 대한 확고한 지지와 의지가 없는 불안정한 상태에서는 활기있게 집행될 수가 없다. 이러한 경우의 교환거래유형을 의도된 정책목표를 달성할 수 없고 제도화를 가져오지 못한다. 정책집행과정에서 나타나는 거래국면의 특성을 파악하기 위해서는 정책집행 중에 나타나는 제활동을 파악해야 한다. 그러나 T. B. Smith는 거래의 당사자가 누구인지는 밝히고 있지는 않으나, 다만 집행조직과 대상집단간에 교환거래간에 교환거래가 이루어지고 있을 것이라고 짐작할 수 있다.

(4) 제도화(institutionalization)

정책집행과정은 하나의 집행과정이기 때문에 상호작용이 언제 유형화 · 구체화되어 제도로 정착하는지 또 어느 정도 제도화되어 있는지를 파악하기 힘들다. 그러나 제도화의 정확한 정도를 알기는 힘이 들지만, 몇 가지 척도로 제도화의 지표로 이용할 수 있는 것이다. ① 환경 속에서의 제도의 생존능력, ② 제도를 둘러싸고 있는 사회구성원들이 자율성이나 영향력의 면에서 그 제도를 가치있는 것이라고 생각하는 정도, ③ 관련상태가 여타 사회구성요소에 대하여 규범적인 영향력을 미칠 수 있는가의 여부에 달려있다.

정책집행과정에서 목표에 부합하는지의 여부를 판단하기 위한 방법으로 새로이 확립된 제도를 처음의 이상화된 정책목표(the idealized policy goal)와 비교해 볼 수 있다. 제도화의 정도를 결정짓는 데에는 시간적 요인(the time factor)도 고려해야 한다. 복합적이고 비점진적인 정책은 단순하고 점진적인 정책보다 제도화에 더 많은 시간이 요구된다.

(5) 환류(feedback)

일단 교환거래유형이 형성되거나 제도화가 이루어지면 그것들은 정책과정에 있어 긴장유발요인으로 작용하며, 항상 그런 것은 아니지만 그 긴장은 정책집행 매트릭스의 구성요소들과 다시 관련을 맺게 된다. 새로운 양태와 새로운 제도를 형성하게 됨으로써 발생되는 긴장은 정책집행에 의해서 형성된 양태와 제도에 대해 지지적이거나, 아니면 그 반대의 양상으로 나타날 것이다. 환류과정이 모형 내에 존재함으로써 정책집행과정의 최종산물(endproduct)을 말하는 것이 어렵게 된다.

이와 같이 환류국면은 정책과정이 집행 중이고 계속적인 과정으로서 명백한 최종적인 종착점이 없다는 것을 명백히 나타내 준다.

2. Van Meter와 Van Horn의 理論模型[44)]

1) 이론의 특성

Van Meter와 Van Horn은 기존의 정책연구가 정책결정과정과 정책대상집단이나 대상문제에 대해 미치는 영향과 효과에 관해서는 많은 관심을 나타냈었으나, 공공정책이 실제의 서비스나 규제 등의 형태로 전환되는 과정, 즉 정책과 성과간의 관계(정책집행)에 대한 연구는 불충분했다고 비판하면서 그들은 정책이 성과로 전환되는 과정을 정책집행이라고 보고 정책집행을 탐구하기 위한 모형을 제시하고 있다. 즉, 그들은 정책집행의 이론적 틀(theoretical framework)을 마련하기 위해 정치학 · 행정학 · 사회학 · 사회심리학 등 사회과학분야의 여러 문헌을 검토한 후 조직논적 관점에 입각하여 집행단계에서의 행태에 영향을 미치는 심리적 요인을 중심으로 체계적인 정책집행연구를 위한 이론적 틀을 작성했다.

Van Meter와 Van Horn은 T. B. Smith와 마찬가지로 정책집행을 포함한 전체 정책체제를 구성하고 있는 주요변수와 변수들 상호간의 관계를 밝히고 있다.

다음의 〔그림 4-3〕에서 볼 수 있는 바와 같이 정책과 성과를 연계시키는 것을 정책집행이라고 보고 정책집행의 변수로서 6가지를 들고 있다.

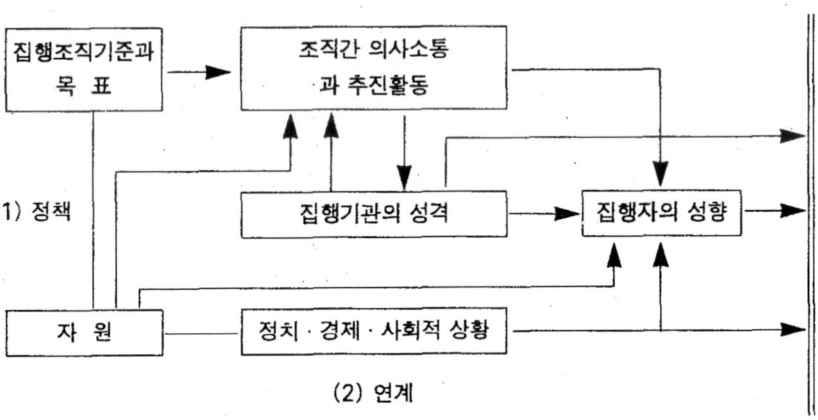

〔그림 4-3〕 Van Meter와 Van Horn의 정책집행모형

2) 이론모형의 내용

〔그림 4-3〕에서 보는 바와 같이 Van Meter와 Van Horn의 모형은 종속변수로 볼 수 있는

44) D. S. Van Meter and C. E. Van Horn, *op. cit.*, pp. 445~487.

최종성과와의 관계를 나타내 줄 뿐만 아니라 독립변수 상호간의 관계를 밝혀 주고 있다. 즉, 이들은 정책변수로서 정책기준과 목표, 자원을 들고 있으며, 연계변수로서 조직간 의사소통과 추진활동, 집행기관의 성격, 정치 · 경제 · 사회적 상황, 집행자의 성향을 들고, 종속변수로서 성과를 들고 있다.

(1) 정책의 기준과 목표

정책의 기준과 목표는 정책의 전반적 목적을 비교적 상세히 나타내어 정책이 무엇을 달성하려는가를 명백히 하고 정책의 결정 및 집행에서의 행위기준을 확실하게 한다. 따라서 집행결과로 나타나는 성과를 성과지표의 형태로 나타내는 것이 좋다. 그러나 그 성과를 확인하고 측정할 수 있는 정책이 있는가 하면 그렇지 못한 정책도 있음에 주의를 요한다.

이러한 정책의 기준과 목표는 조직간의 의사소통과 추진활동을 통하여 집행자들의 성향에 간접적인 영향을 미친다. 또한 집행자들의 성향에 간접적인 영향을 미친다. 또한 집행자들이 정책의 기준과 목표에 합당한 활동을 할 수 있게끔 추진활동을 통하여 A. Etzioni가 지적하는 규범적 · 보상적 · 강제적 권력이 다양하게 발동된다.

(2) 자원(resources)

정책은 집행평가의 척도로서 기준과 목표를 설정해야 할 뿐만 아니라 집행을 촉진시키는데 필요한 자원의 동원가능성을 고려해야 한다. 이러한 자원에는 인적 · 물적 자원을 비롯한 각종의 유인책들이 포함된다. 대개의 경우 정책을 집행하는 데 자원이 불충분하므로 주어진 상황에서 자원을 효율적으로 동원 · 활용할 수 있어야 한다. 정책집행에 동원가능한 자원의 형태와 범위는 의사소통과 추진활동에 영향을 미칠 것이고 집행자의 성향도 자원의 이용가능성에 의해서 직접적인 영향을 받을 수 있다.

(3) 조직간 의사소통과 추진활동(interorganizational communication and enforcement activitites)

효율적인 정책집행을 위해서는 정책의 기준과 목표가 집행자에게 정확하게 전달되고, 일관성있는 의사전달이 이루어져야 한다. 그리고 집행자들이 정책의 기준과 목표를 충실히 달성할 수 있도록 자극하고 통제하는 제도적 장치가 필요하다. 인사권과 재정권이 있으면 통제가 용이한데, 이런 것은 규범적 · 보상적 또는 강제적인 형태로 작용한다.

그러나 중앙정부와 지방정부 또는 대등한 위치에 있는 다른 기관의 성원에게는 자극과 통제가 어렵게 되는데, 이때에는 기술적 자문과 조언, 그리고 사회화, 설득 및 적응적 흡수(cooptation)의 방법을 사용한다.

이와 같은 조직간 의사소통 및 추진활동은 집행기관의 성격과 상호작용관계에 있으며 집행자의 성향에도 영향을 미친다.

(4) 집행기관의 성격(characteristics of the implementing agencies)

집행기관이 어떤 성격을 띠고 있느냐는 집행의 성패에 매우 중요한 요인이 되는데, 이는 기관의 공식적 구조의 특성과 기관성원들의 비공식적 태도의 특성과 관련하여 설명될 수 있다.

그리고 집행기관의 특성에서 능력면에서의 특성에 영향을 미치는 요인은 ① 기관의 규모와 구성원의 자질, ② 계층제적 통제의 정도, ③ 기관의 정치적 자질, ④ 기관의 조직활성도, ⑤ 개방적인 의사전달의 정도, ⑥ 정책결정체와의 공식 · 비공식 연계의 정도 등이다.

집행기관의 여러 가지 특성은 기관 내 성원들의 성향(집행자의 성향)에 영향을 미친다. 즉, 의사소통망의 성격, 계층제를 통한 통제의 정도, 리더십의 유형 등은 성원들의 조직목적이나 목표에 대한 일체감에 영향을 미침으로써 성공적인 집행을 촉진하기도 하고 방해하기도 한다. 성원들의 성향은 또한 정책결정기관에 대한 집행기관의 공식 · 비공식적 관계에 의해 좌우되기도 한다.

(5) 정치 · 경제 · 사회적 상황(political economic and social conditions)

정치 · 경제 · 사회적 상황이 공공정책에 미치는 영향은 오래 전부터 관심의 대상이 되어왔으나 그것은 주로 정책결정에 미치는 영향에 중점을 두어왔을 뿐 정책집행에 미치는 영향은 별로 주목의 대상이 되지 못했다. 그러나 환경적 요인들이 집행의 성과에 중대한 영향을 미친다는 사실을 인식해야 될 것이다. 정책집행에 영향을 미치는 환경적 요인의 중요한 국면은 ① 성공적인 정책집행을 뒷받침해 줄 수 있는 경제적 자원이 있는가? ② 어떤 정책의 집행이 정치 · 경제 · 사회적 상황에 얼마나 어떻게 영향을 미치는가? ③ 여론의 반응은 어떠하며, 관련된 정책문제가 얼마나 현저하게 눈에 띄는가? ④ 정책집행에 대한 엘리트의 반응은 호의적인가 부정적인가? ⑤ 정책집행에 대한 지지를 위해 다른 정부 및 민간단체들은 얼마나 동원되었는가 등이다.

이러한 환경적 요인은 집행기관의 성격에 영향을 미친다. 즉, 집행기관의 능력과 의욕, 활성, 기관이 누리는 정치적 지지의 정도에 중대한 영향을 미치는 것이다. 집행자의 성향에도 영향을 미치는 데 환경적 상황은 집행자들로 하여금 그들이 특정 정책에 대한 好惡에 관계없이 집행을 하게 만드는 수가 많다. 또한 환경은 집행의 성과에 영향을 미친다.

다시 말해 집행자들의 성향이나 모형 내의 다른 변수들에 관계없이 정책집행의 성과를 제고시키기도 하고 제약하기도 한다.

(6) 집행자의 성향(the disposition of implementers)

정책집행은 앞에서 언급한 모든 요소를 판단하고 여과하는 집행자의 성향에 달려있다. 정책집행자의 성향을 파악하려고 할 때 고려해야 할 요소로는, ① 정책의 전반적인 의도나 목표 · 기준에 대한 인식도, ② 집행자의 반응태도, ③ 집행자들의 성향에 나타난 강도 등이다.

만약 집행자들이 정책의 목적에 대해 반감을 가질 때는 정책이 충실히 집행되지 않을 것이며, 반대로 호감을 가지고 기준과 목표를 수용하는 경우에는 집행의 가능성이 커질 것이다. 그리고 집행자의 성향에 나타난 반응의 강도에 따라 정책목표가 무시 · 전환 · 회피되기도 하고 적극적으로 추진되기도 한다.

3. D. A. Mazmanian과 P. A. Sabatier의 理論模型[45)]

1) 의 의

Mazmanian과 Sabatier는 기존의 정책집행연구를 검토한 후 아직까지 정책집행에 관한 체계적인 연구를 위한 합의된 분석틀이 나타나지 않고 있고, 적절한 분석변수의 선정에 있어서도 산발적이었으며, 집행과정의 일부의 국면에만 집착한 나머지 광범위한 일반화의 노력이 부족하였다고 지적하고 하나의 일반적 분석틀을 제시하였다. 이 모형이 갖고 있는 특징을 살펴보면, ① 개인행태와 그것을 둘러싸고 있는 정치경제법적 상황간의 연계에 대한 이론정립 및 경험적 연구가 요구된다고 보고 있으며, ② 정책집행과정에서의 법적 변수에 초점을 두고 있고, ③ 정책집행을 용이하게 하는 요인을 강조하고, ④ 규제적 성격의 정책에 관한 집행에 강조점을 두고, ⑤ 보다 용이하게 현실에 적용할 수 있는 이론의 개발이라는 점 등이다.

이와 같은 특징을 지니고 있는 그들의 분석틀은 크게 세 개의 독립변수군과 한 개의 종속변수군으로 구성되어 있다. 그것을 도시하면 다음 〔그림 4-4〕와 같은데 이하에서는 이들 제변수들을 상세히 살펴보겠다.

---

45) Paul A. Sabatier and Daniel A. Mazmanian, "The Implementation of Public Policy : A Framework of Analysis", in Daniel A. Mazmanian and Paul A. Sabatier, eds, *Effective Implementation*, Lexington Mass. : D. C. Heath and Company, 1981, pp. 4~24.

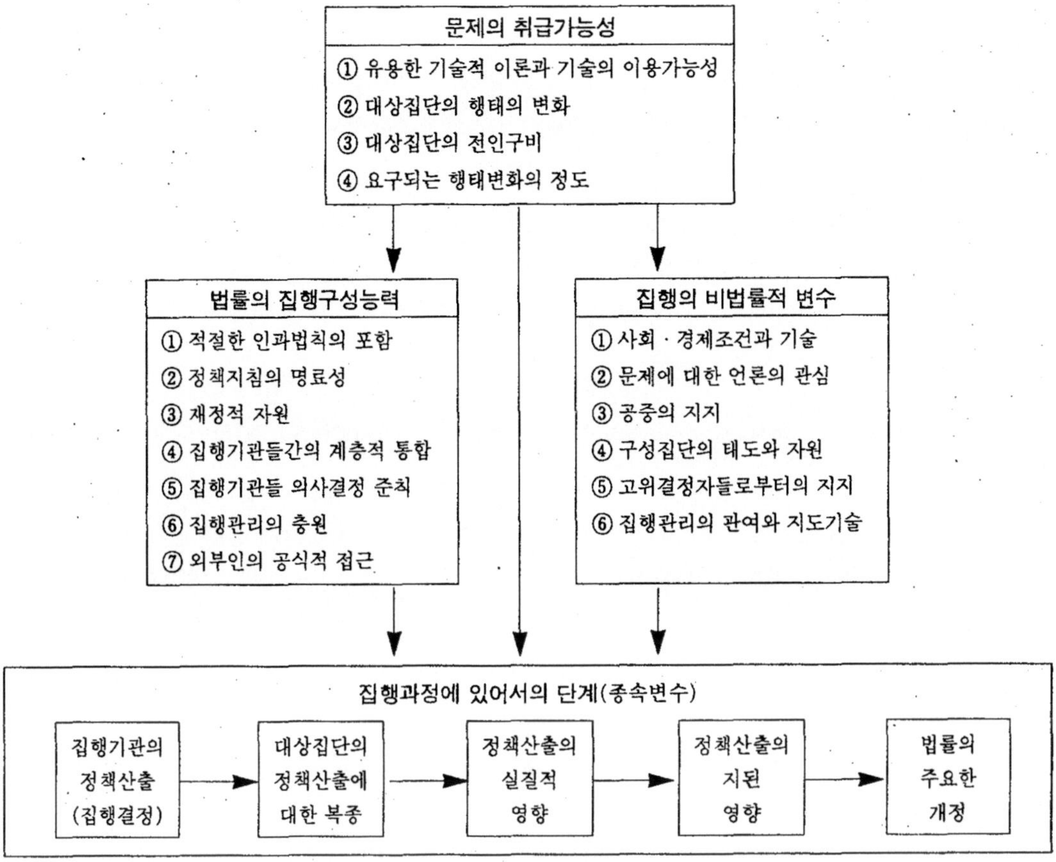

〔그림 4-4〕 Sabatier와 Mazmanian의 정책집행모형

2) 정책집행에 영향을 미치는 변수

(1) 문제의 취급가능성(tractability of the problem)

사회문제 중에는 다루기 쉬운 것과 다루기 어려운 것이 있는데, 이는 정책이 취급하려는 문제의 성격과 관련된다.

① **타당한 기술적 이론과 기술의 이용가능성**(abailability of valid technical theory and technology) : 문제의 심각성에 있어서 그 변화를 측정하는 데는 많은 어려움이 있다. 규제정책은 대상집단의 행태를 변화시키면 문제가 개선될 것이라는 가정을 한다. 따라서 기술적 이론과 기술의 이용가능성이 어렵게 되면 정책의 성공적 집행이 어렵게 된다.

② **대상집단행태의 다양성**(Diversity of target group behavior) : 규제되어야 할 대상집단의 행태가 다양할수록 규제의 대상은 모호해진다. 따라서 효율적인 정책집행이 그만큼 어

렵게 된다.

③ 전 인구의 비율에 대한 대상집단의 규모(target group as a percentage of the population) : 일반적으로 대상집단의 크기가 작고 격리되어 있을 경우에는 그 정책에 대한 정치적 지지를 얻기가 용이하다. 따라서 의도한 정책목표의 달성가능성이 커진다.

④ 요구되는 행태변화의 정도(extent of behaviral change required) : 정책의 목표달성에 요구되는 행태변화의 정도는 대상집단의 규모와 이들에게 요구되는 행태변화의 크기와 함수관계에 있다. 즉, 기본적인 가정은 행태변화의 정도가 클수록 성공적 정책집행은 어렵게 된다는 것이다.

(2) 법률의 집행구성능력(ability of statute to structure implementation)

이 분석틀에서 볼 때 법률은 처리되어야 할 문제를 지적하고 추구해야 할 목표를 규정하는 기본적인 정책결정을 포함하고 있다. 법률은 또한 ① 집행기관의 선택, ② 집행기관의 법률적 · 재정적 자원을 공급, ③ 집행관리들의 바람직한 정책지향을 유도, ④ 집행과정에 외부인사가 참여하는 것을 규제 등의 방법을 통해 집행과정을 구성한다. ⑤ 법률이 일련의 명백하고 일관된 목표를 규정하고, 그 목표를 위한 행태변화에 관계된 타당한 이론을 내포하면 그러한 행태변화를 얻는데 도움을 주는 방향으로 집행과정을 형성할 수 있다. 따라서 법률의 목적달성 가능성이 커지는데, 이는 대상집단에 요구되는 행태변화의 정도가 큰 경우에도 마찬가지이다.

㉠ 법률목표의 정확하고 명백한 우선순위(precision and clear ranking of ststutory objectives)

정확하고 명백하게 우선순위가 정해진 법률목표들은 사업계획을 평가하는 데 불가결하고 집행자에게는 명백한 지침이 되며, 지지자들에게는 유용한 자원으로서의 역할을 한다. 법률목표들의 명백한 우선순위와 더불어 기존기관의 사업체에 있어서 새로운 지침의 상대적 우선순위를 명백히 하는 것도 중요하다. 만약 그렇게 하지 않으면 새로운 지침은 상당히 지연될 것이고 기관의 운영과정에 포함되려고 할 때 낮은 우선순위를 갖게 될 것이다.

㉡ 법률에 포함된 인과이론의 타당성(validity of the casual theory incoporated into the statute)

대부분의 중요한 개혁은 적어도 목표가 달성될 방법의 인과이론을 묵시적으로 내포하고 있다.

적절한 인과이론은 정부목표와 사업목표의 달성간에 중요한 인과적 연계가 이해되어야 하고, 집행자는 목표달성을 위한 충분한 수의 주요연계에 대해 재량권을 지녀야 한다.

㉢ 집행기관에 유용한 재원(financial resources available to implementing agency)

규제의 실시, 사업계획의 집행 및 복종의 유도 등에 포함된 기술적 분석을 행하거나 직원을 고용하기 위한 전통적인 규제사업에 있어서 재원은 매우 중요하다.

㉣ 집행기관 내부와 집행기관간의 계층제적 통합의 정도(the extent of hierachial integration within and among implementing institutions)

집행기관 내부나 집행기관에 관여하는 여러 개의 반자율성을 가진 기관들 사이에서 조정된 활동을 유발하기가 어렵다는 사실이 사례연구결과로 밝혀졌는데, 법률이 집행기관을 얼마나 통합하느냐는 집행에 중요하다.

집행기관 내부와 집행기관간의 계층제적 통합의 정도는 법률목표의 달성에 포함된 거부·허가점(veto/clearance points)의 수, 잠재적으로 거부할 가능성이 있는 사람들을 복종시키기에 충분한 유인과 벌칙이 목표지지자들에게 주어진 정도 등에 의해서 결정된다. 이들 중에서 복종의 유인들은 실제로 한정되어 있으므로 거부점의 수가 더 중요한 요인으로 등장하는 것이다.

㉤ 집행기관의 의사결정규칙(decision-rule of implementing agencies)

집행기관의 공식적인 의사결정규칙을 어떻게 규정하느냐에 따라서 정책집행은 커다란 영향을 받게 된다.

의사결정규칙이란 규제를 담당하는 합의제기관의 경우 특별한 결정활동에 필요한 의사결정수를 어떻게 정하느냐에 따라서 이 위원회가 법률이 규정한 정책목표를 얼마나 충실하게 집행할 것인가를 결정하는 규칙을 말한다.

㉥ 법률목표에 위임된 집행기관과 집행자의 임명(assign of implementing agencies officials committed to statutory objectives)

법률이 아무리 공식적인 의사결정규칙을 잘 규정했다고 하더라도 집행자들이 정책목표를 달성하기 위해서 적극적이지 못하다면 정책집행은 잘 집행되지 못한다. 어떤 새로운 사업계획도 집행자들이 단순히 중립적이지 않고 능동적인 관심을 지닌 정책목표달성에 저항하는 개인이나 집단의 장애를 극복하고 정책목표달성을 적극적으로 추진할 것을 원한다.

정책결정자들이 집행기관을 선택하고 집행자를 임명할 때 이용할 수 있는 방법은 ① 정책정향이 법률목표와 일치하고 따라서 새로운 사업계획에 최우선순위를 둘 의사가 있는 기관에 집행책임을 맡기거나, ② 법률목표를 지지하는 집단에서 집행기관의 최고책임자를 선발하도록 법률에 규정하는 것 등이 있다. 그러나 실제의 경우 양향적이거나 적대적인 집행자 및 집행기관을 제외하고 나면 거의 선발의 여지가 없다. 많은 경우 집행의 실패원인이 여기에 있다.

㉦ 외부인의 공식적 접근(formal access by outsiders)

외부인의 참여가 확대되면 정책목표의 지지가 높아져 그만큼 집행이 용이할 수도 있다. 여기서 참여대상집단은 사업계획으로부터의 잠재적인 수혜자와 대상집단, 그리고 입법 · 행정 · 사법부의 관련기관이나 관련자들을 의미한다. 이러한 외부인의 공식적 접근은 집행의 문제에 있어서 뿐만 아니라 시민참여와 통제의 문제와도 관련이 있다.

(3) 집행에 영향을 미치는 비법률적 변수(nonstatutory variables affecting implementation)

법률은 집행의 정치가 이루어지는 기본적인 구조를 제공하지만 집행은 그 자체가 동태성을 지니고 있다. 즉, 정책목표의 집행에 의해서 피해를 입을 것이라고 생각되는 계층의 저항을 극복하기 위하여 정치적 지지를 얻기 위한 요구나 경제적 · 사회적 · 기술적 조건의 변화가 일반대중, 이익집단, 고위결정자의 정책목표뿐만 아니라 법적 정책과정 내의 상호작용에 의해서 영향을 받게 된다. 집행에 영향을 미치는 비법률변수로서 다음과 같은 것을 들 수 있다.

㉠ 사회적·경제적·기술적 조건에 있어 정부관할구역간과 시간에 따른 변화(variation over time and among governmental jurisdiction in social economic and technoligical conditions)

사회적·경제적·기술적 조건의 변화는 특정한 정책문제의 상대적 중요성에 대한 인식을 감소시킬 수 있으며, 그에 따라서 지지가 감소되어 집행이 어렵게 될 수 있다. 또한 사회·경제 · 기술적 조건과 문제의 중요성이 구역간에 차이가 나면 효율적인 정책집행에 많은 장애가 생길 수 있다. 그러한 차이는 규제에 있어 신축성을 강요하게 되고 행정의 재량을 크게 요구하게 된다.

상황이 크게 다른 여러 관할구역에 획일적인 기준을 적용하게 되면 불공정한 비용을 감수해야 하는 지역에서는 저항을 하게 된다. 그리고 환경보호나 소비자보호와 같은 규제정책은 대상집단의 경제적 능력과 그들이 국민경제에 있어 차지하는 비중에 따라서 집행의 효율성이 달라질 수 있다.

㉡ 문제에 대한 대중매체의 관심의 강도와 지속도(the amount and continuity of media attention to the problem)

대중매체의 관심의 강도와 지속도는 정책집행에 많은 영향을 미친다. ① 대중매체는 경제 · 사회적 조건의 변화와 국민이나 정치지도자의 인식을 연결시키는 중요한 매개체의 역할을 한다. ② 대중매체의 관심이 지속적이지 못하고 어떤 문제를 잠시 다루었다가 다른 문제로 관심을 돌리기 때문에 수혜자가 산재되어 있는 규제정책의 집행에 많은 지장을 초래하게 된다.

㉢ 대중의 지지(public support)

특정 정책에 대해 일반대중이 가지는 관심은 시간이 경과함에 따라서 바뀔 수도 있고, 지역에 따라서도 정도의 차이가 있을 수 있는데, 이와 같은 관심과 지지가 정책의 집행에 커다란 영향을 미치게 된다. 대중이 정책집행에 영향을 미치는 방법은, ① 여론과 대중매체의 상호작용은 입법부에서 논의될 정치의제에 커다란 영향을 미친다. ② 입법자들은 자기 선거구민에게 중요성이 부각된 쟁점에 의해서 영향을 받는데, 특히 선거구 내의 여론이 동질적일 경우 더욱 그렇다. ③ 여론조사를 통하여 대중에게 영향을 미치기도 한다.

㉣ 지지집단의 태도와 자원(attitude and resources of constituency group)

대상집단의 행태변화를 목표로 하는 규제정책의 지지자들은 그들에 대한 대중의 지지가 대개 시간이 경과함에 따라 과소하게 된다는 것이 당면문제인 것이다. 일반적으로 규제정책들은 대상문제에 대하여 대중의 관심이 높아진 결과로 나타난다. 그러나 규제정책의 실시를 원하는 대중과 언론은 시간이 경과함에 따라 관심의 강도가 약해지는 경향이 있는 한편, 규제정책의 실시를 하는데 직접적인 비용을 부담하는 일부 집단은 강력한 반대를 조직적으로 하게 된다.

한편 정책의 지지자들은 그들의 의도를 관철하기 위해서는 결코 한 단체를 구성하여 대통령과 의회에 대해서 뿐만 아니라 집행기관에 대해서 충분한 구성원과 조직력 · 전문성을 발휘해야 한다. 이러한 지지집단은 정책집행과정의 다른 변수들과 여러 가지 방법으로 상호작용한다. ① 지지집단에 대한 대중의 지지와 정책목표가 내세운 행태적 변화의 정도에 따라 그 집단의 구성원과 자원은 변화한다. ② 지지집단은 결정된 자원들을 평가하고 자원을 보존함으로써 집행과정에 개입할 수 있다. ③ 지지집단은 집행기관의 성과를 비판하는 연구결과를 공표할 수 있을 뿐만 아니라 여론환기운동을 전개할 수도 있고, 입법 · 사법의 고위결정기관에 청원 등을 함으로써 정책집행에 간접적으로 영향을 미칠 수도 있다.

㉤ 주도기관으로부터의 지지(support from sovereigns)

주도기관이란 집행기관의 법적 · 재정적 자원을 통제하는 기관을 말하는데, 이러한 주도기관으로부터의 지지가 정책집행에 커다란 영향을 미친다.

㉥ 집행자의 적극성과 지도역량(commitment and leadership skill of implementing office)

집행자가 정책집행은 얼마나 적극적이며 또한 얼마나 지도역량을 발휘하느냐에 따라 집행은 커다란 영향을 받는다. 집행자가 정책목표의 수행과정에서 나타내는 적극성과 관여는 정책결정단계에서 어떤 기관을 집행기관으로 선정하며, 그 책임자를 누구로 하느냐에 따라 차이가 생긴다. 일반적으로 기존의 기관보다 정치적 과정을 거쳐 새로운 기관을 설치하여 책임자에게 집행을 맡길 경우 집행과정을 거쳐 집행과정에 대한 적극성과 관여도가 높아지게 된다. 그러나 초기단계가 지나게 되면 적극성과 관여도가 높았던 사람들이 감소하고 관료제의 루틴에 실망하게 되며, 정책목표 달성을 위해 위험부담을 하기보다는 자신의 안정에 더 관심을 지니게 된다.

집행자들이 집행과정에 지니는 적극성과 관여는 정책목표의 달성을 위하여 유용한 자원을 활용할 줄 아는 기술, 즉 지도역량의 뒷받침이 없이는 영향력을 발휘하지 못하게 된다. 이러한 지도역량은 정치적 요소와 관리적 요소로 나누어 볼 수 있다. 정치적 요소는 주도기관의 지지를 획득하고 하위집행기관 내의 작업관계를 잘 구성하고 정책의 반대자나 대상집단에게 공평하게 집행될 것이라고 확신시키며, 잠재적 지지집단의 지지를 동원할 수 있는 능력 등을 의미한다. 관리적 요소는 예산관리의 효율을 높이고 구성원의 사기를 앙양시키며, 조직 내의 반대자들을 좌천시켜 통제하는 능력 등이다. 모든 사람들이 이러한 지도역량의 중요성을 인식하고는 있으나 그의 속성이 상황에 따라 변화하기 때문에 지도역량의 공헌도를 측정하기는 어려운 것이다.

(4) 집행과정의 분석단계(종속변수)(stage in the implementation process)

지금까지는 집행과정에 영향을 미치는 일반적 요인에 초점을 맞추어 설명해 왔다. 이러한 요인들은 집행과정의 다음 각 단계에 영향을 준다.

㉠ 집행기관의 정책산출(the policy outputs of implementing agencies)

법률목표가 집행기관에 의해서 구체적인 상황과 사례에 실제로 적용될 수 있는 기본적인 규정, 개별적 사례에 대한 표준운영절차, 판결적 인·허가의 결정, 결정의 실행 등으로 전환되는 단계이다.

㉡ 대상집단의 복종(compliance with policy outputs by target groups)

대상집단이 행정적 결정에 복종할 때는 정책집행에 따르는 경우 그들에게 미치는 비용과 효과를 평가해 보게 된다. 즉, 그들은 ① 불복종이 쉽게 발견되고 기소되거나, ② 불복종에 따라 제제가 가해지거나, ③ 정책지침에 대해 정당성을 인정할 때 복종을 하게 된다.

㉢ 정책산출의 실질적 영향(actual impacts of policy outputs)

정책기관의 정책산출 및 대상집단의 복종이 정책목표와 어느 정도 일치하느냐가 나타나는 단계이다. 여기에는 사회적·경제적 조건의 변화 또는 정책에 반대하는 위치에 있던 집단이나 경쟁적 이해관계에 대한 힘에 있어서 장기간에 걸친 변화 등에 예기치 않았던 영향도 있을 수 있다.

㉣ 정책산출의 인지된 영향(perceived impacts)

정책산출의 실질적인 영향을 파악하기란 매우 어렵다. 외관상으로는 효과가 있는 것처럼 보일지 모르지만 실제대상집단이 그를 인지하지 않으면 영향이 없는 것이나 마찬가지다. 이러한 정책의 영향은 사실 측정하기가 용이한 것은 아니다.

㉤ 궁극적 정책환류의 방향과 정도(the amount and direction of ultimate policy feedback)

정책과정은 정책의 개정으로 종국점에 이른다. 정책의 변화범위는 집행결정의 인지된 영향, 일반대상, 엘리트들 사이의 우선순위의 변화와 관련된다.

이와 같은 모든 단계는 feed back loop의 구성요소로서 작용한다. 그러나 만일 정책목표에 일치하는 실제영향의 정도에만 관심이 있으며, 집행기관의 정책산출, 대상집단의 복종, 정책산출의 실질적 영향단계가 이용하지만 정치체제의 정책에 대한 평가도 고려하려면, 정책산출의 인지된 영향, 궁극적 정책환류의 방향과 정도단계를 반드시 포함해야 된다.

이러한 단계들 각각이 종국점(end points) 또는 종속변수로 생각할 수 있다. 그러나 또한 각 단계는 연속적인 단계의 투입으로서 작용을 한다.

4. 其他의 理論模型

정책이론의 개척자인 Pressman과 Wildvsky는 정책사례연구를 통하여 정책의 제약요인을 처방적으로 설명하고 있는데, ① 집행을 정책과정의 일부로 보아야 하며, ② 정책결정자는 정책과 집행을 유기적으로 연결시키기 위해 사업착수에 필요한 기구창설을 고려하는 것과 마찬가지로 사업집행기구에 관심을 가져야 하고, ③ 활동의 기초가 되는 이론을 신중히 검토해야 하고, ④ 정책집행을 성공적으로 수행하려면 집행기간 동안 지도력의 중단이 없어야 하고, ⑤ 집행에 차질이 없도록 집행의 단순화가 필요하다고 하였다.[46]

M. S. Grindle은 제3세계의 정책집행사례연구를 통해 정책집행과정에서 중요한 정책과 선택이라는 모형을 제시했던 바 그 특색은 ① 종합적 개념들이고, ② 집행에 영향을 주는 요인을 내용과 정책의 맥락으로 나누어 고찰하고 있으며, ③ 집행이 이루어지는 환경, 특히 정치체제나 정권의 형태에 따라 달리 수행된다는 것을 잘 보여 주고 있고, ④ 집행에 있어서 환경적 요소를 강조하고 있다는 점이다.

그리고 M. S. Grindle은 집행에 영향을 미치는 요인을 정책의 내용으로서 ① 영향받는 이

46) J. L. Pressman and A. Wildavsky, *op. cit.*, 1973, pp. 143~149.

익, ② 수혜의 형태, ③ 계획된 변화의 범위, ④ 의사결정의 장소, ⑤ 사업집행자, ⑥ 주어진 자원 등으로 나누고, 집행의 맥락으로서 ① 관련자들의 권력 · 이익 · 전략, ② 제도와 정치체제의 특성, ③ 순응과 대응성 등을 들고 있다.[47] M. S. Grindle의 이론을 도시하면 다음 〔그림 4-5〕와 같다.

Nakamura와 Smallwood는 정책집행을 좌우하는 요인으로서 ① 참여자로서 정책결정자, 공식적 집행자, 중간 관리자, Robby와 관련집단, 수혜자, 대중매체, 평가자가 있고, ② 조직구조와 관료적 규범으로서 내부절차(통신, 행정거리, 복잡성), 자원(시간, 자원, 인적 자원, 권력), ③ 심리적 동기와 관료적 규범이 있으며, ④ 통신망과 복종체제를 들고 있다.[48]

Ira, Sharkansky는 집행의 변수로서 ① 의사전달, ② 자원, ③ 집행자의 성향, ④ 표준운영절차, ⑤ 계속적 관여 등을 들고 있는데 주로 조직내부적 요인에 치중하고 있다.[49]

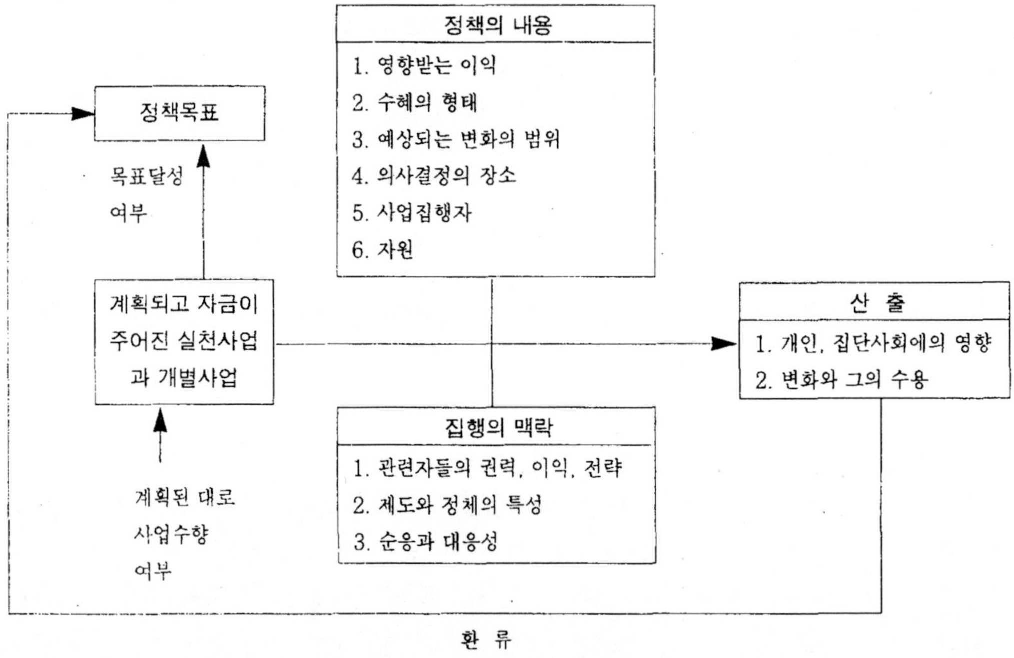

〔그림 4-5〕 Grindle의 정책집행모형

47) Merilee S. Grindle, *Politics and Policy Implementation in the Third World*, Princeton : Princeton University Press, 1980, pp. 3~34.

48) R. T. Nakamura and F. Smallwood, *op. cit.*, 1980, pp. 44~66.

49) Ira, Sharkansky, *Policy Predicament*, Bombay, Allied Publishes Private Limited, 1978, pp. 304~305.

Bardach는 정책집행을 하나의 게임으로 보고, 이 게임에 이기기 위해서는 보다 많은 집행장치를 만들어야 하는데 이를 위해서는 ① 사회이론의 한계성을 인지하고 정책목표를 제한해야 하며, ② 여러 가지 집행게임에서 나타난 결점들을 고려하여 계획을 세워야 한다고 주장했다.[50] Bardach는 집행자가 채택하는 상이한 전략을 인식하고 분류하며, 해결하게 되는 상황에 초점을 맞추고 있다. 그리고 그는 집행을 게임으로 보는 측면을 포함하여 집행을 압력정치로서의 집행, 동의의 집행으로서의 집행, 행정통제과정으로서의 집행, 정부기구간에 흥정으로서의 집행과정, 집행과 공동행동의 복잡성, 게임체제로서의 집행과정 등을 제시하고 있다.

E. Bardach의 연구와 동시에 나온 Beryl Radin의 연구는 미국의 보건교육복지부(Deparment of Health, Education, and Welfare : HEW)가 1964년과 1968년 사이에 집행한 인종차별폐지정책(desegregation policy)에 대한 종합적인 사례연구이다. Radin의 사례연구는 Pressman과 Wildavsky의 오클랜드 사업계획에 대한 사례연구에서 집행시에 나타난 어려움들에 대한 비교연구를 할 수 있다는 점에서 매우 의의가 크다. 뿐만 아니라 그녀의 연구는 Bardach가 분류하였던 게임의 유형이 공공정책의 집행에 실제로 존재한다는 많은 증거를 제시하였다는 점에서 높이 평가되고 있다. 그러므로 Bardach와 Radin의 사례연구는 상세한 분석의 가치가 있는 하나의 분야로서 정책집행자에 의해서 점령된 정치적 영역에 초점을 맞추고 있는 것이다.[51]

Rein과 Rabinovitz는 정책집행에 영향을 미치는 요인으로서 ① 법률, ② 합리적 관료제 규범, ③ 각 이해집단의 합의도 보고, 이들간의 갈등을 어떻게 해결하느냐에 따라 집행의 성공 여부가 결정되는데, 이러한 갈등의 해결은 정책목표의 명료성, 일관성과 자원의 종류, 수준, 시기, 그리고 집행절차의 복잡성 등과 밀접한 관련이 있다는 것이다.[52]

H. Kaufman은 정책집행에서 발주하는 문제의 근원을 ① 의사전달, ② 능력, ③ 정책집행자의 부정적 태도 등으로 분류하였다.[53] 이는 특히 집행자의 성향에 집중하여 분석하였다.

G. C. Edwards Ⅲ는 집행에 영향을 미치는 변수로 ① 의사전달로서 적절한 전달과 목표의 명확성, 그리고 일관성을 확보하는 것이 중요하다고 설명했고, ② 자원으로서 인적 자원, 정보, 권위, 시설 등을 그 요소라고 설명했고, ③ 정책집행자의 성향으로 유인(incentives)

---

50) E. Bardach, *The Implementation Game : What Happens After a Bill Becoms a Law*, Cambridge, Mass : The MIT Press, 1977, pp. 36~38.

51) B. A. Radin, Implementation, *Change and the Federal Bureaucracy*, New York : Teachers College Press, Columbia University, 1977, p. 23.

52) M. Rein and F. Rebinovitz, *op. cit.*, 1978, pp. 332~333.

53) H. Kaufman, *Administrative Feedback*, Washington : Brookings, 1973, p. 2.

의 중요성을 강조하고, ④ 관료적 구조로서 표준운영절차의 사용과 조직간의 책임분담을 들고 있다.[54)]

Wolman은 정책프로그램의 성과를 설명하거나 이해할 수 있는 포괄적인 분석틀을 제시하는데, 이 모형은 크게 정책형성과정과 정책집행과정의 두 부분으로 나눌 수 있다.[55)] 정책의 실패는 이와 같은 두 부분 가운데 어느 한 부분(또는 두 부분)을 구성하는 여러 요인들 가운데 한 가지 이상의 요인들이 부적절하거나, 문제점을 띠는 경우에 나타난다. 이들 부분을 구성하는 요인들을 간단히 살펴보면 다음과 같다.

① 정책형성과정에서는 ⓐ 문제의 개념화(problem conceptualiz ation), ⓑ 이론평가 및 선정(theory evaluant and selection), ⓒ 목표의 구체성(specification of objectives), ⓓ 프로그램 설계(program design), ⓔ 프로그램 구조(program structure) 등의 구성요소로서 제시하고 있다.

② 정책집행과정에서는 ⓐ 자원의 적절성(resource adequacy), ⓑ 관리 및 통제구조(management and control structure), ⓒ 관료제적 규칙 및 규제(bureaucractic and regulations), ⓓ 정치적 효과성(political effectiveness), ⓔ 환류 및 평가(feedback and evaluation) 등의 구성요소로서 제시하고 있다.

Soren Winter는 지난 수년 동안에 학자들이 정책의 집행에 대해 많은 연구를 해왔음에도 불구하고 아직은 집행이론이 축적되지 못했다고 비판하였다. 집행과정에 대한 체계적인 지식이 매우 제한되어 있기 때문에 그는 정책집행에 관한 일반이론(a general theory policy implementation)을 수립하는 것이 현시점에서는 매우 어려운 일이라고 보았다.

따라서 Soren Winter는 먼저 집행과정의 핵심적 변수들을 식별하고 이들 변수들을 이용하여 정책집행영향을 설명할 수 있는 예비모형(a Preliminary model)을 〔그림 4-6〕과 같이 제시하였다.[56)]

---

54) G. C. Edwards III, *Implementing Public Policy*, Washington D. C. : Congressional Quartely Press, 1980, pp. 7~9.

55) Harold, Wolman, "Determinants of Program: Sucess and Failure", *Journal of Public Policy*, Vol 1, No. 4, 1981, pp. 433~464.

56) S. Winter, "intergrating Implementation Research", in D. J. Palumbo and D. J. Calista(eds.), *Implementation and Policy Process : Opening Up the Black Box*, New York : Greenwood Press, 1990, pp. 20~38.

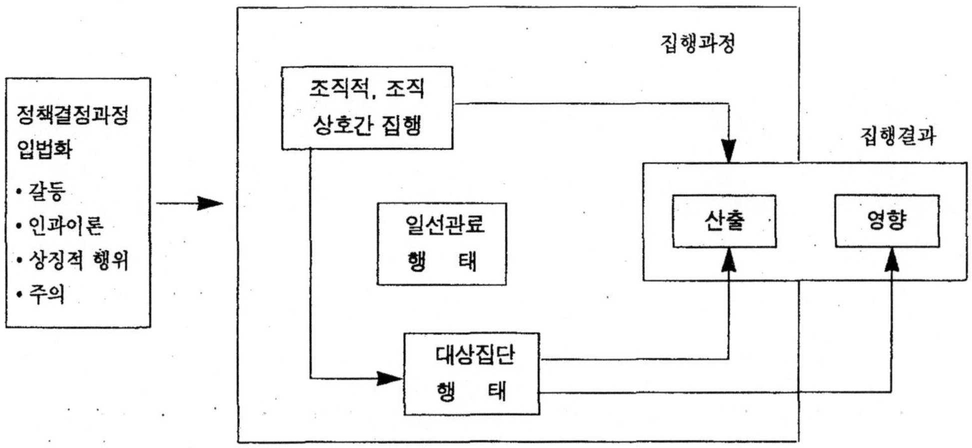

〔그림 4-6〕 정책집행과정과 집행결과 결정요소

Soren Winter는 정책집행영향을 결정하는 주요요소들이 〔그림 4-6〕에서와 같이 ① 정책형성과정의 성격(character of the policy formation process), ② 조직적, 그리고 조직상호간 집행행태(the organizational and interorganizational implementation behavior), ③ 일선관료행태(street-level bureaucratic behavior), ④ 대상집단의 반응 또는 사회 내 다른 변화(reponse by target and other changes in society) 등 네 개의 사회정치적 과정 또는 조건들 속에서 발견될 수 있다고 하였다.

Soren Winter의 집행과정 및 집행결과 결정요소모형은 크게 보아 정책결정부분과 정책집행의 두 부분으로 나누어져 있다. 그리고 먼저, 정책집행이 정책결정과정의 영향을 받으며, 조직적, 그리고 조직간 집행행태, 일선관료의 행태, 그리고 대상집단행태 등 세 요소들이 집행의 결과물(implementation results)이라고 할 수 있는 산출(outputs)과 정책영향(outcome)에 영향을 미친다고 보았다.

이와 같이 네 개의 핵심적 변수들에 의해 집행영향을 설명하고자 하는 이 모형은 외관상으로는 비교적 단순하게 보인다. 그러나 이들 네 개의 핵심적 변수들을 개별적으로 분석하고 나아가서 이들 변수들간의 연계에 대해 좀더 구체적으로 분석하기 시작하면 이 모형이 아주 복잡한 모형임을 발견하게 된다.

J. S. Larson은 정책집행에 영향을 미치는 요인을 정책실패요인이라는 관점에서 고찰하고 이에 대한 대응책과 시정방안까지를 제시하고 있으나 요인상호간의 관계에 대한 고찰은 하지 않고 있다. 정책실패요인으로서 ① 모호하거나 비현실적인 목표, ② 집행절차의 결함, ③ 정부간 활동의 복잡성, ④ 경제적 환경 등을 제시하고 있다. 그리고 정책실패에 대한 대책으

로서 ① 새로운 지침과 규정, ② 부분적 조직개편, ③ 신규입법 및 개정, ④ 정책의 종결 등을 제시하고 있다.[57]

김문성은 종속변수인 집행효율성에 영향을 주는 변수들을 네 가지를 광의적 범주로 나누어 설명하고 있다.[58]

① **관료제적 합리성** : 정책집행을 위한 기본조직에 관련된 것이다. 정책목표를 효율적으로 달성하기 위해서는 우선 집행관료제가 합리적으로 선정되고 조직화되어야 한다. 여기서 관료제적 합리성이란 정책목표를 달성하기 위한 집행조직의 능력 · 절차 및 결과를 총칭한다. 관료제적 합리성으로 조직구조의 합리성, 조직적 연결성, 집행정보체계의 합리성 등을 제시하고 있다.

② **집행자의 특성** : 집행자들은 정책결정을 하는 상관과는 독립적으로 많은 방법들에 의하여 정책을 집행할 수 있는 재량권을 가지고 있다. 이러한 점에서 많은 학자들은 정책과정에서 핵심적인 행위자로서 집행자를 강조하였다. 정책이 일상적으로 집행되어지는 경우는 드물고, 대부분 집행자의 적극적인 행위를 필요로 한다. 특히 집행과정에서의 실제적 문제들을 경험하는 일선 집행자들이 정책을 어떻게 인식하고 있으며, 얼마나 높은 사기와 전문성을 지니고 있는가 등이 집행모형에 포함되어져야 한다.

③ **집행가능성** : 오늘날의 집행연구에서는 집행과정에서 어떠한 요인들이 원래 정책목표대로 집행될 수 있도록 기여할 것인가 하는 점에 분석의 관심을 기울이고 있다. 집행가능성을 구성하는 변수로는 합리적인 목표설정, 충분한 자원, 요구되는 행태변화 정도, 공공관계 등이 있다.

④ **집행환경** : 정책집행모형에 관한 문헌들은 대부분 집행환경을 부분적으로 다른 변수들에 포함시켜 다루고 있다. 그러나 급속한 사회변화를 특징으로 하는 현대사회에 있어서 집행환경변수가 보다 강조되어야만 한다. 집행환경으로서 대상집단의 다양성, 상급기관의 지지, 기술적 관점, 사회경제적 환경 등이 있다.

김행범은 성공적 정책집행에 영향을 주는 요인에 대하여 각 사례연구들은 상이한 변수 및 분석틀 속에서 복잡하게 제시하고 있다고 지적하고, 이를 다섯 가지로 제시하고 있다.

① **정책의 내용과 자원** : 정책의 내용과 자원은 중요한 집행변수로서 널리 인정되는 바, 정책내용의 명확성, 정책내용의 일관성, 정책내용의 소망성, 집행수단과 자원확보 등이 중시되고 있고, 이밖에 정책의 중요성과 행태변화의 정도, 문제상황의 특성(복잡성, 동태성, 불확

57) James S. Larson, *Why Government Programs Fails : Improving Policy Implementation*, New York : Prager, 1980, pp. 2~7.

58) 김문성, "정책집행에 관한 모형형성을 위한 실증적 연구", 「한국행정학보」, 제21권 제2호, 한국행정학회, 1987, pp. 401~407.

실성), 정책유형 등을 이에 포함시키는 입장도 있다.

② 정책결정자 및 정책관련집단의지 : 대통령, 국회, 국민일반의 태도 및 매스컴, 정책대상집단의 지지 등을 제시하고 있다.

③ 집행조직(집행주체) : 집행관료조직의 완비여부, 집행관료의 내부요소(능력, 의욕, 태도, 리더십), 관련기관의 관계(상하관계에서의 거부권과 수평관계에서의 할거주의) 등이 중요시된다.

④ 환경적 요인 : 환경적 요인에는 보통 사회경제적 변화, 정치적 여건변화, 대중매체 및 여론 등이 포함된다.

⑤ 기타의 정책집행을 좌우하는 변수들로서는 국가능력이라는 것을 들고 있는 연구도 있다. 이에 따르면 정책의 결정단계에서는 국가자율성이 중요하지만, 이 정책의 집행단계에 있어서는 이제 국가능력이 더 중요한 주제가 되는데, 정책집행기구의 구조, 국가기구간의 관계, 정책대상집단과의 관계, 정책집행자의 성향 등 복합적인 요인들이 이 국가능력에 영향을 미치고, 결국 정책집행의 성패 여부를 결정한다는 논리를 구성하고 있다. 정부가 정책집행에 필요한 행정적 · 기술적 능력, 집행기관의 태도(집행기관의 이해관계), 집행기구간의 관계(기관간, 기관내부), 특히 규제정책의 경우에는 이익집단들간의 갈등 등이 중요하게 고려되어야 할 것이다.[59)]

민진은 정책실패는 완전한 실패와 함께 부분적 실패도 포함하는 것이므로, 정책목표를 성공적으로 달성하지 못했을 때나 정책이 위축되거나 축소될 때 정책이 실패했다고 볼 수 있다.[60)] 따라서 정책실패의 원인은 정책집행에 영향을 미치는 요인이나 정책집행과정에서 고려해야 할 요소 혹은 정책의 성공적 집행조건 등에서 추론될 수 있을 것이다. 그는 정책의 구성요소별로 정책결정과정과 정책집행과정으로 구분하여 정책실패의 원인을 정책목표, 정책수단, 정책주관기관, 정책대상집단, 정책환경 등으로 제시하고 있다.

유훈은 정책집행에 영향을 미치는 요인을 ① 정책문제의 성격, ② 정책형성과 관련된 요인, ③ 기타 환경적 요인 등으로 들고 있다.[61)]

백완기는 생산적이고 동적인 집행과정이 되기 위해서는 여러 가지 요소들이 동원되어야 한다고 보는 바, 리더십을 중심으로 한 조정통합력, 조직구성원의 자격 · 능력 및 가치관, 적절한 분업체계, 관리정향적인 철학, 목적의 정확한 해석과 세분화과정, 업무스케줄의 작성, 조직목표의 내면화, 조직성원의 사기진작, 원활한 커뮤니케이션의 확보 등 많은 요소들이 제

59) 김행범, "실증적 정책집행에 관한 연구", 「한국행정학보」 제29권 제4호, 한국행정학회, 1995, pp. 1441~1462.
60) 민진, "공공정책실패원인에 관한 연구", 「한국행정학보」 제19권 제1호, 한국행정학회, 1985, pp. 248~261.
61) 유훈, "정책유형과 정책집행", 「행정논총」 제21권 제1호, 서울대학교, 1983, pp. 97~117.

대로 작동할 때에 효율적인 집행과정이 나타난다고 보았다.[62)]

황인정은 조직의 구조와 통제, 설정된 목적과 목표, 자원, 관리기술리더십 및 환경 등을 들고 있다.[63)]

정정길은 ① 정책 자체의 특성으로서 바람직한 정책, 명확한 정책내용, 정책집행수단 및 자원의 확보를 들고, ② 정책집행의 주체와 절차에 있어서는 정책집행자의 능력과 태도, 집행조직의 특성, 집행절차의 특성을 들며, ③ 정책관련자의 태도 및 정책환경의 특성으로서 정책결정자의 지지 및 태도, 대중 및 매스컴의 지지, 정책대상집단의 태도 및 정치력 기타 환경적 요소를 들고 있다.[64)]

안해균은 크게 체제내부적 요인과 체제외부적 요인으로 나누고, 체제내부요인으로 정책목표, 자원, 내외부 조직구조, 집행담당자, 집행절차, 체제외부요인으로 정책집행과 관련된 문제 및 집단의 특성, 사회 · 경제적 여건, 문화적 특성, 대중매체의 관심과 여론의 지지, 정책결정기관의 지원 등을 성공적인 정책집행을 위해 고려해야 할 요인들이라고 설명하고 있다.[65)]

송근원과 김태성은 사회복지정책의 집행에 영향을 미치는 요인들로서 다음과 같은 것을 제시하고 있다.[66)]

① 정책환경적 요인 : 정책환경적 요인은 사회복지정책의 형성 및 정책참여자의 행태에 영향을 미치는 환경적 변수로서 정치 · 경제 · 사회적 변화와 관련된 변수들로 구성된다. 이 변수들은 정책집행과정에 직접적으로 영향을 미치기보다는 정책 자체와 정책꾼들에게 영향을 미침으로써 간접적으로 정책집행에 영향을 미친다고 볼 수 있다. 그러나 정책을 둘러싼 상황의 변화가 정책집행에 미치는 영향은 그것이 비록 간접적인 것이라 하더라도 때로는 사회복지정책의 성공과 실패에 결정적으로 작용하기도 한다.

ⓐ 정치적 상황의 변화는 사회복지정책의 성공 및 실패에 많은 영향을 미친다. 예컨대, 극단적으로는 전쟁이라든가 쿠테타라든가 하는 정변이 발생하게 되는 경우를 상정할 수 있으나 그 영향은 속단할 수 없다. 이러한 정치적 위기는 사회복지정책의 실현을 약화시킨다는 주장도 있으나, 일반적으로 볼 때 강화시키는 방향으로 작용하는 것이 보통이다. 곧 정치적 정통성이 위협을 받거나 국민들의 불만이 팽배하면 사회복지정책은 강화되는 경향이 있다.

---

62) 백완기, 「행정학」, 박영사, 1993, p. 290.

63) 황인정, "발전계획의 성공적 수행요인:가족계획사업을 중심으로", 「행정논총」 제11권 제1호, 서울대 행정대학원, 1973, p. 20.

64) 정정길, "정책의 성공적 집행을 좌우하는 요인", 「고시연구」, 1984년 11월, 1985년 4월.

65) 안해균, 「정책학원론」, 1995, pp. 450~466.

66) 송근원 · 김태성, 「사회복지정책론」, 나남출판, 1995, pp. 159~170.

뿐만 아니라 평시에도 선거가 있는 해와 없는 해의 사회복지정책의 시행결과는 달라진다는 연구결과도 있다. 또한 의회의원의 의석비율변화나 대통령 당적에 따라 사회복지정책의 시행은 영향을 받는다.

이와 같이 전쟁, 쿠데타, 선거주기, 대통령의 소속정당, 의회내 보수와 진보의원들의 세력비율의 변화 등 상황의 변화는 사회복지정책의 내용과 정책꾼들의 행태에 영향을 미침으로써 집행과정에 많은 영향을 미친다.

ⓑ 경제적 상황의 변화 역시 사회복지정책의 집행에 많은 영향을 준다. 예컨대, 최근의 개방화 · 국제화 · 세계화 추세는 사회복지정책보다는 경제정책에 보다 많은 관심과 정력을 기울이게 만듦으로써 사회복지정책의 실현을 지연시키는 요인으로 작용할 것이다. 반면에 외국의 사회복지제도나 정책이 유입됨으로써 다른 한편으로는 사회복지정책의 내실화에 이바지할 수도 있다. 예를 들어, 개방화 · 국제화 · 세계화로 인하여 열악한 상태의 노동복지정책은 수정될 수밖에 없고, 결국 선진국 수준의 노동복지정책을 지향하도록 영향을 미칠 것이다.

한편 사회경제적 조건이나 기술의 발전 역시 사회복지정책의 성공 및 실패에 영향을 미칠 것이다. 예컨대, 국민소득, 가구소득, 실업률, 물가지수 등은 사회복지정책의 형성에 영향을 미치고, 정책꾼들의 사회복지정책에 대한 가치와 태도에 영향을 미침으로써 그 집행결과에 많은 영향을 미친다.

ⓒ 사회적 상황의 변화 역시 사회복지정책의 집행에 영향을 미치는 요인이다. 예컨대, 인구구조의 변화, 산업화 및 도시화, 교육수준의 변화, 노조조직률의 변화따위는 사회복지정책의 형성 및 정책꾼들의 태도에 영향을 미침으로써 사회복지정책의 집행결과에도 영향을 미친다. 보기를 든다면 노령인구의 증가, 독신가구의 증가, 이혼의 증가, 생활의 질의 향상은 사회복지욕구를 증대시키고, 따라서 그것은 사회복지정책의 내용을 강화시킬 것이고, 정책꾼들의 가치와 태도에도 영향을 미쳐 사회복지정책의 집행에 영향을 줄 것이다.

② 정책내적인 요인 : 사회복지정책의 집행에 영향을 미치는 정책내재적 요인이란 형성된 정책의 내용과 관련된 요인들을 말한다. 곧 구체적인 사회복지정책 프로그램에서 의도하는 정책목표의 타당성과 구체성, 그러한 목표의 달성을 위해 동원하는 정책수단 및 절차, 그리고 정책산물이라고 할 수 있는 복지서비스의 형태에 관한 규정들을 말한다. 이들은 정책상황적 변수 및 정책꾼들의 가치와 태도에 따라 영향을 받으며, 정책집행에 직접적인 영향을 미친다.

ⓐ 정책문제의 정의와 관련된 변수 : 정책에서 해결하고자 하는 정책문제와 정책의 목표가 얼마나 잘 연결되어 있으며, 그러한 정책의 목표가 정책집행시에 평가기준으로서 사용할 수 있을 만큼 구체화해 있는지 여부는 정책의 성공 및 실패에 많은 영향을 미친다.

㉠ 정책목표의 타당성 : 이 변수는 사회복지정책에서 해결해야 할 사회복지문제를 얼마나

잘 파악하여 정책목표를 세웠는가에 관한 것이다. 만약 정책문제를 명확하게 파악하여 정책의 목표를 세운다면 그 정책은 성공할 가능성이 높아진다. 이 변수는 다른 정책내재 변수들, 곧 재원의 확보, 전달체계, 전달방법, 서비스의 형태 등을 규정하는 데 있어 전제가 되는 변수이다. 곧 정책의 목표가 타당하게 세워져야 재원, 전달체계, 전달방법, 서비스 형태 등이 올바르게 결정된다. 정책의 목표는 정책문제를 어떻게 정의하느냐에 따라 달라지는데, 정책문제의 정의과정은 정치적 과정이어서 사회복지정책의 경우 실제 그 문제로 인하여 고통을 받고 있는 클라이언트인 사회적 약자들의 시각이 결여되기 쉽다. 따라서 많은 사회복지정책이 실패하는 근본적인 이유는 타당한 정책목표를 세우지 못했기 때문인 경우가 많다.

㉡ 정책목표의 구체성 : 규정된 정책의 목표가 타당하다 하더라도 그것이 얼마나 구체적으로 표명되어 있는가는 정책의 집행에 많은 영향을 미친다. 이 변수 역시 다른 정책내재 변수들, 곧 재원의 확보, 전달체계의 설정, 전달방법의 규정 및 제공하는 서비스의 형태에 영향을 주는 변수다. 일반적으로 볼 때 정책의 목표가 구체적으로 규정되어 있으면 있을수록 정책의 집행이 용이해진다. 왜냐하면 정책의 목표가 측정할 수 있을 정도로 뚜렷하게 규정되어 있으면 그것은 정책집행의 평가기준이 되는 까닭에 정책집행과정을 감시하기도 쉽고 집행의 촉진을 강제하기도 쉬운 까닭이다. 그러나 사회복지정책의 목표는 정치적 세력간의 타협의 산물인 까닭에 모호하게 표현되는 경우가 많다. 따라서 이와 같은 정책목표의 구체성의 결핍은 효율적인 정책집행을 방해하는 요인으로 작용한다.

ⓑ 정책수단 및 절차의 확보와 관련된 변수 : 정책의 목표가 아무리 잘 세워졌다 해도 그 목표를 달성할 수 있는 효율적인 정책수단 및 절차가 규정되어 있지 않다면 그 정책은 성공하기 어려울 것이다. 곧 정책의 성공을 위해서는 정책집행을 강제하거나 촉진시킬 수 있는 정책수단이 필요하며 합리적인 정책집행절차가 필요하다.

㉠ 재원의 확보 : 정책집행에 있어 가장 중요한 요인 가운데 하나가 정책집행에 사용되는 재원이다. 예컨대, 정책의 목표달성에 소요되는 예산이 충분히 확보되지 않는다면 그 정책의 집행은 결코 성공할 수 없을 것이다. 사회복지정책의 경우에도 정책이 실패한 것으로 평가될 때, 정책담당자들은 그 원인을 예산부족의 탓으로 돌리는 경우가 흔히 있다. 곧 충분한 예산의 뒷받침이 이루어지지 않는 한 정책은 성공하기가 어렵다. 따라서 수립된 정책에 그 정책의 집행에 필요한 재원의 확보를 강제하는 규정이 있느냐, 없느냐는 정책의 성공과 실패에 큰 영향을 미친다.

㉡ 복지서비스전달체계 : 정책집행에 재원과 마찬가지로 중요한 또 하나의 요인은 정책의 집행에 책임을 질 수 있는 정책집행기관의 존재이다. 만약 정책에 정책집행기관이 뚜렷하게 명시되어 있는 경우 정책의 집행책임은 명확해지고 정책의 목표달성 가능성은 높아진다. 일

반적으로 볼 때 그 정책프로그램을 시행하기 위하여 새로운 집행기관을 설립한다든가, 또는 업무집단의 형성을 규정하는 경우, 기존의 집행기관에 정책집행을 맡기는 것보다 성공할 가능성이 높다. 특히 사회복지서비스의 제공을 담당하는 일선기관은 사회사업실천에 관한 전문지식이 요청되므로 사회복지정책의 내용에 따라 전문적인 민간사회복지기관이나 지방정부의 대민기관에 복지서비스전달을 위임할 필요가 있는 경우도 많다. 이 경우 공공기관과 민간기관 또는 중앙부서와 지방정부간의 권한 위임 및 조정의 문제가 나타나는데, 사회복지서비스의 전달체계가 너무 길어지면 협의점이 많아지고 매몰비용이 높아지는 까닭에 복지서비스의 효율적인 집행이 어려워진다. 따라서 정책에 권한과 책임의 소재가 분명하게 규정되어 있지 않은 경우, 또는 복지서비스 전달체계가 잘못 규정되는 경우 그 정책은 정책집행에 차질을 빚어 실패하기 쉽다. 이런 점에서 볼 때 정책자체에 복지서비스 전달체계에 관한 권한 및 책임의 분배, 조정 및 감시 감독기관 등이 명백하게 제대로 규정되어 있는가의 여부는 효율적인 정책집행에 영향을 미치는 요인이다.

㉢ 복지서비스 전달방법 : 사회복지정책의 집행에 있어 복지서비스의 전달방법에 관한 규정이 정책에 명백하게 규정되어 있는 경우, 정책집행은 보다 순조롭게 이루어질 수 있을 것이다. 왜냐하면 사회복지서비스의 전달방법에 관한 구체적인 규정은 복지서비스를 집행하는 서비스전달자의 가치나 의도를 사회복지 지향적으로 변화시키고 적극적 태도를 갖게 하며, 전문적인 지식과 기술을 갖추고 정책집행에 임하도록 함으로써 복지서비스의 효율성을 높이는 데 이바지할 수 있는 까닭이다.

따라서 사회복지서비스의 전달을 일선 행정기관의 행정직원들이 담당하는 경우 사전에 복지서비스 전달에 관한 전문훈련을 받거나 교육을 통하여 자질을 높일 필요가 있다. 또한 전문지식을 갖춘 사회복지전문가라 하더라도 끊임없는 교육훈련을 통하여 자질과 능력을 개발할 필요가 있다. 따라서 이러한 규정이 정책 자체에 제시되어 있다면 복지서비스 전달의 효율성을 높일 수 있고 정책의 성공적 집행을 결과할 수 있다.

ⓒ 정책산물에 관한 변수(사회복지서비스의 형태) : 사회복지서비스의 유형은 복지서비스의 효율성에 직접적인 영향을 미친다. 곧 복지서비스의 형태가 현물(benefits in kind)인가 현금(benefits in cash)에 따라 또는 기회의 형태를 띠는지 용역의 형태를 띠는지 아니면 신용의 형태를 띠는지에 따라 정책의 효율성은 달라진다. 이러한 복지서비스의 유형 이외에도 정책문제에 따라 공신력의 형태를 띨 수도 있고, 공공권력의 형태를 띨 수도 있다. 이러한 복지서비스의 유형은 정책프로그램이 해결하고자 하는 정책문제의 속성과 깊이 연결되어 있는 까닭에 이들 유형 가운데 어떤 형태를 선택할 것인지에 관하여는 구체적인 정책문제에 따라 달라지겠지만 각각의 복지서비스의 유형에 따른 성격이 고려되어야 한다. 예컨대, 현금 ·

신용 · 재화의 형태를 띤 복지서비스는 그 내용이 구체적으로 파악되며, 따라서 효과의 측정도 용이하다. 이에 비해 기회 · 용역 · 권력은 그 실체가 대단히 가변적이며 모호하다. 곧 용역이 복지서비스로 제공되는 경우, 서비스 제공을 담당하는 사회복지전문가의 자질 · 태도, 그리고 주변여건 등에 따라 개별 클라이언트가 제공받는 서비스는 그 내용이나 효과가 판이하게 달라질 수 있다. 따라서 기회 · 용역 · 권력을 복지서비스로 채택할 경우 이들의 내용을 상세히 규정하지 않으면 원래의 프로그램이 의도했던 목표와는 벗어난 복지서비스가 제공될 수 있고, 그것은 사회복지정책의 실패를 초래할 가능성이 높다. 따라서 사회복지정책이 실패하지 않으려면 사회복지서비스의 형태가 그 정책이 해결하고자 하는 정책문제와 정확하게 연결되어 있어야 하며, 곧 정책문제와 그 해결책이 인과적으로 연계되어 있는 경우 정책은 성공할 가능성이 높아진다. 그럼에도 불구하고 복지서비스의 제공을 규정한 사회복지정책은 대개 그 내용이 모호하거나 여러 형태의 복지서비스의 우선순위가 규정없이 모두 열거하고 있는 경우가 많으며, 결국 정책집행의 효율성을 떨어뜨리고 정책실패의 원인이 되기도 한다.

ⓓ 정책행태적 요인 : 이 요인은 정책 자체의 규정과는 관련이 없는 변수들로서 실제로 정책의 형성이나 집행에 관여하는 정책참여자들의 정치행태와 관련된 변수들을 말한다. 정책행태적 요인들은 정책상황에 의하여 많은 영향을 받는다. 또한 규정된 정책내용에 의하여서도 영향을 받기도 하고 결정되는 정책내용에 영향을 미치기도 한다.

정책에 관여하는 정책참여자들은 크게 대통령 · 국회 · 법원 등의 정치기관, 정책집행의 담당자라 할 수 있는 정책집행기관, 정책집행기관을 둘러싼 상급관청 및 경쟁부서, 복지서비스를 받을 권리가 있는 클라이언트와 비용부담자라 할 수 있는 이익집단이나 지역사회의 주민 또는 일반 국민의 정치행태 따위로 나눌 수 있는데, 이들 가운데 정책집행에 가장 많은 영향을 미치는 것이 정책집행담당자 및 집행기관의 가치와 태도이다. 이들 요인들은 서로 영향을 미치면서 정책집행의 실제에 작용한다.

㉠ 정치기관의 지지 : 정치기관의 지지 여부는 사회복지정책의 성공과 관련된 행태적 변수 중의 하나이다. 특히 대통령의 사회복지정책에 대한 관심과 지지는 정책의 성공에 많은 영향을 미친다. 대통령이외에도 국회, 법원, 유권자 등의 정치기관이 그 정책을 지지하느냐 아니면 반대하느냐에 따라 정책은 영향을 받는다. 만약 정책프로그램이 이들 정치적 기관의 지지를 받는다면 성공하기 쉽고, 무관심 속에 있거나 반대를 받는 정책은 성공하기가 어렵다. 따라서 정책을 성공적으로 이끌려고 의도하는 사람은 평상시에 이들 정치기관이 정책정향을 사회복지정책에 호감을 가질 수 있도록 유도할 필요가 있다.

㉡ 정책집행자와 집행기관 : 정책의 집행자나 정책기관의 가치와 이해관계, 그리고 이들이

가지고 있는 전문성이나 능력 및 자질이 정책의 성공 및 실패에 막대한 영향을 끼친다는 사실은 말할 나위도 없다. 정책 자체에는 정책집행자나 집행기관에 관하여 자세히 규정하고 있다 하더라도, 실제로 사회복지서비스의 전달과정에 그 규정이 지켜지지 않는다면 정책은 실패할 것이다.

정책집행자의 부정적인 가치정향이나 이해관계는 정책집행과정에서 불집행(non-implementation)이나 정책집행의 지연 또는 정책내용의 변질을 초래할 수도 있고, 전문지식의 결여나 자질의 부족은 효율적인 정책집행의 질을 떨어뜨릴 것임이 틀림없다.

㉢ 상급관청 및 경쟁부서의 관여 : 정책의 성공 및 정책의 실패에 영향을 미치는 또다른 행태적 요인으로서 들 수 있는 것은 정책집행기관의 상급관청과 경쟁부서의 태도이다. 상급관청이나 다른 부서가 그 정책의 시행에 협조적이거나 부정적이라면 정책의 성공은 어려울 것이다. 협조적인가 비협조적인가는 상급기관이나 경쟁기관의 사회복지 문제해결에 대한 의지나 문제에 대한 인지도를 파악함으로써 판단할 수 있다. 흔히 경쟁기관이나 부서는 인력이나 예산 등의 자원확보 때문에 부정적인 태도를 보이기 쉽다.

㉣ 클라이언트의 가치와 태도 : 정책 가운데서도 특히 사회복지정책의 성공 여부는 클라이언트들의 태도와 활동에 달려 있다고 해도 과언이 아니다. 곧 클라이언트의 문제해결에 대한 욕구의 강도 및 복지의식의 정도는 클라이언트의 조직화에 영향을 미치고, 이들의 정치적 활동에도 영향을 미친다. 클라이언트가 문제의 심각성을 깊게 인식하고 사회복지서비스를 절실히 원한다면, 이들은 사회복지의 모든 정책과정에 적극적으로 관여함으로써 정책을 성공적으로 이끄는 데 이바지할 것이다. 예컨대, 그들의 욕구에 보다 적절한 사회복지정책을 형성하거나 집행하도록 정책의 전과정을 감시함으로써 정책의 성공에 기여할 것이다.

그러나 일반적으로 볼 때 사회복지 정책과정에서 나타나는 클라이언트들의 활동은 지극히 미약한 것이 보통이다. 따라서 이러한 클라이언트의 무관심과 미약한 활동은 사회복지정책의 실패를 방관하는 요인으로 작용한다.

㉤ 이익집단, 지역사회주민, 그리고 일반국민의 행태 : 사회복지정책의 성공 및 실패에 영향을 미치는 또다른 변수로는 사회복지정책을 시행함으로써 손해를 본다고 생각하는 이익집단의 활동이나 지역사회주민들의 저항적 태도 및 일반국민들의 무관심 등이다. 만약 그 사회복지정책의 시행을 적극 지지하는 이익집단이 있다면, 그리고 지역사회의 주민이나 일반 국민들이 그러한 정책에 대해 호의적이라면 그 사회복지정책은 성공할 가능성이 높다. 그러나 만약 사회복지정책의 시행을 극력 저지하려는 이익단체나 압력집단이 존재하거나 지역사회 주민들의 저항적 태도가 뚜렷하다면 그 정책은 실패하기가 쉽다. 예컨대, 장애인 복지관을 건설하는 정책에 대한 지역주민의 반대와 저항은 이러한 정책의 성공적 시행을 어렵게 하는

요인으로 작용한다.

第 4 節 效率的인 福祉政策의 執行에 영향을 미치는 要因

1. 政策類型과 政策執行

1) 정책유형의 특성

1960년대에 접어들면서 본격화되기 시작한 정책에 관한 연구는 주로 정책의 내용을 종속변수로 취급하여 왔다. 즉, 정책과정연구자들이 정책산물의 차이를 압력단체 및 정부기관간의 권력의 배분관계나 정책과정 참여자들의 전술 등과 같은 독립변수를 가지고 설명하려고 했던 것이다.[67]

그러나 1970년대부터 이러한 접근방법에 대해서 비판이 제기되었는데, T. J. Lowi와 L. A. Froman과 같은 사람들은 정책의 내용 또는 유형을 독립변수로 다루어야 한다고 주장한다.[68]

즉, 정책의 유형이 달라짐에 따라 정책과정도 달라진다는 것이다. 따라서 정책의 유형을 알면 그러한 정책이 어떠한 과정을 거쳐서 결정될 것이라는 것을 대체로 예측할 수 있다고 주장하는 것이다. 후술하는 바와 같이 Ripley와 Franklin은 정책유형이 달라짐에 따라 정책의 결정과정뿐만 아니라 정책집행과정도 달라진다고 주장하고 있다. 그러므로 정책의 유형 또는 내용의 차이는 정책의 성공적인 집행에 영향을 미치는 중요한 요인이 될 수 있다.

2) 정책의 유형

정책의 유형은 관점에 따라 다양하게 분류될 수 있는데, 가장 전통적인 분류방법으로서 정책을 국방정책, 노동정책, 교통정책, 보건정책, 복지정책, 농업정책, 통상정책, 외교정책, 경

---

67) Austin Ranney, "The Study of Policy Content : A Framework for Choice", in Austin Ranney (ed), *Political Science and Public Policy*, Chicago : Markham Publishing Co., 1968, pp. 13~14.

68) Lewis A. Froman, Jr., "The Categorization of Policy Contents", in Austin Ranney(ed.), *Political Science and Public Policy*, Chicago : Markham Publishing Co., 1968, pp. 41~52. ; Theodore J. Lowi, "Four Systems of Policy, Politics and Choice", *PAR*, July-August, 1972, pp. 298~310.

제정책, 질서정책 등으로 분류하는 기능별 분류방법이 있다.

G. A. Almond와 B. Powell은[69] 체제이론에 입각하여 정책을 추출정책(extractive policies), 규제정책(regulative policies), 분배정책(distributive policies), 상징정책(symbolic policies)으로 분류하고, T. J. Lowi는[70] 정책결정에 관련된 자들간의 관계와 그 정책이 사회에 미치는 영향에 입각하여 1964년 정책을 분배정책, 규제정책, 재분배정책의 세 가지로 분류했으나 1972년에 발표한 논문에서는 여기에다가 구성정책을 추가하였다.[71]

J. M. Mitchell과 W. C. Mitchell에 의하면 정책은 사회 내에 존재하는 각종의 문제를 해결하기 위하여 구상되며 결정되는 것이다. 따라서 정책자체의 분류보다 정책결정자들의 해결 · 개선 · 방지하려는 문제들을 분류하는 것이 더 중요하다는 것이다.

이들은 사회적 · 정치적으로 중요성을 지니는 문제들을 자원의 동원, 배분문제, 분배문제, 비용부담문제, 규제 및 통제문제, 적응 · 안보문제, 정치적 분업, 역할분배문제 등으로 분류하고 있는데, 이들이 정책이란 용어를 사용하지 않았으나 이들이 지적하고 있는 문제들을 정책이라고 불러도 무방할 것 같다.[72]

R. B. Ripley와 G. A. Franklin은 Lowi의 분류를 참고로 하였으나 정책집행을 염두에 두어 국내정책을 분배정책, 경쟁적 규제정책, 보호적 규제정책, 재분배정책 등으로 분류하였다.[73]

3) 정책유형과 정책집행

전술한 바와 같이 정책은 학자에 따라 여러 가지로 분류되는데, 여기서는 R. B. Ripley와 G. A. Franklin의 분류에 따라 정책의 유형을 분배정책, 경쟁적 규제정책, 보호적 규제정책, 재분배정책으로 나누어서 정책의 유형과 정책집행과의 관계를 고찰하기로 한다.

① 분배정책의 집행 : 분배정책이란 19세기의 철도회사에 대한 국유지의 양여, 비행장 · 병원건설, 하수시설, 대량수송수단 등을 지원하기 위한 지방자치단체에 대한 보조, 대학이나

---

69) Gabriel A. Almond and Bingham Powell, Jr., *Comparative Politics : Systems, Process, and Policy*, 2nd ed., Boston : Little, Brown & Co., 1978, pp. 286~321.

70) Theodore J. Lowi, "American Business, Public Policy, Case Studies and Political Theory", *World Politics*, Vol. XVI, July 1964, pp. 677~715.

71) Theodore J. Lowi, "Four Systems of Policy, Politics and Choice", *PAR*, Vol. 32, No. 4(July/ August), 1972, pp. 298~310.

72) J. M. Mitchell and W. C. Mitchell, *Political Analysis and Public Policy*, Chicago : Rand McNally, 1969, pp. 41~56.

73) Randall B. Ripley and Grace A. Franklin, *Bureaucracy and Policy Implementation*, Homewood : Dorsey Press, 1982, pp. 70~92.

민간연구기관에 대한 연구비지원 등과 같이 사회 전체에 유익한 민간활동 등을 유인하기 위한 지원과 관련된 정책을 의미하는데, 분배정책집행의 특징을 살펴보면 다음과 같다.

㉠ 분배정책의 집행에도 문제가 없는 것은 아닌데 다른 정책에 비하여 비교적 문제가 적으며, 성공적 정책집행을 저해하는 요인이 적다고 하겠다. ㉡ 입법부의 분배정책집행에의 개입은 간헐적이라고 할 수 있으며, 출신구 등에 보다 많은 혜택이 돌아가도록 하기 위하여 개입하려는 경향이 있다. ㉢ 분배정책의 집행을 담당하는 공무원들은 갈등없는 관계의 유지를 통한 원만한 집행을 희망하고 있다. ㉣ 다른 정책의 경우도 그러나 특히 분배정책에 있어서는 집행을 위한 日常性(routine)의 확립과 이러한 일상성의 저해요인을 제거하는 것은 성공적인 집행을 위한 요건이라고 할 수 있다.[74]

② **경쟁적 규제정책의 집행** : 경쟁적 규제정책이란 특정한 철도회사에 특정한 노선의 운행을 허가하는 경우, 특정한 항공회사에 특정한 노선의 운항을 허가하는 경우, 특정한 방송회사에 특정한 TV channel로 방송할 것을 허가하는 경우 등과 같이 다수의 경쟁자 중에서 특정한 업자에게 특정한 물품 또는 서비스를 공급하는 일과 관련된 정책을 의미하는데, 경쟁적 규제정책집행의 특징을 살펴보면 다음과 같다.

㉠ 경쟁적 규제정책의 집행은 정상적인 상황에서는 비교적 순조롭고 큰 문제가 없으나 i) 강력한 외부적 정치세력의 개입, ii) 목표를 달리하는 집행자의 등장, iii) 기술적 상황의 변동, iv) 피규제자들간의 견해의 대립 등이 일어날 때 이러한 평온은 깨질 수 있다. ㉡ 1970년대 미국에 있어서 경쟁적 규제정책의 지속에 찬동하는 세력과 폐지를 주장하는 세력간의 우열은 많은 분야에 있어서 지극히 유동적이었는데, 이러한 경향은 1980년대에도 계속될 것으로 전망한다. ㉢ 정책집행을 담당하는 공무원들은 불평없는 원만한 집행을 원하고 있다. 일반적으로 갈등은 적으나 간혹 단기적인 충돌이 일어날 수도 있다. ㉣ 집행을 위한 일상성의 확립은 성공적인 집행을 위한 요건이다.[75]

③ **보호적 규제정책의 집행** : 보호적 규제정책이란 최저임금제, 항공요금, 철도요금 등의 책정, 식품첨가물에 대한 규제 등과 같이 각종의 민간활동이 허용되는 조건을 설정함으로써 국민을 보호하는 것을 목적으로 하는 정책을 의미하는데, 보호적 규제정책의 집행상 특징은 다음과 같다.

㉠ 보호적 규제정책의 집행은 본질적으로 유동적이다. 논란이 많을 뿐만 아니라 피규제산업이나 소비자 · 환경보전단체들에게 지극히 가시적인 정책이다. ㉡ 유동적이며 집행의 결과에 대하여 논란이 많은 까닭에 일상성의 확립이 어렵다. 일상성이 생겼다가도 이를 수정하려

---

74) *Ibid.*, pp. 107~108.
75) *Ibid.*, pp. 128~131.

는 압력 때문에 무너져 버리게 된다. ⓒ 전술한 경쟁적 규제정책의 경우와 달라서 보호적 규제정책의 분야에서는 규제의 폐지가 전연 다른 의미를 지닌다. ⓔ 보호적 규제정책에 대해서는 대통령이나 의회가 관심을 표명하는 경우가 많다. 피규제자나 규제를 요구하는 측의 정치적 영향이 크며 논란이 많은 까닭이다. ⓜ 집행자들도 성공적인 집행을 위하여 깊이 관여하고 있다.[76)]

④ 재분배정책의 집행 : 재분배정책이란 불우계층을 위한 직업교육사업, 실업자구제사업, 누진소득세, 생활보호대상자를 위한 의료보호 등과 같이 사회 내의 개인이나 집단에 대한 부·재산·권리 등의 배분의 재조정에 관한 정책을 의미하는 데 재분배정책의 집행상 특징은 다음과 같다.

㉠ 재분배정책은 결정단계에 있어서 이데올로기적인 색채가 강한 논란이 많을 뿐만 아니라 집행단계에 있어서도 이러한 경향이 계속된다. ㉡ 집행단계에 있어서 재분배적인 목적에 대한 정치적 저항이 강하고 조직적인 경우가 많다. 재분배정책의 집행으로 위협을 받는다고 생각하는 집단은 집행자들에게 직접 압력을 가하거나 대통령·의회 등을 통하여 간접적으로 압력을 가한다. ㉢ 정책의 실질적 내용에 반대하는 사람들은 불공평·비능률 등의 이유를 들어 집행과정을 비판하는 경우가 많다. 그렇게 함으로써 저소득층이나 소수인종에 혜택이 돌아가는 것을 반대할 필요가 없으며 집행과정을 비판하는 경우가 많다. 그렇게 함으로써 저소득층이나 소수인종에 혜택이 돌아가는 것을 반대할 필요가 없으며, 집행과정의 졸열을 들어 공무원들의 우둔을 비난하면 되는 것이다. ㉣ 재분배정책의 훌륭한 관리는 집행과정에 대한 모든 불평을 완전히 제거할 수는 없으나 감소시킬 수도 있으며, 정책의 실질적 내용을 논란의 대상으로 삼도록 유도할 수 있다. ㉤ 집행자들이 재분배정책의 반대론자들에게 굴복하고 마는 경우도 있으나 재분배정책을 분배정책으로 변형시킴으로써 재분배정책집행을 둘러싼 갈등을 감소시킬 수 있다.

환언하면 불우계층에 대한 지원이 아니라 빠르고 능률적으로 많은 사람들에게 혜택을 균등하게 배분하는 방향으로 나가는 경우도 있다. 이러는 경우 재분배정책의 목표가 상실됨은 더 말할 필요도 없다. ㉥ 참된 의미의 재분배정책집행이 지극히 어렵다는 것은 논란의 여지가 없다. 재분배정책의 집행을 복잡하고 어렵게 만드는 가장 중요한 요인은 관련자가 많다는 것이라 하겠다.[77)]

⑤ 비교연구 : 본 연구자는 앞에서 분배정책, 경쟁적 규제정책, 보호적 규제정책, 재분배정책의 의의와 각 정책집행의 특징을 살펴보았다. 이를 종합하여 비교·분석한 것을 도표로 나

76) *Ibid.*, pp. 155~156.
77) *Ibid.*, pp. 184~186.

타내면 다음〈표 4-1〉과 같다.[78)]

〈표 4-1〉 정책의 유형과 정책집행

항목 / 정책의 유형	안정적 집행의 일상성의 가능성	주요관련자의 동일성과 그들간의 관계의 안정성	집행에 대한 논란과 갈등의 정도	집행에 관한 결정에 대한 발의 정도	집행을 둘러싼 논란에 있어서 이데올로기의 강도	정부활동의 감축을 원하는 압력의 강도
분배정책경쟁적	높다	높다	낮다	낮다	낮다	낮다
규제정책	보통이다	낮다	보통이다	보통이다	다소 높다	다소 높다
보호적 규제정책	낮다	낮다	높다	높다	높다	높다
재분배정책	낮다	낮다	높다	높다	극히 높다	높다

* 유훈, 「정책유형과 정책집행」, 행정논총, 제21권 제1호, 1983, pp. 153~154.

⑥ 정책의 유형이 정책집행에 미치는 영향 : 전술한 바와 같이 정책유형의 차이는 정책의 성공적인 집행에 영향을 미치는 중요한 요인이다. 대체로 분배정책에서 경쟁적 규제정책, 보호적 규제정책, 재분재정책으로 갈수록 정책의 성공적인 집행은 어려워지며, 집행에 대한 논란과 갈등이 심해지고 있을 뿐만 아니라 이데올로기적인 색채가 짙어 논란이 많으며, 정책활동의 원하는 압력이 커지고 있다.

이상에서 살펴본 바와 같이 정책집행변수는 학자들의 관점에 따라 상이하게 규정되고 있다. 전술한 정책집행에 영향을 미치는 변수들이 사회복지 정책집행에 그대로 적용되는 것은 아니다. 즉, 정책의 유형에 따라 정책집행에 영향을 미치는 변수도 상이하다고 할 수 있다.

2. 政策問題의 性格

정책문제가 어떤 성격의 것이냐에 따라서 집행에 미치는 영향이 달라진다는 것이다. 정책집행에 영향을 미치는 요소로서 정책문제의 성격이나 본질을 중요시 해야 한다. 문제에 따라서는 다루기 쉬운 것이 있는가 하면 또한 다루기가 매우 어려운 것들도 있다고 하여 문제가 지니고 있는 성격이나 본질이 문제의 취급, 특히 정책의 집행에 영향을 미친다고 하였다. 정책의 집행에 영향을 미치는 문제의 성격과 관련된 요소들을 다음과 같이 몇 가지로 나누어 설명하고 있다. 여기에 포함될 수 있는 것으로서 대상집단행태의 다양성, 대상집단의 상대적

78) 유훈, "전게논문", 1983, pp. 153~154.

규모, 대상집단의 행태변화의 범위, 타당한 이론 및 기술의 활용가능성 등을 들고 있다.[79]

(1) 변화의 처리에 대한 어려움

집행에 영향을 미치는 정책문제의 성격과 관련하여 첫째로 언급되어야 할 것은 이 문제가 어떠한 유형의 변화를 내포하고 있는가와 연결된다. 즉, 문제에 따라서는 약간의 변화가 걸려 있는 경우도 있으나 대개의 경우 매우 심각한 사회변화가 연결되어 있다. 이와 같은 문제의 심각성에 대한 사회변화를 측정하기는 쉽지 않다. 또한 이 변화가 대상집단의 행태에 어떠한 변화를 가져오는지, 그리고 이와 같은 변화에 대해 대상집단이 대응할 기술을 얼마나 발전시키고 있는지를 측정하는 일도 쉽지 않다.

(2) 처방된 행태의 다양성

문제를 해결하기 위한 정책대안은 대상집단으로 하여금 일정한 행동을 하도록 처방하게 되는데, 이 경우 처방된 행태가 지나치게 다양할 경우 이의 집행은 상당한 어려움에 직면하게 된다. 이에 대한 예로서 Sabatier와 Mazmanian은 1972년 연방 수질오염통제 개정(1972 Federal Pollution Control Amendments)에서 국가적으로 62,000개나 되는 극도로 다양한 배출업소들의 분류와 위반 정도를 취급하려 하였던데서 오는 문제를 들고 있다. 이와 같이 다양한 업소들의 행태를 제대로 규제하기 위한 상세한 규칙을 만든다는 것은 거의 불가능하고 따라서 이를 제대로 집행한다는 것은 커다란 문제가 된다.

(3) 문제와 관련된 사람들의 규모

정책문제는 관련된 대상집단의 규모가 작을수록, 그리고 이들에게 요구되는 행태의 변화가 작을수록 정치적 지지를 얻기가 용이하며 또한 집행이 용이하게 된다. 다시 말해서 정책문제에 관련된 대상집단의 규모가 클 경우 이들 사이에는 다양한 이익들이 존재하여 어떠한 문제에 대한 견해의 일치를 보기란 매우 어려운 일이다. 이와 같은 상황은 특히 다양한 이익집단들이 치열하게 경쟁하는 미국의 경우에 더욱 두드러지게 나타나는 현상이다.

(4) 대상집단에서 요구되는 행태변화의 크기

정책문제와 관련하여 문제를 해결하는 데 요구되는 대상집단의 행태변화폭이 크면 클수록 대상집단으로부터 반대에 직면할 가능성이 높으며, 또한 집행이 난관에 봉착할 가능성이 커지게 된다. 그리고 이와 같이 대상집단에 요구되는 행태변화의 폭은 대체로 대상집단의 규모와 비례하는 경우가 많다. 이에 대해서는 Lindblom도 그의 점증주의 모형을 통해서 유사한

---

79) Daniel A. Mazmanian and Paul A. Sabatier, *op. cit.*, 1983, pp. 6~10.

주장을 펴고 있다. 즉, Lindblom은 전면적인 혁신을 가져오는 합리주의 모형은 집행시에 정치적 실현가능성이 매우 떨어지므로 문제가 있으며, 대상집단에게 약간의 행태변화만을 요구하게 되는 점증주의모형이 커다란 반대에 직면함 없이 집행에 성공할 것이라고 주장하고 있다.

3. 政策目標

(1) 정책목표의 의의

정책목표란 정책을 통해서 달성하려는 미래의 바람직한 상태를 의미한다. 즉, 정책이 추구하는 미래상이며 희망하는 결과이다.

정책목표는 정책과정 전반에 걸쳐 핵심적인 기능을 수행하는데,[80] ① 정책목표는 정책개발 내지 정책분석활동의 방향을 제시한다. 정책개발은 주어진 목표를 달성하기 위한 수단을 강구하는 과정이므로 정책목표는 곧 정책개발활동의 전개방향과 테두리를 설정하게 되는 것이다. 정책목표는 정책개발요원들이나 정책분석가들이나 정책분석가들간에 수행해야 할 과제와 작업방향을 시사해주며, 분석의 각 단계에서 계속하여 창조하는 준거틀의 역할을 한다. ② 정책목표는 정책의 집행을 구속하는 행동지침이 된다. ③ 정책목표는 정책집행의 결과 및 성과를 평가하는 준거가 된다. 정책의 효과성을 측정하는 척도가 곧 목표달성이므로 정책목표는 성공적인 집행 여부를 판단하는 기준이 되는 것이다.

(2) 정책목표의 요건

목표가 정책의 개발 · 집행 · 평가의 제과정에서 실효성있는 지침 또는 준거로서의 기능을 다하기 위해서는 다음과 같은 몇 가지 요건을 구비해야 할 것이다.[81] ① 표방된 목표와 실제목표간에 괴리가 있어서는 안 된다. 즉, 실제목표와 전혀 다른 표방된 목표를 토대로 정책을 수립 · 집행하는 경우에 아무리 효율적인 수단이 강구되더라도 무의미하며, 오히려 오도될 여지가 있는 것이다. ② 정책목표는 해결해야 할 정책문제나 지향하는 미래상태에 비추어 타당성이 있어야 한다. 목표가 잘못 설정되면 문제를 대상으로 정책을 수립 · 추진하는 결과를 가져온다. ③ 정책목표들 사이에는 내적 일관성을 견지해야 한다. 종적 위계(位階)에 따라 하위목표는 상위목표의 수단이 되는 연쇄관계가 정책의 내용면에서도 유지되어야 하며, 횡

80) 김신복, "전게논문", 1982, pp. 39~40.
81) ＿＿＿＿＿, 1982, pp. 43~45.

적으로도 다른 목표들과 상충되지 않도록 전체적인 기본정책방향에 비추어 일관성이 유지되어야 한다. ④ 정책목표는 구체적이고 실제적이어야 한다. 추상적인 미사여구에 그쳐서는 안되며 실제로 집행의 지침이 되고 그 성과를 객관적으로 평가하는 준거가 될 수 있도록 가능한 한 측정가능한 단위로 제시하는 것이 바람직하다. 이를 위해서는 정책목표를 계속해서 하위목표로 세분화하고 조작적으로 규정한 다음 계량적인 척도나 지표로 연결시키는 작업을 필요로 한다. ⑤ 정책목표는 인적 · 물적 자원 등 여러 가지 제약조건에 비추어 실현가능한 것이어야 한다. 이는 물론 초기의 목표설정단계에서 정확히 판단하기는 어려우며, 후속하는 대안분석단계에서 정확히 판명될 것이다.

(3) 정책집행을 원활하게 하기 위한 정책목표의 요건

이상에서 살펴보았듯이 정책목표는 여러 요건을 지니고 있어야 한다. 그러면 여기서는 정책집행을 원활하게 하기 위한 정책목표의 조건을 몇 가지 제시하고자 한다. ① 정책목표가 명확하게 규정되어야 한다. 명확한 정책목표의 수립은 성공적인 정책집행을 위한 가장 중요한 전제조건이라 할 수 있다. 그런데 여기서 주의를 요하는 사실은 명확하다는 말의 의미인데, 명확하다는 것은 정책목표를 수행함에 있어 서로 상반되는 오해가 일어나지 않도록 내적 일관성을 지녀야 한다는 것이지 세부적이어야 한다거나 또는 특정적이어야 한다는 것과는 구별된다는 것이다. ② 정책목표는 실현가능성이 있어야 한다. 정책목표가 실현가능성이 있어야 정책의 성공적인 집행이 가능하다. 따라서 정책목표와 수단간의 인과관계가 명확해야 할 뿐만 아니라 실제 집행이 될 수 있도록 제반수단이나 여건이 구비되어야 한다.

4. 政策決定機關(政策決定者)

(1) 정책결정기관의 의미

정책결정자와 정책집행자를 명확히 구분하기란 용이하지 않다. R. Nakamura와 F. Smallwood는 정책결정자와 정책집행자의 관계에 착안하여 정책집행의 유형을 고전적 기술자형, 지시적 위임형, 협상형, 재량적 실험형, 관료적 기업가형 등으로 분류하고, 집행유형에 따라 정책결정자와 집행자의 기능을 규정하였다.[82] 여기서는 정책결정자를 최고통치권자인 대통령과 입법 및 의결기관인 국회와 대통령에 의하여 임명되는 국무위원 등을 정책결정자로 본다.

82) R. Nakamura and F. Smallwood, *op. cit.*, 1980, pp. 111~142.

(2) 정책집행을 원활하게 하기 위한 정책결정기관의 요건

정책결정기관은 정책집행기관에게 집행해야 할 업무를 제시하고, 그 집행에 필요한 각종 자원의 분배권한을 소유하고 있다는 점에서 정책집행에 중대한 영향요인이 된다.[83] 즉, 정책결정기관이 정책집행의 성공적 추진을 어느 정도 중시하느냐에 따라 집행기관의 집행에 대한 의욕이 달라진다.

또한 정책결정기관의 지원은 집행에 필요한 인적 · 물적 자원의 획득이나 여러 가지 제약조건을 극복하는 데 결정적인 역할을 한다. 따라서 성공적인 정책집행을 위한 정책결정기관의 요건은 ① 정책결정기관이 적극적 · 긍정적 태도와 지원을 해야 하고, ② 정책결정기관은 정책집행기관에 대한 통제 및 유인능력을 지녀야 한다.

5. 政策執行機關(政策執行者)

1) 정책집행기관의 의미

정책결정자와 정책집행자를 명백히 구분하기란 용이하지 않다. 여기서는 정책집행기관을 결정된 정책을 수행 · 실시하는 행정기관이라고 규정한다. 정책이나 사업의 의도를 실현하지 못하는 경우는 집행담당자가 정책의 취지를 알지 못하거나, 정책에 대해서 소극적이거나 부정적 태도를 지닐 때와 정책을 집행할 능력의 부족과 부패성 등이다. 따라서 정책집행의 성공을 위해서 빼놓을 수 없는 요소가 직접 정책을 집행하는 기관의 능력과 태도이다.

2) 정책집행을 원활하게 하기 위한 정책집행기관의 요건

(1) 합리적인 복지서비스 전달체계의 확립

관료제적 합리성은 정책집행을 위한 기본조직에 관련된 것이다. 정책목표를 효율적으로 달성하기 위해서는 우선 집행관료제가 합리적으로 선정되고 조직화되어야 한다. 여기서 관료제적 합리성이란 정책목표를 달성하기 위한 집행조직의 능력, 절차 및 결과를 총칭한다.[84]

① 조직구조의 합리성 : 효율적인 복지정책의 집행을 위해서는 기존기관들 가운데서 가장 적절한 집행기관을 선임하거나, 기존조직의 변경 또는 담당조직의 신설을 필요로 한다. 그런데 정책집행을 담당하는 기관이 명목적으로 정비되어 있더라도 실제적인 기능을 하지 않는

83) 안해균, 『전게서』, 1995, p. 466.
84) 김문성, "전게논문", 1987, pp. 401~403.

다면, 이는 합리적으로 구조화된 것이 아니다. 그러므로 조직구조의 합리성은 제도적인 정비와 더불어 실제적인 기능도 갖추어져야 한다.

② 조직적 연결성 : 복지정책의 집행효율성에 영향을 주는 주요변수들 중의 하나는 연합행동을 필요로 하는 집행과정에 참여하는 준자율권(準自律權)을 가진 수많은 기관들간의 조정적 행동(coordinated action)의 난점이다. 집행기관들간의 조직적 연결이 잘 되면 될수록 집행효율성은 보다 높아지게 될 것이라는 것이 여기서의 기본가정이다. 조직적 연결성이란 집행과정에 참여하는 기관들의 계층적 통합의 정도를 의미한다. D. Mazmanian and P. Sabatier는 집행기관들간의 계층적 통합의 정도가 ㉠ 법적 목적달성에 내포된 결정점(decision point)들의 수, ㉡ 거부권을 가지고 있는 기관들간의 묵인을 얻기에 충분한 유인과 제재가 법령을 지지하는 사람에게 확보된 정도에 의하여 결정된다고 한다.[85] 여기서 결정점이란 정책목표의 달성을 방해할 수 있는 능력을 가진 기관이나 개인을 말한다. 집행에 관한 연구들에서 집행지체(delay)는 결정점의 수, 그리고 그들의 선호도와의 함수라는 점을 밝히고 있다.

③ 집행정보체계의 합리성 : 정책을 추진함에 있어서 집행자에게 중요하게 요구되는 것은 정책의 기준과 목표에 대한 정확한 이해이다. 따라서 집행의 전단계(全段階)에서 정보수집활동은 필수적인 과정이 되지 않을 수 없다. 뿐만 아니라 수집된 정보는 처리되어 집행과정평가와 사후평가과정에 사용되며, 환류과정을 통하여 다시 원점으로 돌아가 새로운 정책을 구상할 때 도움이 될 것이다.[86]

그러기에 정책집행과정에서의 정보분석은 집행정보체계(IIS : Implementation Information System)를 정립하는 과정이기도 하다.[87]

④ 환류체계의 합리성 : 환류체계는 집행체계의 산출이 대상집단에 전달된 후에 이들의 행태변화 정도에 관한 정보를 즉시 정책과정에 반영시켜 체계의 효율성을 높이기 위한 과정이다.[88] 가령 집행과정을 통하여 생산된 물품이나 제공된 서비스가 대상집단으로부터 불만족스럽다는 평이 나오거나, 기대된 대상집단의 형태변화가 야기되지 않는다면, 이를 즉시 집행체계에 전달하여 시정을 촉구해야 한다.

85) D. Mazmanian and P. Sabatier, *op. cit.*, 1983, p. 27.
86) Edgar S. Dunn Jr., *Social Information Processing and Statistical Systems*, New York : John Wiley & Jones, 1974, p. 50.
87) 김형렬, "효과적인 정책집행모형에 관한 고찰", 「사회과학논문집」, 제16집 연세대학교 사회과학연구소, 1985, p. 76.
88) 김형렬, "전게논문", 1985, p. 81.

(2) 사회복지 정책집행의 담당인력

집행자들은 정책결정을 하는 상관과는 독립적으로 많은 방법들에 의하여 정책을 집행할 수 있는 재량권을 가지고 있다. 이러한 점에서 많은 학자들은 정책과정에서 핵심적인 행위자로서 집행자를 강조하였다.[89]

정책을 원활히 집행하기 위해서 절실히 요구되는 것은 정책집행자의 자질 및 능력과 태도이다. 따라서 정책의 성공적인 집행을 위해 요청되는 자질 및 능력과 태도는 다음과 같다.

① 정책집행자는 정책의 내용과 정책문제상황 등을 정확히 파악할 수 있는 능력과 목표의 달성을 위하여 이용가능한 자원을 활용할 줄 아는 기술적 능력을 지녀야 한다.

② 정책집행자는 지도력을 지녀야 한다. 여기서 지도력은 정치적 요소나 관리적 요소를 지닌다.[90]

지도력의 정치적 요소란 정책결정기관의 지원을 획득하고 정책의 반대자와 대상집단의 저항을 무마하며, 관련단체의 도움을 받아내는 능력 등을 말한다. 관리적 요소는 적절한 통제방법을 고찰하여 예산집행의 효율을 높이고 공무원들의 사기를 앙양시키고 내부의 반대자들을 침묵시키는 능력 등을 지칭한다.

③ 정책집행자는 부정과 부패를 하지 않아야 한다. 관료부패는 공직자가 사리사욕을 위해서 공직에 부수되는 공권력을 남용하거나 공직에 있음을 기회로 영향력을 직접 · 간접으로 행사함으로써 법규를 위반하는 경우 및 의무불이행 또는 부당행위 등으로 규범적 의무를 일탈하는 경우를 총칭하는 개념이라 할 수 있는데, 정책집행자가 관련집단 및 대상집단과 부정 · 부패행위를 하게 되면 비능률 및 불공정이 초래되어 성공적인 집행은 어렵게 된다.

④ 정책집행자는 적극적 · 긍정적 태도를 지녀야 한다. 집행자가 정책에 대해서 소극적이거나 부정적 태도를 지닐 때 성공적인 집행의 가능성은 적어진다. 그러므로 집행자가 정책집행을 위해서 적극적이고 헌신적인 자세로 과업을 행할 때 정책의 성공적인 집행가능성은 높아지는 것이다.

⑤ 정책집행자는 전문성을 지녀야 한다. 오늘날의 행정업무는 급속한 질적 변화를 겪고 있어서, 일반행정가 중심의 행정체계로서는 다루기 어려운 난문제에 계속 부딪히게 될 것이고, 따라서 특정 분야에 전문적 지식과 기술을 갖춘 전문행정가 중심의 행정체계의 필요성이 커지고 있다. 그런데 한국의 행정체계는 일반행정가 중심으로 구성되어 있고, 특히 의사결정과정에 있어서 일반인으로서의 상식적 판단이 전문가의 견해를 압도하는 경우가 많다. 그러므

---

89) Donald van Meter and Carel van Horn, "The Policy Implementation Process : A Conceptual Framework", *Administration and Society*, Vol. 6. No. 4. 1975, pp. 445~488.

90) 유훈, "정책환경과 정책집행", 강신택 외 공저, 「정책학」, 법문사, 1982, p. 117.

로 정책집행과정에서 효율성을 높이기 위한 방안들 중의 하나는 정책집행자의 전문성을 높이는 것이다. 그러나 정부가 집행하는 정책들 가운데는 전문성 측정이 어렵거나 불가능한 경우가 많고, 또한 특별한 전문성을 필요로 하지 않는 경우도 있다. 특히 사회복지정책을 집행함에 있어서 집행자의 전문성이 요구된다고 볼 수 있다.

⑥ 정책집행자의 사기는 집행자가 집행효율성을 높이려고 열성적 · 적극적으로 노력하는 정도를 말한다. 정책집행과정에서 집행자들이 열성적으로 정책집행에 참가할 수 있는 유인체계의 확립으로 집행자의 사기를 높여 사회복지정책의 집행효율성을 높여야 한다.

(3) 합리적인 공공관계(Public Relationship)의 확립

공공관계란 한 조직체가 그 조직체의 활동과 관련된 대상자들에게 그 조직체가 지금까지 해 온 실적이나 하고자 하는 계획에 대하여 사실대로 진실하게 알려 줌으로써 그들과의 선의의 협력관계를 맺고 그들로부터 지지와 협력을 받기 위한 일련의 과정을 말한다. 행정 PR의 주체는 정부기관이며, 따라서 PR은 정부기관이 일반시민이나 입법부 · 언론기관 · 정당 · 이익단체 등 그 대상자들에 대하여 정부가 지금까지 해 왔던 실적과 앞으로의 계획을 사실대로 진실하게 알려 그들로부터 지지와 협력을 받기 위한 활동이다. 여기서 공공관계는 조직과 그를 둘러싸고 있는 사람들과의 우호적인 관계를 유지하려는 조직화된 노력이라고 할 수 있다.[91)]

공공관계는 조직이 그와 관계를 맺고 있는 사람들에게 자기의 정책이나 실적에 대해서 정보를 제공함으로써 태도나 행위를 변화시킬 수 있다는 것을 전제로 하고 있다. 여기서 공공관계는 정보의 전달이라는 사실 이상의 가치함축적인 의미를 지니고 있다. 이처럼 공공관계가 중요시됨에 따라 조직은 공사(公私)를 막론하고 PR의 전문가를 채용하게 된다.

공공관계의 필요성은 국가성립 이후부터 존재하였으나 그것의 강도는 20세기에 들어서면서부터 높아졌다. 공공관계의 필요성은 다음과 같은 이유에서 강화되었다.[92)]

① 국민은 행정부가 하는 일을 알 권리가 있다. 이러한 알 권리를 충족시켜 주는 것이 공공관계이다. 그런데 문제가 되는 것은 어느 정도까지 국민이 알 수 있느냐이다. 국민이 알 권리가 있다고 해서 행정부는 모든 정보를 다 제공할 수 있는가? 행정은 국민을 위해서 존재한다는 대명제를 인식할 때에 행정은 국가기밀상 불가피한 경우를 제외하고는 행정활동이나 계획에 관해서 국민이 알고자 할 때에 다 알려 주어야 하는 의무가 있다는 것이다.

---

91) Robert O. Carlson, "Public Relation", in David L. Sills(eds.), *International Encyclopedia of the Social Sciencs*, The Macmillan Company, 1974, p. 208.

92) 백완기, 「행정학」, 박영사, 1993, pp. 321~323.

② 국민이 원하는 바를 정책에 반영시키기 위해서 필요한 것이다. 공공관계는 정부가 자기의 실적과 기능을 국민에게 알림으로써 이해와 지지를 얻는 것도 중요한 것이다.

③ 행정과 국민간의 오해와 불신을 제거함으로써 양자간의 거리를 좁혀 준다는 것이다. 오해와 불신은 정확한 정보와 사실을 제공함으로써 없어지는 경우가 많다. 이러한 오해와 불신을 제거하는 데에는 정부쪽에 전적으로 책임이 있다고 볼 수 있다. 정부는 언제나 국민에게 정직한 정보를 제공할 의무가 있다.

④ 정부의 업적을 시위하고 싶어하는 욕구를 충족시켜 준다. 누구나 자기의 업적을 보여 줌으로써 다른 사람으로부터 인정을 받고 싶어한다. 정부도 마찬가지이다. 국민의 이해와 지지도 이러한 업적을 토대로 해서 일어나기 때문에 정부의 시위욕은 대단하다. 특히 이것은 정권의 유지와도 직결되고 있기 때문에 현정권을 담당하고 있는 사람들에게는 더욱 중요하다.

⑤ 정부의 정책이 보다 공익성과 객관성을 띠도록 재촉하는 역할을 한다. 본래 정부의 정책은 공익성이 그의 생명이라고 할 수 있다. 그러나 아무리 정부의 일이지만 인간이 다루기 때문에 특수이익과 결합해서 정책이 만들어질 가능성도 큰 것이다. 공공관계는 이러한 위험성을 많이 제거시켜 준다고 볼 수 있다. 정부가 하는 일을 국민에게 노정시키고 알리면 그만큼 정책은 공익성과 객관성을 띨 가능성이 높아지는 것이다. 즉, 공개적으로 이루어지는 정책은 비밀리에 이루어지는 정책보다 훨씬 객관성과 공익성을 띨 가능성이 커진다는 것이다.

⑥ 집단구성원으로 하여금 보다 열심히 일을 하도록 재촉하는 역할을 한다. 인간이나 집단은 자기들의 하는 일이 공개적으로 알려질 때에 더욱 열심히 하는 성향을 띠게 된다. 즉, 다른 사람들이 관찰하고 관심과 주의의 대상이 될 때에 그렇지 않을 때보다 사람들은 자기일에 더욱 열심을 내는 것이 사실이다.

사회복지 정책집행의 가능성을 높이기 위해서는 무엇보다도 필요한 것은 조직내외의 지지이다. 따라서 공공관계를 증진시키기 위한 방법들을 개발하는 것이 대단히 중요하다. 공공관계는 정부의 활동을 국민에게 알림으로써 그들의 이해와 지지를 얻고 동시에 국민의 의사를 정책에 반영시킨다는 점에서 필요하다.

(4) 사회복지 서비스의 전달방법

사회복지정책의 집행에 있어 복지서비스의 전달방법에 관한 규정이 정책에 명백하게 규정되어 있는 경우, 정책집행은 보다 순조롭게 이루어질 수 있을 것이다. 왜냐하면 사회복지 서비스의 전달방법에 관한 구체적인 규정은 복지서비스를 집행하는 서비스 전달자의 가치나 의도를 사회복지 지향적으로 변화시키고 적극적 태도를 갖게 하며, 전문적인 지식과 기술을 갖추고 정책집행에 임하도록 함으로써 복지서비스의 효율성을 높이는 데 이바지할 수 있는 까닭이다.

따라서 사회복지 서비스의 전달을 일선 행정기관의 행정직원들이 담당하는 경우 사전에 복지서비스 전달에 관한 전문훈련을 받거나 교육을 통하여 자질을 높일 필요가 있다. 또한 전문지식을 갖춘 사회복지전문가라 하더라도 끊임없는 교육훈련을 통하여 자질과 능력을 개발할 필요가 있다. 따라서 이러한 규정이 정책 자체에 제시되어 있다면 복지서비스 전달의 효율성을 높일 수 있고 정책의 성공적 집행을 결과할 수 있다.[93]

(5) 사회복지 서비스의 유형

사회복지 서비스의 유형은 복지서비스의 효율성에 직접적인 영향을 미친다. 곧 복지서비스의 형태가 현물(benefits in kind)인가 현금(benefits in cash)인가에 따라, 또는 기회의 형태를 띠는지에 따라 정책의 효율성은 달라진다. 이러한 복지서비스의 유형 이외에도 정책문제에 따라 공신력의 형태를 띨 수도 있고, 공공권력의 형태를 띨 수도 있다.[94]

이러한 복지서비스의 유형은 정책프로그램이 해결하고자 하는 정책문제의 속성과 깊이 연결되어 있는 까닭에 이들 유형 가운데 어떤 형태를 선택할 것인지에 관하여는 구체적인 정책문제에 따라 달라지겠으나, 각각의 복지서비스의 유형에 따른 성격이 고려되어야 한다. 예컨대, 현금 · 신용 · 재화의 형태를 띤 복지서비스는 그 내용이 구체적으로 파악되며, 따라서 효과의 측정도 용이하다. 이에 비해 기회 · 용역 · 권력은 그 실체가 대단히 가변적이며 모호하다. 곧 용역이 복지서비스로 제공되는 경우, 서비스제공을 담당하는 사회복지전문가의 자질 · 태도, 그리고 주변여건 등에 따라 개별 클라이언트가 제공받는 서비스는 그 내용이나 효과가 판이하게 달라질 수 있다. 따라서 기회 · 용역 · 권력을 복지서비스로 채택할 경우 이들의 내용을 상세히 규정하지 않으면 원래의 프로그램이 의도했던 목표와는 벗어난 복지서비스가 제공될 수 있고, 그것은 사회복지정책의 실패를 초래할 가능성이 높다.

따라서 사회복지정책이 실패하지 않으려면 사회복지 서비스의 형태가 그 정책이 해결하고자 하는 정책문제와 정확하게 연결되어 있어야 한다. 곧 정책문제와 그 해결책이 인과적으로 연계되어 있는 경우 정책은 성공할 가능성이 높아진다. 그럼에도 불구하고 복지서비스 제공을 규정한 사회복지정책은 대개 그 내용이 모호하거나 여러 형태의 복지서비스를 우선순위의 규정없이 모두 열거하고 있는 경우가 많으며, 결국 정책집행의 효율성을 떨어뜨리고 정책실패의 원인이 되기도 한다.

---

93) 송근원 · 김태성, 「전게서」, 1995, pp. 165~166.
94) 「상게서」, pp. 166~168.

6. 政策對象集團

1) 정책대상집단의 의의

정책대상집단이란 정책목표달성을 위해 행태변화가 요구 또는 기대되고 있는 개인 또는 집단을 의미한다.[95] 그런데 정책대상집단은 정책의 집행으로 인해 직접 혜택을 받는 수혜집단과 희생을 당하는 희생집단으로 나누어지는데, 성공적인 정책집행을 위해서는 수혜집단의 강력한 지지가 있어야 하고 희생집단의 저항이 약해야 한다.

정책대상집단의 행태변화를 중심으로 정책집행을 이해하는 것은 다른 정책분야보다도 규제정책과 지역사회개발사업은 변화지향적이고 대상집단의 행태변화를 목표로 삼거나 아니면 목표달성을 위한 전제조건으로 하고 있으며, 집행에 있어 정책대상집단의 역할을 강조하고 있기 때문이다.[96]

2) 정책집행을 원활하게 하기 위한 정책대상집단의 요건

정책을 원활히 집행하기 위한 정책대상집단의 요건을 살펴보면 다음과 같다. ① 수혜집단의 강력한 지지가 있어야 하고 희생집단의 저항이 약해야 한다. 수혜집단으로부터의 지지를 높이고 희생집단의 저항을 약화시키기 위해서는 이들 집단에 대한 적극적인 설득 및 조정노력이 필수적이다. 사회복지정책의 성공 및 실패에 영향을 미치는 변수로는 사회복지정책을 시행함으로써 손해를 본다고 생각하는 이익집단의 활동이나 지역사회 주민들의 저항적 태도와 일반 국민들의 무관심 등이다. ② 일반적으로 정책대상집단의 규모가 작고 격리되어 있는 경우에는 정책의 효율적인 집행은 용이하다. ③ 정책대상집단의 세력과 정책의 효율적인 집행과의 관계는 정책유형에 따라 다르다. 규제정책의 경우에는 대상집단의 세력이 클수록 정책의 집행이 어렵게 되나, 분배정책 등 지원정책에 해당될 경우에는 반대현상이 벌어질 것이다. ④ 정책대상집단이 정책에 대해 적극적 · 긍정적 태도를 지닐 때 정책집행은 용이하다. 사회복지정책의 시행을 적극 지지하는 이익집단이 있다면, 그리고 지역사회 주민이나 일반 국민들이 그러한 정책에 대해 호의적이라면 그 사회복지정책은 성공할 가능성이 높다. 그러나 만약 사회복지정책의 시행을 극력 저지하려는 이익단체나 압력집단이 존재하거나 지역사회 주민들의 저항적 태도가 뚜렷하다면 그 정책은 실패하기가 쉽다. 예컨대, 장애인 복지관을 건설하는 정책에 대한 지역주민의 반대와 저항은 이러한 정책의 성공적 시행을 어렵게 하

95) 김병준, "전게논문", 1985. p. 310.
96) 김병준, "정책집행에 있어 대상집단의 정책관여 : 개념적 틀의 확립을 위한 시론", 「한국정치학회보」 제19집, 한국정치학회, 1985. p. 310.

는 요인으로 작용한다. ⑤ 정책 가운데에서도 특히 사회복지정책의 성공 여부는 클라이언트들의 태도와 활동에 달려 있다고 해도 과언이 아니다. 곧 클라이언트의 문제해결에 대한 욕구의 강도 및 목적의식의 정도는 클라이언트가 문제의 심각성을 깊게 인식하고 사회복지서비스를 절실히 원한다면, 이들은 사회복지의 모든 정책과정에 적극적으로 관여함으로써 정책을 성공적으로 이끄는 데 이바지할 것이다. 예컨대, 그들의 욕구보다 적절한 사회복지정책을 형성하거나 집행하도록 정치적 압력을 행사하고, 정책이 제대로 시행되도록 정책의 전과정을 감시함으로써 정책의 성공에 기여할 것이다.

그러나 일반적으로 볼 때 사회복지정책과정에서 나타나는 클라이언트의 무관심과 미약한 활동은 사회복지정책의 실패를 방관하는 요인으로 작용한다.

7. 資源(財源의 確保)

효율적인 정책집행을 위한 적절한 자원확보에 대해서는 많은 학자들이 지적하고 있다. 정책집행에 필요한 자원의 종류는 여러 가지로 분류될 수 있는데, Edwards와 Sharkansky는 인적 자원, 정보, 권한 등을 들 수 있고, Nakamura와 Smallwood는 예산, 시간, 인력, 권한 등을 들 수 있다.

정부기관이 지닌 물적 자원이란 경제적 재원의 양을 말하는데, 이것을 나타내주는 대표적인 것으로서 크게는 정부, 작게는 정책집행기관의 재정규모를 들 수 있다. 그런데 정책집행을 원활하게 실행하기 위해서는 필요한 물적 자원의 충분한 확보와 물적 자원에 대한 능률적 관리가 필요하다.

정책집행에 있어서 중요한 자원의 하나가 인적 자원이다. 즉, 정책집행담당자들을 말하는 것인데, 성공적인 정책집행을 행하기 위해서는 훌륭한 자질을 지닌 자를 많이 동원하여 능률적으로 관리하는 것이 필요하다.

무형의 자원에는 여러 가지가 포함될 수 있겠으나 정책의 효율적인 집행에 영향을 미칠 수 있는 무형자원을 정보와 권한으로 보기로 한다. 정책집행을 원활하게 행하기 위해서는 ① 정책집행자가 정책집행활동에 필요한 많은 양과 우수한 질의 정보를 확보해야 하고, ② 집행자가 집행활동을 할 수 있도록 하는 권한이 확보되어야 한다. 여기서의 권한은 법에 의해서 부여된 합법적 권한을 의미한다.

사회복지정책의 효율적인 집행을 위해서는 재원의 확보가 무엇보다도 중요하다. 예컨대, 정책의 목표달성에 소요되는 예산이 충분히 확보되지 않는다면 그 정책의 집행은 결코 성공할 수 없을 것이다. 사회복지정책의 경우에도 정책이 실패한 것으로 평가될 때, 정책담당자들은 그 원인을 예산부족의 탓으로 돌리는 경우가 흔히 있다. 곧 충분한 예산의 뒷받침이 이루어지지 않는 한 정책은 성공하기 어렵다. 따라서 수립된 정책에 그 정책의 집행에 필요한 재원의 확보를 강제하는 규정이 있느냐 없느냐는 정책의 성공과 실패에 큰 영향을 미친다.

8. 大衆媒體의 關心과 輿論의 支持

대중매체가 어떤 문제와 그 해결을 요하는 정책에 관해 얼마만큼 지속적으로 관심을 표명하느냐, 또 얼마나 중요성을 강력하게 강조하느냐 그리고 일반대중의 의견이 그것에 대해 얼마나 긍정적으로 반응을 지속적으로 나타내느냐 하는 것들도 정책의 효율적인 집행에 영향을 주는 중요요인이다.

대중매체는 두 가지 점에서 정책집행에 영향을 미칠 수 있다.[97] ① 대중매체는 사회경제적 상황의 변동과 국민이나 정치지도자의 지각을 연결하는 매개변수의 역할을 담당한다. 즉, 일반대중과 정치지도자로 하여금 사회경제적 변화를 알도록 해주는 역할을 담당한다. ② 대중매체의 관심이다. 즉, 어떤 문제를 집중적으로 다루다가 얼마 안가서 다른 문제로 관심을 돌리는 것이다.

따라서 정책이 효율적으로 집행되기 위해서는 대중매체의 관심과 일반대중의 지지가 긍정적이고 지속적으로 표출될 때 그 가능성은 높아진다고 하겠다.

9. 執行環境

환경적인 변수로서 T. B. Smith는 피상적으로 환경적인 요인을 들고 있으며, 이에 대한 구체적인 언급이 없으나 D. A. Mazmanian과 P. A. Sabatier는 사회경제적 상황의 변화와 정부간 또는 자치단체간의 사회경제적 상황의 차이를 들고 있으며, J. S. Larson은 경제적 환경의 변화를 강조하고 있다. 여러 가지 환경적 요인 중에서 특별히 경제적 환경을 강조하고 있다. 인플레이션의 압력이 심할 때에는 많은 재원을 필요로 하는 정책이 타격을 받기 마련이다. 1970년대 미국에서 쇄신적인 각종의 사회적 프로그램과 국방예산이 크게 감축되었

---

97) D. Mazmanian and P. Sabatier, *op. cit.*, 1983, pp. 16~17.

던 것은 주지의 사실이다.

정치적 상황의 변화는 사회복지정책의 성공과 실패에 많은 영향을 미친다. 예컨대, 극단적으로는 전쟁이라든가 쿠테타라든가 하는 정변이 발생하게 되는 경우를 상정할 수 있으나 그 영향은 속단할 수 없다. 이러한 정치적 위기는 사회복지정책의 실현을 약화시킨다는 주장도 있으나, 일반적으로 볼 때, 강화시키는 방향으로 작용하는 것이 보통이다. 곧 정치적 정통성이 위협을 받거나 국민들의 불만이 팽배하면 사회복지정책은 강화되는 경향이 있다.

뿐만 아니라 평시에도 선거가 있는 해와 없는 해의 사회복지정책의 시행결과는 달라진다는 연구결과도 있다. 또한 의회의원의 의석비율변화나 대통령의 당적에 따라 사회복지정책의 시행은 영향을 받는다.

이와 같이 전쟁, 쿠데타, 선거주기, 대통령의 소속정당, 의회 내 보수와 진보의원들의 세력비율의 변화 등 정치적 상황의 변화는 사회복지정책의 내용과 정책가들의 행태에 영향을 미침으로써 집행과정에 많은 영향을 미친다.

경제적 상황의 변화 역시 사회복지정책의 집행에 많은 영향을 준다. 예컨대, 최근의 개방화 · 국제화 · 세계화 추세는 사회복지정책보다는 경제정책에 보다 많은 관심과 정략을 기울이게 만듦으로써 사회복지정책의 실현을 지연시키는 요인으로 작용할 것이다. 반면에 외국의 사회복지제도나 정책이 유입됨으로써 다른 한편으로는 사회복지정책의 내실화에 이바지할 수도 있다. 예를 들어, 개방화 · 국제화 · 세계화로 인하여 열악한 상태의 노동복지정책은 수정될 수밖에 없고 결국 선진국 수준의 노동복지정책을 지향하도록 영향을 미칠 것이다.

한편 사회경제적 조건이나 기술의 발전 역시 사회복지정책의 성공 및 실패에 영향을 미칠 것이다. 예컨대, 국민소득, 가구소득, 실업률, 물가지수 등은 사회복지정책의 형성에 영향을 미치고, 정책가들의 사회복지정책에 대한 가치와 태도에 영향을 미침으로써 그 집행결과에 많은 영향을 미친다.

사회적 상황의 변화 역시 사회복지정책의 집행에 영향을 미치는 요인이다. 예컨대, 인구구조의 변화, 산업화 및 도시화, 교육수준의 변화, 노조조직률의 변화 따위는 사회복지정책의 형성 및 정책가들의 태도에 영향을 미침으로써 사회복지정책의 집행결과에도 영향을 미친다. 예를 들어, 노령인구의 증가, 독신가구의 증가, 이혼의 증가, 생활의 질의 향상은 사회복지욕구를 증대시키고, 따라서 그것은 사회복지정책의 내용을 강화시킬 것이고, 정책가들의 가치와 태도에도 영향을 미쳐 사회복지정책의 집행에 영향을 줄 것이다.

第 5 章
社會福祉政策의 評價

第 1 節 政策評價의 意義와 目的

1. 政策評價의 意義

1960년대 중반부터 미국 연방정부는 위대한 사회(The Great Society)의 건설이라는 슬로건을 내걸고 수많은 사회정책적 사업들을 의욕적으로 추진하기 시작하였다. 1960년대 초에 대대적으로 촉발된 흑인폭등에 충격을 받은 미국사회가 민주당의 주도에 따라서 하류층의 인간다운 생활의 보장과 평등한 사회적 대우를 위한 여러 가지 사업들을 수백억 달러의 엄청난 자금으로 추진하고 있다. 극빈자에게 식료품구입을 위한 재정자금의 지출, 실업자를 위한 실업수당과 직업재훈련사업이나 고용증대 사업, 하류층의 학교를 위한 특별지원, 하류층의 주거환경 개선사업 등 그 종류만 해도 일일이 열거하기 어려울 정도이다.[1)]

이러한 진보주의적 · 인도주의적 분위기가 고조된 가운데 추진된 사업들은 불행하게도 충분한 준비와 사전계획이 없는 상태에서 무모한 의욕이 앞선 졸속주의적 결정으로 그 집행과정에서 커다란 시련에 봉착하게 되었다. 그리하여 1960년대 말에 가까워짐에 따라 많은 사업의 실패가 두드러지게 나타나게 되어, 한때 진보적 이상주의에 밀려났던 보수주의적 경향이 다시 고개를 들기 시작했고, 이에 따라 엄청난 규모로 투입되는 재정자금들을 못마땅하게 생각하는 보수주의자들의 사회정책적 사업에 대한 비판도 점차 커지기 시작했다.

이러한 분위기 속에서 충격적인 하나의 사업평가보고서가 발표되어 미국의 정치계, 학계에 커다란 파문을 일으켰다. 연방정부에서 엄청난 돈을 들여서 추진한 국립무료유아원 사업이 처음에 의도했던 효과를 내지 못하고 있다는 보고서였다.

이 사업을 처음 시작하였을 때 많은 사람들은 국립유치원을 졸업한 어린이들은 중 · 상류

---

1) 정정길 외 공저, 「정책평가」, 법영사, pp. 15~18.

층의 어린이들과 지능면에서 크게 뒤떨어지지 않을 것으로 믿었다. 이 사업의 목표 중의 하나는 어린이들의 지능개발이었던 것이다. 그러나 몇 년이 지나면서 이 사업이 어린이들의 지능개발에 별로 도움을 주지 못하고 있다는 소문이 많은 사람들 사이에 나돌기 시작했다. 이러한 소문이 진실인지를 확인하기 위하여 미국 연방정부에서는 전문연구소(Ohio대학과 Westinghouse 조사연구소의 합동으로)에 이 사업의 평가를 의뢰했던 것이다.

평가결과는 여러 가지가 있지만 가장 충격적인 것은 이 사업의 가장 중요한 목표가 달성되지 못했다는 결론이었다. 즉, 이 사업이 어린이들의 지능 및 정서계발에 별다른 영향을 주지 못했다는 결론이었다.

이러한 결론은 이 사업에 반대했던 사람들에게, 특히 보수주의자들에게는 이 사업을 공격하는 강력한 무기가 되었다. 한 걸음 더 나아가서 이와 비슷한 사회정책적 사업들에 대한 공격을 강화시키는 구실도 주게 되었다. 사실 1960년대 말경에는 너무나 성급하게 의욕에만 사로잡혀 추진했던 많은 사회정책적 사업들이 곳곳에서 실패를 거듭하고 있었기 때문에, 이러한 사업들에 대하여 비판적이었던 보수주의자들은 위와 같은 평가결과는 국립유아원사업에만 국한되는 것이 아니라, 모든 사회정책적 사업에서 다 나타날 것이라고 주장하게 되었다. 이러한 비판은 드디어 사회정책적 사업에 대한 대대적인 평가를 추진하게 하였으며, 일정한 조건에 해당하는 정부의 사업은 반드시 평가를 하게끔 만들게 되었다.[2)]

이러한 사회정책적 사업에 대한 비판은 사회적 약자를 위하여 정부의 주도하에 보다 평등한 사회를 이룩하자는 1960년대 중반까지 고조되었던 진보주의적 자유주의 사조를 후퇴시켰다. 그리하여 정부사업은 축소하고 조세를 감축하여 정부의 개입이 없는 과거의 시장경제로 되돌아가야 한다는 보수주의적 사조를 강화시키는 데 커다란 역할을 하였다.

정책평가라는 용어를 정의하기 이전에 우선 평가라는 용어를 살펴보기로 한다. 평가는 일상생활에서 늘 일어나는 행위이다. 웹스터 사전에 의하면 평가란 어떤 평가대상의 정도, 조건, 양, 중요성, 질, 가치 등을 검토하거나 판단하는 것으로서 그 과정과 결과를 포함한다고 정의하고 있다. 어떤 사람이나 사물에 대해 평가하는 가장 명백한 이유는 가격, 비율, 옳고 고름, 개선, 변화 등의 관점에서 가치, 질, 중요성, 적실성, 성과 등을 측정하는 것이다. 이와 같이 평가는 여러 가지 종류의 판단에 적용할 수 있는 융통성있는 개념이다.[3)] 평가라는 용어는 일반적으로 어떤 활동(예컨대, 정책/사업)의 가치를 판단하는 일반적인 과정으로 이해된다.[4)]

---

2) P. Rossi and H. E. Freeman, *Evaluation*, Beverly Hills : SAGE, 1982, pp. 31~32.

3) Constantin G. Soumelis, *Project Evaluation Methodologies and Techniques*, Unesco, 1977, p. 5.; 이종열, 『정책학원론』, 대왕사, p. 412.

4) Edward A. Schuman, *Evaluative Research : Principles and Practice in Public Service & Social Action Programs*, New York : Rusell Sage Foudation, 1967, pp. 28~31.

그리고 이것과 관련된 용어로서 평가연구(evaluative research 혹은 evaluation research)라는 것이 있는데, 이것은 어떤 활동의 가치를 판단하기 위하여 과학적 방법을 사용하는 것으로 이해된다.

정책평가에 대한 개념규정은 학자들의 관점에 따라 약간씩 상이하다. 그러면 여기서 학자들이 제시하고 있는 정책평가에 대한 개념규정에 대하여 살펴보면 다음과 같다.

Harry Hatry, R. Winnie and D. Fisk 등은 정책평가 내지 사업평가란 특정한 정부사업이 국민에게 미친 모든 장단기적 효과에 관한 정보를 제공하기 위해 특정한 정부사업을 체계적으로 검토하는 것이라고 보고 있으며,[5] Joseph Wholey, John W. Scanlon, Hugh Duffy, James S. Fukumoto, Leona Vogt 등은 정책평가 또는 사업평가는 다음과 같은 특징을 가지고 있다. ① 진행 중인 어떤 사업이 그의 목표를 달성하는 데 있어서 어느 정도가 효과적인가를 측정한다. ② 사업의 효과를 다른 기타 요인의 효과로부터 구분하기 위해 조사설계의 원리에 의존한다. ③ 현재 운영방식의 수정을 통하여 사업을 향상시킬 것을 목적으로 한다.

David Nachmias는 정책평가 또는 사업평가란 진행 중인 사업이 달성하고자 하는 목표와 관련하여 그것이 대상집단에 미친 효과를 객관적 · 체계적 · 실증적으로 검토하는 것이라고 규정하고 있으며,[6] Peter Rossi and Howard Freeman은 정책평가 또는 사업평가란 사회적인 성격의 개입사업(social intervention programs)의 개념화와 설계, 실시 및 효용을 측정하기 위해 사회조사절차를 체계적으로 적용하는 것을 말한다. 환언하면 사업평가는 사회조사방법론을 이용하여 보건, 교육, 복지 및 기타 사회봉사사업들의 기획 · 점검 · 효과성 및 능률성을 판단 · 향상시키는 것이다.[7] Irwin Epstein and Tony Tripool은 사업평가란 사업의 효과성과 능률성을 측정하는 과정이다.[8]

J. E. Anderson은 정책평가란 정책의 내용, 집행 및 그 영향 등을 추정하거나 사정 또는 평정하는 것과 관련된 의미로 사용된다.[9] Joseph S. Wholey는 정책평가란 현재 진행 중에

---

5) H. Hatry, R. Winnie and D. Fisk, *Practical Program Evaluation for State and Local Government Officials*, Washington, D. C. : The Urban Institute, 1973, p. 8.;김명수, 「공공정책평가론」, 박영사, p. 5.

6) David Nachmias, *Public Policy Evaluation : Approaches and Methods*, New York : St. Martin's Press, 1979, p. 4.

7) Peter Rossi and Howard Freeman, *Evaluation : A Systematic Approach*, 2nd ed., Beverly Hills, California : Sage Publications, Inc., 1982, p. 20.

8) Irwin Epstein and Tony Tripool, *Research Techniques for Program Planning*, Monitoring and Evaluation, New York : Columbia University Press, 1977, p. 111.

9) James E. Anderson, *Public Policy Making*, 2nd ed., New York : Holt, Rinehart and Winston, 1979, pp. 151~153.

있는 프로그램이 그 목적을 달성하는 데 효과적인가 하는 효과성을 따져보는 것으로서, 그 프로그램의 효과를 그 상황에 작용하는 다른 여타의 요인들의 영향으로부터 분리 · 구분하기 위하여 연구설계의 원리에 의존하며, 현재 운용하고 있는 프로그램을 수정함으로써 프로그램을 개선하고자 하는 것을 목적으로 하는 의도적인 노력을 말하는 것이다. 정책평가를 국가의 목표로 달성함에 있어 몇몇 사업의 상대적 효과성을 평가하는 것이라고 정의하였다.[10] 노화준은 정책평가란 어떤 한 정책의 과정이나 결과를 이해하고, 그 값어치를 판단하는 사회적인 과정이라고 규정하고 있다.[11]

그리고 정책평가연구는 정책평가연구(또는 프로그램 평가연구)의 정책(또는 프로그램)의 결과를 이해하고 그 값어치를 따져보기 위하여 사회과학에서 발전시킨 여러 가지 연구의 방법과 원리를 정책(또는 프로그램)평가에서 응용하는 일종의 응용연구라고 할 수 있다. Rossi와 Freeman도 정책평가연구란 사회적인 정부간여프로그램의 개념화와 설계, 집행 및 효용을 사정하는데 사회과학적 연구절차를 체계적으로 응용하는 것이라고 규정하고 있다.[12] 즉, 정책평가연구는 사회적 프로그램을 기획하고, 모니터링하고, 또 그의 효과성과 능률성을 판단하고 증진시키기 위하여 사회과학연구방법을 응용하는 것이며, 그렇기 때문에 사회과학연구에서 사용하는 규칙을 그대로 따르게 되는 것이다.

2. 政策評價의 目的

정책평가의 목적은 장래의 계획을 향상시키거나 그 프로그램에 대하여 부차적으로 이루어지는 결정에 기여하는 수단으로서 원래 달성하기로 한 목표에 대한 프로그램의 효과를 측정하는 것이다.[13] 이와 같은 목적의 정의에는 네 가지 국면이 있다. ① 효과측정은 연구방법론에 관련되고, ② 프로그램의 결과를 강조하는 것이고, ③ 목표와 효과의 비교는 기준의 사용을 강조하는 것이며, ④ 부차적인 결정이나 장래계획의 향상은 사회적 목적을 지칭하는 것이다. 또한 Stanley K. Bigman은 평가의 목적을 다음과 같이 제시하고 있다. ① 목표가 얼마나 잘 충족되었는가를 알려 준다. ② 성공과 실패의 원인을 구체적으로 제시해 준다. ③ 프로그램의 성공을 위한 원칙을 발견해 준다. ④ 효과성을 증진시키기 위하여 여러 기법을 사

---

10) Joseph S. Wholey *et al.*, Federal Evaluation Policy, Washington, D. C. : The Urban Institute, 1976, p. 25.

11) 노화준, 「정책평가」, 법문사, p. 32.

12) Peter Rossi and Howard Freeman, *op. cit.*, pp. 20~21.

13) Carol H. Weiss, *Evaluation Research*, Englewood Cliffs, N. J. : Prentice-Hall, Inc., 1972, p. 2.

용하는 실험과정으로 유도해 준다. ⑤ 대안적인 기법들의 상대적인 성공을 위한 근거에서 더 향상된 연구를 위한 기초를 마련해 준다. ⑥ 목표달성을 위해 사용된 수단을 재규정해 주고 심지어 하위목표들도 재규정해 준다.[14)]

정책결과와 정책집행과정을 주로 사후적으로 평가하는 정책평가는 다음과 같은 직접적 목적을 지니고 있다.[15)] ① 정책결정이나 집행과정에 필요한 정보를 제공하여 이들 과정을 바람직스럽게 추진하도록 하는 것으로 정책과정상의 환류기능이라고 볼 수 있다. ② 정책담당자가 정책과정에서 행하는 활동에 대하여 국민에 대한 책임을 지도록 하는 것으로서 책임성 확보기능으로 볼 수 있다. ③ 보수적인 목적으로서 정책 속에 내재된 변수간의 인과관계를 검증하여 이론의 구축에 기여하는 학문적 기여기능으로 볼 수 있다.

정책 및 사업평가는 여러 가지 목적을 달성하기 위하여 행해진다. 아주 합리적인 목적을 달성하기 위하여 행하여지기도 하지만, 경우에 따라서는 좋지 않은 이유에서 행하여지기도 한다.

정책 또는 사업평가가 바람직한 방향으로 이루어지는 경우는 대체로 다음과 같은 세 가지의 목적을 위하여 행하여지는 경우라고 하겠다. ① 정책평가가 정책 또는 사업과 관련된 의사결정과정에 필요한 정보를 제공하기 위하여 행하여지는 경우, ② 정책평가가 정책 또는 사업의 결과에 대한 책임성의 요구를 충족시키기 위하여 이루어지는 경우, ③ 정책평가가 기존 이론의 타당성을 검증하거나 새로운 이론을 개발하기 위하여 이루어지는 경우 등이다.[16)]

정책 또는 사업평가가 언제나 위와 같은 바람직한 방향으로만 이루어지는 것은 아니다. Weiss는 다음과 같은 세 가지의 비합리적인 이유에서도 정책평가가 이루어지고 있음을 지적하고 있다.[17)]

① 결정의 지연 : 의사결정자들은 때로 결정을 지연시킬 목적으로 정책 또는 사업평가를 이용하기도 한다. 위원회를 구성하는 방안도 있을 수 있으나, 그보다 더 많은 시간을 요하는 평가연구를 발주하여 결정을 지연시키는 것이다.

② 책임의 회피 : 의사결정자들은 때로 서로 의견을 달리하는 두 집단 사이에서 어떤 결정을 내려도 두 집단을 모두 만족시킬 수 없는 경우에 봉착하게 된다. 그리하여 결정의 책임을 회피하기 위하여 정책 또는 사업평가를 이용하는 경우가 있다. 즉, 평가의 결과에 따라 결정을 내림으로써 결정의 책임을 평가보고서에 돌리는 경우이다. 이러한 경우 의사결정자는 평

---

14) Stanley K. Bigman, "Evaluating the Effectiveness of Religious Programs", *Review of Religious Research*, Vol. 2, Winter, 1961, p. 99. ; 이종열, 「전게서」, p. 417.

15) 정정길 외 공저, 「전게서」, pp. 40~45.

16) 김명수, 「전게서」, pp. 9~15.

17) Weis, *op. cit.*, pp. 11~12.

가연구 이전에 이미 어떠한 결정이 내려질 것으로 알고 있는 경우가 많다.

③ 공공관계 : 때때로 사업관리자는 자기의 책임하에 실시되어 온 정책 또는 사업이 아주 성공적이었음을 알고 있는 경우, 이를 대외적으로 널리 알리기 위한 수단으로서 정책 또는 사업평가를 이용하기도 한다. 그는 정책 또는 사업이 성공적이었음을 확인해 준 평가연구보고서를 그의 상관이나 정책 또는 사업의 운명을 좌우하는 다른 사람들에게 배포함으로써 그의 공적을 널리 알릴 수 있기 때문이다.

이와 같이 평가가 오용되는 경우가 있기 때문에 정책 또는 사업평가가 언제나 필요한 것인가 하는 문제가 대두된다. 결론부터 이야기하자면 "그럴 필요가 없다." 특히 바람직스럽지 못한 방향으로 이용될 것이 명백한 경우, 평가자는 그런 과업을 수행해서는 안될 것이다. 이것은 평가자가 지켜야 할 최소한의 행동윤리라고 하겠다.

정책평가의 구체적인 목적은 평가대상정책의 내용, 성격, 집행의 단계, 평가신뢰자의 위치 등에 따라 달라질 수밖에 없기 때문에 일률적으로 말하기는 어렵다. 그러나 일반적인 평가의 목적은 세 가지의 관점으로 집약시켜 볼 수 있을 것이다.[18]

① 지식의 관점인데 이는 정책평가의 목적이 정부가 가지고 있는 문제들을 처리하기 위한 정부전략의 효과성들에 관한 새로운 지식과 필요한 증거자료를 얻는데 있다는 관점이다. 이러한 관점은 현재 관심의 대상이 되고 있는 정책이나 프로그램의 평가를 통하여 사회현상에 대한 새로운 지식을 발전시키고 장기적으로 이를 정책의 개발과 사회문제의 해결에 응용하고자 하는 것으로 한편으로는 정부의 문제해결의 잠재적 능력을 높일 뿐 아니라, 학문적 발전에도 기여하자는 데 주된 목적이 있다 하겠다.

② 관리의 관점인데 이는 평가의 목적이 정책과 행동관리의 도구, 다시 말하면 정부프로그램의 효과성과 능률성을 평가하고, 대안의 선택과 개선, 운영상의 능률성을 증진시키기 위한 지원시스템으로서 봉사하는 데 있다는 관점이다. 이러한 관점은 정책평가결과의 활용자가 행정과정에서 정책결정자의 위치에 있느냐, 프로그램 관리자의 위치에 있느냐 아니면 정책집행 실무자의 위치에 있느냐 하는데 따라서 달라질 수 있다. 정책평가의 활용자가 정책결정자인 경우, 그들은 정책평가의 결과가 다음과 같은 광범위한 이슈들에 대하여 그들을 도와줄 수 있는 정보를 제공해 주기를 기대한다.

③ 책임성의 관점인데 이는 정책평가의 목적이 정책결정자나 프로그램의 관리자들로 하여금 효과성과 운영상의 질이라는 두 가지 측면에서 그들의 관할하에 있는 프로그램들의 가치에 대한 책임을 지도록 함으로써 국민의 세금으로 이루어진 정부자원을 최선의 방법으로 활

18) 노화준, 「전게서」, pp. 42~48.

용하도록 하는데 있다는 관점이다. 이러한 관점은 위의 두 가지 평가의 목적들과 밀접히 관련되어 있으면서도 정책평가의 목적이 적극적으로 정책결정자나 행정관리자들이 프로그램에 대한 책임을 제고시키는 메커니즘으로 본다는 데 또 다른 의의가 있는 것이다.

第 2 節 政策評價의 類型과 節次

1. 政策評價의 類型

정책평가에는 어떠한 유형들이 있느냐 하는 것을 이해하는 것은 정책결정자, 정책의 집행자, 정책의 평가를 담당하게 될 정책평가자, 그리고 잠재적인 평가결과의 활용자 등 모든 사람들에게 중요한 의미를 갖는 것이다. 정책의 결정자들이나 정책의 집행자들의 경우 그것은 어떠한 문제에 당면했을 때, 그들이 처해있는 상황에서 문제를 해결하는 데 도움이 될 수 있는 필요한 정보를 획득하기 위해 과연 어떠한 유형의 정책평가를 의뢰해야 할 것인가 하는 것을 판단하는 데 길잡이의 역할을 해주게 된다.[19)]

한편 정책평가를 담당할 연구자들의 경우 그것은 자기들에게 정책평가를 의뢰한 고객들의 주문이 과연 그들의 정보수요를 충족시키는 데 타당한 것인지에 대하여 자문하고, 자기가 담당할 연구를 수행하는 데에는 어떠한 절차와 방법을 사용하여야 할 것인가 하는 것을 판단하는 데 길잡이의 역할을 해주게 된다.

이러한 필요성에 의하여 정책평가를 다루는 많은 문헌들에서는 정책평가에 대하여 다루고 있는 것이 사실이나, 아직까지 정책평가에는 이러이러한 유형들이 있다라고 하는 어떤 통일된 유형화가 이루어져 있지 못하고 있는 것이다.

정책평가는 그 분류기준에 따라 여러 가지로 유형화되어 왔다. 그러한 기준으로 사용된 것들로는 ① 평가자의 소속, ② 평가의 시기, ③ 평가의 목적 등을 들 수 있다.[20)]

1) 평가자의 소속에 따른 분류[21)]

평가자의 소속에 따라 평가는 자체평가 · 내부평가 · 외부평가로 나뉘어진다.

---

19) 「상게서」, pp. 58~59.
20) 김명수, 「전게서」, pp. 91~96.
21) Edward Glaser and Thomas Backer, "Outline of Questions of Program Evaluators Utilizing the Clinical Approach", *Evaluation*, Fall, 1972, pp. 56~60.

① 자체평가(self-evaluation) : 정책 또는 사업의 집행을 담당하고 있는 사람들 자신이 수행하는 평가이다.

② 내부평가(inside evaluation) : 정책 또는 사업의 집행자 자신은 아니나, 그것의 시행에 책임을 지고 있는 기관의 직원이 수행하는 평가이다.

③ 외부평가(outside evaluation) : 제3자적인 위치에 있는 외부전문가가 수행하는 평가를 말한다.

2) 평가의 시기에 따른 분류[22)]

평가의 시기에 따라 평가는 형성평가와 총괄평가로 나누어진다.

① 형성평가(formative evaluation) : 형성평가는 사업계획의 개발과정이나 그것의 개선과정에 수행된다. 그것은 사업관리자나 사업실시와 같은 사업과 직접적으로 관련이 되어 있는 사람들을 위해 수행되며 내부적으로만 활용되는 것이 보통이다. 즉 형성평가는 보다 나은 사업계획을 구성하고, 이미 확정 · 실시되고 있는 사업을 개선하기 위한 목적으로 수행된다. 예컨대 요리사가 국을 끓이면서 맛있는 국이 되어 가고 있는지를 알아보기 위해 국의 맛을 보는 것은 형성평가이다. 이러한 형성평가는 뒤에 논할 총괄평가와 대칭되는 개념이다.

이러한 형성평가는 내부평가자나 외부평가자 누구에게 의해서나 수행할 수 있다. 그러나 보다 바람직한 것은 양자가 합동으로 형성평가를 실시하는 방식이다.

② 총괄평가(summative evaluation) : 총괄평가는 정책이나 사업의 종료 후에 실시되며, 주로 고위정책결정자 혹은 정책 또는 사업자금제공자와 같은 외부의 고객의 요구를 충족시키기 위하여 수행된다. 이러한 총괄평가는 효과평가와 혼동되어서는 안 되는데, 효과평가는 정책이나 사업의 효과에 초점을 맞춘 평가를 말한다. 효과평가는 집행과정에 초점을 맞추는 집행평가와 구별되는 개념이다. 이러한 효과평가는 그것의 수행시기에 따라 형성평가가 될 수가 있고, 총괄평가가 될 수도 있는 것이다.

앞에서 형성평가를 요리사가 국의 맛을 보는 것과 비유한 바 있는데, 총괄평가는 국이 완전히 끓여져 손님 앞에 놓여진 후 손님이 국의 맛을 보는 경우에 비유할 수 있다. 총괄평가도 형성평가와 마찬가지로 내부평가자나 외부평가자 혹은 합동으로도 그 수행이 가능하나, 연구결과의 신빙성을 높이기 위해 형성평가의 경우보다는 외부전문가를 관여시키는 것이 바람직한 것으로 이야기되고 있다.

---

22) Michael Scriven, "The Methodology of Evaluation", in R. Tyler, R. Gagne, and M. Scriven, *Perspectives of Curriculum Evaluation*, Chicago : Rand McNally, 1967, pp. 39~83.; M. Scriven, *Evaluation Thesaurus*, Inverness, California : Edgepress, 1981, p. 63.

3) 평가의 목적에 따른 분류

(1) Suchman의 평가유형[23)]

① 노력평가(evaluation of effort) : 노력평가에서는 수행되는 활동의 양과 질에 따라 정책 또는 사업의 성패를 판단한다. 노력평가의 전제는 특정한 활동의 수행을 통하여 보다 높은 목적을 달성할 수 있을 것이라는 점이다. 그러므로 그러한 활동의 양과 질이 정책 또는 사업의 성패를 결정할 수 있는 기준이 될 수 있다는 것이다. 이러한 평가는 다음과 같은 질문에 해답을 제공하기 위해 수행된다.

㉠ 수행한 활동은 무엇인가?

㉡ 그러한 활동은 얼마나 잘 수행되었는가?

② 성과(또는 효과)평가(evaluation of performance or effects) : 성과평가 혹은 효과평가는 노력평가와는 달리 노력 그 자체를 측정하는 것이 아니라, 노력의 결과를 측정한다. 정부가 수행하는 모든 정책 또는 사업의 궁극적인 정당화는 바로 그것이 해결하고자 의도했던 문제를 해소하는 데 있어서의 효과성의 여부에 의해 결정된다는 점에서 성과평가는 중요한 의미를 갖는다. 이러한 평가는 다음과 같은 질문에 해답을 제공하기 위해 수행된다고 한다.

㉠ 즉각적인 목표가 어느 정도나 달성되었는가?

㉡ 어떤 변화가 야기되었는가?

㉢ 그러한 변화는 의도한 것이었는가?

③ 성과의 적정성평가(evaluation of adequacy of performance) : 성과의 적정성평가에서는 정책 또는 사업의 성과가 전체문제를 해결한 정도를 측정한다. 어느 특정 정책이나 사업을 통하여 해결하고자 하는 문제의 전체적인 규모를 파악한다는 것은 그리 쉬운 일이 아니다. 따라서 이러한 적정성평가는 그만큼 어려운 것이 사실이다.

④ 능률성평가(evaluation of efficiency) : 능률성평가에서는 앞에서 논의한 노력과 성과의 비율을 측정한다. 이러한 능률성평가는 성과평가의 결과 긍정적인 해답을 얻은 후에 이루어지는 것으로서 동일한 성과를 얻는데 보다 좋은 방법이 있는지에 대한 해답을 제공할 것을 목적으로 수행된다.

⑤ 과정평가(evaluation of process) : 과정평가란 어떤 정책이나 사업이 어떻게 그리고 왜

---

23) Edward A. Suchman, *Evaluative Research : Principles and Practice in Public Service and Social Action Programs*, New York : Russell Sage Foundatin, 1967, pp. 61~71.

어떠한 성과를 시현했는가 하는 점을 분석한다. 즉, 과정평가의 결과로 우리는 정책 또는 사업의 실패를 결정할 수 있다고 이야기하면서, 그러나 이러한 과정평가는 특히 어떤 정책 또는 사업이 기대된 대로 효과를 나타내지 못할 때 행정적 · 과학적 중요성을 지닌다고 주장한다.

(2) Nachmias의 평가유형

① 과정평가(process evaluation) : 과정평가란 어느 특정 정책이나 사업이 정해진 지침에 따라 집행된 정도를 검토하는 것이다. Nachmias가 이야기하는 과정평가와 Suchman이 제시한 과정평가는 동일한 것이 아니라는 사실에 유의할 필요가 있다. 후자는 전자를 포괄하면서, 그보다 훨씬 더 많은 측면에 대한 검토를 요구하고 있다고 보여지기 때문이다. 자세한 것은 새로운 평가유형을 제시하는 부분에서 다룰 것이다.

② 영향평가(impact evaluation) : 영향평가란 어떤 정책이 의도한 방향으로 어떤 변화를 야기시킨 정도를 검토하는 것이다. 이것은 Suchman의 성과(혹은 효과)평가와 동일한 것이라고 할 수 있다.

Nachmias는 정책평가연구에서는 이러한 두 가지의 평가유형을 다같이 다루는 것이 이상적이라고 주장하면서, 그러한 평가를 Howard E. Freeman이 제안한 바에 따라 포괄적 평가(comprehensive evaluation)라고 부르고 있다. 이러한 포괄적 평가는 만일 가능하다면, 특정 정책과 관련된 의사결정들의 요구를 가장 잘 만족시켜 줄 것이라는 것이다.

(3) Wholey 등의 평가유형[24)]

Wholey 등은 미국연방정부의 평가활동을 반영하여 아래와 같은 네 가지의 평가유형을 제시하고 있다.

① 연방사업의 영향평가(program impact evaluation) : 여기에서는 한 연방사업이 그의 목적을 달성하는 데 있어서의 전반적인 효과성을 측정하거나, 두 개 이상의 사업들이 공통의 목적을 달성하는 데 있어서의 상대적인 효과성을 측정한다. 이러한 평가는 주로 정책결정자들이 사업자금의 수준을 결정할 때나 사업의 방향전환에 관한 가능성을 결정할 때 필요한 정보를 제공해 주기 위하여 수행된다.

② 연방사업전략평가(program strategy evaluation) : 여기에서는 한 연방사업 내에서 사용된 상이한 전략과 변수들의 상대적인 효과성을 측정한다. 이러한 평가의 목적은 사업관리

24) Joseph S. Wholey, John Scanlon, Hugh Duffy, James Fukumoto, and Leona Vogt, *Federal Evaluation Policy : Analyzing the Effects of Public Programs*, Washington, D. C. : The Urban Institute, 1973, pp. 24~26.

자에게 한 연방사업 내에서 사용한 서로 다른 전략이나 방법에 관한 상대적 효과성을 알려주는 데 있다.

③ 개별지방사업의 평가(project evaluation) : 여기에서는 지방에서 실시되는 개별사업이 그것에 부여된 목적을 달성하는 데 있어서의 효과성을 측정한다. 미국의 연방의회에서 요구하는 평가는 이러한 유형의 평가인 것이다.

④ 개별지방사업의 상대적 효과성평가(project rating) : 여기에서는 연방사업의 목적을 달성하는 데 있어 상이한 지방사업들이 시현하는 상대적인 효과성을 측정한다. 이러한 유형의 평가는 사업관리자에게 하나의 연방사업 내에서 운영되고 있는 여러 지방사업의 상대적 효과성에 관한 정보를 제공하기 위하여 수행된다. 이러한 평가는 유사한 환경 속에서 운영되는 여러 지방사업을 서로 비교할 때에만 의미있는 결론을 도출할 수 있다.

2. 政策評價의 節次

정책평가는 그 유형이나 결과의 활용목적, 사용되는 평가의 방법 등에 따라 그 평가의 절차가 각기 달라질 수 있다.[25]

새로운 혁신프로그램의 계획을 위한 평가는 목적의 설정과 목표의 식별, 프로그램의 설계와 개발, 전달시스템의 설계, 영향의 평가와 능률성의 추정 등이 주요한 평가의 과정이 된다.

이미 결정되어 집행 중에 있는 프로그램의 평가성 사정에 있어서는 프로그램의 기술, 프로그램 담당자와의 면접, 평가가능성 프로그램 모형의 개발, 평가활용자의 식별, 평가진행 동의의 획득 등이 중요한 평가의 과정이 된다.

한편 정책영향의 평가에 있어서는 일반적으로 목적의 식별과 형성, 기준의 설정, 인과적 영향모형의 설정, 적절한 연구설계의 발전, 측정자료의 수집 및 자료의 분석과 해석이라는 평가의 절차를 거쳐서 평가가 이루어지게 된다.[26]

1) 목표의 식별

우리가 평가하고자 하는 정책의 목적은 추구하는 가치에 그 뿌리를 두고 있다. 그렇기 때문에 평가연구의 전제조건은 그의 목적이 어떤 추구하는 가치를 가진 그러한 정책이나 활동

25) 노화준, 『전게서』, pp. 73~95.

26) 정책평가는 일반적으로 다음과 같은 순서에 따라 진행된다. ① 정책평가의 목적을 확인 · 결정한다. 이 확인에 따라서 평가대상(평가유형)이 달라진다. ② 정책목표 · 수단 및 정책구조를 파악하고 평가의 대상을 구체적으로 확정한다. ③ 평가방법을 결정한다. ④ 자료의 수집과 분석을 한다. ⑤ 평가결과를 제시한다.(정정길, 『전게서』, p. 59.)

이 존재해야만 한다는 것이다. 정책의 평가는 이 목적에 비추어 이루어지게 된다. 그러므로 정책의 평가는 이러한 정책목표의 식별로부터 시작되게 된다.

정책목표를 올바로 파악하기 위해서는 이 정책목표가 뿌리를 두고 있는 가치를 먼저 식별해야 한다. 가치란 그에 의하여 우리가 여러 가지의 필요, 여러 가지의 목표들 가운데에서 우선순위와 중요성의 계서(階序)를 설정할 수 있는 원칙이라 할 수 있을 것이다. 그러므로 이것은 공공정책과 같은 모든 목적지향적인 인간활동에서 기본적인 것이다. 이러한 가치는 공공서비스 프로그램의 목적, 프로그램 운용의 종류, 그리고 이들 프로그램의 운용, 프로그램의 평가 등의 관계는 일종의 순환적 관계이며, 그 가운데에서 가치의 형성은 정책목표형성의 전제가 된다.[27]

정책평가에 있어서 프로그램 목표를 식별하고자 할 때 도움이 될 수 있는 몇 가지 절차와 고려사항들을 들어 보면 다음과 같다.

① 목표를 당면한 단기목표, 중간목표 및 궁극적인 장기목표 등으로 구분하면 도움이 될 수 있다. 당면한 목표는, 예컨대 범죄 다발지역에 커뮤니티 센터를 설치한다든지 하는 것 등과 같이 정책결정가가 단기적으로 관심을 가지고 있는 특정한 프로그램의 예상되는 결과들이다.

② 정책결정자나 프로그램의 관리자들에게 정책이나 프로그램의 목표가 무엇인지 구체화하도록 요구하거나 상의하면 도움이 될 수 있다. 그러나 때로는 이들 정책의 결정자들이나 관리자들이 그 목표에 대해서 합의에 도달하지 못하는 경우도 있고, 평가에 적절한 기초를 제공하는 제안을 형성하지 못하는 경우도 있다.

③ 연구자가 정책이나 프로그램의 창도자, 프로그램의 결정자, 프로그램 집행의 실무자들과 공동으로 프로그램의 목표를 식별해 내는 방법이다.

정책목표가 분명하고, 구체적인 것으로 식별되고 이들이 행태적으로 표현되었다고 할지라도, 대부분의 경우 목표가 다양하기 때문에 그들 가운데 어떤 것들을 평가할 것인가를 선택하여야 한다. 그렇다면 평가자는 이들 목적들 가운데 어떤 목적을 평가할 것인가를 어떻게 선택할 수 있겠는가? 이러한 선택을 좀더 합리적으로 하기 위해서는 다음과 같은 몇 가지 사항들을 고려하여야 한다.

① 잠재적인 활용성과 실무성을 고려한다. ② 상대적인 중요성을 고려한다. ③ 정책의 장기적인 효과를 고려하도록 노력한다.

---

27) Edward A. Suchman, *Evaluative Research*, New York : Russell Sage Foundation, 1967, pp. 33~34.

2) 성과의 평가기준과 유의미성의 판정기준

공공정책이나 프로그램의 값어치는 이러한 정책이나 프로그램들이 사회의 복지향상에 얼마나 기여했느냐 하는 데에 따라서 평가되어야 하는데, 이때 그 기여의 정도를 판단하는 기준이 성과의 평가기준이다. 이에 비해서 정책의 프로그램에 의해서 어떤 변화가 이루어졌다고 할 때 어느 정도 크기의 변화가 있을 때, 이것을 유의미한 변화로 보느냐 하는 것을 결정해야 하는데 그 결정의 기준을 유의미성의 판정기준이라 한다.

(1) 성과의 평가기준

정책이나 프로그램의 성과를 평가하는 기준에는 여러 가지가 있으나 그들 가운데에서도 정책평가에 가장 널리 사용되는 기준으로는 효과성(effectiveness), 능률성(efficiency), 적절성(adequacy), 적합성(appropriateness), 대응성(reponsiveness) 등을 들 수 있을 것이다.

① 효과성 : 어떤 설정된 목적에 비추어 정책이나 프로그램이 이룩한 성과가 어떠하냐를 평가하는 기준이다. 효과성의 측정은 프로그램이 산출할 것으로 기대하였던 표준과 실제 이룩한 것을 비교하여 그것이 얼마나 바람직한 종류의 결과를 산출하였느냐에 의하여 이루어진다. 이 효과성의 기준은 프로그램이 현실적으로 가져온 결과들을 일컫는 것으로서, 프로그램이 의도한 목적과 관련하여 행정환경에서 일어난 물리적 또는 행태적 변화들 가운데 프로그램에 의하여 일어났으리라고 생각하는 변화들을 식별하고 측정하는 것을 포함한다. 효과성평가의 일차적 관심은 정책이나 프로그램이 계획된 바 대로 집행되었는지의 여부를 밝혀내는 데 있지 않고, 정책이나 프로그램이 행정환경에 의도했던 효과나 영향을 가져왔느냐의 여부를 밝혀내는 데 있다.

② 능률성 : 능률성은 프로그램이 산출한 결과와 프로그램을 집행하는 과정에서 발생한 비용간의 관계로 나타난다. 만일 비용이 고정되어 있는 경우에는 단위비용당 산출되는 산출물이 많을수록 능률적이고, 산출물 또는 서비스가 고정되어 있는 경우에는 단위산출물당 투입되는 비용이 적을수록 더 능률적이라 할 수 있다. 그러나 만일 산출과 비용이 모두 변화하는 경우에는 산출물을 투입된 비용으로 나누어 그 값이 클수록 더 능률적이라고 할 수 있다.

③ 적절성 : 적절성의 기준은 프로그램 목표의 달성이 제기된 문제를 해결한 정도를 나타낸다. 그러므로 적절성은 부분적으로는 어떤 노력의 정도를 나타낸다. 예컨대, 어떤 특정한 프로그램의 전략은 매우 효과적이었을지도 모르나, 그 프로그램에 대하여 나타난 수요 또는 필요성의 크기에 비추어 볼 때에는 제공된 자금의 수준이 너무 낮아서 그 프로그램은 전적으

로 부적절한 것일 수도 있는 것이다. 이 예를 통해서 볼 수 있는 바와 같이 적절성은 프로그램 효과의 규모와 범위가 프로그램에 대한 수요에 비추어 알맞는 것이냐 하는 것을 검토하는 기준인 것이다.

④ 적합성 : 프로그램의 목표와 타입이 사회정책적 입장에서 볼 때 바람직한 것이냐 하는 것을 검토하는 기준이다. 그러므로 정책이나 프로그램의 목표가 사회가 추구하는 가치를 반영하고 있느냐 하는데 주어지게 된다.

⑤ 대응성 : 대응성의 기준은 프로그램이 그 프로그램의 이용자나 고객들의 필요와 소망을 충족시키고 있는지 여부를 검토하는 기준이다. 이 기준은 프로그램의 목표, 프로그램의 설계, 그리고 프로그램의 실제 집행간을 서로 관련시켜 준다. 일반적으로 대응성의 기준은 프로그램인 어떤 특정한 대상모집단을 겨냥하며 집행될 때 적용하기에 적합한 기준이다. 비록 어떤 하나의 프로그램의 목표가 전체 사회적인 관점에서는 아주 적절한 것이라고 할지라도, 대응성의 기준은 그러한 프로그램이 또한 그의 대상집단의 필요성과 선호도에 민감하게 반영하였는지 여부를 검토하는 기준인 것이다.

(2) 효과의 유의미성 판단기준

① 통계적 유의미성 기준과 정책적 유의미성 기준 : 어떤 변화가 유의미한 변화이냐 하는 것을 판단하는 판단의 기준으로서의 유의미성에는 통계적 유의미성과 정책적 유의미성의 두 가지 개념적 기준이 있기 때문에 이들을 구분하여야 한다. 통계적 유의미성은 주로 통계적으로 어떤 변화가 유의미한 변화인지 여부를 판단하는 기준으로서 주로 제1종 오류(type I error) 또는 오류를 범할 확률을 기준으로 한다. 우리가 0.01수준에서 유의미하다든지, 또는 0.05수준에서 유의미하다든지 하는 결론을 내리는 것이 여기에 속한다. 이에 비해서 정책적 유의미성은 통계적 검증을 위하여 설정한 기준에 따라 판단하는 기준이 아니라 사회정책결정자 또는 프로그램의 관리자가 이 정도의 변화는 이루어져야 한다 라고 사전에 정한 어떤 기준이나 정도로서, 도입하고자 하는 변화가 그 이상이 되면 이것은 정책적 유의미성이 높다고 할 수 있고, 그 이하가 되면 정책적 유의미성이 낮다고 할 수 있는 것이다.

일반적으로 정책적 유의미성은 프로그램의 비용, 이용가능한 정부간여 대안의 존재여부, 그리고 정부간여 행위를 취할 필요성에 대한 압력 등의 여러 가지 맥락하에서 평가에 의하여 발견된 것이 얼마나 의미가 있는가를 나타내는 정도로 정의된다. 그리고 이러한 정도는 정책의 분야에 따라 달라질 수도 있고, 또한 정책의 집행결과로 오게 되는 변화에 대하여 그 사회가 얼마만한 가치를 부여하느냐 하는 판단에 따라서 결정되기도 한다. 다시 말하면 사회가 정책에 의하여 이루어진 변화에 대하여 만일 높은 사회적 가치를 부여하는 경우에는 정책에 의하여 도입된 변화가 큰 경우에도 이에 대한 정책적 유의미성은 낮다고 볼 수도 있다.

통계적 유의성과 정책적 유의미성의 판단의 기준이 이와 같이 서로 다르기 때문에 어떤 정책에 의하여 이루어진 변화가 통계적 유의미성은 높으나 정책적 유의미성은 낮은 경우도 있을 수 있고, 반대로 통계적 유의성은 낮으나 정책적 유의성은 높은 경우도 있을 수 있는 것이다.

② **정책적 유의미성 판단의 표준들** : 정책적 유의성을 판단하기 위한 기준에는 역사적 표준(standard), 규범적 표준, 이론적 표준, 통계적 표준, 협상 또는 타협에 의한 표준 등 여러 가지가 있다. 여기서 역사적 표준이란 지난해의 효과를 판단의 기준으로 삼는 것이며, 규범적 표준은 유사한 프로그램, 다른 지역, 국가전체, 또는 국제적 표준을 어떤 한 프로그램의 효과의 판단기준으로 채택하는 것을 말한다. 한편 이론적 판단의 표준은 현재의 자원의 제약을 고려하여 모든 일이 순조롭게 되어 갈 때 달성해야 할 표준이며, 절대적 판단의 표준은 자원의 제약과는 독립적으로 결함이 전혀 없는 경우에 달성해야 할 표준이다. 그리고 협상 또는 타협에 의한 표준은 정치적 과정이나, 목표에 의한 관리와 같은 표준의 설정과정을 통하여 결정된 표준을 말한다. 정책적 유의미성을 판단의 기준으로 설정하고자 하는 경우에는 위에 열거한 것들 가운데 어떠한 표준이건 정책평가를 위한 자료가 수집되어 분석이 끝나기 전에 판단의 표준으로 설정되는 것이 바람직하다.

3) 인과모형의 설정

평가에 있어서 모형은 매우 중요하며, 특히 평가의 결과로서 어떤 변화를 발견하고 행동대안을 건의하고자 할 때에는 이러한 모형의 사용은 더욱 필요하고 중요하게 된다. 그러한 모형이란 무엇인가?

평가에서 사용하는 모형은 현실세계의 어떤 한 측면에 대한 단순화된 표현이며, 이때 현실세계에서 때로는 어떤 한 과정일 수도 있다. 따라서 이들 현실세계를 나타내는 모형들은 다양한 형태를 취하기 때문에 실물로 표현되기도 하고, 도표나 개념으로 표현되기도 하며, 몇 개의 수식으로 표현되기도 한다. 그러나 한 가지 공통적인 특성이 있다면 그것은 이들 모형이 복잡다기한 정보를 평가자가 처리할 수 있을 만한 크기와 형태로 의도적으로 축소시킨 것이라는 점일 것이다. 그렇기 때문에 모형은 평가자의 평가작업에 매우 도움이 될 뿐 아니라 특히 영향의 평가에 있어서는 필수적이며 기본적인 도구가 되는 것이다. 평가에 사용되는 모형을 달성할 때에는 세 개의 주요한 단계를 거치게 된다. 즉, 평가하고 있는 문제에 적합한 변수에 대한 묘사, 변수들간의 유의미한 관계의 설정, 이들 관계들의 성질에 대한 명제의 형성 등이다. 이들 관계들은 수리적인 형태로 표현될 수 있으며, 이에 의하여 다음에는 계량적인 분석을 할 수 있게 된다.

① 영향모형 : 하나의 영향모형은 사회적 행동이나 지역사회의 조건들에 대한 규제, 수정 및 통제 등에 대한 관념을 다음에 이에 의하여 행동할 수 있는 가설들로 전환하고자 하는 하나의 시도이다. 일반적으로 영향모형은 정책이나 프로그램 운영의 밑에 깔려 있는 가정들로 구성되어 있다. 이들 가정들은 과거의 연구로부터 끄집어 낸 경우도 있고, 또는 실무자들이 과거에 수행했던 업무경험을 토대로 검증되지 않은 상태에서 끄집어 낸 것일 수도 있다. 영향모형은 프로그램과 그의 정책목적 사이의 기대되는 관계에 대한 기술의 형태를 취한다. 그것은 프로그램의 기획단계에서 설정했던 목적과 현존하는 행태나 조건간의 갭을 없앨 수 있는 전략들을 설정한 것이다. 그렇기 때문에 만일 이러한 영향모형이 없다면, 설사 하나의 프로그램이 서비스의 제공이나 프로그램 목표달성에는 성공적이라고 할 수 있을지라도, 어떻게 그리고 왜 그 프로그램이 제대로 작용을 하게 되었는지, 또는 좀더 광범위한 규모로 그의 효과를 가져오게 되었는지 하는 것 등에 대해서 이해할 수 있는 기초가 없는 셈이 되는 것이다.

영향모형은 정책이나 프로그램이 대상집단에 어떠한 과정을 거쳐서 어떠한 변화나 효과를 가져오게 되었는가를 나타내는 것이기 때문에 인과관계를 나타내는 일종의 인과적 가설이다. 하나의 영향모형은 인간의 행태나 사회적 조건, 또는 이들 두 가지 모두의 수정이나 변화에 대한 이론적 아이디어를 평가하고 있는 정책에 적합한 한 세트의 변수들과 이들 변수들 간의 관계를 나타내는 몇 개의 구체적인 명제들로 전환시킨 것이다. 정책의 활동이나 정책의 평가연구 양자는 모두 그러한 영향모형에 기초를 두고 이루어지게 된다. 좀더 구체적으로 말하면, 하나의 영향모형은 투입(정책 또는 프로그램)에 대한 기술, 대상집단에 대한 기술, 투입(정책 또는 프로그램)이 이들 대상집단에 가져오리라고 기대되는 변화 및 이러한 변화가 수정 또는 개선될 것으로 기대되는 행태나 조건에 어떻게 영향을 미칠 것으로 생각되는가 하는 것들에 관한 명제들로 구성되며, 이것을 결과선이라 부르기도 한다.

영향모형은 심리적 영향모형과 사회적 영향모형으로 구분될 수 있다.[28] 정책의 영향이 광범위한 집단에 걸쳐서 미치게 될 때 이것을 영향이라 한다. 그러나 때로는 이들을 구분하기 어렵거나 어떤 한 정책의 영향은 이들 양자의 모두에 걸쳐서 나타나게 될 수도 있다.

다음 〔그림 5-1〕은 일반적 형태의 영향모형을 나타내고 있다. 어떤 정책의 영향은 형태를 바꾸는 것에 그치는 수도 있겠으나, 때로는 이러한 행태변화가 조건의 변화까지를 가져오게 되는 경우도 있다. 예컨대, 경제적 인센티브가 시민들의 대중교통수단에 대한 태도를 바꾸고 이러한 태도의 변화가 시민들 개개인의 행태의 변화를 가져오며, 이것이 다시 대중교통수단

28) Howard E. Freeman and Clarence C. Sherwood, "Research in Large-Scale Intervention Programs", *Journal of Issues*, Vol. XXI, No. 1, 1965, pp. 7~9.

들의 활용률을 높일 때, 이러한 교통정책의 영향은 상황의 변화에까지 미치게 된 것으로 볼 수 있는 것이다.

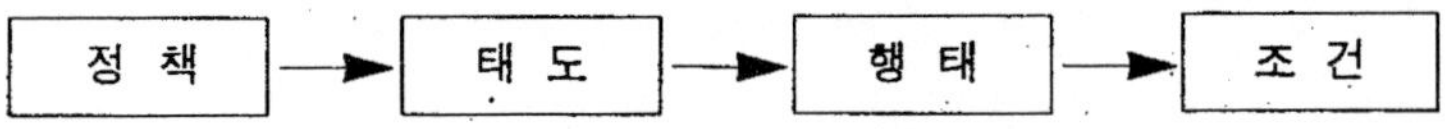

〔그림 5-1〕 영향모형의 일반적 형태

영향모형은 때로는 관련된 구체적인 변수들에 대하여 묘사하고, 변수들이 대상집단 내에서 조작되는 그러한 경계를 설정하며, 정책의 집행과 그의 효과의 조작들간의 시간지연, 그리고 변수들간에 이론적으로 기대되는 관계들을 형성하는 것으로 구성되기도 한다.[29] 이러한 변수들간의 인과관계들은 직접적인 것일 수도 있고 간접적인 것일 수도 있으며, 리커시브(recursive)적인 관계인 경우도 있고 비리커시브적인 관계인 경우도 있다.

4) 적절한 연구설계의 발전

일단 영향모형이 작성되고, 가설들이 설정되고 나면, 평가연구자의 다음 과제는 프로그램을 관찰하고, 자료를 수집하며, 측정하고, 분석하여 이를 해석하는 일들이 된다. 이것이 바로 연구설계의 목표이다. 연구설계는 이러한 여러 가지 연구의 실행과정에서 연구자를 인도하는 하나의 논리적인 지침이다.

연구자에게 이용가능한 시간, 자원의 제약, 정책과 관련된 주요 관여자들에 대한 접근가능성 등을 참작하여 연구설계를 발전시켜 나가야 하겠으나, 무엇보다도 중요한 것은 각 유형의 연구설계가 현재 계획 중에 있는 평가연구에 적용가능한지 여부를 검토하는 일일 것이다.

5) 측 정

① 측정의 유형 : 일단 정책효과의 측정을 위한 영향모형과 가설이 형성되고 나면, 다음에는 측정을 위한 측정도구를 형성하여야 한다. 평가연구에 있어서 이것은 두 단계를 거쳐서 이루어지게 된다. 즉, 첫단계는 측정의 유형을 결정하는 단계이고, 둘째 단계는 직접 측정도구를 형성하는 단계이다.

정책평가연구에 있어서 측정은 이를 과정에 따라 분류하면, 투입변수와 매개변수들에 대한 측정과 정책의 결과에 대한 측정으로 구분된다. 평가연구의 성격에 따라 이들 가운데 어느 한 가지만 측정하면 될 경우도 있으나, 이들 세 가지에 대한 측정이 모두 이루어져야만 하는 경우가 대부분이다.

---

29) David Nachmias, *Public Policy Evalution*, New York : St. Martin' s Press, 1979, pp. 10~11.

결과에 대한 측정은 정책이나 프로그램의 집행대상이 되었던 개인들에 대한 효과의 측정, 대상집단에 대한 효과의 측정, 좀더 큰 시스템에 대한 효과의 측정, 일반대중에 대한 효과의 측정 등으로 나누어 볼 수 있다. 이들 가운데 어느 것에 대한 효과를 측정할 것이냐 하는 것은 정책이 이들 가운데 어느 것을 대상으로 하고 있느냐 하는데 따라 달라질 수밖에 없다.

많은 경우 정책은 개인을 그 서비스의 대상으로 삼는다. 이 경우 측정은 서비스를 받은 개인들에 대한 효과를 측정해야 한다. 이때의 측정은 개인들의 가치, 태도, 퍼스낼리티, 지식 및 기술 등을 그 측정의 대상으로 한다.

정책이나 프로그램의 목적은 때로는 여러 기관들간의 전체적인 네트워크(network)에 변화를 가져오는 것일 수도 있고, 어떤 지역이나 국가 전체의 서비스의 전달체계(delivery system)를 변화시키는 것일 수도 있다. 예컨대, 청소년문제를 다루는 데 있어서 관련된 기관들간의 의사전달이나 위탁체제(referral system)의 개선을 가져오려 하는 목적은 전자에 속하고, 교육·보건·직업훈련 등의 서비스 시스템에 변화를 가져오려 하는 것은 후자에 속한다.

끝으로 프로그램이 일반대중의 가치나 태도를 바꾸고자 하는 것을 목적으로 하는 경우, 측정에 있어서 결과에 대한 적절한 지표는 일반대중의 견해가 될 것이다.

투입변수나 매개변수 또한 매우 중요한 측정의 대상이 된다. 왜냐하면 정책이나 프로그램 효과의 평가는 투입변수나 매개변수의 변화가 대상집단에 대하여 어떻게 영향을 미치고 어떠한 차이를 가져오느냐 하는데 그 초점을 두고 있는 경우가 대부분이기 때문이다.

프로그램 투입과 산출간을 연결해 주면서 그 결과에 크게 영향을 미치는 조건들에 대한 구체화와 이에 대한 측정의 노력이 또한 필요한 경우도 있다.

② 측정의 과정 : 측정을 위해서는 개념적인 투입변수, 매개변수, 산출변수들과 이들간의 관계에 대한 가설들을 조작적으로 정의하여야 한다. 이러한 조작적 정의를 거쳐서 각 변수들간에 대한 측정의 척도를 만드는 것을 측정도구화라 한다.

이미 관련된 분야에 측정도구가 만들어져 있으면, 이것을 채택하여 이용하면 프로그램들간의 상대적인 효과성을 비교할 수 있기 때문에 도움이 된다. 따라서 측정도구를 작성하기 전에 관련된 분야의 연구에 대한 광범위한 검토가 필요하다. 이러한 검토는 또한 시간을 절약해 줄 뿐만 아니라 측정도구를 새로이 작성해야 하는 경우에도 많은 통찰력과 힌트를 제공해 줄 것이다.

6) 자료의 수집

평가를 위하여 사용되는 자료들은 여러 가지의 소스로부터, 그리고 여러 가지의 방법들을 통하여 획득하게 된다. 먼저 알아 두어야 할 사실은 평가연구에 이러이러한 소스나 이러이러한 방법들만이 가장 좋은 것이다 라고 하는 하나의 소스나 하나의 방법만이 존재하지는 않는다고 하는 사실이다. 그렇기 때문에 유일한 제약은 평가연구자의 창의적 재능과 풍부한 상상력이라고 할 수 있을 것이다. 주요자료의 소스는 일반적인 조사연구에서와 마찬가지로 ㉠ 면접, ㉡ 설문조사, ㉢ 관찰, ㉣ 등급화(동료, 프로그램 간여자, 전문가 등에 의한), ㉤ 개발된 측정의 척도에 의한 태도, 가치, 퍼스낼리티, 선호, 규범, 신념 등에 대한 측정, ㉥ 각 기관의 기록, ㉦ 정부나 민간통계작성기관이 간행한 각종의 통계, ㉧ 정보, 해석, 기술, 지식의 응용 등에 대한 테스트, ㉨ 투사 테스트, ㉩ 실생활상태에 상응하는 모의적 조건하에서의 상황적 테스트, ㉪ 일일기록, ㉫ 물리적인 증거, 회계기록, 각종 문서(위원회의 기록, 정책에 대응한 반응을 기사화한 신문기사, 재판기록) 등이 된다.

어떠한 소스로부터 어떠한 방법으로 자료를 수집할 것이냐 하는 데 대한 의사결정은 평가될 정책의 성격, 영향모형에 포함될 변수의 종류, 그리고 연구의 설계 등을 고려하여야 한다. 더구나 각 자료의 소스나 방법들은 각기 고유한 한계들을 가지고 있기 때문에, 평가연구자들은 채택하는 자료의 종류나 자료의 수집방법들과 관련된 이점들과 아울러 그들의 문제점들에 대해서도 숙지하고 있어야 한다.

7) 자료의 분석과 해석

어떠한 자료의 분석방법을 채택할 것이냐 하는 것은 평가문제의 성격, 연구설계, 이용가능한 자료 등을 종합적으로 고려하여 결정하여야 한다. 평가연구의 초심자들은 때로는 어떤 자료의 분석이론이나 기법에 매료된 나머지 평가의 성격이나 자료의 이용가능성 등을 고려하지 않은 채 성급하게 분석기법을 결정하여 사용함으로써 많은 시간과 노력을 헛되이 낭비하거나 무의미한 분석결과를 가져오는 수도 있다. 그러나 정책의 평가는 분석기법의 응용을 위한 연습이 아니라 과학적인 연구의 과정이라는 것을 항상 염두에 두어야 한다.

정책평가에서 주로 이용되는 자료의 분석방법에는 정규분포나 t-분포를 이용한 검증방법, 분산분석법, 회귀분석법, 인과분석법 등 여러 가지가 있다. 이들 가운데 특히 분산분석법은 심리학 분야의 연구자들에 의하여 널리 이용되고 있는데 비해서, 회귀분석의 방법은 정치학, 행정학, 경제학, 사회학의 분야의 연구자들에 의하여 널리 응용되고 있다. 그러나 이들 두 가지 접근방법의 기본원리나 수학적 논리는 구조적으로 볼 때 모두 동일한 것으로 밝혀지고 있다. 평가의 주요 관심사가 변화, 예측 및 인과적 사고인 그러한 정책평가연구에 있어서는 회귀분석방법이 더욱 적절하고 효과적인 방법으로 생각된다.

第 3 節 政策評價基準의 種類

정책을 평가하는 기준은 정책으로서 달성하고자 하는 가치라고 생각하기 쉽다. 그러나 정책가치가 정책평가기준과 일치하는 것은 아니다. 정책가치는 정책에 의하여 영향을 받는 가치를 의미한다. 정책가치는 정책효과와 정책비용으로 나누어진다. 정책효과는 정책에 의하여 증가된 가치이다. 보통의 경우 정책효과는 의도된 효과(intended effect)와 부수효과(side effect)로 나누어지는데, 채택된 정책의 핵심은 정책목표의 달성에서 얻어지는 것이다.

한편 정책비용은 정책의 추진으로 인하여 사회적으로 희생된 가치이다. 정책가치는 여러 가지 기준에 의해서 여러 가지 종류로 분류될 수 있다. 상식적으로 보면 정치적 가치, 경제적 가치, 사회적 가치, 문화적 가치, 윤리 · 도덕적 가치 등으로 나눌 수 있다. 정치적 가치는 자유, 평등, 인권, 국가형성, 국민통합, 국민화합 등이 있을 수 있다. 경제적 가치는 물질적 풍요, 부, 경제생활의 안정 등이 있을 수 있다. 사회 · 문화 · 도덕적 가치 등도 여러 가지를 포함할 수 있다.

정책의 평가기준은 정책의 좋고 나쁨을 판단하는 기준을 의미한다. 일정한 기준에 따라 정책을 검토하여 정책의 잘잘못을 가리게 될 때 그 기준이 정책의 평가기준이다.

정책의 평가기준은 국가사회 전체의 입장에서 정책을 평가할 수 있게 해 주는 기준이 되어야 한다. 개인 하나가 아니라 사회전체의 입장에서 정책의 좋고 나쁨을 평가할 수 있는 기준이 되어야 하는 것이다.

정책의 평가기준은 여러 가지의 차원에 따라 분류될 수 있다. 가장 중요한 분류는 내용적 기준과 절차적 기준이다.

내용적 기준은 결과적 기준이라고 부를 수도 있겠는데, 정책의 내용이나 정책집행 후에 나타난 정책결과의 내용이 바람직스러운가를 판단할 수 있는 기준을 의미한다. 한편 절차적 기준은 과정적 기준이라고 부를 수도 있는데, 정책을 만들어낸 정책결정과정이나 정책을 투입하여 정책결과를 만들어낸 정책집행과정이 바람직스러운가를 판단할 수 있는 기준이다. 내용적 기준은 정책이나 정책결과의 내용이 지녀야 할 바람직스러운 속성을 나타내고, 절차적 기준은 정책결정이나 정책집행과정이 지녀야 할 바람직한 속성을 나타내는 것이다.

사전적 평가기준은 정책을 결정하기 전, 또는 정책을 집행하기 전에 정책의 내용 · 정책결정과정 또는 정책집행과정이 지녀야 할 바람직한 속성을 지칭하는 것이다. 이 중에서 가장 널리 알려진 것이 정책대안의 비교평가기준이다. 이것은 흔이 선택기준이라고 불리기도 하는 것으로서, 정책결정과정에서 여러 가지 정책대안들 중 어느 것이 최선인지를 판단하기 위해서 사용되는 기준이다. 이것은 정책분석에서 매우 중요하게 취급되기 때문에 거의 모든 정책분석교재가 이를 취급하고 있다. 한편 사후적 평가기준은 정책의 결정이나 집행이 있고 난 이후에 내용이나 과정을 평가하기 위해서 적용하는 기준이다.

1. 內容的 政策評價基準

(1) 정책의 내용과 내용적 평가기준

정책은 크게 3가지로 구성된다. 정책목표, 정책수단, 그리고 정책대상자에 관한 것이다. 이 중에서 정책대상자 또는 정책대상집단은 정책목표에 포함되는 경우도 있고, 정책수단에 포함되는 경우도 있다. 그래서 흔히들 정책은 정책목표와 정책수단으로 구성된다고 하고 있다. 그러나 여기서는 정책대상집단을 따라 분리시켜 보기로 하는데, 그 이유는 평가기준이 달라지기 때문이다.

정책의 내용을 평가하기 위한 기준은 위의 세 가지 정책구성내용에 관한 것들 외에 정책상황(policy context)에 관한 것도 있다.

이들 네 가지에 관한 내용적 평가기준을 요약하여 보면 다음과 같다.

〈표 5-1〉 정책내용과 평가기준

평 가 대 상	내용적 정책평가기준
정 책 목 표	적절성, 충분성
정 책 수 단	효과성, 능률성
정책대상자	공평성, 균형성
정 책 상 황	일관성, 실현가능성

(2) 정책목표의 평가기준

① 정책목표의 적합성(appropriateness) : 정책목표는 정책을 통해서 달성하고자 하는 미래의 바람직한 상태이다. 그런데 하나의 정책은 보통 두 개 이상의 정책목표를 지니고 있고, 이들 목표들 사이에 모순·충돌이 있는 경우가 많다.

정책이 다수의 목표를 지닐 수 있을 때 이들 목표 중에서 어느 것을 중시해야 할 것인지 우선순위를 밝혀 두지 않고 모두를 나열해 두면 바람직한 정책목표라고 볼 수 없다. 그러므로 정책간의 우선순위를 결정하거나 하나의 목표만을 제시하여야 한다.

이때 어느 것을 목표로 해야 가장 적절한 목표인가? 사회 전체의 입장에서 보아 가장 바람직하다고 판단되는 것을 정책목표로 결정하게 되면 그 목표는 적합하다고 할 수 있다. 대립·갈등하는 목표들 중에서 사회적으로 가장 바람직하다고 판단되는 목표를 골라낸 정도를 목표의 적합성이라고 부르기도 한다.

② 정책목표의 충분성(adequacy) : 달성하고자 하는 상태의 어느 수준을 목표수준으로 결정했느냐의 문제이다. 목표수준에 대한 만족도를 목표의 충분성이라고 부르기로 한다.

③ 실현가능성(feasibility) : 충분성은 실현가능성과 상반관계에 있다. 이 실현가능성은 목표보다는 목표달성을 위해 동원될 정책수단에 관한 것이 중요한 데 후술할 것이다.

(3) 정책수단의 평가기준

① 정책수단의 두 가지 종류 : 정책의 내용이 바람직스러운지 여부를 평가할 때에 그 핵심이 되는 것이 정책수단에 대한 평가이다. 정책수단을 통하여 정책목표를 달성한다. 그래서 정책수단은 정책의 내용 중에서 가장 중요한 것이다.

정책수단은 두 가지의 약간 틀린 성격으로 분류된다. 하나는 실질적 정책수단(substantive policy means)이고, 다른 하나는 실행적 정책수단, 또는 정책집행수단(policy implementation means)이다. 이 양자의 구분에 대해서 학자들은 이제까지 소홀히 해왔다. 그러나 이 두 가지의 정책수단을 명백히 구분해야만 정책수단도 명확히 이해할 수 있고, 정책집행과 정책결정의 차이점 등도 정확히 이해할 수 있다.

실질적 정책수단은 정책목표를 달성하기 위해서 논리적으로 보아 먼저 실현되어야 할 요인, 즉 정책목표를 결과로 하는 인과관계에서 원인에 해당하는 것이다. 예를 들면, 물가안정이라는 정책목적달성을 위해서 화폐발행을 억제하는 것, 쌀값을 인상시키지 않는 것, 공공요금 인상을 억제하는 것 등이 모두 실질적 정책수단이다. 이 정책수단은 또 그 자신의 실현을 위해서 하위수준의 수단을 요구하게 된다.

한편 정책집행수단, 또는 실행적 정책수단은 실질적 정책수단을 실현시키기 위한 정부의 활동이나 작업을 말하는데, 이를 위한 집행기구, 인력, 자원 및 공권력 등을 포함할 때도 있다.

② 정책수단의 평가기준과 정책대안의 평가기준 : 정책수단이 바람직스러운지를 크게 세 가지 평가기준이 적용된다. 효과성·능률성·실현가능성 등이다.

한편 정책수단의 평가기준은 원칙적으로 정책내용의 평가기준과 완전히 동일하다. 즉, 정책대안의 평가기준은 정책목표, 정책수단, 정책대상자, 정책상황의 평가기준을 모두 포함하는 것이다. 왜냐하면 정책대안 하나하나는 모두가 채택만 되면 그대로 정책이 되는 것이기 때문에 정책의 내용과 정책대안의 내용은 본질상 동일하기 때문이다. 정책대안은 예비적·가설적 정책이라고 생각하면 된다.

③ 효과성(effectiveness) : 효과성은 정책목표의 달성 정도를 의미하는데, 원래 정책수단은 문자 그대로 정책목적을 달성하기 위한 수단이므로 정책수단이 어느 정도 정책목표를 달성하느냐를 기준으로 하여 정책수단의 잘잘못을 평가하는 것은 당연한 것이다.

효과성은 정책목표의 달성 정도에만 관심이 있고 정책비용이 얼마나 들어가는지는 고려하지 않는다. 아무리 목표를 잘 달성한다고 하더라도 그를 위한 희생(정책비용)이 너무 크면 일반적으로 보아 바람직한 정책수단이라고 볼 수 없다. 그러나 돈으로 계산이 되지는 않아도 목표의 달성이 너무나 중대하거나, 비용이 크게 문제가 되지 않는 경우에는 목표달성의 극대화를 가져오는 정책수단이 최선의 수단이 된다.

④ 능률성(efficiency) : 능률성은 투입에 대한 산출의 비율이다. 산출을 정책효과로 보고 투입을 정책비용으로 보는 경우에는 능률성은 정책효과를 정책비용으로 나눈 값이 된다. 즉, B/C비율이다.

정책수단의 능률성도 정책수단의 중요한 평가기준으로 어떤 의미에서는 효과성보다 더욱 중요하다. 동일한 효과를 위해서 보다 적은 경비를 사용하거나, 동일한 비용으로 보다 높은 목표달성을 할 수 있을 때 정책수단은 보다 능률적이 된다. 그러므로 능률성은 정책수단이 목표달성에 어느 정도 기여하느냐만이 아니라 비용이 얼마나 되느냐에도 의존하게 되어 있다. 여러 가지 가능한 정책수단 중에서 가장 능률적인 정책수단을 선택했다면 능률성의 측면에서 정책수단은 높은 평가를 받게 된다.

⑤ 실현가능성(feasibility) : 정책수단의 평가기준으로서 효과성과 능률성은 정책수단의 소망성에 대한 것이다. 그러나 정책수단이 가장 소망스럽다고 해서 언제나 최선의 것이라고 볼 수는 없다. 그러므로 정책수단은 실현가능성이 있어야 한다. 이 실현가능성은 흔히 제약요인이 어느 정도 완화되느냐의 문제로 표현이 되기도 한다.

실현가능성에는 정치적 실현가능성(어느 정책수단이 정치적인 지지를 얻어 채택되고, 집행될 가능성), 재정적 실현가능성(예산의 범위 내에서 실현될 가능성), 기술적 실현가능성(현재 이용할 수 있는 기술수준으로 실현할 가능성) 등이 보통 크게 문제가 된다.

(4) 정책대상자 선정의 평가기준

① 공평성(equity) : 정책대상집단(policy target group)은 정책수혜자와 정책희생자로 나누어진다. 수혜집단(beneficiary group)은 정책효과를 향유하는 집단이며, 희생집단은 정책비용을 부담하는 집단이다.

정책수혜집단을 결정할 때나 또는 정책으로 인하여 혜택을 입고 있는 집단을 두고 잘잘못을 평가할 때에도 주로 공평성이 그 평가기준이다. 이때의 공평성은 정책효과의 사회집단간 배분이 배분적 정의에 합치되는 정도를 의미한다. 다만 정책의 효과가 어떻게 집단이나 개인들간에 배분되어야 배분적 정의에 합당한지에 대해서는 많은 논란이 있고 의견이 갈라진다.

비록 공평성의 구체적 내용에 대해서 학자들간에 논란이 많기는 하지만 최소한 다음의 내용에 대해서는 합의를 보고 있다. 정책으로부터 혜택을 받는 집단이 국민의 일부계층에 집중되거나(특히 상류계층에) 당연히 혜택을 받아야 할 집단이 소외되면 공평성의 기준에 어긋난다는 것이다.

공평성의 논리에서 반드시 지적해 두어야 할 것이 있다. 공평성이 정책평가의 타기준인 효과성, 능률성과 서로 대립될 수 있다는 사실이다. 가장 효과적이거나 능률적인 정책대안이 수혜자의 측면에서 불공평한 경우가 있는 것이다.

② 균형성(balance) : 정책대상집단에는 정책비용을 부담하는 정책희생집단이 있다. 여기서의 정책비용은 정책추진으로 인하여 발생하는 모든 사회적 희생을 의미한다. 예를 들면, 저수지 건설에서 건설비용만이 아니라 문화재가 수몰되었을 때(또는 수몰을 피하기 위해서 이전했을 때) 그 문화적 피해 등도 모두 포함된다.

정책비용의 부담자를 결정할 때도 공평성을 지녀야 하는데, 이때의 공평성을 정책수혜자 선정의 것과 구분하여 여기서 균형성이라고 불렀다. 구체적인 내용을 보면 정책비용의 부담자를 결정할 때는 비용부담의 필요성과 실제부담과의 사이에 균형이 유지되어야 함을 여기서 균형성이라고 부른 것이다.

구체적으로 보면 세 가지 경우가 지적되어야 한다. ㉠ 수혜자가 부담하는 경우에 수익과 부담과의 균형이다. 이 경우에도 수익 정도가 아니라 부담능력을 기준으로 부담하도록 하면 배분적 정의에 더욱 충실해지고 균형성보다는 공평성에 더욱 적합하게 된다. ㉡ 피규제자의 경우에 규칙의 원인행위를 한 정도와 규제의 균형이다. 규제정책의 경우에는 피규제자가 규제를 당하는 것이 사회적 희생으로 일종의 정책비용이다. 이 경우에는 규제를 받아야 될 만큼 규제를 받도록 하고 그 이상을 하지 않는 것이 균형의 기준에 충실한 것이 된다. ㉢ 정책이 의도하지 않았던 피해를 입은 경우에 피해와 보상의 균형이 유지되어야 한다.

(5) 정책상황과 관련된 정책평가기준

① 정책상황과 관련된 정책평가 : 정책은 다른 정책이나 국가의 활동과 깊이 관련되어 있다. 정책은 정책을 둘러싸고 있고 관련되어 있는 여러 가지 요소들과 조화를 이루어야 바람

직하다.

정책이 취급하는 분야를 좁게 한정시켜 그 범위 내에서 바람직한 정책목표를 수립하고 최선의 정책수단들을 채택한다면 부분최적화는 달성할 수 있다.

전체최적화를 도모하기 위하여 체제 전체의 입장에서 모든 관련된 요소를 고려하여 정책을 결정하는 것은 사실상 불가능하다. 그러므로 실제의 정책결정이나 집행에서는 가장 중요하다고 인정되는 몇 가지 요소만을 고려하게 된다. 이러한 요소들의 고려에서 특히 문제가 되는 것은 관련된 타정책이나 제약요소 등이다. 이들을 여기서는 정책상황이라고 부른 것이다.

② 일관성(consistency) : 정책은 타관련정책과 일관성이 유지되어야 한다. 일관성에는 두 가지 측면이 있다. 첫째, 관련된 타정책과의 일관성이며, 둘째, 시간변화에 따라 정책의 수정 · 종결과정에서 지녀야 할 원정책과의 일관성이다.

관련된 타정책과 모순되는 정책은 문제가 있다. 대립되는 타정책이 크게 잘못된 정책이라면 본 정책의 문제는 없다. 그러나 이 경우에도 타정책의 수정이 선행되지 않으면 본 정책의 추진과정이나 정책면에서 크게 타격을 입을 것이다.

시간이 변화하여 정책이 결정되던 때와 다른 상황의 전개로 정책의 수정 · 종결 등의 변화를 필요로 하는 경우가 있다. 이때 우리는 새로운 정책을 결정할 때와 마찬가지 과정을 밟게 된다. 이런 경우에는 과거의 정책과 일관성있는 정책이 만들어져야 한다. 그렇지 않으면 정책을 전제로 한 예측가능성을 감소시키고 정책대상집단의 정부와 정책에 대한 신뢰를 해치게 되어, 정책의 결정 · 집행에 커다란 타격을 주기 때문이다. 그러나 경우에 따라서는 과거의 정책을 완전히 폐기하는 혁신이 필요할 때가 있다. 일관성과 대립되는 정책평가기준으로서 혁신성이 어느 경우에 더욱 필요하느냐를 판단하는 것은 극히 어렵고 가치판단이 크게 개입된다.

③ 실현가능성(feasibility) : 타정책과의 일관성을 다른 각도에서 보면 정책의 실현가능성이나 지니는 속성 중의 하나이다. 특히 법적 실현가능성은 정책의 내용이 법률에 저촉되지 않아야 함을 의미하는데, 법률은 많은 부분이 정책의 표현이므로, 법적 실현가능성은 법률의 형태로 나타난 다른 정책과의 일관성을 의미한다. 법적 · 윤리적 · 도덕적 실현가능성의 경우에는 정책이 존중해야 할 가치 · 규범에 저촉되지 않아야 함을 의미한다. 정치적 · 행정적 · 재정적 · 기술적 실현가능성의 경우는 정책의 결정집행에 필요한 요소의 획득가능성을 의미한다. 어느 경우이거나 정책의 상황이 정책을 제약하고 있음을 나타낸다. 실현가능성은 정책목표에서도 문제가 되고 정책수단에서도 문제가 되지만, 그 초점은 정책수단의 실현에 있다.

2. 節次的 評價基準

(1) 절차적 평가의 필요성

결과가 만족스러우면 결과를 산출한 과정에 대해서는 관심이 없어지는 것이 보통이다. 그러나 결과가 만족스럽지 못하면 이러한 결과를 산출하게 된 원인을 밝혀내고 이에 대책을 마련해야 한다. 이런 경우에는 과정에 대한 면밀한 검토를 하여 과정상의 잘못이 있으면 이를 시정하도록 해야 한다. 과정상 또는 절차상의 잘잘못을 평가해야 할 첫번째의 가장 중요한 이유는 바로 이것이다.

둘째, 결과의 잘잘못을 평가하기 어려워서 절차상 또는 과정상의 잘잘못을 평가함으로써 결과에 대해서 유추를 해야 하는 경우가 흔히 있다. 예를 들면, 과연 가장 효과적이거나 능률적인 정책수단이 채택되었는지를 정책이 결정된 후에 판단하기는 극히 어렵다. 또 수혜자 선택에서의 공평성이 최대로 반영되었는지도 판단하기 어렵다. 이런 경우에 정책수단의 선택이나 수혜자의 과정이 바람직하게 이루어졌다면, 그 결과로서 정책수단이 효과적 · 능률적이 되고 수혜자도 공평하게 선택되었을 것으로 유추하는 것이다.

셋째, 결과의 잘잘못과 별개로 과정이나 절차 자체가 중요한 경우가 있다. 집행과정에 대한 주민이나 이해관계자의 참여가 정책결과의 민주성에도 크게 도움을 주지 못하고, 심지어는 정책결과의 능률성을 해치는 경우에도 참여 자체는 굉장히 중요한 가치 또는 기준으로 고려되어야 할 때가 있다. 이것은 정책과정이 기본적으로 정치적 과정이고, 정치적 과정에 대한 국민의 참여는 그 자체만으로 민주주의 체제에서 귀중한 가치로 평가받기 때문이다.

(2) 정책과정의 차이와 절차적 평가기준

정책과정은 흔히 정책문제 채택, 정책결정, 정책집행, 정책평가 등으로 나누어진다. 이 중에서 정책과정상의 잘잘못을 평가할 때는 정책결정과 정책집행과정이 그 주된 대상이 된다. 정책문제채택과정(정책의제설정과정)은 정책결정과정의 일부로서 포함시켜 논의할 수가 있고, 정책평가는 그 자체가 평가를 행하는 활동으로 구성되기 때문에 논의에서 제외하는 것이 일반적이다.

그런데 정책결정과정과 정책집행과정을 평가하는 기준은 대동소이하다. 먼저 두 과정의 공통점을 보기로 한다. 두 과정은 모두 투입을 받아들여 산출을 내는 활동과정이며, 활동에서 잘잘못은 그 활동을 위한 의사결정의 잘잘못으로 귀착된다. 이 의사결정의 잘잘못을 평가하는 기준은 정책결정이나 정책집행과정을 평가하기 위해서 적용할 수 있다.

반면에 정책결정과 집행은 약간의 차이가 있는데, 정책결정은 정책목표설정이 포함되어 있고, 집행은 현실적으로 정책수단의 최종적 · 물리적 실현을 하는 활동이 포함되어 있다는 점이다.

(3) 절차적 평가기준의 내용

절차적 평가기준으로서 전정책과정에 걸쳐 공통적인 것으로서는 두 가지를 들 수 있다. 첫째는, 지적인 측면에서의 분석적 · 합리적 활동이 이루어졌느냐의 여부로서 이를 편의상 분석적 합리성이라고 부르기도 한다. 둘째는, 대립되는 이해관계자의 다양한 관여가 보장되느냐의 정치적 측면으로서 편의상 민주성으로 부른다.

① 분석적 합리성 : 분석적 합리성은 정책과정상의 활동들이 지적인 측면에서 합리적인 정도를 의미한다. 정책문제채택이나 정책목표에서 꼭 해결해야 할 문제나 문제의 측면을 결정하여 정책목표의 적정성을 확보하기 위해서 정책문제의 원인과 결과, 현재의 심각성 및 미래의 상태, 문제의 사회계층별 분포 등을 정확하게 파악했으면 분석적 합리성이 높다고 할 수 있다. 정책목표의 충분성을 확보하기 위해서도 위와 같은 정책문제의 분석이 있어야 한다.

정책수단의 선택에서 효과성, 능률성을 확보하기 위해서 의사결정론의 합리모형에서 주장하는 분석적 · 합리적 의사결정절차를 밟아서 충분한 자료와 정보를 가지고 정책수단을 선택했다면 분석적 합리성은 높다고 할 수 있다.

정책대상자의 결정에서 정책수혜자측정의 공평성, 정책희생자 선정의 균형성을 확보하기 위해서 정책효과와 정책비용의 분포가능과 대상집단의 사회계층 · 소득계층별 분석이 충분이 있으면, 이 면에서의 분석적 합리성은 높다고 볼 수 있다.

정책집행과정에서도 정책수단의 구체화와 정책대상집단의 구체화를 위한 의사결정이 있는데, 이러한 의사결정의 분석적 합리성을 위해서도 마찬가지의 원리가 적용된다.

② 정치적 민주성 : 정책과정은 처음의 정책문제채택부터 끝의 정책평가까지 기본적으로는 정치적 성격을 띤다. 그러므로 정치적 민주성은 가치판단이 필요로 하고 이 가치판단은 개인이나 집단에 따라서 달라지며, 이들간의 이해의 충돌은 정치적 방법에 의하여 해결되어야 하는 경우가 대부분이다. 그러므로 정책과정의 잘잘못을 평가할 때, 정치적인 면에서의 민주성의 원칙이 중요한 평가기준이 된다. 민주성의 원칙은 산출된 정책이나 정책결과의 민주성을 위해서 필요한 것일 뿐만 아니라, 그 자체가 귀중한 가치를 지니고 있다.

민주성은 먼저 정책문제의 채택이나 정책목표의 설정과정에서의 민주적 원칙의 도입 여부를 따지게 된다. 문제는 무수한 정책해결을 하면서 일일이 국민의 뜻을 파악할 수가 없기 때문에 이러한 제약 속에서 가능한 방법을 찾아야 하고, 그 하나의 방법으로 정책에 의해 해결하고자 하는 정책문제의 성격을 명백히 하고, 관련된 사람들에게 정책결정과정을 공개하고, 많은 사람들의 참여를 허용하면서 의견을 종합하는 것이다.

정책수단의 선택에서나, 정책집행과정에서의 결정에서도 민주성은 마찬가지로 요구된다. 보통 정책과정의 공개와 참여를 보장하면 민주성이 확보된다. 다만 정책집행과정에서는 수혜자나 고객의 요구에 적절히 맞추는 대응성을 특히 강조하게 된다.

그런데 대응성은 집행자가 신축성있게 정책을 구체적 경우에 적용할 것을 요구하게 되므로 자칫 잘못하면 공평성있는 정책의 집행을 저해할 가능성이 크다. 흔히 수혜자의 만족을 정책집행과정의 기준으로 사용하는 경우가 많은데, 이것도 민주성의 일종으로 똑같은 문제에 부딪친다. 이러한 문제는 좀더 일반적으로 볼 때 정책대상자의 구체적 선정에서 대상예상자의 민주적 참여를 허용하는 경우에 언제나 나타날 가능성이 크다. 이 참여가 제3자에 의한 객관적 판단에 비해서 반드시 나은 공평성과 형평성을 가져온다고 볼 수는 없다.

그래서 민주성은 자칫 오용되면 특수한 이익의 옹호로 타락할 가능성이 있다. 민주성을 평가기준으로 할 때, 여기에 대한 극히 조심스러운 처리를 요한다.

(4) 절차적 평가기준의 내용

정책결정이나 정책집행은 본질적으로 동일한 측면이 많았다. 정책수단, 정책대상자의 구체적 결정과정의 연속이라는 점에서 그렇다. 그러나 차이도 있다. 본질적인 차이는 정책결정에서 정책목표설정이 있고, 정책집행에서 정책수단의 물리적 실현이 있고, 또 시간적으로 선후관계가 있다는 점인데, 이 때문에 정책집행과정의 평가가 독창성을 지니게 된다.

정책집행과정의 평가는 정책집행과정의 잘잘못을 검토하는 것이므로 설정된 정책목표달성을 위해서 결정된 정책수단이 이미 결정된 정책대상집단에게 정책내용에 명시된 대로 집행되었는지 여부를 확인하여야 한다. 그래서 정책결정과정에서 결정된 내용(정책목표, 정책수단, 정책대상자)에 대해서는 평가를 하지 않는다. 그러나 정책목표를 제외한 정책수단과 정책대상자는 정책집행과정에서 좀더 구체화되어서 집행이 되기 때문에 이 구체화과정이 정책수단의 세부적 내용과 정책대상집단에 속하는 사람 중에서 구체적으로 어느 개개인을 대상자로 실질적으로 확정하게 된다.

이렇게 구체적으로 확정되는 것은 수립된 계획 또는 설계에 따르게 된다. 원래 설계된 내용에 따라 인력 · 자금이 투입되었는지, 계획된 활동들이 계획대로 이루어졌는지, 활동의 시간적 선후관계가 잘 지켜졌는지, 그래서 1차적 산출물이 어떻게 생산되었는지 등을 검토하게 되는데, 이것이 프로그램 점검(program monitor) 또는 집행과정점검으로 과정평가의 핵심적 내용이 된다.

정책결정에서 계획된 설계내용 자체가 정책집행과정평가의 또 하나의 기준이 된다. 다만 이 경우에도 설계내용 자체가 잘못되었다면 이것이 평가기준으로 사용될 수는 없다. 계획이나 설계를 수정할 때는 또 다시 분석적 합리성과 정치적 민주성이 그 평가기준이 된다.

第 4 節 政策評價의 方法

정책평가이론에서 가장 중요한 부분의 하나는 평가방법이다. 왜냐하면 평가의 본질이 평가대상인 정책이나 사업의 관심측면에 대한 어떤 확증적 판단을 내리는 것이고, 그렇게 하기 위해서는 타당한 연구설계의 채택, 필요한 자료의 수집, 자료의 분석 및 해석 등의 작업이 이루어져야 하기 때문이다.

이제까지 정책평가에는 많은 방법들이 적용되어 왔다. 그러나 이러한 방법들의 적용에 있어서는 평가에서 얻고자 하는 정보의 유형보다는 오히려 평가자의 학문적 배경이 더 큰 역할을 수행한 것처럼 보인다. 예컨대, 행태과학자들은 실험적 방법을 선호하는가 하면, 경제학자들은 비용 · 편익평가법 혹은 비용효과평가법을 즐겨 사용한 경향을 볼 수 있다. 그러나 공통적인 것은 이들 방법들이 주로 양적인 시각의 전통을 따르고 있다는 점이다.

1. 質的 評價方法과 量的 評價方法

정책평가의 방법은 양적인 방법과 질적인 방법이 있다. 그런데 지금까지의 대부분의 정책평가는 양적인 방법에 의하여 이루어져 왔으나 근래에 와서는 질적인 방법도 많이 사용되고 있다. 이러한 시각의 차이는 관심대상의 사물이나 현상에 접근하는 방식뿐만 아니라 이들의 어떤 측면이 중요한가 하는 판단에까지도 영향을 미치기 때문에 평가연구에서 아주 중요한 의미를 갖는다. 그러면 여기서 양적 접근방법과 질적인 접근방법의 특성을 비교하여 보면 다음과 같다.

〈표 5-2〉 질적 시각과 양적 시각의 특성

질 적 시 각	양 적 시 각
① 질적 방법의 사용을 옹호함	① 양적 방법의 사용을 옹호함
② 행위자 자신의 준거의 틀에 입각하여 인간의 행태를 이해하는 데 관심을 갖는 현상학입장을 취함	② 개인들이 주관적 상태에는 관심을 두지 않고, 사회현상의 사실이나 원인들을 탐구하는 논리실증주의적 입장을 취함
③ 자연주의적 · 비통제적 관찰을 이용함	③ 강제된 측정과 통제된 측정을
④ 주관적임	④ 객관적인
⑤ 자료에 가까움:내부자의 시각	⑤ 자료가 거리가 있음: 외부자의 시각
⑥ 자료에서 파생한 발견지향적 탐색적 · 확장주의적 · 서술적 · 귀납적	⑥ 자료에서 파생하지 않는 확인 지향적 · 확증적 · 축소주의적 · 추론적 · 가설연역적
⑦ 과정지향적	⑦ 결과지향적
⑧ 타당성있는:실질적인, 풍부한 깊이있는 자료	⑧ 신뢰성있는 : 강성의 반복가능한 자료
⑨ 일반화할 수 없음 : 단일사례 연구	⑨ 일반화할 수 있음 : 복수사례연구
⑩ 총체론적(holistic)	⑩ 특정적(particularistic)
⑪ 동태론적 현상을 가정함	⑪ 안정적 현실을 가정함

Sources:R. Bogdan and S. Taylor, *Introduction to Qualitative Research Methods*, New York:John Wiley, 1975, p. 2.;Charles Reichardt and Thomas Cook and Charles Reichardt(eds), *Qualitative and Quantitative Methods in Evaluation Research*, Beverly Hills:Sage, 1979, p. 21.

질적 시각을 견지하는 질적 방법에는 참여관찰법(participant observation) · 심층면접법(indepth interviewing) 등과 같은 연구전략이 포함된다. 이러한 질적 방법들은 연구자로 하여금 연구대상인 경험적 사회세계에 관한 직접적인 지식을 몸소 획득할 수 있게 해 준다. 질적 방법들은 선정된 문제를 아주 자세하게 연구한다. 적은 수의 사람이나 사례에 대하여 풍부한 자료를 산출해 낼 수 있다는 것이 질적 방법들의 장점인 것이다.[30]

그러면 어느 경우에 이러한 질적 방법들을 적용하는 것이 적절한가? Patton은 아래와 같은 질문의 어느 것에 대하여건 대답이 긍정적이면 질적 자료를 수집하는 것이 적절하다고 한다.

그런데 근래에 와서는 정책평가과정전반을 통하여 질적 접근방법과 양적 접근방법의 장점을 혼합하는 접근방법이 최적의 것으로 이야기되고 있다. 이러한 방식은 평가에서 추구되는 다양한 목적을 만족시켜 줄 수 있을 뿐만 아니라 각 방법에 의해 얻은 결론의 의미를 더욱 분명하게 알 수 있게 하여 주며, 각 방법들이 가지고 있는 편견을 시정해 주는 장점을 가지고 있다. 이러한 방법론의 혼합은 다음과 같은 두 가지 방식으로 가능하다. 하나는 다원적

30) Michael Patton, *Qualitative Evaluation Methods*, Beverly-Hills, California : Sage Publications, 1980, pp. 97~98.

방법론의 사용이고, 다른 하나는 자료와 설계 및 분석방법을 혼합하는 방식이다.[31)]

방법론상의 혼합을 이루는 두 번째 방식은 양적·방법론적 전략과 질적·방법론적 전략으로부터 몇 개의 부분을 빌려와 혼용하는 방식이다. Patton에 의하면, 이념형적·질적 방법 전략은 ① 질적 자료, ② 자연주의적 탐색에 기초한 총체론적·귀납적 설계, ③ 내용분석 혹은 사례분석의 세 부분으로 구성되는 반면, 이념형적·양적 방법전략은 ① 양적 자료, ② 실험적(혹은 준실험적) 연구설계, ③ 통계분석의 세 부분으로 구성된다. 이 경우 방법론상의 혼합은 이들 양전략을 구성하는 부분들을 서로 혼용하는 것을 의미한다. 예를 들어, 실험적 설계를 이용하면서 질적 자료를 수집하여 내용분석을 수행한다든지, 자연주의적 연구설계와 질적 자료를 이용하면서 통계분석을 수행하는 등 다양한 조합을 이용할 수 있다.

이와 같이 질적 방법과 양적 방법들을 혼용함에 있어서는 여러 가지 방식이 있다. 그리고 이러한 혼용에서 우리는 어느 한쪽 접근방법에 의존할 경우에 얻을 수 없는 것을 추가적으로 얻을 수 있는 이점을 기대할 수 있다. 그러나 한편으로는 이러한 방법론상의 혼합을 어렵게 만드는 장애요인이 많이 있다는 사실도 간과해서는 안 된다.

2. 評價類型別 評價方法

1) 효과성평가의 제방법

효과성평가는 특정의 정책 또는 사업이 의도했던 직접적 목표의 달성 정도를 측정하는 것이다. 효과성평가의 주요 관심사는 특정의 사업과 목표달성의 정도 사이의 인과관계를 확립하는 것이다. 즉, 목표의 달성도가 다른 어떤 요인에 기인하지 않고 평가대상이 되고 있는 특정 사업에만 기인한다는 사실을 제공하는 것이다.

그러므로 사업의 효과성평가에는 목표달성의 정도를 발견하는 데 충분한 정도로 명확하게 규정된 사업목표가 필수적 조건이 된다. 그렇지 않으면 평가자가 어떠한 통로를 거쳐서든 그러한 목표를 찾아내야 한다. 측정가능한 목표가 이미 선정되어 있지 않고 또 이해관계자간의 목표에 대한 합의가 없어 평가자 자신이 사업의 목표를 찾아낼 수 없는 경우에는 아예 처음부터 효과성평가노력을 포기하는 것이 현명하다고 하겠다.

사업목표의 설정은 본질적으로 정책결정자의 전유물이며 정치적 이유를 포함하여 여러 가지 이유로 말미암아 그러한 목표는 애매모호하게 규정되는 것이 일반적이다. 이러한 상황이

---

31) Patton, *Qualitative Evaluation Methods*, pp. 108~117. ; 김명수, 「공공정책평가론」, 박영사, 1988, pp. 111~170.

사업의 효과성평가를 시도할 때 당면하게 되는 제일 어려운 문제라 할 것이다.

사업의 목표가 명확하게 규정된 경우에도 우리는 대체로 두 가지의 목표표현유형을 발견할 수 있다. 이러한 유형에 따라 다른 평가의 기법이 이용될 수 있기 때문에 이러한 유형을 구별하는 것은 아주 중요하다. 하나는 사업의 목표를 양적으로 표현하는 방식이고, 다른 하나는 과거를 기준으로 하여 보다 나은 방향으로서의 이행만을 명시하는 질적인 표현방식이다.

(1) 목표가 양적으로 표현되었을 경우의 효과성평가

〈평가설계(Ⅰ)〉: 실적 대 계획의 비교

이 경우에는 목표의 달성 정도를 나타내 주는 다음과 같은 비율이 이용된다.

정책 또는 사업의 효과성=정책 또는 사업에 귀속되는 순목표달성÷정책 또는 사업을 통해 달성하고자 계획되었던 목표달성=(평가 당시의 목표상태－정책 또는 사업이 없었다고 가정했을 때의 목표상태예측치)

여기에서 주의해야 할 것은 효과성이 단순히 현존의 목표달성도와 계획된 목표달성도를 비교함으로써 얻어지는 것은 아니라는 점이다. 그렇게 되면 정책 또는 사업 이외의 요인이 목표에 미친 효과를 고려하지 않는 셈이 되기 때문이다. 그러므로 정책 또는 사업이 시행되지 않은 상태에서도 나타날 수 있는 목표달성예측치를 양항목 각각에서 뺀 후 그들을 비교하는 것이 효과성측정의 타당한 방법이 된다.

정책 또는 사업이 없었다고 가정했을 때의 목표달성예측치는 어떻게 측정할 것인가? 가장 확실한 방법은 통제집단(control group)이나 정책 또는 사업의 혜택을 받았던 집단, 즉 실험집단(experimental group)과 유사한 비교집단(comparison group)을 사용하는 것이다. 통제집단의 사용이 정책 또는 사업에 귀속시킬 수 있는 성과를 판단함에 있어 그 신뢰도를 최대화해 줄 것이다. 그러나 통제집단의 사용이 언제나 가능한 것만은 아니다. 특히 사회적 성격의 정책 또는 사업의 경우에 그렇다. 왜냐하면 동일한 여건하에 처해 있는 정책대상집단(target group) 중에서 어떤 집단은 혜택을 받게 되고, 또다른 집단은 수혜집단에서 제외되어 있어 사회윤리적 문제가 야기될 수 있기 때문이다. 이러한 경우에는 비교집단의 사용이 불가피하다.

〈평가절차〉

평가설계(I)을 이용할 경우에 거쳐야 할 단계는 아래와 같다.

① 계량적으로 표현된 정책 또는 사업목표의 확인 : 이 단계에서는 ㉠ 평가기준(evaluation

criterion) 혹은 효과성의 척도(measures of effectiveness), ㉡ 달성하고자 하는 목표치(target), ㉢ 계획기간 등을 확인한다.

② 계획기간 동안에 달성된 실적치의 획득 : 이 단계에서는 앞 단계에서 계획한 효과성의 척도상의 실제치를 얻는다. 물론 이 실적치는 특정한 계획기간에 성취한 것이어야 한다.

③ 실제치와 목표치의 비교 : 이 단계에서는 앞에서 제시한 공식에 따라 실적치와 목표치를 비교함으로써 효과성지표의 값을 얻는다.

④ 실적치에 영향을 미친 요인들이 야기한 효과의 고려 : 이 단계에서는 평가대상정책이나 사업 이외의 요인이 효과성의 척도에 미친 효과를 계산하여 위의 ③에서 얻은 효과성지표의 값을 조정한다.

(2) 목표가 질적으로 표현되었을 경우의 효과성평가

앞에서 본 바와 같이 목표가 질적으로 표현되었다는 것은 비록 그것이 양적으로 표현되지는 않았다 하더라도 목표의 달성 정도를 측정할 수 있을 정도로 명백한 목적과 소망스러운 변화의 방향이 명백한 경우를 말한다. 이러한 경우 사업의 효과성측정은 과거의 일정 시점 혹은 경향치를 기준으로 하여 효과성의 척도상에 바람직한 방향으로 중요한 변화가 야기되었는가를 검토함으로써 이루어진다.

여기에서 중요한 변화란 두 가지로 생각해 볼 수 있다. 하나는 통계적으로 유의한(statiscally significant) 변화이며, 다른 하나는 실질적으로 유의한(practically significant) 변화이다. 전자는 사전에 정해진 유의수준(level of significant, 예:a=0.05 or 0.01)을 이용한 통계적 검증에서 변화의 정도가 유의성을 가지고 있는 것으로 평가된 경우이며, 후자는 정책평가의 결과를 이용하는 정책결정자나 사업관리자의 입장에서 판단한 의미있는 변화를 말한다. 이제까지는 주로 전자에 입각하여 정책 또는 사업의 성패를 판단해 왔으나, 근래에 들어 후자에 의한 판단의 중요성이 대두되고 있다.

어떠한 경우이건 효과성척도상에 나타난 변화가 다른 어떤 요인에 의하여 야기된 것이 아니라, 평가대상인 정책 또는 사업의 결과라는 점을 결정하는 것이 중요하다. 이를 위하여는 여러 가지 평가조사방법(evaluative research methods)이 이용될 수 있다. 한 가지 염두에 두어야 할 것은 보다 정확하고 이상적으로 효과성을 측정해 줄 수 있는 평가설계일수록 보다 많은 시간과 비용이 소요된다는 것이다. 그러므로 평가설계의 선택은 여러 가지 요인들을 감안하여 이루어져야 한다. 아래에서는 소요되는 비용이 적은 평가설계에서 큰 설계의 순서로, 또한 미약한 설계에서 강력한 설계의 순서로 네 가지의 평가설계를 제시하고자 한다.

〈평가설계(Ⅱ)〉: 정책실시 전 · 후의 비교

이 설계에서는 하나의 정책대상집단의 상태를 두 시점, 즉 정책실시 직전과 실시 후 적당한 시간이 경과한 시점에서 측정하여 이를 비교한다.

Campbell Stanley는 이러한 설계를 전실험설계(pre-experimental designs)의 하나로 분류하고, 단일집단 전 · 후 검사설계(one group pretest posttest design)라고 부르고 있다. 이 평가설계에서는 정책실시 후에 측정된 평가기준(들)의 값에서 정책실시 전에 측정된 평가기준(들)의 값을 뺀 차이를 정책의 효과로 간주한다.

그러나 이 설계를 이용하여 얻은 정책의 효과를 진정한 정책의 효과라고 받아들이는 데는 문제가 많다. 왜냐하면 통제되지 않은 여러 외적 변수(extraeous variables, 예 : 역사적 사건 · 성숙요인 · 조사도구 등)의 영향을 알 수 없기 때문이다. 다시 말하면 이 평가설계는 내적 타당도(internal validity)를 저해하는 여러 요인들에 대하여 무방비상태에 있기 때문에 정책의 효과를 측정하는 데 있어서 가장 취약한 설계라고 할 수 있다.

위와 같은 제약점에도 불구하고, 경우에 따라서는 이 평가설계가 가장 현실적인 방법일 수도 있다. 이러한 상황하에서 고도로 세련된 평가설계를 고집하는 것은 평가노력을 포기하겠다는 것과 같은 이야기다.

둘째, 정책 또는 사업의 존속기간이 짧고 그의 범위가 좁은 때이다. 이러한 상황하에서는 평가기준에 영향을 미칠 수도 있는 정책 또는 사업 이외의 요인들이 작용할 가능성이 적기 때문이다.

셋째, 측정되는 평가기준의 값이 오랫동안 상당히 안정적이었고, 또 평가기간 중에도 그러한 안정성이 유지될 것으로 생각될 때이다. 이러한 안정성이 정책의 실시를 계기로 파괴되었다면, 우리는 그것을 정책에 기인된 것으로 간주할 수 있을 것이다.

〈평가절차〉

평가설계(II)를 이용할 경우에 거쳐야 할 단계는 아래와 같다.

① 해당정책 또는 사업목표의 확인 : 정책 또는 사업목표의 설정은 정책결정자의 기능이며, 평가자는 설정된 목표를 찾아내는 기능을 수행한다. 그러나 명시적으로 천명된 목표를 발견하기란 쉬운 일이 아니기 때문에 평가자의 창의적인 노력이 필요하기도 하다. 정책목표를 발견하는 데 실마리를 제공할 수 있는 원천들로서는 ㉠ 개별법률, ㉡ 공청회의록, ㉢ 사업관리자 및 사업실시자, ㉣ 정책결정자와 같은 것을 지적할 수 있다.

② 정책 또는 사업목표에 상응하는 평가기준의 개발 : 하나의 정책 또는 사업을 실시하면서 하나 이상의 목표를 추구하는 것이 일반적인 것처럼 하나의 목표의 달성 정도를 측정하기

위하여 사용될 수 있는 척도 또한 하나 이상일 필요가 있다. 왜냐하면 정책이 야기시키는 효과가 다양하기 때문이다.

평가기준의 개발에 있어서 한 가지 주의를 요하는 것은 어떤 기준이 측정하기 어렵다는 이유로 제외되어서는 안 된다는 점이다. 즉, 평가기준의 개발은 그것의 측정가능 여부와 관계없이 이루어져야 하며, 개발된 기준은 여러 가지 방법(예컨대, 주관적이고 질적인 방법)을 동원하여 이를 측정하도록 노력해야 한다.

③ 정책실시 이전의 이들 기준들에 대한 값의 획득

④ 정책실시 이후 기간 동안의 이들 기준들에 대한 값의 획득

⑤ 정책에 의해 야기된 변화를 측정하기 위한 정책실시 전 · 후의 자료의 비교

⑥ 그러한 변화를 설명해 줄 수 있는 다른 가능한 요인의 검토, 만일 그러한 요인이 있는 경우에는 사전 · 사후의 자료에 대한 그의 효과를 계산하거나 적어도 평가결과를 제시할 때 그러한 요인을 밝혀야 한다. 이러한 검토는 등한시되기 쉬우나 이 설계에 신빙성을 부여하기 위해서는 아주 중요한 일이다.

〈평가설계(Ⅲ)〉: 추세치와 실제치의 비교

이 설계에서는 정책실시 후의 평가기준에 관한 자료와 과거 수개의 자료에 기초한 추세치를 상호비교하여 정책이 초래한 변화를 계산한다.

Campbell과 Stanley는 이러한 설계를 준실험설계(quasi-experimental)의 하나로 분류하고, 시계열실험(time series experiment)이라고 부르고 있다. 이 평가설계에서는 평가시점에서 측정된 각 평가기준의 값에서 실험변수인 정책 또는 사업이 도입되지 않았을 경우 각 평가기준이 취할 것으로 예상되는 값을 뺀 차이를 평가대상 정책 또는 사업의 효과로 간주한다. 즉, 새로운 정책의 도입과 더불어 과거의 추세상에 어떤 변화가 야기되었다면, 그러한 변화를 정책의 효과로 간주하는 것이다.

이 설계는 평가설계(II)보다는 내적 타당도면에서 훨씬 우수한 것으로 야기되고 있다. 첫째, 정책의 실시 이전과 이후 사이에 나타날 수 있는 성숙요인의 효과를 추적할 수 있기 때문에 정책의 효과와 성숙요인의 효과를 혼동할 가능성이 훨씬 줄어든다. 둘째, 시계열설계를 이용하면 한 번이나 두 번에 걸쳐 측정한 결과에 따라 평가하는 경우보다 역사적 사건의 효과를 훨씬 쉽게 파악할 수 있다. 따라서 정책의 효과와 역사요인의 효과를 구별하는 것이 가능하다.

이러한 평가설계는 새로운 정책 또는 사업이 도입되지 않은 한 평가기준들의 상향추세나 하향추세가 계속될 것처럼 보일 때 적용하는 것이 적절하다. 만일 과거의 자료들이 아주 불

안정할 경우에는 통계적 방법에 의해 추세치를 구하는 것이 별로 의미없는 일이 될 것이다. 또한 이 설계의 사용에는 평가기준(들)에 관한 과거의 자료들이 아주 불안정할 경우에는 통계적 방법에 의해 추세치를 구하는 것이 별로 의미없는 일이 될 것이다. 또한 이 설계의 사용에는 평가기준들에 관한 과거의 자료가 풍부해야 된다는 것이 전제되어야 한다.

〈평가절차〉

① 해당정책 또는 사업목표의 확인

② 목표에 상응하는 평가기준(효과성의 척도)발견

③ 정책 또는 사업실시 이전과 이후의 여러 시점에 있어서의 각 평가기준에 관한 자료획득

④ 여러 통계적인 방법과 정책 또는 사업실시 이전 기간에 얻은 자료를 사용하여 평가시점에서의 평가기준의 값을 예측함

⑤ 정책 또는 사업으로부터 야기된 변화의 양을 구하기 위하여 실제치와 예측치를 비교함

⑥ 그러한 변화를 설명해 줄 수 있는 정책 또는 사업 이외의 다른 가능한 요인의 검토, 만일 그러한 요인이 존재한다면, 그것이 정책의 효과에 미친 영향을 측정하거나, 그렇지 않으면 평가결과를 제시할 때 그러한 요인도 함께 제시해야 한다.

〈평가설계(IV)〉: 정책이 실시되지 않은 지역이나 집단과의 비교

이 설계에서는 정책 또는 사업이 실시되는 지역이나 대상집단에 있어서의 평가기준의 값과 사업이 실시되지 않은 유사한 지역이나 집단에 있어서의 값을 비교한다.

정책 또는 사업실시 전의 두 집단(A : 정책실시지역, B : 정책이 실시되지 않은 지역)이 평가기준에 있어 서로 다른 값을 가지는 것은 두 집단이 유사하기는 하나 동일한 속성을 가지고 있지는 않기 때문이다. 이러한 경우 집단 B를 비교집단(comparison group)이라고 한다. Campbell과 Stanley는 이 설계를 비동질적 통제집단설계(non-equivalent control group design)라고 부르고 있는데, 그들은 뒤에 설명할 진실험설계의 사용이 불가능한 경우 이 설계의 사용을 권할 정도로 중요시하고 있다.

이러한 평가설계의 주목적은 정책 또는 사업과 그것의 실시 이후에 나타난 효과 사이의 인과관계를 살펴보고자 하는 것이다. 그러나 정책대상집단(target group)이나 비교집단에의 소속이 무작위로 이루어지지 않기 때문에 그러한 인과관계에 관한 진술이 상당한 정도로 약화될 수밖에 없다.

〈평가절차〉

① 해당 정책목표의 확인

② 목표에 상응하는 평가기준(효과성의 척도)발견

③ 정책이 실시되지 않은 지역중에서 정책이 실시된 지역과 유사한 지역을 발견함(혹은 그 지역 내에서 정책의 혜택을 받지 못하는 인구집단을 발견함)

④ 정책의 실시 이전부터 평가시점까지 각 지역에 있어서의 각 평가기준에 관한 자료의 획득

⑤ 정책이 실시된 지역(혹은 집단)과 실시되지 않은 지역(혹은 집단)에 있어서의 평가기준치변화의 비교(변화율과 변화의 양의 양자를 비교함이 필요함)

⑥ 그러한 변화를 설명해 줄 수 있는 정책 또는 사업 이외의 다른 가능한 요인의 검토, 만일 그러한 요인이 존재한다면, 그것의 정책의 효과에 미친 영향을 측정하거나 적어도 평가결과를 제시할 때 그러한 요인도 함께 제시하여야 한다.

〈평가설계(V)〉 : 통제된 실험

이 설계는 평가대상정책과 그것이 야기시킨 효과 사이의 인과관계를 발견하는 데 있어 가장 적절한 설계이다. 그러나 또한 이것은 수행하기가 가장 어렵고 비용이 많이 드는 설계이기도 하다. 여기에서는 실험집단(experimental group)은 정책의 잠재적 대상이긴 하나 실제로는 정책이 적용되지 않은 집단과 통제집단(control group)은 정책실시의 잠재적 대상이긴 하나 실제로는 정책이 적용되지 않은 집단에 나타난 평가기준에 있어서의 변화를 체계적으로 비교함으로써 정책의 효과성을 측정한다. 이와 같은 평가설계를 이용하기 위하여 정책의 실시 이전부터 자료의 수집을 위한 치밀한 계획이 필요하다.

이 평가설계에서는 정책실시 이전에 측정된 실험집단과 통제집단의 평가기준의 값은 유사하다고 가정할 수 있다. 왜냐하면 이 설계에서는 앞의 평가설계와는 달리, 양집단에의 소속이 무작위로 이루어지기 때문이다. 그러므로 만일 정책실시 이후 실험집단이 통제집단보다 평가기준상에서 훨씬 더 많은 향상을 시현했다면, 그것은 평가대상정책에 기인한 것으로 판단할 수 있다.

〈평가절차〉

① 해당 정책 또는 사업목표의 확인

② 목표에 상응하는 평가기준(효과성의 척도)발견

③ 실험집단과 통제집단의 구성 : 이 경우 정책대상집단의 누가 실험집단에 배정되고 누가 통제집단에 배정되는가 하는 것은 무작위로 결정된다. 즉, 대상집단의 모든 사람들이 양

집단 중의 어느 하나에 배정될 확률은 똑같다.

④ 평가기준을 사용하여 각 집단의 정책실시 이전의 업적(혹은 상태)을 측정함

⑤ 실험집단에만 정책실시

⑥ 실험의 운영을 점검하여 효과성평가의 결과를 왜곡할 수 있는 어떤 행태가 일어나고 있는지를 살핀다. 만일 그런 행태가 발견될 때에는 가능하면 이를 바로 시정한다. 만일 그러한 시정이 불가능할 때에는 그러한 행태가 평가결과에 미칠 영향을 계산하여야 한다.

⑦ 평가기준을 사용하여 각 집단의 정책실시 이후의 업적을 측정함

⑧ 사전 · 사후의 변화를 비교함

⑨ 두 집단간의 차이를 설명해 줄 수 있는 정책 이외의 다른 요인을 탐색함 : 사실 위의 세 번째 단계에서 요구된 무작위배정(random assignment)이 다른 요인들의 영향을 상당한 정도로 배제하지만, 실험 중에 일어나는 어떤 사건이 우연하게 특수한 방법으로 한 집단에는 영향을 미치고 다른 집단에는 영향을 미치지 않을 수도 있다.

(3) 평가설계의 선택

앞에서 제시된 설계들은 어느 것을 아무 때나 사용할 수 있는 것이 아니다. 본질적으로 평가설계의 선정은 ① 평가의 시기, ② 평가에 이용할 수 있는 자금, ③ 요망되는 정밀도에 따라 좌우된다. 예를 들어, 사업계획이 이미 실시 중인 경우에는 평가설계(V)(통제된 실험설계)는 채택할 수 없다.

그리고 평가에 소요되는 비용면에서 보면, 평가설계(V)가 가장 많은 비용이 소모되며 설계(I)~(IV)까지는 비교적 낮은 비용으로 평가업무를 수행할 수 있다. 그러나 평가설계의 유효성면에서 보면, 반대로 평가설계(V)가 가장 강력하다는 점을 간과해서는 안 된다.

Hatry 등은 평가설계의 선택과 관련하여 아래와 같이 권고하고 있다.

① 가능한 한 효과성평가에 가장 엄밀한 평가설계인 설계(V)를 활용해야 한다.

② 평가설계(V)를 이용할 수 없는 경우에는 설계(II) · (III) · (IV)를 함께 이용하는 것이 바람직하다. 즉, 먼저 효과성척도들에 대한 사전사후의 값을 살펴본 후 과거의 자료가 있는 경우에는 선택된 척도들에 대한 추세치를 구해 본다. 그 다음 사업이 실시되지 않은 지역이나 주민 중 사업이 실시된 지역이나 주민집단과 유사한 지역이나 주민집단을 찾아본다. 이들 결과를 종합하여 결론을 도출한다.

③ 평가설계(II) 하나만을 이용하는 일은 예외적인 경우를 제외하고는 피해야 한다. 설계의 유효성이 가장 낮기 때문이다.

④ 개별적인 평가척도들에 대한 목표치가 설정되어 있는 경우에는 평가설계(I)를 광범위

하게 이용하는 것이 좋다.

(4) 효과성점검 : 효과성평가의 특수형태

효과성점검(effectveness monitoring)은 Hatry 등이 이야기하는 정책 또는 사업평가의 특수형태로서의 효과성수준점검(effectiveness status monitoring)이나 Wholey가 이야기하는 실적점검(performance monitoring)과 유사한 개념이다. 효과성점검은 정책 또는 사업이 실시되고 있는 기간 중에 주기적으로 평가기준의 상태를 점검함으로써, 특정 정책 또는 사업이 어느 정도나 효과적으로 운영되고 있는지에 대한 개략적인 지식을 얻는 데 목적을 두고 있다. 그리하여 여기서는 어떤 정책 또는 사업의 효과를 어떤 특정 정책 또는 사업에 귀속시키려는 노력(즉, 인과관계를 발견하고자 하는 노력)을 기울이지 않고, 그 대신 특정 정책 또는 사업의 효과에 대한 개략적인 경향이나 사업이 안고 있는 문제 및 사업에 내재하고 있는 결함 등의 발견에 초점을 맞춘다. 효과성점검의 수행절차는 대체로 다음과 같다.

① 자료원의 확립 : 사업관계기록, 기타 기존자료, 현지방문 혹은 특별조사

② 효과성의 척도에 관한 자료수집

③ 효과성척도의 값과 과거 또는 기대치와의 비교

④ 평가결과의 이용자에게 비교결과의 제시

3. 總合效果評價의 諸方法

총합효과평가의 목적은 특정의 정책 또는 사업이 의도했던 직접적 및 간접적 효과뿐만 아니라 의도하지 않았던 긍정적 · 부정적 효과를 모두 검토함으로써 평가의 대상이 되어 있는 정책 또는 사업의 성공 여부에 대한 총체적인 판단자료를 얻고자 하는 것이다. 그러면 여기서 정책 또는 사업의 총합효과를 평가하는 데 사용할 수 있는 기법으로 ① 전문가에 의한 평가, ② 여론조사를 제시하고자 한다.

1) 전문가에 의한 평가

이 방법에 의해서 먼저 시도해 볼 수 있는 것은 총체적 순효과를 다음과 같은 공식에 의해 계산하는 것이다.

총체적 순효과＝효과성 ＋ 의도했던 간접적 효과 ± 의도하지 않았던 제직접적 · 간접적 효과

그 다음 위의 공식에 의거하여 얻은 순효과에 대해 전문가의 의견을 묻는다. 즉, 평가대상 정책이나 사업이 야기한 총체적 순효과가 가치가 있는 것이며, 또한 만족스러운 정도인지를 결정하도록 한다. 이것은 통계적으로 유의한지를 결정하는 것이 아니라 실질적으로 유의한지의 여부를 묻는 것이다. 이때 전문가의 범주에는 평가대상이 되어 있는 특정한 정책분야의 전문가로서, 그 분야의 정책결정자와 사업관리자 및 그 분야를 주로 연구하는 전문연구가와 학자를 들 수 있을 것이다.

그러나 그러한 총체적 순효과의 계산은 이론적으로는 가능할지 모르나, 실제에 있어서는 거의 불가능할 것으로 생각되기 때문에 아래와 같은 전문가평가법을 생각해 볼 수 있다. 즉, 평가대상이 되고 있는 정책이나 사업분야의 전문가를 자문요원으로 채용하여 그들로 하여금 정책이나 사업의 총합효과를 측정하도록 하는 것이다. 이 경우 전문가는 위의 경우와는 달리 해당분야의 전문연구가와 학자만을 포함하는데, 이들은 현지방문을 통하여 필요한 정보를 수집하는 것이 일반적이다. 우리나라의 경우에는 정부투자기관에 대한 경영실적평가에서 전문가평가법이 원용되고 있다.

총합효과평가를 위한 전문가평가법에서는 전적으로 활용되는 전문가의 지식과 기술에 의존한다. 따라서 그러한 판단의 유용성과 타당성, 나아가 그들을 활용한 평가의 가치도 그들의 전문지식과 그 분야의 지식의 발전 정도에 좌우된다고 하겠다.

전문가들이 사업의 총합효과를 측정하기 위해 실제로 어떠한 절차를 채택하는가는 전문가에 따라 상당한 차이가 있을 것이나, 대체로 ① 사업기록의 검토, ② 사업실시상황의 관찰, ③ 사업참여자와의 면담, ④ 사업관리자와의 면담, ⑤ 사업실시자와의 면담, ⑥ 기타 사업관련자들(경쟁적 사업관리자, 지방의 유지, 공무원 등)과의 면담과 같은 모든 방법이 종합적으로 채택되어야 할 것이다.

2) 여론조사

여기에서는 평가대상이 되어 있는 정책이나 사업에 대해 조사대상자들이 느끼는 감정이나 만족도를 묻는 조사가 이루어진다. 즉, 조사대상자들에게 문제의 정책이나 사업의 공과에 대해 총체적으로 판단한 결과를 제시하도록 요구한다. 그러므로 여론조사에는 평가대상이 되는 정책이나 사업에 대하여 직접적으로나 간접적으로 영향을 받았던 모든 집단이 적절하게 대표되는 것이 바람직하다.

4. 內的 能率性評價의 諸方法

내적 능률성은 산출÷투입으로 표현된다. 이러한 비율을 계산하는 방식으로는 뒤에 설명할 외적 능률성평가의 하나인 비용 · 편익평가법(cost-nenefit evaluation)과 감사방식을 들 수 있다.

1) 비용 · 편익평가법

내적 능률성을 측정하기 위한 수단으로서의 비용 · 편익평가법에서는 정책이나 사업계획의 실시결과로 얻은 산출과 그것의 실시에 투입된 비용을 공통의 단위(예 : 금전)로 환산하여 그 비율이나 차이를 구한다. 그러므로 여기에서는 산출 자체를 편익으로 보는 것이다. 정책이나 사업계획의 집행결과로 얻어진 산출은 공공의 재화와 용역은 그 자체이다. 그리하여 (총산출÷총수입〉1)이거나 (총산출, 즉 총산출－총투입〉0)이면 문제의 정책이나 사업은 능률적이라고 판단한다.

내적 능률성평가법으로서의 비용편익평가에 가장 중요한 일은 비용과 편익의 항목을 찾아내어 그들 각각에 가치를 부여하는 일이다. 여기에서의 편익항목은 산출 그 자체이기 때문에 문제되는 각 정책이나 사업계획에 따라 다양할 것이나, 그것을 파악하는 일은 아주 용이하다. 왜냐하면 그것들은 객관적으로 관찰가능하기 때문이다. 아마도 정책의 집행부서 중에서 이러한 자료를 보관하고 있지 않은 경우는 찾아 볼 수 없을 것이다. 그러므로 이곳에서는 비용의 항목 및 산출에 대한 가치부여문제만을 다루고자 한다.

① **비용의 요소** : 평가대상인 정책과 사업에 투입되는 비용에는 1회의 공정비용, 투자비, 순환비용이 포함된다. 1회의 고정비용으로서는 연구조사비, 기획비, 검정 및 평가비 등이 포함된다. 투자비로서는 토지비, 건물 및 시설비, 장비 및 차량비, 최초훈련비 등이 있으며, 순환비용(운영 · 유지비)으로서는 인건비(봉급, 임금 및 특별급여), 장비 · 차량 · 건물의 유지비, 대치직원에 대한 훈련비 및 재훈련비), 빈민에 대한 후생비와 같은 시민에 대한 직접적 지불금, 비정부 시민봉사기관에 대한 지불금, 자재 · 물품비, 지원(부대비) 등이 포함된다.

② **산출에 대한 가치부여** : 비용편익평가법에서 가장 어려운 문제는 편익인 산출에 대해 가치를 부여하는 일이다. 만일 정부가 수행하는 정책이나 사업계획의 실시결과로 얻어진 산출물이 완전경쟁하 상태의 시장에서 팔린다면, 산출물의 가치는 그 시장가격에 의해 결정할 수 있을 것이다. 그러나 공공정책이나 사업계획의 산출물은 대부분 시장에서 판매되지 않기 때문에 문제가 된다. 이 경우에 우리가 이용할 수 있는 것이 잠재가격(shadow prices)과 지

불의사방식(wiling to pay)이다.

잠재가격은 특정한 공공재(예 : 댐, 교량)가 초래하는 부가가치의 추정에 기초를 두고 있는데, 이것이 진정한 사회적 편익을 대변한다고 한다. 예를 들어, 정부가 건설한 댐의 가치는 홍수피해의 감소와 곡식수확량의 증가를 이용하여 계산할 수 있으며, 새로 건설한 교량의 가치는 시민들이 부담하는 교통비의 절감을 이용하여 계산할 수 있다.

또 어떤 경우에는 정책의 산출물과 같은 공공재는 그것이 제공하는 서비스에 대해 그것의 이용자 또는 소비자가 얼마나 지불할 의사가 있느냐에 따라 결정하기도 한다. 그리하여 정부가 무료로 개방하기 위하여 건설한 공원의 가치는 유사한 상업공원이 받는 입장료를 기준으로 계산할 수 있다.

2) 감사방식

감사방식이란 감사시 감사요원들이 사용하는 서면검토나 면담과 같은 방법으로 ① 어떤 산출을 얻는 데 사용된 투입이 적정했는지의 여부 검토(예 : 예산낭비 여부 검토), ② 일정한 투입으로 얻은 산출의 양과 질의 적정성 여부 검토(예 : 제공된 서비스의 양과 질의 검토)와 같이 산출과 투입의 어느 한쪽에 중점을 두어 검토하는 방식을 말한다.

전자는 투입에 초점을 둔 내적 능률성평가라고 하겠고, 후자는 산출에 초점을 둔 평가라고 하겠다. 이때 필요한 자료는 대부분 거래당사자들이 보유하고 있는 행정기록(administrative records)이나 이들과의 면담을 통하여 수집할 수 있을 것이다. 그리고 부족한 부분에 대하여는 평가자의 건전한 판단력이나 통찰력을 이용하여 보완해야 할 것이다. 이러한 감사방식에 의한 내적 능률성평가는 비용편익평가법의 적용이 불가능한 경우에 사용하는 것이 좋을 것이다.

5. 外的 能率性評價의 諸方法

외적 능률성평가에서는 문제의 정책 또는 사업이 가져다 준 효과를 그 정책 또는 사업이 이용한 투입과 대비시킨다. 이러한 외적 능률성을 평가하기 위한 기법으로는 비용 · 편익평가법(cost-bebefit evaluation)과 비용 · 효과평가법(cost-effectiveness evaluation)을 들 수 있다.

일반적으로 말하면 경제적 · 산업적 성격의 사업에는 비용편익평가법을 적용할 수 있으나, 사회적 성격의 사업에는 비용효과평가법을 적용하는 것이 보다 적절하다고 말할 수 있다. 그 이유는 비용편익평가를 하기 위하여는 정책의 효과와 정책에 소요된 비용을 공통의 척도로 전환하여 비교해 보는 것이 필요한데, 특히 사회적 정책 또는 사업의 경우에는 그러한 환산에 많은 어려움이 있기 때문이다.

1) 비용·편익평가법

외적 능률성평가법으로서의 비용·편익평가법의 핵심은 문제의 정책이나 사업에 투입된 비용을 초과하는 편익이 발생되었는지의 여부를 검토하는 것이다. 그러므로 문제의 정책에 투입된 모든 비용과 정책으로 말미암아 얻어진 모든 편익을 찾아낸 다음 이들을 공통의 척도로 환원하여 산출한다. 그리하여 편익/비용〉1이거나, 순편익〉0이라면, 그러한 정책이나 사업을 능률적이라고 판단하는 것이다.

그러므로 비용편익평가법에서 가장 중요한 것은 포함시켜야 할 비용과 편익의 항목을 발견하는 일과 거기에 가치를 부여하는 일이다.

① 편익 또는 효과의 파악시 고려할 점 : 첫째, 편익이나 효과는 그것이 국민이나 지역사회 또는 국가에 미친 영향을 모두 반영해야 한다. 이때 주의해야 할 것은 이러한 영향과 평가대상정책이나 사업계획에 따라 이루어지는 활동을 통하여 얻어진 산출물과는 분명히 구별되어야 하며, 편익이나 효과는 국민지향적으로 파악되어야 한다는 점이다. 산출물은 단순히 정책이나 사업활동의 결과인 물리적 실체나 용역일 뿐 그 것 자체가 국민생활에 어떠한 영향을 끼쳤는가를 곧바로 말해주지는 못하기 때문이다.

둘째, 편익이나 효과를 파악할 때에는 문제되고 있는 정책이나 사업이 원래 의도했던 성과뿐만 아니라 의도하지 않았던 결과도 명시적으로 포함해야 한다. 어떠한 정부정책이나 사업이건 그것이 추구하는 바는 국민에게 이익이 되는 효과이다. 따라서 의도하지 않았던 효과에 대하여는 이를 고려하기를 소홀히 하는 경향이 있다. 그러나 정책이나 사업의 전반적인 가치를 제대로 파악하기 위하여는 의도하지 않았던 긍정적 효과와 부정적 효과 모두를 검토하지 않으면 안 된다.

셋째, 편익이나 효과가 양적으로 측정하기 어렵다고 하여 제외되어서는 안 된다. 그러므로 편익이나 효과는 그의 측정의 방법과 가능성을 검토해 봄이 없이 야기된 대로 모두 파악되어야 한다. 양적으로 측정이 불가능한 것은 질적·주관적 측정을 시도할 수 있기 때문이다.

넷째, 정책이나 사업이 개별적인 인구집단에 미치는 효과나 편익을 따라 구분하여 파악하여야 한다. 경우에 따라 모든 인구집단을 통합하여 산출한 평균치는 이러한 것을 말하여 주지 못하기 때문이다. 왜냐하면 문제되고 있는 정책이나 사업이 상이한 정도로 영향을 미칠 수 있기 때문이다. 이러한 경우에는 그러한 집단을 모두 찾아내어 특정 정책이나 사업이 그들 각각에 대하여 미치는 효과를 파악해야 한다. Hatry 등은 고려대상이 될 수 있는 개별적 인구집단으로 의도된 수혜집단, 의도된 수혜집단은 아니더라도 특정 정책이나 사업에 의하여 상당히 많은 영향을 받는 특정 집단, 지역사회나 국가 전체의 국민, 거래의 시민 등 네 집단을 열거하고 있다.

② 편익에 대한 가치부여의 문제 : 외적 능률성평가법으로서의 비용편익평가법에서도 역시 가장 어려운 문제는 평가대상정책이나 사업이 야기시킨 효과(긍정적 편익+부정적 편익)에 가치를 부여하는 일이다. 그러나 공공정책이 야기하는 효과에 가치를 부여하는 일은 곤란한 일이며, 여러 방식을 동원하여 그러한 계산을 하였다고 하더라도 그것은 불완전할 수밖에 없다. 모든 편익과 비용을 찾아내는 것도 어렵고, 거기에 모든 계층의 사람들이 동의할 수 있는 가치가 부여되었다고 확신할 수가 없기 때문이다.

그리고 사회적 성격의 정책이나 사업의 경우에 비용편익평가법이 봉착하는 어려움은 경제적 정책이나 사업의 경우보다 훨씬 크리라는 것도 짐작하기 어렵지 않을 것이다. 사회적 정책의 경우에는 효과가 주로 비물질적인 성격을 띠고 있기 때문이다. 이러한 이유로 말미암아 사회적 정책이나 사업의 경우에는 비용편익평가법보다 비용 · 효과평가법이 더욱 적합한 것으로 받아들여지고 있다.

2) 비용 · 효과평가법

비용 · 효과평가의 특징은 평가대상이 되어 있는 정책이나 사업의 효과비용을 공통의 단위로 전환할 필요가 없다는 점에 있다. 사업의 효과는 금전이 아니라 평가기준 혹은 효과성의 척도상에 일으킨 성과(자체단위)로 표현된다. 그리하여 특정 정책이나 사업에 대한 비용 · 효과평가는 소요된 비용과 실제로 얻어진 실질적 결과를 비교함으로써 이루어진다. 예컨대, 여러 개의 교육사업은 그들 각각이 얻은 시험성적으로 표현된 교육적 성과와 소요된 비용을 비교함으로써 그들의 비용 · 효과성이 평가된다.

이러한 비용 · 효과평가법은 문제의 정책이나 사업이 이룩한 효과를 금전과 같은 공통의 척도로 전환할 것을 요하지 않는 장점을 가지고 있는 반면, 어떤 하나의 정책이나 사업의 가치를 곧바로 확정할 수 없다는 단점을 가지고 있다.

6. 正確性評價의 諸方法

정책 또는 사업실시과정에 관한 정확성평가에서는 어떤 정책이 원래의 구상대로 정확하게 시행되고 있느냐, 혹은 정확하게 시행되어 왔느냐 하는 것을 검토한다. 이러한 측면을 검토하기 위한 기법에는 관찰법, 문서조사법, 조사연구법을 들 수 있다. 이것들은 단독적으로 사용될 수도 있고 경우에 따라서는 복합적으로도 사용될 수 있다. 이용가능한 자원과 평가자의 전문지식이 중요한 결정요인이 될 것이다.

1) 관찰법

이 기법은 사업실시과정을 직접 관찰함으로써 필요한 자료를 수집하는 방법이다. 이 경우 관찰자는 정책이나 사업대상집단의 일원, 즉 정책의 수혜대상자로 참여하기도 하고, 혹은 객관적 관찰자로만 처신하기도 하지만 보다 정확한 자료를 위하여는 전자의 방법이 바람직하다고 할 수 있다. 그러나 그러한 참여관찰이 정책실시자들의 행태에 영향을 미칠 수 있다는 점을 고려하여야 한다. 그리하여 참여관찰자는 자신이 어떤 정책의 수혜자임을 정책실시자들이 의심하지 않도록 자신의 신분을 위장할 필요가 있게 되기도 한다.

관찰법을 이용할 때 놓을 수 없는 것은 관찰내용을 체계있게 기록하기 위한 계획을 세우는 일이다. 관찰방법과 관찰결과를 기록하는 방법을 관찰자에게 훈련시키는 일도 잊어서는 안된다. 관찰한 모든 것을 기록하게 되는 경우도 있으나, 얻고자 하는 내용을 미리 구조화하여 거기에 대한 사실만 기록하도록 하는 방법도 생각할 수 있다. 그리고 이러한 관찰법은 이미 완료된 정책이나 사업에는 적용할 수 없고, 오직 실시 중에 있는 정책이나 사업에만 적용할 수 있다.

2) 문서조사법

어떠한 정책이나 사업이든 그것을 실시하는 기관이나 사람들은 정책실시를 위하여 수행한 모든 내용을 기록으로 남겨 두어야 한다. 이것은 그들이 확보해야 할 책무성의 중요한 측면이기도 하다. 그러므로 정책실시과정의 정확성을 점검하기 위하여는 이러한 기록을 검토하는 것이 좋은 방법이 될 수 있다.

그러나 이러한 기록에 전적으로 의존하는 것은 현명한 일이 되지 못한다. 이러한 기록 자체의 정확성이 문제될 수도 있기 때문이다. 그러므로 문서조사는 다른 방법에 의하여 보완되는 것이 바람직하다.

3) 조사연구법

정책실시과정의 정확성 여부를 점검하는 데 있어 또 하나의 방법으로는 정책실시담당자집단과 정책대상집단에 대한 조사를 들 수 있다. 질문지를 이용하거나 면접방법을 사용하여 이루어질 수 있다. 이 경우 조사대상에는 정책실시자와 정책대상집단 전부가 포함될 필요는 없으며, 적당한 수의 표본으로 충분할 것이다.

7. 要素效果性評價의 諸方法

요소효과성평가의 목적은 정책이나 사업의 구성요소 사이의 상대적 효과성을 측정함으로써 어느 요소가 다른 요소들에 비해 정책이나 사업의 효과에 더 많은 기여를 했는가를 파악하여 다음 단계의 정책결정시보다 나은 방향으로 정책이나 사업을 수정하는데 있어 유익한 정보를 제공하는 데 있다.

위와 같은 목적에 적합한 기법으로는 통계적 방법인 ① 편상관관계분석(partial correlation analysis) ② 회귀분석(regression analysis), ③ 경로분석(path analysis)과 질적인 방법인 ① 심층면접법(intensive interviewing), ② 일시관찰법(transient obserbation) 등을 들 수 있다.

세 가지의 통계적 방법들이 각각 제공해 주는 편상관계수(partial correlation coefficients)는 각각 특정의 정책이나 사업이 야기시킨 효과에 대한 정책 또는 사업의 각 구성요소들의 상대적 영향력을 가리켜 준다. 정책이나 사업을 구성하고 있는 제요소 사이의 영향력의 방향이 명백하게 한 방향으로만 나타나는 경우에는 경로분석을 이용하는 것이 보다 바람직하나, 요소들이 상호간에 영향력을 행사하는 경우에는 편상관관계분석이나 회귀분석을 이용하여 각 요소간의 상대적 효과성을 측정해야 한다.

한편 질적 방법인 심층면접법이나 일시관찰법을 통하여는 구체적인 정책요소들의 작동과정에 대한 내용을 파악할 수 있을 뿐만 아니라 그러한 요소들의 작용이 어떠한 영향을 가져오는가를 총체론적으로 파악할 수 있기 때문에 정책을 구성하고 있는 각 요소들의 상대적 효과성에 대한 질적인 판단을 가능하게 한다. 그러나 이러한 방법들은 단순히 정책구성요소들에 대한 상대적 효과성평가만을 위해 사용하기에는 너무나 많은 비용이 소요된다는 약점이 있다.

第6章
社會福祉政策의 失敗와 變動

第 1 節 政策失敗의 意義와 評價基準

1. 政策失敗의 槪念

정책이란 궁극적으로 사회문제를 정책수단을 통해 해결하려는 정부의 행위라 볼 수 있다. 그런데 정책목표를 어떻게 달성하느냐 하는 것은 무엇보다 중요하다. 정책이 의도했던 목표를 달성하지 못하는 현상이 발생하고 있는데, 그것을 정책의 실패라고 지칭할 수 있다.[1] 정책의 성공적 집행과 정책실패 원인의 예방과 제거는 밀접한 관계가 있기는 하지만, 이 둘이 완전히 일치한다고 볼 수 없다. 성공한 정책의 사례와 실패한 정책의 사례는 그 뉘앙스가 다른 것과 마찬가지다. 포괄적인 정책에서 개별적인 지시에 이르기까지 상당수의 정책, 제도, 사업계획이 만족할 만한 수준에서 성공적으로 끝날 수 없다는 것은 너무나 당연한 것이며, 숱하게 정책의 시행착오를 겪고 있는 것도 부인할 수 없다. 따라서 정책의 실패를 최소화할 필요는 충분히 있는 것이다.

정책실패란 정책의 내용이나 종류에 따라 다르겠지만 정책의 구성요소에서 실패의 원인을 추론할 수 있을 것이다. 정책의 내용으로는 정책의 범위, 복잡성, 예측된 영향 및 실현가능성을 들 수 있다. 정책의 유형도 그 구분이 다양하다. 정책의 내용에 따라 복지정책, 경제정책, 노동정책, 국방정책, 외교정책, 농업정책 등 다양하다. 또한 정책을 분배정책, 재분배정책, 규제정책, 구성정책, 상징정책 등 다양하게 구분되고 있다.

정책실패란 정책목표를 달성하지 못한 경우에 해당될 것이다. 그런데 정책목표는 정책의 분류나 내용과 밀접한 관련을 갖고 있다고 할 수 있다. 대부분의 경우 정책의 완전한 실패란 드물며 그렇기 때문에 정책의 실패는 정책목표를 어느 정도 달성하지 못했느냐 얼마나 불충

---

1) 민진, "공공정책실패원인에 관한 연구",「한국행정학보」제19권 제1호, 한국행정학회, 1985, pp. 243~261.

분하느냐 등으로 해석할 수 있을 것이다. 따라서 어떤 정책이 목표를 충분히 달성하지 못했느냐 얼마나 불충분하느냐 등으로 해석할 수 있을 것이다. 따라서 어떤 정책이 목표를 충분히 달성했다면 그것은 성공적인 정책이라 할 수 있다.

정책실패란 정책목표를 정책수단을 통해서 실현하지 못한 경우이기 때문에, Suchman이 지적한 것처럼 정책실패란 프로그램실패와 이론실패로 나눌 수 있을 것이다.[2] 프로그램실패는 정책목표와 정책수단간의 인과관계는 확실하나 행동으로 취해지지 못한 경우이며, 이론실패란 정책목표와 정책수단간의 인과관계 자체가 타당하지 못하여 행동으로 취해졌으나 소기의 목표를 달성하지 못한 경우이다.

2. 政策失敗의 評價基準

정책실패의 의의를 논하면서 실패와 성공의 판단기준은 정책평가의 기준에 준해서 설명할 수 있다.

Suchman은 정책평가기준으로 노력, 성과, 적절성, 능률성 및 과정을 들고 있으며,[3] R. T. Nakamura와 F. Smallwood는 정책목표의 달성, 능률성, 지배자의 만족, 수혜자에 대한 대응성 및 체제유지를 들고 있고,[4] G. C. Edward III와 I. Sharkansky는 능률성과 형평성을 제시하고 있고,[5] F. M. Frohocks는 형평성, 능률성, Pareto최적, 공익 및 정의를 들고 있다.[6] 정책평가기준으로서는 효과성, 능률성, 형평성(혹은 정의), 대응성, 체제유지 및 공익 등이다.

개별정책의 성공과 실패의 판가름은 무엇보다도 정책의 목표달성도인 효과성에 두어야 한다. 정책과정과 관련시켜 보면 정책결정과정에서는 민주성이나 인과관계의 합리성이 정책집행의 과정에서는 능률성이라든가 적시성이 요구된다. 위와 같은 기준들이 잘 충족된다면 결국 정책목표의 달성도인 효과성은 높아질 것이며 이로 인해 체제유지와 공익이 달성될 수 있기 때문이다.

---

2) C. H. Weiss, *Evaluation Research*, New Jersey : Prentice-Hall, Inc., 1972, p. 38.
3) Edward A. Suchman, *Evaluation Research*, New York : Russel Sage, 1967, p. 68.
4) Robert T. Nakamura and Frank Smallwood, *The Politcs of Policy Implementation*, New York : St. Martins Press, 1980, p. 77.
5) G. C. Edward III and I. Sharkansky, *The Policy Predicamenat*, San Francisco : W. H. Freeman and Company, 1978, pp. 186~206.
6) Fred M. Frohocks, *Public Policy-Scope and Logic*, Englewood Cliffs, New Jersey : Prentice-Hall, Inc., 1979, pp. 203~217.

한편 개별정책의 성공이 다른 정책과의 관계에서 볼 때 바람직하지 못한 결과를 가져오는 경우나 그 반대의 경우도 존재할 수 있다. 특히 경제정책에서 물가안정정책과 경제성장정책의 교환(trade off)관계나 경제성장정책과 소득재분배정책의 교환관계가 그러하다. 형평성은 사회정책의 기원이며 실패 및 성공을 판단하는 기준이지만 경제정책의 그것은 아닌 것이며, Pareto최적의 사회정책에의 적용은 곤란하기 때문이다. 정책집행 후 일정 시점에서 실패가 장기적으로 보아 보다 나은 성공으로 이끌 수 있다는 점을 간과해서는 안 된다. 즉, 평가의 시기(장단)와 평가의 방법에 따라 전혀 다른 평가를 할 수 있다는 점이다. 평가의 비교가 가능하다면 정책실시 전의 상태와 정책실시 후의 상태를 평가기준에 따라 비교하거나 경쟁적인 정책을 상정한 후에 비교해 보는 방법도 평가의 방법으로 유효하다.

정책주관기관은 스스로 정책실패를 자인하지 않는 속성이 있다. 정책의 성과를 판단할 때는 어떤 징후를 발견하는 것이 좋다. 정책실패의 징후는 정책대상집단의 반응(예 : 국회에 대한 청원 등), 행정에 대한 외부 통제기관인 언론의 보도, 국회의 대정부질의, 야당, 당해 분야 전문가 및 외국으로부터 보고서 등을 통하여 판단할 수 있다.

정책실패의 평가자는 대내적인 경우와 대외적인 경우로 나눌 수 있다. 이를 행정통제와 관련시켜 보면 대내적 평가는 정책주관기관, 재정경제원(심사분석) 및 감사원을, 대외적 평가는 국회, 야당, 전문가, 언론, 국민 등을 들 수 있다. 이 중 정책주관기관이 정책실패를 자인하지 않는다는 점, 재정경제원은 단기(6개월 단위)적인 예산사업분석을 주로 하고 감사원은 회계와 관련하여 감사하기 때문에 이들이 정책실패를 평가하기에는 현실적인 한계가 있다. 한편 국회 등 외부통제는 보다 객관적이고 공정하게 평가할 수 있는 장점은 있으나 자료 · 정보구입의 어려움 때문에 정책실패의 평가에 한계가 있다.

이런 정책평가의 한계로 인해 정책실패에 대한 복합적 평가가 절실히 요청되는 것이다. 따라서 대외적 평가에서 추출되어 문제화된 정책과 심사분석 · 회계감사 등에서 지적된 사항 등을 종합하여 실패 여부를 판단하는 것이 바람직하다.

3. 政策過程과 政策失敗

정책과정은 정책의제의 채택, 정책결정, 정책집행, 정책평가 및 환류로 구분할 수 있다. 정책의제의 채택이란 특정한 사회문제가 정책문제로 채택되는 것을 말하며 정책문제설정이라고도 한다. 정책결정이란 정책수단의 선택을 뜻하며, 정책집행이란 정책수단의 구체화 및 실현을 말한다. 정책평가란 정책집행의 결과를 일정한 기준에 의거 판단하는 것이다.

정책실패는 정책집행의 결과가 정책이 의도했던 목표를 달성하지 못한 경우에 나타나므로 원칙적으로 정책집행과 관련이 있으나 정책결정시 생긴 요인으로 인해 정책실패를 초래한 경우도 있다. 따라서 정책결정단계와 정책집행단계를 구분할 필요가 있다.[7]

정책결정과정은 정책목표의 설정, 정책대안의 탐색 및 설계, 모형의 설정, 영향분석, 그리고 정책의 선택 등의 단계를 거치게 된다. 이런 정책결정단계에서는 정책의 중요한 사항들이 결정되고 특히 누가 무엇을 어떻게 얼마나 얻을 것이며 잃을 것인가가 결정되기 때문에 문제발생의 여지가 많게 되고 더구나 미래의 불확실로 인해 정책결정과 정책집행의 연결이 완전할 수만은 없게 된다. 한편 정책집행과정은 해석, 조직화 및 적용(실시)의 세 단계로 구분될 수 있다. 이상은 조직내부와 관련한 집행의 단계이다. 정책실패는 이러한 모든 집행의 단계에서 발생할 수 있을 것이다. 위의 적용단계를 조직외부, 즉 정책대상과의 관계에서 산출 중심으로 다시 구분하면 ① 집행기관의 정책산출, ② 정책대상집단의 정책산출의 수락, ③ 정책산출의 실제영향, ④ 정책산출의 인지된 영향, ⑤ 상태의 수정의 순이다.[8]

위의 집행의 다섯 단계에서 중요한 평가기준국면은 정책의 산출과 정책의 영향이다. 여기에 정책의 결과라는 국면을 나누면 정책의 내용이나 종류에 따라서 동국면의 어느 측면에서 정책평가를 하게 되며, 여기에서 정책의 성공 및 실패를 가늠하게 되는 것이다. 이는 국면에 따라서 동일정책의 평가결과의 차이가 생길 가능성이 있기 때문이다.

第 2 節 政策失敗의 原因

정책실패는 완전한 실패와 함께 부분적 실패도 포함하는 것이므로, 정책목표를 성공적으로 달성하지 못했을 때나 정책이 위축되거나 축소될 때 정책이 실패했다고 볼 수 있다. 따라서 정책실패의 원인은 정책집행에 영향을 미치는 요인이나 정책집행과정에서 고려해야 할 요소 혹은 정책의 성공적 집행조건 등에서 추론될 수 있을 것이다.

이와 관련시켜 학자들의 견해를 보면 Larson은 정책실패의 원인으로 집행절차의 빈약, 정부간관계의 복잡성, 애매하거나 실현불가능한 목표 및 경제적 환경의 변화 등을 들고 있다.[9]

---

7) J. L. Pressman & A. Wildavsky, *op. cit.*, p. 191.
8) D. A. Mazmanian & P. A. Sabatier, ed. *op. cit.*, p. 7.
9) James S. Larson, *op. cit.*, pp. 1~7.

1. 政策目標

정책의 목표는 정책의 존립근거이며 정책에 정당성을 부여한다. 정책실패원인의 규명 역시 정책목표에서부터 비롯되어야 한다. ① 정책은 정책목표의 내용이 명확하지 않거나 추상적일 때 집행을 곤란하게 하여 실패하게 될 가능성이 높다. ② 정책목표는 실현가능성이 있어야 성공적으로 집행이 가능하다. 그렇지 못할 경우 정책은 실패할 가능성이 높아진다. ③ Kerr는 정책실패의 유형의 하나로서 규범적 정당성의 실패를 들고 있는데, 정책이 나쁘다, 비도덕적이다, 불공정하다, 가혹하다 등으로 나타날 것이다. 예를 들어, 나치의 유태인 학살은 효율적으로 집행이 되었더라도 인류의 규범에 어긋나기 때문에 실패했다고 보아야 한다.[10] ④ 분배정책보다는 재분배성격을 띤 권리 · 이익의 박탈을 수반하는 정책에서는 정책목표의 결정에 정책집행자나 이해관계인의 참여가 적을수록 정책성공의 가능성은 줄어들 것이다. 정책결정에의 참여부족은 오히려 정책집행과정에의 보다 많은 참여와 갈등을 유발할 수 있기 때문에 특히 그럴 가능성이 높을 것이다. ⑤ 상이한 정책목표간에 상위 · 하위의 목표와 수단관계가 있을 경우 내적 일관성이 없으면 정책은 실패할 가능성이 높다. ⑥ 시간적 순서에 따른 정책들의 정책목표가 상이하거나 경쟁적일 때 정책실패의 가능성은 높다. 한편 정책의 선결조건으로서 타정책이 해결되지 않으면 실패를 면치 못하는 경우도 있는데, 수도권 인구억제정책은 다른 정책(예를 들어, 지방자치제)의 실시가 있어야만 보다 나은 결과를 가져올 수 있다. ⑦ 정책집행지침은 목표를 달성할 수 있는 방법과 수단이나 절차가 구체적이지 않으면 정책집행자들에게 혼란을 가져올 수 있으며 결과적으로 성공적인 집행을 어렵게 할 수 있다. ⑧ 정책목표를 달성하기 어려운 경우 정책목표를 수정시켜야 하며 적절한 정책목표수정이 없을 경우 정책은 실패할 수밖에 없다.

2. 政策手段

정책결정을 위한 수단으로는 정책결정에 필요한 정보와 시간을 들 수 있다. ① 정보의 질이 나쁘며 양이 충분하지 못하면 인과관계를 적절하게 추론할 수 없다. 여기에 컴퓨터 등의 유용성이 제기되며 양질의 통계나 과거의 정책기록이 없을 때 정책의 성공을 기대할 수 없음을 알 수 있다. ② 결정할 시간이 부족하거나, 급박한 상태에서 정책을 결정하는 경우 정책

10) Donna H. Kerr, "The Logic of Policy Successful Policies", *Policy Science* 7, 1976, pp. 351~363.

의 인과관계는 적절하지 못할 가능성도 높아질 것이다. 정치적인 이유로 정책공표를 먼저 한 뒤 집행을 미루는 경우도 여기에 포함된다. 졸속행정 또는 졸속한 정책결정이 정책을 실패로 이끄는 경우가 많이 있다.

정책수단이나 관리방법이 부적절할 때 정책집행은 실패하게 된다. 정책수단으로 조직 등 집행기구 및 절차, 예산 등 재원, 설비, 정보 및 권한 등을 들 수 있다. 정책관리방법은 주로 정책의 수행과 관련된 감독이나 유인의 부족 등을 들 수 있다. ① 정책의 실시를 주관할 기관이나 조직 및 절차가 특별히 존재해 있지 않거나, 있는 경우라도 기능행사가 곤란한 경우 정책의 성공을 기약하기 어렵다. 새로운 정책을 실시하기 위해 새로운 조직이나 기구를 증설하는 이유는 바로 이런 데서 연유한다. 또한 표준운영절차(SOP)가 없는 경우 시간을 허비하여 집행에 비효율성을 초래할 가능성이 높다. ② 예산 등 재원이나 설비의 부족, 정책수단 중 무엇보다도 중요한 것은 예산의 부족이다. 즉, 정책형성과정이나 집행과정에서 동정책의 집행을 위해 필요한 예산을 충분히 확보해 주지 못하는 경우 정책의 실패를 초래하게 된다. ③ 정보는 정책집행의 방법에 대한 정보와 정책대상의 반응에 대한 정보 등을 포함한다. 이러한 정보의 부족은 정책의 효율적인 집행을 저해한다(예 : 전시민을 대상으로 의료보험제도의 확대를 추진하기 위하여 목포시 등에서 시행했던 정책은 대상집단의 일부가 거부현상을 보였는데, 이러한 정보는 후자에 해당된다. 또한 어군탐지기보급실패나 의료보험제도 운영상 의약품수급의 차질 등은 충분한 정보의 수집이 없으면 정책은 실패하게 되는 경우이다.). ④ 집행기관의 하급기관이나 집행자에 대한 권한이 결여되어 있거나 완벽하지 못하면 성공적으로 정책을 집행할 수 없다. 물론 권한은 정책에 따라서 달라지기는 하지만, 특정 정책의 집행을 명령하고 이를 거역하거나 위반할 때 강제할 수 있는 제재권, 인사권이나 예산감축권이 없을 경우 정책의 집행은 어렵게 된다. 여러 중앙관서가 지방기관이 있는 행정자치부나 교육부보다 집행력이 약한 경우가 여기에 해당될 것이다. ⑤ 정책관리방법의 불완전이다. 사실상 정책집행에 문제가 생겼을 경우 정책집행자들에 대한 통제 및 감독과 아울러 유인을 적절히 제공해야 한다. 정책집행에 대한 통제 및 감독은 정책집행의 처음부터 끝까지 적절한 시기에 적절한 요소를 적절한 대상에 대해 실시해야 한다. 정책의 집행을 하부기관에 위임했을 때 더욱 그러하다. 이런 조건을 갖추지 못한 경우 정책의 효율적 집행은 사실상 어려울 수밖에 없을 것이다. 정책집행자나 정책대상집단에 대한 적절한 유인을 갖추지 못했을 때 정책집행은 곤란에 처해진다. 이런 유인은 조직내외에 따라 달라질 것이다. 특히 행정지도 등을 통한 사회변화정책의 경우 대상집단에 적절한 유인을 제공하지 못하면 정책집행은 실패하게 될 가능성이 높다(예 : 보건복지부의 주문식단제).

3. 政策主管機關

정책주관기관은 정책과 관련된 기관으로서 정책결정기관과 정책집행기관으로 나누어진다. ① 현대사회의 복잡성은 정책문제의 복잡성을 낳고 이러한 정책문제의 결정을 위해 정책결정기관은 정책분석가가 정책을 개발할 경우 분석할 수 있는 전문성이 요구된다. 이와 아울러 판단력이나 직관력이 필요하고 정책결정시 협조기관과의 정치적 흥정에 대한 능력도 있어야 한다. 또한 결정해야 할 정책에 얼마나 적극적이냐가 매우 중요하며 과거의 정책경험도 중요하다. 따라서 정책결정기관의 능력이나 자질이 부족할 때 정책의 실패를 겪게 된다. ② 정책결정기관이나 정책결정자의 리더십의 부족이다. 정책결정기관이 최고지도자나 의회로부터 정치적 지원을 확보하지 못하거나 정책집행기관에 대한 통제 · 유인능력을 결여하면 정책은 성공적으로 집행될 수 없다. 또한 정책결정자의 리더십 계속성은 중요한데, 특히 제3세계 등 개발도상국의 경우 정치적 리더십이 지역사회 개발계획이나 사업의 성공에 미치는 영향은 절대적이다. 그렇기 때문에 정치적 리더십에 정책이나 사업의 성공을 전적으로 의존할 경우 정치적 리더 1인의 거취나 신상은 곧 정책이나 사업의 흥망성쇠와 그 패를 같이한다. ③ 정책의 집행을 위한 행정기관, 즉 관료제 등 집행자의 문제해결능력이나 전문성이 요구된다. 사회는 변화하나 사회 속의 관료제, 즉 집행자의 능력신장이 없을 때 정책문제에 대한 이해는 물론 처리능력도 부족하게 된다. 이런 분야로 환경, 에너지 분야 등을 들 수 있다. 예를 들어, 국공립학교연료구매의 실패는 담당서무직원의 능력부족이었으며, 검수능력이 없는 정부산하기관에 검사권을 위임했을 때 집행에 낭비를 가져오게 된다. ④ 집행자는 정책을 결정하거나 포괄적으로 정책운용을 하는 상부기관으로부터 정치적 지원을 받을 수 없을 때나 상호보완 및 협조의 역할을 하는 관련기관이 협조를 얻지 못하거나 하부기관에게 적절한 감독과 유인을 제공하지 못할 때 정책의 실패를 초래하게 된다. ⑤ 정책집행자의 정책에 대한 부정적 태도와 소극적 태도는 정책집행자의무능력 이상으로 정책실패를 야기하게 될 것이다. 정책에 대한 부정적 태도는 정책에 대한 저항이나 회피, 무관심 등으로 나타나며, 규제정책 혹은 구성정책에서 쉽게 찾아 볼 수 있다. 또한 정책집행의 위임이 너무 가속적일 때는 정책집행에 대한 무관심을 자아낼 것이며, 정책집행자의 능력 이상을 요구할 때 저항하게 될 것이다. ⑥ 보조금 등 지원정책의 집행 후에 관리를 소홀히 하면 정책이 원하는 효과를 달성할 수 없다.(예 : 1973년 농림수산부 소속 연초조성사업)

4. 政策對象集團

정책대상집단은 정책의 집행으로 인해 직접 피해를 입거나 혜택을 받는 집단으로 개인·집단·국가 모두 해당될 수 있다. 정책결정과정에서는 정책대상집단의 참여성국면이 정책집행과정에서는 동집단의 순응이나 저항성국면이 중요하다고 보면 이들과 관련시켜 볼 때 정책대상집단의 규모나 세력, 혹은 태도 등은 정책의 성패를 결정하는 중요한 요인이라고 볼 수 있다. ① 정책결정과정에 정책대상집단의 참여가 부족할수록 정책은 실패할 가능성이 높다. 특히 자발적 참여가 문제될 것이다. 참여의 부족은 정책집행단계까지 연결되어 정책대상집단의 저항이나 무관심을 자아낼 수 있기 때문이다. ② 정책대상집단의 세력이 약하거나 그들의 이해관계를 대변할 조직화된 기관이 없거나 설사 그런 기관이 있더라도 그들의 의사가 제대로 반영되지 않는 비자발적 결과라면 정책결정에의 참여가 어렵고, 참여한다 하더라도 그들의 이해를 적절하게 대변할 수 없기 때문에 정책은 실패할 소지가 많다. ③ 정책집행과정에서 정책대상집단의 순응이 낮을수록, 저항이 클수록 정책의 효율적 집행은 어려울 것이며, 따라서 정책실패의 가능성도 높아질 것이다. 정책유형에 따라서 정책대상집단의 순응 및 저항이 달라질 수 있는데 분배정책이나 재분배정책보다는 규제정책의 순응확보가 상대적으로 어려울 것이다. ④ 대상집단의 권리나 이익을 박탈하거나 침해하는 규제정책의 경우에는 대상집단의 세력이 클수록 동정책의 집행은 어렵게 된다. 그러나 분배정책 등 지원정책은 오히려 그 반대의 현상을 보일 것이다. ⑤ 정책대상집단의 정책에 대한 소극적 태도나 부정적 태도는 정책의 집행을 실패케 할 것이다.

5. 政策環境

정책결정환경은 당해정책의 결정과 형성을 둘러싼 환경으로, 정책실패와 관련시켜 보면 합리적인 정책결정, 정당·합법적인 정책결정을 저해하는 환경적 요인을 생각할 수 있다.

① 정책결정에 있어서 불확실성은 너무나 많이 논의되고 있다. 불확실성이 높은 정책일수록 실패할 가능성이 높으나 어떤 전략을 택하느냐에 따라 달라질 수 있다. 정책을 결정할 때 여건이 구비되어 있지 못하면 정책이 실패할 가능성은 높으며, 우리나라의 경우 정책여건조성보다 정책을 우선 결정·집행하여 그 정책이 실패하거나 중단되거나 연기되는 경우가 허다하다. 이러한 여건으로는 경제적·사회적·기술적 여건 못지않게 국민의 의식수준 등 심리적 여건도 중요할 것이다. 즉, 기술수준의 미약은 정책의 효율적 집행을 저해할 것이다.

② 정책결정을 둘러싼 행정부 전체로서의 정책결정체제가 불합리하거나 합리 · 정당성을 저해하는 경우, 정책결정문화가 불건전할수록 정책은 실패할 가능성이 높을 것이다. ③ 불합리하거나 정당치 못한 정책결정을 제어할 수 있는 정책통제력이 부족하면 정책의 실패를 막기 어려울 것이다. 감사원 · 국회 · 사법부 · 언론 · 전문가 및 국민의 정책통제력이 부족할 경우 고도의 복잡성을 띤 정책결정의 합리성과 정당성 확보는 더욱 어려워질 것이다.

정책집행환경은 정책의 집행을 둘러싼 외부 여건의 총체라 할 수 있다. 정책실패와 관련시켜 보면 효과적이고 탄력적인 정책의 집행을 저해하는 환경적 요인을 생각할 수 있다.

① 정책결정시 예측하지 못했거나 예측을 초월한 사회 · 경제 · 기술 · 자연적 환경의 악화가 정책집행을 실패케 할 수 있다. 사회의 불안이나 혁명 · 전쟁 등 비상적인 경우, 경제불황과 대규모 실업은 당해 부문의 정책은 물론이고 타부문의 정책에까지 영향을 미치게 된다. 예컨대, 경제불황은 조세수입을 감소시키고 결국 예산정책사업을 줄이기도 할 것이다. ② 정책집행기관들인 관료제 내부에 무사안일주의, 할거주의나 형식주의가 팽배해 있을수록 정책은 실패할 가능성이 많다. 할거주의, 즉 부처간협조의 부족이 정부사업의 효율적 집행을 방해하고 또한 정치지도층이 정책에 대해 무관심하거나 정책의 우선순위를 낮추게 되면 정책은 소기의 목표를 달성할 수 없게 된다. 즉, 지배기관으로서 대통령과 의회는 정부차원에서 정책운용에 대한 최종책임자이기 때문에, 특정 정책에 대한 관심의 결여는 지원의 축소를 야기시켜 정책의 효율적 집행을 불가능하게 할 것이다.

第 3 節 政策變動의 意義

1. 政策過程과 政策變動

정책과정은 정책의제설정, 정책결정과 정책집행, 정책평가의 순서대로 이루어진다. 이때 각 단계의 활동의 결과에서 얻게 되는 정보는 전 단계의 활동을 위해서 끊임없이 환류되어야 바람직한 활동이 이루어질 수 있다. 정책결정에서 얻게 된 새로운 정보가 정책의제설정에 제공되고 정책집행활동 및 정책평가활동에서 얻게 된 정보는 정책의제설정, 정책결정에 환류되어야 두 활동이 바람직스럽게 되는 것이다. 뿐만 아니라 동일한 정책과정에서도 끊임없이 환류가 일어나야 하는데 정책결정단계에서 대안의 탐색 · 개발 후에 이루어지는 정책대안의 비교 · 평가과정에서 얻게된 새로운 정보로 새로운 정책대안을 개발해내는 것이나, 정책집행을 위한 정책지침개발 후에 이루어지는 서비스 제공단계에서 발생하는 예상치를 못한 문제

를 해결하기 위해서 정책지침을 다시 수정 · 보완하는 것과 같다.[11]

정책과정상의 환류중에서 가장 중요한 부분이 정책평가에서 밝혀진 정보를 환류시키는 것이다. 즉, 과정평가에서 밝혀진 내용을 바람직한 정책집행전략을 수립하는 데 활용하는 것이나 총괄평가에서 얻은 정책의 결과에 대한 정보를 정책결정과정에 환류시키는 것이 매우 중요하다. 예를 들면, 총괄평가에서 정책효과가 없는 것으로 밝혀지면 이것도 정책결정과정에 환류시켜 그 정책이나 사업을 종결시키는 결정을 하도록 하는 것이다. 이렇게 환류활동은 정책활동의 진행도중에 얻게 되는 새로운 지식이나 정보를 활용하는 것으로서 정책체제의 중요한 학습활동에 해당되는 것이다. 그런데 정책체제의 환류활동 또는 학습활동은 여러 가지 이유 때문에 제대로의 기능을 수행하지 못하는 경우가 많다. 정책효과가 없는 것으로 평가된 사업은 그 존재이유가 되는 목표를 달성하지 못하였으므로 당연히 종결(폐지 또는 중단)되어야 하는데도 불구하고 그대로 존속하는 것과 같다. 일반적으로 보면 새로운 문제나 사태의 등장으로 정책의 내용이나 추진방법이 변화되어야 함에도 불구하고 이러한 변화에 적응하지 못하는 것이 대부분이다. 정치행정체제가 환경의 변화에 적응하지 못한다는 주장들은 바로 이런 현상을 지적하는 것이다.

원래 정책활동을 유발시킨 사회문제는 정치체제의 환경이 변화함에 따라 그 성격이 변화하게 된다. 정치체제를 둘러싼 사회경제적 환경이 보다 산업화 · 도시화 됨에 따라서 재정수입이 증가하고 이에 따라 문제를 해결하는 범위나 방법도 변화되어야 한다.

환경의 변화에 따른 문제의 성격변화와 이에 따른 새로운 문제의 등장만이 아니라 정책집행 결과로서 나타나는 정책의 효과나 기타 영향이 문제를 변화시킨다. 여하튼 이러한 문제의 변화는 정책결정 도중이나 정책집행 도중 또는 평가활동 도중에 인지되거나 파악이 되고 이것이 환류되어서 정책의 변동을 일으키게 되는 것이다.

정책의 변동은 그 정책내용(정책목표와 정책수단 및 대상집단 등)의 변동만이 아니라 정책집행방법(서비스 제공 체계상의 변화를 비롯한 SOP상의 변화 등)까지도 포함한다. 그러므로 정책의 변동은 정책결정에서 일어나는 정책의 수정 · 종결만이 아니라 정책집행단계에서 일어나는 것도 포함된다. 그러나 정책변동론에서의 초점은 역시 전자에 있게 된다.

여하튼 정책과정 전반에 걸쳐서 인지될 수 있는 변화는 새로운 정책내용이나 방법을 결정하기 위해서 환류가 되어야 하는데, 이 환류가 제대로 되지 않는 이유는 크게 두 가지가 있다. 첫째는, 인지가 정확히 되지 않거나 인지된 것이 필요한 곳에 전달되지 않기 때문이다. 둘째는, 정책변동론에서의 초점이 되고 있는 것인데, 이해관계자들의 반대나 저항 때문에 환

---

11) 정정길, 「정책학원론」, 다산출판사, 1989, pp. 685~702.

류가 되지 않아 정책의 변동에 활용되지 못하는 경우이다. 환류를 둘러싼 정치적 갈등과 이를 해소하는 정치체제 또는 정책체제의 특성이 정책의 변동을 좌우하는 측면이다.

2. 政策變動의 類型

정책변동은 정책종결(policy termination), 정책승계(policy succession), 정책유지(policy maintenance)이다. 여기에 정책혁신(policy innovation)을 합하여 4가지를 정책변동의 전형적 유형이라고 Hoogwood와 Peters는 말하고 있다.[12]

① 정책혁신은 정부가 관여하지 않고 있던 분야에 개입하기 위해 새로운 정책을 결정하는 것을 의미한다. 이제까지 그 분야에 대한 정부의 개입이 없었기 때문에 하나의 정책이 완전히 새로 만들어지는 것이며 엄격하게 보면 정책의 변동이 아니라 새로운 정책을 처음으로 만드는 것이지만, 다른 변동과 비교하기 위해서 논의하는 것이다.

정책혁신은 사회문제가 처음으로 정책문제로 전환되고, 이것을 해결하기 위해 정부가 정책을 결정하는 것으로 현재의 정책이나 활동이 없고 이를 담당하는 조직도 없으며, 물론 예산이나 사업활동도 없는 무(無)에서 새로운 것을 만드는 것이다. 그런데 20세기 후반의 선진국가들에서는 이러한 정책혁신은 거의 없으며 우리나라도 복지분야 등을 제외하면 마찬가지이다.

② 정책유지는 문자 그대로 해석하면 현재의 정책을 그대로 지속시키는 것으로서 다시 말하면 정책의 기본적 특성을 그대로 유지시키는 것을 의미한다. 그래서 외견상 정책의 변동에 포함되지 않는 것 같으나, 모든 정책은 그 내용에 있어서 시간이 흐름에 따라 변화되기 마련이다. 정책의 시발점이 되는 문제상황이 환경의 변화와 더불어 끊임없이 변화하기 때문이다. 아주 작게 보면 수혜자나 피규제자의 수가 변동하는 것에서부터, 크게 보면 사업의 일부가 바뀌는 것 등이 있을 수 있다. 내용상의 큰 변화는 정책승계와 명확하게 구분할 수 없다. 그러나 논의의 편의상 이념형으로 양자를 구분하여 극히 추상적이기는 하지만 정책의 기본적 특성이 변경되지 않으면(예를 들면, 법률이나 기본정책이 변경되지 않으면) 정책을 구성하는 사업내용이나 예산액수, 집행절차의 변경은 정책유지라고 보는 것이다.

정책유지는 사실 정책의 결정 후에 집행과정에서 일어나는 변화와 현재의 특수사정 등에 적응하기 위해서 일어나는 경우가 많고 이런 경우는 정책을 유지하겠다는 의도적인 결정을 통해서 하는 것이 아니다. 드물기는 하지만 정책의 변경이 전혀 없을 수도 있는데 이것도 보

12) Brain W. Hogwood and B. Guy Peters, *Policy Dynamics*, New York : St. Martin's Press, 1983, pp. 26~29.

통의 경우는 의도적인 것이 아니다. 그러나 의도적인 결정을 거쳐서 정책유지를 하는 경우도 있는데 정책을 면밀히 검토한 후에(즉, 정책평가를 한 후에) 정책의 기본골격과 특성을 유지하기로 결정하는 경우이다. 이것은 정책의 기본내용을 대폭 수정하거나 아니면 정책의 종결을 하기 위해서 노력하다가 이것이 반대 세력의 저항에 부딪쳐 실패하던지, 아니면 합리적 판단에 따라서 현재의 정책을 그대로 유지하도록 결정하는 경우이다.

③ 정책승계는 현존하는 정책의 기본적 성격을 바꾸는 것으로서 정책의 근본적인 수정을 하는 경우(정책의 중요한 일부를 없애거나, 새로운 부분을 추가하는 경우), 정책을 없애고 새로운 것으로 완전히 대체하는 경우 등을 포함한다. 어느 경우이거나 기본정책목표는 변하지 않기 때문에 정책승계라고 부르게 되고 이 점에서 다음의 정책종결과 차이가 있다. 또 정책목표는 변화되지는 않지만, 정책수단인 사업이나 사업을 담당하는 조직, 예산항목에서도 중대한 변화가 일어난다는 점에서 정책유지와 다르다.

④ 정책종결은 현존하는 정책을 완전히 소멸시키는 것으로서 정책수단이 되는 사업들, 이들을 지원하는 예산이 완전히 소멸되고 이들을 대체할 다른 정책도 결정하지 않는 경우이다. 정부는 이 분야의 개입을 중단하고 민간부문에게 모든 것을 맡기는 경우로서 그 예가 드물다.

이들 네 가지 유형간의 차이와 상호관계를 극단적으로 유형화시키면 네 가지 정책변동의 유형은 다음과 같이 요약된다. 첫째, 정책혁신은 그 분야의 기존 정책(법률)이 없고 담당조직도 없으며 예산도 없는 상태에서 새로운 것들을 만드는 경우, 둘째, 정책유지는 기존 정책(법률)의 내용, 담당조직예산의 기본골격을 유지하면서 약간씩의 수정 · 변경을 하는 경우, 셋째, 정책승계는 정책목표는 그대로 유지하되 이를 위한 정책내용(정책대상집단이나 사업등) · 추진조직 · 예산항목 등을 대폭 수정 · 변경하거나 이들을 모두 폐지하고 새로운 것으로 대체하는 경우이며, 넷째, 정책종결은 기존 정책을 완전히 폐지하고 이를 대체할 정책도 만들지 않는 경우이다. 일반적으로 이들 네 가지 유형간의 관계는 다음과 같다.

즉, 처음으로 정책이 만들어지면 환경에 변화가 있어도 정책내용을 변화에 적응시켜 수정 · 보완하여 정책유지의 형태로 그 기본골격을 유지하다가 변화가 더욱 누적되면 정책승계로서 정책의 대폭적 수정 · 변경을 하거나 그것으로 부족하면 정책을 새로운 것으로 대체하게 된다. 이렇게 승계된 정책은 다시 변화에 적응하면서 유지되어 나간다. 한편 환경의 변화에 따라 정책으로 판단되면 정책은 폐지되어 종결된다.

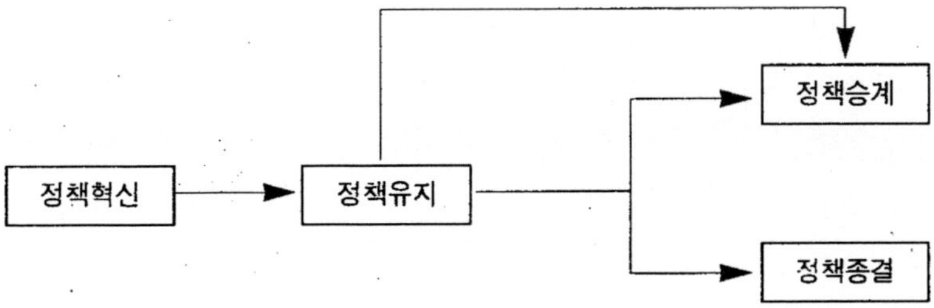

〔그림 6-1〕 정책변동의 제유형간의 관계

第 4 節 政策承繼와 政策終結의 類型

1. 政策承繼의 類型과 內容

정책변동의 거의 대부분이 정책유지와 정책승계인데, 이 중에서 정책유지는 정책내용의 기본골격을 유지하는 것이므로 체계적이고 정밀한 분석에 따라 결정할 필요성이 크지 않지만, 정책승계는 정책의 대폭적인 수정이 있으므로 이를 합리적으로 수행하기 위해서는 체계적이고 정밀한 분석이 절대적으로 필요하다. 그런데 정책승계의 내용이 여러 가지를 포함하기 때문에 그에 따라 합리적 대응방법도 달라진다. 그러므로 정책승계의 내용을 보다 구체적으로 검토하는 것이 중요하다.

정책승계는 기존 정책의 목표는 변경시키지 않고 그 수단의 핵심이 되는 내용의 일부, 또는 전부에 대해서 변경시키는 것이다. 그래서 그 내용은 크게 두 가지 면에서 볼 수 있다. 첫째는, 변동되는 정책의 실질적 내용면에서 보는 것인데, 여기에는 정책수단의 핵심이 되는 사업, 이를 담당하는 조직, 이를 뒷받침하는 예산 등의 일부가 크게 변동하는 경우를 말한다. 둘째는, 변동 자체의 유형인데, 이것이 여기서 주로 논의하는 것으로 다음 〔그림 6-2〕와 같다.

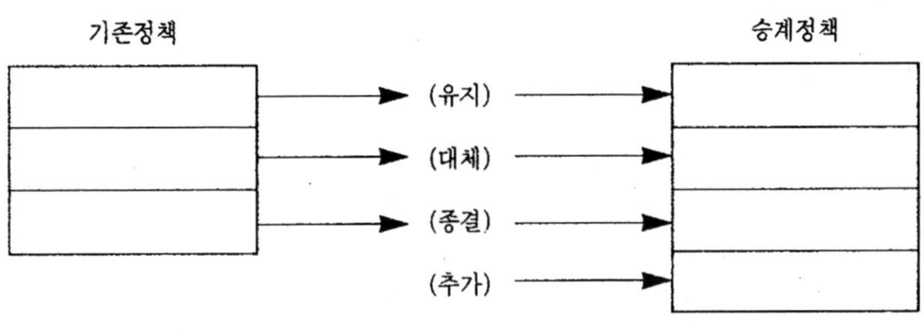

〔그림 6-2〕 정책승계의 내용

〔그림 6-1〕의 오른쪽에서 보게 되는 승계된 정책의 내용은 크게 4가지 내용을 포함하는데, 물론 다음의 유형에서 보듯이 이들 중에 1개, 2개 또는 그 이상이 복합적으로 나타나게 된다. 이때 종결만이 나타나는 경우는 정책종결에 해당되고 유지만이 나타나면 정책유지에 해당된다. 이것은 정책승계에서 논의하지 않는다. 4가지 승계내용을 서로 다르게 배합시키면 정책승계의 여러 가지 유형이 나오게 된다.

첫째, 정책대체이다. 이것은 대체만이 나타나게 되는 경우인데, 즉 정책목표를 변경시키지 않는 범위 내에서 정책내용을 완전히 새로운 것으로 바꾸는 것이다. 이것을 Hogwood와 Peters는 선형적 승계라고 부르고 있다. 정책대체 속에는 물론 부분대체가 얼마든지 있을 수 있다. 즉, 일부는 과거의 것을 그대로 유지하면서 일부를 대체하는 것이다.

또 정책대체에는 정책환원과 정책재도입도 포함된다. 정책환원(policy reversal)은 1982년 봄에 실시되었던 중학생 교복자율화가 1982년 가을에 다시 교복제도로 환원된 것이 그 예가 된다.

한편 정책재도입(policy hiatus)은 정책이 잠시 중단되었다가 다시 실시되는 것을 말하는데, 불경기에 경기상승책을 쓰다가 경기가 좋아지면 중단하고 다시 경기가 나빠지면 재도입하는 것과 같은 순환적(cyclical) 정책재도입이 대표적이다.[13)]

둘째, 부분종결(partial termination)인데 이것은 일부의 정책을 유지하면서 일부는 완전히 폐지하는 것이다. 정책유지와 종결이 배합된 경우이다. 석유파동으로 석유부족이 일시적으로 심각해지자 일면 석유소비를 억제하기 위해 소비세를 부과하고 나면 석유배급제를 실시했는데, 석유공급이 어느 정도 안정적으로 계속되자 소비세는 유지하되 배급제는 폐지한 것이 배분종결의 예이다.

셋째, 복합적 정책승계로서 정책유지 · 대체 · 종결 또는 추가(정책혁신과 같은) 등에서 3개 이상 복합적으로 나타나는 것인데, Hogwood와 Peters가 말하는 비선형적(non-linear) 정책승계가 여기에 해당된다.

넷째, 정책승계유형으로서 정책분할과 정책통합이 있다.

정책통합은 두 개의 정책이 하나의 정책으로 통합되는 경우를 지적하는데, 동일하거나 비슷한 목표를 지니고 있는 경우에 일어난다. 예를 들면, 해운정책과 항만정책이 통합되어 해운항만정책으로 통합된 것이다. 이러한 정책의 통합은 거의 언제나 담당조직의 통합을 가져오게 된다. 그래서 해운업무를 담당하던 교통부해운국, 항만건설업무를 담당하던 건설부의 항만시설국 등을 통합하여 해운항만청이 설립된 것이다.

---

13) Richard Rose, "Models of Change", in R. Rose(ed.) *The Dynamics of Public Policy*, Berverly Hills : SAGE, 1976, pp. 4~18.

정책의 분할(splitting)은 하나의 정책이 두 개 이상으로 분리되는 것인데, 정책담당기관이 하나에서 두 개 이상으로 분리되면서 그 정책도 분리되는 것으로 생각하는 것이다. 그런데 정책담당기관이 분리되면 정책의 성격에도 커다란 변화가 일어날 수 있다고 한다. 예를 들면, 1974년도의 석유파동을 계기로 주로 상공부에서 담당하던 에너지 정책을 동력자원부에서 담당하게 되자 상공부에서는 주로 공업용에너지의 확보에 초점을 두던 정책목표가 교통운수용 · 상업용 · 가정용 에너지의 확보에 초점을 두는 것으로 바뀌었으며, 이에 따라 에너지 수요공급정책 전반에 걸쳐 보다 체계적이고 종합적인 목표와 수단을 강구하게 된 것과 같다.

2. 政策終結의 類型과 內容

정책종결은 정책(법률 또는 어떤 형식으로 표현된 것이든), 사업(program), 그리고 담당조직을 폐지하고 이를 전혀 대체하지 않는 것을 의미한다. 그래서 이 부분에 대한 정부의 개입을 완전히 중단하는 것이다. 과거에 수출증가를 목적으로 수출업체에게 조세감면 수입을 할 수 있는 권한부여, 수출지원을 위한 보조금이나 저금리 융자금지원 등 여러 가지 시책을 추진하다가 요즈음은 이것을 완전히 없애버린 것과 같다.

정책종결의 내용을, 첫째, 실질적 종결내용에서 보면 위에서와 같이 법률 · 사업 · 조직 · 예산 등이 폐지되는 것이며, 이들 중에서 어느 것만 종결시키면 앞에서 본 부분종결에 해당된다. 둘째, 종결이라는 변동 자체의 유형에서 보면 다음과 같이 세 가지로 나눌 수 있다.[14]

① 폭발형이다. 이것은 치명적인 타격에 의하여 '꽝(bang)' 하면서 일시에 정책이 폐지되는 것을 의미하는데, 이때에 일시적이란 말은 단일의 중대한 결정에 의한다는 의미이다. 물론 이러한 치명적인 결정이 있기 이전에 정책폐지론자와 유지론자 사이 정치적 갈등과 투쟁이 계속되는 것이 일반적이다. 1960년대 말에 격렬한 논쟁 끝에 정부의 결정에 의하여 중학교 입시제도가 폐지된 것과 같다.

② 점감형이다. 이것은 서서히 정책이 소멸되는 과정을 거쳐 결국 없어지는 것인데 자원의 계속적인 감소에 의하는 경우가 많다. 그러나 자원과 관계없이 수출지원시책이 처음에는 보조금제도를 없애고 다음에는 면세조치와 특혜(저리) 융자제도를 없애면서 서서히 없어지는 경우와 같은 예도 얼마든지 있다.

14) Eugene Bardach, "Policy Termination as a Political Process", *Policy Science*, Vol. 7, No. 2, 1976, pp. 125~126.

③ 혼합형으로서의 위의 양자의 성격이 모두 나타나는 경우로서 정책을 의도적으로서 종결시키려고 할 때 사용할 수 있는 전략이다. 폭발형을 취하면 사회에 미치는 충격이 너무 크고, 점감형을 취하면 정책종결 반대자의 저항에 부딪쳐 종결이 힘드는 약점이 있기 때문에, 서서히 감소시켜서 사회의 충격이 적다고 판단되는 시점에 가서 일시에 종결시키는 것이다.

第 5 節 政策變動의 原因

- 정책종결의 원인을 중심으로 -

정책변동의 원인은 여러 가지가 있으나 근본적으로 정책환경의 변화에 있다. 정책환경이 변화하면 정치체제에 대한 투입이 변화하여 이것이 과거의 투입에 의하여 결정된 정책을 변화시키게 된다. 물론 투입의 변화가 정책의 변동으로 나타나려면 전환과정을 거쳐야 하는데, 이 과정에서 이해관련자의 투쟁과 갈등이 어떻게 진행되느냐에 따라서 정책변동의 내용은 달라지게 된다. 그래서 정책변동의 원인은 환경변화가 핵심적이지만 정책의 특성, 정책지지집단의 성격변화 등도 영향을 미친다. 이것을 그림으로 나타내면 다음과 같다.

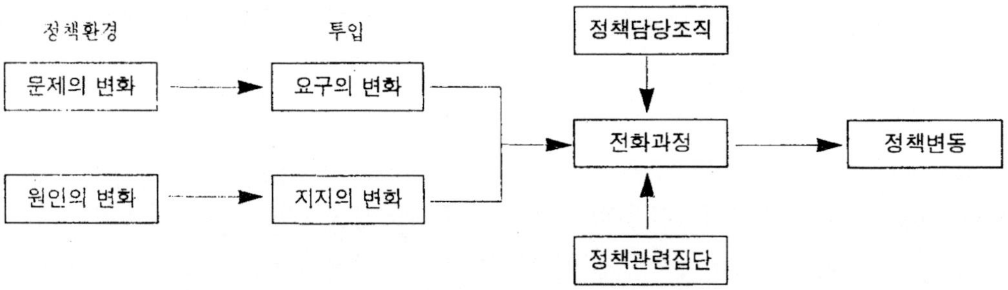

〔그림 6-3〕 정책변동의 원인과 관련집단

1. 政策環境의 變化와 投入의 變化

정책환경의 변화는 원래 정치체제에 대한 투입의 변화를 가져오는데 이 투입에는 두 가지가 있다. 특정한 정책내용을 추진할 것을 주장하는 요구(demand)와 정치체제에 대한 지지(support)이다.

1) 정책문제의 변화와 요구의 변화

원래 정책문제의 해결을 목표로 하는 경우는 문제가 변화하면 문제를 해결하기 위한 정책 내용도 변화할 것을 관련집단들은 요구하게 된다. 문제의 변화는 보통, 첫째, 환경의 변화에 의하거나, 둘째, 정책에 의한다.

① 정책의 환경인 사회경제가 발전하거나 변화하게 되면 정책문제의 변화가 일어난다. 1980년대 초까지 무역적자가 심각하면 경제문제로서 그 해결이 요구되었는데, 그동안 경제 성장의 결과 기술이 향상되는 등으로 수출이 크게 증가하여 무역적자가 완전히 해소되는 것과 같다. 도시화가 계속되어도 과거 1960년대에는 볼 수 없었던 농촌의 인력부족이라는 문제가 등장하는 것도 마찬가지이다.

② 정책의 결과로 인하여, 또는 부작용을 포함한 정책영향으로 인하여, 정책문제가 완전히 해결되는 경우도 있다. 예를 들면, 과거에 계속되어온 전력부족문제를 원자력 발전의 촉진정책으로 완전히 해결한 것과 같다.

정책문제의 변화는 몇 가지 유형이 있는데 이에 따라서 정책변동의 내용도 달라져야 한다. 합리적으로 정책변동이 일어나면 다음과 같이 되어야 한다.

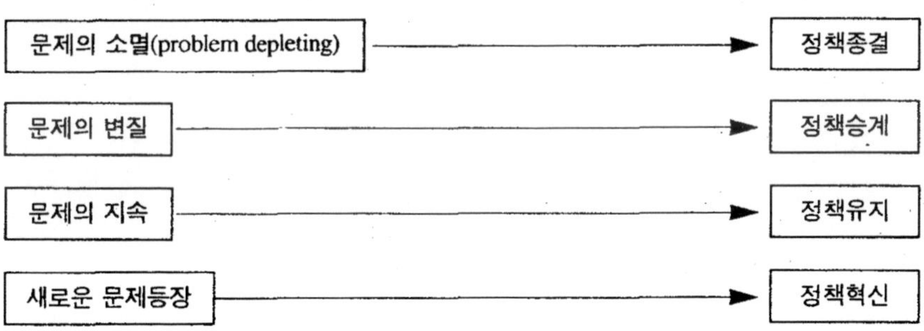

이 중에서 정책종결의 원인이 되는 문제의 소멸은 학자들에 의해서 많이 지적되고 있는데, 이것이 이른바 정책의 정통성상실(loss of legitimacy)의 가장 큰 원인이다.

2) 자원의 변화와 지지의 변화

경제사정이 좋아져서 국민소득 수준이 향상되고 조세납부가 증가하면 이 때문에 새로운 정책을 추진할 수 있게 된다. 그러나 반대로 경제사정이 악화되어 조세납부가 감소되면(명목상으로는 감소되지 않아도 인플레 때문에 실질적인 가치가 감소되면) 정부예산의 축소가 있어야 하고 이 때문에 일부 정책의 축소 또는 폐지가 불가피해진다. 이 후자가 크게 문제가 되는데, 이것을 환경적 지지의 축소 또는 환경적 엔트로피(environmental entropy)의 감소라고 부르는 학자도 있다.

이 원인은 정책변동 중에서도 정책종결에 큰 영향을 미치고 감축관리에서는 가장 중요한 원인으로 지적하고 있다.

2. 政策의 誤謬와 執行組織의 弱點

논리적으로 보면 정책의 내용이 잘못 결정된 경우에 당연히 변동되어야 한다. 선진국에서는 이것이 크게 문제되지 않는다. 약간의 잘못이 있는 경우는 집행과정에서 수정 · 보완하는 것으로(즉, 정책유지의 경우로서) 크게 문제가 되지 않는다. 그러나 후진국에서는 흔히 정치적 목적과 결부된 정책이 그 실질적 목적면에서 타당성에 대한 논란이 있기 때문에 문제가 된다. 보통의 경우는 후진국에서도 정책의 내용상 오류가 있더라도 그 자체만으로 정책변동을 일으키지 않지만 정책환경의 변화와 결합되면 커다란 변동이 일어난다(예 : 과거 30년 동안 학생운동을 지나치게 규제하던 집회시위법이 정치체제가 민주화되면서 대폭 변경된 것).

담당조직의 약점이 그 조직이 추진하는 정책의 변동원인이 되기도 한다. 여기에는 두 가지가 포함되는데, 첫째는, 조직이 지니고 있는 대외적 이미지의 악화나 취약성, 조직지도층의 리더십의 약화, 내부적 갈등의 심화 등의 정치적 취약성, 조직지도층의 리더십의 약화, 내부적 갈등의 심화 등의 정치적 취약성(political vulnerability)이 그 조직의 정책을 종결 또는 축소시키는 데 커다란 영향을 미친다는 것이다. 이 정치적 취약성은 조직의 역사가 오랜 것일수록 그 심각성이 훨씬 줄어들게 되고 조직이 담당하는 기능이 국민들에게 좋은 반응을 얻을수록 줄어들게 된다. 둘째는, 조직 내의 기술적 측면과 관련된 것으로 조직이 외부의 환경으로부터 받아들인 정보를 정확하고 신속하게 분석 · 전달하고 효과적으로 문제를 해결하는 등의 능력을 갖추지 못하기 때문에 변화에 대한 적응이 어렵게 되고 이로 인해 조직의 위축이 일어나는 것이다.

第 6 節 合理的 政策變動과 政策變動에 대한 抵抗의 原因

1. 政策變動의 合理的 管理의 必要性

1) 합리적 정책변동의 필요성

정책의 변동을 합리적으로 추진해야 할 필요성은 다음과 같이 정리할 수 있다.

① 현재에 와서 추진하고 있는 정책들은 거의 모든 과정에 이미 결정된 것이고 정책결정활동은 기존의 정책을 수정 · 보완 · 대체하는 것들이다. 즉, 정책의 혁신으로서 새로이 정책을 결정하는 경우는 드물고 과거에 결정된 정책을 변경시키는 결정, 즉 정책변동(policy change)이 거의 대부분이다.

② 환경의 변화가 급격하고 다양해졌을 뿐만 아니라 정부의 민간에 대한 개입이 확대되고 복잡해지기 때문에 이를 위한 정책의 내용이 환경변화에 따라 끊임없이 변화되어야 한다. 세계적인 추세도 그렇지만 우리나라는 과거 40년 동안 급속한 경제성장과 더불어 엄청난 정치적 · 경제적 · 사회적 변화를 겪어왔다. 이 과정에서 정부는 경제발전을 주도하기 위해 무수한 정책 · 사업을 통해서 민간부문에 깊이 개입하게 되었다. 정책환경의 변화 때문에 이에 대응하는 대폭적인 정책변화가 있어야 함은 당연하다. 수출증가를 위해서 추진했던 수출증진정책이나 부족한 외화의 해외유출을 방지하기 위해서 강력한 외환규제를 하는 외환관리법 등 무역분야만 하더라도 변경되어야 할 정책은 너무나 많다.

③ 이상의 필요성 때문에 정책변동이 끊임없이 일어나야 함에도 불구하고 현실적으로 변동저항요인 등 여러 가지 원인에 의해서 정책변동은 그 폭에서 있어서나 방향에 있어서 불완전한 경우가 대부분이다. 그러므로 합리적 판단에 의한 정책변동의 추진이 꼭 필요하다.

2) 정책변동의 합리적 결정

정책변동의 내용을 어떻게 해야 합리적으로 결정하는 것인가? 그 논리는 합리적 · 분석적 정책결정과 동일하다. 즉, 정책의 내용중에서 어느 부문을 수정 · 대체 · 종결할 것인지 또한 무엇을 추가할 것인지에 대하여 여러 가지 대안을 탐색하고, 그 결과를 예측해서 비교 · 평가한 후에 최선의 대안을 선택하는 것이다.

그러나 새로운 정책의 결정과 기존 정책의 변동은 커다란 차이가 있다. 제일 첫 단계에서 문제파악을 하는 (그리고 목표설정을 하는) 작업을 할 때 새로 정책을 결정하는 경우는, 문제파악을 하는 것으로 끝나지만, 정책변동의 경우에는, 첫째, 문제의 파악, 둘째, 기존 정책이 문제에 미치는 영향, 셋째, 정책의 내용중에서 어느 것이 변경의 대상이 될 것인가를 파악하기 위해서 정책내용의 분석이 있어야 한다. 이때 둘째, 셋째 작업이 기존정책의 변경을 합리적으로 하기 위해서 꼭 필요한 작업이다. 이 작업이 바로 정책평가작업(둘째는 총괄평가, 셋째는 집행분석과 과정평가)이다. 그래서 합리적인 정책변경을 위해서는 정책평가작업이 선행되어야 하는 것이다.

이와 같이 분석적 차원에서 보아 정책의 혁신(새로운 정책의 결정)과 정책의 변동은 공통점과 차이점이 있을 뿐만 아니라 정치적 측면에서도 그러하다.

2. 政策變動에 대한 抵抗 -정책종결의 경우를 중심으로-

처음으로 정책을 결정하는 경우(즉, 정책혁신)에 나타나는 관련된 집단들간의 갈등과 대립은 정책변동에서도 그대로 나타나게 된다. 즉, 어느 집단이 문제해결을 위해서 정책의 결정을 요구할 때 다른 집단이 반대하는 경우 등은 어느 경우에나 나타나게 된다. 그러나 정책변동의 경우에는 기존 정책의 혜택을 보는 집단의 정책변동에 대한 저항이 강력하다는 점에서 정책혁신과 큰 차이가 있다. 정책변동이 합리적으로 추진되지 못하는 이유는 분석적 결정이 어려운 데에도 있지만 무엇보다도 변동에 대한 저항집단의 반대가 가장 큰 이유이다.

정책변동에 대한 저항은 그 유형(정책유지 · 정책승계 · 정책종결)에 따라서 다르다. 그런데 이 중에서 정책종결에 대한 저항이 가장 강력하다. 왜냐하면, 정책과 사업 · 예산, 그리고 이를 담당하는 조직(조직이 다른 여러 가지 정책을 담당하는 경우는 조직의 일부를)을 모두 없애는 경우가 정책종결이기 때문이다. 그러므로 정책종결에 대한 저항을 극복할 수 있으면 다른 정책변동에 대한 저항은 쉽게 극복이 된다. 뿐만 아니라 정책종결에 대한 저항을 보면 다른 유형의 정책변동에 대한 저항도 쉽게 알 수 있다. 그래서 우리들은 여기서 정책변동에 대한 저항을 정책종결을 중심으로(일부 정책이 종결되면 일어나는 조직의 감축도 포함하여) 검토하려고 한다.

정책종결이나 조직의 감축에 대한 저항은 크게 두 가지 집단에서 나오게 된다. 정책담당조직과 정책수혜집단(beneficiary group)이다. 그래서 정책종결에 대한 저항은 다음과 같이 구분할 수 있다.[15]

① 담당조직의 저항 : 어느 조직이 하나의 정책을 담당하고 있는 경우에는 그 정책의 종결은 바로 조직의 소멸을 의미한다. 또다른 정책도 같이 담당하고 있으면 종결되는 정책을 담

15) Peter deLeon, "A Theory of Policy Termination", in Judith V. May and Aaron B., Wildavsky, *The Policy Cycle*, Berverly Hills : Sage, 1978, pp. 285~293.

당하는 하위조직과 그 예산 · 사업이 모두 소멸된다. 그러므로 조직은 정책종결에 강력하게 저항하게 된다.

조직의 저항에 대해서는 두 가지 측면을 주의해야 한다. 첫째, 조직의 저항은 원래 유기체가 생명유지를 위해서 결정적인 투쟁을 하는 것과 비슷하다는 점이다. 흔히 말하는 행정조직의 영속성(institutional performance)은 이 때문에 나오는 것이다. 둘째, 그러기 때문에 행정조직은 정책의 종결을 회피하기 위해서, 목표가 달성된 후에도 비슷한 목표를 지닌 정책을 개발하거나(올림픽이 끝난 후에 체육부가 국민체육진흥을 위한 정책을 개발하듯이), 이것이 어려우면 다른 목표를 지닌 정책을 개발하거나, 또는 종결되어야 할 사업을 다른 것으로 대체시키는 노력을 계속한다. 이것을 동태적 보수주의(dynamic conservatism)라고 부른다.

② 정책수혜집단의 저항과 정치적 연합 : 정책수혜집단은 정책의 종결로 인한 혜택의 박탈을 피하기 위해서 노력한다. 담당조직이 중심이 되고 정책수혜집단과 원래 정책을 지지한 정치인들이 정치적 연합을 형성해서 강력하게 투쟁을 하게 된다. 군사기지를 폐쇄하려고 할 때 담당 군사조직이 그 지역의 관련기업 · 노동조합 · 국회의원 등을 모두 동원하여 기지폐쇄 반대운동을 하는 것과 같다.

③ 정치적 부담[16] : 정치적 측면에서 보면 정책종결에 따른 정치적 부담이 흔히 문제가 된다. 정치인들이나 정책을 입안한 사람들, 집행책임자 등의 지도자들은 정책의 종결이 마치 자신의 잘못 때문인 것으로 비추어질 가능성이 크기 때문에 정책종결에 소극적이 된다. 특히 정책의 오류 때문이나 집행의 잘못 때문에 정책변동이 있어야 한다고 하면 자신들의 잘못을 그대로 나타내는 것이 된다. 뿐만 아니라 정책의 종결은 현재 수혜자들에게 제공되는 혜택을 박탈하는 것이기 때문에 이들의 정치적 저항이 정치인이나 정부지도자에게는 큰 부담이 된다. 정책대체의 경우에도 새로운 정책이 얼마나 큰 혜택을 누구에게 줄 것인지 확실치 않기 때문에 정치적 손실은 크면서 정치적 지지의 확보는 극히 불확실하다. 그래서 정치지도자들도 정책의 변동, 특히 정책종결에 협조하지 않는다.

④ 정책종결이나 정책변동의 불합리성 : 정책변동 자체가 지니고 있는 약점 때문에 정책변동의 추진이 어려워지는 경우가 많다. 이것은 정책변동의 필요성(또는 효과)과 서로 대립되는 측면으로 정책변동의 약점에 해당된다. 그래서 정책종결의 추진자에게는 커다란 장애가 되고 반대자에게는 커다란 무기가 된다.

㉠ 정책종결은 수혜자에게 부여되던 혜택을 빼앗는데 혜택이 처음부터 전혀 없었던 것보다 오히려 더 큰 피해를 주는 수가 있다. 혜택받는 것을 전제로 하여 생활이 계속되어 왔기 때문이다. 그래서 정책종결은 도덕적 · 윤리적으로 보아 정당성이 인정되지 못하는 경우가 있다.

16) Bardach, "Policy Termination as a Political Process", *Policy Science*, Vol. 7, No. 2, 1976, pp. 128~130.

㉡ 정책의 종결을 통해서 문제가 개선될 것인지에 대해서 확실성이 없으면서, 또는 훌륭한 대안도 없으면서, 이미 막대하게 투입된 사회적 비용을 그대로 버리는 것은 사회적 손실이 될 가능성이 크다.

㉢ 무엇보다도 중요한 것은 정책의 일관성이 예측가능성을 높이고 사회적 안정을 도모하게 되는데, 정책의 변동은 특히 정책종결은 이것을 깨뜨린다. 그래서 흔히 법적 제약은 또다른 측면을 지니고 있는데, 즉 특정한 정책의 종결을 위해서 관련 법령의 수정이나 대폭적 변경이 필요할 때가 있고, 이것이 어렵기 때문에 정책종결이 어려워지는 것이다.

3. 政策變動의 推進戰略 -정책종결의 경우를 중심으로-

1) 동태적 전략

첫째, 정책수혜집단의 무마를 위해서 대가를 제공하던지 정책담당조직의 삭감 · 축소의 경우에 해고되는 직원을 다른 직장에 알선하는 등의 방법이 필요하다. 둘째, 정책변동의 필요성을 홍보하여 일반 국민의 지지를 얻도록 하여 정치적 지지세력을 확대하고, 가능한 한 반대세력을 극소화하기 위해 정책의 변동을 필요한 부분에 한정한다. 셋째, 이외에도 여러 가지 상황론적 전략이 있다.

2) 제도적 장치

무엇보다도 중요한 것이 정책변동을 할 수 있는 제도적 장치를 마련하는 것인데, 여기에는 영기준예산(zero base budgeting)과 일몰법(sun-set law) 두 가지가 있다.

첫째, 영기준예산은 기존의 예산과는 달리 어떠한 사업이던지 그 예산의 추진 타당성을 먼저 검토한 후에 예산을 지원하는 제도이다. 기존의 예산제도에서는 한 번 지원이 시작된 사업은 계속적으로 지원을 받아 오는 것이 관례인데 영기준예산에서는 사업의 타당성을 예산심사 때마다 다시 검토하여 타당성이 인정되지 못한 사업을 종결시키는 제도이다. 이 제도는 실제로 채택하기가 어려운데, 사업의 타당성 검토가 어려울 뿐만 아니라 너무나 많은 사업을 하나하나 정밀분석 · 평가하는 것이 어렵기 때문이다.

둘째, 일몰법은 일정한 정책(사업이나 법률)을 결정할 때 미리 그 정책을 일정한 기간 후에 평가하여 타당성이 인정되면 계속하되, 그렇지 않으면 종결시키거나 감축시키는 제도이다. 해를 띄우면서 어느 때에 해가 질 것이지(sunset)를 미리 결정하는 제도로서 관련인들의 예측가능성을 높여주는 등의 장점이 있으나 정책이나 사업의 타당성 평가가 어렵다는 단점은 위의 영기준예산과 같다.

第 7 章
社會保障政策

第 1 節 社會保障政策의 槪念과 目的

1. 社會保障政策의 槪念

일반적으로 사회보장이란 말이 미국에서 가장 먼저 사용된 것으로 인식되고 있다. 1934년 루즈벨트 대통령이 경제보장위원회라는 내각위원회에 소득보장계획을 기초하도록 지시하였고, 1935년 의회에 통과된 사업은 사회보장법(Social Security Act)이었다. 사회보장의 정의는 특수한 접근과 철학적인 접근의 2가지로 크게 나눌 수 있다. 전자의 유명한 예는 비버리지 보고서(Beveridge Report)에서 찾아볼 수 있다. 그것에 의하면 사회보장이라는 말은 실업 · 질병 · 사고 · 정년퇴직에 의하여 소득이 중단될 때, 그리고 다른 사람의 사망으로 부양의 상실을 예방하고 또 출생 · 사망 및 결혼과 같은 예외적 지출을 해결하기 위하여 소득을 보장하는 것을 말한다.[1]

이러한 정의에 의하면 사회보장은 소득보장, 즉 특별히 우연한 사고를 해결하기 위하여 현금급여를 제공하는 것이라는 뜻과 동일하다. 이러한 관점은 사회보장을 특수한 조건하에 있는 인구집단의 개인과 가족에게 현금소득을 제공하는 것이라 하는 미국학자들의 견해와 같은 것이다.[2] 비록 여러 나라가 이러한 것 이외의 다른 급여를 제공하고 있지만 그것을 사회보장의 급여로 간주하는 것을 인정하고 있다.

영국에서는 사회보장을 소득유지로 제한하고 있는 것이 독특하다. 그러나 다른 모든 나라는 적어도 의료보호를 거기에 포함시킨다. ILO의 정의에 의하면 사회보장대책은 입법의 측면에서 일할 수 있는 무능력자(노령포함), 소득있는 일을 획득하려는 무능력자, 또는 생업자

1) Vladimir Rhys, "Comparative Studies of Social Security", *Bulletin of ISSA.*, Vol. XIX, No. 7~8, 1966, p. 20. : 김영모, 「현대사회정책론」, 한국복지정책연구소출판부, 1986, p. 216.

2) Ida C. Merriam, "The Relations of Social Security and Social Welfare Services", *Bulletin of ISSA*, Vol. XV, No. 3~4, 1962, pp. 5~6.

의 사망으로 인한 무능력자 등에게 기본소득을 제공하고 아동과 포괄적인 의료보호를 위한 부조를 제공하려는 것을 말하고 있다. 대다수의 미국과 캐나다의 학자들은 이렇게 말한다. 캐나다의 사회보장에 관한 Marsh의 보고서는 사회보장에 해당하는 3가지의 사고를 다음과 같이 지적하였다.[3)]

이것을 보면 의료보호와 가족수당 등은 사회보장의 범주에 넣을 수 있는 것이다. 이러한 개념측정에는 여러 가지의 문제가 있다. 다른 급여는 현금급여인데 의료보호는 현물급여이기 때문이다. 따라서 사회보장은 복지의 개념에 들어가는 많은 서비스를 포용하여야 된다.

사회보장에 대한 비버리지의 정의는 매우 좁은 개념이다. 사회보장이 단순히 기아로부터의 해방을 의미하는 것이 아닐 뿐만 아니라 완전한 생활을 보증하여 주는 것을 의미하고, 의 · 식 · 주 · 의료서비스뿐만 아니라 건강 · 교육 · 여가 · 문화를 포함하는 제도가 아니냐는 비판에 대하여 그는 그것은 사회정책의 프로그램이며, 그것은 5가지 악을 공격하는 방법의 일부분이라고 사용했던 개념을 사회정책이라고 생각하였던 것이다.[4)]

한편 사회보장을 사회적 목적, 즉 사회적 이상으로 생각하는 접근방법을 철학적인 것이라고 한다. 이러한 입장은 Pierre Laroque의 견해에서 찾아볼 수 있다. 그는 사회보장의 발전을 사회발전의 단계로서 간주하였다. 오늘날 사회보장의 입법을 부조와 보험의 구형태에서 사회보장의 근대적 형태로 이전하는 단계로 보았다. 그리하여 그는 사회보장은 국민연대에 기초한 소득재분배에 의하여 생활기준의 유지, 또는 적어도 참을 수 있는 생활조건을 모든 공동사회성원들에게 보증하여 주는 것이라고 하였다.[5)]

① 무엇보다도 완전고용을 목적으로 한 경제정책이라는 것이다.

② 질병투쟁을 위한 설비와 조치의 하나인 의료정책이라는 것이다. 이것은 예방적 행동과 최선의 치료책을 포함하고, 이것은 자연적인 대항세력으로서 산업재해와 직업병의 예방을 위한 기술정책이라는 것이다.

③ 사회보장이 경제세력의 눈에 안보이는 작용을 수정하고 개인 및 가족의 소득을 개인 및 가족의 요구에 접합시키는 것을 목적으로 하면서 미래의 이러한 소득에 영향을 미치는 모든 조건을 고려한 소득재분배정책이라는 것이다.

또한 사회보장의 넓은 개념은 北歐의 보고서에서도 볼 수 있다.[6)] 사회보장의 지출을 다음 7가지 정부의 활동영역으로 지적하였다.

---

3) D. Marsh, "Social Security in Canada", *International Labour Review*, 47-5, 1943.

4) V. George, *op. cit.*, p. 7.

5) Pierre Laroque, "Social Security and Social Development", *Bullettin of ISSA*, Vol. XIX, No. 3~4, 1966.

6) Pierre Laroque, "From Social Insurance to Social Security", *International Labour Review*, 57-6, 1948.

① 건강, 즉 질병보험, 현금급여, 공공보건 및 의료치료

② 직업재해와 노동자 보호

③ 노령 및 장애, 즉 현금급여, 재활서비스와 주택

④ 고용과 실업에 대한 지출

⑤ 가족복지, 즉 산모의 출산전후 보호, 탁아소와 유아원, 아동가족과 아동세수당, 가정원조서비스, 결혼대여금, 자녀있는 가족의 집세보조, 그리고 주부와 자녀를 위한 휴일

⑥ 공적부조

⑦ 군사 및 전쟁부상에 대한 구호

한편 ILO는 사회보장을 국제적으로 수용할 수 있는 개념을 포기하고 국가의 사회보장제도로서 고려되어야 할 것으로서 다음과 같이 3가지의 기준을 제시하였다.

① 사회보장제도의 목적은 치료적이거나 예방적인 의료보호를 인정해야 하고 비자발적인 소득상실의 경우에 소득을 유지해야 하며 가족책임을 지니고 있는 사람에게 보완적 소득을 인정해야만 한다.

② 사회보장제도는 특별한 개인의 권리를 속성으로 하는 입법에 의하여 공공 · 준공공 또는 자치제를 설립하여야 하고 그것에 의무를 부여하여야 한다.

③ 사회보장제도는 공공 · 준공공 또는 자치제에 의하여 관리되어야만 한다.

2. 社會保障政策의 目的

사회보장의 기능은 사회적 연대 또는 통합을 목적으로 하지만 구체적으로 국민생존권을 실현하여 빈곤으로부터 해방시키는 데 있다. 이러한 목적을 성취하기 위하여 소득보장과 의료보장을 통한 최저생활의 보장과 소득재분배의 기능을 하는 것이 가장 중요하다고 한다.[7]

일반적으로 사회보장의 목적은 욕구의 충족(이행)을 지적하거나 재분배적 기능을 강조하고 사회통합을 강조한다.[8] 욕구의 충족을 지적한 비버리지는 모든 시민들이 자기의 책임을 해결하는 데 항상 충분한 소득을 보증하여 줌으로써 결핍을 해소시키려는 것이라고 하였다. 재분배적 기능을 강조한 Titmuss는 경제제도가 만든 소득과 일평생 동안의 자원통제의 분배에 있어서 불평등을 감소시키는 것이라고 하였다. 그리고 사회통합을 강조한 견해는 뉴질

7) 孝橋正一, 社會政策と社會保障, ミネルウァ書房, 1969, p. 148.
8) 김영모, 「현대사회보장론」, 한국복지정책연구소 출판부, 1990, p. 8.

랜드 왕립사회보장위원회인데, 이 위원회는 사회보장의 목적을 모든 사람들이 지역사회의 다른 사람과 마찬가지로 생활수준을 누리고, 따라서 지역사회에 소속되고 참여를 느낄 수 있는 것을 보증하는 것이라고 하였다.

한편 사회보장은 사회적 · 정치적 · 경제적 불안을 해소하기 위한 것이라고 한다. 이러한 것을 해결하기 위하여 상호부조, 재분배 및 국민적 연대사업을 실시한다. 특히 노령 · 실업 · 질병 · 출산 · 재해 · 사고 등과 같은 사회적 위험에 직면하였을 때 이것을 해결하기 위한 사회보장제도가 필요한 것이다.

第 2 節 社會保障政策의 原則

사회보장의 원칙은 사회보험과 공적부조에 따라 상이할 수 있다. 이러한 원칙이 잘못 적용되는 경우에 사회보장의 기본목적이 실현되기 어렵고 오히려 사회연대성을 파괴하고 빈곤과 불평등을 조성하는 결과를 빚을 수 있다.

사회보장의 원칙은 1953년에 개최된 ILO의 국제사회보장회의에서 결정된 것을 여기에 소개한다.[9]

① 진실한 사회보장은 노동으로 생활하는 모든 사람과 그 가족과 일시적 또는 항구적으로 노동불능이 된 자에 대하여 법률에서 보장된 기본적인 사회적 권리로서 이해되어야 한다. 사회보장에 대한 권리는 인종 · 국적 · 종교 · 성별 · 연령 · 직업에 의한 여하한 차별도 없이 모든 사람에게 적용되어야 한다.

② 사회보장은 다음과 같은 모든 재해에 대하여 보호되어야만 한다. 즉, 질병 · 해산 · 노동 · 불능 · 노령 · 노동재해 · 직업병 · 실업 · 사망이다. 사회보장은 자녀의 교육과 부양이 확보되도록 모든 자녀를 부조하여야 한다. 사회보장은 전 국민에게 분담될 수 있는 생활수준을 보장하는 현금급여를 하여야 한다.

③ 사회보장제도는 모든 급여생활자 · 농업노동자 · 가내수공업노동자 · 계절노동자 · 임시공 · 가정사용인 · 견습공 등 노동자와 소농 · 소작인 · 직원 · 자유직업자 · 학생 · 자영업자에게도 확대되어야 한다. 사회보장은 또는 노동할 수 없는 자에게 적용되어야 한다.

④ 사회보장은 전술한 모든 사람들에 대하여 여하한 제한도 없이 전액 무료의 의료를 확보하여야 한다. 무료의료는 무료로 포괄적인 국민건강보장제도를 만드는 것이며 전국민에게

---

9) 윤영모, 「금일의 사회보장」, 정문사, 1962, pp. 13~14.

확대되어야 한다.

⑤ 사회보장은 사회적 · 의료적 예방원칙을 적용하여야 한다. 특히 직장에 있어서 그렇게 하여야 된다.

⑥ 사회보장은 병자와 노동불능자에 대하여 재교육과 재활을 통하여 고용 · 재고용의 보장을 원조하여야 한다.

⑦ 어떠한 사회보장제도도 기존의 특별한 조건과 효과를 고려해서 단일한 것으로 하여야 한다.

⑧ 일반적으로 사회보장의 비용은 국가, 고용주 또는 그 양자의 부담으로 되어야 하며, 피보험자로부터 기여금 일체를 받아서는 안 된다. 현재 노동자가 기여금을 지불하고 있는데 그 기여금 인상을 허락해서는 안 되며, 노동자의 요구에 응하여 이를 인하하고 폐지하도록 노력을 경주하여야 한다.

⑨ 사회보장의 각급 관리기관에는 피보험자의 대표가 책임져야 한다. 따라서 관리기관의 선거가 필요하고 노동조합의 참여가 필요하며, 그 관리형태는 관료주의를 방지하고 피보험자의 고충을 정당하고 신속하게 처리하도록 해야 한다.

⑩ 현금급여는 상당한 생활수준을 유지하여야 되며 생활비와 임금인상에 따라 자동적으로 조정되어야 한다. 사회보장은 직업병이나 재해에 의한 손해를 완전히 보장하여야 한다. 다른 나라로 이동하는 노동자와 그 가족의 사회보장을 받을 수 있는 권리는 그들이 각국에 체재하는 기간에 관계없이 중단되어서는 안 된다.

이러한 내용을 보면 ILO의 원칙은 피보험자의 권리와 국가의 책임을 강조하고 있다.

비버리지는 전후 영국 국민보험의 원칙이 되었고 사회보장체계의 설립에 있어서 주요한 사회보장의 방법상의 6가지 기본원칙을 다음과 같이 제시하였다.[10)]

① 균일한 생계급여

② 균일한 기여금

③ 행정적 책임의 통합

④ 급여의 적절성

⑤ 사고와 대상의 포괄성

⑥ 가입대상의 분류

10) William H. Beveridge, *Social Insurance and Allied Services*, HMSO, London, 1942, p. 12.

第 3 節 社會保障政策의 內容

사회보장은 개인소득의 중단이나 상실, 그리고 결혼·출생·사망으로 생긴 특수한 지출을 정부의 법령에 의하여 보장하려고 설립한 프로그램이다.

이러한 사회보장에 가입된 사람과 그 부양자는 대개 다음의 1가지 또는 2가지의 방법에 의하여 보호를 받는다. 첫째의 방법은 대개 적어도 노령(old age)·장애(invalidity)·사망(death)·질병(sickness)·출산(maternity)·노동재해(work injury) 또는 실업(unemployment)과 같은 임금상실의 부분을 대치하기 위한 현금지불의 형식이고, 둘째의 방법은 입원(hospitalization), 의료보호(medical care), 재활(rehabilitation)과 같이 기본적으로 서비스의 형식이다. 일반적으로 소득상실에 대한 현금급여를 위한 대책은 소득유지사업이고 직접적 서비스를 행하거나 재원을 마련하는 사업은 대개 현물급여이다. 그러면 여기서 사회보장정책의 내용에 대하여 살펴보면 다음과 같다.

1. 社會保險

사회보험(social insurance)이란 사회보장 구성체계의 하나로서 보험기술을 이용하여 사회정책을 실현하려는 경제사회제도라고 할 수 있으며, 구체적으로는 국민을 대상으로 질병·노령·실업·사망 기타 신체장애 등으로 인하여 활동능력의 상실과 소득의 감소가 발생하였을 때에 보험방식에 의하여 그것을 보장하는 제도라고 볼 수 있다.[11] 사회보험의 특성은 ① 사회평등·사회조화·사회평화 등의 사회성, ② 공통위험에 대한 공동부담원칙의 보험성, ③ 불균형 생활격차의 축소를 위하여 국가가 개입하여 재분배하는 강제성, ④ 국가·기업주·고소득층 등의 부담에 의하여 저소득층의 자금의 부담경감을 기도하는 부양성 등을 들 수 있으며, 이와 같은 사회보험은 공평성·적절성과 관련되어 있고 소득재분배의 결과를 초래한다.

이와 같은 구성요건과 특성을 지닌 사회보험이 세계 각국에 공통되는 형태는 ① 연금보험, ② 의료보험, ③ 산업재해보상보험, ④ 실업보험, ⑤ 가족수당 등이며, 이들 제도의 도입시기는 국가마다 약간의 차이는 있으나 대개 산업재해보상보험이 제일 먼저 도입되고 그 다음

---

11) 전재일 외 공저, 「사회복지론」, 형설출판사, 1996, p. 145.

이 질병보험과 연금보험이 시행되었으며 실업보험이 가장 늦게 발달하였다.[12)]

2. 公的 扶助

공적 부조(public assistance)는 나라에 따라 다양하게 명명되고 있다. 미국에서는 공적 부조(public assistance), 영국은 국민부조 혹은 무갹출 급부, 서독과 프랑스에서는 사회부조(sociale hilfe, aide sociale)로 불리워지기도 한다. 공적 부조란 사적 부조(private assistance, voluntary assistance)에 대응하는 용어로서 개인이 아닌 국가나 지방자치단체의 이전지출금(transfer expenditure)에 의해서 운용되는 것이며 사회보험과 더불어 사회보장의 중심을 이루고 있다.

공적 부조란 대개 저소득층이나 빈민들에게 현금지불과 다른 급여를 제공하는데, 이들의 재정적 자원과 요구를 조사한 후에 그것이 승인된다. 이에 필요한 재원은 모두 정부의 일반조세에서 나온다. 공적부조 사업은 그 핵심이 빈곤을 해결하기 위한 것이다. 일반적으로 공적 부조사업은 빈곤한 개인과 가족이 자기들의 기본적인 생활욕구를 해결하는 데 도와주기 위하여 소득 · 의료보호 및 다른 서비스를 제공하기 위한 것이다.[13)]

3. 社會福祉서비스

사회복지서비스(사회복지사업 또는 사회적 서비스)는 사회보험, 공적 부조와 더불어 사회보장정책의 중심을 이루고 있는 것으로 인류사회가 산업화 도시화 · 정보화 사회로 전환됨에 따라 사회문제가 가속화되어 사회적응 · 인간성회복 · 사회복귀 등의 사회복지서비스의 수요를 급증시키고 있다.

이러한 사회복지서비스를 사회복지사업법 제2조에서는 사회복지사업이란 생활보호법 · 아동복지법 · 노인복지법 · 장애인복지법 · 모자복지법 · 영유아보육법 · 윤락행위 등 방지법에 의한 보호선도 또는 복지에 관한 사업과 사회복지상담 · 부랑인 선도 · 직업보도 · 무료숙

12) Peter Flora and Jenes Alber, "Modernizational Democratization and the Development of Welfare States in Western Europe", P. Flora and A. J. Heidenheimer(eds.), *The Development of Welfare States in Europe and America*, New Burnswick and London : Transaction Books, 1981, pp. 50~51.

13) 김영모, 「현대사회보장론」, 한국복지정책연구소출판부, 1990, pp. 24~25.

박 · 지역사회복지 · 의료복지 · 재가복지 · 사회복지관운영 · 정신질환자 및 나완치자 사회복귀에 관한 사업 등 각종 복지사업과 복지시설의 운영 및 지원을 목적으로 하는 사업으로 규정하고 있다. 즉, 사회복지서비스는 사회적으로 불우하고 열세한 위치에 있는 아동 · 노인 · 부녀 및 장애인 등을 대상으로 전문적인 지식과 방법을 활용하여 이들의 제반문제를 해결하여 정상적인 사회인으로 복귀시키는 데 목적을 두고 있다.

사회복지서비스의 대상은 아동 및 청소년 · 노인 · 부녀자 장애인이 중심이 되며, 각국은 이들 서비스를 위하여 자국의 사회문화적 상황과 경제수준에 적합한 제도 · 시설 · 프로그램 · 인사 · 재정 등을 다양하게 운영하고 있다.[14]

14) 전재일 외 공저, 「사회복지론」, 형설출판사, 1996, pp. 187~188.

第8章

貧困問題에 대한 政策的 接近

第 1 節 貧困의 槪念과 理論的 觀點

1. 貧困의 槪念

빈곤은 인간사회에서 가장 오래되고 심각한 사회문제이다. 우리는 빈곤이라는 문제가 개인과 가족에게 주는 미시적 차원의 의미와 지역사회와 국가 전체에 주는 거시적 차원의 의미를 생각해 볼 수 있다. 미시적 차원에서 빈곤은 이에 처해 있는 개인과 가족에게는 삶과 죽음이라는 인간 생존 자체의 심각한 문제이다. 이들에게 빈곤은 먹을 것이 없고, 입을 것이 없으며, 집이 없거나 집이 있다 하더라도 불결하고 유해하며, 교육을 제대로 받을 수 없어 경제활동에 참여할 수가 없고 부적절한 영양과 의료혜택을 받을 수 없어 심한 질병을 앓게 되거나 짧게 삶을 마감해 버려야 하는 그러한 성질의 것이다. 또 이들은 물질주의가 만연한 사회에서 항상 굴욕과 열등감을 갖고 대인관계를 유지할 수 없으며, 심한 경우에는 비정상적인 수단으로 생계를 유지하기 위해 사회의 도덕과 규범에 위배되는 행동을 하지 않을 수 없는 상황에 놓이게 된다. 어찌보면 빈곤은 그 자체도 문제이거니와 이것이 비행 · 범죄 · 마약 · 알코올중독 등 수많은 사회병리현상의 원인이 되기 때문에 더욱 심각한 사회문제라고 할 수 있는 것이다.[1)]

거시적인 차원에서도 빈곤은 사회해체를 낳는 심각한 문제가 된다. 어느 지역사회에서 다수의 빈민이 존재한다는 것은 빈곤하지 않은 다른 계층과 집단에게 심각한 위협이 될 수밖에 없다. 빈곤이 원인이 되어 유발되는 비행과 범죄의 희생자는 지역사회의 주민이 되는 것이며, 빈민을 구제하기 위해 유지해야 되는 사회복지제도와 사업은 지역사회와 국가에 상당한 경제적 부담이 되고, 장기적인 안목에서 가장 우려할 만한 것은 빈민집단이 정치적 불안을

1) 최일섭 · 최성재, 『사회문제와 사회복지』, 나남출판, 1995, pp. 79~80.

야기하고 결국은 사회해체를 전복시킬 수 있는 위험을 안고 있다는 것이다. 빈곤은 지역사회와 국가전체의 생활양식에 심각한 위협을 줄 수 있기 때문에 우리는 이를 해결하거나 경감시키려고 노력을 하는 것이다.

경제성장의 결과 절대적 빈곤이 많이 해소되었다고 하지만, 빈곤문제는 우리나라에서 과거보다 더욱 날카로운 사회문제로 대두되고 있다. 빈곤문제에 대한 논의들은 대개 물질적인 자원의 결핍, 사회적 가치의 상대적 결핍 등을 강조하거나, 주로 정책적인 관심에서 절대적인 빈곤선을 설정하는 데 치중해 왔다.[2)]

그러나 우리 사회의 빈곤문제는 자원 · 가치의 결핍을 정책적으로 지원만 해주면 해결할 수 있는 단순한 문제가 아니다. 거기에는 자본주의화에 따른 농촌의 피폐화, 산업노동자의 저임금이라는 구조적 원인과 도시빈곤층을 끊임없이 확대 · 재생산하는 악순환의 기제가 자리잡고 있다. 그러므로 빈곤층의 실태를 살피는 것과 아울러 빈곤을 낳게 하는 구조와 정책의 한계가 동시에 검토되어야 한다.

빈곤의 전통적인 개념은 개인 및 가족의 일차적 요구인 의 · 식 · 주를 제대로 해결하지 못한 상태를 말하였다. 오늘날 빈곤의 개념은 대개 절대적 빈곤과 상대적 빈곤으로 구분하고 종래에는 최저생계비 이하의 상태를 말하였지만 현대적 개념은 그러한 경제적 개념에서 벗어나서 교육 · 건강 · 비행 · 불평등 · 기회 등의 사회적 조건 또는 자원의 결핍상태를 의미하는 경향이 있다. 개인 및 가족이 일상생활을 유지하기 위하여 그에 필요한 의 · 식 · 주의 결핍뿐만 아니라 그 밖의 필요(의료 · 오락)를 충족시킬 수 없는 자원의 결핍상태를 말한다.[3)]

빈곤의 개념은 일반적으로 경제적인 측면과 비경제적인 측면에서 파악될 수 있다. 전자의 경우는 빈곤을 생계에 필요한 재화와 용역의 결핍된 상태로 파악하며, 후자의 경우는 사회적 · 심리적 특성을 규명하여 빈곤을 정의한다. 이 중 경제적 측면의 빈곤은 다시 절대적 빈곤과 상대적 빈곤으로 구분된다.[4)]

1) 절대적 빈곤

종래의 빈곤개념은 오늘날과 같이 상대적인 관점에서 규정되지 않았고, 또한 자원과 생활양식에 기초하여 규정된 것이 아니었고 소득의 좁은 개념과 신체적 효율성의 유지라는 점에서 규정되었던 것이다. 그 대표적인 예가 19세기 말 영국의 Rowntree의 초기 빈곤연구에서 찾아볼 수 있는 빈곤개념「절대적 빈곤(1차적 빈곤)」으로 전체 소득이 단순히 신체적 효율성

2) 고영복 편, 「현대사회문제」, 사회문화연구소, 1991, p. 112.
3) 김영모, 「현대사회문제론」, 한국복지정책연구소, 1990, p. 45.
4) 최창순, 「복지행정론」, 신원문화사, 1993, pp. 291~296.

을 유지하는 데 필요한 최저수준을 획득하지 못한 가족을 빈곤이라고 하였다. 그런데 최저수준을 생계비 또는 영양에 의하여 측정하려고 한다.[5)]

절대적 빈곤이란 최저생활을 유지하는 데 필요한 소득, 즉 빈곤선에 미달되는 소득수준을 빈곤이라고 보는 입장이다. 이 개념은 오랫동안 널리 사용되어온 고전적 개념이다.

그러면 절대적 빈곤에서 기준이 되는 빈곤선(poverty line), 즉 최저생활수준이란 구체적으로 어느 수준을 의미하는가. 최저생활은 생활의 기본수요를 추정함으로써 정의될 수 있는데, 이 생활의 기본수요를 Paul Streeten과 Shahid Burki는 다음과 같은 여러 가지 단계로 구분하고 있다.[6)]

① 최저생활수준을 최저생존(bare survival)의 수준으로 보는 입장이다. 즉, 인간이 생리적 · 생물적 존재로서 살아나가기 위한 수준을 의미한다. 영국은 구빈법 제정 이후 한동안 이러한 최저생존입장을 고수해 왔다.

② 최저생활수준을 계속적 생존(continued survival)을 위한 생활수준을 의미한다고 하는 입장이다. 이러한 의미의 기본수요로는 생존에 절대 필요한 최저수준의 음식물은 물론 치명적 질병으로부터의 보호와 최저수준의 의복 및 주택시설을 들 수 있다.

③ 최저생활이란 생산적 생존(productive survival)에 필요한 생활수준을 의미한다고 보는 입장이다. 즉, 여기서는 기본적인 의 · 식 · 주는 물론 질병으로부터의 보호 및 생산활동에 필요한 교육 · 위생 등이 포함된다.

결국 현대적 의미에서의 최저생활수준은 곧 세 번째 의미로 보는 것이 가장 적절하다고 할 수 있다. 이러한 관점에서 볼 때 절대적 빈곤이란 신체적인 건강과 생산을 위한 노동력을 유지하는 데 필요한 생활의 기본수요가 결여되어 있는 상태라고 정의할 수 있다.

이렇게 최저생활수준의 개념을 이론적으로 정의할 수 있지만 이것을 실제로 계측하는 데는 많은 어려움이 있다. 이 최저생활수준의 계측방법에는 가계실태조사를 실시하여 그 분석결과를 토대로 현실적인 최저생활비를 산정하는 실태생계비방식과 노동과학적 기준에 의거, 생계비의 항목별 최저물량기준을 설정하여 최저생활비를 구하는 이론생계비방식이 있다.

2) 상대적 빈곤

이 개념은 한 사회의 소득수준으로 볼 때 소득이 상대적으로 낮은 계층을 빈곤층으로 정의하는 것이다. 절대적 빈곤의 개념은 너무 정태적이고 사회 전체의 지배상태를 고려하지 않고

5) Peter Townsend, "Poverty as relative deprivation", in Poverty, *Inequality and Class Structure*, ed., by Dorothy Wedderburn, Cambridge University Press, 1974, p. 16.

6) Paul Streeten and Shahid Burki, "Basic Needs : Some Issues", *World Development*, Vol. 6. 1978.

있다는 비판이 있을 수 있는데 상대적 빈곤의 개념은 바로 이러한 비판과 함께 새로이 대두된 것이다.

빈곤의 개념을 상대적 관점이나 자원 및 생활양식에 의하여 규정한 빈곤개념이 상대적 빈곤이다. 즉, 상대적 빈곤의 개념은 불평등과 자원의 불균등한 배분의 결과인 상대적 박탈(relative deprivation)로 본다. 이러한 빈곤의 개념은 인간의 경제적 지위의 측면에서 일차적으로 규정한 것이다. 경제적 빈곤의 개념은 그것이 쉽게 양화될 수 있기 때문에 유용하게 사용될 수 있고, 따라서 빈민은 통계적 범주로 처리될 수 있다.

빈곤의 절대적 개념은 기아와 같은 상태를 말하지만 상대적 빈곤은 이러한 것이 해결된 상태에서 불평등을 의미하는 것이다. 상대적 빈곤은 중간 가족소득의 비율을 빈곤선으로 단정하고 있으나 절대적 빈곤은 최저생계비에 의해 결정된다. 이러한 절대적 빈곤이 오늘날 공적부조와 생활보호사업의 주요한 대상이 되어 있는 것이다.

상대적 빈곤을 추정하는 방법으로는 순수상대빈곤(pure-relative poverty)과 유사상대빈곤(quasi-relative poverty)의 두 가지가 있다. 전자는 전체 사회의 소득순서대로 계층을 늘어놓았을 때 하위에 있는 일정한 비율에 해당하는 사람을 빈곤층으로 보는 방식이다. 일반적으로 순수상대빈곤은 소득수준으로 하위 20퍼센트, 40퍼센트가 가장 보편적으로 사용되는 기준이다. 후자는 전체 사회의 평균소득의 일정 비율에 해당하는 사람을 빈곤층으로 보는 방식이다.

3) 문화적 빈곤

한편 빈곤의 개념을 문화적으로 규정하는 경우가 있다. 이것은 빈곤을 경제적 조건보다도 오히려 문화적 조건에 의하여 규정되어야 한다는 것이다. 예컨대, Hayes는 얼마나 많은 사람들이 빈곤을 지니고 있느냐 보다 왜 그들이 특정한 경제적 수준에 있는가의 측면에서 규정되어야 한다는 것이다. 그리하여 빈곤은 실업의 산물이고 개인의 재정능력을 넘어선 부채의 축적이라고 한다.[7]

그리고 빈곤문화와 같은 것이 빈민을 분류하는 데 이용될 수 있다는 것을 주장하는 사람도 있다. 그러한 빈민은 그들의 조건에 대하여 소외 · 무력 · 무희망의 감정을 지니고 있다는 것이다.[8] 이러한 관점의 빈민개념은 상호작용주의적 관점에서 나온 것이다. 그러나 빈곤을 상대적 개념으로 규정하는 경우는 갈등주의적 관점이 강하고 빈곤을 절대적 개념으로 보는 경

---

7) L. F. Hayes, "Non-Economic Aspects of Poverty", *Australian Journalism of Social Issues 5*, 1970, pp. 41~54. ; 김영모, 「현대사회복지론」, 한국복지정책연구소, 1989, pp. 61~62.

8) T. Sullivan *et al.*, Social Problems, John Willey, New York, p. 379.

우는 기능주의적 관점이 강하다.

2. 貧困問題에 대한 理論的 觀點

하나의 사회현상으로서 빈곤은 그 문제를 안고 있는 특정한 사회의 틀 안에서 논의될 수 있고, 빈곤에 대한 해당 사회성원들의 태도와 반응은 그들이 살고 있는 사회의 역사적 산물이라고 보는 것이 타당하다. 다시 말하면 빈곤에 대한 정의는 사회와 시대에 따라서 다양하며, 한 사회에서의 빈곤과 또 한 시대에서의 빈곤이 다른 사회와 다른 시대에 동일하게 적용될 수 없는 것이다. 오늘날 유럽의 선진복지국가나 미국 · 일본 등의 경제선진국가에서의 빈곤은 수많은 개발도상국의 빈곤과 빈곤상황이 오늘날에도 동일하다고 볼 수는 없는 것이다. 이러한 점에서 빈곤은 절대적인 것이라기보다는 상대적이라는 것이 일반적인 생각이다.[9]

빈곤에 대한 사회학적 관점에 따라 그 개념이 상이하게 규정될 수 있다. 기능주의적 관점에서 빈곤은 사회에 생산적 기여를 하려는 사람이 기능을 수행하지 못하게 할 때 사회문제가 된다. 이것은 제도가 중요한 일을 수행할 수 있는 사람들에게 보상을 할 수 없기 때문에 다수의 빈민이 존재할 때 일어나고 제도의 불공평성 때문에 일어나는 것이다. 반면에 어떤 기능주의자는 빈곤이 사회를 위하여 중요한 기능을 수행한다고 주장하는 사람도 있다. 이러한 관점에서 보면 빈곤은 빈곤자가 곤경한 상태에 적응할 수 없을 때, 그리고 사회적 기능에 위협을 줄 때 사회문제가 된다.[10]

갈등주의적 관점에서는 빈곤의 원인이 사회의 경제제도와 관련되어 있다고 보고 빈곤이 기본적으로 이롭다고 보지는 않는다. 이러한 관점에서의 빈곤은 특정 집단의 현존의 자원분배가 불공평하고 정의롭지 못하다고 여겨질 때 사회문제가 된다는 것이다. 여기서 문제가 되는 것은 빈곤문화의 몰락이 아니라 오히려 빈곤문화가 희소자원에 대한 빈곤자의 타인과의 투쟁능력을 억제하기 때문에 그 자체가 문제가 된다는 것이다. 이러한 관점에서는 상대적인 기준을 강조한다. 이것은 절대적인 단절점을 설정하기보다는 오히려 상대적 불평등의 측면에서 생각해야 되는 것을 의미한다.

그리고 상호작용주의적 관점은 실제의 주관적 성질을 강조하기 때문에 그것이 영향력이 있는 집단에 의하여 문제로 규정될 때 사회문제가 된다는 것이다. 이러한 관점에서 빈곤은 분담된 기대의 일이고 낙인의 대상인 것이다. 그래서 빈곤은 경제적 실조의 개념일 뿐만 아

9) 최일섭 · 최성재, 「사회문제와 사회복지」, 나남출판, 1995, p. 82.
10) 김영모, 「현대사회문제론」, 한국복지정책연구소, 1990, pp. 45~46.

니라 인간의 자아개념을 의미한다. 이와 같이 빈곤은 관점에 따라 상이하게 규정될 수 있다. 그러면 본 연구에서 빈곤문제에 대한 이론적 관점에 대하여 상세하게 살펴보면 다음과 같다.[11]

1) 기능주의

기능주의 시각에 따르면 사회는 그 모든 부분들이 전체의 기능에 기여하는 하나의 체계이다. 그리고 각각의 부분들이 긍정적인 기여를 하도록 보장하기 위해서는 부분들의 행위를 지도하고 일탈자를 처벌하는 교정기제(mechanism)가 존재해야 한다. 그러므로 사회에 거의 소용이 없는 과업을 수행하거나 전혀 과업을 수행하지 않는 사람들은 보상을 거의 받지 못하게 된다.[12]

이러한 역할은 사회계층이라는 제도에 의해서 수행되며, 빈곤은 이러한 제도에 따른다는 것이다. 즉, 기능주의적 관점에서 빈곤은 하나의 일탈행동이며, 빈민은 사회에 적응하지 못하고 공헌하지 못하는 행동을 한다고 보는 것이다. 이러한 결과로 빈민은 사회계층제도의 밑바닥에 있게 되고 물질적으로나 사회적으로 아주 적은 보상을 받는다고 본다. 이같이 사회의 밑바닥으로 전락시킨다는 위협 때문에 사람들은 사회에 적절한 역할을 수행하도록 동기를 부여받게 된다는 것이다.

기능주의적 관점에 따르면 사람들이 사회에 생산적인 기여를 하게 하는데 이같은 동기부여 기능을 더이상 수행하지 못할 때 빈곤은 하나의 사회문제가 된다. 즉, 체계가 중요한 과업을 수행하는 모든 사람들에게 보상을 하지 못해 대량의 빈곤층이 존재할 때, 또 체계 안의 불공평성 때문에 중요한 과업들의 수행이 단지 계층제 안에서 극소수의 상향이동이 이루어질 때, 빈곤문제가 발생한다는 것이다.[13]

한편 몇몇 기능주의자들은 빈곤을 다른 방식으로 파악하는데, 그들은 빈곤층이 사회에 중요한 기능을 수행한다고 주장한다. 이러한 관점에서 보면, 빈곤층은 체계의 기능에 기여하기 때문에 존재하는 것으로 파악된다. 그러므로 사회에 위협을 가하거나 붕괴의 원천으로 작용하기보다는 그들의 상황에 적응하는 것이 중요하다. 그리하여 빈곤문화라고 하는 일정한 생활양식이 명백한 가치 · 태도로서 나타나며, 이것이 빈곤층이 그들의 상황을 수용하는 데 도움을 준다.

---

11) 고영복, 「현대사회문제」, 사회문화연구소, 1991, pp. 113~123.
12) K. Davis and W. E. Moore, "Some Principles of Stratification", *American Sociological Review*, 10 April, 1945, pp. 242~249.
13) T. J. Sullivan et al., Social Problems : *Divergent Perspectives*, 1980, pp. 376~377.

Gans에 따르면 빈곤층은 사회의 다양한 집단들에게 다음과 같은 이로운 기능들을 수행한다. ㉠ 아무도 원하지 않는 불쾌한 직업에 종사하는 것, ㉡ 그들의 활동으로 부유층을 보조하는 것, ㉢ 빈곤층에게 서비스를 제공하는 사회사업가와 같은 직업을 만들게 해주는 것, ㉣ 타인들이 사지 않는 낮은 질의 상품을 구매하는 것, ㉤ 대다수로부터 경멸받는 일탈의 전형이 됨으로써 결과적으로 지배가치를 가지는 것, ㉥ 타인들이 자선을 베풀 기회를 부여하는 것, ㉦ 양질의 교육, 직업으로부터 배제되기 때문에 타인들에게 이동기회를 만들어 주는 것, ㉧ 건축물, 예술품의 건축에 싼 노동을 제공하여 문화활동에 기여하는 것, ㉨ 부유층이 종종 채택하는 문화형태(재즈, 블루스 등)를 창출하는 것, ㉩ 어떤 정치집단에게는 상징적 반대자로, 다른 집단에게는 그 성원으로 구실하는 것, ㉪ 기술진보에 의한 대량실업의 희생자가 됨으로써 변동의 비용을 흡수하는 것 등이다.[14]

빈곤문화는 기존 사회의 가치관이나 목표에 의해서는 성공이 불가능하다고 인식되었을 때 야기되는 무기력과 절망감에 대처하려는 노력으로 규정된다. 빈곤문화의 특징은, 첫째 지역사회에서의 기존 경제사회정치제도에 대한 효과적인 참여의 결여, 둘째 가정생활에서의 성의 조기발견, 합의상의 결혼, 권위주의, 가정의 파괴로 인한 모계중심가정, 셋째 심리적인 무기력 · 의타심 및 열등감 등이다.[15] 빈곤문화에 따른 야심 · 바램의 결여는 빈곤층들로 하여금 성취할 수 없는 목표를 갖지 않게 할 것이기 때문에 사회에 기능적이다. 이러한 시각에 따르면 빈곤층이 더이상 그들의 궁핍에 적응할 수 없고, 따라서 사회의 기능에 위협을 제기할 때 빈곤은 하나의 사회문제로 된다.

어떤 특수한 상황에 초점을 어떻게 두느냐에 관계없이 기능주의자들은 빈곤을 하나의 객관적인 상황이라고 보는 경향이 있다. 즉, 빈곤은 특수하고 사회적이며 경제적인 제도의 운영에서 파생된다고 보는 것이다. 따라서 빈곤은 주로 경제적인 의미로 정의하게 되는데, 만일 어떤 사람이 그 사회가 용납할 수 있는 생활수준을 영위하는 데 필요한 경제적 수준 이하에 놓이게 되면 그를 빈민이라고 보는 것이다. 결국 기능주의자들은 빈곤을 사회 · 경제체계의 작용으로부터 발생하는 하나의 객관적 조건으로 파악하는 경향이 있다.(절대적 빈곤개념)

빈곤문제에 대한 기능주의의 접근은 그 기능론적 전제 때문에 특히 갈등론의 입장으로부터 많은 비판을 받았다. 결국 기능주의는 사회의 기능영위와 존속을 위해 계층체계 및 빈곤의 기능적 필요성을 강조하는 것인데, 이에 대해 비판자들은 역할의 세습화, 기회의 불평등을 지적하고 능력 · 지위의 중요도와 보수간의 상관관계를 부정하고 있다. 뿐만 아니라 기능

14) H. J. Gans, "The Positive Functions of Poverty", *American Journal of Sociology 78*, September 1972, pp. 275~288.

15) O. Lewis, "The Culture of Poverty", D. Monihan eds. *On Under standing Poverty*, Basic Books, 1968.

주의 시각은 어떤 계층체제이든 그것이 최선의 것이고, 빈곤을 기능상 필요한 것으로 정당화 시킴으로써 체제를 옹호하는 지배이데올로기로 전환되기 쉽다. 그리고 이것은 제3세계의 빈곤문제에 관해서는 선진국의 관점에서 후진국의 발전을 바라보는 근대화론의 모습으로 등장하게 된다.

2) 갈등이론

갈등이론은 기능주의자들과 마찬가지로 빈곤은 사회의 경제제도와 복잡하게 관련하여 파생된다고 본다. 그러나 갈등론은 빈곤이 결코 사회에 주요하거나 이로운 것이라고 보지는 않는다. 갈등론은 빈곤이 필수적이거나 이로운 것이라기보다는 특정한 집단들이 그것으로부터 이익을 보기 때문에 발생한다고 본다. 즉, 특정한 집단은 더 많은 물질적 · 사회적 보상들에 접근할 수 있지만, 다른 집단들은 이러한 보상들로부터 박탈당하고 있다는 것이다. 가용할 자원들의 양은 단지 한정되어 있어서 한 집단은 다른 집단이 덜 가질 때에만 더 획득할 수 있다. 또한 특정 집단은 권력의 사용을 통해 더 많은 몫의 가용한 재화를 보장받으려고 한다. 그러므로 갈등론자들은 빈곤의 존재로부터 이익을 보는 권력집단들에 의해 착취당하기 때문에 빈곤층이 빈곤하다고 주장하고 있다. 갈등론의 관점에 따르면 일정한 집단들이 현존하는 자원배분의 불공정 · 부당성 때문에 이에 관해 어떤 것이 행해질 수도 있고 행해져야 한다고 느낄 때, 빈곤은 하나의 사회문제가 된다.[16)]

갈등이론은 빈곤문화에 대하여 기능주의적 관점과는 상이한 입장을 취하고 있다. 빈곤문화는 한 사회의 지배집단이 빈민들로부터 자기의 위치를 침범하지 못하게 보호하는 하나의 방편이라고 생각하고 있다. 빈민들을 통제하는 가장 효과적인 수단은 빈민들로 하여금 그들의 처지를 변화시키기를 원치 않도록 믿게 하는 것이다. 이러한 관점에 따르면 교육제도나 복지제도는 빈민들의 열망을 높여주거나 그들이 다른 사람들과 경쟁할 수 있도록 기술을 제공해 주지 못하기 때문에 실제로 빈곤문화를 지니도록 하는 것이다. 갈등이론가들은 빈곤문화가 파괴되는 데 문제가 있는 것이 아니고, 빈곤문화가 빈민들로 하여금 희소한 자원을 획득하기 위해 다른 집단과 투쟁할 수 있는 능력을 제한하기 때문에 빈곤문화 자체가 사회문제라고 보는 것이다.[17)]

갈등이론에서도 역시 빈곤은 대개 경제적으로 정의되어, 한 집단이 사회 안의 다른 집단들에 비해 더 적은 경제적 자산을 가질 때 빈곤이 존재한다고 본다. 그러나 갈등이론은 어디에서 빈곤이 발생하는가에 대해서는 기능주의와 다르게 이해하고 있다. 앞서 살핀 것처럼 기능

16) S. M. Miller and P. Roby, *The of Inequality*, Basic Books, 1970.
17) T. J. Sullivan et al., *op. cit.*, p. 377.

주의에서는 빈곤이 사람들로 하여금 중요한 과업을 수행케 하는 동기를 부여한다고 보아, 빈곤을 절대적인 의미로 정의하고 있다. 즉, 일정한 경제수준 이상에서는 박탈과 노동유인이 없기 때문에 빈곤은 존재하지 않는다는 것이다. 이에 반해 갈등이론에서는 강조점이 보다 상대적인 기준에 있다. 그러므로 빈곤선과 같은 절대적인 경계점을 획정하기보다는 빈곤문제를 상대적인 불평등의 관점에서 파악해야 한다는 것이다.

이러한 갈등론의 흐름에서 발달한 것이 상대적 빈곤개념인데, 이는 사회의 평균소득수준과 대비하여 상대적으로 소득이 낮은 계층을 빈곤층으로 정의하는 방법이다.[18]

빈곤문제에 대한 갈등이론의 입장은 기능주의에 대한 비판의 칼날로 무장하였음에도 불구하고, 결국은 그 칼날이 스스로에게도 돌려질 만큼 기능주의와 밀접한 관련을 갖고 있다. 갈등이론에 따르면 갈등은 역할체계의 거부가 아니라 역할수행의 한 차원으로 나타나며, 모든 사회에 편재하는 보편적인 현상이라고 한다. 즉, 역할구조에는 기능주의자들이 지적하듯이 규범적 통합으로 이끄는 면이 있는 한편, 권력관계의 구조적 대립 때문에 갈등으로 표출되는 면도 있다는 역할의 이중성을 강조하는 것에 불과한 것이다.[19]

그러므로 갈등이론은 기능주의와 내용상 다를 것이 없으며, 단지 역할의 해석에서만 갈라질 뿐이다. 한편 기능주의와 갈등이론은 모두 빈곤문제를 파악하는 주된 준거로 사용하고 있는 빈곤문화 개념에 대해서도 다음과 같은 비판이 가해지고 있다. ① 빈곤문화의 특성은 이론이 주장하고 있는 것처럼 실제의 빈곤층에서 잘 발견되고 있지 않다. ② 이러한 특성은 빈곤의 결과라기 보다는 미국의 경우 인종, 소수민족집단의 문화라고 할 수 있다. ③ 빈곤을 발생시키는 구조와 차별을 무시함으로써, 빈곤층만을 단죄하는 지배 이데올로기로 구실한다는 점이다.[20] 또한 P. Townsend의 상대적 박탈가설에 대해서도 소득과 박탈감 사이의 관계가 연속적인지 아니면 그가 가정하듯이 비연속적 관계인지가 확실하지 않고, 자의성에 개입여지가 크다는 문제점이 지적되고 있다.

3) 상호작용이론

상호작용이론가들은 현실에 대한 주관성을 강조한다. 이러한 맥락에서 이들에 따르면 빈곤이 사회문제가 되는 것은 한 사회의 영향력있는 집단들에 의해 그렇게 규정되기 때문이라는 것이다. 우리가 빈곤이라고 부를 수 있는 객관적인 양의 박탈이란 존재할 수 없다는 것이

18) P. Townsend는 이와 같은 입장에서 가구소득이 평균소득의 50% 이하일 때는 극빈층, 80% 이하일 때는 빈곤층으로 정의하고 있다. Townsend는 S. Rowntree의 빈곤개념이 기본적으로 영양의 박탈을 중심으로 본다고 비판하고 현대에는 더욱 포괄적인 상대적 박탈개념이 더욱 중요하다고 주장한다.

19) R. Dahrendorf, *Class and Class Conflicts in Industrial Society*, London, 1959.

20) T. J. Sullivan *et al.*, *op. cit.*, p. 392.

다. 이러한 점에서 빈곤은 상대적인 것으로서 어떠한 것과 비교했을 때에만 가능하다는 것이다. 분명히 오늘날 빈민들의 상태는 백년 전 아니 지금으로부터 30년 전에 비해 훨씬 나아졌다고 할 수 있다. 또 선진국의 빈민들은 후진국에 비해 훨씬 나은 생활을 하고 있다고 말할 수 있다. 그러나 상호작용이론가들의 비교는 이와 같이 과거나 다른 사회와의 비교에 역점을 두는 것이 아니고, 현재 한 사회 내에서의 다른 풍요한 집단들과의 비교를 통해서 빈곤을 규정하는 것이다. 특히 상호작용이론은 비교적 물질적으로 풍요한 사회에서 자원의 배분에 있어 심한 불평등이 존재할 때 강한 설명력을 갖는다고 할 수 있다.

빈곤에 대한 상호작용이론가들의 설명은 갈등이론가들의 설명과 유사성이 있지만 상호작용이론가들은 경제적인 빈곤선의 설정에는 별로 관심을 두지 않고, 사회의 다른 집단들에 의해 빈민 집단에 주어지는 부정적인 인식에 더 관심을 갖는다. 상호작용이론가들에게 빈곤이란 빈민들 자신과 일반인들이 빈곤에 대해서 얼마나 공통적인 생각을 갖고 있느냐 하는 것에 관한 문제라고 말할 수도 있다. 빈민들은 흔히 일반인들이 그들에게 갖는 부정적인 생각들을 그대로 지니게 되어, 빈민들은 낙인의 대상이 되고 또 그러한 기대에 맞는 행동을 하게 될 수도 있다는 것이다. 상호작용이론가들에게 빈곤은 경제적 박탈감의 문제가 아니고, 개인의 자화상에 관한 문제인 것이다.

상호작용이론가들은 빈곤에 대한 단순한 경제적 개념규정은 빈곤이 갖는 이같은 복잡성을 은폐할 가능성이 있다고 믿는다. 모든 빈민들이 자신들을 똑같이 생각하지는 않는다는 것이다. 예를 들면, 수세대에 걸쳐 공적 부조를 받아 온 빈민가족원들과 대학공부를 위해 빈곤한 처지에 있는 대학생의 가족들은 그 소득이 비록 동일한 수준에 있다고 하더라도 자기의 처지를 바라는 시각에는 상당한 차이가 있다는 것을 쉽게 짐작할 수가 있다. 즉, 조상 때부터 국가의 부조에 의존해 온 가족들은 가난한 대학생의 가족보다 자신들을 훨씬 부정적으로 바라볼 것이라고 생각할 수 있다. 상호작용이론가들은 빈곤을 정의할 때 이와 같이 복합적이고 주관적인 요소를 고려해야 한다고 주장하고 있다.

빈곤문제에 대한 상호작용론의 시각은 낙인찍는 지배집단의 존재에 주의를 환기시키는 진일보한 측면이 있음에도 불구하고, 빈곤의 주관적 정의에만 매달리는 관념론적 편향을 보여준다. 이 접근은 빈곤층의 자아개념과 기대의 공유를 강조하고 있지만, 상이한 동기에 의해 비슷한 의식성향이 드러날 수 있는 구조적 맥락을 간과하고 있다. 상호작용론자들은 빈곤문제를 기본적으로 의식이라는 일차원적 분석에 의존하기 때문에 모순개념을 찾아 볼 수 없고 정태적인 문화현상의 반복에서 한 발자국도 벗어날 수 없는 것이다.

4) 비공식부문론

비공식부문 개념은 국제노동기구(ILO)를 중심으로 한 학자들이 도시경제의 이중성에 근거하여, 조직화된 공식부문과 양립되는 비조직화된 영세부문을 가리키기 위해 사용하면서 등장하였다. 비공식부문론은 제3세계 도시의 빈곤문제와 실업문제를 둘러싸고 근대화론에 대한 비판으로 제기되었다고 볼 수 있다. 근대화론은 대규모의 산업화가 투자자본을 창출하면 피고용인구가 증가하여, 사회 전체에 걸쳐 자원과 임금재분배가 달성된다고 가정한다.[21]

그러나 제3세계에서는 도시화율이 산업화율을 능가하고 막대한 도시인구의 빈곤과 실업이 만연하게 되자, 근대화론의 가정에 의문을 품고 새로운 대안이 모색되기 시작했다. 그 결과 국제노동기구는 각국의 정부들에게 적극적인 완전고용정책을 채택할 것을 권고하는 한편, 1969년부터 "세계고용계획" 아래 저개발국의 고용문제를 분석하면서 비공식부문을 중심으로 하는 고용지향적 개발전략을 제시했던 것이다. K. Hart는 성장에 따른 재분배를 위해 최초로 작업의 합리화 정도에 따라 근대적 기업부문과 비공식부문을 구분했다. 그리고 후자에 대한 정책적 지원이 도시의 실업과 소득불평등을 감소시키는 직접적 효과를 가져올 것이라고 주장했다. 그 후 비공식부문론은 근대경제학적 발상에서 도시 내 노동시장의 이중적 구조를 설명하는 틀로 널리 사용되어 왔다. 그 이유는 비공식부문이 지배층의 현상유지를 위한 안정욕구와 하층세력으로부터 오는 소득과 부의 재분배 압력간의 타협을 담고 있기 때문이라고 지적된다.[22]

한편 국제노동기구에서는 이 개념을 공식부문과 독립적인 존재로 본 반면에 이후의 신마르크스주의자들은 전체 사회경제체제 속의 구조적 요인들에 의해 비공식부문의 자본축적이 제약된다고 보고 있다. 이렇게 비공식부문을 신마르크스주의와 연관시키는 논의는 생산양식이 지배적이기는 하지만 그 바깥에 소상품생산양식을 불균등하게 포섭하여 온존시킨다고 파악한다.[23] 즉, 애초에는 빈곤문제를 해결하려는 정책적 틀로 제기되었던 비공식부문이 신마르크스주의에 와서는 그 존재 자체가 빈곤문제의 원인으로 되고 있는 것이다.

비공식부문 개념은 제3세계의 빈곤층이 생계를 이어가고 있는 다양한 성격의 경제활동에 대해 관심을 이끄는 데 기여했다. 그러나 비공식부문론은 빈곤과 관련한 이론적인 문제를 해결하는 것보다는, 더 많은 문제를 제기한 것으로 평가된다. 이러한 문제점들은 다음과 같이

---

21) 이재열, "도시비공식부문 연구의 현황과 과제", 『한국사회연구』, 제5집, 한길사, 1987.
22) R. Bromley, "The Urban Informal sector : Why is it Worth Discussing?", *World Development*, Vol. 6, 1978.
23) C. Moser, "Informal Sector or Petty Commodity Production : Dualism or Dependence in Urban Development?", *World Development 6*, 1978.

비판될 수 있다.[24] ① 제3세계 빈곤의 원인을 주로 정부에 의한 보호 · 육성의 결여에서 찾고 있어서 자본축적의 일반원리에 입각하여 구체적 사회에서 그러한 일반법칙이 수정 · 관찰되는 양상을 해명하지 못한 점, ② 자본주의 사회의 기본적 계급관계인 노동-자본의 모순 속에서 비공식부문 종사자의 사회경제적 기능을 파악하지 못한 점, ③ 빈곤문제를 자본축적에서 발생하는 노동력의 변화과정과 연관시키지 못한 점 등이다. 이밖에도 비공식부문을 하나의 범주로 설정하는 것에 대해, 그러한 구분의 기준이 모호하다는 점이 지적되고 있다. 즉, 비공식부문의 직업들은 종사상의 지위나 생산수단의 보유, 보수의 형태, 사업체의 규모, 작업에 대한 통제의 정도 등에서 서로 다른 이질적인 집단들로 이루어져 있다는 것이다. 따라서 부문개념에 따른 구분이 부문 내의 분화와 이질성을 능가하는 설명력을 지니는지에 대해 의문이 제기되고 있다.[25]

5) 정치경제학

빈곤문제에 대한 정치경제학적 접근은 마르크스의 상대적 과잉인구론에 의거하여 빈곤층의 생성원인과 그 사회경제적 기능을 파악하는 입장이다. 마르크스에 따르면 빈곤층은 "생산자와 생산수단의 역사적 분리과정인 본원적 축적에 의해 농민으로부터 너무나 빨리 만들어져 새로이 일어나는 매뉴팩추어에 흡수될 수 없는 프롤레타리아트로 형성된다. 그리고 일단 완성된 자본주의적 축적과정에서는 축적규모에 비례하여 자본의 평균적인 증식욕구에 필요한 것 이상의 상대적 과잉노동자로서 창출되는 것이다.

이러한 상대적 과잉인구에는 유동적 형태, 잠재적 형태, 정체적 형태와 피구휼빈민이 있다. 먼저 유동적 과잉인구는 "근대산업의 중심에서 때로는 방출되고 때로는 더욱 대량으로 흡입되면서도 생산규모에 대한 비율에서는 끊임없이 감소함으로써 발생하는 과잉인구이다." 그리고 잠재적 과잉인구는 농업에서의 자본주의적 경영에 따라 배제되어 도시의 공장노동자가 되려고 대기중인 농업에서의 자본주의적 경영에 따라 배제되어 도시의 공장노동자로 되려고 대기중인 농업노동자 인구를 가리킨다. 또한 정체적 과잉인구는 "현역노동자의 일부를 이루면서 취업이 극히 불규칙한" 집단으로서, "자유롭고 이용될 수 있는 노동력의 마르지 않는 저수지를 자본에게 제공하는 역할을 하고 노동자계급 평균수준 이하의 생활"을 영위한다. 끝으로 피구휼빈민은 상대적 과잉인구의 가장 밑바닥에 존재하는 부랑아 · 범죄자 등의 룸펜 프롤레타리아와 고령화 · 불구화로 인한 노동무능력자로 구성되는 빈곤층이다.[26]

---

24) 윤진호, "한국의 불안정취업층에 관한 연구", 「서울대학교 대학원 박사학위논문」, 1990, p. 34.
25) 정건화, "한국 도시빈민의 형성과 존재형태", 「한국사회연구」 제5집, 1987, pp. 258~260.
26) K. Marx, *Capital*, Penguin, 1976, pp. 807~810.

이렇게 볼 때 유동적 과잉인구는 산업노동자층, 잠재적 과잉인구는 농민층, 정체적 과잉인구 및 피구휼빈민은 도시빈곤층의 존재조건을 주로 가리킨다고 할 수 있다. 그런데 유동적 · 잠재적 과잉인구는 궁극적으로 정체적 형태로 사회저변에 광범하게 누적된다. 그리하여 "자본축적에 따라 노동자의 상태는 그가 받는 지불의 높낮음에 상관없이 악화되지 않을 수 없으며, 이는 자본의 축적에 대응하는 빈곤의 축적을 필연화"하는 것이다.[27] 이러한 정치경제학적 시각은 빈곤문제를 자본주의의 축적기제와 관련하여 동태적으로 밝혀 주고 있다. 아울러 제3세계에서는 제국주의에 의한 산업화의 결과, 상대적 과잉인구가 대규모로 존재하게 되어 노동력의 초과착취가 더욱 심화된다고 볼 수 있다.

빈곤문제에 대한 정치경제학의 접근은 K. Marx의 상대적 과잉인구론에 입각하여, 이후 절대적 빈곤문화론, 상대적 빈곤문화론으로 전개되었다. V. Lenin은 독일 노동자계급의 상태를 분석하면서, 카우츠키가 구분한 생리적 빈곤과 사회적 빈곤을 절대적 빈곤화와 상대적 빈곤화라는 개념으로 아래와 같이 정리하고 있다.[28] "음식 · 의복 · 연료 · 임대료 모두가 인상되었다. 노동자는 절대적으로 빈곤화되고 있다. 즉, 그들은 실제로 전보다 더욱 빈곤해지고 있는 것이다. 전보다 더 열악하게 살고, 더 열악하게 먹고, 더욱 굶주리고 더 나쁜 주거에서 살고 있다. 그리고 노동자의 상대적 빈곤화, 즉 국민소득 가운데 그들의 몫의 감소는 더욱 현저해지고 있다." 이러한 정의에 따라 절대적 빈곤화는 물가상승에 의한 실질임금수준의 저하, 상대적 빈곤화는 국민소득 중 노동자 몫의 감소, 즉 잉여가치율의 상승으로 파악하는 것이 마르크스주의 안에서 일반화되었다.

그러나 서구의 경우 2차대전 이후 실질임금이 꾸준히 상승하는 현상이 나타나자, 절대적 빈곤화를 부정하는 경향이 대두해 왔다. 그리하여 절대적 빈곤화를 실질임금의 하락으로 보는 대신, 노동력재생산에 필요한 노동력가치보다 임금을 적게 받음으로써 발생하는 초과착취에 초점을 두는 접근이 제시되었다. 이 관점에 따르면 절대적 빈곤은 노동력의 가격인 임금이 노동력가치에 미치지 못함으로써 노동력의 정상적인 재생산이 불가능한 상태를 가리킨다. 아울러 절대적 빈곤화란 노동력가치와 임금의 괴리가 심화되어가는 역사적 경향으로 파악된다. 이와 더불어 현대 자본주의 사회의 새로운 빈곤문제로서 도시문제 · 공해문제 등 개인의 소득으로는 노동력재생산을 실현시킬 수 없는 현대적 빈곤문제들이 제기되고 있다.

---

27) 한국기독사회문제연구원, 『실업문제의 인식』, 민중사, 1986, p. 30.
28) V. Lenin, "Impoverishment in Capitalist Society", Collective Works, Vol. 18, p. 201.

第 2 節 貧困의 原因

빈곤의 문제는 빈곤이 존재하는 사회형태에 따라 상이하게 규정된다. 빈곤문제를 사회형태에 따라 4가지의 방법에 의하여 나누어 볼 수 있다. ① 빈곤을 봉건사회에 있어서 귀속적 신분으로 보는 경우이고, ② 빈곤을 봉건사회의 부패의 직접적 영향으로 생긴 부랑생활로 보는 경우이고, ③ 빈곤을 17세기 중반에서 20세기 초까지 물질적 생계비의 문제를 개인적 실패에서 찾으려 하는 경우이며, ④ 20세기 빈곤을 물질적 생계비와 사회적 불평등과 같은 사회문제로 보려는 경우이다.[29)]

이와 같이 빈곤의 문제를 개인적 문제로 보려는 것에서 점차 사회적 문제로 보려는 경향으로 흐르고 있다. 이러한 경향은 빈곤의 원인이 사회의 사회·경제적 구조에서 발견될 수 있고, 따라서 빈곤을 일으키는 사회·경제구조를 변화시키려는 정부의 노력이 필요하다는 데서 나온 것이다.

빈곤의 원인이 어디에 있느냐에 대하여 해답을 제대로 얻기는 매우 어려운 것이다. 최근까지도 빈곤의 원인이 개인적 결함이냐 아니면 사회적 책임이냐에 대하여 논란이 대단히 많았다. 빈곤의 원인을 개인적 책임으로 보는 경우는 대개 심리주의적 관점을 지닌 낙인이론(상호작용주의)이거나 기능적 부적응을 중요시하는 기능이론에서 찾아볼 수 있고, 반면에 빈곤의 원인을 사회적 책임으로 간주하는 경우는 구조주의적 관점을 지닌 갈등이론에서 찾아볼 수 있는 것이다.

빈곤의 원인에 대해서는 다양한 이론적인 입장들이 있다. 어떤 이론들은 빈곤을 초래하는 요소들에 역점을 두기도 하고, 또한 빈곤상태를 존속시키는 과정에 초점을 두기도 한다. 물론 빈곤은 다소 독특한 상황에서 비롯된다고 볼 수 있다.

1. 貧困의 原因에 대한 理論的 觀點

1) 기능주의적 관점

기능주의는 빈곤의 원인을 설명하는 데 매우 중요한 원천을 제공한다. 많은 기능주의 이론가들의 빈곤은 불가피하다는 결론에 도달하고 있다. 기능주의적 관점은 빈곤의 원인을 기능의 부적응에서 찾고 있다. 즉, 가구주 또는 가구원의 사망·질병·불구·노령·저교육수준

29) 김영모, 「현대사회복지론」, 한국복지정책연구소, 1989. p. 63.

등에서 찾고 있다.

2) 낙인주의적 관점

낙인주의적 관점은 빈곤의 원인을 주로 동기의 결여에서 찾고 있다. 즉, 개인의 동기부족과 낮은 열망수준 · 무절제 · 게으름 · 의타심 · 과다한 출산 · 부적응 등에서 찾고 있다.

3) 갈등주의적 관점

갈등주의적 관점은 빈곤의 원인을 자원의 불평등에서 찾고 있다. 재산 · 권위 · 권력 · 지식 · 자원 · 기회 등의 비소유와 종속상태에서 빈곤의 원인이 있다고 보고 있다.

2. 貧困의 原因

한 개인이나 가정이 빈곤의 상황에 놓이게 되는 데는 여러 가지 요인이 복잡하게 작용하는 것이 보통이다. 그러나 빈곤에 대한 원인은 크게 미시적 차원과 거시적 차원으로 나누어 생각해 볼 수 있다.

빈곤은 미시적인 차원의 문제로 볼 때는 그것이 개인의 결함이나 불운 혹은 개인이 사회환경에 적응하지 못한 데서 기인한다고 보며, 거시적인 차원에서 개인보다는 사회구조적인 면에서 사회제도가 제기능을 하지 못한 데서 생기는 문제라고 보는 것이다.[30)]

R. J. Rampmann은 빈곤의 원인을 ① 불구, 가구주의 사망 등 자신의 능력으로서는 어쩔 수 없는 외부적 요인, ② 인종 · 신분 · 종교 등의 사회적 장애에 의한 요인, ③ 위의 것에 대해 극복하려는 동기의식의 결여로 분류하여 설명하고 있으며,[31)] J. K. Galbraith는 ① 개인적 결함에 의한 병태적 빈곤과, ② 자연자원의 부족 · 실업 · 교육부족 등으로 인해 나타나는 빈곤으로 나누고 있다.[32)]

이상에서 볼 때 빈곤의 원인은 크게 개인적인 것과 사회적인 것으로 구분될 수 있으며, 오늘날에는 사회적인 원인이 더욱 중시되고 있음을 알 수 있다. 빈곤을 미시적 혹은 개인적 원인으로 볼 때, 이는 다시 ① 개인의 동기부족, 즉 낮은 성취동기와 열망수준 · 게으름 · 의타

---

30) 최일섭 · 최성재, 「사회문제와 사회문제」, 나남출판, 1995, pp. 96~99.

31) R. J. Rampmann, "Approaches to the Reduction of Poverty : I", in Edward C. Buddced., Inequality and Poverty, pp. 177~178.

32) J. K. Galbraith, *The Affluent Society*, Boston : Houghton Mifflin Company, 1958, pp. 325~327.

심 · 과다한 출산 · 음주 · 도박 · 부적응 등과 같은 개인적 결함에 의한 원인, 자발적인 것과, ② 부양의무자의 사망 · 질병 · 불구 · 폐질 · 노령 등과 같은 비자발적인 개인적 원인으로 나눌 수 있다.[33]

그리고 사회적인 원인으로는 자연자원의 부족 · 실업 · 교육부족 · 사회보장제도의 미발달 등을 들 수 있다.

우리나라에서의 빈곤의 거시적 · 사회구조적 원인으로는 ① 영세농 출신 도시이입자의 취업기회의 제한과 불안정한 취업, ② 농촌지역경작규모의 영세성, ③ 저소득층 자녀의 교육기회 제한 등으로 인한 빈곤의 세습화, ④ 공적 부조나 사회보장 등 소득보장정책의 미흡, ⑤ 최저임금제의 미정착과 심한 임금격차 현상, ⑥ 사회복지 서비스의 미흡 등이 지적될 수 있을 것이다.

한편 사회구조적 원인에 역사적 원인을 포함시키고 있는데, 한국에서의 빈곤의 역사적 원인은 ① 조선사회에서의 양반관료층에 의한 농민의 착취, ② 일제하에서의 일제에 의한 식민지 착취의 경제정책, ③ 해방 후 해외로부터의 귀환동포와 북한으로부터의 월남민의 발생, ④ 한국전쟁중의 난민발생, ⑤ 60년대 이후의 급속한 도시화 과정에서 도시에 이주해 온 영세이농민에 의한 도시빈곤층의 형성을 들고 있다.[34]

그러나 빈곤의 원인에 대한 이상과 같은 구분은 어디까지나 분석적으로 가능할 뿐, 실제에서는 이상의 여러 요인들이 상호인과성을 갖고 복합적으로 작용하게 되는 것이다. 다시 말하면, 한 개인이나 가정이 빈곤할 수밖에 없는 개인적인 결함을 가지고 있다 하더라도 이에 대한 사회적인 지원체제가 잘 마련되어 있다면 빈곤의 굴레에서 쉽게 벗어날 수 있을 것이며, 이와 반대로 사회구조적인 결함 속에서 비록 근면하고 성실한 사람들까지도 빈곤의 구렁텅이로 몰아넣을 수 있는 위험을 가질 수 있는 것이다.

第 3 節 貧困政策(公的 扶助政策)의 現況

1. 公的 扶助의 概念

공적 부조란 용어는 국가마다 그 명칭이나 내용 · 범위 · 의미 등이 다르다. 미국에서는 공적 부조(public assistance), 영국에서는 국민부조(national assistance) 또는 무기여급부

33) 임희섭, 「사회적 평등과 발전」, 정음사, 1983, pp. 17~18.
34) 임희섭, "한국에 있어서의 빈민문제", 「한국사회개발연구」 제1권, 고대아세아문제연구소, 1979, pp. 76~87.

(non-contributory benefit), 서독과 프랑스에서는 사회부조(social assistance), 그리고 일본과 한국에서는 생활보호라고 각각 불리고 있으며 그 내용들도 차이를 보이고 있다. 이렇게 현실적으로 다양한 형태로 존재하고 있으나 그 본질이나 의미는 동일하다. C. I. Schottland가 정의를 내리고 있는 바와 같이 공적 부조란 생활이 극빈한 사람들에게 국가의 자산으로 부조를 제공함으로써 그들을 빈곤에서 해방시키는 국가의 사회보장이라고 할 수 있다.[35] 이 정의에서 알 수 있듯이 공적 부조는 국민의 최저생활 수준의 확보가 그 기본적인 목표이며, 공적 부조사업의 주체는 개인이나 사적 단체가 아니라 국가나 공공기관이 되는 것이다.

공적 부조(public assistance) 또는 공공부조는 연금보험 · 의료보험 · 산재보험 · 실업보험 등의 사회보험과 함께 사회보장제도의 중심이 되는 2대 기둥으로서 한 마디로 공적인 구빈사업이라고 할 수 있다. 즉, 생활의 개인책임을 강조하는 자본주의 사회에서 근로능력이 없어 스스로 자신의 생활을 꾸려나갈 수가 없거나 생활이 어려운 사람들의 최저한도의 생활을 보장하고 자립할 수 있도록 하기 위하여 정부나 지방자치단체가 공비로 경제적인 원조나 각종 서비스를 제공하는 사업이다. 공적 부조는 국가가 국민의 생존권을 보장하기 위하여 국민들이 낸 세금으로 빈곤한 국민들의 최저생활을 보장하는 것이므로 국가나 공공기관이 주체가 되어 시행하게 되어 사적 부조(voluntary assistance)와는 그 의미가 판이하게 다르다.

공적 부조는 다음과 같은 특징을 가지고 있다. ① 국가나 공공단체가 주체가 되며, ② 국가의 일반세입에 의하여 대부분 조달되고, ③ 무능력자 · 생활곤궁자 등 요보호자에 대한 생활보호비는 무상지급되며, ④ 생활보호비의 지급인정은 통상 신청자나 청구자의 개별적 요구 또는 자산조사를 전제조건으로 하고 있다는 점 등이다.

공적 부조는 사회보험과 더불어 사회보장의 두 개의 기둥이 되는데 사회보험과는 다음과 같은 점에서 차이가 있다.[36]

① 대상에 있어서 사회보험은 급여(benefit)를 받기 위하여 일정한 기간 동안 기여(contribution)를 하였거나 할 능력이 있는 사람, 즉 근로능력이 있는 근로자를 대상으로 하지만, 공적 부조는 반대로 기여할 능력이 없는 빈곤층을 대상으로 하는 것이다. 따라서 사회보험에서는 규정에 따라 기여를 한 사람은 누구나 급여를 받을 수 있지만 공적 부조의 대상자는 빈곤의 정도를 일정한 심사(means test)를 통하여 입증받아야만 하는데, 이를 위하여 나라마다 공적 부조의 대상자를 선정하기 위한 기준을 설정하여 놓고 있다. 사회보험의 자격은 기여에 의하여 생기고 공적 부조의 자격은 생계능력에 대한 심사에 의하여 주어진다고 할

35) Charles I. Schottland, *The Social Security Program in the United States*, New York : Appleton, 1963, p. 93.
36) 김영모, 「현대사회보장론」, 한국복지정책연구소, 1990, pp. 143~145.

수 있어서 흔히 사회보험과 공적 부조를 구분하는 가장 확실한 기준으로 기여와 생계능력심사를 들고 있다.

② 요구나 보장의 내용면에 있어서 사회보험은 사망이나 노령 · 질병 · 산업재해 · 장애 등 앞으로 발생할 가능성이 있는 위험에 대비하여 빈곤을 예방하기 위한 대책인데 비하여 공적 부조는 현재 빈곤하여 당장 보호가 필요한 사람의 경제적 요구를 충족시켜 주는 구빈사업이다.

③ 사업을 수행하는 주체가 사회보험에 있어서는 나라에 따라 국가 이외에 일정한 보험집단이 되는 경우(조합주의)도 있으나 공적 부조의 경우는 항상 국가나 지방자치단체가 그 주체가 된다.

④ 소요경비를 사회보험은 피보험자인 근로자와 사용자, 그리고 정부의 공동부담에 의하여 마련하지만 공적 부조는 각종 조세에 의해 마련된 국고금에서 지출된다.

⑤ 사회보험은 사고시 규정에 따른 급여만 지급되나 공적 부조에는 경제적 급여뿐만 아니라 자립을 위한 전문 사회사업서비스, 특히 개별사회사업서비스가 따르게 된다.

⑥ 급여를 받는 사람들의 태도나 느낌에 있어서 차이가 있을 수 있는데, 사회보험은 보험사고가 누구나 당하게 될 가능성이 높은 노령 · 질병 · 사망 · 산업재해 등 보편적인 것이고 본인의 기여에 의해 자격이 생기므로 급여를 권리로 생각하여 떳떳할 수 있는데 반하여 공적 부조는 빈곤이나 무능력이 입증된 사람에게 무상으로 지급되기 때문에 이를 권리보다는 혜택으로 생각하거나 특히 자격심사와 급여를 받는 과정에서 때로는 간섭이 따르는 경우도 있어 열등의식이나 굴욕감을 느끼게 될 가능성이 많으므로 공적 부조 대상자를 대하는 사회사업가들은 주의하여야 할 것이다.

사회보험과 공적 부조가 사회보장의 양대기둥이라고 하였지만 공적 부조는 사회보험에서 제외되거나 급여가 적은 사람들이 대상이 되므로 사회보험을 보완하는 제도라고도 볼 수 있다. 실제로 사회보장제도를 갖추고 있는 대부분의 나라에서 사회보험이 사회보장의 중심을 이루고 공적 부조는 사회보험의 영향력이 미치지 못하는 사람들을 대상으로 사회보험을 보완하는 소임을 맡고 있다.

2. 公的 扶助의 原理와 原則

공적 부조는 국민의 생존권을 보장하기 위한 매우 중요한 제도이고 또 국민이 낸 세금으로 이루어진 국고금으로 빈곤층을 보호하기 때문에 결국 돈이 세금을 내는 계층으로부터 세금을 내지 않는 계층에게 이전된다는 점에서 계층간의 이해관계가 표출될 수 있으므로 국민들이 납득할 수 있도록 공정하고 효율적으로 운영되어야 한다. 따라서 공적 부조에는 여러 가지 원리와 원칙이 적용되고 있다.[37)]

1) 기본원리

① 생존권보장의 원리 : 각국의 헌법과 법률에서 모든 국민은 건강하고 문화적인 최저한도의 생활을 영위할 권리를 인정하여 인간의 생존권을 보장하고 있다. 따라서 모든 국민은 누구나 생활이 곤궁에 처했을 때에는 국가로부터 보장받을 권리를 지닌다.

② 국가책임의 원리 : 생활이 곤궁한 모든 국민에 대한 국가의 책임은 1601년 구빈법(Elizabethan Poor Law)에서부터 기인되며, 오늘날 공적 부조의 재원은 바로 국민의 세금에 의해서 충당됨으로 궁극적인 책임은 국가가 지는 것이다. 따라서 국가는 생활보호의 실시상에 있어서 책임을 민간단체나 민간인에게 전가하거나 또는 이들로부터 재원적인 원조를 구해서는 아니되며, 행정 및 재정상 생활보호의 실시책임제체제를 확립해야 한다는 원칙이 파생될 수 있다.

③ 최저생활보장의 원리 : 최저생활보장이란 건강하고 문화적인 생활수준을 유지하는 것으로 인간으로서의 의미있는 생활을 향유할 수 있는 상태를 뜻한다. 그런데 각국의 빈곤선은 그 나라의 사회문화적 양상, 경제상태, 생활수준에 따라 다르다. 급부수준은 항상 적정선과 균등성 · 형평성에 입각해서 조심스럽게 결정되어야 한다.

④ 자립조장의 원리 : 생활보호의 목적은 피보호자의 잠재능력을 개발 · 육성하여 자력으로 사회생활에 적응케 하는 원리이다. 만약 빈곤자에 대한 경제적 부조가 자립조장에 아무런 변화를 주지 못한다면 국가나 지방자치단체의 세금의 낭비에 불과하다. 따라서 생활보호는 방빈(防貧)의 효과만이 아니라 자립을 조장하는 데 목적을 두고 실시상에 있어서도 금품급여인 현금급여나 현물급여의 전통적인 형태에서 벗어난 자립조장에 크게 기여할 수 있는 서비스제공이나 특수기회 및 우선권부여 등의 현대적 복지급부를 시행하는 것이 바람직할 것이다.

⑤ 무차별평등의 원리 : 모든 국민은 법률이 정하는 요건을 만족하는 한 누구나 차별없이 평등하게 법률의 보호를 받을 수 있다는 원리이다. 즉, 생활이 곤궁한 모든 국민은 법률이 정하는 바에 따라 인종 · 신조 · 성별 · 신분에 관계없이 평등하게 보호를 받을 수 있다는 것이다.

---

37) 신섭중, 『사회보장정책론』, 복지출판사, 1980, pp. 173~183.

⑥ **보충성의 원리** : 공적 부조는 생활이 곤궁한 요보호자가 이용할 수 있는 그의 자산 · 능력 등의 모든 것을 그의 생활유지를 위하여 최대한 활용하는 것을 요건으로 한다. 이것은 바로 공적 부조가 국민의 세금에 의해서 운용되는 것이기 때문이다. 따라서 보충성의 원리는 자산과 능력 등의 활용의무와 사적 부양우선과 타법상의 부조우선 · 긴급보호 등을 규정하고 있다. 이러한 공적 부조는 반드시 자산조사를 실시한다. 이것은 바로 자신의 소유자산을 최대한 활용케 하여 사회정의와 공평의 원리에 부응하며 국가재정의 압박을 완화시키기 위한 방편이다.

2) 공적 부조실시상의 원칙

① **신청보호의 원칙** : 보호는 요보호자와 기타 부양의무자 및 그 밖의 동거친족의 신청에 의하여 시행되는 것을 원칙으로 한다. 이러한 원칙은 보호가 국민의 권리이지 은혜적인 구제가 아님을 절차상으로 표현한 것이다. 따라서 요보호자가 신청절차를 모르는 경우에는 관계기관이 본인 또는 가족에게 신청을 촉구할 수 있다. 그러나 독거노인(獨居老人)이나 병약노인의 경우와 같이 요보호자가 급박한 상황에 처했을 때에는 신청이 없더라도 필요한 보호를 하도록 하며, 직권보호를 보충적으로 적용하여야 할 것이다.

② **기준 및 정도의 원칙** : 보호의 기준과 정도는 국가에 따라 다르다. 일반적으로 건강하고 문화적인 최저한의 생활보장으로서 부족분을 현금이나 현물로 보조한다. 이때의 보호기준은 요보호자의 연령 · 성별 · 세대구성별 · 소재지역별 및 기타 필요한 사정을 고려하여 최저한의 생활의 필요를 충족시키고 이를 초과시켜서는 아니된다.

③ **필요즉응의 원칙** : 보호는 요보호자의 연령 · 성별 · 건강상태 등에 따라 개인 또는 세대의 실제에 필요한 것을 고려하여 유효하게 적절히 행하여야 한다. 이것은 바로 개별적인 필요도에 따른 보호의 실시원칙이다.

④ **세대단위의 원칙** : 보호는 세대를 단위로 하되 보호의 필요여부와 정도는 법률로서 정한다. 세대를 기본단위로 하지만 요보호자에 대해 정당한 생활보장의 실현이 어려울 경우에는 예외적으로 행정상 세대분리에 따라 개인을 단위로 하여 보호할 수 있다.

⑤ **현금부조의 원칙** : 공적 부조의 급부물형태에는 대체로 현물급부, 현금급부, 서비스제공, 특혜나 특수기회부여, 의사결정권 등이 있다. 현금급부는 요보호자의 선택자유권이 보장되며, 요보호자로서의 명예가 보장되고 나아가서는 관리상의 간소화를 가져와 현대사회에서 가장 많이 이용되는 공적 부조의 급부방법이다. 때로는 이 원칙에 따를 수 없거나 부적당할 경우 또는 보호목적달성에 필요한 경우에는 예외가 인정된다.

⑥ **거택보호의 원칙** : 공적 부조는 요보호자가 거주하는 거택에서 행하는 것을 원칙으로 한다. 그러나 요보호자가 주거가 없어 거택보호가 불가능하거나 보호의 목적달성에 부적당

하다든지 또는 요보호자가 의지하는 경우에 있어서는 구호시설이나 재활시설 등의 보호시설에 수용 · 보호하거나 또는 개인의 가정에 위탁하여 보호할 수 있다. 그러나 가능한 한 가정을 이탈해서는 아니되며 부득이 할 경우는 시설보호 중에도 수용형보다는 통원형으로 시설보호보다는 가정적 보호로 유도함이 바람직하다.

3. 韓國의 公的 扶助(生活保護)의 現況

1) 생활보호대상자의 책정

우리나라의 생활보호제도는 보호대상의 구분에 따라 보호의 종류 · 내용 및 방법을 달리하여 ① 근로능력이 없는 자에 대하여는 생계비를 지원하여 이들의 최저생계를 보장하고, ② 근로능력이 있는 자에 대하여는 자립을 위한 지원으로 이들이 빈곤에서 벗어나도록 하는데 보호의 중점을 두고 있다.

정부는 생활보호법의 규정에 의해 저소득층의 신청을 받아 매년 9월에 전국적으로 동시에 조사를 실시하여 생활보호대상자 책정기준을 결정하고 이 기준에 미달하는 계층을 생활보호대상자로 책정하여 각종 보호와 지원을 하고 있다.

또한 생활보호법 제18조 제1항의 규정에 의하여 일제조사시 누락되었거나 연중 수시로 보호사유가 발생하였을 경우 신속히 추가 · 책정할 수 있는 제도적인 안전장치를 마련하였다. 연도별 생활보호대상자 책정기준은 다음 〈표 8-1〉과 같다.

〈표 8-1〉 생활보호대상자의 구분

구 분	요 건	보호내용
거택보호대상자(생활보호법시행령 제6조 제1호)	생활보호대상자로 ① 65세 이상 노쇠자, ② 18세 미만 아동, ③ 임산부, ④ 폐질 또는 심신장애로 인하여 근로능력이 없는 자로 구성된 세대 또는 이들과 50세 이상 부녀자로만 구성된 세대	생계보호 자활보호 교육보호 해산보호 장제보호 의료보호
시설보호대상자(생활보호법시행령 제6조 제2호)	생활보호대상자에 해당하는 자로서 주거가 없거나 주거가 있어도 그곳에서는 보호를 행할 수 없어 보호시설에 수용된 자	위와 같음
자활보호대상자(생활보호법시행령 제6조 제3호)	생활보호대상자 세대로서 거택 및 시설보호대상자 세대가 아닌 세대의 세대원(근로능력자를 가진 생활보호대상자 세대)	의료보호 자활보호 교육보호

「보건복지백서」, 보건복지부, 1995, p. 224.

〈표 8-2〉 연도별 생활보호대상자 책정기준

(단위 : 만 원)

구 분		'87	'88	'89	'90	'91	'92	'93	'94	'95
1인당 월소득	거택보호	4.3	4.4	4.6	4.8	5.5	8	13	16	19
	자활보호					6.5	10	14	17	20
재산액 (세대당)	거택보호	320	320	340	340	600	1,000	1,300	1,700	2,500
	자활보호								2,000	

「보건복지백서」, 보건복지부, 1995, p. 225.

생활보호대상자는 1990년도에 전인구의 5.3%인 2,256천 명이었으나 1995년 생활보호대상자는 전국민의 3.9%인 1,755천 명이며, 이 중 시설보호대상자자 78천 명, 거택보호대상자 307천 명, 자활보호대상자가 1,370천 명이다. 매년 생활보호대상자의 책정기준을 상향 · 조정하고 있음에도 점차 감소추세에 있으며, 감소의 주원인으로는 정부지원에 의한 자활자립(직업훈련 · 자금융자), 자력에 의한 자활자립(취직 · 친지도움) 기타 가구원 변동에 의한 보호탈피가 주원인이다.

〈표 8-3〉 생활보호대상자추이

(단위 : 천 명, 천 세대)

구 분	'87	'88	'89	'90	'91	'92	'93	'94	'95
합 계	2,354	2,310	2,353	2,256	2,246	2,176	2,001	1,902	1,755
시설보호	75	75	79	81	82	83	83	81	78
거택보호	295	318	341	340	338	338	338	320	307
	(148)	(162)	(176)	(179)	(180)	(183)	(183)	(180)	(181)
자활보호	1,984	1,917	1,933	1,835	1,826	1,755	1,580	1,501	1,370
	(457)	(446)	(461)	(455)	(476)	(476)	(428)	(407)	(420)

「보건복지백서」, 보건복지부, 1995, p. 226.

* 주 : ( ) 내는 세대수임

2) 저소득층의 생계보호의 현황

정부에서는 노령 · 불구 · 폐질 등으로 근로능력이 없는 거택보호대상자와 시설보호대상자에 대하여는 기본생계유지를 위한 생계비를 지원하고 있다.

〈표 8-4〉 연도별 생계비 지원수준

(금액 : 원)

구 분	'87	'88	'89	'90	'91	'92	'93	'94	'95
거 택	27,300	29,900	35,643	39,000	43,000	49,000	56,000	65,000	78,000
시 설	40,300	44,000	46,000	48,000	52,000	55,000	57,000	65,000	72,000

「보건복지백서」, 보건복지부, 1995, p. 227.

* 생계비 · 의료비 · 교육비 포함

1995년에는 거택보호대상자는 1인당 월 78,000원, 시설보호대상자는 72,000원을 지원하고 있으나 1997년까지는 최저생계비의 90%수준으로 1998년까지는 100%수준으로 향상시킬 계획이다. 연도별 생계보호내용과 지원수준은 다음 〈표 8-4〉와 같다.

3) 자립지원시책의 현황

저소득층은 학력 · 기술 · 자금부족 등의 사유로 안정된 일자리를 얻지 못하여 영세자영농 · 일일고용 등의 형태로 생활을 영위하고 있다. 정부는 이들 저소득층의 빈곤요인을 분석하여 이를 해소시켜 줌으로써 빈곤에서 벗어나 자립 · 자활할 수 있도록 교육보호 · 직업훈련 · 생업자금융자 등의 자립 · 자활능력 배양을 위한 시책을 계속 추진하고 있다.

(1) 교육보호

정부는 생활보호대상자에게 사회가 요구하는 최소한의 교육기회를 제공하여 줌으로써 가난이 세습되지 않고 자립 · 자활할 수 있도록 학비를 지원하여 주고 있다. 1987년부터는 거택 및 시설보호자와 면지역 이하 거주 자활보호자에 대하여 실업계고교생까지 학비 전액을 지원하였고, 1990년부터는 거주지역에 관계없이 생활보호대상자 자녀로서 중학교 및 실업계고교에 재학중인 모든 학생에 대하여 학비전액을 지원하고 있으며, 1996년부터 인문계 고교생까지 확대 · 지원할 계획이다. 연도별 학비 지원내용과 지원실적은 다음 〈표 8-5〉와 같다.

〈표 8-5〉 연도별 교육보호 지원실적

(단위 : 명, 천 명)

구 분 / 연 도	지 원 인 원	사 업 비	
		총사업비	국 고
1980	126,750	10,075,254	10,075,254
1985	241,777	34,753,500	26,311,559
1990	379,055	98,773,767	75,392,791
1991	318,686	88,749,191	68,056,891

1992	250,489	81,874,881	62,440,759
1993	202,460	72,877,617	55,144,014
1994	160,030	66,256,593	49,894,213

「보건복지백서」, 보건복지부, 1995, p. 228.

(2) 직업훈련

저소득층을 빈곤에서 벗어나게 하는 가장 확실한 방법은 안정적인 수입원인 직업을 갖도록 하는 것이다. 공공직업훈련은 유사계층을 대상으로 각 부처에서 분산 · 실시함에 따른 예산의 낭비와 훈련사업의 효율성이 저하되고 있어 1993년도부터는 행정권한의 위임 및 위탁에 관한 규정(대통령령 제13823호. 1992. 12. 31)에 따라 저소득층의 직업훈련업무를 노동부에 위탁하여 통합 · 실시하고 있다. 그동안의 연도별 직업훈련 추진실적은 다음 〈표 8-6〉과 같다.

〈표 8-6〉 연도별 직업훈련 추진실적

(단위 : 명, %)

연 도	훈련목표	입 소	퇴 소	수 료	자격취득	취 업
1981	2,000	3,466	548(16)	2,918	1,914(66)	2,591(89)
1985	4,547	5,675	472(8)	4,881	3,666(75)	3,828(78)
1989	12,000	16,628	949(6)	12,672	7,776(61)	9,730(77)
1990	15,000	16,362	3,368(21)	15,813	9,527(60)	11,389(72)
1991	20,000	14,794	3,118(21)	11,231	6,200(55)	7,436(66)
1992	20,000	19,530	4,135(21)	12,327	5,166(42)	5,901(48)

「보건복지백서」, 보건복지부, 1995, p. 229.

* 주 : 자격취득률 : 자격취득자/수료자

퇴소율 : 퇴소자/입소자

취업률 : 취업자/수료자

(3) 생업자금융자

저소득층 자립을 위하여는 생업자 · 금융자한도액인상 및 수혜가구확대로 실질적인 자영업의 자본금활용과 자활촉진사업을 확대하고자 1994년에는 융자한도액을 700만 원으로 융자액도 총 280억 원으로 확대하였으며, 1995년 사업비는 총 360억 원이며 900만 원 한도로 약 6,000세대를 지원할 계획이다.

〈표 8-7〉 생업자금융자실적

(단위 : 백만 원)

연도별	총예산	융 자 조 건			실 적	
		한도액	조 건	이자율	세 대	금 액
1989	20,000	400	5년 거치 5년 상황	연 6	9,322	22,647
1990	24,000	400	〃	〃	6,847	19,822
1991	28,000	400	〃	〃	6,494	19,428
1992	28,000	500	〃	〃	8,006	30,636
1993	28,000	700	〃	〃	5,537	26,479
1994	28,000	700	〃	〃	4,904	25,670
1995	36,000	900	〃	〃		

「보건복지백서」, 보건복지부, 1995, p. 230.

第 4 節 貧困의 對策

빈곤의 대책은 이론적 관점에 따라 상이하다. 빈곤의 원인을 동기의 부족이나 부적응으로 보는 경우에 빈곤의 대책이 빈민의 의식변화를 위한 동기조성이나 사회적응을 위한 경우는 심리적 원조(상담사업), 사회적 원조(완전 고용정책기술훈련 등), 물질적 원조를 베푸는 데 관심을 많이 지니겠지만 빈곤의 원인을 불평등으로 보는 경우에는 자원(소득 · 권력 · 기회 등)의 평등한 배분에 관심을 많이 기울이게 될 것이다. 따라서 소득재분배를 위한 조세정책이나 노동정책 또는 사회보장제도의 강화를 통하여 빈곤을 해소 또는 약화시키려는 노력을 하게 된다.[38]

빈곤의 원인이 매우 다양하고, 빈곤문제가 국가와 시기에 따라 그 개념이 다르기 때문에 빈곤에 관한 대책도 다양할 수밖에 없다.

1. 機會의 平等을 위한 對策

이러한 대책은 미래의 빈곤을 예방하고 시기적으로는 노동시장에 참여하기 이전에 주로 이루어지며, 구체적인 급여형태는 주로 현물 · 서비스, 그리고 기회를 제공하는 데 초점을 맞

38) 김영모, 「현대사회복지론」, 한국복지정책연구소, 1989, p. 65.

춘다. 이러한 대책은 기본적으로 가난한 아동들에게 초점을 맞추어 빈곤의 악순환을 끊기 위한 방법이다.

이러한 빈곤대책의 대표적인 것으로는 가족프로그램과 아동양육프로그램을 들 수 있다. 가족계획사업은 빈곤한 가정의 출산을 제한함으로써 빈곤의 발생과 존속을 줄이려는 것으로서 그 효과는 ① 가난한 사람들의 아이들 숫자를 줄임으로써 아동양육에 필요한 경비를 줄여서 빈곤으로부터 벗어날 가능성을 높이는 것이다. ② 자녀의 수가 적음으로 해서 보호자들(특히 여성단독세대주)의 근로소득을 높이는 것이다. ③ 적은 수의 자녀에게 교육 · 건강 · 애정 등의 기회를 줌으로써 아동의 장래의 빈곤가능성을 줄이는 것이다. ④ 모자보건을 통해 가족의 건강을 높일 수 있다.

자본주의 사회의 빈곤정책은 사회보험과 공적 부조로 이루어진다. 우리나라 빈곤정책의 주축은 공적 부조라고 할 수 있는데, 생활보호정책으로 거택보호 · 시설보호 · 자활보호 · 의료부조가 있다. 그리고 고용정책으로 취로사업(생활보호대상자의 노동력을 도로보수, 하천정리에 일부 활용하고 그 대가로 노임을 지불하는 방식) · 직업훈련 및 취업알선(저소득시민 및 미진학 청소년의 취업기회를 확대시키기 위한 것), 생업자금 융자(현거주지에 1년 이상 살고 있는 자활보호대상자로서 자금이 부족하여 자활의 가능성이 제약되고 있는 가구에 대해 연리 6%, 5년 거치 5년 상환의 조건으로 400만 원 이내의 자금을 대출해 주는 제도), 그리고 집값 · 전세의 상승에 다른 주택문제가 심각해지면서 정부는 빈곤층의 주거안정을 위해 영구임대주택정책을 실시하고 있다.

2. 勞動市場政策

이것은 근로능력이 있으면서 가난한 사람들을 대상으로 그들이 노동시장에서 경험하게 되는 각종 불이익을 해소하여 뒤에 논의할 소득보장 프로그램에 의존하지 않고 자립할 수 있게 하는 일련의 대책을 말한다. 소득보장프로그램이 빈곤을 일시적으로 완화해 주는 소극적인 정책인 반면, 노동시장정책은 근본원인을 해결하는 적극적인 정책으로 이해되고 있다. 노동시장정책은 크게 네 가지가 있는데, ① 훈련과 재훈련 프로그램, ② 고용을 위한 프로그램, ③ 피고용자에 대한 임금보조 프로그램, ④ 최저임금제도 등이다.

3. 租稅政策

빈곤대책을 논의하는 데 있어 조세정책은 사회보장정책과 밀접한 상호연관성을 갖고 작용하기 때문에 조세정책 하나만 독립적으로 논한다는 것은 바람직하지 못하다. 조세정책 하나만 고려할 경우 빈곤의 정도가 악화되는 것처럼 보일지라도 사회보장급여와 동시에 고려하면 결과적으로 빈곤은 완화될 수가 있는 것이다. 일반적으로 공적 부조가 빈곤층의 소득을 빈곤선 위로 끌어올리는 능동적인 정책이라 한다면, 조세정책은 빈곤선 이하의 소득은 면세가 되도록 하고 또한 빈곤선 바로 위에 있는 빈곤층의 소득에 대해서는 그것이 과세 후 빈곤선 이하로 떨어지지 않도록 하는 수동적 정책이라고 할 수 있다.

빈곤대책을 위한 조세정책은 크게 세 가지 조세제도를 통하여 수행되는데, ① 소득세의 면세점을 조정하는 방법, ② 사회보장세의 최저소득한도를 조정하는 방법, ③ 간접세의 면세 등이 있다.

4. 所得保障政策

소득보장정책은 기회의 평등을 위한 빈곤정책과 노동시장정책의 실패로 노동시장에서의 소득으로 빈곤에서 못 벗어난 경우 마지막으로 직접적인 소득이전을 통하여 빈곤을 해결하는 방법이다. 각종 공적 부조프로그램과 사회보험 · 수당 · 의료보호 등이 대표적인 방법이 되고 있다.

第9章 老人問題에 대한 政策的 接近

第 1 節 老人問題와 老人福祉의 槪念

1. 老人의 槪念

노인복지의 개념을 정의함에 있어서 우선 노인이라는 개념을 밝힐 필요가 있다. 노인의 개념을 규정하는 데 있어서는 그가 처한 사회적 여건과 개인적인 신변상의 여건변화를 근거로 다양한 개념상의 차이가 있을 수 있으나 결국 노인이란 인생의 최종단계에 돌입하면서 신체적 · 정신적 측면에서의 상실현상을 겪고 있는 65세 이상에 있는 사람이라고 정의할 수 있다.[1)]

노인의 개념을 규정하는 데 있어서 학계의 견해는 두 가지로 대별되는데, 그 중 하나가 '노인' 자체를 몇 가지 특성을 들어서 개념규정을 하는 것이고 또다른 하나는 노령에 기준하는 것이다.[2)]

1951년 7월 미국 세인트루이스 시에서 열렸던 제2회 국제노인학회(2nd International Conference of Gerontology)에서 내려진 노인에 대한 정의를 살펴보면 다음과 같다. 노인이란 인간의 노령화과정에서 나타나는 생리적 · 육체적 · 심리적 · 정서적 · 환경적 및 행동의 변화가 상호작용하는 복합형태의 과정에 있는 사람이라고 규정하여 노인의 정의를 주로 의학적인 견지에서 다음과 같은 점을 들고 있다. ① 환경변화에 적절히 적응할 수 있는 자체조직에 결함이 있는 사람, ② 자신을 통합하려는 능력이 감퇴되어 가는 시기에 있는 사람, ③ 인체의 기관 · 조직 · 기능에 쇠퇴현상이 일어나고 있는 시기에 있는 사람, ④ 생활체의 적응력이 정신적으로 결손되어 가고 있는 사람, ⑤ 조직 및 기능저장의 소모로 적응감퇴현상에 있는 사람이라고 한다. 또한 노인이란 인간의 노령화과정에서 나타나는 생리적 · 육체적 · 심

1) 최항순, 「복지행정론」, 신원문화사, 1993, p. 353.
2) 황진수, 「현대복지행정론」, 대영문화사, 1993, pp. 272~273.

리적 · 정서적 · 환경적 및 행동의 변화가 상호작용하는 복합형태의 과정에 있는 사람이라고 정의하고 있다.[3)]

한편 Breen은 노인이란 생리적 · 개별적 · 기능적 연령의 실질연령을 중심으로 규정하는 입장을 취하고 이의 특징으로서는 ① 생리적 및 생물학적인 면에서 그 기능이 퇴화기에 있는 사람, ② 심리적인 면에서 정신기능과 성격에 변화되고 있는 사람, ③ 사회적인 면에서 지위와 역할이 상실된 사람 등으로 규정함으로써 노인을 단순히 자연연령만으로 규정하기란 어려울 뿐만 아니라 그렇다고 실질연령만으로 규정짓기도 어렵다는 입장을 취하고 있다.[4)]

노령규정방법에 있어서는 형식적 방법으로서 측정된 노령에 의해 몇 살 이상을 노인으로 규정짓는 방법과 심신의 기능변화(생리학적 · 의학적 · 심리학적 · 사회학적으로)에 따라 노인현상이 어느 단계에 이른 것을 노령으로 간주하는 방법이 있다.[5)]

이와 같이 노인의 개념을 규정하는 데 있어서는 그가 처한 사회적 여건과 그의 개인적인 신변상의 여건변화를 근거로 다양한 개념상의 차이가 있을 수 있으나 일반적으로 노인은 육체적 · 생리적 · 정신적 기능이 감퇴되거나 퇴화됨은 물론 심리적 변화로 개인의 자기유지기능과 사회적 역할기능이 약화되어 정상인으로서의 기능에 지장을 받고 있는 사람,[6)] 즉 육체적 · 정신적으로 기능이 감퇴되어 정상적인 생활기능과 직업적 기능을 발휘하기 어려운 시기에 있는 사람이다.[7)]

노인이란 인생여정의 최종단계에 돌입하면서 신체적 · 정신적인 측면에서의 상실현상(신체의 노쇠화와 심리적 고독)을 겪으면서 사회적 참여의 기회를 상실하는(직업상실, 수입원의 상실) 연령적으로 60세 이상에 있는 사람을 노인이라 볼 수 있다.[8)] 그 이유는 ① 우리나라에서는 전통적으로 60세를 회갑으로 정하여 노인으로 대우한다는 점, ② 우리나라의 경제활동인구를 만 14세에서 59세 이하로 계산하고 있다는 점, ③ 우리나라의 기업체 · 공무원 등의 퇴직연령이 60세를 전후로 하여 시행되고 있는데, 이는 은퇴의 시기라는 객관적 인식과 함께 노인연령이라는 유추를 해볼 수 있다는 점 등이다.

일반적으로 노년기는 인생의 마지막 단계로서 이 시기에 이르면 인간은 누구나 신체적 · 정신적 능력이나 적응력이 감퇴하고 이로 인하여 사회적 기능수행 또한 약화된다고 한다.

---

3) C. Tibbits, *Origin Scope and Field of Social Gerontology*, 1960, p. 10.
4) Leonard L. Breen, "The Aging Individuals", *Handbook of Social Gerontology*, Chicago : The University of Chicago Press, pp. 147~150.
5) 김상규, 「노인복지의 체계적 연구」, 경북대학교 출판부, 1976, pp 23~24.
6) 이계탁, 「복지행정학강의」, 나남, 1994, p. 583.
7) 전재일 외 공저, 「사회복지론」, 형설출판사, 1996, p. 254.
8) 황진수, 「전게서」, p. 273.

즉, 노년기의 특징은 한마디로 상실과 이로 인한 물질적 · 신체적 · 사회적 · 정서적 의존성의 증가라고 할 수 있다.[9] 육체가 노화함에 따라 신체적 기능이 쇠퇴하고 건강을 상실하게 되고, 이로 인하여 일자리와 수입을 상실하게 된다. 따라서 사회적 역할과 지위도 상실하게 되며, 사회참여를 상실하게 되고 종래에는 친구와 배우자까지 상실하게 되며 결국 삶의 보람마저 상실하게 되는 수도 있다. 이렇게 많은 것들을 상실하고난 노인들은 빈곤 · 질병 · 고독, 그리고 역할상실의 4가지 고통에 시달리게 되며, 자신의 일상생활에서 점차 많은 부분을 누군가에게 의존하지 않을 수 없게 된다.

이러한 노인들의 의존성은 다양하며 이에 대한 원조의 방법을 Bleckner는 다음과 같이 제시하고 있다.[10]

① 경제적 의존성 : 연금 · 국가보조금 및 용돈의 보조

② 신체적 의존성 : 목욕 · 청소 · 세탁 등 일상생활의 지각 · 동작에 대한 원조

③ 정신능력의 의존성 : 사물에 대한 기억, 중요한 결정의 판단, 방향감각 및 의사소통과정의 원조

④ 사회적 의존성 : 사회적 접촉의 기회제공

⑤ 심리적 · 정서적 의존성 : 자녀 · 가족 혹은 친지와의 정서적 유대강화 등을 제시하고 있다.

산업화과정에 있는 대부분의 국가는 노령인구의 상대적 증가현상을 가져오고 있다. 이같은 현상은 앞으로도 상당 기간 지속될 것으로 전망되고 있다. 특히 노인인구의 증가요인은 ① 국민소득의 향상과 생활수준의 개선, ② 의학의 발달과 보건위생의 개선 특히 가족계획사업의 추진과 성인병 치료 등 예방의학의 발전, ③ 영아사망률의 저하, ④ 출생률과 사망률의 저하, ⑤ 이로 인한 평균수명의 연장 등이 노인인구증가의 주된 요인이 되고 있다.[11]

2. 老人問題의 槪念

노인문제라고 하면 그 형태가 다양하고 시대 · 장소 · 사람에 따라서도 다르게 정의될 수 있기 때문에 더욱이 하나의 합의적인 정의를 내리기 어렵다. 또한 노인문제는 어떤 특정한

9) Muriel Brown, *Introduction to Social Administration in Britain*, Hutchinsen University Library, London, 1969, p. 124. : 김영모, 「현대사회보장론」, 한국복지정책연구소 출판부, 1990, p. 198.

10) 윤진, 「성인노인심리학」, 중앙적성출판사, 1985, pp. 188~189.

11) 이계탁, 「전게서」, p. 584.

현상을 가리키는 문제(예를 들면, 청소년비행 · 성차별문제 · 약물중독 등)와는 달리 복합적인 형태로 나타나고 있기 때문에 더욱 정의하기 어렵다.[12)]

노인문제는 우선 간단히 말하면 다수의 노인에게 공통적으로 나타나는 어려운 문제로서 노인 자신이나 가족의 힘으로는 해결할 수 없는 것이라고 할 수 있다. 그런데 어떤 사람은 노인문제를 어떤 구체적인 현상(예를 들면, 노인이 경제적으로 기본적인 생계도 유지하기 어려운 것, 또는 노인이 건강에 문제가 있는데도 제대로 진료를 받을 수 없는 것 등) 중에 하나 또는 몇 가지만을 가리키는가 하면 어떤 사람은 노인에게 공통적으로 나타나는 어려운 문제를 포괄적으로 가리킨다. 노인문제라 하면 아주 추상적으로 정의할 수도 있고, 또한 상당히 구체적인 문제들을 나열하여 정의하는 경우도 있다.

노인문제란 노령에 수반되는 사회생활상의 갖가지 곤란이라고 정의될 수 있다. 이때 노인의 곤란을 집약해서 들어보면 병고(病苦 : 심신의 건강상실), 빈곤(貧困 : 경제적인 의존), 고독(孤獨 : 인간관계의 단절), 무위(無爲 : 사회적 역할상실)의 4고(四苦)라고 말할 수 있다. 이러한 노인문제는 인간의 생활과정에서 항상 있어 온 문제이긴 하지만, 현대산업사회에서 두드러진 특징을 나타내고 있다는 현대적인 산물이라고 할 수 있다.[13)] 노인문제란 노인에게 공통적 · 기본적인 생존과 발전의 욕구나 문제를 노인 자신이나 가족의 노력으로 해결하지 못하는 상태로서 경제적 어려움, 건강보호의 어려움, 역할상실과 여가선용의 어려움, 고독과 소외 및 갈등을 느끼는 현상 등을 포함하는 현상이다. 노인문제라고 할 때의 일반적인 전제는 어떤 현상이 다수의 노인에게 공통적인 것이어야 하고 개인이나 가족의 노력으로는 해결이 어려운 것이어야 하기 때문에 노인문제라 하면 어떤 특정 노인의 개인문제는 포함되지 않는 것으로 보아야 할 것이다.

오늘날 노인문제가 부각되고 있는 원인으로는 우선 의학기술의 발달과 영양 · 위생상태의 개선으로 인간의 평균수명이 날로 늘어나 사회의 전체 인구에 대한 노인인구의 비율이 증가되었다는 점을 들 수 있다. 물론 노인인구의 증가 자체가 사회문제가 될 수는 없으나 급속하게 증가하는 노인인구에 맞추어 노인들에게 필요한 사회시설과 대책을 마련해 주지 못하는 데에 문제가 있는 것이다.[14)] 사실 노인인구의 증가는 비생산활동인구의 증가를 의미하며, 이는 사회적 의존인구층의 증가를 의미할 수도 있다.

---

12) 최일섭 · 최성재 공편, 「사회문제와 사회복지」, 나남출판, 1995, pp. 309~310.
13) 최항순, 「전게서」, p. 351.
14) Bernic L. Neugarten, "The Aged in American Society", in Howard F. Becker, ed., *Social Problems : A Modern Approach*, New York : John Wiley, 1967, p. 168.

3. 老人福祉의 概念

사회보장제도에 있어서의 노인복지서비스는 사회보장제도를 구성하는 사회보험과 사회부조, 그리고 사회복지서비스 중 사회복지서비스에 해당하는 것으로 사회보험과 공적 부조를 통하여 보장하는 소득과 건강(의료)같은 기본적인 요구 이외에 대상 인구층의 특성 때문에 가지게 되는 특수한 요구를 충족시키기 위한 대책이다. 즉, 노인들은 노인이기 때문에 공통적으로 지니게 되는 특성과 이로 인한 요구와 문제를 가지게 되고, 노인 개개인이 자신의 생활 가운데서 당면하게 되는 개인적인 요구와 문제가 있으며, 이런 요구와 문제를 사회보험이나 공적 부조의 방법으로 또는 정부의 노력만으로는 해결할 수도 없으며, 그렇게 하는 것이 바람직스럽지도 않기 때문에 정부와 민간사회 복지기구와 시설이 협력하여 노인들이 자신의 생활환경에 적응할 수 있도록 여러 가지 서비스를 제공하는 것을 말한다.[15] 이러한 사회복지서비스는 소득이나 건강과 같은 기본적인 요구의 보장을 전제로 하여 특정한 대상집단, 즉 아동이나 노인 · 장애자 등과 같이 인간의 기본적 요구 이외에 특수한 요구를 가지고 있는 집단을 대상으로 하여 주로 민간의 사회복지활동이나 시설, 그리고 지역사회조직사업 등을 통하여 수행되며, 사회보험이나 사회부조의 기능을 보완하여 보다 안락하고 행복한 생활을 보장하려는 것이다.

노인복지의 개념은 협의와 광의의 개념으로 나눌 수 있다. 협의의 노인복지는 노령퇴직 · 실업 · 빈곤 · 병약 · 배우자나 가족과의 사별, 애정의 상실 등의 제요인으로부터 발생되는 생활의 곤궁이나 고독과 불만으로 삶의 보람을 상실한 노인을 대상으로 개별적으로 공적 부조, 생활지도 등 구체적인 보호나 육성 · 갱생을 위한 일련의 사업을 실시하는 사회적으로 조직된 서비스라고 말할 수 있다. 그리고 광의의 노인복지는 모든 노인의 생활상의 안정 · 의료 · 직업의 보장 · 주택 · 교육 · 오락 및 그 외의 사회적 서비스의 제공을 포함한 광범위한 사회적 정책의 전체를 의미한다.[16]

노인복지는 사회복지의 한 분야로서 노령에 의하여 야기되는 사회생활의 곤란에 대한 사회복지적 원조라 할 수 있다. 사회복지는 사회보장이나 직업안정 · 의료 · 위생 · 주택정책 등과 아울러 사회생활상의 곤란을 타개하는 제도이지만 그 생활상의 곤란에 대한 타개의 접근방법이나 원조상태에 있어서 명확한 특성을 지니고 있다.[17]

---

15) Muriel Brown, *Introduction to Social Administration in Britain*, Hutchinsen University Library, London, 1969, p. 90. : 김영모, 『현대사회보장론』, 한국복지정책연구소 출판부, 1990, p. 197.

16) 최항순, 「전게서」, pp. 353~354.

17) 岡村重夫, 三浦文夫, 講座 日本の老人こ, 老人, こ · 老人の福祉と社會保障, 東京 : 恒內出版株式會社, 1977, pp. 58~59.

사회복지의 기능이 ① 예방적 사회복지, ② 보호적 사회복지, ③ 개별적 사회복지, ④ 조정적 사회복지를 전제로 한다면, 노인복지는 사회복지의 한 분야인 관계로 노인복지의 기능으로서도 위와 같은 기능이 있게 된다. 즉, 노인복지에는 ① 예방적 기능, ② 개발적 기능, ③ 조정적 기능이 있게 된다. 따라서 노인복지의 서비스형태도 또한 ① 예방적 노인복지, ② 보호적 노인복지, ③ 개별적 노인복지, ④ 조정적 노인복지로 분류할 수 있다.[18]

第 2 節 老人問題에 관한 理論的 論議

1. 老人問題에 대한 理論的 觀點

사회현상을 설명하는 이론은 구체적인 현상을 설명하는 것들에서부터 전반적이고 포괄적으로 설명할 수 있는 것들이 있다. 여기서는 먼저 사회현상을 포괄적으로 설명하는 대표적이고 주류적인 이론인 기능주의이론, 갈등이론, 상호작용주의, 교환이론 등에 입각하여 노인문제를 살펴보고자 한다.

1) 기능주의

기능주의 시각에 따르면 생물유기체와 마찬가지로 사회는 상호의존적인 관계를 갖는 다양한 구조 혹은 요소들로 구성되는데, 이러한 요소들은 전반적으로 볼 때 전체사회의 유지 · 존속에 기여하는 기능(결과)을 갖는다고 한다. 결국 사회는 성원간의 가치합의를 바탕으로 잘 짜여져 있고 안정되고 균형이 잡힌 질서있는 체계로 묘사된다.[19] 따라서 사회가 생존하고 발전하기 위해서는 체계들이 수행하는 기능이 체계의 유지와 발전에 상호공헌할 수 있도록 되어야 한다는 것이다. 기능주의적 관점에서의 노인문제는 상당수의 노인들이 사회체계의 유지와 발전에 공헌하는 기능을 수행하지 못하거나, 또는 노인집단의 새로운 욕구에 사회가 적절한 기능을 발휘하여 대응하지 못하는 상태라고 할 수 있다. 즉, 상당수의 노인들이 사회에 대하여 역기능적으로 되고 있는 상태가 노인문제라는 것이다.[20]

노인들의 기능이 역기능적으로 되는 원인은 사회가 노인을 사회변동에 적응하도록 사회화하는 데 실패하거나 아니면 사회의 분배기능과 사회화기능 등이 노인집단들의 새로운 욕구

---

18) 岡村重夫, 三浦文夫, 講座 日本の老人こ, 老人, こ · 老人の福祉と社會保障, 東京 : 恒內出版株式會社, 1977, p. 77.
19) 고영복, 「현대사회문제」, 사회문화연구소, 1991, pp. 309~317.
20) 최일섭 · 최성재 공편, 「전게서」, pp. 317~318.

의 변화에 적절히 대응하는 데 실패한 것이라고 할 수 있다. 개인의 생활주기와 관련하여 보면 노령기를 포함한 생활주기상의 각 단계는 다른 단계와 통합되어야 하는데 그렇지 못한 것이 노인문제라고 할 수 있다. 따라서 노령기는 노령기 이전의 긴 기간 동안 생산적인 활동을 한 것에 대한 보상이라는 의미에서 인생을 뒤돌아보고 평가할 수 있는 안락하고 복지가 보장된 기간이 되어야 하는데, 사회가 노인들에게 물질적 · 사회적 및 심리적 보상을 제공하지 못하게 되면, 노인문제에 발생하게 된다는 것이다.[21] 결국 기능주의 기각에 의하면 노인문제의 원인은 개인에게보다는 사회의 일부 기능 · 구조 또는 제도에 있다는 것이다.

2) 갈등이론

기능주의가 안정 · 통합 · 가치합의를 강조함에 비해 갈등론은 사회가 상호대립적 이해관계를 갖는 세력간의 끊임없는 갈등과 투쟁, 그리고 그에 따른 사회구조적 변동으로 특징지워지는 것으로 이해한다. 이해관계의 상충은 희소자원의 소유와 배분을 둘러싸고 발생하는데, 고전적 갈등론자인 K. Marks 생산수단의 불평등배분을, 현대의 대표적 갈등론자인 R. Dahrendorf는 권위의 불평등배분을 갈등의 원천으로 파악했다.

갈등주의 시각에 의하면 사회는 희소자원인 부나 권력 · 권위 등을 소유하려는 개인과 집단간의 상호경쟁과 투쟁의 결과로 형성된 부와 권력의 소유에 따른 조직이라 할 수 있다. 이러한 시각에 의하면 사회문제는 희소자원이 불평등하게 분배되고 있는 자체가 아니라, 그러한 상태가 보다 많은 희소자원을 소유하고 있는 집단이 무엇인가의 조치를 취하겠다는 판단을 하게 될 때 그러한 불평등한 자원배분의 상태가 사회문제가 된다는 것이다.[22]

갈등이론을 노인문제에 적용시켜 보면, 사회는 상이한 연령집단간의 갈등과 투쟁의 장으로 묘사된다. 현대 산업사회의 제도적 장치하에서 기득권을 누리는 연령집단은 물론 중년층이며, 노인들은 대부분의 경우 권력과 부의 배분과정에서 소외된다. 젊음은 아름다우며 무한한 가능성을 지닌 것으로 예찬되는 반면에, 늙었다는 것은 무능하고 쓸모없는 것으로 비하된다. 중년층 중심의 사회는 때로는 강제적 수단을 동원하여(예:좌천, 주요업무로부터의 배제, 정년퇴직제 등) 때로는 노인들에게 무능하며 쓸모없는 존재라는 허위의식을 심어줌으로써 기존질서를 유지하려든다. 이러한 중년층 중심의 사회질서는 노인들이 노년인구집단의 공통적 이해관계에 대한 각성을 하게 되고 희소자원에 대한 기존 배분방식의 변경을 집합적으로 추구할 때 변동의 계기를 맞는다.

---

21) T. Sullivan, K. Thompson, R. Wright, G. Gross & D. Spady, D., *Social Problems : Divergent Perspectives*, New York : John Wiley & Son, 1988, p. 341.

22) T. Sullivan, K. Thompson, R. Wright, G. Gross & D. Spady, D., *op. cit.*, p. 342.

갈등론적 관점에서의 노인문제의 원인은 노인이 사회와 가족생활에서 희소자원을 소유할 수 없거나 많이 소유하지 못함으로 인하여 발생한다고 할 수 있다. 즉, 노인문제의 원인은 개인의 결함이나 무능력에 있는 것이 아니라 사회의 현행구조와 조직에 있다는 것이다. K. Marx의 전통을 따르는 변증법적 갈등주의에서는 자본주의 사회경제의 조직과 구조(자본주의 사회경제체제) 자체가 노인문제의 원인이 된다는 것이다.

3) 상징적 상호작용론

상징적 상호작용주의(symbolic interactionism)의 사회는 어떤 일정 집단이 어떤 시기의 상황이나 조건(이러한 상황이나 조건은 이를 상징하는 언어로 나타나게 됨)에 대하여 동의하는 공통적인 의미를 부여하여 만들고 임시적으로 유지하는 조직으로 본다.[23] 사회라는 조직은 어느 정도의 기간과 안정적인 상태를 유지하고 있겠지만, 시기와 상황에 따라 구성원이 다른 새로운 의미를 부여하게 되면 그 사회는 새롭게 변화되고 창조된다. 따라서 상징적 상호작용주의 입장에서는 사회문제는 그 시기와 그 상황에서 사회의 구성원들(전체가 아닌 주요권력 집단 또는 어떤 상징에 대하여 동의하는 주요집단)이 어떤 현상에 대하여 의미를 부여하는 데 따라 규정된다. 즉, 다시 말해서 이 관점에 의하면 사회문제는 사회의 주요한 한 집단이 어떤 현상을 문제라고 정의하면 문제가 된다는 것이다. 따라서 같은 현상이라도 시기와 상황에 따라 사회문제로 정의되기도 하고 그렇지 않기도 하다.[24]

상징적 상호작용론은 인간의 주체적 사고능력에 주목하면서 G. H. Mead에 의해 제창되고 H. Blumer 등이 계승 · 발전시킨 이론이다. 이러한 관점에 따르면 인간은 다른 사람의 자신에 대한 행위의 의미를 주체적으로 해석하여 나름대로 상황을 규정한 후 자신과의 내면적 상호작용을 통해 상대방에 대한 반응양식을 결정하게 된다고 한다. 이러한 견지에서 보면 사회는 고정된 구조가 아니라 끊임없이 만들어지고 변화하는 상호작용체계이다.

이 시각에서 개발된 흥미로운 이론 중의 하나는 자아개념(self concept)이론이다. 자아개념이란 다른 사람들과의 상호작용으로부터 나는 어떠한 사람인가에 대한 자아개념을 갖게 되고, 그러한 자아개념이 그 개인의 행동에 영향을 미친다는 이론인데, J. W. Kinch는 이러한 과정이 순환적 과정임을 밝힌 바 있다.[25] 즉, 자신에 대한 다른 사람들의 반응을 지각하고 그러한 지각에 기초하여 자아개념이 형성되며, 그러한 자신에 대한 규정방식이 자신의 행동

---

23) J. H. Turner, The Structure of Sociology Theory, 5th ed., Belmont, CA : Wadsworth Publishing Co., 1991, pp. 397~398.

24) 최일섭 · 최성재 공편, 「전게서」, pp. 319~320.

25) J. W. Kinch, "A formalized theory of the self concept", *American Journal of Sociology*, Vol. 68. 1963, pp. 48~486.

에 영향을 미치게 되는데, 이러한 행동은 다른 사람들의 반응양식에 다시 영향을 미친다고 한다.[26)]

이러한 자아개념 이론을 노년층 일반의 현실에 적용시켜 보면 노인들의 상황은 음울한 모습으로 비추일 수도 있다. 어떤 사회에서 노인들에 대한 사회적 인식이 부정적으로 묘사될 때 노인들은 긍정적 자아개념을 갖기 어렵고, 그렇게 될 경우 Kinch의 이론모형에 의거하여 악순환과정을 반복할 수 있기 때문이다. 그러나 노년인구는 동질적인 개인들로 구성된 범주는 아니다. 비록 노년층은 젊은 세대에 비해 일반적으로 불리한 위치에 있기는 하지만, 경우에 따라서는 노인들이 종종 그들이 소유하고 제한된 자원을 우리의 상상을 초월하는 혁신적 방식으로 활용하여 부정적으로 각인지워진 자신의 인상을 긍정적 방향으로 관리하는 측면도 있음에 주목해야 할 것이다. 이러한 점은 상징적 상호작용론의 한 변종이라고 볼 수 있는 연기이론(dramaturgy)이 시사해 주는 바이기도 하다.

4) 사회적 교환이론

사회적 교환이론(social exchange theory)은 행태주의 심리학과 공리주의 경제학, 기능주의, 인류학 등에 이론적 뿌리를 두고 G. C. Homans와 P. M. Blau, P. M. Emerson 등에 의해 체계화된 이론이다. 이 이론적 시각에 따르면 사회적 상호작용이란 행위자간에 가치있는 물질적 · 비물질적 보상을 주고받는 교환과정으로 이해된다. 어느 행위자가 상대방에게 어떤 호의를 베풀면 후자 역시 그에 상응하는 보답을 전자에게 해야 한다는 호혜성의 원리가 사회질서를 유지시키는 기반이 된다고 본다. 이러한 호혜성의 원리를 기초로 하여, 행위자는 최소한의 비용(손실)으로 최대한의 보상(이득)을 추구할 것으로 기대된다.

교환이론적 관점에 의하면 개인간 · 집단간 및 개인과 집단간에 이루어지는 상호작용을 당사자간에 자원을 주고받는 관계로 보고, 사회는 이러한 교환관계가 어떤 일정한 형태로 유형화된 것으로 본다. 당사자간에 이루어지는 자원의 교환에서 당사자가 지불하는 비용보다 받는 보상이 크거나 적어도 비용과 보상이 같다고 판단할 때 계속되는 경향이 있고, 또한 교환 당사자간의 권력이 대등하지 못할 때는 대등한 관계를 이루려는 경향이 있다.

교환이론은 다른 무엇보다도 보상비용 개념규정의 모호성, 즉 특정 상황에서 특정 개인에 의해 주관적으로 인지되는 보상과 비용의 가치를 평가할 수 있는 공통의 객관적 척도를 설정하기 어렵다는 점에서 비판을 받아왔는데, 이 문제는 자원개념의 도입을 통해 부분적으로 보완될 수 있다. 자원이란 어떤 시대 · 사회에서 객관적 · 규범적으로 가치 있다고 여겨지는 특

---

26) 고영복, 「전게서」, pp. 311~312.

성(재산 · 수입 · 지식 · 화술 · 권위 · 사회적 유대 등)을 의미하는데, 이러한 자원의 소유 혹은 활용보다 나은 생활기회를 제공하고 다른 종류의 자원에 대한 통제역량을 강화시키며, 타인에 대한 보상제공능력을 공양시킨다는 점에서 교환과정에 참여하는 당사자에게 유리한 결과를 초래케 한다고 볼 수 있다.

개인적 노화의 문제를 기본적으로 자원의 지속적 감축의 문제로 보는 J. J. Dowd는 노년기의 사회적 상호작용 감소를 노년층과 사회간의 교환과정의 산물로 파악한다. 즉, 지극히 제한된 자원만을 소유한 노년층이 중년기의 상호작용 수준을 유지하기 위해서 교환관계를 갖는 상대방의 의도에 순응해야 하는 비용을 감수해야 하기 때문에 자율성을 견지하기 위한 방편의 하나로서 상호작용수준을 하향조정하게 된다고 한다.[27] 그러나 J. J. Dowd는 이와 같은 노년기의 문제를 모든 노인이 동일한 정도로 경험한다고 보지는 않는다. 그에 의하면 어느 한 개인에 있어서 나이와 자원의 소유 정도간의 관계는 곡선형관계임이 분명하지만, 특정 연령층에서는 사회경제적 지위가 높은 사람일수록 많은 자원을 소유한다고 한다.

노인문제를 보는 J. J. Dowd의 관점은 다소 방만한 듯이 보이는데, 이는 그의 이론적 입장, 즉 기본적으로 교환이론적 시각을 취하되 상호작용론적 · 갈등론적 요소도 선별적으로 수용하는 그의 입장에 기인한다. 이에 대한 평가는 쉬운 일이 아니겠지만 J. J. Dowd는 교환이론이 거시적 수준에서건 미시적 수준에서건 노인문제 이해에 매우 유용하다는 점을 잘 보여주고 있다.

5) 이탈이론과 활동이론

이탈이론(disengagement theory)은 사회노년학 분야에서 노화과정 · 사회적 상호작용 · 죽음 · 성공적 노후생활 등의 다양한 주제에 대한 최초의 이론적 정식화 작업으로 평가받고 있는 이론이다. 이 이론을 60년대 초 최초로 주창한 E. Cumming and W. Henry에 의하면,[28] 이탈이란 노년기에 다른 사람들과의 사회적 교류 및 활동범위가 축소되는 것을 의미하는데, 이러한 이탈과정은 불가피하고 보편적인 과정이며, 개인(노인 당사자)을 위해서나 사회를 위해서 바람직한 과정인데, 일단 이러한 과정이 시작되면 역전될 수 없는 자기 관철적 과정이 된다고 한다.

우선 개인의 입장에서 보면 사람은 늙어 감에 따라 자신의 능력감퇴를 인식하고 조용히 죽

27) J. J. Dowd, "Aging as exchange : a preface to theory", Journal of Gerontology, Vol. 30., 1975. ; P. M. Blau, *Exchange and Power in Social Life*, New York : Wiley & Sons, 1964.

28) E. Cumming W. Henry, *Growing Old : The of Disengagement*, New York : Humanities Press, 1961.; 고영복, 「전게서」, pp. 314~315.

음에 대비하게 되므로 사회로부터의 이탈은 궁극적으로 노인에게 심리적 안락감을 준다고 한다. 다음으로 사회의 견지에서 보면 사람은 언젠가 죽기 마련이므로 늙어 감에 따라 활동범위를 축소시켜 나아가야만 노동력의 신진대사가 이루어질 수 있고, 그 결과 사회체계는 부단한 세대교체 과정 속에서 유지 · 존속될 수 있다고 한다. 이렇게 보면 사회와 개인(노인)의 점진적인 상호이탈 혹은 상호철회과정은 양자 모두에게 기능적인 과정이라는 결론에 도달하게 된다. 결국 기능주의 시각에 입각한 이탈이론의 견지에서 보면 정년퇴직이란 개인과 사회간의 상호철회를 상징적으로 보여주는 한 단면으로 이해된다. 이러한 이탈이론과 대비되는 이론이 소위 활동이론(activity)인데, 이 이론은 상징적 상호작용론적 요소를 많이 포함하고 있다. 이탈이론과는 달리 활동이론은 이론적으로 잘 정식화된 이론은 아니지만 이탈이론과는 정반대의 가정, 즉 중년기와 같이 활동적으로 사회참여를 하는 것이 성공적으로 노후생활을 보내는 비결이라는 가정으로부터 출발한다.[29] 이 이론에 따르면 노년층은 생리적 변화나 건강문제 등을 제외하고는 중년층과 거의 비슷한 심리적 · 사회적 욕구를 갖기 때문에 배우자나 친구의 사망 혹은 퇴직 등의 결과로 초래된 역할상실, 활동반경의 축소 등을 보상해 줄 수 있는 대안적 활동을 찾는 일이 중요하다고 강조한다. 그러한 대안적 활동에 몰두해야만 노년기에 초래되는 역할상실의 부작용을 최소화시키고, 긍정적 자아개념을 가지며, 높은 사기를 유지할 수 있다고 본다.

이 두 이론은 여러 학자들로부터 다양한 비판을 받아 왔다. 예컨대, 이탈과정이 과연 불가피하게 보편적이고 개인에게나 사회에 기능적이라고 볼 수 있는가라는 의문이 제기되었고, 또한 노인이 사회로부터의 이탈을 원하는가, 혹은 활동을 원하는가의 여부는 개인의 인성이나 건강상태, 혹은 중년기의 생활방식 등의 매개변수에 의해 영향을 받을 수 있다는 점을 간과했다는 비판을 받아왔다. 이러한 비판에도 불구하고, 이 두 이론을 둘러싼 숱한 논쟁과정을 통해 사회노년학이라는 신생학문과의 이론적 발전을 유도해 왔다는 의의는 많은 학자들에 의해 인정되고 있다.

6) 노년문화론

노년문화(subculture of aging)이론을 정립한 로즈(A. Rose)는 이탈이론과 활동이론이 몇 가지 문제점을 안고 있는 것으로 이해한다. 그에 따르면 이탈이론이 가정하고 있듯이 사회로부터의 이탈이 노인에 의해 완벽하게 자발적으로 일어난다고 볼 수만은 없으며, 활동이론이 시사하듯이 노인이 중년기의 기준에만 입각해서 대안적 활동을 추구한다고 볼 수도 없다고

29) R. J. Havighurst *et. al.*,(eds), *Adjustment to Retirement : A Cross National Study*, New York : Humanties Press, 1969.

한다. 청년층에서는 그들 특유의 청년문화가 점차 형성·발전되고 있다는 것이 노년문화이론의 골자이다.[30)]

Rose에 의하면, 노년문화의 성립 및 발전의 여건이 성숙되어가고 있음을 보여주는 몇 가지 주목할 만한 추세가 현대사회에서 발견된다고 한다. 예를 들면, ① 노년인구의 절대수나 상대적 비율의 증가는 노인들끼리 상호작용할 기회를 증대시키고 있으며, ② 일정한 건강상태와 생활수준을 유지하며 노년기로 접어드는 노인들이 점차 늘어나고 있는데, 이들은 무언가 건설적인 일(노년문화 창출)을 할 수단과 의욕을 가지고 있다. ③ 기혼자녀와의 별거나 정년퇴직 혹은 은퇴촌(retirement community)의 형성 등을 통하여 노년층이 젊은 세대로부터 점차 격리되는 조짐을 볼 수 있는데, 이러한 생태학적 변화 역시 노년문화 형성의 한 조건이 되어 가고 있으며, ④ 노인복지에 대한 관심이 늘어나면서 노인들이 노년인구 집단을 공통된 이해관계를 갖는 공동운명체로 인식하는 경향이 증대하고 있다고 한다.

Rose에 따르면 현대사회에서 노인들간에는 점차 집단의식이 형성되고 있으며, 이를 바탕으로 노인들은 단순히 함께 교류하며 불평을 하는 단계를 넘어서 정치적 압력집단으로서 실력행사를 하는 단계로 진입했다고 평가한다. 그의 이론은 현대사회학이론들 중에서 특히 갈등론적 취향을 짙게 풍긴다. 이 이론이 한국사회에도 그대로 적용될 수 있을지의 여부는 쉽사리 평가할 수 없겠으나 앞으로 주목해 볼만한 이론임에는 틀림없다.

7) 연령성층화론

연령성층화론(age stratification)은 70년대 초 M. W. Riley를 비롯한 몇몇 학자들에 의해 제기되었는데, 이 이론은 노인문제를 구조적·역사적 맥락에서 이해하는 데 유용한 매우 포괄적인 분석틀을 제공해 준다.

M. W. Riley에 따르면, 사회란 사회적 역할이나 권력·특전·위광 등이 연령에 따라 등급지워지고 서열화된 연령성층화 체계로 볼 수 있다. 우선 연령계층(age stratum)을 달리하는 사람들에게는 상이한 사회적 역할이 주어지게 된다. 이는 역할수행 능력의 측면에서 보아도 그러하고, 사회적 기대나 허용의 측면에서 보아도 마찬가지이다. 또한 사회에서 누리는 바 권력이나 특전 역시 연령계층에 따라서 상이하게 배분된다. 도식적으로 설명하면 현대사회에서는 중년기에 가장 높은 권력·특전·위광을 누리지만 은퇴연령에 가까워질수록 점차 하강곡선을 그리다가 노년기에 이르게 되면 유아기와 마찬가지로 권력·특전·위광의 배분

30) Arnold M. Rose, "The subculture of aging : a framework for research insocial gerontology", pp. 3~16. in A. M. Rose and W. A. Peterson(eds), *Older People and thier Social World*, Philadelphia : F. A. Davis, 1965. ; 고영복, 「전게서」, pp. 315~316.

과정에서 소외되는 경향이 나타난다고 한다. 물론 이러한 연령별 역할구조나 권력 · 특전의 배분방식은 고정불변의 것이 아니라 시대에 따라 사회에 다양한 모습을 취한다.

M. W. Riley는 어느 한 개인이 특정한 시기에 연령성층화 체계상의 어느 연령계층에 편입되는가를 결정짓는 두 차원으로서 생애경로(life coure)의 차원과 역사적 차원을 설정한다. 즉, 한 개인은 자신의 생애경로에 따라 생물학적 · 심리적 · 사회적으로 성숙 · 노쇠해 가며, 다른 한편 그는 역사적 시간의 흐름 속에서 새로운 세대로 교체되는 것이다. 동일한 시기에 출생한 사람들(birth cohort)은 여러 가지 측면에서 공통점을 갖는데, 그 까닭은 그들이 어느 특정 시점에 있어서 생애경로상의 동일한 단계를 거치며, 또한 동일한 생애단계에서 동일한 역사적 시대를 살아 나감으로써 역사적 · 문화적 경험을 공유하기 때문이다. 이른바 세대격차의 개념이 시사하듯이 어느 특정 시점에서의 각 연령계층이 고유한 하위문화를 가지며, 연령계층간에 갈등이 빚어질 수도 있다는 근거도 바로 이러한 점에서 찾을 수 있다.

결국 각 연령계층들은 개인적 노화와 사회변동이라는 두 과정의 상호작용에 의해 지속적으로 재생산된다고 볼 수 있는데, 이 두 과정은 서로 조화를 이루지 못하는 경향이 있기 때문에 종종 사회문제를 야기시킨다고 한다.[31] 오늘날 노년층이 지식과 기술의 급격한 발전 앞에서 무력감을 느끼고 경로효친의 규범이 와해되어 가는데, 당혹해 하는 것을 볼 수 있는데 이러한 현상은 양자간의 부조화에서 비롯된 것으로 볼 수 있다.

2. 老人問題의 原因

현대산업사회에 있어 노인문제의 대두원인은 산업화와 그에 따른 가족제도의 변화에서 찾아볼 수 있다. 사회가 산업화되면서 고도의 능률성을 추구하게 되고 대량생산을 위하여 생산수단을 기계화하게 됨에 따라 노동자들은 육체적인 능력뿐 아니라 지식과 기술이 필요하게 된다. 이 경우 노인은 새로운 기술과 지식에 대한 적응력이 약하기 때문에 기계화와 자동화로 인한 잉여노동력이 생겨나면서 우선적으로 노동시장으로부터 밀려나게 된다.[32] 따라서 노인은 일할 수 있는 능력이 있어도 정년퇴직으로 주요한 수입원을 상실하여 사회적 지위와 권력을 상실하게 된다. 한편 산업화 이전의 전통사회에 있어서 노인은 대가족 내의 어른으로

---

31) M. W. Riley, "Age stratification in social systems", pp. 369~411. in R. H. Binstock and E. Shanas(eds), Handbook of aging and Social Sciences, 2nd ed., New York : Van Nostrand Reinhold, 1985. ; 고영복, 전게서, pp. 316~318.

32) 최항순, 「전게서」, p. 352.

권력과 위신을 보유하였고 그 속에서 안정을 찾을 수 있었다. 그리고 혈족 내에서 가장 존경받고 권위있는 사람은 제일의 연장자이었으며, 양친으로서의 신분은 일종의 노령보험과 같은 것이었다.

노인문제가 사회문제의 하나로 부각된 것은 서구 선진공업국의 경우 대체로 20세기 이후이며, 우리나라의 경우에는 70년대 이래 그러한 인식이 형성되기 시작하여 요즈음에는 널리 보편화되고 있는 듯하다. 그 시점은 노령화의 조짐이 분명하게 드러나기 시작하여 지금은 널리 보편화되고 있다. 또한 노령화의 조짐이 분명하게 드러나기 시작하는 시점인 동시에 산업화 혹은 보다 넓은 의미의 근대화가 일정한 수준까지 진전된 시점이기도 하다.

노인문제의 발생원인을 분명하게 규명하여 몇 개의 항목으로 제시하기는 대단히 어렵다. 노인문제를 보는 관점에 따라 원인을 구명하는 대상이나 방법이 다를 수 있고, 노인문제가 몇 가지의 뚜렷하고 결정적인 요인에서 기인하는 것도 아니다. 노인문제의 발생원인으로서는 ① 인구구성의 변화, ② 산업화, ③ 가족제도의 변화, ④ 노인에 대한 태도의 변화, ⑤ 도시화 등이 있다.[33]

1) 인구구성의 변화

의학기술의 발달과 영양 · 위생상태의 발전으로 점차 사람들의 평균수명이 늘어나는 반면, 출생률과 사망률은 동시에 줄어들어 노인의 절대인구가 증가하고, 따라서 사회의 전체 인구에 대한 노인인구의 비율이 높아짐에 따라 노인문제가 사회에서 차지하는 비중이 커지게 된다. 물론 노인인구의 증가 자체가 사회문제는 될 수 없다. 문제는 급속하게 증가하는 노인인구에 맞추어 전체사회구조에 해를 주지 않고 노인들에게 필요한 사회시설과 대책을 마련해주지 못하는 데서 기인한다. 노인인구의 증가는 비생산활동의 인구의 증가를 의미하며, 이는 사회적 의존인구층의 증가를 의미할 수도 있다. 선진 복지국가들의 노인인구는 전체 인구의 10%를 웃도는 데 다른 연령층에 비하여 증가속도가 빠르다. 이처럼 증가하는 노인인구를 부양하려면 아무리 풍요한 국가라 하더라도 나머지 사회성원들에게 큰 부담이 되고, 따라서 노령층에 대한 보호의 수준이 저하될 가능성이 크다.

2) 산업화

사회가 산업화됨에 따라 고도의 능률성을 추구하게 되고 노동과 생산수단이 분리되어 대다수의 사람들이 봉급생활 근로자화하고 노동력은 상품화되었으며, 노동력이 인간평가의 척

33) 김영모 · 남세진 · 신섭중 공편, 「현대사회복지론」, 한국복지정책연구소출판부, 1989, pp. 172~175. ; 전재일 외 공저, 「사회복지론」, 형설출판사, 1996, pp. 258~261.

도와 교환수단이 되었다. 대량생산을 위하여 생산수단을 기계화하게 됨에 따라 노동자들은 육체적인 능력뿐 아니라 지식과 기술이 필요하게 되는데 노인은 새로운 기술이나 지식에 대한 적응력이 저하되어 불필요한 존재가 된다. 기계화와 자동화로 인하여 잉여노동력이 생겨남에 따라 노동시장에서 불필요한 노인이 우선적으로 밀려나게 된다. 그래서 노인은 일할 수 있는 능력이 있어도 미리 정년퇴직하게 되며, 가장 중요한 수입원을 상실하여 사회적 지위와 권력을 상실하게 되고, 이로 인하여 점점 사회적으로 저열하고 불리한 위치에 놓이게 된다.

3) 가족제도의 변화

많은 학자들이 전통적인 확대가족이 지배적인 사회에서는 노인들이 안전한 지위(secure position)를 차지할 수 있다는 주장에 동의하고 있다. 가족에 가치를 부여하는 사회에서는 개인의 지위와 신분이 가족관계에 의존하고, 이런 사회에서는 나이가 들수록 지역사회 내에서 사회적 지위와 권력이 증가되며, 가족이 사회적 지위와 정서적 지지와 육체적 안정을 보장하기 때문에 가족이 많은 노인이 유리하다는 것이다.

그러나 산업화로 인하여 가족제도에도 커다란 변화가 나타났다. 산업화가 진전되고 관료제적 조직체가 발달함에 따라 직업을 얻기 위하여 사람들의 지역적 이동이 증가하여 부모와 자녀들이 서로 별거하게 되는 일이 많아졌다. 뿐만 아니라 자녀들이 부모에게서 유산이나 유업을 상속받기 전에 기술을 배워 자신의 재산이나 부를 축적할 수 있어서 자녀들이 부모에게 경제적으로 의존하는 정도가 줄어들어 부모의 지위가 저하되었다.

핵가족이 증가함에 따라 노인들이 자녀와 헤어져 생활해야 하는 경우가 많아지고 있으나 우리나라 노인들은 대단히 가족주의적이고 노후를 자녀들에게 의존하려는 경향이 핵가족 생활에 익숙한 서구의 노인들에 비하여 훨씬 강하기 때문에 문제가 더 심각하다. 그래서 우리나라에서는 가족의 분화로 인하여 노인문제의 압력이 더욱 심하다.

4) 노인에 대한 태도의 변화

전통적인 사회에서 노인은 사회적으로 높은 지위를 차지하였으며 존경의 대상이 되었음은 주지의 사실이다. 우리나라에서는 전통적으로 부모에 대한 효도가 백행(百行)의 근본이어서 부모를 죽도록 섬기고 공경하는 것이 모든 행동과 의식을 지배하였다.

그러나 서구사상과 문물, 그리고 산업화의 영향으로 이러한 노인존경의 태도에 커다란 변화가 나타나게 되었다. 능력이 없는 노인의 지위는 격하되고 노인이 행사하던 권력은 가족을 부양하는 젊은이에게 돌아가 노인들은 가족 내에서도 자신의 역할을 상실당하고 있다.

5) 도시화

지역별 인구동향을 보면 인구의 도시집중화현상이 두드러지게 나타나고 있다. 도시의 인구집중은 전통적인 사회에 있어서의 이웃과 친구를 멀리하게 하였고, 부모는 농촌에 자식은 직장따라 도시로 이주하게 되어 노인은 이웃과 친구를 잃고, 자식마저 격리시켜 고독과 소외감을 가지게 되었고, 반면에 젊은 세대는 조부모 내지 부모와의 별거로 노인존경과 같은 윤리관을 이어받지 못하여 심지어는 노인을 배제하는 풍조마저 싹트게 하고 있다. 이러한 경향은 농촌노인이나 도시노인이나 다같이 겪는 것이다.

第 3 節 老人福祉政策의 內容

노인복지정책에 포함된 프로그램이나 서비스의 내용은 학자에 따라 주장하는 것이 다르다. Jerome Kaplan은 노인복지에 있어 빼놓을 수 없는 생활상의 욕구로서 사회가 다루고 처리해야 할 일로 다음의 7가지를 들고 있다. 즉, ① 건강을 증진하고 생명을 연장하기 위한 의료 및 정신의학적 서비스, ② 적절한 주거의 조성, ③ 정신적 · 안정사회적 유용성을 위한 기회, ④ 퇴직 후의 경제적 안정, ⑤ 만성병 노인을 위한 보호조치, ⑥ 노동능력에 적합한 일을 갖는 기회, ⑦ 창조적 활동의 기회 및 여가를 적극적으로 이용할 수 있도록 하는 지도 등이다.[34] 그리고 그 중에서도 경제적 안정의 욕구는 모든 노인에게 불가결한 것임을 지적하고 있으며, 이러한 제욕구를 위한 노인대책을 노인을 위한 사회적 프로그램이라고 하여 광범위한 노인대책을 주장하고 있다.

또한 B. E. Shenfield는 노인정책에 포함되어야 할 내용으로 ① 고용대책(employment), ② 연금제도(pension), ③ 주택(housing), ④ 의료(medical care), ⑤ 수용보호 및 거택노인을 위한 서비스(residential care and demiciliary welfare services)의 다섯 가지를 들고 있다.[35] 이것은 Kaplan의 견해보다는 다소 그 범위가 좁다고 할 수 있는데, 그는 이러한 대책을 노령자를 위한 사회정책이라고 하였다.

岡村重夫는 노인의 사회생활상의 기본적 욕구로 경제적 안정, 직업적 안정, 가족관계의 안정과 주택의 보장, 의료와 건강의 보장, 교육의 기회, 사회적 협동의 기회, 문화와 오락의 기

---

34) Jerome Kaplan, *A Social Program for Older People*. Minneapolis : University of Minnesota Press, 1953, p. 5.

35) B. E. Shenfield, *Social Policy for Older People*, Englewood, N. J. : Prentice-Hall, 1957, p. 23.

회 등 7가지를 들고 그에 따른 노인대책으로 각각 노인연금, 중 · 고령자의 직업안정시책, 가족근대화 및 비영리적 주택정책, 의료보장 및 공중위생, 사회교육시책, 직역(職域) · 지역(地域)단체 참가, 레크리에이션 등을 들고 있다.[36)]

미국은 1961년의 노인문제에 관한 백악관회의의 영향으로 1965년에 심각해지는 노인문제를 해결하기 위하여 노인복지법(The Older Americans Act)을 제정하였다. 이 법에서 노인복지를 달성하기 위한 10가지 포괄적인 목표를 규정하였는 데 그 내용은 다음과 같다.[37)]

① 적절한 소득보장
② 가능한 한 최상의 육체적 · 정신적 건강의 보장
③ 알맞는 주택보장
④ 완전한 회복을 위한 서비스
⑤ 연령차별없는 취업기회의 보장
⑥ 건강하고 명예로운 정년퇴직
⑦ 노인의 권위추구
⑧ 효율적인 지역사회 서비스제공
⑨ 노인에 대한 새로운 연구결과(지식)의 활용
⑩ 노인의 자유와 자주성의 보장

이러한 목표들을 달성하기 위하여 노인복지법과 사회보장법을 근간으로 하여 다음과 같은 노인복지 프로그램을 시행하고 있다.[38)]

1) 소득보장

노인들의 소득을 보장하기 위한 제도로 ① 사회보험으로 노령연금보험(old age insurance), ② 공적 부조로서 보완적 소득보장(supplemental security incomes), 즉 노령부조(old age assistance)가 있다. ③ 의료보험으로서 medicare는 노인과 장애자를 위한 건강보험이며, ④ 의료부조(medicaid)는 빈곤노인의 의료비를 보조하는 공적 부조제도이다. Medicare와 Medicaid는 사실상 의료보장에 속한다고 할 수 있는데 의료비를 지원한다는 관점에서 소득

36) 岡村重夫 三浦文夫, 老人の福祉と社會保障, 東京 : 垣內出版株式會社, 1973, pp. 84~85.
37) D. E. Gelfand and J. K. Olsen, *The Aging Network*, Springer, N. Y., 1980, p. 10.
38) C. Brown and M. O' Day, Service to the Elderly, in N. Gilbert and H. Specht(ed.), *Handbook of the Social Services*, Prentice-Hall, 1980, pp. 109~146.

보장에 포함시켜 놓고 의료보장을 따로 분리하여 명시하지 않고 있다. 그러나 노인들의 건강과 관련된 프로그램이 7가지 정도 마련되어 있다.

2) 영양보충프로그램

가난하여 충분한 영양을 섭취하지 못하는 노인들의 육체적 · 정신적 건강을 유지할 수 있도록 하기 위하여 모든 노령부조대상자들과 자격심사(means test)에서 통과된 노인들에게 식료품교환증서(food stamp)를 주어 생계를 보조한다. 소득보장을 위한 프로그램의 하나이다.

3) 주택부조

주택문제를 가지고 있는 노인들을 위하여 집세가 싼 공공셋집을 마련해 주거나 집세를 보조해 주는 등 7가지 정도의 각기 다른 프로그램이 있다.

4) 일거리 제공프로그램

노인들의 취업을 보장하고 일거리를 제공하기 위하여 1967년에 취업의 연령차별금지법을 제정하여 노령층의 취업을 알선하고 공무원의 정년제도를 폐지하는 한편 시간제 근무직의 확대를 꾀하고 빈곤노인들을 지역사회봉사업무에 취업시키는 등 여러 가지 프로그램을 개발하였으며, 각종 자원봉사활동에 노인들의 참여를 권장하여 보람있는 일자리를 제공하고 있다.

5) 사교프로그램

노인들의 소외와 고립과 고독, 그리고 그로 인한 육체적 · 정신적 쇠퇴를 예방하기 위하여 노인회관(senior center)을 통하여 노인들의 사교의 장을 마련하고 각종 클럽을 조직 · 운영하도록 지원한다. 건강이 나쁘거나 기동이 불편한 노인들을 방문하거나 전화통화로 접촉하여 노인들과 정을 나누고 사회적 고립을 예방하며, 사고나 건강의 악화 등의 위험을 막기 위한 프로그램도 있다.

6) 교통편의서비스

도시대중교통법을 통하여 노인과 장애자들의 교통편의를 제공하고 교통비의 보조나 운임할인 또는 민간기관이나 단체들이 병원시장 등 노인의 출입이 많은 곳에 교통편을 제공하는 프로그램도 있다.

7) 상담서비스

노인들과의 상담을 통하여 각종 정보를 제공하고 노인복지프로그램을 소개 · 알선하고, 법률부조나 간단한 정신건강 서비스 등을 제공한다.

8) 범죄피해예방과 보호 및 법률부조

노인을 대상으로 한 절도 · 강도 · 폭행 · 사기 등 각종 범죄를 예방하고 피해를 입지 않도록 교육 · 보호하고 피해를 입었을 때 구제하기 위한 프로그램이 있다.

9) 집안일 돕기 서비스

아프거나 기동이 불편한 노인을 간호하거나 목욕 · 세탁 · 청소 · 집수리 · 요리 · 장보기 등의 일을 도와준다.

10) 노인주간보호

아프거나 활동할 수 없는 노인을 보호하고 있는 가족이나 친척들에게 쉴 수 있는 여유를 주기 위하여 낮 동안 노인들을 보호해 준다.

11) 장기 시설보호

양로원이나 요양원 · 노인병원 · 정신병원 등에 장기간 수용 · 보호하는 프로그램이 마련되어 있다.

第 4 節 老人福祉政策의 現況과 政策方向

1. 老人福祉政策의 現況

우리나라는 그동안 지속적인 경제성장과 더불어 생활수준이 향상되고 의학이 발달됨에 따라 1985년에 69세이던 평균수명이 1990년에는 71.3세에 달하였으며, 2000년에는 74.3세로 연장될 것으로 전망되고 있다. 이와 함께 노인인구도 점차 증가하여 1995년 현재 전체 인구의 5.7%(254만 명)인 65세 이상 노인인구 비율이 2000년에는 6.9%, 2010년에는 9.4%로 크게 증가될 전망이다. 이러한 노인인구의 증가와 함께 노인들의 다양한 복지욕구는 더욱 증대될 것이다.

〈표 9-1〉 노인인구 증가추이

(단위 : 천 명, %)

구 분	1995년	2000년	2005년	2010년
계	5.7	6.8	8.2	9.4
노인인구수	2,543	3,168	3,956	4,668
65~69	2.3	2.8	3.3	3.5
70~79	2.7	3.1	3.8	4.6
80세 이상	0.7	0.9	1.1	1.3

「보건복지백서」, 보건복지부, 1995, p. 317.

1) 저소득 노인에 대한 기초생활보장

정부는 사회적 격변기를 겪어 오면서 노후대비를 제대로 못하여 국가의 도움을 필요로 하는 노인들을 각종 노인복지시설에 수용·보호하고 있으며, 경제적으로 어려움을 겪고 있는 노인들에게 노령수당을 지급하는 등 노후소득보장에 힘쓰고 있다.

(1) 노인복지시설의 현황

노인복지법상 노인복지시설은 양로시설, 노인요양시설, 실비양로시설, 실비노인요시설, 실비노인복주택, 유료양로시설, 유료노인요양시설, 유료노인복지주택, 노인복지회관 등 9종으로 규정되어 있으며, 1994년 말 현재 운영현황은 다음과 같다.

〈표 9-2〉 1994년도 노인복지시설 현황

(단위: 개소, 명)

구 분	양로시설	노인시설	실비양로시설	실비노인요양시설	유료양로시설	유료노인요양시설
시설수	82	36	3	14	5	1
입소노인수	4,897	2,418	42	447	250	35

「보건복지백서」, 보건복지부, 1995, p. 318.

(2) 노령수당지급 현황

1991년부터 70세 이상 거택보호가구주 등 76천만 명에게 월 1만 원씩 지급해 온 노령수당제도는 지급대상이 한정되고 지급금액도 충분하지 못하였으나, 그동안 노후소득보장이 제대로 되지 못한 노인들에게 직접적인 소득혜택을 부여할 수 있다는 점에서 우리나라 노인복지수준을 한차원 높인 뜻깊은 제도라 평가할 수 있다.

1995년 현재 70~79세인 생활보호대상자 노인에게 월 2만 원씩, 80세 이상 거택 및 시설보호대상자 노인에게 월 5만 원씩 지급하고 있는 노령수당을 1996년에는 각각 월 3만 원 및 5만 원으로 인상하여 지급하고, 지급대상은 국가재정형편을 고려하여 65세까지로 점진적으로 확대하는 방안을 검토하고 있다.

〈표 9-3〉 연도별 노령수당 지급계획

구 분	1995	1996	1997	1998
70~79세	2만 원	3만 원	3.5만 원	4만 원
80세 이상	5만 원	5만 원	5만 원	5만 원

「보건복지백서」, 보건복지부, 1995, p. 319.

(3) 노인능력은행 운영지원의 현황

노인취업상담 및 알선을 통하여 노인들에게 여가선용 및 소득을 올릴 수 있는 기회를 부여하고자 사단법인 대한노인회가 1981부터 운영해 온 노인능력은행은 1994년까지 총 88만 명을 취업시켰다. 정부는 노인능력은행 운영의 내실화를 도모하고자 1995년에 60개소에 대하여 개소당 월 30만 원의 운영비를 지원하고 있다.

〈표 9-4〉 연도별 취업알선 실적

(단위 : 명)

구 분	계	80~90	91	92	93	94
계	879,183	521,145	85,282	88,009	76,868	107,879
장기취업	161,049	61,195	25,837	25,438	21,000	27,579
단기취업	718,134	459,950	59,445	62,571	55,868	80,300

「보건복지백서」, 보건복지부, 1995, p. 319.

(4) 노인공동작업장 설치현황

경로당 또는 노인복지시설로서 작업장 설치가 가능한 시설을 선정하여 공동작업장에 필요한 기본설치비를 지원(개소당 280만 원 : 국고 50%, 지방비 50%)하고 있으며, 관내 생산업체와 연계하여 기술지원을 하지 않고도 노인의 적성과 능력에 따라 작업을 함으로써 여가를 선용하고 소득기회도 제공할 수 있도록 하고 있다.

〈표 9-5〉 연도별 노인공동작업장 설치현황

구 분	86~88	89	90	91	92	93	94
설치개소	57	102	152	212	266	311	356
지원개소	57	45	50	60	54	45	45

「보건복지백서」, 보건복지부, 1995, p. 320.

2) 노인건강관리

(1) 노인건강보호

노인들은 대부분 육체적 · 정신적 노화로 인한 만성노인성 질환을 가지고 있으므로 건강문제는 노인에게 가장 중요한 문제라고 할 수 있다.

정부는 노인질환을 조기에 발견하고 건강지도 및 보건교육을 실시하여 노인건강증진을 도모하고자 1983년부터 저소득층노인을 대상으로 하여 무료노인건강진단을 실시하고 있으며, 1992년에는 건강진단항목에 당뇨병 · 백내장 등 노인성질환 검사항목을 추가하는 등 제도를 개선하여 건강진단사업의 내실화를 도모하였다.

노인건강진단은 1. 2차로 구분하여 실시하되 1차 기본검사 결과 질환의심자에 대하여는 2차 정밀검사를 실시하고, 그 결과는 본인과 가족에게 알려서 노인병의 예방과 함께 치료를 받을 수 있도록 하고 있다.

이와 함께 장기요양을 필요로 하는 저소득층 노인들을 위한 요양시설을 전국에 51개소를 운영중에 있으며, 치매노인환자를 위한 치매전문센터를 '93년에 서울에 1개소, '94년에 서울 · 대구 · 인천에 각 1개소, '95년에 부산 · 대전에 각 1개소 등 총 6개소를 건립중에 있다.

〈표 9-6〉 '94 노인건강진단 실적

(단위 : 명)

구 분	진단인원	진 단 결 과	
		건 강	질 환
계	138,659	85,044	53,615
1차 진단	117,722	77,741	39,981
2차 진단	20,937	7,303	13,634

「보건복지백서」, 보건복지부, 1995, p. 321.

(2) 노인건강관리법제정 추진

노인에 대한 건강상담 · 정기검진 및 보건교육의 강화 등을 통하여 질병을 예방하고 노인질환자에 대한 적절한 치료 · 요양 · 재활서비스를 공급할 수 있는 제도적 기틀을 마련하고자 노인건강관리법을 제정할 계획으로 있다.

3) 재가노인 서비스

정부는 노인세대 중 저소득층이나 정신적 · 신체적 장애가 있는 노인들을 대상으로 그들이 가정에서 원만한 일상생활을 영위할 수 있도록 재가노인복지사업을 실시하고 있다. 그동안 법적 근거없이 단편적으로 추진되어 온 동 사업이 '93년에 노인복지법의 개정과 함께 법적 근거를 마련하면서 그 사업기준이 강화되고 개인이나 민간기업의 참여가 허용되어 활성화의 전기를 마련하였다.

(1) 가정봉사원 파견센터

정신적 · 신체적 이유로 혼자서 일상생활을 하기가 곤란한 노인을 위해 식사 · 목욕 · 병원 안내 등 각종 생활편의를 제공하는 가정봉사원 파견센터를 1995년에는 23개소로 확충하였으며, 2000년까지는 전구의 시 · 군 · 구에 1개소씩 운영할 계획이다.[39]

(2) 주간보호(Day-Care) 및 단기보호(Short-Stay)시설

부득이한 사유(부양가족의 질병 · 출장 등)로 가족의 보호를 받을 수 없는 노인을 낮동안 또는 수일간(2~3일간 또는 10~15일간) 입소시켜 필요한 각종 서비스를 제공하는 시설을 1995년 현재 15개소에서 1998년까지 55개소, 2000년까지는 80개소로 확충할 계획이다.

〈표 9-7〉 주간 및 단기보호시설 확대계획

(단위 : 개소)

구 분	계	'95	'96	'97	'98	'99~2000
신 설	68	3	15	15	10	25
누 계	80	15	30	45	55	80

「보건복지백서」, 보건복지부, 1995, p. 322.

4) 건강한 노인을 위한 사회참여 기회확충 및 노후생활의 질 향상

노인들의 사회활동 참여욕구를 충족시키고 여가를 보람있게 하기 위해 경로당 · 노인교실 등의 여가시설을 전국에 설치 · 운영하고 있다.

정부는 지역독지가 또는 종교단체 등에 의해 설치 · 운영되고 있던 이들 여가시설을 개정

39) 「보건복지백서」, 보건복지부, 1995, p. 322.

된 노인복지법(1989. 12. 30)에 의거 경로당 · 노인교실로 법정화하면서 그 밖의 여가시설로서 노인휴양소를 새로이 규정하여 여가시설을 다양화하였으며, 시 · 군 · 구에서 등록에 의해 관리토록 하였다.

〈표 9-8〉 노인여가시설 현황

('94년 말 현재)

구 분	경로당	노인교실
시설수(개소)	25,316	426
이용노인수(명)	1,147,544	41,151

「보건복지백서」, 보건복지부, 1995, p. 322.

현재 시설수가 가장 많고 지역사회 재가노인의 대표적인 여가시설인 경로당에 대하여는 1995년 현재 월 2만 원의 운영비와 연 15만 원의 난방비를 국고에서 지원하고 있다. 아울러, 경로당 운영을 활성화하기 위하여 건전하고 다양한 여가프로그램을 개발 · 보급하고, 건강 · 복지상담, 취업안내, 의료보험, 연금 등 각종 유용한 정보를 적극 제공하는 방안을 강구하고 있다. 뿐만 아니라 노인들의 여가시간을 보다 생산적이고 보람있게 활용하도록 사회복지관, 재가노인복지센터, YMCA 등 사회봉사활동기관 및 종교기관과 연계하여 자원봉사활동의 활성화를 도모하여 나갈 계획으로 있다.

끝으로 유료양로원, 유료노인요양원 및 유료노인복지주택 등 노인이 필요로 하는 각종 유료노인복지시설의 공급활성화와 민간인의 적극적인 참여를 유도하기 위하여 1995년부터 국민연금기금에서 매년 1,000억 원씩 2000년까지 총 1조 3,000억 원을 융자할 계획이다.

5) 경로효친사상앙양 및 경로우대 확대실시

(1) 어버이날 및 경로주간 행사실시

정부는 매년 5월 8일 어버이날 및 경로주간을 맞이하여 어버이 은혜에 감사하고 웃어른을 공경하는 기풍을 조성하며, 우리의 전통적 미풍양속인 경로효친사상을 계승 · 발전시키기 위해 각 시 · 도, 시 · 군 · 구 중 지역단위는 물론 각급 직장별로 자체 실정에 맞는 경로행사 등을 실시토록 하고 있다. 이와 함께 부모를 극진히 봉양하고 웃어른을 공경하여 다른 사람의 모범이 되는 전국의 효행자를 대대적으로 발굴하여 포상하고 있으며, 1995년까지 총 4,423명을 포상하였다.

앞으로 경로주간행사의 내실화는 물론 부모봉양에 따른 각종 세제혜택의 확대, 경로우대제도의 정착, 재가복지사업의 활성화 시책을 통하여 경로효친사상을 지속적으로 계승 · 발전시켜 나가야 할 것이다.

〈표 9-9〉 효행자 등 포상실적

(단위 : 명)

연 도 별	계	효행자	장한 어머니	노인복지기여자	전통모범가정
계	4,423	3,426	263	506	228
82~94	4,185	3,280	246	445	213
95	238	146	16	61	15

「보건복지백서」, 보건복지부, 1995, p. 324.

(2) 경로우대제도의 정착 및 확대

경로우대제는 1980년 5월 8일 어버이날을 기해 70세 이상 노인에 대하여 철도 · 목욕 등 8개 업종에 처음 우대제도가 실시된 이래 1982년에는 우대대상 노인을 65세 이상 노인으로 확대하는 한편, 우대업종도 시내버스, 극장 등 5개 업종을 추가하여 총 13종으로 하였다. 그러나 동 제도가 그동안 정부지원없이 민간업체의 부담만으로 실시됨으로써 버스승차거부 · 불친절 등의 문제가 야기됨에 따라 이를 해소하기 위하여 1990년부터 정부가 재원을 부담(1994년부터 100% 지방비부담)하는 노인승차권 지급제도를 실시해 오고 있다.

한편 민영업체가 자율적으로 실시하고 있는 목욕 · 이발 등 민영업종의 우대제도는 참여업체가 부족하고 지역간에 혜택범위가 달라서 이의 개선이 요구되고 있다.

그동안 경제성장으로 기본적인 의식주문제는 해결되어 식량부족 때문에 점심을 굶는 노인은 없으나, 공원이나 경로당 등에서 소일하던 중 용돈부족이나 교통불편 등으로 점심을 거르는 노인들에게 무료로 점심을 제공하는 경로식당도 계속 확대 · 설치되고 있다. 1995년에는 848만 원(국고 · 지방비 각각 50%부담)의 정부예산을 투입하여 공원, 영세민 밀집지역 등 57개소에 경로식당을 설치 · 운영할 계획이다. 동 사업은 사회복지시설이나 종합사회복지관 등 기존시설과 자원봉사자를 활용하고 있다.

(3) 노인봉양의식 제고

정부는 노인인구의 증가와 함께 사회경제적 변화에 따른 핵가족화로 점차 쇠퇴해가는 부모봉양의식을 높이고 전통적 가족제도와 경로 효친사상을 계승 · 발전시켜 나가고자 제반 지원시책을 마련하여 추진중에 있다. 동 시책의 주요내용을 살펴보면 다음과 같다.

① 각종 세제혜택 부여 : 상속세 공제로서 ⓐ 주택상속공제 : 3대 이상 대물림한 주택이나 5년 이상 동거 · 봉양한 자가 상속받은 주택에 대하여 주택가액의 90%를 1억 원 한도 내에

서 추가공제, ⓑ 노인인적 공제 : 3천만 원 등이 있다. 소득세 공제로서 ⓐ 부양가족 공제 : 60세(여 55세) 이상 직계존속부양자, 연 48만 원, ⓑ 경로우대공제 : 65세 이상 노인부양자, 연 48만 원, ⓒ 양도소득세 면제 : 60세(母 55세) 이상 부모와 자녀가 각각 주택을 소유하다가 세대를 합치기 위하여 주택을 팔 경우(3년 이상 거주, 1년 이내 매매경우)

② 노부모 봉양수당 지급 : 공무원에게 1인당 월 15만 원 지급

③ 주택자금 할증지원 : 본인 또는 배우자의 직계존속(남 60, 여 55세 이상)과 2년 이상 동거하고 있는 세대주로서 개인주택의 신축 · 구입 및 개량시 1천만 원까지 할증지원

2. 老人福祉政策의 課題

일반적으로 노인의 욕구는 ① 안정된 생활을 희망하는 안정욕, ② 자신의 존재가치를 인정받고 싶어하는 인정욕, ③ 아직도 일할 수 있고 일을 하고 싶어하는 근무욕, ④ 친구 · 자손들과 애정어린 생활을 바라는 애정욕, ⑤ 건강하게 장수하며 여생을 보내고 싶어하는 생존욕 등을 가지고 있다는 것이다.[40)]

노인복지정책은 고령화와 이에 수반하는 개인적 · 가족적 및 사회적 요인들의 변화에 적절히 대응하는 것이 되어야 한다. 그러면 여기서 노인복지정책의 기본방향에 대하여 살펴보면 다음과 같다.

① 소득보장 급여수준이 현실화되어야 한다. 국민연금제도의 개선이 이루어져야 한다. 현행의 국민연금을 노후의 최저한의 소득보장을 위한 정액갹출과 정액급여의 기초연금과 그 위에 소득비례의 갹출과 소득비례급여의 소득비례연금을 추가시킨 이원화제도로 개선하는 것이 바람직하다. 현행의 생활보호수준을 현실화하고 개인의 수입에 따른 차이를 고려하여 최저한도의 생활수준에서 부족되는 부분을 보충해 주는 보충급여제도를 도입하는 것이 바람직하다. 노령수당을 사회의 보충급여로 통합하든가 아니면 국민연금법상의 무갹출노령연금으로 편입시켜 그 성격을 분명히 하고 급여의 효과성을 높이도록 하여야 할 것이다. 노인취업 증진을 위한 법규의 개정, 엄격한 적용 및 민간의 협조유도가 있어야 한다. 현행의 퇴직금제도도 노후의 소득보장을 위한 것이므로 그 목적을 보다 충실히 달성하기 위해서는 현재와 같이 퇴직시의 일시불보다는 퇴직 후 일정 기간 또는 사망시까지 연금형태로 매월 지급하는 기업연금으로 전환되는 것이 바람직하다.

---

40) 박송규, 「사회복지법론」, 재단법인 법령편찬보급회, 1988, pp. 356~357.

② 노인복지의 대상을 확대해야 한다. 선진국에서 나타나는 현상과 같이 오늘날 한국사회에서의 노인문제는 경제적 문제를 제외하고는 저소득층과 중산층 이상 사이에 별로 큰 차이 없이 건강보호문제, 역할상실과 여가문제, 고독과 소외 등의 다양한 문제가 공히 나타나고 있기 때문에 대상을 노인 전체로 확대해 나가야 할 것이다.

③ 시설복지와 재가복지의 병행 및 확대이다. 현재까지는 주로 시설복지 위주의 서비스였는데 앞으로는 시설복지도 개선 · 확대하면서 동시에 재가복지 서비스도 확대하여 나가야 할 것이다. 앞으로는 특히 중산층 이상 노인의 건강보호 문제해결을 위한 서비스 수요가 크게 증대될 것이고 노인복지의 대상이 일반가정 노인에게까지 크게 확대되어야 할 것이기 때문이다.

④ 가족의 노인보호 기능보완 및 강화가 이루어져야 한다. 앞으로 노인복지에서 가장 심각한 문제로 나타날 것은 노인에 대한 간호 및 보호의 문제이다. 노인문제의 대상이 중산층 이상의 재가노인에게로 확대된다면 가장 필요한 서비스는 가족의 노인보호 기능을 강화시켜 주는 서비스가 되어야 할 것이다. 노인보호문제의 일부는 시설복지 서비스로 해결할 수 있지만 대부분의 경우는 가정에서 가족에 의하여 해결할 수밖에 없다는 것을 선진국의 경험에서도 잘 알 수 있다. 따라서 앞으로의 노인보호 서비스는 가족의 노인보호기능을 보완 또는 강화할 수 있는 가정봉사원 서비스, 간병인 서비스, 가정방문 간호서비스를 제도화하고 발전시켜 나가야 할 것이다.

⑤ 노인복지 가치관 앙양방법의 개선이다. 경로효친의 가치관을 단순히 윤리적 · 도덕적 원칙으로 강조하고 효행자를 표창하는 식으로 앙양하려는 것은 구태의연하고 비효과적인 방법이라 생각된다. 경로효친의 가치관은 노화과정과 노인문제에 대한 이해를 바탕으로 앙양하는 것이 훨씬 효과적이라고 생각된다. 따라서 앞으로는 학교공식교육과정과 사회교육과정에서 노화에 따른 신체적 · 심리적 및 사회적 변화 및 노인문제를 이해시키기 위해서 자연적으로 경로효친의 중요성을 깨닫도록 하는 방법을 모색하여 나가야 할 것이다.

⑥ 노후준비에 대한 개인책임 계몽이 절실하다. 노인문제는 한 개인의 일생을 두고 볼 때 스스로 의식하지 못하거나 게을리하거나 무관심하여 노후에 대하여 경제적 · 신체적 · 심리적 · 사회적으로 준비하지 못한 데서 기인하는 부분도 크므로 사회보장의 한계성과 개인의 책임을 강조하면서 개인 스스로 노후를 대비하도록 의식화시키는 것도 중요하다. 이것은 결코 정부책임의 전가가 되어서는 안 되며 어디까지나 사회보장의 한계를 넘어 보다 풍요롭고 자유롭고 보람있는 노후생활을 할 수 있도록 하는 것이 되어야 할 것이다.

⑦ 일부 노인복지 상품과 서비스의 시장화가 필요하다. 끊임없이 상승되고 다양화되는 노인의 욕구를 사회복지제도로서 다 만족시킬 수 없기 때문에 기본적인 서비스를 넘어 개인의

특수한 욕구와 다양한 욕구를 만족시키기 위해서는 자기 비용으로 시장경제체제 속에서 물품과 서비스를 구입할 수 있도록 하는 것이 바람직하다. 예를 들면, 중산층 이상 노인의 건강보호, 여가선용, 여가시설, 주택, 재산관리 등에 대하여 다양한 물품과 서비스를 개발하여 노인의 구매력 수준에 적합하게 공급되도록 하고 구입에도 세제혜택 등이 주어지도록 하는 것이 바람직하다.

⑧ 사회복지와 노인복지에 대한 국가재정의 획기적 증대이다. 서구사회에서 복지국가를 지향하고 실천하면서 끊임없이 제기된 문제는 복지국가는 경제성장을 저해하고, 빈곤층을 증가시키며, 수혜자의 의존성을 증가시킨다는 것이었다. 그러나 이러한 주장들은 경험적으로 거의 근거가 희박한 것으로 밝혀지고 있다. 1970년대까지만 해도 선성장-후분배의 불평등과 불공평에 대한 국민들의 상대적 박탈감을 점차 심화시켜 생산의 효율성을 약화시키고 사회적 통합을 저해하는 요인으로 작용하기에 이르렀다고 할 수 있다. 1980년대에 있어서의 노사분쟁을 포함한 사회적 소요는 거의 대부분의 경우 직접 또는 간접으로 성장의 과실에 대한 분배의 불평등과 불공평에 대한 불만과 연계되어 있었다고 생각된다. 따라서 1990년대에 있어서는 성장과 분배, 즉 경제성장과 사회복지를 균형있게 추구하는 국가발전 전략을 취하여야 할 것이다. 이러한 전략적 틀 속에서 노인복지도 추구되어야 할 것이다.

노인문제가 날로 심각해지고 다양해지고 있다는 의미에서 또한 장기적이고 예방적인 차원에서 노인복지정책을 시행하여 나가야 한다는 의미에서 보면 노인복지 재정에 대해서도 획기적인 개선이 있어야 할 것이다.

第10章

女性問題에 대한 政策的 接近

第 1 節 女性問題와 婦女福祉의 槪念

1. 女性問題의 槪念

여성문제란 단지 생물학적으로 여자라는 이유 때문에 여성들이 인간다운 삶을 누리지 못하고 억압과 차별을 당하는 사회의 모순구조를 말한다. 여성문제는 사유재산의 출현과 함께 등장한 계급불평등 현상만큼이나 인간의 역사에서 가장 오래된 문제이고 상당한 수준의 사회발전단계에 이르러서도 끈질기게 해결되지 않는 문제이다.[1)]

여성문제를 이해하기 위해서는 올바른 과점의 정립이 필요하다. 어떤 사람은 가부장제와 여성차별은 궁극적으로 남녀의 생물학적 차이에 기인한다고 보고, 또다른 입장에서는 성차별적인 의식과 관습 때문이라고 주장하기도 한다. 이러한 관점과 달리 여성차별은 남녀간의 자연적인 차이나 인간의 그릇된 관념에서 비롯된 것이 아니라 사회제도의 구조적 요인에 의해 발생한다고 보는 사회학적 입장들도 있다. 여성문제를 사회구조적인 불평등의 문제로 보는 입장과 성별 분업체계를 필요로 하는 계급사회의 기본모순을 강조하는 입장으로 대별된다.

우리나라 전통사회의 인습과 가치관에 따라 남녀간·부부간의 가정적·사회적·법률적 지위의 현격한 차이를 보여주고 있으며, 아직도 개선되어야 할 제도와 가치관은 허다하다. 또한 환경부적응·욕구불만·불안 등 여성자신의 개인적 결함으로 발생하는 문제여성, 즉 가출여성·미혼모·이혼녀·근로여성 등은 부녀복지 측면에서 주요한 대상이 되고 있다.

여성문제의 특성을 몇 가지로 구분해 보면, 첫째, 남성과의 불평등 내지 차별의 문제, 둘째, 최저생활 내지 최소한의 인간적인 생활보장의 문제, 셋째, 여성의 모성이라는 특성으로 출산·육아·가사노동과 사회참여에 따른 모성보호조치, 넷째, 여성의 생활의 질 향상의 문

---

1) 고영복, 『현대사회문제』, 사회문화연구소, 1991, pp. 226~263.

제 등으로 구분해 볼 수 있다.

사회복지측면의 여성문제는 가정 내에 문제가 있으나 사회로부터의 도움이 적절치 않은 상황, 또는 문제가 있는 사회로부터의 영향 때문에 가정 자체로서는 그 안정을 유지하기가 어려운 상황에 처해 있는 경우가 그 주대상이 된다.

이러한 상황에 처한 가정이나 여성은 도시·농촌을 막론하고 여성세대주 가정, 미혼모가정, 저소득가정, 가족성원의 문제행동으로 고통받는 여성, 질병과 빈곤의 위협을 받고 있는 가정, 저임금 근로여성, 윤락여성 등이 포함된다. 이들이 갖는 문제들은 일시적·장기적으로 가정과 사회에 미치는 파급효과는 개인과 가족에게 치명적일 수도 있고, 또다른 문제의 유발요인이 될 수도 있기 때문에 심각성을 띠고 있는 것이다.

따라서 부녀복지의 증진과제는 여성이 처한 근본적인 장애적 요소를 불식하고, 여성문제가 직접적으로 일어나고 있는 가정과 사회를 변화시키며, 여성에 대한 복지서비스가 시급히 요청되고 있는 취약여성의 당면문제를 해결해 나가는 것이다.

2. 婦女福祉의 槪念

일반적으로 부녀란 부인과 여자를 총칭하는 말로서, 부녀복지라 함은 미혼과 기혼을 가리지 않고 모든 여성에 관한 복지전반을 포함하는 여성의 복지를 뜻하게 된다.[2)]

부녀복지가 대두되는 것은 여성만이 가지는 임신·출산 및 양육의 기능을 중심으로 여성은 특수한 상황에 처하게 되며, 아동·가정과 불가분의 관계를 가지고 있기 때문이다. 또한 산업사회 구조의 다원화 및 사회변모로 가출여성의 증가, 이혼율의 증가, 근로여성의 증가, 노령인구의 증가 및 빈곤문제의 대두 등 부녀문제의 사회화와 다양한 부녀복지의 수요에 효과적으로 대처할 수 있는 정책개발이 요구되기 때문이다.

여성의 지위향상과 복지증진을 위한 법제도는 1980년대에 들어와서 획기적 발전을 이루었다. 즉, 보건사회부 산하의 한국여성개발원의 설립(1983), 국무총리 직속하의 여성정책심의위원회의 설치(1983)를 비롯하여 남녀고용평등법의 제정(1987), 여성문제전담부서로서의 정무제2장관실의 발족(1988), 지방자치단체의 가정복지국, 가정복지과의 신설(1988), 모자복지법의 제정(1989), 가족법의 남녀평등보장으로의 개정(1989) 등이 그것이다.[3)]

2) 한국사회복지협의회, 「한국사회복지총람」, 1977, p. 74.
3) 전재일 외 공저, 「사회복지론」, 형설출판사, 1996, pp. 293~294.

이러한 제도적 변화는 국민의 증대된 복지에의 인식과 요구를 정부차원에서 수용한 결과로 나타났으나 부녀복지사업의 중요성과 긴급성이나 다양한 복지이해의 실질적인 서비스의 내용은 아직도 미흡한 수준에 머무르고 있다.

第 2 節 女性問題에 대한 理論的 觀點

자본주의 등장이라는 객관적 조건 속에서 제기된 여성문제는 문제해결을 위한 여성운동의 면에 있어서나 그 운동을 뒷받침할 수 있는 운동이념과 이론의 정립의 면에 있어서 자본주의가 역사적으로 먼저 발달했던 서구사회를 중심으로 이루어졌다. 자본주의의 대두에서부터 지금에 이르기까지 서구의 여성운동과 여성해방이론은 자유주의 여성해방론, 마르크스주의 여성해방론, 급진주의적 여성해방론은 자유주의 여성해방론 등 네 가지 조류를 이루어 발전되고 있으므로 여성문제를 보는 이론적 관점과 실천운동을 따라 분리해서 보아서는 안될 것이다. 여기서는 이들 네 가지 관점들이 여성문제의 본질적 원인과 해결방향에 대해서 어떻게 보고 있는가를 살펴보고자 한다.

1. 自由主義的 女性解放論

자유주의적 관점에서 여성문제의 원인을 보는 사람들은 성차별은 정치 · 교육 · 취업 등의 면에서 여성들에게 남성들과 동등한 기회가 주어지지 않는 데 있다고 보고 그러한 기회를 보장할 수 있는 법률의 제정이나 개정을 중요시한다. 또 이들은 남녀 모두에게 동등한 사회적 기회의 실현을 위한 법제적 개혁과 함께 성차별적인 관습과 남성지배적 관념을 타파할 것을 강조한다.

자유주의적 관점은 서구에서 여성운동의 형성시기에 중요한 이론적 근거가 되었으며, 오늘날에도 남성과의 법적 평등조차 실현되지 못한 제3세계 사회들에게 여전히 여성운동에 상당한 영향을 미치고 있다. 이론적으로도 최근 20여 년 동안 J. S. Mill이 제시한 성차별사회화에 관한 쟁점들이 사회학과 심리학 분야에서 더욱 발전되었다. 또 인류학 분야에서의 많은 연구들이 가부장제 사회에서의 양성의 성역할과 성격형성이 사회적 · 문화적 요인에 의해 이루어진 것이라는 것을 뒷받침해 주었다. 이러한 이론적 성과들에 의해 여성성(feminity) · 남성성(masculinity)에 대한 성역할 고정관념이 사회적으로 형성된 것일 뿐만 아니라 여성의 억압과 남녀 모두의 인간성의 왜곡을 초래한다는 인식이 사회적으로 확산되었다. 따라서 이 관점에서 보면 가부장적인 성역할규정에 제약되지 않는 양성성(androgyny)을 사회화과정에서 기르는 것이 여성문제해결에서 중요한 위치를 차지하게 된다.

양성성이란 개념은 1972년 심리학자 S. L. Bem이 소개한 이후 사회심리학자나 여성학자들이 성차별사회화에 대한 대안적 개념으로 발전시켰다. 양성성이란 사회의 성역할 고정관념을 이루는 내용중에서 바람직한 여성적 특성과 바람직한 남성적 특성이 결합되어 공존하는 것을 말한다.[4)]

자유주의적 여성해방론은 서구에서 자본주의 발전과 함께 대두한 초기 여성운동을 통해 20세기 초에 이르러 여성들이 시민으로서의 권리, 즉 보통선거권을 획득하게 하는데 기여하였다. 그러나 이 관점은 여성문제를 해결할 수 있다고 볼 뿐 가부장제의 구조적 기반이 되는 성별분업과 자본주의 생산체계와의 관계를 인식하지 못한다는 한계를 분명히 해준다. 자본주의 사회에서 법 앞에서의 형식적인 평등은 자본가계급의 이해를 실현하는 데 기능할 뿐 생산수단의 사적 소유에서 야기되는 실질적 불평등이 지배적인 경향과 마찬가지로 자유주의적 여성운동론에 의한 여성의 법적인 권리획득은 일부 지배계급 여성의 권리를 확장시키는 데 그쳤다. 대다수의 피지배계급 여성들이 필요로 하는 자본의 값싼 노동력이 저수지로 활용되고 있으며, 가정내의 불평등한 분업구조 속에서 가사노동의 부담으로부터 벗어날 수 없기 때문에 기회의 평등이나 법적인 평등은 여성문제해결의 본질적인 대책이 될 수 없으며, 자본주의 체계 내의 부분적인 개혁 그 이상의 것이 요구된다.

2. 마르크스主義的 女性解放論

마르크스주의적 여성해방론은 마르크스주의의 관점에서 여성문제의 원인과 그 해결책을 규명한다. 마르크스주의는 자본주의 사회에서 인간의 자유와 평등은 생산수단과 부의 소유 여부에 의해 제약되기 때문에 자본주의 사회구조의 근본적인 변혁이 없이는 그 체제 내부의 사회문제들은 해결될 수 없다고 본다. 자본주의 사회에서 법적인 평등권과 시민으로서 누릴 수 있는 자유는 자본가계급의 이해를 실현하기 위한 것이며, 자신의 살아 있는 노동력 외에는 어떤 생존수단도 가지고 있지 못한 생산대중에게는 형식적인 것에 불과하다. 따라서 마르크스주의의 관점에서 보면 여성문제의 원인 또한 법적 · 정치적 불평등에 그치는 것이 아니

4) S. L. Bern, "Psychology looks at sex roles", *Paper presented at the UCLA Symposium on Women*, 1972.

라 그보다 더 구조적이고 심층적인 성별분업체계에 있는 것이며, 여성문제를 야기시키는 성별분업체계는 각 사회의 계급관계와 긴밀하게 결합되어 있다.

여성문제를 보는데 있어 마르크스주의적 관점의 특징은 자본주의 사회의 기본적 모순인 계급모순과의 관련성 속에서 여성문제의 원인을 밝힌다는 점이며, 그 해결책에 있어서도 여성문제의 처방이 독자적으로 있는 것이 아니라 자본주의 사회의 구조적 모순의 해결과 근본적인 변혁 속에서 모색된다는 점이다. 그러므로 마르크스주의의 관점에 따르면 여성차별의 폐지는 전체 사회의 변혁운동과 분리된 대남성 투쟁에 의해 이루어지는 것이 아니라 생산수단의 사회화를 통한 자본주의 사회의 지배적인 사회관계의 철폐를 통해 이루어진다.

마르크스주의에서 여성해방론은 19세기 말에 출간된 F. Engels의 대표저작 『가족 · 사유재산 및 국가의 기원』 속에[5] 체계화되어 있으며, 그 후 서구의 변혁운동 속에서 August Bebel에[6] 의해 더욱 발전되었고 러시아의 사회주의 혁명과정 속에서의 실천을 통해 클라라 체트킨, 알렉산드라 콜론타이 등에 의해 이론적으로 성장하였다.

엥겔스에 의하면 여성억압은 계급사회의 등장과 동시에 출현한 가부장적인 일부일처제 가족의 형성에서 비롯되었다. 계급이 형성되기 이전의 사회인 원시공동체 사회는 생산수단을 부족이나 씨족성원 전체가 공동으로 소유하고, 그것을 바탕으로 생산된 생산물을 공동으로 분배하는 사회였다. 또 원시공산사회에서는 혈통이 자식을 낳는 어머니에 의해 계승되는 모계제 사회였으며, 양성간에는 여성의 출산기능에 의한 최소한의 자연적인 분업 이외는 차별이 존재하지 않는 사회였다. 이 사회에서는 자녀양육 또한 생모가 전적으로 책임지는 것이 아니라 씨족의 자손으로서 씨족성원 전체가, 즉 사회가 공동으로 맡고 있었다.

그런데 생산력이 발전하여 농경정착단계로 들어서고 목축업이 시작되자 씨족성원 개인들에게 사회적 잉여와 부가 축적되기 시작하였다. 이렇게 증대된 부는 번식력이 빠른 가축의 사육을 맡고 있었고 노동도구를 관장하고 있었던 남성들에게 축적되었으며, 그들은 사유재산에 대한 욕구에 의해 씨족공동체적인 질서를 무너뜨렸다. 증대된 부를 소유하게 된 남성들은 모계 · 모권으로 인하여 자기 재산을 상속할 수 없게 되자 모계제의 공동체를 파괴하였을 뿐 아니라 피정복민들을 자신의 사유재산을 늘릴 수 있는 노동도구, 즉 노예로 부속하였다. 이러한 역사적인 과정은 인류가 체험한 가장 근본적인 혁명 중의 하나였지만 씨족성원의 저항없이 평화적으로 이루어졌다.[7] 이러한 역사적인 과정을 좀더 자세히 살펴보면 다음 아래와 같다.

---

5) F. Engels, *The Origins of the Family, The Private Property and the State*, 1884. ; 김대웅 옮김, 「가족의 기원」, 아침, 1985.
6) August Bebel, Die Frau and der Socialismus ; 이순예 옮김, 「여성론」, 까치, 1987.
7) F. Engels, *op. cit.*, ; 김대웅 옮김, 「전게서」, 아침, 1985, p. 62.

〈표 10-1〉 가부장제의 출현과정

사회성격 \ 시기구분	야만시대	미개시대	문명시대
생산력발전수준	수렵 · 채집	원시농경	농경정착
생산관계	계급없음	계급없음	사유재산에 근거한 계급출편
혼인상태	군혼(혈연혼→푸날루아혼)	대우혼	일부일처제
가족유형	씨족공동체	씨족공동체	가부장적 일부다처제
성차별	없음	없음	여성억압

이상에서 나타난 바와 같이 인류의 초기 역사에서는 혼인한 한 쌍의 남녀가 독립적인 가계를 꾸리는 것이 아니라 씨족공동체 내에서 생계를 꾸려 갔으며, 결혼의 의미는 독자적인 가족의 형성이라기보다는 양성간의 규제를 의미하는 것이다. 모계제하의 씨족공동체하에서 혼인상태는 혈연관계에서의 난혼(promiscuous marriage)상태에서 형제집단과 자매집단이 공동의 부부관계를 맺는 푸날루아 혼인(punaluan marrige)을 거쳐 대우혼(pairing)의 단계에 이르기까지 진화해가지만 이러한 발전과정은 자연적인 진화에 의한 것이며, 사회적 요인에 의한 것은 아니다. 그러나 대우혼에서 가부장제로서의 이행은 형식적인 측면에서 보면 일부일처제적인 단혼이라는 점에서 유사한 듯이 보이지만 그 내부의 양성관계는 질적으로 다르며, 진화의 요인 또한 자연적인 진화의 과정이 아니라 사유재산과 계급의 출현이라는 사회적인 추진력에 의한 것이다. 대우혼하에서 혼인한 부부는 장기적으로 성관계를 유지하지만 독립적인 가구를 꾸리는 것이 아니라 그들의 물질적인 생활은 씨족공동체 안에서의 공동생산과 공동분배에 의해 영위된다. 또 비교적 이혼의 사유가 허용되어 있으며 남녀간의 관계가 평등하고 자녀양육 또한 씨족성원들이 공동으로 맡는다. 이 사회에서 어머니 자매들 모두를 자신들의 공동의 어머니로 생각하였다. 다시 말하자면 이 사회에서는 공동소유와 공동생산뿐만 아니라 공동의 자녀양육이 이루어졌다.[8)]

반면에 가부장적 일부일처제이지만 사유재산을 소유한 남성가정이 자기 재산을 상속하고 가계를 유지하기 위한 목적에 의해 형성된 것으로 여성은 사회적 영역에서 배제되어 가족 안에 갇히게 될 뿐만 아니라 가족 안에서도 남성의 성적 욕구의 대상이자 자녀출산과 양육의 도구로 전락되고 남성가장에게 예속되게 되었다. 또 이때부터 여성에게는 엄격한 정조가 요구되었다.

원래 가족이란 오늘날 자본주의 사회의 관념에서처럼 성인남녀의 애정에 의한 결합과 그에 따른 자녀들로 구성되는 애정공동체가 아니라 가장이 소유한 사유재산의 총체 곧 가부장

8) Evelyn Reed, "여성:카스트, 계급인가 억압된 성인가?", A. M. Jaggar *et al.*, 「전게서」, pp. 211~212.

적 가족을 의미하는 것이었다.

엥겔스에 따르면 일부일처제는 결코 개인적 성애의 산물이 아니며 내용상으로 가부장제를 의미하는 것으로서 자연적 요인에 의해서가 아니라 경제적 조건, 즉 공동소유에 대한 사적 소유의 승리를 기초로 한 최초의 가족행태였다.[9] 또 사적 소유와 함께 이루어진 단혼은 이성간의 합의에 의한 결합이 아니라 한 성에 의한 다른 성에 대한 억압으로서 그 이전 어느 시대에서도 존재하지 않았던 양성간의 모순의 선언으로서 나타난 것이다. 그런데 사유재산의 출현으로 인한 원시공동체의 붕괴와 가부장적 가족의 성립은 엥겔스가 표현한 바 대로 "여성의 세계적 · 사적 패배만을 의미하는 것이 아니라 사유재산을 가진 지배계급과 그렇지 못한 피지배계급간의 계급적 대립의 발생을 의미한다. 마르크스의 표현대로 근대가족은 그 후 사회와 그 국가에서 광범위하게 발전할 모순들을 축소판 형태로 가지고 있다.

이상에서 살펴본 바와 같이 마르크스주의적 여성해방론은 여성억압의 기원을 사유재산의 확립으로 인한 가부장적 일부일처제 가족의 출현으로 보고 있기 때문에 여성문제의 해결에는 사유재산의 철폐로 인한 경제적 생산방식의 근본적인 변화와 함께 가족제도의 변화가 필수적이라고 본다. 사유재산이 폐지되고 계급불평등이 소멸된 사회에서는 일부일처제 가족이 더이상 재산상속의 수단이나 경제단위로서 기능하지 않으며, 이성간의 애정과 평등에 기반한 진정한 일부일처제로서 자리하게 된다는 것이다. 여성이 사회적 노동에 참여하여 남성과 동등하게 자신의 인간성을 실현하려면 무엇보다도 개별가족이 사회의 경제적 단위가 되어서는 안되며 남성의 일이라는 공적 세계와 여성의 일이라는 공적 가족의 영역의 분리가 해소되어야 한다. 나아가서 이러한 분리가 해소되려면 자녀양육이나 가사노동 등 재생산과 관련된 인간의 노동이 사적 가족영역에 떠맡겨지는 것이 아니라 공적 영역의 일로서 사회화되어야 한다. 마르크스주의적 관점에서 보면 가족이 사회의 경제단위가 되지 않으려면 생산수단의 사적 소유의 철폐가 필수적 관건이 된다. 마르크스주의 여성해방론들은 인류역사에서 사유재산이 출현한 이후 지금에 이르기까지 계급대립과 가부장적 성차별이 계속되고 있지만 생산력이 고도로 발전하게 된 자본주의에 이르러 비로소 계급대립과 성차별이 소멸할 수 있는 객관적인 물적 기반이 마련되었다고 보며, 그러한 객관적 기능성을 실현하는 문제는 사회운동의 역량에 달려 있다고 본다.

마르크스주의적 여성운동론은 여성문제의 본질을 전체 사회의 모순과 관련지워 총체적인 관점에서 인식하고 그 해결책에 대해서도 또한 사회의 전반적인 발전방향과 변혁운동 속에서 모색하였다는 점에서 기여한 바가 크다.

---

9) F. Engels, 1884, p. 73.

특히 근대 서구사회에서 100여 년 이상에 걸쳐 일어난 자유주의적 여성참정권 운동이 여성의 억압상황을 본질적으로 변화시키지 못하고 자본주의 체제가 자본축적을 위해 가부장제를 더욱 강화시킨 상황에서 여성문제해결의 전망에 대해 시사해 주는 바가 크다. 실제로 마르크스주의적 여성해방론은 구소련 · 중국을 비롯하여 사회주의로 이행한 사회들의 혁명과정에서 여성문제해결의 지침이 되었다. 그 사회들에서는 여성문제 선결요건으로서 생산수단의 국유화와 사회화를 통해 사유재산과 경제단위로서 가족의 기능을 해소시키려 하였으며, 혁명의 과정과 사회적 생산에 여성들이 참여할 수 있도록 여성들의 재생산역할, 즉 자녀교육과 가사노동을 탁아소 · 보육원 · 밥공장 · 세탁공장 등을 설치하여 공적 영역의 일로 사회화시켰다.

그러나 마르크스주의적 여성운동론은 여성문제의 본질을 전체 사회의 모순과 관련지워 총체적인 전망을 기여하였다고 할지라도 현존사회주의 사회에서 볼 수 있는 것처럼 자본주의 사회에 비해 성차별이 상대적으로 감소되고 가부장제가 완화되었다고 할지라도 여전히 다른 형태의 성별분업이 잔존하고 있다. 이것은 경제단위로서 재생산의 단위로서의 가족기능의 해소는 사회주의 발전과정에서 자동적으로 수반되는 과제가 아니며, 혁명이후에도 가장 영속적인 과제로서 추구되어야 할 문제임을 지적해 준다고 볼 수 있겠다. 마르크스주의 여성해방론은 원론적인 문제제기에서 더 나아가 여성문제해결의 구체적 방안들과 그 해결주체로서 독자적인 여성조직을 어떻게 형성할 것인가 등에 뚜렷한 전망을 제시할 수 있도록 반전되어야 할 것이다.

3. 急進的 女性解放論

서구에서 도시빈민운동 · 학생운동 · 반전운동 등 주변계급들의 운동이 활발하게 일어났던 1960년대 말과 1970년대 초에 형성되어 급진적 여성해방론은 여성문제는 궁극적으로 여성의 생리적 · 생물학적 조건에서 발생한 것이므로 그러한 생물학적 조건을 뒤바꿀 수 있는 성의 혁명이 일어나야만 해결될 수 있다고 본다. 급진적 여성해방론은 궁극적으로 여성의 생리적 · 생물학적 조건에서 발생한 것이므로 그러한 생물학적 조건을 뒤바꿀 수 있는 성의 혁명이 일어나야만 해결될 수 있다고 본다. 급진적 여성해방론은 서구에서 자유주의적 여권운동의 한계가 노정되고 사회주의적 사회로 발전한 나라들에서도 여성차별의 잔존으로 여성해방운동의 실패가 지적되는 사회적 배경 속에서 형성되었다. 따라서 이들은 여성문제의 해결은 제도적 · 법적 평등의 실현에 의해 이루어진다는 자유주의적 관점을 거부할 뿐만 아니라 사유재산의 폐지와 계급대립의 소멸에 의해 이루어진다는 마르크스주의적 관점을 모두 거부하고 성(sex) 그 자체에 근거한 독자적 이론을 정립하게 된다.[10)]

급진적 여성해방론의 대표적 이론가인 Shlamith Firestone은 여성문제는 약간의 개혁으로서 또는 여성을 노동력에 완전히 포함시킴으로써 해결될 수 있다고 보는 피상적인 불평등의 문제가 아니라 보이지 않을 정도로 깊은 뿌리를 가지고 있다고 본다. 따라서 마르크스나 엥겔스가 계급불평등을 해결하기 위해 경제적 생산양식에서의 계급대립을 이론화하였듯이 여성해방혁명을 위해서는 성적투쟁의 역학에 대한 분석, 바꾸어 말하자면 성 그 자체에 기초한 역사적 유물론과 변증법적 이론을 구성해야 한다.

Firestone에 따르면 여성억압을 발생시키는 계급문제와 분리되어 있는 근본적인 원인이란 여성의 '생물학적 현실', 즉 출산 · 육아에 관련되어 있는 여성의 생리적 특징을 말한다.[11)] Firestone은 남성과 여성의 생물학적 현실의 차이에 의해 성계급이 형성되며, 남성이 지배적인 성계급으로서 여성의 성과 출산을 통제하는 가부장제가 발생했다고 본다. 급진적 여성해방론자들에 따르면 어떤 형태의 사회조직에서도 사회성원들의 재생산을 위해서는 남성-여성-아이라는 기본적인 생산단위에 의한 생물학적 가족(biological family)이 있어야 한다. 이 생물학적 가족은 초역사적인 사회조직으로서 그 내부에는 남녀간의 생식기능의 차이에 의해 불평등한 권력분배가 내재되어 있으며 몇 가지 특징을 갖는다.[12)] ① 출산조절 이전의 여성의 삶에서와 같이 여성은 그들의 생리적 조건-월경, 폐경, 여성병, 고통스러운 출산의 연속 · 수유 · 양육 등-에 삶이 좌우되고 이 때문에 남성에게 의존적으로 되었다. ② 인간의 유아의 성장 기간 동안의 의존기는 타동물에 비해 길며, 따라서 적어도 얼마 동안 성인에게 의존해야 한다. ③ 어머니와 아이의 상호의존관계는 모두 사회에 존재해 왔으며 모든 성인여성과 아동의 심리를 규정해 왔다. ④ 남녀간의 자연적 생식기능의 차이는 계급의 기원이 되는 최초의 노동분업을 가져왔다.

따라서 여성문제를 해결하려면 여성의 자연적 · 생리적 조건을 바꿀 수 있는 기술혁명과 함께 권력심리와 착취심리가 자라날 수 있는 생물학적 가족을 철폐해야 한다. 이 과정은 급진적 여성해방론자들이 표현한 바의 성의 혁명으로서 사회주의 혁명보다 더 광범위한 것이며 모든 계급체계를 없앨 수 있는 방안으로서 간주된다. 요컨대, 출산조절뿐만 아니라 인공수정 · 체외수정을 통해 여성이 생리적 제약으로부터 해방되고 나아가서는 억압적인 성관계

10) 급진적 여성해방론의 대표적인 이론서로서는 Kate Millett, Sexual Politics, 1970 ; 정의숙외 옮김, 「성의 정치학(상 · 하)」, 1976.; Shulamith Firstone, *The Dialectics of Sex*, 1970. : 김예숙 옮김, 「성의 변증법」, 풀빛, 1983 등을 들 수 있다.

11) S. Firestone, *The Dialectic of Sex*, 1970, pp. 19~20. ; 김예숙 옮김, 「성의 변증법」, 1983.

12) *Ibid.*, pp. 19~20.

의 토대인 가족을 파괴하는 것이다. 이들은 또 가족관계에 구속되지 않는 연애와 성을 추구하고 연애와 결혼에 있어서도 기존결혼제도와 이성애를 가부장제의 산물인 성인남녀의 왜곡된 성역할체계로 보기 때문에 이성간의 결합(heterosexuality)을 거부하고 남성으로부터의 분리주의(separatism), 레즈비언운동(lesbianism) 등을 주장한다. 급진적 여성해방론자들은 기존의 결혼제도는 억압적인 생물학적 조건과 여성억압을 기반으로 이루어졌을 뿐만 아니라 그것을 강화하기 때문에 거부되어야 한다고 주장한다.[13)]

급진적 여성해방론자들이 생물학적 가족, 즉 가부장적 가족의 대안적인 구조의 요건으로 제시한 사항들을 구체적으로 살펴보면 다음과 같다.[14)] ① 여성들은 모든 가능한 방법을 통하여 생물학적 생식의 지배로부터 해방시키고 출산과 양육의 역할을 여성에게 뿐만 아니라 남성에게도 담당해야 한다. 피임 · 인공생식 · 탁아소설치 등이 여기에 해당된다. ② 여성들과 아동들에게 마르크스주의적 여성해방론이 제기한 경제적 독립뿐만 아니라 완전한 자결권을 주어야 한다. ③ 남녀를 분리하거나 아동들을 사회의 모든 면에서 전면적으로 통합시켜야 한다. ④ 모든 여성과 아동들에게 성적인 자유를 허용하여야 한다.

급진주의적 여성해방론의 관점에서 보면 성행위는 생식을 위한 목적에 제한되어서는 안되며 자유가 허용되어야 한다. 이들에 따르면 여성의 성적 자유는 남성중심의 가계계승에 위협이 되며, 어린이의 성적 자유는 가족 내의 불안정한 내적 균형에 위협되기 때문에 지금까지 억압되어 왔다는 것이다.

이상에서 살펴본 바와 같이 급진주의적 여성해방론은 여성문제의 원인과 해결책을 사회의 다른 모순이나 문제점들과 분리시켜 생각할 뿐 아니라 성차별, 즉 가부장적인 모순을 가장 본질적인 사회문제로 보고 있다. 급진적 여성해방론이 성차별의 기반이 되는 구조로서 가부장제개념을 도입하고 자연적 조건으로 간주되어 온 여성의 생리적 제약을 문제시한 점은 여성문제의 다양한 영역들을 발굴했다는 점에 의의가 있다. 그러나 급진적 관점은 여성억압의 구조가 특정 사회의 기본모순이 계급모순과 어떻게 결합되어 있는가를 보지 못하고 가부장제의 모순을 사회의 보편적인 모순과 별도로 존재하는 것으로 봄으로써 몰역사적이고 추상적인 관념론에 빠지게 되었다. 또 이 관점은 여성억압의 생물학적 기초인 여성의 생리적 조건을 혁명적으로 바꾼다고 해서 자동적으로 성차별이 사라지는 것이 아니며, 기술적 측면의 변화와 함께 정치적 실천을 강조하기는 하지만 그들이 말하는 정치적 실천이란 그들의 주장의 과격성에도 불구하고 그들의 운동프로그램이 레즈비언운동이나 자유연애 · 결혼거부 등의 운동으로 표출될 수밖에 없는 것은 이러한 한계를 잘 증명해 준다. 여성억압을 이해하는

13) *Ibid.*, p. 222.
14) *Ibid.*, pp. 204~207.

데 있어서는 여성들의 성 · 출산 등에 대한 억압과 통제 못지 않게 여성노동력에 대한 통제와 착취가 중요하며, 그것을 제대로 이해하기 위해서는 여성억압과 사회의 보편적 모순인 계급 모순과의 관계를 체계적으로 이해해야 한다. 급진론자들은 여성억압의 요인을 생물학적 요인으로 봄으로써 모든 여성은 피지배적인 성계급이라는 몰역사적인 도식에 빠지게 되는데, 이는 역사적인 사실과 전혀 들어맞지 않는다. 예컨대, 같은 여성이라고 할지라도 귀족여성과 노예여성은 여성억압을 상이하게 경험하며 귀족여성이 노예남성을 지배할 수 있는 것처럼 모든 남성이 가부장제의 특권을 똑같은 정도로 누리는 것은 아니다. 이것은 신분제가 철폐되었으나 사유재산이 지배하고 있는 자본주의 사회에서도 마찬가지이다. 따라서 급진론자들은 여성해방을 전체 사회의 해방과 인간해방의 문제로 보지 않고 대남성투쟁의 문제로 그들의 의도의 순진성과는 무관하게 전체사회의 변혁을 위한 계급운동을 희석화시키는 데 기여할 수 있다. 그 밖에도 급진적 여성해방론은 가부장적 일부일처제 사회가 아닌 원서공산사회나 모계제사회를 설명할 수 없으며, 여성의 출산능력 자체를 인류의 재생산을 위해 사회적으로 보호되어야 할 모성으로 보지 않고 여성들이 피지배를 당할 수밖에 없는 결정적인 약점으로 보고 있다는 점이 한계로 지적되어야 할 것이다. 여성의 출산능력이 남성에게 피지배를 당할 수 있는 약점이 되느냐 아니면 오히려 강점이 될 수 있느냐 하는 문제는 자연적인 것이 아니라 전적으로 사회제도의 성격에 의해 좌우되는 문제일 것이다.

4. 社會主義的 女性運動論

사회주의 여성해방론(social feminism)은 계급차별을 강조하는 마르크스주의의 여성해방론을 수용하면서도 성차별의 별개의 기반으로서의 가부장적 지배구조를 강조하는 급진주의 여성해방론을 절충하여 여성문제를 이해하려는 입장이다. 이 입장에서 여성문제를 보는 이론가들은 자본주의의 계급지배가 여성억압을 규정지으며, 따라서 여성운동의 타도대상은 자본가계급이라는 마르크스주의의 기본전제를 수용하지만 마르크스주의, 또한 다른 이론과 마찬가지로 성차별적 편견 때문에 성차별을 계급차별에 종속되어 있는 문제로 봄으로써 성차별적 편견 때문에 성차별을 계급차별에 종속되어 있는 문제로 봄으로써 성차별의 독자적인 물적 기반인 가부장적 지배구조와 성별위계체제를 설명하지 못한다고 비판한다. 또 급진적 관점에 대해서는 여성억압을 규정짓는 요소로서 가부장제를 강조하고 양성간의 대립을 부각시킨 점을 적극적으로 수용하지만 급진주의의 가부장제를 강조하고 급진주의의 가부장제 개념은 문화적 · 상부구조적 현상을 의미하는 편협한 개념이라고 비판하고 있다. 이 관점은 초기 이론가인 J. Mitchell의 경우에는 가부장제 개념이 모호한 수준이었지만 후기 이론가인 H. Hartman, V. Beechey, Annette Kuhn 등에 이르러 가부장제 개념을 더욱 발전시켰다. 급진적 이론가들이 의미하는 가부장제란 여성의 성과 출산에 대한 남성의 통제가 가능한 초역사적인 지배체제를 말하지만 사회주의 여성해방론자들은 성별노동분업체계로서 가부장제의 의미를 강조한다. 이들에 의하면 가부장제란 성별분업과 사유재산을 기초로 하여 남성들이 여성노동력을 통제할 수 있도록 남녀간에 또 남성들간에 위계서열이 나타나는 일련의 사회관계의 체계를 의미한다.

사회주의 여성해방론의 초기이론가인 J. Mitchell은 구조주의 분석방법을 도입하여 여성의 억압상황과 여성의 지위를 분석하고자 했다. J. Mitchell에 의하면 과거 마르크스주의 이론은 여성의 지위를 규정하는 상황을 그것을 구성하고 있는 분리된 구조들로 분화시켜 설명하지 못하고 단순한 경제결정론으로 설명하였다. 그러나 여성이 처한 억압상황은 서로 다른 속도로 그 내부의 모순이 발전하는 여러 가지의 산물이며, 이들 여러 구조들의 중첩결혼(overdetermination)에 의해 이루어지는 복합적 통일체로서 이해되어야 한다.[15] J. Mitchell에 따르면 여성의 처한 상황의 핵심적 구조들은 생산·출산·성관계·자녀교육 등 네 가지인데 이들은 각기 별개의 구조로서 특정한 역사적 시점에서 서로 다른 발전단계에 도달하기 위해서는 이들 각각의 것이 따로따로 검토되어야 한다. ① 여성의 생산에의 참여정도는 여성해방을 위한 전제조건의 성숙을 의미한다. 따라서 여성의 생산노동에 참여한다는 것 자체가 가정에서 여성이 겪고 있는 억압을 소멸시키는 것은 아니지만 여성의 '일할 권리'는 계속적으로 확장되어야 한다. ② 부권제도하에서 여성의 출산은 자녀를 낳은 어머니의 소외감을 가져올 뿐 아니라 가정이 남성의 휴식처가 되어야 한다고 요구되는 한 여성은 자연적인 제약 속에 묶여 있게 된다. ③ 성관계의 측면에서 볼 때 자본주의 사회에서와 같은 부르주아적 결혼관계, 즉 일부일처제의 확립은 남녀간에 성적 역할을 동등하게 만들어 줌으로써 여성해방의 전제조건이 될 수 있다. ④ 자녀양육(사회화)에 있어서 여성의 출산이라는 생물학적 기능 때문에 반드시 양육과 사회화를 맡아야 하는 것은 아니다. 여성해방을 위해서나 아동의 자립을 위해서나 생물학적 어머니와 사회적 어머니가 일치되어야 할 이유가 없다는 것이다.

J. Mitchell에 의하면 여성의 억압과 관련된 이 네 가지 통합적인 구조가 모두 변혁되어야만 여성해방이 달성될 수 있다. 그런데 네 가지 구조 중 어느 하나의 구조에서의 발전이 다른 하나의 퇴보에 의해 상쇄될 수도 있다. 따라서 여성해방을 위한 혁명운동은 각 구조들의

15) J. Mitchell, *op. cit.*, pp. 102~104.

불균등한 발전에 대한 분석에 기초를 두어야 하며, 그 결합된 복합적 구조 가운데 가장 약한 고리부터 공격해야 한다.

이상에서 살펴본 바와 같이 사회주의적 여성해방론은 가정 내에서의 여성억압뿐만 아니라 사회적 생산영역에서의 성차별을 포괄적으로 분석하고 있으며, 여성의 억압상황과 관련된 제반요소들을 폭넓게 분석할 수 있는 설명력을 갖는 장점이 있다. 그러나 이 관점은 이론적인 면에서나 실천적인 면에서나 많은 한계를 내포하고 있다. ① 이 관점이 가부장제의 개념을 여성노동과 관련지워 발전시키고 있기는 하지만, 그것이 자본주의적 생산양식과 전혀 별개의 물적 기반을 가진 독자적 체계로 보고 있다는 점이 문제로 지적될 수 있다. 자본주의의 물적 토대와 전혀 다른 가부장제의 물적 토대라는 것이 분명하지 않기 때문에 가부장제의 개념이 모호하게 되기 때문이다. 또 여성문제, 즉 가부장제의 모순을 자본주의 사회의 보편적 모순과 결합되어 있는 특수한 모순으로 보지 않고 계급구조와 성차별구조가 대등한 별개의 억압구조라고 보기 때문에 이중체계론이나 정출주의라는 비판을 면할 수 없게 된다. ② 앞에서 지적된 이론적 문제점의 결과로서 여성운동주의 주체와 대상이 불분명하다는 점이다. 사회주의 여성해방론자들은 여성을 억압하고 있는 구조는 자본주의와 가부장제이며, 따라서 자본가계급뿐만 아니라 전체 남성이 억압자가 된다. 이들에 의하면 지배계급의 남성은 여성의 가사노동을 통해 간접적으로 여성노동력을 착취하고 필요한 경우 여성노동을 직접 고용하여 저임금으로 초과 · 착취함으로써 이득을 보며, 피지배계급의 남성들은 가사노동에서 면제되고 여성보다 상대적으로 고임을 받음으로써 가부장적 혜택을 누리게 된다. 그러나 설명한 피상적인 관찰에 지나지 않는다. 왜냐하면 여성노동력이 저임금 노동력의 저수지로 존재하며, 전체 노동자의 임금을 압박할 뿐만 아니라 여성이 가사노동을 전담하여 노동력재생산비를 낮춤으로써 노동력의 가치가 저하되고 임금이 낮아지기 때문이다. ③ 사회주의적 여성운동의 정치적 결과가 문제시된다. 사회주의 여성운동론은 여성문제해결을 전체 남성 대 전체 여성의 투쟁으로 보기 때문에 여성운동의 중요한 동맹세력인 피지배계급의 남성을 배제시키고 나아가서는 피지배계급의 남성과 여성을 분열시킴으로써 전체 사회의 변혁운동에 손실을 끼치게 된다.

第 3 節 資本主義社會의 女性問題의 本質

여성억압의 기원은 운시공동체사회가 붕괴되고 사유재산이 출현하면서 사유재산을 관리하기 위한 경제적 단위로서 가부장적 일부일처제가 성립함으로써 여성은 사회에서 유리되어

가족에 갇히고 남성에게 종속된 데서 비롯되었다고 볼 수 있다. 그러나 여성억압을 규정짓는 가부장제는 불변의 초역사적인 제도가 아니라 각 사회의 경제제도와 계급관계에 의해 그 유형과 기능이 변화해 왔다. 이는 여성의 예속에는 근본적인 변화가 일어나지 않았지만 그 내부의 양성관계와 남성들간의 사회관계가 변화해 왔다는 것을 의미한다. 이는 여성의 예속에는 근본적인 변화가 일어나지 않았지만 그 내부의 양성관계와 남성들간의 사회관계가 변화해 왔다는 것을 의미한다. 사유재산의 초기단계인 고대 노예제 사회에서는 소수의 귀족계급의 남성만이 가부장적 가족을 이루고 특권을 누릴 수 있었으며, 대부분의 노예남녀들은 직접적인 생산의 담당자였으면서도 독자적인 가족을 구성하지 못하고 지배계급인 가장의 가족내에서 단순한 노동도구로 존재하였다. 귀족계급의 여성들은 노예노동의 대가로 사치스런 생활을 누릴 수 있었지만 귀족남성가장의 사유재산을 관리하고 그 가계를 물려받게 될 적자의 혈통보존을 위해 엄격하게 정절을 지키고 성생활이 완전히 통제되어야 했다. 반면 귀족남성은 사유재산의 유지를 위해 형식상으로는 일부일처제를 주장했지만 다수의 노예여성들을 성욕의 대상으로 소유하였다. 노예여성들은 단지 귀족남성들의 성욕의 대상이 되었을 뿐 아니라 노예제 사회의 핵심적이고 노동력인 노예를 낳고 기르는 일을 맡았다.

이에 비해 봉건제 사회에서는 피지배계급 농노와 농민들이 봉건영주들의 착취 속에서도 독자적인 농업생산의 단위로서 가족을 구성하게 되었으며, 그에 따라 피지배계급의 남성도 가부장적 이득을 누리게 된다. 농민가족 여성들의 과중은 노동에도 불구하고 농업생산과 가사노동 · 자녀양육 등 재생산노동이 모두 가족을 단위로 이루어졌기 때문에 그들이 생산에서 차지하는 역할이 상대적으로 컸고 같은 계급 내에서 남성에 대한 예속의 정도가 낮은 편이었다.

자본주의 사회에서 가부장제는 상품생산과 생산관계의 변화로 인해 획기적인 변화를 겪게 되었다. 자본주의 사회에서 핵심적인 생산주체인 노동자계급은 사회적 생산영역과 사적 재생산영역의 분리, 즉 일터와 가정의 분리로 인해 가족성원 대다수가 자신의 노동력을 상품화하여 취업해야 하면서도 가족노동력의 재생산은 여전히 노동계급의 아내에게 맡겨져 있다. 자본주의 사회에서는 자본과 생산의 집중에 따라 일과 가정이 분리되면서 여성에게 교육기회 평등과 참정권이 부여되었음에도 불구하고 가정과 여성의 결합을 더욱 증대시켰으며, 가정의 영역이 여성의 영역으로 규정되었다. 자본주의의 발전이 가족의 생산기능을 소멸시켰으면서도 재생산의 문제를 개별 가족영역에 남겨두었기 때문에 형식적인 측면에서의 여성의 권리향상에도 불구하고 여성의 예속은 심화되었다고 볼 수 있다.

요컨대, 자본주의 사회에서 여성문제의 핵심은 전체 남성의 전체 여성에 대한 지배가 아니라 자본에 의한 여성노동의 착취에 있다. 자본주의 사회에서의 여성은 사회적 생산에서 배제되고 재생산, 즉 가사노동전담자로 규정됨으로써 자본에 의해 간접적으로 수취당하고 있으며, 사회적 생산노동에 참여할 경우에도 단순 · 미숙련 하위직에 고용되어 노동의 대가를 제대로 지불받지 못한다. 그러면 자본주의 생산양식이 여성노동을 어떻게 편입했으며, 그로 인한 여성의 억압상황이 어떠한가에 대해 여성의 가사노동과 생산노동을 중심으로 살펴보도록 하자.

1. 家族의 變化와 女性

1960년대에 이르기까지 가족과 여성의 역할을 분석하는 데는 주류사회학의 구조기능주의의 패러다임이 지배적이었다. 기능주의의 대표자인 T. Parsons는 자본주의하의 고립된 핵가족제도를 어느 사회에나 공통된 사회제도로 전제하고 가족에 의해 사회의 유지에 필수적인 기능인 사회성원들의 긴장관리와 사회적 행위의 유형유지가 이루어진다고 본다. 그런데 가족의 이 기능의 수행은 가족의 내적 구조와 성역할의 분화에 의해 가능해진다.[16] 가족 내에서 성인남성은 직업을 통해 가족성원들의 생존에 필요한 수입을 제공하는 수단적 역할을 맡을 뿐만 아니라 가족과 사회의 교량역할을 한다. 반면 가족 내의 성인여성은 아내로서, 어머니로서 가족성원들의 정서적 안정을 도모하는 표출적 역할(expressive roles)을 한다. 기능주의자들이 말하는 가족 내 여성의 표출적 역할이란 아동을 사회화시킨다든지 성인 퍼스낼리티를 안정시킨다든지 하는 문화적 활동을 말한다.

가족에 대한 이러한 분석은 자본주의 사회에서 가족의 경제적 기능의 변화를 분석할 가능성을 배제할 뿐만 아니라 나아가서는 성별 분업구조 내에서 여성의 불평등과 억압을 정당화하는 데 기여한다. 이 관점은 가정 내에서 가사노동자로서의 여성의 경제적 역할과 자본주의 사회에서 수요가 증대되어 가는 여성노동의 중요성을 무시한 가부장적인 편견으로 보여진다.[17]

자본주의 사회에서 가족의 가장 두드러진 특징은 생산과 재생산이 동시에 이루어지던 자본주의 이전 사회의 가족과 달리 상품소비를 통한 재생산의 장소가 되었다는 점이다. 이것은 자본주의 경제제도의 상품생산에 의해 이루어진 변화이다.

자본주의 사회에서 가족의 핵심적인 기능은 상품의 소비를 통하여 자본이 필요로 하는 노동력 상품을 재생산하는 것이다. 자본은 노동력의 재생산을 직접 떠맡는 것보다 개별가족 안

16) Talcott Parsons and Robert. F. Bales, *The Family : Socialization and Interaction Process*, 1956.
17) Veronica Beechey, "Women and Production : a Critical Analysis of Some Sociological theories of women's work", A. Kuhn *et al.*(eds.), *Feminism and Materialism*, London : RKP, 1977.

에서의 가사노동을 통해 해결함으로써 노동력의 재생산에 드는 비용을 줄일 수 있다. 왜냐하면 가사종사자들은 자신의 가사노동을 자본이 필요로 하는 노동력의 재생산이라고 생각하기보다는 사랑하는 가족을 위한 헌신적인 봉사로 생각할 뿐만 아니라 그 비용을 최소화하려 하기 때문이다. 자본주의 사회에서 노동력의 재생산이 개별가정에서 무보수의 가사노동에 의해 이루어지는 이유는 바로 여기에 있다고 볼 수 있겠다.

개별가정에서 행해지는 가사노동은 자본에게 노동력 재생산비용을 감소시켜 주는 효과 외에도 여성노동력을 용이하게 착취할 수 있는 근거를 제공해 준다. 무엇보다도 가정에 있는 여성들을 자본이 자신의 필요에 따라 언제든지 값싸게 고용하고 쉽게 해고할 수 있는 산업예비군(industrial reserve army)으로서 존재하게 되며, 사회적 생산노동에 고용될 경우에도 남편은 생계책임자, 아내는 피부양자, 가정주부라는 가부장제 이데올로기에 의해 여성노동을 생계보조적, 임시적인 것으로 간주하여 저임금을 합리화할 수 있는 것이다.

2. 生産勞動과 女性

자본주의 경제체제는 노동력의 재생산을 개별가족에게 부담시키고 여성들의 가사노동을 필수요건으로 한다. 그러나 자본주의 체제는 여성노동을 가사노동으로서 간접적으로 착취할 뿐만 아니라 필요한 경우에는 여성들을 가정 밖으로 끌어내어 저임금의 생산노동으로 고용한다. 자본주의적 생산에서 여성들의 생산노동의 증대는 일반적인 경향으로 여기에는 노동과정의 변화에 따라 여성노동에 대한 수요가 늘어난다는 점과 함께 노동자계급 가족의 상대적 빈곤이 주요인으로 작용하였다. 자본주의가 발전함에 따라 노동과정이 초기의 단순협업이나 매뉴팩쳐 단계에서 기계적 대공업으로 발전하게 되는데, 그에 따라 근육의 힘이나 숙련도를 요하는 노동보다 단순노동에 대한 요구가 늘어나게 된다. 즉, 아동이나 여성의 노동력이 노동과정의 기계화 · 자동화 · 단순화에 적합하게 된다. 다른 한편으로 이윤을 극대화하려는 자본의 욕구는 남성노동자의 저임을 초래하게 되고 노동자 가족의 주부나 아동 등 가족성원들은 가족의 생계유지를 위해 자신들의 노동력을 판매해야만 한다. 이러한 두 요인에 의해 여성노동력은 저임금 노동력으로 자본주의 생산에 대규모로 투입되게 된다. 자본주의 발전과정에서 노동자계급 가족의 궁핍화와 여성 · 아동의 임노동자화 및 그들의 처참한 노동조건에 관한 기록들은 이 사실을 뒷받침해 준다.[18)]

---

18) 엥겔스, 「영국 노동자 계급의 상태」, 세계, pp. 182~183. ; 마르크스, 「자본」.

자본주의 사회에서 여성의 생산노동의 역할과 성차별을 이해하기 위해서는 여성임노동의 특성과 위치를 분석해야 한다. 자본주의하의 가부장적 가족이 재생산의 기능을 맡게 되고 기혼여성을 가사노동에 묶어 두는 것은 자본의 노동력 재생산비용을 절감시켜 준다는 점 외에도 자본축적에 중요한 역할을 한다. 그것은 자본주의하의 가족제도로 인해 재생산의 역할로 가정에 묶여 있는 기혼여성이 자본에 대해 풍부한 산업예비군으로서 기여한다는 점이다. 산업예비군 혹은 상대적 과잉인구의 형성은 자본주의 발전의 필수적인 산물이면서 자본주의 생산양식의 존재조건이라고 볼 수 있는데, K. Marx에 따르면 여기에는 3가지 유형이 있다. ① 유동적 부문(floafing sector)은 기계의 도입에 의해 여성노동 · 아동노동 등 미숙련노동의 고용이 증대되면서 근대산업의 중심부문에서 밀려나게 되는 노동인구를 말한다. ② 잠재적 부문(latent sector)은 농업의 자본주의화에 따라 농촌에서 밀려나는 이농인구를 말한다. ③ 정체적 부문(stagnant sector)으로서 노동력 과잉으로 인해 가내공업이나 소규모 영세업에 일시적으로 고용되는 노동인구를 말한다.

그러면 사회적 생산에 참여하고 있는 여성들의 차별실태와 억압상황에 대해 살펴보기로 하자. ① 취업여성들이 겪는 가장 심각한 차별은 여성들의 저임금과 차별임금의 문제이다. 여성들은 가족의 생계나 경제적 필요 때문에 일을 하는데도 불구하고 남성의 절반 정도의 차별임금을 받고 있는 실정이다. 이것은 필연적으로 여성노동자들로 하여금 초과근무나 잔업 등 장시간 노동을 하게 하는 요인으로 작용하고 있다. ② 고용의 불안정의 문제이다. 여성들은 대부분 경제적 이유 때문에 취업을 하는데도 불구하고 가계보조적이라는 구실로 경기불황시에 제1차적인 해고의 대상이 된다. 또 고용상태도 상용고의 비율보다는 임시고, 일용고의 비율이 높다. 게다가 여성들에게는 결혼 · 임신 · 출산 등으로 인한 퇴직, 조기정년제 등 갖가지 성차별 관행이 적용되는 경우가 많다. 그 밖에도 승진 · 승급에서의 차별, 업무숙련기회의 제한 등의 차별을 겪고 있다. ③ 직종별 · 직무별로 성차별이 존재한다. 자본주의 사회에서 여성들의 취업의 증대에도 불구하고 전문기술직이나 행정관리직에 종사하는 여성의 비율은 극히 적으며, 저임금의 생산직 · 판매직 · 서비스직에 종사하는 여성들이 대부분이다. 또 동일 직종이나 직종 내에서도 관리 · 감독직은 남성들이며 여성들은 보수나 지위가 낮은 직무에 집중되어 있다.

第 4 節 婦女福祉의 對象과 서비스

1. 母子家庭

1) 모자가정의 개념

모자가정(female-headed family, fatherless family)이란 남편이 결손된 상태에서 편모와 18세 미만의 아동을 부양하고 있는 가구를 의미하는 것으로 모자가정을 여성가구가족, 여성세대주가족, 미망인가구 등과 혼용하기도 하는데, 이들은 서로 중복되는 면도 있지만 반드시 일치되는 개념은 아니다. 남편의 결손된 상태란 사망·실종 등으로 인한 완전한 결손과 이혼·미혼모·징역·정기항해 등으로 인한 사회적 결손, 그리고 정신적 질환·신체적 영구폐질 등으로 인한 기능적 결손 등이 있다.[19]

한편 국가의 경제적 지원을 필요로 하는 모자가족에 대한 저소득층 모자가정, 영세모자세대, 빈곤모자가족, 요보호모자세대, 요구호대상 미망인세대, 불우모자세대 등 다양한 개념과 용어가 혼용되고 있다.[20] 이러한 모자가정에 대한 복지사업은 자녀들의 건전한 성장발달은 모(母)와의 관계를 떠나서는 있을 수 없다는 모자일체(母子一體)의 원칙에 따라 그들이 이루는 가정을 중심으로 위기해소와 예방, 자립기반확립, 생존권 보장, 생활조직체계의 강화 등이 이루어지고 있어 모(母)에 대한 부녀복지로서의 의의와 자(子)에 대한 아동복지로서의 의의와 효과를 함께 가지게 된다고 할 수 있다.

2) 모자가정의 특성

(1) 역할적 측면

모자가정은 부(夫, 자녀에게는 부(父))의 상실로 가족 본래의 기능인 성적 기능·경제적 기능·자녀의 사회화기능 및 교육기능 등에 많은 장애를 받게 된다. 따라서 가족성원의 내부에서 역할의 재분배가 불가피하게 되며, 대체로 어머니가 가사와 육아 등의 본래 역할과 함께 이제까지 남편이 맡아오던 아버지로서의 경제적·교육적 역할까지 떠맡게 된다. 이러한 역할의 재분배는 기존의 역할에 추가하여 전혀 새로운 역할을 수행하도록 기대됨으로써 책임이 과중되고 정신적으로 압박을 받게 되며, 때로는 역할 사이에 모순과 충돌을 일으킨다. 이는 성격의 갈등과 자아기능의 혼란을 야기시켜 가족성원의 정서나 상호작용관계에 많은

19) 최항순, 『복지행정론』, 신원문화사, 1993, p. 366.
20) 김정자, "저소득층 모자가족에 관한 연구", 『여성연구』, 제6권 제3호, 한국여성개발원, 1988, p. 7.

문제와 영향을 미치게 된다.

(2) 심리적 측면

모자가정은 모두가 상실감을 가지게 되며 열등감을 갖기 쉽다. 특히 모(母)는 성적 · 정서적 안정을 상실하여 좌절감에 빠져 비관하거나 과민한 신경증적 반응을 가지게 되므로 정서적 정체감을 가질 수 있도록 하는 지원이 필요하게 된다.[21)]

(3) 자녀양육 및 교육적 측면

모자가정이 자녀양육에서 갖는 가장 어려운 문제는 아버지의 부재로 인하여 자녀들이 동일시(同一視) 대상을 잃어버렸다는 것이다. 남자아이가 남성의 역할을 배우고 여자아이가 이성을 올바르게 이해할 수 있는 기회가 마련되지 못하여 여러 가지 문제들을 야기하게 된다. 많은 미혼모들이 모자가정 출신이라는 조사자료들이 위의 사실들을 입증해 주고 있다. 또한 자녀교육에 있어서 경제적 빈곤으로 자녀의 취학기회를 잃게 되며, 모(母)의 경제활동으로 인하여 자녀를 보호하고 지도 · 감독하는 면이 소홀히 되어 자녀들이 비행을 저지를 가능성이 커지게 된다. 우리나라의 경우 현실적으로 이러한 결손가정 아동들의 비행화현상이 두드러지고 있음은 잘 알려진 사실이다.[22)]

(4) 사회경제적 측면

사회적 측면에서 볼 때 아직도 남편이 없는 여자에 대하여 왜곡된 태도로 대하는 경향이 많으며 자녀가 딸려 있으면 재혼에도 지장을 받게 된다. 자녀들도 아버지가 없다고 하여 무시당하게 되고 피해의식과 열등감이 심화될 수 있으며, 사회에 대해 공격성을 띠게 될 수 있다. 또한 경제적 측면에서 한 사람의 여성능력에 의존하여 가정을 꾸려간다는 것은 매우 어렵기 때문에 모자가정은 경제적으로 열등한 처지에 놓이게 된다.

3) 모자가정에 대한 모자복지 서비스

모자가정에 대한 사회복지 서비스는 생활보호법 · 모자복지법 · 아동복지법 등에 근거하여 모자가정의 가족해체를 미연에 방지하고 이들에게 자립기반을 조성하여 건강하고 문화적인 생활을 유지토록 하기 위해 생계보호 · 자립기반조성 · 시설보호가 이루어지고 있다.

특히 요보호모자세대에 대한 모자복지법상의 급여내용은 생계비 · 아동교육지원비 · 직업

---

21) Alice L. Aslin, "Counseling single-again Women", in Lenore W. Harmon, ed., *Counseling Women*, California : Books / Cole Publishing Company, 1978, p. 232.

22) 최항순, 「복지행정론」, 신원문화사, 1993, pp. 367~368.

훈련비 및 훈련기간 중 생계비 · 아동양육비 등의 지급과 모자가정의 모(母)와 아동에 대한 직업훈련과 취업알선, 모자복지시설 수용보호 등이다.

그러나 이러한 서비스는 주로 영세모자세대에 국한되어 적용되고 있어 전체 모자가족에 대한 실질적인 혜택이 주어지지 않고 있다. 또한 모자복지시설의 보호를 받고 있는 모자가정은 전체 요보호모자세대의 1% 내외의 소수에 불과하다.

따라서 모자가정에 대한 사회복지 서비스를 수행함에 있어서 먼저 그들의 문제를 과학적으로 파악하여 적절한 원조가 이루어지도록 정책이 수립되어야 할 것이다. 즉, 경제적 지원 이외에 모자가정이 가지고 있는 심리적 · 사회적 문제해결을 통해 자립할 수 있도록 하는 다각적인 서비스 방안을 강구해 나가야 할 것이다.

2. 未婚母

1) 미혼모의 개념

미혼모(unmarried mother, unwed mother)란 법적으로 겪지 않은 상태에서 아기를 임신했거나 분만한 여성을 말하며, 그 중에는 이미 결혼한 기혼자가 이혼 · 별거 · 과부의 상태에서 법적이 아닌 남자와의 관계에서 임신했을 경우도 있고 처녀가 혼전 임신한 경우도 있다.

미혼모문제는 산업화 · 도시화에 따라 비교적 최근에 사회문제로 나타났기 때문에 이 문제에 대한 일반의 이해가 아직 깊지 못하다. 따라서 미혼모는 사회적으로 도덕적 타락에 대한 힐난의 대상으로 여겨지는 것이 일상적이며, 따라서 미혼모는 비난을 피하여 은밀히 문제를 해결하려 하거나 모든 고통을 혼자서 당해야 하는 심각한 고립상태에 빠지게 된다. 이러한 상황은 사회적 관계와 경제적 수단의 상실로 이어지며, 결국 자신과 아동에게 중대한 영향을 미치게 되는 것이다.

미혼모문제는 미혼모를 모두 사회문제의 대상으로 삼아야 할 필요는 없고, 다만 ① 부정한 성행위가 사회의 가치관이나 도덕규범을 이탈하거나, ② 임신으로 인하여 사회적 · 경제적 지위가 떨어지거나 사회에 적응하지 못하게 되고, ③ 정서적 · 교육적 · 경제적 지위가 불안하여 아동양육에 문제가 발생하거나, ④ 아동문제가 법적으로 되어 사회적 물의를 일으킬 때 사회문제의 대상이 된다.[23]

23) 김근조, "미혼모와 사회문제", 『현대사회와 여성』, 아산사회복지사업재단, 1986, p. 315.

2) 미혼모의 발생요인

미혼모의 발생요인은 심리적 요인과 사회문화적 요인으로 나누어 볼 수 있고, 이들은 서로 복합적으로 혹은 단독으로 미혼모문제를 발생시킨다.[24)]

심리적 요인은 여성의 성장발달과정과 관련지어 설명되고 있다. 미혼모가 되는 것은 성장과정에서 해결되지 못한 정서적 갈등의 표현이며 성격장애의 한 증상으로 인식된다. 이러한 성격장애로서 충동성, 초자아(super-ego)발달의 결함, 자기 배척, 부모를 괴롭히고자 하는 욕망, 성에 대한 불안 및 고독 등이 지적되고 있으며, 이와 함께 가정에서 부모와 자녀 사이의 관계장애와 가족성원간의 의사소통의 부족과 갈등, 가정의 심리적 장애요소가 함께 작용하는 것이다.

사회문화적 요인은 가족기능의 약화, 성윤리의 변화, 산업화 · 도시화에 따른 사회적 변화와 관련되어 있다. 이와 같이 미혼모는 어떤 특정한 한 가지 요인에 의해 발생되는 것이 아니라 개인적 · 사회적 · 문화적 · 경제적 요인 등이 복합적으로 작용하여 발생된다고 볼 수 있다.

이러한 요인에 의해서 발생되는 미혼모가 가지고 있는 문제는 임신한 아기에 대한 문제로서 분만 · 양육비, 분만에 대한 불안 · 공포 · 사회적 관념에 따른 가족과 사회의 비난에 대한 두려움과 수치심으로 학업이나 직장을 포기해야 하고 가정에서 가출해야만 하는 문제, 미혼부에 대한 증오와 적개심으로 사회에 대한 반항적, 자학적인 태도, 사회적 관계와 경제적 수단의 상실에서 오는 사회적 지위와 기회의 박탈, 사회적응의 문제 등 심리적 · 정서적 · 경제적 · 신체적 문제로 복합적 성격을 가지게 된다.

3) 미혼모에 대한 서비스

미혼모문제를 해결하기 위한 접근방법은 미혼모발생의 사전예방을 위한 조치와 사후치료적 차원의 프로그램으로 대별할 수 있다. 미혼여성의 혼전 성관계는 사회적인 여러 여건이나 다른 나라의 경우로 보아 계속 증가할 추세이다. 따라서 미혼여성의 혼전임신에 따른 미혼모와 사생아의 발생도 계속 증가될 것이다. 이렇게 증가되는 미혼모문제를 해결하기 위한 접근방법은 사전예방을 위한 조치와 사후치료적 차원의 프로그램으로 대별할 수 있다.[25)]

미혼모의 사전예방을 위해서는 문제발생의 원인에 따른 개인 · 가정 · 사회에 대한 상담서비스 · 결손가정 · 빈곤가정에 대한 지원확대를 통한 가정생활의 안정을 도모하고, 학교 · 기업체 등 미혼여성이 집단적으로 생활하는 집단에 대한 성교육 · 성상담을 확대하여 청소년 유해업소

24) Alfred Kadushin, *Child Welfare* Services, New York : Macmillan Publishing Co., 1980, p. 421.
25) 허남숙, "미혼모 발생의 요인 규명에 관한 연구", 「사회복지학회지」 제18호, 한국사회복지학회, 1986, p. 128.

의 근절, 원하지 않는 임신에 대한 합법적인 임신중절수술 등의 방법이 필요할 것이다.

사후치료적 차원이라고 할 수 있는 미혼모에 대한 서비스는 사회적 치료와 심리적 치료의 두 가지로 구분될 수 있다. 사회적 치료는 수입의 유지, 주택확보, 임시위탁가정, 집단가정(group home), 분만전후의 진료, 법률상담, 직업상담, 교육상담 등을 통하여 사회적 자원을 이용하고 재적응이 이루어지도록 서비스를 제공하는 것이며, 심리적 치료는 정서장애, 갈등, 대인관계, 임신과 출산에 대한 반응, 아동에 대한 계획, 자아개념 등 임신으로 인한 전반적인 정서문제를 다루어 자아의 분열을 막고 건전한 자아로 하여금 자신의 문제를 해결하도록 돕는 서비스를 제공하는 것을 말한다.

3. 淪落女性

1) 윤락여성의 개념

윤락여성이란 타락하여 몸을 버린 여자라고 되어 있으나 현재 일반적으로는 매춘(賣春), 매음(賣淫), 즉 보수를 받고 아무에게나 정조를 판다는 뜻으로 인식되고 있다. 우리나라에서 1961년 제정 · 공표된 윤락행위 등 방지법에 의하면 윤락행위란 불특정인으로부터 금전 기타 재산상의 이익을 수수 또는 약속을 하거나 기타 영리의 목적으로 성행위를 하는 것이라고 규정되어 있다. 이렇게 볼 때 윤락의 정의는 사회적으로 인정된 배우자 이외의 불특정의 상대와 아무런 교감없이 무차별적으로 성적 관계를 맺고 그 성적 서비스의 대가로 금전을 받는 영리행위라고 할 수 있다.[26]

일반적으로 사회의 윤락에 대한 통제형태는 사회에 따라 다음과 같이 네 가지의 입장으로 나누어 볼 수 있다. 첫째, 윤락행위를 범죄라고 간주하여 형벌을 가하는 사회, 둘째, 윤락행위의 금지입법은 정해져 있으나 직접 형벌을 가하지는 않고 윤락에 부수되는 행위만을 처벌하는 사회, 셋째, 윤락을 제도적으로 공인하여 특정 지역이나 특정 조건에 한하여 인정하고 그 이외의 윤락은 금지하는 사회, 윤락에 대하여 아무런 제도적 제약도 가하지 않는 사회 등이다.

윤락의 문제가 인류의 역사와 더불어 하나의 필요악으로 금전화되어 거래되는 비인간적 현상이며, 윤락에 따른 각종 범죄와 성병의 만연, 도덕적 타락, 청소년에 대한 자극 등 그 영향이 사회에 직접 · 간접으로 해독을 끼치고 있으므로 적절히 규제되어야 할 것이다.

---

26) 최항순, 「복지행정론」, 신원문화사, 1993, pp. 369~370.

2) 윤락의 원인

윤락의 원인에 대해서는 윤락여성 자신 및 가정과 관련된 개인적 요인과 사회현상과 관련된 사회문화적 요인으로 나누어 볼 수 있다.

개인적인 요인은 정신적 · 도덕적 타락, 정신적 · 심리적 결함에 기인하는 것이고 또 가정생활의 문제, 즉 문제가정(빈곤가정 · 결손가정) 등의 배경과 가정생활의 경험에서 오는 요인이 있다. 사회문화적 요인은 도시화, 성의 개방풍조, 향락추구의 사회분위기 등과 관련되어 있고 남녀간의 불평등한 경제사회적 제도에도 기인한다고 보고 있다.

또한 윤락의 원인을 가족의 배경 · 전쟁 등 사회적 배경 · 경제제도 등에서 찾을 수 있고, 산업발전으로 인한 대도시의 성장과 혼합성, 경제시장 속에서의 고용의 불안정성 및 불확실성 등의 사회제도에서 오는 모순으로 보고 있다.

3) 윤락에 대한 대책

윤락의 원인은 윤락여성 개인의 문제만이 아니라 사회구조나 가치와 관련되는 사회현상이므로 윤락여성에 대한 교육 및 선도조치와 더불어 사회적 가치문제의 본질에 대한 정확한 인식이 이루어져야 할 것이다. 또한 윤락여성에 대한 대책은 예방적 차원과 사후치료적 차원의 두 측면으로 나누어 볼 수 있다.

예방적인 측면에서 볼 때 사회에 건전한 성도덕관 · 윤리관이 확립되어야 한다. 특히 청소년의 윤리관과 올바른 성교육을 위해 대대적인 지원과 계몽사업이 따라야 할 것이다. 한편 가출소녀 · 미혼모 · 저소득 근로여성 등의 발생과 같은 윤락여성의 공급원에 대한 대책도 강구되어야 할 것이다.

사후치료적 대책으로는 상담사업 및 의료서비스의 강화, 윤락을 벗어나서 자활할 수 있도록 건전한 인생관이나 가치관을 심어 주는 일, 그러한 마음의 결정과 동시에 다른 건전한 직업을 가질 수 있는 직업훈련과 직업보도 등이 병행되어야 한다. 또한 부녀상담원을 비롯한 관계요원의 전문인력화와 이들에 대한 신분보장도 병행 · 추진되어야 할 것이다.

4. 勤勞女性

1) 근로여성의 특성

여성의 취업인구는 산업화의 진전으로 계속 증가추세에 있으며, 여성의 노동력 참여율이 산업화의 한 척도로 되고 있다.[27] 남녀의 성차이에서 오는 여성의 불평등지위는 뿌리깊은 차별의 역사를 가지고 있다. 특히 노동과 관련하여 여성은 전통적으로 착취와 차별의 대상이 됨으로써 노동에 있어서의 요보호자의 위치를 벗어나지 못하고 있다.

여성취업인구는 산업화의 진전으로 계속 증가추세에 있으며, 산업발전에서 기여해 왔다. 경제활동참가인구로서의 여성취업의 증가에도 불구하고 여성노동력의 절대다수가 저임금의 생산직 노동과 하위 사무직, 그리고 도시 비공식 노동에 참가하고 있어 저학력, 저임금, 장시간노동이라는 특성을 나타내고 있다. 또한 여성근로자는 채용 · 승진 · 배치 · 정년 등의 고용과정에서도 차별을 당하고 있다.

근로여성의 또다른 특성으로서는 신체적인 측면에서 볼 때 임신 · 출산 · 양육의 모성기능 수행과 생리현상에서 오는 심신의 변화는 여성근로에 부담과 영향을 미치게 되고, 신체구조상 남성에 비해 작업능률에 있어 불리한 측면이 있다. 또한 사회정책적인 측면에서는 근로의 질에 있어서 비전문적 수준으로 값이 싸며 노동이동이 심하고 노동법적 보호를 특별히 받는다는 점이다.

이러한 여성근로의 특성에 비추어 여성근로자는 남성에 비해 불리한 위치에 차별대우를 받고 있는 것이다.

2) 근로여성의 문제

현대산업사회는 여성취업이 증가됨에 따라 근로여성의 중요성이 증대되어 가고 있다. 따라서 근로여성을 둘러싼 많은 복합적인 문제들이 제기되고 있다.[28]

근로여성의 문제는 근본적으로 여성이라는 특성과 노동과의 관계에서 존재한다고 할 수 있는데, 그 구체적 내용으로는 다음과 같은 것이 지적되고 있다.

첫째, 근로여성들의 직업관이 정립되어 있지 않다. 여성 스스로가 직업을 평생에 걸친 영구적인 직장으로 여기는 것이 아니라 혼전준비, 배우자 선택, 일시적인 가계보조와 같은 잠정적 활동으로 인식하고 있다는 것이다.

둘째, 남녀간의 불평등한 인사노무관리이다. 현실적으로 취업직종이 제한되어 있으며, 결혼퇴직 · 조기정년 · 승진제한 등 남성에 비하여 차별과 소외를 받고 있어 노동지위가 불안하다는 것이다.

셋째, 저임금과 근로보호의 미흡이다. 근로여성들은 남성임금의 반에도 못미치는 부당한

27) Mary B. Kievit, "Women at Work", in L. S. Hansen and R. S. Rapoza, eds., *Career Development and Counseling of Women*, Springfield : C. Thomas Publisher, 1978, pp. 553~556.

28) 김금수, "여성과 취업", 「현대사회와 여성」, 아산사회복지사업재단, 1986, p. 243.

차별적 저임금을 감수당하고 있으며, 다음 세대를 생산 · 양육하는 여성기능이 소홀히 취급되고 있다.

넷째, 근로여성은 가사노동과 직장노동의 이중부담을 안고 있다. 특히 기혼여성의 경우 가사와 양육에 대한 부담이 경감되지 못하고 직장에서의 배려와 배우자로부터의 협조가 부진하여 역할과잉의 상태에 빠져 있다.

3) 근로여성에 대한 서비스

근로여성의 보호와 이들에 대한 지원은 근로상황하에서 뿐만 아니라 여성이 당면하고 있는 모든 차원에서의 배려가 요구되고 있다. 즉, 근로여성은 직장에서는 조직의 일원인 근로자이지만 가정에서는 가족성원이며, 특히 기혼의 경우 어머니의 역할 · 주부의 역할을 수행하고 있다. 이러한 관점에서 볼 때 근로여성에 대한 보호와 지위향상의 과제는 남녀차별의 철폐, 모성기능보호, 그리고 가정과 직장생활의 역할부담과 조화를 통한 생활의 질적 향상으로 집약될 수 있다. 이러한 과제를 해결하기 위한 방안과 대책으로서는 다음과 같은 것이 있다.

첫째, 남녀차별의 철폐를 위한 사회인식의 변화가 요구된다. 법적으로는 남녀평등이 보장되어 있으나 현실적으로 채용 · 승진 · 배치 · 퇴직 등 인사노무관리면에서 기회균등이 이루어지지 않고 있어 이의 시정과 함께 동일노동에 대한 동일임금이 실현되어야 할 것이다.

둘째, 모성보호를 확대하고 충실을 기하기 위한 조치가 이루어져야 한다. 현행 근로기준법, 남녀고용평등법 등의 생리휴가, 산전 · 산후의 유급휴가, 육아휴직제 등 생리현상과 모성기능 수행에 따르는 특별보호의 내용 중 불합리한 것을 개선하고 건강진단 · 분만비 · 출산수당 · 육아수당 등의 모성급부가 제대로 이루어지도록 사회보장적 차원에서의 체계를 확립해야 할 것이다.

셋째, 가정생활과 직장생활의 조화를 이루기 위한 조치가 강구되어야 한다. 즉, 가정과 직장을 양립시킬 수 있도록 근로시간의 단축, 시간제 휴무, 유급육아휴가, 사내탁아소 등이 바람직하다. 아울러 가정 내에서 부부간의 가사노동에 대한 합리적인 역할분담이 이루어져야 할 것이다.

第 5 節 婦女福祉政策의 現況

1. 要保護女性의 發生豫防과 福祉支援

1) 요보호여성 발생예방을 위한 상담

저소득 모자가정 · 미혼모 · 가출여 · 윤락여성 등 요보호여성 발생을 미연에 방지하고, 사후선도를 위한 상담사업을 전개하기 위하여 전국 시 · 도 및 시 · 군 · 구에 28개소의 부녀상담소를 운영하고 주요역, 윤락여성집결지, 기지촌 등의 취약지역에 94개소의 간이부녀상담소를 설치하여 상담을 실시하고 있으며, 전문상담인력이 부족한 지역에는 자원봉사자를 적극 활용하여 상담활동을 강화하고 있다. 또한 요보호여성이 발생하기 쉬운 취약지역의 상담사업을 효율적으로 추진하기 위하여 연차적으로 간이부녀상담소를 증설하여야 한다. 한편 1994년 중 376명의 부녀상담원이 활동한 내용을 보면 총 299,839명을 상담하여 취업알선 22,142명, 시설입소 2,860명, 보호알선(생계보조) 24,496명, 선도귀가 11,579명, 교육 및 조언 186,094명, 치료의뢰 5,681명, 기타 46,987명에게 필요한 조치를 취하여 요보호여성이 건전한 사회인으로 활동할 수 있도록 도와주고 있다.

2) 시설보호사업의 현황

(1) 모자보호시설 운영지원

생활이 어려운 저소득 모자가정세대는 모자보호시설에 3~5년 동안 수용 · 보호하여 기본생계 보조와 자립기반 조성에 힘쓰는 한편 생활상담교사로 하여금 정신적 · 심리적 갈등과 자녀양육문제 및 직업훈련 등에 관하여 상담지도를 하고 있으며, 퇴소세대에게는 200만 원의 자립정착금을 지원하여 자립을 도모하고 있다. 전국의 37개소에 대한 신 · 증축비를 지원하였고, 또한 저소득 모자세대로서 모자보호시설에 입소하지 못한 모자가정 또는 모자보호시설 퇴소 후 자립기반이 미약한 가정에 도움을 주기 위하여 모자자립시설 3개소를(1994년 말 현원 88명) 운영하였다.

〈표 10-2〉 연도별 모자보호시설 수용실적

(단위 : 개소, 명)

연도	시설수	입소자수			퇴소자수			연도말현원					
		계	모	가족	계	모	가족	계	모	부양자수		노령자수	
										남	여	남	여
'92	39	873	293	580	1,122	329	793	2,697	810	906	936	3	42
'93	40	1,038	351	687	948	277	277	2,787	884	901	960	4	38
'94	37	783	283	500	1,047	322	322	2,523	845	825	823	3	37

「보건복지백서」, 보건복지부, 1995, p. 343.

〈표 10-3〉 모자보호시설 운영지원 '94실적 및 '95계획

(단위 : 백만 원)

연도내역	'94				'95			
	계	국고	지방비	자부담	계	국고	지방비	자부담
계	9,763	6,359	2,873	531	10,248	7,011	2,984	253
인 건 비	895	443	264	188	901	610	201	90
운 영 비	1,316	858	290	168	1,625	1,100	362	163
저소득모자 가정지원비	6,092	4,442	1,650	-	6,520	4,200	1,820	-
신 · 증축비 및 보수비	1,460	616	669	175	1,202	601	601	-

「보건복지백서」, 보건복지부, 1995, p. 343.

(2) 직업보도시설 운영지원

저소득여성 · 가출여성 · 미혼모 · 윤락여성 등에 대하여 부녀상담원이 상담을 하여 이들 중 보호선도가 필요한 여성은 직업보도시설에 6개월 내지 1년간 수용 · 보호하여 정신교육과 컴퓨터 · 양재 · 미용 · 한복 · 등공예 등의 기술교육을 실시하여 자립능력을 배양시켜, 건전한 사회인으로 복귀토록 지도하고 있다.

1994년도에는 22개소의 직업보도시설을 운영하여 2,667명에 대하여 교육을 실시한 바 있으며, 직업보도시설 운영지원에 대한 1994년 실적 및 1995년 계획은 다음 〈표 10-4〉와 같다.

〈표 10-4〉 직업보도시설 수용보호

(단위 : 개, 소)

연 도	시설수	입소자수	퇴소자				연도말 현원
			계	취 업	귀 향	기 타	
'92	21	2,908	3,106	605	2,095	406	954
'93	23	2,907	2,721	592	1,734	395	1,140
'94	22	2,326	2,667	569	1,603	495	799

「보건복지백서」, 보건복지부, 1995, p. 344.

〈표 10-5〉 직업보도시설 운영지원 '94실적 및 '95계획

(단위 : 백만 원)

연도내역	'94			'95		
	계	국고	지방비	계	국고	지방비
계	6,504	1,572	4,932	5,030	2,515	2,515
운 영 비	1,039	305	734	822	411	411
인 건 비	1,534	592	942	1,804	902	902
기자재구입비	120	60	60	100	50	50
신 · 증축 및 보수비	131	65	66	916	458	458
간이부녀상담소설치	-	-	-	-	-	-
여성회관신축비	3,080	550	3,130	1,388	694	694

「보건복지백서」, 보건복지부, 1995, p. 344.

(3) 모자일시보호시설 설치 · 운영

배우자가 있으나 배우자의 물리적 · 정신적 학대로 인하여 아동의 건전양육 또는 모의 건강에 지장을 초래할 우려가 있을 경우에 30일 이내(필요시 30일 범위 안에서 연장가능)에 일시적으로 보호를 하는 모자일시보호시설을 대도시(과역 이상)에 1개소씩 6개소를 설치 · 운영하고 있다.

〈표 10-6〉 모자일시보호시설 보호실적

(단위 : 명)

구 분	입 소			퇴 소			비 고		
	계	모	아 동	계	모	아 동	계	모	아 동
'92	367	245	122	310	211	99	57	34	23
'93	285	261	69	292	217	75	50	33	17
'94	424	274	150	416	271	145	58	36	22

「보건복지백서」, 보건복지부, 1995, p. 344.

(4) 재가보호의 현황

1) 모자가정의 보호현황은 1994년대 말 현재 모자복지법상의 모자가정은 51,925세대이며 세대원수는 152,838명인데, 전체 모자가정 중 모자복지법에 의한 보호가 18,532세대, 생활보호법에 의한 보호가 25,665세대, 국가유공자예우 등에 관한 법률에 의한 보호가 270세대로서 전체 모자가정의 85.6%인 44,467세대가 보호를 받고 있으며, 14.4%에 해당되는 7,458세대는 미보호되고 있다.

2) 모자가정에 경제적 부담이 되는 아동양육비를 지원함으로써 빈곤의 세습화방지 및 자활자립을 도모하기 위한 사업으로 1994년도에는 4인 가족 기준 월소득 757천 원 미만 저소득 모자가정 중학생 및 실업계 고교생자녀 13,616명에게 학비 4,063백만 원과 6세 이하 아동 4,156명에게 양육비 454백만 원을 지원하였고, 1995년도에는 4인 가족 기준 월소득 861천 원 미만 저소득 모자가정 중학생 및 실업계 고교생자녀 14,797명에게 학비 4,246백만 원과 6세 이하 아동 4,156명에게 양육비 45백만 원을 지원할 계획이다. 또한 저소득모자가정의 조기자활자립 및 생활안정도모를 위하여 1995년도에는 저소득모자가정 250세대에게 20억 원의 예산을 마련하여 세대당 800만 원 이내의 생업자금을 융자 · 지원할 계획이다.

2. 一般女性 福祉支援

1) 부녀지도사업

부녀지도사업은 새마을부녀회 등 마을단위의 부녀회원을 중심으로 교양지도사업, 가족계획사업, 생활환경 개선사업, 소득 및 저축 증대사업을 유관기관인 보건복지부, 행자부, 농촌진흥청, 농업협동조합이 역할을 분담하고 유기적으로 사업을 전개하여 여성의 자질향상과 가정관리의 적정화를 도모함으로써 가정의 경제적 · 문화적 생활의 질을 향상시키고 있다.

또한 부녀지도사업을 효율적으로 수행하기 위하여 국무총리훈령 제227호에 의해 보건복지부차관을 위원장으로 하고 관련부처 및 유관기관의 국장급을 위원으로 구성한 중앙부녀지도협의회가 유관기관과의 업무협조 및 조정역할을 담당하고 있다.

(1) 부녀지도사업의 주요내용

가. 교양지도사업

건전가정꾸미기, 환경보호 및 건전소비문화 조성, 사회 · 경제 · 문화 등 교양교육, 민간자원봉사자 활동 등

나. 가족계획사업

올바른 자녀교육을 위한 책임부모교실 운영

다. 생활개선사업

의식주 및 주거환경개선, 가정경영 및 부업지도

라. 저축 및 소득증대사업

저축 및 공동구매사업

(2) 새마을부녀회 조직현황

새마을부녀회 조직현황은 다음 표와 같다.

〈표 10-7〉 새마을부녀회 조직현황

조직수(개)			회원수(명)		
계	시 부	군 부	계	시 부	군 부
75,122	39,729	35,393	2,653,403	1,156,779	1,496,624

「보건복지백서」, 보건복지부, 1995, p. 347.

(3) 부녀지도사업평가

부녀지도사업을 활성화하여 사업을 효율적으로 추진하고 부녀회 관계자 및 관련공무원들의 사기를 진작시키기 위하여 1980년부터 관계기관 합동으로 평가를 실시해 왔으나 지방화시대에 따라 지역실정에 맞는 부녀지도사업으로의 방향전환을 위하여 1993년부터는 각 기관 및 시 · 도별로 자체계획에 의해 평가 및 시상을 실시토록 하고 있다.

2) 동거부부 결혼사업

경제적 사정이나 기타 다른 사유로 인하여 결혼식을 올리지 못하고 사는 부부에게 결혼식을 올릴 수 있는 기회를 부여함으로써 건전한 결혼관을 정립하고 행복한 가정생활을 영위토록 하기 위하여 1983년부터 정부가 주관하고 민간단체가 지원하여 55,598쌍의 동거부부에게 결혼식을 올려 주었다.

1989년부터는 민간주도 정부지원 체제로 사업방향을 전환하여 사단법인 한국청소년회의소를 그 주관단체로 지정하여 실시하고 있으며, 정부는 결혼식비용 보조금으로 1쌍당 50,000원을 사회복지사업기금으로 지원하고, 지역사회 각 계층의 관심있는 배려와 행정지원으로 동 사업을 추진하며 동거부부 결혼사업대상자는 차츰 줄어가고 있다.

〈표 10-8〉 동거부부 결혼사업 실적 및 '95계획

실	적					'95계획
계	'83~'90	'91	'92	'93	'94	
55,598	44,119	4,526	3,428	3,525	3,013	2,635

「보건복지백서」, 보건복지부, 1995, p. 348.

3) 여성단체 활동의 현황

여성단체의 기본적인 설립목적은 여성의 자질개발과 지위향상 · 권익보호에 있으며, 소비절약과 생활의 합리화를 위한 계몽사업 · 자원봉사를 통한 사회참여 · 요보호여성의 복지증진, 회원의 친선도모 및 국제교류 등을 단체의 주요 활동영역으로 하고 있다.

각 부처는 62개소의 여성단체가 법인 등으로 등록되어 단체의 성격과 기능에 따라 활동하고 있다. 저소득 여성의 기능교육 및 일반여성의 교양교육 등으로 여성의 잠재능력을 개발하고 사회적 의식을 향상시켜 경제 및 공익활동에의 참여를 유도하여 여성의 경제사회적 지위향상을 도모하고 있는 한국여성단체협의회 등 8개 여성단체를 지원 · 육성하여 건전가정 및 복지사회 구현에 기여토록 하고 있다.

〈표 10-9〉 보건복지부 부녀복지관련 여성단체 현황

('95. 5월말 현재)

부 처 별	단체수	부 처 별	단 체 수
계	62		
보건복지부	19	법 무 부	2
통 일 원	1	국가보훈처	1
외 무 부	5	교 육 부	7
내 무 부	1	문화체육부	22
노 동 부	1	농림수산부	1
환 경 부	1	통상산업부	1

「보건복지백서」, 보건복지부, 1995, p. 349.

〈표 10-10〉 기능별 여성단체 현황

('95. 5월말 현재)

기 능	단 체 수	기 능	단 체 수
직 능 단 체	11	종 교 단 체	6
여성교육 및 지위향상	13	생 활 문 화	13
국 제 활 동	5	기 타	14

「보건복지백서」, 보건복지부, 1995, p. 349.

4) 여성회관 운영사업

여성회관은 시 · 도 및 시 · 군 · 구의 조례에 의해 1970년대부터 지방자치단체가 운영의 주체가 되거나, 민간에 위탁하여 운영하는 사업으로 여성향상과 잠재능력 계발, 저소득여성의 경제적 기반조성, 여성의 사회참여 기회부여 등의 목적을 위하여 기능 교육훈련과 여가선용 봉사활동 등을 주요 활동영역으로 하고 있다.

여성회관의 주요기능으로서는 ① 저소득층 여성의 자립기반 조성을 위한 직업보도와 기술보도, ② 여성문제에 관한 상담과 지도 및 회관을 이용하는 여성의 자녀 수탁보호, ③ 저소득 여성의 복지증진을 위한 숙박시설 제공, ④ 여성의 자질향상을 위한 교양강좌 및 취미교실 운영지도, ⑤ 여성단체 육성을 위한 지도와 협력, ⑥ 예식장 운영, 각종 시설물 대여 및 건전소비생활 안내지도, ⑦ 여성 자원봉사 활동 및 기타 후생사업 등이다.

〈표 10-11〉 여성회관 시설현황

('95. 5월말 현재/단위 : 개소)

계	시 · 도	시 · 군립	민 간	비 고
62	19	29	14	1,496,624

「보건복지백서」, 보건복지부, 1995, p. 352.

〈표 10-12〉 운영실적

(단위 : 명)

구 분	기술보도 교육	취미 및 교양	탁아사업	숙박이용	상 담
'92	39,717	116,317	4,871	7,108	45,857
'93	39,589	238,000	6,164	8,381	65,716
'94	32,940	283,153	5,152	5,067	47,585

「보건복지백서」, 보건복지부, 1995, p. 352.

기술보도 사업과목으로서는 양재, 미용, 편물, 꽃꽂이, 수공예, 급식조리, 분재, 다도, 타일, 도배, 도장, 한복, 전자기기, 컴퓨터, 기계자수, 가구, 수공예 등이다. 취미 및 교양과목으로서는 옷본, 꽃꽂이, 서예, 가정원예, 외국어 회화, 사진, 도자기, 음악교실, 스포츠교실 등이다.

第 6 節　女性問題解決의 展望과 婦女福祉政策의 發展方向

1. 女性問題解決의 展望

자본주의 사회에서 여성문제의 본질적 원인은 자본이 여성노동을 착취하는 데 있다. 자본주의 생산양식은 생산의 사회화경향에도 불구하고 노동력 재생산을 개별가족에 맡기고 여성에게 가사노동을 전담하게 하는 성별분업구조를 유지시킬 뿐만 아니라 여성을 사회적 생산영역으로 끌어들여 착취함으로써 자본에게 막대한 이득을 준다. 따라서 여성문제가 해결되기 위해서는 남성은 사회적 생산노동, 여성은 사적 가사노동이라는 가부장적 성별분업구조를 타파하고 여성들이 사회적 생산에 참여하여야 한다. 여성들이 남성들과 동등하게 사회적 생산에 참여하여 정당한 노동의 대가를 보상받을 수 있으려면 취업기회보장이나 직장에서의 성차별 폐지만으로는 불가능하다. 노동력 재생산이 여성의 역할로 규정되어 있는 한, 고용에 대한 법적·제도적 평등은 형식적인 것에 지나지 않으며, 여성의 실질적인 사회적 생산에의 참여가 이루어지려면 노동력 재생산을 개별가족에게 남겨두는 사회구조 자체가 변혁되어야 한다. 개별가족이 사유재산이나 경제단위로서 기능하지 않고 양성간의 애정적 결합의 산물로 존재할 때 사회적 생산영역에서의 여성의 차별과 가족 내에서의 남녀간의 지배관계가 사라질 수 있을 것이다. 그러나 여성문제의 완전한 해결은 사회변혁에 자동적으로 수반되는 것은 아니다.

불평등한 성별노동분업을 폐지하고 여성이 사회적 생산노동에 참여하기 위해 우선적으로 요구되는 과제는 재생산을 사회화하는 것이다. 여성의 자연적 생물학적 모성기능인 출산 그 자체를 제외하고는 다른 모든 재생산기능, 즉 양육·가사노동 등이 사회화되어야 한다. 다른 한편으로 출산에 관련된 모성기능에는 사회적 보호가 실현되어야 한다. 모성보호는 여성의 인간으로서의 평생노동권의 보장을 뜻한다.

여성이 사회적 생산노동에 참여하게 되었을 때 해결되어야 할 제2의 과제는 사회적 생산영역에서의 제반 성차별제도가 폐지되어야 한다는 점이다. 직무·직위에서의 남녀간의 위계·승진·승급에서의 차별, 조기정년제 등이 폐지되어야 한다.

성차별의 해결은 경제체제·가족제도의 근본적인 변화를 필수요건으로 하고 있지만 그것이 여성문제해결의 충분요건은 아니다. 가부장제의 물적 기초가 소멸된 이후에도 성차별적 이데올로기는 오랫동안 잔존하기 때문에 그것을 폐지하기 위해서는 끊임없는 의식혁명을 통해 사회성원들을 재사회화해야 한다.

이상에서 제시한 바 여성문제해결을 위한 객관적 조건들은 자본주의 사회 내부에 어느 정도 성숙되어 있다고 전망할 수 있겠다. 인류의 역사가 자본주의 사회에 이르러 계급불평등을 해소할 수 있는 물적 토대가 마련되었듯이 성차별을 폐지할 수 있는 조건 또한 갖추어져 가고 있다. 어떤 요인에 의해서도 자본주의 사회 내부에 여성들의 생산에의 참여가 증대되어 가고 있고 여성들의 생리적 제약들을 통제할 수 있는 일반적인 기술적 조건들이 충족된다는 사실은 여성운동의 개량화의 위험 속에서도 낙관적인 전망을 가능하게 한다.

그런데 자본주의 사회에서 보편적으로 제기될 수 있는 위의 과제들은 한국사회에서는 아직 요원한 미래의 일로 보여진다. 한국사회에서는 서구에서 자유주의적 여성운동이 달성 여권조차 실현되지 못하고 여성에 대한 법적 불평등이 해결되지 못한 실정이다. 또 종속적 자본축적구조 속에서 여성노동에 대한 차별이 극심하며, 전통적 유교이데올로기의 영향으로 피지배계급 남성의 가부장적 허위의식이 매우 강한 편이다. 사회 각 영역에 여성차별적 의식이 지배적이다. 한국사회의 여성운동은 가부장제 이념과 그것을 조장하는 자본주의 사회의 지배이념에 대한 이데올로기 투쟁과 함께 성차별적 사회제도를 근본적으로 변혁하려는 투쟁을 체계적으로 전개해 나가야 할 것이다. 여성문제의 해결 정도와 속도는 여성대중조직의 성장에 좌우될 것이다.

2. 婦女福祉政策의 發展方向

부녀복지정책의 방향은 무엇보다도 빈곤의 여성화현상을 예방해야 되고 구제제도로 단순히 빈곤상태를 유지시켜 주는 정책을 써서는 안될 것이다. 빈곤의 여성화현상을 예방하기 위해서는 그 원인을 분석 · 규명해서 이에 대한 종합적인 대책이 있어야 될 것이다.[29]

첫째, 여성들의 의식향상을 위한 노력이 필요하다. 여성의 의식향상은 가치관의 변화에서 온다. 특히 남녀의 속성에 관한 전통적인 가치는 남존여비사상과 가부장제도에 기인한다.

둘째, 증가하는 모자가정에 대한 서비스가 강화되어야 한다.

셋째, 현재 부녀문제들을 볼 때 아동복지와 연관을 짓지 않을 수가 없다. 왜냐하면 저소득 여성가구주에게는 반드시 그들의 자녀들이 있고, 그 어머니들은 생계를 꾸려 나가야 될 입장에 놓이게 되어 그 아이들이 유기되거나 방임상태에 빠질 위험성이 매우 높기 때문이다.

---

29) 정진영, "한국의 부녀복지정책의 발전과정과 과제", 「사회복지」, 한국사회복지협의회, 1993, pp. 57~60.

第11章
靑少年問題에 대한 政策的 接近

第 1 節　靑少年問題와 靑少年福祉의 槪念

1. 靑少年의 槪念

청소년(adolescence, youth)이란 라틴어의 adolescere에서 유래한 것으로 성장 또는 성숙으로서의 성장을 의미한다. 청소년은 인간발달 단계에 있어서 부모나 여기에 대신하는 자의 의존과 보호를 요하는 아동기와 사회생활이 허용되는 성인기의 중간에 위치한 시기로 사춘기 연령층인 12~13세에서 성인기인 22~23세에까지, 즉 소년기에서 성인기로 성장되어 가는 과도기의 세대로서 신체적 발육 정도, 정신적 성숙도, 사회적 행동양식은 아동기를 벗어났지만 아직도 성숙화 · 사회화가 요구되고 있다.

청소년기는 자기의 특유성이나 참모습을 객관적으로 자각하게 되고, 자신의 처지 · 능력 · 책임을 깨닫게 되는 자아발견의 시기이며, 부모의 보호 · 감독 · 통제로부터 점차적으로 벗어나 독립된 하나의 인격으로 인정받고자 하는 심리적 이유시기이며, 불안정한 생활에서 안정된 생활로 재구성하여 가는 시기, 즉 독특한 자기 세계의 가치관을 형성하게 되는 시기이다.[1)]

청소년은 미래사회의 주역이며 청소년기는 미래사회의 주역이 되는 필요한 자질을 계발하는 중요한 시기이므로 우리 사회의 미래는 오늘의 청소년이 건전하게 성장하느냐에 달려 있다고 한다. 청소년에 대한 정의는 시대 또는 사회에 따라 다양하다. 청소년기는 아동기와 성인기의 과도기라고 정의한다.[2)]

청소년이란 개념 자체가 통시적인 것이 아니며 산업사회에 들어와서 강조되기 시작했다. 청소년 · 청소년기 또는 청소년문제가 사회문제로 대두되기 시작한 것은 산업사회의 도래와

---

1) 이종우, "청소년지도방향과 대책", 『문교행정』 4호, 1982, p. 57.
2) 고영복, 『현대사회문제』, 사회문화연구소, 1991, p. 265.

때를 같이한다고 한다. 산업사회 이전에는 성인으로서 사회에서 담당해야 할 역할을 습득하는 것이 상당히 일찍부터 행해져 왔다. 그 시기에는 테크놀로지가 단순하고 별로 변화하지 않아 별다른 훈련이나 교육없이도 성인으로서의 역할을 습득할 수 있었고, 따라서 아동기에서 성인기로의 이행은 8세부터 10대 중반까지 빠른 시기에 일어났다. 사람들은 늙어서 더 일을 할 수 없을 때까지 계속 일했다.

그러나 산업사회에서는 테크놀로지가 복잡해지고 분업화가 크게 진행됨에 따라 잘 교육받고 훈련된 노동력을 필요하게 되었다. 이에 따라 훈련과 교육기간이 산업사회 이전보다 훨씬 길어지게 되었다. 반면에 테크놀로지의 발달 때문에 생산에 소요되는 노동력은 오히려 줄어들게 되었다. 이에 따라 노동시장에의 참여를 허용하는 연령이 늦춰지게 되었다. 이와 같이 교육과 훈련기간이 길어지고 노동시장 참여연령이 늦춰짐에 따라 육체적으로는 성숙하였으나 사회적 · 문화적 · 경제적으로는 성인역할을 하지 못하는 청소년집단이 확대되고 청소년기는 점점 더 연장되며 청소년문제도 점차 심각해지게 되었다.[3)]

이와 같이 특별한 사회집단인 청소년은 물론 연령에 의해 정해질 수 있지만 공통적으로 받아들일 수 있는 연령의 경계를 명확히 정하기는 쉽지 않다. 단순한 사회에서는 육체적 성숙이 성인으로서의 역할수행에 거의 절대적인 기준이었으나 산업사회에서는 육체적 성숙보다는 사회적 성숙과 사회경제적인 독립이 더 절실히 요구되기 때문이다. 사회적인 관점에서 청소년기는 아동으로부터 성인으로 자립하고자 전환을 시도하는 시기이며, 심리학적으로 아동기와 성인기 중 어느 쪽에도 완전히 소속되지 않은 주변인적 상황(marginal situation)에서 새로운 심리적 적응을 추구하는 시기라고 할 수 있다. 따라서 육체적 성숙과 밀접하게 연관된 연령만으로 청소년을 규정하기는 어려우며, 성인의 역할을 다할 수 있는 사회적 능력, 예를 들어 직장인으로서의 역할과 배우자나 부모로서의 역할, 독립적이며 책임을 지는 사회성원으로서의 역할을 수행할 수 있는 능력이 중요시된다. 따라서 청소년기는 한 사회 내에서도 학교교육과 직업교육, 사회적 출신과 성에 따라 다르게 된다.[4)]

청소년기는 성인이 되는 준비시기이며 자아가 형성되는 시기로서 이상에 사는 시기라고 한다. 그러나 다른 한편으로 청소년기는 문제의 시기이며 불만의 시기이고 고민의 시기이기도 하다. 청소년은 아동도 아닌 상태에 있기 때문에 아동과 같이 의존적일 수도 없고 그렇다고 독립적인 생활을 할 수 있는 형편에 있지도 않다. 이런 양면성 때문에 청소년에 관한 언급들은 청춘을 예찬하고 이상을 추구하고 무한한 가능성을 자랑하고 동경하는 부류가 있는

---

3) 양춘, 「청소년문제와 노인문제」, 정음사, 1984.
4) 장일순, 「독일 청소년연구의 동향과 과제」, 한국청소년연구 제2권 제2호, 1991, pp. 113~131.

가 하면 고민과 좌절과 문제에 얽매인 청소년을 그리는 암울한 부류도 있다. 최근에 들어서는 후자에 속하는 말과 글들이 많아지는 경향을 보이고 있다. 많은 사람들이 각종 청소년문제의 심각성을 말하며 나라의 장래를 걱정하고 있다.

오늘날의 청소년들은 "다른 사람에 대한 배려없이 자기 기분대로만 행동하고 자신을 위해서는 거침없이 행동하며 극히 타산적이다. 또는 인내심이나 지구력이 없고 만사를 요령주의로 하며, 필요에 따라서는 적당히 타협하고 매사를 쉽게 편하게만 살려고 하는 경향이 강하다."는 기성세대의 평가를 듣고 있다. 또한 학교교육의 부적합성 때문에 많은 청소년들이 학교교육에 흥미를 잃고 있으며, 학교로부터 소외되고 방치되어 문제청소년으로 전락하고 있다. 강도 · 폭행 · 강간 등 청소년에 의해 저질러지는 각종 강력범죄가 증가하고 있으며, 미혼 10대의 임신과 성범죄의 증가, 마약 등의 약물남용, 가출, 자살이 증가하고 있다.

이러한 각종 청소년문제 및 비행이 왜 심각해지고 있는가에 대해서도 많은 논의가 전개되어 왔다. 전통적인 수직문화가 현대적인 수평문화로 구조적인 변화를 이루면서 전통윤리는 붕괴되고 아직 수평적인 구조의 윤리는 미처 형성되지 못한 문화적 전이에 따른 위기라든가 경제지향적 가치체계의 부산물인 물질만능주의와 한풀이식으로 지금을 사는 전후세대의 비정상적 생활방식이라든가, 서구문물이 부채질한 성개방의 물결이라든가, 도시화 · 산업화로 인한 비인간화, 소외, 익명성, 가정기능의 변화, 분담으로 인한 구조적 불안, 정치적 권위의 정당성 결여로 인한 법치질서의 혼미, 입시위주의 학교교육, 퇴폐적인 성인문화와 각종 사회환경 등이 수없이 거론되고 있다.[5]

이러한 부정적인 측면에도 불구하고 이 땅의 많은 청소년들은 아직도 건전하게 생각하고 건전하게 느끼며 건강하게 자라고 있다. 그러나 청소년문제는 문제청소년 자신에 기인한다고 보거나, 청소년 자신들에게 책임이 있다고 할 수는 없다. 청소년의 능동적이고 적극적인 자세나 주체성을 인정한다는 것과 청소년 자신들에게 책임이 있다는 것을 혼동해서는 안 되며, 일차적이고 가장 중요한 책임은 청소년을 둘러싸고 있는 성인문화와 사회제도 및 환경에 있다는 점을 간과해서는 안 된다. 청소년문제에 관한 논의나 해결방안은 부모의 자녀에 대한 무관심 또는 과잉보호 등 가정의 문제, 입시위주의 파행적인 학교교육, 타락된 사회환경 등 청소년을 둘러싸고 있으며, 사회화를 담당하는 제반 사회제도 및 환경의 문제점을 파악하고 개선하고자 하는 노력이 전제되어야 한다.

5) 정진흔, "무엇이 우리 청소년의 정신을 황폐시키는가", 「한국청소년의 오늘과 내일」, 한국청소년연구원, 1989, pp. 33~44.

2. 青少年問題의 槪念

최근에 와서 청소년문제에 대한 우려의 소리가 높아지고 있으며, 이에 따라 청소년문제에 관한 연구 및 논의도 활발해지고 있다. 이들 논의를 살펴보면 우선 청소년문제는 청소년비행과 동일시되며, 청소년비행에 관한 연구에 초점이 모아지고 있는 경향을 보이고 있다. 청소년비행은 폭력 · 강도 · 살인 등 형법에 저촉되는 범죄행위는 물론, 음주 · 흡연 등 각종 풍기문란 또는 불량행위를 포함하는 광범위한 개념으로 사용되고 있다. 이렇게 되면 논의의 대상이 비행을 일삼거나 비행의 가능성이 있는 일부 청소년문제에 국한되게 된다. 청소년문제를 청소년비행에 국한시키는 것은 청소년문제에 관한 이론적 접근방법에서 다시 논의하겠지만, 청소년문제가 지배집단 또는 성인의 입장에서 일방적으로 규정되고 있는 상황을 반영하는 것이다. 청소년문제는 포괄적인 의미의 사회문제의 하나로서 '청소년에 관한 사회문제'라고 일단 규정할 수 있다. 사회문제에 대한 정의도 이론적 시각에 따라 다양하지만 "사회문제는 영향력있는 집단이 특정 사회현상을 사회의 가치관을 저해한다고 규정할 때 존재하고 그런 사회현상은 다수의 사람들에게 영향을 미치며 공동의 노력에 의해 해결될 수 있다."고 정의할 수 있다.[6]

사회문제가 개인문제와 다른 점은 그것이 공공문제에 관한 것이며 문제의 원인과 해결이 사회의 움직임과 연관된다는 데 있다. 사회문제를 이렇게 정의할 때 청소년문제는 "지배집단에 의해 그 사회의 가치관을 위협한다고 판단되고 다수의 사회성원들에게 영향을 미치며 공동의 노력에 의해 해결될 수 있는 청소년에 관한 사회현상"이라고 정의할 수 있다.

그러나 이와 같은 정의는 사회적으로 통용되기는 하나 좁은 의미의 청소년문제라고 할 수 있다. 포괄적인 의미의 청소년문제는 사회의 지배집단에 의해 사회의 가치관을 저해한다고 규정되는 현상뿐만 아니라 피지배집단이 자신들의 가치관 또는 인간적인 삶을 위협하고 있다고 규정하는 문제까지도 포함하여야 한다. 청소년문제를 청소년비행에 국한시키는 입장은 협의의 개념에 따른 것이고 광의의 개념을 따를 때는 청소년 자신들이 지니고 있는 문제, 즉 그들의 고민, 욕구좌절, 문제의식 등을 포함하며 전체 청소년들이 논의의 대상이 된다.[7]

청소년문제를 청소년비행, 문제청소년과 동일시하지 말고 청소년문제란 인생에서 가장 예민한 감성대를 지닌 청소년들이 자신의 주변에서 일어나고 있고 부딪치고 있는 모든 크고 작은 현상들에 대해서 그들이 반응하고 수용하는 과정에서 생기는 감정과 행동(무의적이거나

---

6) Thomas J. Sullivan and Kenrick S. Thompson, *Introduction to Social Problems*, New York : Macmillan, 1988, p. 3.

7) 김신일, "청소년문제의 연구동향", 「청소년문제의 실태와 개선방안연구」, 현대사회연구소, 1983, pp. 1~41.

의식적인 행동포함)이 모두 청소년문제가 될 수 있다고 보아야 한다.[8]

3. 青少年福祉의 槪念

청소년복지란 청소년들의 인권보장과 청소년들이 가족 및 사회의 일원으로서 바람직한 삶을 누릴 수 있도록 하기 위한 복지정책과 서비스지원을 말한다.[9] 즉, 청소년들이 가족과 사회의 일원으로서 행복하고 즐겁게 살아가면서 육체적으로나 정신적으로 건전하게 성장 · 발달할 수 있도록 지역사회나 사회복지 서비스분야에 있는 공사단체 · 기관들이 협력하여 청소년에 관한 사업을 계획하고 실행에 옮기는 조직적인 활동이라고 정의할 수 있다.

따라서 청소년복지의 목표는 청소년의 모든 권리를 존중해 주며 육체적 성장과 인격형성 특히 올바른 가치관을 정립하는 데 필요한 좋은 교육의 실현과 환경을 만들어 줌은 물론 각종 행사와 사업을 실시하여 그들의 이상을 키우도록 사회 · 국가가 적극적으로 지원 · 보호해 주도록 하는데 있다.

과거에는 사회복지사업이란 측면에서 청소년복지를 자선적인 측면에 비중을 많이 두어 신체적 또는 경제적으로 혼자서 생활을 유지할 수 없는 자들을 보호 또는 원조하는 데 주력하여 왔으나 지금은 청소년들의 권리문제에 더 많은 비중을 두고 모든 계획과 사업을 진행하고 있다.

그런 의미에서 청소년복지는 그들의 빈곤문제 해결이나 또는 불행한 사태에 대한 보호 내지 원조에만 그치지 않고 청소년의 인격형성에 있어서 전인적인 인격형성을 위한 조언과 지도 또는 권리보장을 중요하게 고려하며 서비스를 실시하여야 한다.[10]

第 2 節 青少年問題에 대한 理論的 觀點

사회문제를 보는 접근방법이 다양한 것과 마찬가지로 청소년문제에 관한 접근방법도 다양하며, 크게 보아 사회학이론의 세 가지 주요 패러다임에 따라 기능주의적 접근방법, 갈등론적 접근방법, 상호작용론적 접근방법으로 구분할 수 있다.

---

8) 김형모, "상담편지로 본 십대들의 고민", 『한국청소년연구』, 제1권 제1호, 한국청소년연구원, 1990, pp. 132~133.
9) 전재일, 『사회복지론』, 형설출판사, 1996, pp. 237~238.

1. 機能主義的 觀點(functionalist perspective)

기능주의적 접근방법에 따르면 사회의 특정 부분이 역기능적이거나 사회체계로서의 원활한 운영이나 안정 또는 사회적 목표의 달성에 저해가 될 때 사회문제가 존재한다고 본다. 이런 관점에서 볼 때 산업사회에서는 테크놀로지와 분업의 발달에 따라 고도의 교육과 훈련을 받은 노동력이 필요하며, 이에 따라 교육과 훈련기간이 길어지게 된다. 따라서 성인사회에 발을 들여놓게 되는 연령이 높아지게 되며, 청소년기는 이러한 교육훈련과 심리적 성숙 등 성인이 되기 위한 준비를 하는 기간이 된다. 이런 과정에서 청소년에 대한 처우와 청소년의 생물학적 · 사회적 능력 및 발전단계에 불일치하는 점이 생길 때 청소년문제가 발생한다고 볼 수 있다. 연령에 따라 자의적으로 처우가 결정될 때 역기능이 발생하고 사회적 해체로 발전될 수가 있다. 예를 들면, 노동시장에의 참여가 제한될 때 마약사용이나 범죄 등의 형태로 욕구가 분출될 수 있다.

기능주의적 접근방법에 따라 청소년비행을 설명하는 이론에는 아노미이론, 하위문화이론, 사회통제론 등이 있다. 아노미이론은 비행의 원인을 탈규제와 무규범 또는 사회적 긴장에서 찾고 있으며, 사회통제이론은 사회적 연대의 약화 또는 결여에서 그 원인을 찾고 있다. 접촉차이이론은 개인이 비행문화와 접촉하여 사회화됨으로써 비행규범과 행위를 학습한다고 보았으며, 하위문화론은 비행을 중류계급에 대한 집단적 반발로 보았다.[11]

기능주의 접근방법은 청소년문제를 기존의 가치관으로부터의 일탈 또는 사회전체의 운영에 저해가 되는 청소년이 관련된 행위로 보고 있으며, 그 원인을 탈규제와 무규범, 사회적 긴장, 사회적 연대의 약화, 비행문화와의 접촉 또는 사회화 등에서 찾고 있다. 이러한 설명은 특정 사회, 특정 시점에서의 청소년문제의 원인 또는 관련현상을 보는 데는 도움이 되지만 기존 사회의 틀 안에서 지배집단의 이해관계에 충실하다는 한계를 갖고 있다.

2. 葛藤論的 觀點(conflict perspective)

갈등론적 접근방법에 따르면 특정 집단이 자기들의 이익이 존중되지 않고 있거나 자기들이 충분한 몫을 받고 있지 못하며, 이러한 불이익을 극복하기 위해 노력해야 한다고 생각하

10) 한국청소년문화연구소, 『한국청소년지도편람』, 1981, p. 732.

11) 아노미이론의 대표적 학자로는 Durkheim과 Merton이 있으며, 사회통제이론은 Hirschi, 접촉차이이론은 Sutherland, 하위문화론은 Cohen 등을 대표적인 학자로 들 수 있다.

고 있을 때 사회문제는 존재한다.[12] 기능주의자들과는 달리 사회문제는 특정 사회현상이 사회체계에 역기능적이거나 가치관에서 벗어났기 때문이 아니라 지배집단이 그 현상이 자기들의 이익을 침해한다고 판단할 때 사회문제화 된다고 보고 있다. 따라서 청소년문제는 지배집단에 의해 그 사회의 이익을 침해한다고 판단된 청소년과 관련된 사회현상이라고 볼 수 있다.

갈등론적 관점에 따라 청소년비행을 설명하는 이론에는 비판범죄이론이 있다. Quinney에 따르면 비행현상은 국가와 지배계급이 규정하고 통제하며, 사회 · 정치적 의식을 구축하여 만들어내는 사회 · 정치적 실재라고 한다. 즉, 규정의 형성, 개념의 구성, 규정의 적용, 규정과 관련된 행동유형의 발전 등의 요소가 국가와 지배계급의 사회정치적 행위에 의해 행해진다.[13]

갈등론적 접근방법은 청소년문제의 규정, 그 적용, 행동유형의 발전 등이 국가나 지배집단의 이익의 관점에서 행해지는 점을 밝혀주는 장점이 있으나 구조결정론적인 단점이 있다.

3. 相互作用論的 觀點 (interactionist perspective)

상호작용론적 접근방법에 따르면 어떤 사회현상이 영향력 있는 집단에 의해 그들의 가치관을 침해하거나 가치관에 따라 비난받을 만하며 사회적 기대를 깨뜨린다고 판단될 때 사회문제는 존재한다. 따라서 청소년문제는 영향력 있는 집단에 의해 가치관을 침해하며, 사회적 기대를 충족시키지 못한다고 판단되는 청소년에 관련된 사회현상이라고 할 수 있다. 특정 집단에 의한 규정을 강조하는 점에서는 갈등론적 관점과 유사하나 갈등론이 사회구조에 관심을 두고 특히 경제적 또는 사회 · 정치적 지배집단에 초점을 맞추는 거시적 접근방법인 반면에 상호작용론은 행위관계자들의 상황규정 · 의미부여 등에 초점을 맞추는 미시적인 접근방법이다.

상호작용론적 접근방법에 따른 비행이론으로는 낙인이론이 있다. 낙인이론에 따르면 비행은 행위를 비행이라고 명명해 놓은 사회적 지위라고 보아 규범위반 행위 자체보다 사회법규 및 법규 위반자에 부과된 낙인이나 사회반응의 성격과 효과를 강조한다. 이 이론은 비행을 행위속성으로 보지 않고 사회적 규정으로 보며 시초에 왜 어떤 행동이 비행으로 규정되는가를 중요시한다.

12) Thomas J. Sullivan and Kenrick S. Thompson, *Introduction to Social Problems*, New York : Macmillan, 1988, p. 12.

13) 심영희, 「비판범죄론」, 법문사, 1987. ; 한준상, 「청소년문제와 학교육」, 연세대학교 출판부, 1989.

상호작용론적 접근방법은 특정 사회집단이나 제3자에 의해 문제로 규정된다는 점을 밝혀 주고 있으나 미시적이라는 단점이 있다.

第 3 節 靑少年의 社會化와 靑少年非行

1. 靑少年의 社會化

어느 사회에서나 청소년과 관련된 가장 중요한 문제는 청소년을 건전한 사회인으로 성장시키는 문제이다. 사회학적으로 볼 때 청소년의 사회화의 문제이다. 사회화란 사회성원이 되는 데 필요한 태도 · 가치 · 사고 및 행동의 여러 가지 방식을 습득하는 과정이다. 사회의 관점에서 볼 때 사회화는 개인들을 확립된 문화전통과 조직화된 생활양식에 적응하게 하는 과정으로서 그 사회의 지속과 안정에 중요하다. 그러나 개인의 관점에서 볼 때 사회화는 개인의 성장과 발달을 위한 여러 가지 잠재능력을 실현함으로써 자아정체감을 획득하는 과정이다.[14]

청소년의 사회화가 실제 수행되는 곳은 가정 · 학교 · 친우집단 · 대중매체 · 직장 등이다. 현대사회의 급속한 변화는 이러한 사회화 담당기관들이 일관된 태도 · 가치 · 사고방식 및 욕구성향을 심어주지 못하고 상충되는 내용을 전하는 경향을 빚어내고 있다. 따라서 오늘날의 청소년들은 불균형적 사회화과정 속에서 다소 혼란된 상황에 놓여 있다고 볼 수 있다. 특히 공식적인 교육내용과 실제 상황간의 괴리현상이 나타나서, 가정과 학교의 사회화 내용과 친우집단 또는 대중매체 등 사회환경을 통한 사회화 내용간에 상충되는 경우가 많이 있다.

2. 靑少年非行

최근에 와서 각종 청소년범죄와 비행이 많이 발생하고 있으며 이에 대한 우려의 소리가 높아지고 있다. 따라서 청소년문제와 청소년비행이나 범죄를 동일시할 정도로 심각하게 인식되고 논의되는 경향을 보이고 있다. 청소년의 비행과 범죄는 반드시 산업사회의 산물은 아니다. 어느 사회에서나 사회적 규범과 가치는 존재하였고 이를 위배하는 행위 또한 어느 시대

14) 양춘, 「청소년문제와 노인문제」, 정음사, 1984.

에나 있어 왔다. 그러나 전근대사회에서는 청소년기 자체가 별개의 연령집단으로 두드러지게 구별되지 않았으며, 사회적 가치나 규범이 사회전체에 걸쳐 일관성과 통합성이 있었으므로 청소년비행과 범죄가 문제시 될 정도는 아니었다.

비행(delinquency)이란 넓은 의미에서 사회의 규범으로부터 일탈되는 행동을 모두 포함하는 개념이나 일상적으로는 소년비행(juvenilie delinquency)으로 국한시키는 것이 보통이다. 일반적으로 비행이라 하면 반드시 범법을 의미하지는 않는다. 즉, 범죄행위뿐만 아니라 도덕이나 사회의 가치체계에 위배되는 일체의 행위를 말한다. 이렇게 볼 때 청소년비행은 강도 · 강간 · 절도 · 마약복용 · 폭력 등 범죄행위 외에도 무단가출, 불량청소년과의 교제, 퇴학, 유해한 장소출입, 도박, 흡연, 음주, 부탄가스나 본드흡입, 성행위, 자살 등을 주로 일컫는다. 그러나 이들 행위 중에는 연령구분과 관련되는 행위도 있다. 예를 들어, 20세가 넘으면 흡연, 음주, 유흥장출입 등의 행위 자체를 비행으로 규정할 수는 없다. 따라서 청소년비행이란 법률의 저촉여부를 불문하고 공공의 가치체계를 저해하거나 침해할 위험성이 예측되는 것으로 해당 연령의 청소년에게 금지하고 있는 일련의 행위를 의미한다.[15]

한편 법률상으로는 비행소년을 다섯 형태로 구분한다. 범죄소년이란 14세 이상 20세 미만의 형법상 저촉되는 행위를 한 자이며 형사책임을 진다. 촉법소년이란 12세 이상 14세 미만으로 소년법에 저촉되는 행위를 했으나 형사책임은 지지 않는다. 우범소년이란 12세 이상 20세 미만의 소년으로 보호자의 정당한 감독에 순응치 않는 성벽이 있거나 정당한 이유없이 가정에서 이탈하거나 부도덕한 자와 교제하는 등의 사유로 장래 범법할 우려가 있는 자다. 이상의 세 부류는 소년범죄로 취급된다. 이밖에도 소년풍기사범에 속하는 자로서 소년경찰의 선도대상이 되는 불량행위소년과 요보호소년이 있다. 불량행위청소년은 20세 미만의 소년으로서 음주, 흡연, 흉기소지, 싸움, 부녀희롱 등으로 자기 또는 타인의 덕성을 해치는 자를 칭하며, 요보호소년이란 비행청소년은 아니나 학대, 혹사, 방임된 소년이나 보호자로부터 유기 또는 이탈되었거나 그 보호자가 양육할 수 없는 경우나 아동복지법에 의하여 보호를 요하는 자를 칭한다.

불량행위청소년들이 문제행동은 성행위, 흡연, 음주, 유흥업소출입 등이 대표적인 예인데, 이런 행위는 성인이 되면 문제되지 않으나 청소년이기 때문에 비행으로 간주되는 지위비행이다. 이런 행위 때문에 불량소년으로 낙인을 찍어버리면 더 심한 범죄를 범할 가능성이 높아진다. 따라서 이런 유의 소년풍기사범은 원칙적으로 경찰의 간접대상에서 제외시키는 것이 바람직하며, 학교나 가정 · 사회에서도 엄격성과 경직성을 피하여 탄력성과 융통성을 가

15) 안재정, "청소년 선도의 현장과 의식구조의 변화", 「한국청소년연구」, 제1권 제2호, 한국청소년연구원, 1990, p. 127.

지고 애정으로 대해야 할 것이다.

第 4 節 青少年福祉의 政策方向

1. 青少年을 위한 행복한 家庭造成事業

기존의 소년소녀가장지원사업은 시설보호의 대안으로 사용되어 왔으나, 앞으로는 적절한 후견인이 없는 경우에는 시설보호를 하는 것이 바람직하다. 또한 시설보호의 경우에도 입소한 청소년의 대부분에게는 한쪽 부모나 양쪽 부모가 생존하고 있는 경우가 많기 때문에 가능한 한 가정복귀를 위한 가정조성사업을 제도화하여 별 대안없이 만 17세까지 시설에서 장기수용 · 보호하는 관행과 18세만 되면 별 대책없이 퇴소시키는 것을 개선해야 한다.[16)]

또한 가정에서 학대받는 아동과 청소년을 위한 위기개입 서비스를 할 수 있는 서비스체계를 구축하고, 특히 성적으로 학대받는 아동과 청소년을 보호하고 치료할 수 있는 보호치료시설을 시 · 도 단위에 1개소 이상씩 설립할 필요가 있다. 이러한 시설은 당분간 해당지역의 대학병원 등을 학대치료센터로 지정하여 피해 아동과 청소년뿐만 아니라 가해자를 위한 치료 프로그램을 제공해야 한다.[17)]

청소년은 머지 않은 장래에 스스로 가정을 형성할 것이므로, 체계적인 성교육과 인간관계 · 가정관리 등을 포함하는 예비부모교실 등을 통해서 가정형성을 준비하게 하는 것이 필요하다. 이러한 교육은 장차 평등한 가족의 형성을 위해서도 꼭 필요한 일이다.[18)]

2. 건강한 身體와 精神을 위한 事業

청소년의 과중한 학습기간을 줄여서 그들이 스스로 신체를 단련할 수 있는 기회를 주어야 한다. 현재의 경우 공공체육시설도 매우 빈약하지만 있는 체육시설조차 청소년들이 이용할 여가시간이 없다. 특히 학교는 방과후에도 체육관 등을 개방하여 해당학교의 학생들뿐만 아

---

16) 최현 외, 「요보호 청소년 지원방안 연구」, 한국청소년연구원, 1990. 이명묵, "육아시설 퇴소청소년 지원방안 연구", 「한국청소년연구」 제3권 제4호, 한국청소년연구원, 1991, pp. 175~201.
17) 이용교 역, 「아동학대연구」, 다울, 1993, pp. 56~63. ; 이경자 외, 「성폭력의 예방과 대책에 관한 연구」, 한국여성개발원, 1992, pp. 166~182.
18) 이용교, "청소년복지정책의 발전방향", 「사회복지」, 한국사회복지협의회, 1993, pp. 34~41.

니라 지역사회의 청소년이 쉽게 이용할 수 있도록 해야 한다. 체육시설의 개방에 필요한 추가재원은 국가가 교육세로 부담하면 될 것이고, 일부는 이용 청소년이나 지역사회 주민이 공동으로 부담하면 될 것이다.

최근 점차 늘어가고 있는 청소년들의 음주와 흡연, 그리고 약물 오남용을 줄이고, 특히 약물을 오남용하는 청소년을 치료하기 위한 치료시설이 절실하다. 이러한 시설은 해당 지역의 종합병원 등을 약물오남용 치료센터 등으로 지정하여 사용하고, 가벼운 음주와 흡연, 그리고 약물 오남용자는 아동상담소나 청소년상담실 등에서 단기치료과정을 통해서 치료할 수 있다.[19]

3. 충분하고 고른 學習機會 提供事業

현재 한국의 중고등학교 취학률은 거의 100%에 가깝다. 그러나 아직도 가정의 경제적 사정 등으로 학교교육을 받지 못하는 청소년들이 있다. 단지 경제적 이유로 중등교육을 받지 못하는 청소년들이 생겨나지 않도록 교육보호를 철저히 할 필요가 있다. 현재 교육보호는 생활보호대상자들에게만 실시하고 있는데, 생활보호대상자의 책정선 이상의 소득을 가진 저소득층에게도 중등교육을 받아야 할 자녀가 있는 경우에는 한시적으로 교육보호를 해야 한다.

또한 학습적령기에 중등교육을 받지 못한 청소년들을 위해서 실시했던 특별학급과 산업체학교가 최근 학생수의 감소로 점차 줄어들고 이제는 대학과정이 절실하다. 이 점에서 최근 대기업체를 중심으로 신설되고 있는 사내대학을 학위과정으로 인정하는 입법이 필요하다. 아울러 직장을 다니면서도 대학과정을 마칠 수 있도록 수학년수의 제한을 철폐하는 등 대학의 학사운영을 학생중심으로 운영하여야 할 것이다.

4. 꿋꿋한 社會人으로 자립할 수 있는 進路指導事業

청소년복지정책의 목적중의 하나는 청소년을 성숙한 시민으로 성장하도록 돕는데 있다. 그런데도 청소년이 진로를 스스로 개척하도록 돕는데 정부와 사회의 인식이 낮았다. 학교교

19) 주왕기, "청소년 유해물품의 실태와 개선방안", 「청소년 유해환경개선대책에 관한 연구」, 체육청소년부, 1992, pp. 563~594.

육과 사회교육에서 청소년의 진로교육을 강화시킬 필요가 있다. 이에 대한 구체적인 시책으로 청소년직업훈련원을 증설하고, 직업알선체계를 합리화하기 위한 정보센터가 필요하다. 청소년은 다양한 직업에 대한 경험을 통해서 자신의 적성에 맞는 직업을 택하는 것이 좋고, 청소년 노동시장의 특수성을 고려하여 단기중기간의 직업알선이 필요하므로 노동시장에 대한 정보센터는 절실하다.

아울러 노동법과 관련법에 의하여 취업이 금지되어 있는 업종에 청소년들이 취업하는 것을 보다 철저히 통제해야 할 것이다. 특히 청소년이 유흥업소에 취업하는 것을 막고, 이들에게 맞는 적절한 일거리를 소개할 필요가 있다.

第12章
家族福祉政策

第 1 節 家族福祉와 家族問題의 槪念

1. 家族福祉의 槪念

가족은 사회학이나 인류학적인 견지에서 뿐만 아니라 심리학, 정신분석학, 교육학, 인간관계학, 범죄학, 사회문제, 소년비행 등에 이르기까지 그 중요성이 높이 평가되고 있다.

가족에 대한 정의는 관점에 따라 다르게 이해되고 있다. Murdock은 가족을 공동의 거주, 경제적 협력, 생식이란 특성을 갖는 집단이며, 성관계를 허용받은 최소한의 성인남녀와 그들에게서 출생하였거나 양자로 된 자녀로서 이루어졌다고 정의하고 있다. Murdock의 정의는 핵가족을 대표하는 것으로 분석되고 있으며 다분히 서구적 색채를 많이 풍긴다고 보겠다. 프랑스의 인류학자이며 구조주의 방법론자인 Levis-Strauss는 가족은 결혼에 의하여 출발하고 부부와 자녀로 구성되고, 다른 근친자가 포함될 수 있으며, 가족구성원은 법적 유대 · 경제적 · 종교적 그 외의 다른 권리와 의무, 성적 권리와 규제, 애정, 존경, 외경(畏敬) 등 다종다양한 심리적 정감으로 결합되어 있다고 정의하고 있는데 이는 확대가족을 중심으로 한 정의이며, 가족을 모든 면에서 긴밀하고 공동운명체적 관계에 있음을 말해주고 있다고 하겠다.[1)]

미국의 정신의학자이며 가족치료의 권위자인 Ackerman은 가족을 역동적인 관계에서 이해하고 있다. 즉, 가족이란 성장과 경험, 그 상호충족의 성공과 실패의 경험의 단위이며 또한 질병과 건강의 기본단위이다. 가족은 내외로부터 받는 각종의 영향에 미묘하게 적응하는 유연성을 가진 하나의 단위인 것이다 라고 하여 가족을 하나의 유기체적 단위로 보고 어떤 문제의 발생을 가족 중의 개인에게 국한시키지 않고 가족 전체의 상호작용성과 역동성에서

1) 이광규, 『한국가족의 구조분석』, 일지사, 1975, p. 28.

찾고 있다.[2] 이상에서 고찰한 바와 같이 가족은 단순한 집합체적 집단이 아니라 성격형성 및 인간으로서의 성장에 절대적인 영향을 미치고 경제적 · 문화적 · 생물학적인 지역사회와의 관계 등에서 독특한 특성을 가지는 공동체인 것이다.[3]

가족은 사회의 기본단위로서 인간의 문화전달과 인간으로서의 성장 · 발달에 필요한 모든 것은 가르치고 양육하는 일차적이고 원초적인 집단이다. 가족생활은 청소년문제를 비롯한 사회의 모든 문제에 직접 영향을 미치므로 가족기능의 강화와 가족역할의 증대를 위한 정책이 절실히 요망된다.

가족복지(family welfare)는 사회복지의 한 분야로서 가족의 문제를 여러 측면에서 검토 · 파악하여 가족생활의 향상과 문제의 해결을 통한 복지증진을 모색하는 데 목적이 있는 것이다.[4] 가족복지는 한 마디로 가족의 행복을 유지시키는 것을 말한다. 모든 국민은 인간다운 생활을 할 권리를 가진다는 헌법(제34조)의 기본이념에 입각하여 가족생활을 보장하는 사회적 제노력(제도적 · 정책적 · 기술적 서비스)을 총칭하는 말이다.

가족복지의 개념을 협의로 해석할 때에는 보통 가족복지사업(family social work, family welfare, family service)이라고 하는데 현실적으로 가족이 처한 생활상의 곤란, 즉 빈곤 · 질병 · 실업 · 가족관계의 붕괴 등으로 가족성원 개개의 존엄성이 상실되고 가족생활이 중대한 위기에 직면한데 대해서 가족의 문제를 해결하고 가족생활을 강화시키기 위한 사회적 조직활동을 의미한다. 이러한 가족복지사업이 다른 사회복지분야와의 차이점은 아동복지 · 노인복지 · 부녀복지 등은 그 대상으로 특정인을 취급하는 데 비하여 가족복지는 가족을 전체로서 취급하는 것이다.

가족복지란 가족이 처한 생활상의 곤란으로 가족원 개개의 존엄성이 상실되고 가족생활이 중대한 위기에 직면하게 됨과 관련하여 가족의 문제를 해결하고 가족생활을 강화시키기 위한 사회적 조직활동을 의미한다. 이 가족복지사업이 다른 사회복지분야와 다른 것은 아동복지 · 노인복지 · 부녀복지 등은 그 대상으로 특정인을 취급하는 데 비하여 가족복지는 가족 전체를 대상으로 하는 것이다.[5]

Clark W. Blackburn에 의하면 가족복지란 가족생활을 보호 · 강화할 뿐 아니라 가족구성원의 사회인으로서의 기능을 높이기 위해서 행해지는 서비스 활동을 말한다.[6] 즉, 정부와 민

---

2) Nathan W. Ackerman, *The Psychodynamics of Family Life : Diagnosis and Treatment of Family Relationships*, New York : Basic Books Inc., 1958, pp. 15~17.
3) 전재일 외 공저, 「사회복지론」, 형설출판사, pp. 206~207.
4) 「상게서」, p. 203.
5) 최항순, 「복지행정론」, 신원문화사, 1993, p. 411.
6) C. W. Blackburn, "Family Social Work", *Encyclopedia of Social Work 15*, 1965, p. 309.

간기관이 가족생활을 강화시키고 사회적응과 가족간의 관계에 있어서 문제를 지니고 있는 가족성원을 도와주는 일련의 사업들을 뜻한다.

미국 사회사업연감에서는 가족복지사업을 가족생활을 보전 · 강화시키고 가족 내 상호관계, 그리고 사회적응상의 문제를 가진 개인과 가족을 원조하기 위해서 실시하는 모든 사회적 서비스를 포함한다고 정의하고 있다.[7] 여기서 말하는 모든 사회적 서비스란 정부적 차원의 제도적 · 정책적인 것과 민간기관의 전문적인 원조방법을 모두 포함하는 것이라고 하겠다.

가족복지기관의 목적은 조화적인 가족관계에 공헌하고 가족생활이 갖는 적극적인 가치를 강화하고 또 가족성원의 건전한 인격발달과 사회인으로서의 기능을 촉진하는 것이다. 그리하여 가족복지사업은 가족관계의 곤란과 사회인으로서의 기능을 실행할 수 없는 개인과 가족을 원조의 대상으로 하는 것이다. 이런 경우 가족복지사업은 가족관계의 곤란과 사회인으로서의 기능을 실행할 수 없는 개인과 가족을 대상자로 하는 것이다. 그런데 여기에서 가족 전체(family as a whole)를 대상체계로 하는 점에 문제가 있다.[8] 즉, 이 가족 전체라는 용어는 가족복지개념의 특징을 잘 설명한다기보다는 추상적이기 때문에 의미가 명확하지 않다고 비판되고 있다.[9]

Witmer는 가족복지사업을 다음과 같이 정의하고 있다.[10] 가족복지사업은 가족생활의 곤란을 취급하는 것이다. 그 가족생활의 곤란의 대표적인 것은 가족구성원인 개인이 가족원으로서 수행해야 할 의무를 실행할 수 없는 무능력, 혹은 가족관계에 있어서 만족을 충족시키지 못하는 무능력인 것이다. 그런데 가족원으로서 수행해야 할 의무의 내용은 가족이라고 하는 사회제도의 분업적 기능에 의해서 규정되는 것으로서 그것은 성관계의 규제, 의식주의 확보와 제공, 질병 및 임신기간 중의 보호, 아동의 보호와 지도, 정서적 단계의 안정은 가족이라고 하는 사회제도에 의하여 수행되어지는 특별한 사회적 기능인 것이다. 이와 같이 그는 구성원의 분업성을 강조하여[11] 개인과 전체를 연결시키고 있다. Ackerman은 상호보충성[12]으로 가족 전체를 이해하고 해석하고 있다.

이러한 모든 개념들은 가족 내의 사회화와 가족에 있어서의 분업적 기능을 중시하며, 아래에 기술된 미국가족사업연합회가 명시한 목적에 포함되는 개념이라 하겠다. 본 협회에 있어

---

7) N. A. S. W., *Social Work Yearbook*, N. A. S. W. Inc., 1960, p. 309.

8) Familly Social Serive Association of America, "The content of Family Soceal Work", *Journal of Social Casework*, Vol 37. No. 7, July, 1995, pp. 317~319.

9) 岡村重夫 · 黒川昭登著, 「家族福祉論」, ミネルウァ書房, 1971, p. 41. ; 김만두, 「현대사회복지총론」, 홍익재, 1982, p. 296.

10) H. L. Witmter, *Social Work*, 1942. pp. 248~249.

11) 김영모, 「한국사회복지론」, 경문사, 1973, p. 108.

12) N. W. Ackerman, *Psychodynmics of Family Life*, 1958, pp. 80~90.

서 가장 주된 목적은 구성원간의 대인관계를 원만히 조절하고 가족생활의 적극적인 가치를 더욱 살려서 가족원 각자가 건전한 인품을 형성 · 발달시키고 나아가서 사회적 기능을 만족스럽게 성취하도록 기여하는 데 있다.[13]

가족복지사업은 국가적 차원에서 정책적으로 혹은 제도적으로 뒷받침되어야 하며, 전문적이고 과학적 지식에 입각한 보전방법이 더욱 연구되어야 한다.[14] 우리나라 가족복지사업은 주로 생활보호법과 의료보호법에 의해 빈곤한 가정, 즉 생활보호자에 한하여 물질적 급부와 의료혜택을 주는 데 불과하다. 그리고 정신적인 갈등, 예컨대 부부간의 갈등, 친자간의 갈등을 상담하고 해결하는 가족치료 상담소나 정신건강센터 등이 많이 설치되도록 해야 할 것이다.

2. 家族問題

기본적인 사회제도로서 가족은 대표적인 일차집단(一次集團)이며, 사회통제의 가장 효과적인 매개체이다. 정상적인 가족은 가족성원의 기본적인 욕구인 건강, 적응발달, 성격의 기능화 등을 충족시킨다.[15] 가족이라고 하는 것은 인류의 종(種)과 같은 정도로 오랜 사회제도의 하나이다. 그것은 나라와 지방, 인종과 종교적 특성, 그리고 경제 · 사회적 계급과 직업에 따라 각기 다른 가족주기와 구성원 및 역할을 지니고 있으므로 그 존재를 명확하게 파악하기란 매우 어렵다. 더욱이 현대는 가족해체와 탈선행위의 정도가 날로 심각해지는 가운데 가족이라는 제도 자체의 당위성까지를 회의하는 사람들도 있다.[16]

가족은 개인들의 육체적 복지와 함께 가장 깊은 정서적 요구를 충족시키며, 자녀들의 사회화를 위한 생활교육과 훈련, 그리고 가계의 공동운영을 담당하는 중요한 기능을 해 왔다. 그러나 현대가족은 인적 구성과 조직의 성질상으로 불안과 위협을 내포하고 있다.[17]

사실상 현대의 핵가족 그 자체만으로는 위기를 극복할 수 있는 구조적 기반이 부족하며 안정을 기하기에는 미약한 것이다. 현대의 도시화한 생활은 핵가족으로 하여금 늘 긴장을 느끼게 하여 개인들의 정신적 · 심리적 상태에 독으로 처리해 가는데 한계가 있을 것이며,[18] 현대

---

13) NASW, *Encyclopedia of Social Work*, Vol. I, 1971, p. 397.
14) 전재일 외 공저, 「전게서」, p. 205.
15) 김영모, 「현대사회문제론」, 한국복지정책연구소, p. 125.
16) E. W. Burgess, "The Family in a changing Society", AJS, L Ⅲ, 1948, No. 6, p. 417. ; 김영모 · 남세진 · 신섭중, 「현대사회복지론」, 한국복지정책연구소, p. 143.
17) 이효재, 「가족과 결혼」, 서울, 진명출판사, 1975, p. 295.
18) 상게서, p. 296.

사회는 가족이 그들의 문제를 원만히 해결할 수 있도록 제도적 또는 기술적 원조의 필요를 절실히 요청하고 있다.

이렇게 볼 때, 어떤 시대에나 존재하는 가족의 변용은 쉬지 않고 진전하는 발전과정의 산물이라고 보아진다.[19] 분명히 현대 가족은 자체의 영혼을 위한 적응변화를 위해 가족의 구조와 기능 및 역할을 바꾸어 가고 있다. 산업화 · 도시화 · 개별화를 지향해 온 우리 사회는 현재의 가족문제를 어떻게 대처해야 하겠는가? 언제까지나 가정은 작은 사회집단이면서 인격의 제1조성지이며, 개인은 가정 안에서 그들의 기본적 욕구의 만족을 확보할 수 있을 것인가?[20]

가족문제는 대내적인 것과 대외적인 것으로 대별할 수 있다. 먼저 대내적인 문제로는 가장이 중한 병에 걸리거나 불구 · 사망하여 전 가족의 부양이 위협을 받게 되는 경우와 부부간에 화합하지 못하고 구성원들이 갈등이 심하여 안락하고 단결된 가정생활의 조성이 불가능한 경우이다. 대외적인 문제로는 사회의 위기, 사회적 변동, 천재지변 등을 들 수 있다.

현대가족은 특히 사회변화가 극심한 속에서 살아가야 하므로 이에 대한 충분한 대비책이 없어 연발하는 문제에 직면하여 위기상황에 놓이게 된다.[21]

가장의 사망 · 실업 · 장애 · 은퇴 등으로 인한 재정결핍은 결과적으로 정서적 · 문화적 문제를 가져오므로 이는 단순한 경제적 측면에서 논의될 문제가 아니다. 아울러 성격장애의 문제도 가족해체의 주된 부분을 차지하고 있다. 가족의 기능이 저해되는 가족의 문제는 구체적으로 다음의 세 가지 범주로 구분된다.[22]

(1) 긴장상황

긴장은 가족의 경제적 상태나 가족원의 역할과 책임을 바꿀 수 있으며, 긴장상황에서는 정상적인 사회적 기능을 가진 가족원의 능력이 손상당할 수 있다. 이러한 긴장상황은 현대의 사회 · 경제적 조건의 침전물이다.

가정의 정상기능은 가족이동 · 직장이동 · 부의 실업 · 사망 · 임대 등으로 파괴되며, 가족내에서는 아기의 출생 · 부모의 질병 등이 긴장상황을 조성하는 요인이 된다.

---

19) 김만두, "가족복지" 「한국사회복지연감」, 1972, p. 84.
20) Herbert H. Stroup, Social Work, American Book, N. Y., 1968, p. 65.
21) 가족문제의 위기에 관하여는 Reuben Hill의 설명처럼 Ⓐ (사건)×Ⓑ (위기에 대처할 수 있는 가족의 저력)×Ⓒ (사건에 대한 가족의 지각과 판단)가 ⓧ라는 위기를 만들어내는데 사회사업가는 그 문제의 형태가 ① 가족내적 혹은 외적인 것인지 ② 문제가 가족구성에 어떤 변화를 가져오는지 ③ 사회적 사건의 어떤 종류에 속한지를 판별해 낼 수 있는 안목이 필요하다(Reuben HILL, "Famillies under Stress", *Handbook of Marriage and the Family*, 1964, p. 784).
22) NAWS, Encyclopedia of Social Work, 1965, p. 312.

(2) 수입과 사회자원의 부족

이 문제가족은 사회적 기능의 능력은 비교적 양호하나, 가족원의 경제 · 사회적인 욕구를 충족시키기에는 부족한 수입과 사회자원의 상태를 말한다. 이러한 욕구와 자원과의 불균형은 단순한 긴장상황하의 가족과는 달리, 문제가 영구적인 성격을 띠우게 되므로 연결된 재정보조와 기타 봉사를 함께 필요로 한다.

(3) 개인기능과 가족관계의 장애

이는 가족원 중 일 인 이상의 성격장애로 가족의 사회적 기능과 능력이 제한되어 있음을 말한다. 이러한 성격장애는 결혼갈등이나 가정부조화, 일의 부적응 등으로 나타나며, 심한 경우에는 개인이 성격장애를 갖고 있는 것이 아동학대 · 비행 · 알코올중독 · 유기증의 문제로까지 발전될 수 있다. 이러한 장애는 새로운 경제요구를 만들어내게 되므로, 가정은 심리적인 문제와 더불어 재정적인 원조도 필요로 하게 된다. 이와 같은 다문제 가족은 사회적 기능의 여러 부분이 장애를 갖고 있으므로 구성원은 흔히 심각한 정서장애와 발달장애를 지니고 있다. 이 가족의 태도나 행동변화를 일으키기 위하여서는 다방면의 원조확대가 필요하다.

第 2 節 家族福祉의 機能과 役割

가족복지의 기능은 조화로운 가족관계에 기여하며, 가족생활의 긍정적인 가치를 강화하고 건강한 인격발달과 다양한 가족원이 만족한 사회기능을 하도록 하는데 있다.[23)]

한편 Frances L. Feldman과 F. H. Scferz는 가족복지의 기능을, 첫째로, 가족원이 갖고 있는 잠재력을 최대화시켜 그들의 생활주기에 닥칠 위험과 긴장에 잘 대처하기 위한 예방적 기능, 둘째로, 발생한 문제를 최초의 형태와 영향으로 바꾸는 기능, 셋째로, 파괴된 가족을 빨리 회복시키는 효과적 치료기능으로 구분하고 있다.[24)]

岡村重夫는 가족복지의 기능을, 보다 조직적이고 체계적으로 설명하고 있는데 그 내용은 다음과 같다.[25)]

첫째는, 의뢰적 기능으로 이는 가족문제의 진단에 기초해서 가족복지기관이 직접적으로 어떤 구체적인 서비스를 베푸는 것이 아니고 그 문제에 대해 가장 효과적인 서비스를 줄 수

---

23) NASW. *op. cit.*, p. 313.

24) F. L. Feldman and F. H. Scherz, Family Social Welfare, AthertonPress, 1968, p. 268.

25) 岡村重夫 黒川昭登,「家族福祉論」, 東京ネルウ서방, 1972, pp. 48~84.

있는 지역사회의 자원을 발견하여 사례를 소개하고 활용하도록 하는 것이다. 이러한 기능을 담당하는 사회사업가는 대상가족의 문제점의 정확한 파악, 지역사회의 자원에 대한 정확한 지식, 그리고 가족복지기관 · 사회자원 · 대상가족간의 원활한 의사소통을 가능하게 하는 능력을 가지고 있어야 한다.

둘째는, 조정적 기능으로 가족복지기관이 가족 전체에게 가족으로서의 원만한 기능을 발휘하도록 직접 서비스를 제공하는 것을 말한다. 이때 서비스는 가족복지기관 이외의 다른 기관들(의료기관 · 아동상담소 · 부녀상담소 · 학교 등)의 가족 일부에 대한 원조가 상호 모순되지 않고 일관성을 이루어 가족복지에 조화적 효과를 가져오도록 조정하는 기능을 의미한다. 그리고 이러한 기능은 관련복지기관의 대표자회의, 동일한 가족에 대해 직접 접촉하는 각 기관의 사례 담당자회의, 그리고 전반적 개별사회사업가에 의한 조정 등의 세 가지 방법으로 실행할 수 있다.

셋째는, 개발적 기능으로 이는 지역사회활동이나 소집활동, 그리고 개별적 활동을 통하여 각 가족에 있어서 모든 가족성원이 그 지위에 맞는 역할을 실행하는 기회 · 능력 · 태도를 발전 · 촉진시키는 기능이다. 여기서 지역사회활동이란 그 지역사회 내의 여러 사회적 자원, 예컨대 주택문제, 복지시설, 교육시설, 법제의 개선 등을 사회행동 및 지역주민의 자발적 협력을 보조해서 이룩하게 하는 것을 의미한다.

넷째는, 회복적 기능으로 가족이 정상적 기능을 발휘하는 데 장해요인인 빈곤, 실업, 부부불화, 부자간 갈등 등 제요인의 해결에 직접 원조를 주어 가족기능을 회복시키는 것이다. 이러한 회복적 기능은 공적 부조에 의한 원조와 아동상담소 지도, 직업지도 및 알선, 주택알선, 가족계획지도, 가족진단 및 가족치료 등을 통해서 달성할 수 있다.

이상에서 살펴본 바와 같이 가족복지의 기능은 제도적 · 정책적인 거시적 노력과 기술적, 방법적인 미시적 노력이 함께 이루어져야 한다는 것을 알 수 있다.

위와 같은 기능을 수행하기 위한 활로는 다음의 다섯 가지가 있다.[26)]

① 가족개별사업 : 가족개별사업과 그 외 가족과 관련된 일련의 사업으로서 대인관계의 긴장으로 손상된 기능강화를 말한다. 이는 가족복지사업의 핵심으로서 치료가 문제중심이 아니고 가족중심으로 행해지며 지역사회사업의 중요한 부분을 차지한다. 결혼갈등 · 장애아동과의 관계 · 가족세대간의 차이와 긴장 등의 문제해결을 도와준다. 치료방법으로는 내담자 합동면담 · 가족단위 면담그룹 치료 등으로 다양하다.

26) NASW, *op. cit.*, pp. 394~395. Family Service Association of America, Scope and Methods of the Family Service Agency, N. Y., 1953, p. 3. E. A. Ferguson, Social Work, N. Y., Lippincott p. 148.

② 사회환경의 개선 : 가족복지사업은 지역사회의 건강과 복지자원의 개선을 지향한다. 이러한 활동은 가족을 향한 기관의 관심에서 두 가지 형태로 나타나는데, 하나는 지역사회조직에의 참여이고, 다른 하나는 공동과제의 토의와 사업에의 참가이다.

③ 집단교육활동 : 가족복지사업기관은 가족관계 · 성격발달, 그리고 사회적응에 곤란한 안내물을 배포한다. 사회복지 종사자들은 학생 · 부모 · 이웃클럽 · 시민그룹 등의 모임에 강연자로서 또는 토의멤버로서 참석한다. 그 외 다수의 교육프로그램들이 매스미디어를 통해서 이루어지며, 대다수의 가족복지관은 가정생활교육의 고정프로그램을 개발하고 있다.

④ 전문교육참여 : 보건부분과 복지정책부분에는 훈련된 사회사업가의 충원부족으로 프로그램이 제한되어 있다. 가족복지기관은 훈련된 사회사업가의 증원과 사회사업학계의 교육프로그램에 공헌할 의무가 있다.

⑤ 사회조사 참여 : 가족복지기관은 사회조사참여의 의무가 있으며 활동의 양과 성격은 기관의 규모와 자원에 달려 있다. 비록 한정된 예산을 갖고 있는 작은 기관이라도 국가와 지방의 요구를 충족시키기 위하여 공공기구에 의해 수행되는 가족조사연구에 참여한다.

第 3 節 家族福祉의 內容

가족복지의 내용은 거시적 입장에서 전체사회와의 제도적 · 구조적 관련에서 현대가족의 존속을 강화하는 정책적 접근과 미시적 입장에서 문제를 가진 가정에게 존속을 강화하는 정책적 접근과 미시적 입장에서 문제를 가진 가정에게 기술적 원조와 지지를 행하는 전문적 접근으로 크게 나눌 수 있다. 본고에서는 정책적 접근으로의 가족정책과 전문적 접근의 정수인 가족치료를 들어 가족복지의 내용을 설명하려고 한다.[27)]

가족정책은 가족문제를 전체 사회의 제도적 구조와의 관련에서 파악하고, 국가의 개입에 의하여 현대가족이 잘 존속할 수 있는 제도적 장치를 수립하는 것을 말한다. 따라서 가족정책은 가족구성원의 복지를 증진시킬 수 있는 핵심적인 사회제도가 되며, 이는 현대가족의 사회적 기능을 유지 · 보완 · 대치하기 위한 사회적 노력으로 풀이할 수 있다.[28)]

가족정책에는 탁아 · 아동복지 · 가족상담 · 가족계획 · 노인복지 · 소득보장 · 감세 · 주택정책 등이 포함되며, 이 것 이외에도 산업배치 · 도로건설 · 상업 및 교통규제, 이민정책 등이

27) 김영모, 「현대사회복지론」, 한국복지정책연구소출판부, 1989, pp. 148~153.

28) J. M. Romanyshin, Social Welfare, Random House, N. Y., 1971, p. 342.

간접적인 영향을 미친다.[29)]

종래의 전통적 가족은 산업화 · 도시화 · 가치관의 변화로 말미암아 현재는 부부와 미혼의 자녀로만 구성된 핵가족화를 변모하였다. 이는 이외에도 산업배치 · 도로건설 · 상업 및 교통규제 · 이민정책 등이 간접적인 영향을 미친다. 이것은 확대가족의 경제적 보장과 사회적 지원, 그리고 정서적 연대감을 상실하는 요인이 되었으므로, 가족문제는 사회와 국가의 문제로 대두되기 시작하였다.

현대에 이러한 가족정책이 필요한 것은 전통적 가족의 복지적 기능이 산업혁명 · 도시화 · 자본주의 발달의 결과로 인해 거의 파괴되었기 때문이다. 이렇게 가족이 복지기능을 제대로 수행할 수 없게 되자 국가개입에 의하여 각국의 기능을 지원 · 보완 · 대처하려는 노력이 경주되었는데, 이러한 가족정책이 가족발전을 극대화하기 위해서는, 첫째로, 가족의 사회문화적 맥락이 이해되어야 하며, 둘째로, 가족생활주기의 4단계에 필요한 개인전 · 사회적 차원과, 셋째로, 바람직하고 적절한 전략과 프로그램의 혼합, 넷째로, 보완적 대책과 서비스를 제도적인 것으로 대치하기 위한 방법이 고려되어야 한다.[30)]

최근에는 가족정책이 관심이 아동 · 부녀 및 노인에게 확대되고 있는데, 이것은 가족을 도와준다는 것이 아동 · 부녀 · 노인의 생활조건을 개선시키는 가장 효과적인 방법이기 때문이다.[31)]

이와 같은 가족정책은 가족기능의 사회적 의미, 가족과 지역사회와의 배분적 관계, 그리고 모든 사회제도의 상호의존성을 인식해야 한다. 예컨대, 교육과 상담은 부모의 의무역할 수행이라는 전통적 기능에 대치되고 탁아소와 유아원은 어머니에 대한 육아와 가계운영을 보완한다. 위탁시설 · 거택구호도 가족환경을 일시적으로 혹은 영원히 변화시킬 수 있다.

가족복지사업의 내용에는 교육과 상담, 개인과 집단행동의 부적응만이 아니라 기타의 전문활동, 즉 법적 부조, 소비자교육, 실업상담, 인력개발, 직업보도 건강교육 등도 사회복지사업으로 확산될 필요가 있다.

요약하면 가족정책은 자유주의적 복지정책의 핵심으로서, 가족의 정상적 복지기능이 존재하여야 사회적 요구와 문제를 해결하는 데 대체로 가장 경제적이고 효과적인 것이 된다. 따라서 가족정책은 예방사업의 특징도 갖추고 있다.[32)]

전통적인 가족정책은 해체적인 가족기능을 지원 · 보완하는 것인 중심이었으나 현대적인

29) 김영모, "가족정책에 관한 일고", 「용광교수회갑기념론」, 1981, p. 50.
30) J.Romanyshin, *op, cit.*, p. 342.
31) 김영모, 「전게서」, p. 58.
32) 「상게서」, p. 66.

가족정책은 대리기능에서 여성의 효과적인 핵가족의 기능과 동시에 여성의 사회참여도 살릴 수 있는 여성의 이중역할을 주장하기에 이른 것이다.[33)]

사회변동에 의한 가족의 요구는 가족의 본래적 기능에서 점차 보완적 기능으로 나아가 제도적 기능에 의하여 충족되어야 한다.

(1) 가족치료의 개념

가족치료는 가족진단을 기초로 하여 가족이 가지고 있는 모든 장애요소를 완화시키고 사회적 부적응현상을 변화시키는 것이다. Mitchell은 가족치료를 공포와 적대의 벽 속에 갇혀 있는 건전한 자기 주장이나 격의없는 감정을 해방시켜서 가족성원의 개별화와 사회화의 과정을 지지하는 것이라고 말하고 나아가서 가족 내 개인관계 중에 있는 병리발생적인 힘을 약화시키고 건전한 적응양식의 발달을 통해서 가족원의 대치능력을 강화하고 스트레스를 받고 있는 가족원의 병리적인 요소를 감소시키는 것이라고 말하고 있는데, 이러한 가족기능의 회복이나 바람직한 사회화의 방법은 오직 면접을 통해서 이룰 수 있다. 가족치료의 기술은 곧 면접의 기술이라고 할 수 있다. 면접방법이나 기술을 통해서 가족의 문제를 해결하여 정상적인 생활과업을 감당하도록 하는 것이 가족치료의 목적이다.[34)]

가족치료이론은 일반체계이론과 성격이론의 발달로 20세기 후반기에 등장하여 사회사업의 이론과 실제에 중요한 새 위치를 차지하기에 이르렀다.

David Olsen의 가족치료 개념은 치료자가 전가체계를 치료의 대상으로 여기고 실시하는 모든 형태의 치료를 일컫는다. 여기에서의 전가족이란 현재의 역기능적인 가족관계에 영향을 미친 모든 사람을 가르킨다.

가족치료의 목적은 가족구성원들이 병리적인 방어기재를 사용하는 대신에 건전한 적응방법의 발달을 통하여 적응능력을 기르고 가족구성원 사이와 대인관계에 병리적 요소를 약화시키는 데 있다. 즉, 가족구성원 개인의 무의식 수준에서 적응장애를 제거시키고 가족의 역할과 관계에서 평형수준을 이루게 하며 적절한 기능을 발휘하게 하는 것이다.[35)]

건강한 가족체계는 항상 성장하고 변화하는 가운데도 그 체계에 필요한 항상성 균형상태를 유지한다. 그런데 문제가정에 있어서 가족 중 한 사람이 어떤 증상을 나타내는 경우, 이것은 가족이 하나의 체계로서 존속하기 위한 균형이 파괴되었음을 의미하는 동시에, 가족 나름대로의 파괴된 균형을 회복하려는 불안정한 시도를 뜻한다. 즉, 가족이란 그 자체에 병적

33) 김영모, "복지국가와 여성복지에 대한 일고", 『아세아여성연구』, 제19호, 1981, p. 38.
34) Celia Bo Mitchell, "Integrative Theory of the Family Unit", *Social Casework*, Vol. 46, February 1965, p. 63.
35) 안향림, "가족치료를 통한 가족역동에 관한 연구", 『석사학위논문』, 이화여자대학교, 1975, p. 3.

인 면이 생겼을 경우 그것을 표현하고 그것을 회복할 가족원을, 달리 말하면 해결될 수 있는 환자(identified patient)를 필요로 한다는 것이다.

이러한 환자(IP)가 생길 수 있는 가족의 발달단계에 따른 위기는 다음과 같다. 즉, ① 결혼, ② 결혼초기, ③ 첫 아이의 출생, ④ 계속 아이의 출생, ⑤ 첫 아이가 입학하는 시기, ⑥ 사춘기, ⑦ 아이가 집을 나갈 때, ⑧ 아이의 결혼, ⑨ 손자 · 손녀가 태어나는 시기, ⑩ 퇴직, ⑪ 배우자의 죽음

(2) 가족치료의 모델[36]

① **정신분석학적 모델** : 이 모델은 가족치료의 개척자인 Ackerman이 시작하였으며 현재 뉴욕을 중심으로 발달되고 있는 이론모델이다.[37]

정신분석학적 치료방법에 의한 가족치료 접근법을 사용하여 치료의 대상은 개인이 되기도 하고, 가족전원이 되기도 하며 개별치료와 집단치료가 필요에 따라 절충된다. 이 학파는 내적 심리적 갈등의 해결, 가족간의 관계개선, 합리적인 역할배분 등을 주장한다. 치료방법으로서 동일시 · 통찰 · 전이 등의 방법을 사용한다.

② **보웬의 모델** : Bowen은 멘닝거진료소(Menninger Clinic)에서 소아정신 분열증 환자의 치료를 위해 환자와 그의 모 또는 부모를 1~2개월간 공동으로 생활하게 함으로써, 환자와 가족의 유기적 관계를 발견하여, 새로운 가족치료 이론의 개념을 제시하였다.[38] 그의 정서적 역기능에 대한 개념과 모자 공생존, 삼각관계론은 유명하며 특히 삼각관계론의 가족치료 이론의 기본개념이 되고 있다.

③ **의사소통 모델** : 이 모델은 캘리포니아를 중심으로 발전되었으며, Bateson의 인간의 의사소통에 관한 연구에서 비롯된 접근법으로서 문제의 중심을 가족간의 역기능적 의사소통에 두고 그것을 교정하여 원활하게 만드는 데에 치료의 목적을 둔다.[39] Verginia Satir 가 이 학파의 대표적 존재이다.

④ **구조적 모델** : 이 모델은 1960년대에 필라델피아를 중심으로 발전되었고 Salvador Minuchin이 주장하였다. 그는 가족을 체계로 보고 개인의 문제를 정신내적 요인보다 체계

---

36) 이명홍, "가족치료이론 개요와 Minuchin의 구조적 가족치료", 「사회사업학회지」 제2호, 1980, pp. 41~45. ; 한인영, "가족치료에 있어서 Brwen 이론과 Minuchin 이론의 비교연구", 「석사학위논문」, 이화여자대학교, 1979, pp. 11~13.

37) N. Ackerman, op. cit., 참조.

38) Murry Bowen, *Theory in the Practice of Psychotherapy*, ed., P. J. Guerin, Garkner Press, N. Y., 1976, p. 55.

39) V. Satir, 「가족치료의 이론과 기술」, 김만두 역, 사회복지연구소, 1977. ; V. Satir, *People Making*, Science and Behavior Books California, 1972.

와의 관련성에 두고 가족의 구조를 변화시킴으로써 체계 내 개인의 경험이 변화되어 결국 개인에게 변화를 초래한다고 보았다. 그러므로 치료자는 보다 적극적으로 가족에 개입하여 구조를 평가하고 새로운 구조로 변화시키는 기술을 가져야 한다. 가족간의 경제 · 하위체계 등을 치료에 이용한다.[40]

⑤ **전략적 치료모델** : 이 모델은 구조적 가족치료보다 더욱 체계이론적인 입장에서 가족의 문제를 해석하고 치료하는 모델이다. 이 학파는 제2의 커뮤니케이션 집단이라고 불리며 캘리포니아학파의 2세 집단이다. J. Haley가 이 모델의 대표자이며, 그는 개인 또는 집단의 변화에 가장 중요한 문제가 저항이라고 보고 있다.[41] 그러므로 치료자가 세밀히 계획하고 계산된 방법으로 변화를 가져오게 한다. 이들이 사용하는 방법으로는 재조직(reframeing), 의식(rituals), 재해석(reinterpretation), 역설(Patadox) 등이 있다.

(3) 가족치료의 전망

사회변화는 사회로부터 가정으로 전이되어 온다. 따라서 가족의 역할과 구조는 변화할지라도 가족형태는 계속 유지될 것이다. 왜냐하면 빨리 변화하는 사회에 있어서도 가족을 가장 훌륭한 인간단위이기 때문이다.

가족의 복지적 기능의 강화를 위해서 다수가족치료망, 조직치료, 생태학적 치료, 다수영향치료, 위기치료 등 여러 가지 모형의 치료방법이 실험되고 있다.[42] 이 모든 이론은 실제 경험과 토론을 거쳐 발전되고 있으며, 다양한 사회구조 내에 가족구조의 기능과 역할을 회복하는 이 통찰은 가족복지면에서 사회복지기관과 가족정책 및 계획 사이의 다리가 되게 한다.

第 4 節　韓國의 家族福祉事業

우리나라의 가족복지사업은 아직 초기단계에 있다. 그동안의 사회복지는 아동 · 노인 · 부녀 · 장애인 등과 같은 대상체계에 중점을 두어 왔기 때문에 가족이라는 집합적 개념은 소홀히 되어 왔고, 그것도 주로 생활보호법과 의료보호법에 의거하여 빈곤한 생활보호대상자를 대상으로 시설보호사업이 중심을 이루어 왔을 뿐이다.[43]

다행히 1989년 모자복지법이 제정되어 우리나라의 가족복지가 한 단계 발전했다고는 할

---

40) S. Minuchin, *Familiesand Family Therapy*, Harvard Univ. Cambridge, 1977.
41) J. Haley, *Problem-Solving Therapy*, Harper Colophen Books N. Y., 1976.
42) 안향림, "전게논문", p. 27.
43) 최항순, 「복지행정론」, 신원문화사, 1993, pp. 417~418.

수 있으나 아직 가족복지의 개념과 부합되는 단계에 도달하기까지에는 적지 않은 거리감이 있다고 할 것이다.

앞으로 우리나라의 가족복지정책으로 고려되어야 할 사항을 보면, 우선 가정교육의 제도적 기반을 마련해 주는 일이 필요하다. 현대가족의 기능이 아무리 축소된다고 하더라도 아이들은 가정에서 태어나 제반예절이나 가정교육을 받아 한 사람의 사회인으로 성장 · 발전하는 것이다. 따라서 일반학교 교육과 사회교육을 통해 가정생활이나 부모교육의 중요성이 강조되어야 할 것이다. 또한 주택정책에서도 소규모의 핵가족 주거용 주택만 건축할 것이 아니라 3대가 함께 생활할 수 있는 아파트 등의 건축도 고려할 수 있을 것이다. 특히 이것은 전통가정의 장점을 계승하는 일이 되며 노인문제의 해결에도 기여할 수 있을 것이다.

우리나라에 있어서 사회복지체계의 한 하위체계로서의 가족복지 또는 가족사회사업이란 실천적 서비스 개념보다는 이념적 테두리를 벗어나지 못하고 있는 실정인 것 같다. 왜냐하면 한국의 사회복지체계는 가족이란 전체적 개념을 분리 · 단절시켜서 아동복지체계는 아동만을, 장애자 복지체계는 장애자만을, 부녀복지체계는 부녀자만을, 노인복지체계는 노인뿐이라고 하는 대상체계의 특징만으로 구분하여,[44] 그것도 시설보호중심사업으로 기아 · 고아 · 부녀자 · 노인을 위한 가족해체를 조장하는 감이 든다.[45]

우리는 너무나 개인을 강조하고 프로그램과 사회문제를 다룸에 있어서 개인이 가족단위의 일인임을 망각해 왔으며, 가족이 기본적인 기능을 수행할 수 있도록 하는 기초적인 제도적 보장을 차치하고, 가족기능만을 강화시키려고 한다.

한국사회복지총람에 나타난 우리나라의 가족복지 역사적 배경을 보면 다음과 같다.[46]

8 · 15해방, 6 · 25동란 등으로 전통적인 가족의 통일성을 크게 파괴되었고 가족의 분열과 단절은 광범위하게 촉진되었는데, 이와 같은 문제에 대한 정부와 사회의 관심은 일차적으로 가족을 이탈한 대상자를 중심으로 하는 시설 지향적인 측면에서 개입했던 것이다. 사실상의 요구호자 가운데는 가족단위의 대상자가 오히려 가족을 이탈한 수보다 훨씬 많았으나 정부와 사회는 일시적인 응급치료와 그들 자신의 가족에 책임을 돌려버리고 막대한 물적 · 재정적 · 인적 자원을 시설수용사업에 투입하였다.

그 후 1960년대 초기부터 정부에서는 생활보호법과 아동복리법을 제정 · 공포하게 되어 소위 거택구호의 바탕을 이룩했다. 불행하게도 이 공적 부조도 역시 일반 국민의 무차별 최저한도의 생활보장을 실시하지 못하고, 극히 일부의 생활보호대상자를 위한 자조근로사업과

44) 한국사회복지협의회, 「한국사회복지총람」, 1977, p. 62.
45) 김영모, "전게논문", p. 49.
46) 한국사회복지협의회, 「전게서」, pp. 70~71.

시설수용자를 위한 보호에 그치고 말았다.

이와 같은 상황에서도 가족복지에 관심을 가진 것을 민간의원기관이었다. 캐나다유니태이란 봉사회가 각 지방사회복지관을 통해서 1958년부터 가족복지의 개념을 받아들여 가족지향적인 서비스체계를 이룩했고, 현재 한국기독사회봉사회의 전신인 기독교세계봉사회가 가정복지부를 설치하였다. 그 후 기독교아동복리회, 양친회, 캐나다 아동구호재단, 선명회들의 외원기관에서도 가정의 어린이 지원사업을 전개함으로써 가족기능의 강화유지, 가족의 균열과 해체를 예방하기 위한 사업에 공헌해 왔다.

1977년 3월, 한국사회복지관연합회에서 출판한 사회복지관 총람에 나타난 가족복지에 관련된 사회복지관의 프로그램내용과 가족문제에 대해서 ① 가족문제를 전문적으로 다루어 줄 서비스 체계의 확립과, ② 생업자금지원과 직업보조들이 제도적으로 확실하게 보장될 것을 요구하고 있다.

第13章 兒童福祉政策

第 1 節 兒童福祉의 槪念

어린이는 오늘에 부여된 권리나 존엄적 존재로서만 의의가 있는 것이 아니라 앞으로 이 나라를 짊어질 주인공으로서, 능동적이며 발전적인 미래의 인간상으로서 그 의의가 있는 것이다.[1] 더욱이 2000년대를 맞이하면서 우리는 경제적으로 풍요하고 소외된 계층이 없는, 민주적으로 공동 참여하는 사회, 즉 민주사회 · 복지사회 및 국제사회를 전망하게 된다. 따라서 어린이를 양육해야 하는 부모나 우리 사회는 오늘의 어린이들에게 바람직한 미래사회를 건설할 수 있는 재능 · 인격 및 기술 등을 갖출 수 있는 기회를 최대한도로 마련해 줄 수 있어야 하겠다.

오늘날 아동의 문제는 매우 중시되고 있으며 아동복지는 사회복지의 주요한 분야로 부각되고 있다. 이 문제에 대한 검토를 위해서는 우선 아동이란 어떤 존재이며, 그 특성이 무엇인지를 살펴볼 필요가 있다. 이 문제에 대한 검토를 위해서는 우선 아동이란 어떤 존재이며 그 특성이 무엇인지를 살펴볼 필요가 있다. 일반적으로 아동은 아직 성숙되지 않은 존재이며 따로 자립하기 어렵고 보호를 받아야 하는 존재라고 할 수 있다. 여기서 아동의 일반적인 특성을 보다 구체적으로 고찰해 보면 다음과 같다.[2]

① 아동이란 일반적으로 성인이나 노인에 비해 심신이 미성숙 상태에 있다.
② 아동이란 인간의 전생애 중에서 여러 성장발달단계를 거쳐서 성숙한다.
③ 아동이란 어떤 다른 포유동물보다도 장기간에 걸쳐 의존 · 보호를 받아야 한다.
④ 아동은 생리적 욕구와 인격적 욕구가 함께 충족되어야 한다.
⑤ 아동은 매우 민감하여 가정을 시초로 점점 사회화되어 간다.
⑥ 아동도 사회적 인간으로 성장하기 위해 사회환경에 적응할 수 있는 능력을 학습해야 한다.

---

1) 김영모 외 공저, 『현대사회복지론』, 한국복지정책연구소출판부, 1989, p. 156.
2) 장인협, 『아동복지론』, 서울대학교 출판부, 1986, pp. 6~7.

이렇게 아동이란 의존 · 성숙 · 민감성 · 욕구 · 적응 및 학습의 제특성을 갖고 있는 존재인 것이다.

아동복지는 아동복지법과 그와 관련된 법규정에 의한 아동을 위한 서비스를 말하는 것으로 학자들의 관점이나 나라에 따라 다소 다르게 정의하고 있다.[3] 아동복지란 아동의 복리를 의미하는 말로서, 아동에게 혜택을 주기 위한 사회 복지프로그램을 의미하며, 아울러 아동복지 서비스를 제공해 주는 사회사업 실제를 의미한다.[4]

일반적으로 사회사업의 전문영역에 있어서는 아동복지의 개념을 좁게 규정하고 있다. 좁은 의미의 아동복지는 부모와 자녀간의 특수한 관계에서 일어나는 사회적 역할과 그 실현에 관심을 두고 있다. 미국 아동복지연맹에 의하면 아동복지는 부모가 아동양육책임을 이행할 수 없거나 지역사회가 아동 및 가족이 요구하는 자원과 보호를 제공하지 못할 때 그러한 아동과 젊은이에게 사회봉사를 제공하는 것이라고 한다. 아동복지는 현존의 사회제도를 수정하거나 새로운 것을 조직함으로써 부모가 아동과 가족을 위한 조건을 수행하고 개선하는 데 어려움을 지니고 있는 기능을 강화 · 보완 · 대리하는 것을 말한다.[5] 아동복지는 요보호아동을 대상으로 아동복지전문가들이 실제적으로 행하는 조직적 활동을 말한다.

넓은 의미로는 모든 아동의 일반복지를 다루고 지역사회욕구와 조화를 이루어 아동의 생리적 · 심리적 · 사회적 가능성의 발전을 추진시키고 그것에 대한 대책을 다루는 것을 말한다.[6] 또한 Mangold도 넓은 의미의 아동복지로 아동의 영양 · 보건 · 보호의 과정을 통하여 적절한 신체적 · 정신적 · 도덕적 발전을 달성하는 데 있다고 한다.[7] 아동복지는 아동 전체의 복지를 위해 개인 · 단체 및 공공기관에 의해 실시되는 보건 · 교육 · 레크리에이션 등을 포함하는 일체의 조직적 활동을 의미한다.

위의 정의가 시사하는 바와 같이 아동복지가 내포하고 있는 세 가지 의미를 살펴보면, 아동의 복지라는 이념적 개념과 아동을 위한 프로그램이나 서비스의 실제적 활동을 포함하는 개념이라 할 수 있겠다. 따라서 종전과 같은 자선적 또는 인도적 사고 대신에 인간의 행복을 추구하는 이념, 즉 명확한 목적과 가치를 수반하면서, 복지사상과 그 활동을 위해 전문적인 지식이나 기술을 요하는 활동분야라는 개념을 확고히 할 것이다. 아울러 실천적인 면에서 볼 때, 아동복지는 사회복지의 한 분야로서 앞으로는 정규적인 훈련과 경험을 쌓은 사회사업전문가나 사회복지전문가들에 의해서 모든 활동이 전개되어야 하겠다. 또한 대상면에서 볼 때,

3) 김영모 편, 「현대사회보장론」, 한국복지정책연구소출판부, 1990, p. 181.
4) 「사회사업연감」, 1965, p. 137.
5) A. Kadushin, *Child Welfare Services*, Macmillan, N. Y., 1980, p. 5.
6) *Ibid.*, p. 6.
7) G. B. Mangold, *Problems of Child Welfare*, 1942, p. 1.

아동복지라 하면 특수한 아동만으로 제한해서 생각하기 쉬우나 모든 아동을 대상으로 하여 그들의 성장발달을 도모하는 모든 활동을 그 내용으로 하여야겠다.[8)]

우리나라 아동복지법에 의하면 아동복지는 아동이 건전하게 출생하여 행복하고 건강하게 육성되도록 그 복지를 조장하는 것을 목적으로 하고 있고, 연령은 18세 미만인 자를 말하고 있다. 우리나라 아동복지의 법적 근거는 아동복지법 이외에도 사회보장기본법, 생활보호법, 모자보건법, 근로기준법, 입양특례법, 유아교육진흥법, 소년법 및 소년원법 등이 있다.

요컨대, 아동복지란 특수한 장애를 지닌 아동은 물론 모든 아동들이 가족 및 사회의 일원으로서 신체 및 정신적으로 건전하게 성장 발달할 수 있도록 지역사회나 사회복지분야의 공사단체나 기관들이 협력하여 아동복지에 필요한 사업을 계획하여 실천에 옮기는 모든 조직적인 활동이라 하겠다.

第 2 節 社會發展과 兒童福祉의 必要性

사회발전의 맥락 속에서 보면 아동에 대한 보호나 양호의 형태가 변모되어 가고 있다는 것을 알 수 있다. 어린이가 가정에서 태어나 그들의 부모에 의해서 양육받아야 한다는 사실은 널리 인정되고 있는 기본원칙이다. 그러나 오늘의 사회적 맥락은 이와 같이 중요한 아동의 가정적 양육기회를 감소시켜 가고 있다는 사실이다. 1960년대로부터 비롯된 계속적인 경제개발은 산업화 · 도시화 현상을 초래케 했고, 이에 따라 출현한 사회적 · 직업적 이동의 결과는 가족제도에 큰 변혁을 가져다 주었다. 그리하여 토지중심의 농업사회에서의 대가족으로서의 생활공동체(生活共同體)는 임금중심의 산업사회에서 소가족제도를 형성하게 되어, 가족 그 자체는 상당히 무력화되거나 문제화될 수밖에 없는 상황에 직면하게 되었다. 다시 말하면 과거의 가족이 자체로서 지녔던 많은 기능들이 오늘날에 이르러는 사회적인 것으로 전환된 것이다. 더욱이 가정의 기능 가운데 가장 중요한 아동의 양육에 있어서도 사회적인 양육기능으로 전환되고 있어, 앞으로의 아동복지는 사회적인 장치(프로그램이나 서비스)로서 충족해야 할 단계에 돌입하고 있는 것이다.[9)]

오늘날 가정생활의 경제적 기반도 가족 자체 내에 있는 것이 아니라, 사회경제적 법칙에 의존해야 하기 때문에 출현하는 맞벌이 부부나 모의 취업경향이나, 빈곤이나 질병의 경우 등

8) 김영모, 「현대사회복지론」, 한국복지정책연구소출판부, 1989, p. 157.
9) 김영모 외 공저, 「현대사회복지론」, 한국복지정책연구소출판부, 1989, pp. 157~158.

의 모든 요인이 자녀교육의 사회적 보육기대를 증대케 하고 있다. 즉, 인간의 생산과 소비활동의 대부분이 사회생산 소비체계에 좌우되기 때문에 가정의 기능은 사회로 이양될 수밖에 없으며, 또한 어린이 보육의 사회적 기능도 앞으로는 더욱더 확대될 것이다.

1960년 이후 오늘날까지 사회 · 경제적인 변화, 특히 고도의 경제성장정책에서 빚어진 병리적 현상으로부터 아동을 건전하게 보호해야 할 필요성이 시급한 과제 중의 하나가 되었다.

사회구조의 계층화 · 복잡화가 급속도로 진행됨에 따라 질병 · 빈곤 · 약물중독에 의한 이혼 · 별거 · 미혼모 · 가출 · 비행 등에 의한 가족해체현상이 심화되었다. 이에 따른 요보호아동 · 불우아동의 보호 및 유아보육과 건강한 아동의 출생을 위한 아동복지서비스가 필요하게 되었다.

또한 아동복지서비스의 필요성은 아동의 권리와는 차원에서 찾아볼 수 있다. 국제연합의 아동권리선언(1959)에서 아동은 사회보장의 수혜를 받을 권리를 가지며, 아동은 건강하게 발육하고 성장할 권리를 향유한다고 선언함으로써 사회보장에 대한 아동의 권리를 확인하고 있다.[10]

이러한 아동의 권리는 복지권으로 해석할 수 있으며, 이는 양친이나 사회가 아동에 대해 책임이 있고, 나아가 아동을 보호 · 육성함에 국가와 국민이 응분의 노력을 경주해야 한다는 것으로 해석된다.

이러한 복지권을 Kay는 다음과 같이 6개 항목으로 분류하고 있다. ① 건전하게 출생할 권리, ② 건전하게 육성을 받을 권리, ③ 정상적인 가정생활의 혜택을 받을 권리, ④ 교육을 받을 권리, ⑤ 정신적 · 도덕적 훈련을 받을 권리, ⑥ 레크리에이션을 받을 권리 등이다. 이상의 분류들이 일차적으로 가족 내에서 또는 사회제도를 통하여 해결되지 못할 때 아동복지서비스가 필요한 것이다.[11]

第 3 節 兒童福祉의 對象과 內容

1. 兒童福祉의 對象

아동복지는 아동의 욕구와 문제를 해결하기 위한 서비스이기 때문에 그 대상도 아동의 욕구와 문제라고 볼 수 있다. 아동의 욕구는 소득 · 노동 · 교육 · 보건 등과 같은 기본적인 것과

10) 김유성, 「사회보장법」, 동성사, 1985, p. 307.
11) 남세진, "아동의 권리", 「사회복지」, 제57호, 한국사회복지협의회, 1978, p. 34.

레크리에이션 · 스포츠참여와 같은 2차원적인 것으로 볼 수 있다. 따라서 이러한 욕구가 결핍되어 있는 아동이 아동복지의 대상이 된다.[12)]

한편 아동의 문제는 빈곤 · 실업과 같은 사회불평등과 결손가정, 홍등가와 같은 사회해체, 그리고 범죄 · 정신장애와 같은 사회부적응의 문제를 지적할 수 있다. 따라서 이러한 사회문제를 지니고 있는 아동이 아동복지의 대상이 된다.

그러면 이러한 욕구와 문제의 아동이 구체적으로 어떠한 것이 있는가를 살펴보면 다음과 같이 지적할 수 있다.[13)]

(1) 욕구결핍아동

① 소득욕구:빈곤아동, 실업아동
② 건강욕구:영양실조아동, 질병아동, 장애아동
③ 교육욕구:미취학아동, 재수생
④ 주거욕구:시설아동, 가출아동, 탁아
⑤ 문화욕구:문화실조아동, 자폐아

(2) 사회문제아동

① 구조적 문제:빈곤아동, 근로청소년
② 해체적 문제:결손가정, 영세민촌아동, 기아, 가출아
③ 탈선적 문제:범죄, 비행아동, 성격결함 아동

또한 아동복지대상에 특수아동은 물론 모든 일반아동이 포함된다. 그러나 주요대상은 최적의 발달을 가로막는 가정이나 지역사회에서 자라는 아동이 될 것이다. 여기서 최적의 발달을 가로막는 상태란 ① 사회적 · 경제적 또는 파탄된 가정생활과 관련되는 정서적 문제, ② 수입보장, 교육, 고용기회 보건서비스 등과 같은 사회적 대비의 결함, ③ 부모들이 평소에 대처할 수 없는 특수한 문제와 특별한 욕구를 가진 아동을 말한다.

2. 兒童福祉의 內容

아동의 권리나 욕구가 보장되고 충족되기 위해서는 대체로 ① 안정된 가정생활, ② 경제적 안정, ③ 영양 · 보건 · 의료보호, ④ 교육, ⑤ 노동, ⑥ 종교, ⑦ 오락, ⑧ 특수보호 등의 요

---

12) 김영모 편, 「현대사회보장론」, 한국복지정책연구소출판부, p. 183.
13) 김영모, "아동복지의 일반이론", 「현대아동복지론」, 한국복지정책연구소, 1984, p. 13.

소들이 전제되어야 하겠다. 그리하여 이러한 모든 분야에서 아동의 기본적 욕구가 충족될 때 비로소 아동복지의 기반이 확립될 수 있겠다.[14)]

1) 안정된 가정생활

아동은 부모나 가정을 일차적인 매개체로 하여 그 사회에 있어서의 기본적인 생활습관이나 행동의 기준 및 가치판단의 척도를 습득하면서 점차 사회적 인간으로서 성장해 나가는 것이다. 따라서 가정은 모든 아동의 성격형성과 사회화의 기본이 되므로 아동에게 있어서 안정된 가정생활의 중요성은 재론을 요하지 않는다.

경제발전과 사회체계의 구조적 변화에 따라 전통적 가족구조가 변모하여 새로운 부부중심의 핵가족구조를 나타내게 되었고, 가정의 유대관계를 희박하게 하여 아동들에게 정서적 긴장이나 갈등을 고조케 하고 있다. 특히 부모가 무능력하거나 무책임할 경우에, 또는 부모가 직업전선에서 활동해야 할 경우, 아동들은 가정에서 소외되거나 또는 과보호적 상태하에서 건전한 사회적 과정을 밟지 못하게 될 수도 있는 것이다. 부모의 사망, 이혼, 신체적 · 정신적 질환이나 방임, 유기, 학대 등의 경우에는 가정을 대리할 수 있는 대리보호적 제도나 서비스가 고려되어야 하겠다.

2) 적절한 가족의 수입과 주거

아동의 건전한 성장발달을 위해서는 안정된 가정생활에 필수적인 최저한도의 물질적 욕구, 즉 의 · 식 · 주 문제가 해결되어야 한다. 인간이 유아 때부터 충분한 영양을 공급받지 못할 때에는 신체발육뿐 아니라 정서적 성장에도 장애를 받게 되며, 인격발달에도 좋지 못한 영향을 미치게 된다. 또한 간과할 수 없는 것은 빈곤, 즉 경제적 불안정이 문제아동의 성향과 밀접하게 관련되어 있음이 많은 연구조사에서 지적되고 있다는 사실이다.

따라서 일차적으로 충분한 경제부조제도가 보완되어 빈곤의 악순환을 제거할 때 아동복지의 모든 프로그램이 효율화될 것이다.

3) 영양 · 보건 및 의료보호

아동의 영양 · 보건 및 의료분야는 아동의 건전한 성장과 발달에 기본이 아닐 수 없다. 아동의 건강관리를 위해서는 모자보건, 즉 어머니에 대한 건강관리(임신중, 분만전후의 보호와 서비스), 유아에 대한 정기적 건강진단과 의학상의 지도 · 감독, 전염병에 대한 방역 및

14) 김영모 외 공저, 「현대사회복지론」, 한국복지정책연구소출판부, 1989, pp. 158~162.

예방대책, 위생에 관한 법률이나 규정의 실시, 좋은 영양, 적절한 병원보호나 외래환자서비스, 보건소서비스 등이 마련됨으로써 비로소 아동복지적 상황이라고 말할 수 있겠다. 아직까지도 저소득 계층의 아동들은 적절한 영양의 혜택을 받지 못하고 있는데 반하여 부유층의 아동들은 영양과다로 비만아의 현상을 나타내고 있다. 또한 보건상의 보호와 의료를 자력으로 받지 못하는 가족이 상당하며, 더욱이 소도시 · 농촌 · 어촌의 경우는 많은 어려움을 겪고 있다. 따라서 보건의료시설이나 인력의 확충 등의 공중보건과 위생관리 및 생활환경개선에 대한 제정책수단이 마련되어야 하겠다.

4) 교육기회

'모든 국민은 균등하게 교육을 받을 권리가 있다. 적어도 초등교육은 의무적이며 무상으로 한다'라고 헌법 제16조에 명시하고 있다. 즉, 이것은 모든 아동에게 교육의 기회를 부여해 주는 것이 국가의 의무이며 책임임을 인정하는 조항이라 하겠다.

학교는 단순한 지식의 전달뿐 아니라 전인적 교육을 목표로 하는 만큼 아동들의 학교생활은 밝고 명랑한 것이 되어야 하겠다. 또한 아동복지의 견지에서 볼 때 학업을 중단하는 아동, 특수 장애아동(정신박약, 심신장애아), 벽지아동, 장기 결석아동 등 교육의 기회를 상실할 우려가 있는 아동이나 근로청소년에 대하여는 학교나 사회의 긴밀한 유대하에 특별 프로그램이나 서비스를 설정하여 모든 아동들에게 교육의 기회를 보장해 주어야 할 것이다.

5) 노 동

모든 아동은 연소노동과 유해노동에서 보호되어야 함은 아동복지의 기본전제인 것이다. 우리나라 노동기본법을 살펴보면, 13세 미만인 자는 근로자로 고용하지 못한다(50조). 여자와 18세 미만인 자는 도덕상 또는 보건상 유해, 위험한 사업에 종사하지 못한다(51조). 13세 이상 16세 미만인 자의 근로시간은 1일에 7시간, 일주일에 42시간을 초과하지 못한다(55조).

이와 같이 규정되어 있음에도 불구하고 충분히 시행되지 않고 있다. 그리하여 많은 근로청소년들이 장기적 노동, 저임금, 비위생적인 작업, 환경, 집단 수용적인 기숙사 생활, 영양실조 등으로 인해 많은 곤란을 겪게 된다.

그러므로 과중한 연소노동은 신체의 발달을 저해하여 건강을 위태롭게 할 뿐 아니라 지능발달과 인격발달에도 악영향을 미치게 된다. 따라서 이들을 위해서는 직업훈련 및 보도의 기능강화와 여가활동의 기회를 제공하여야 하며, 공단지역 내 학교운영 및 산업 카운셀링제도의 확립 등의 복지대책이 강구되어야 하겠다.

6) 여가와 오락활동

여가선용이라 함은 개인의 휴식과 오락을 위하여 모든 의무로부터 벗어나 구속됨이 없이 스스로 자신의 부족한 능률을 향상시키며, 새로운 힘을 회복하는 기회를 갖는 적극적인 시간을 의미한다.

오락(recreation)이란 원어가 뜻하는 바와 같이 여가를 건설적으로 활용함으로써 개인에게 재창조의 힘을 키워 주어 어떠한 압력이나 긴장에서도 벗어날 수 있게 한다.

모든 아동들은 놀이를 통해서 신체적 · 지적 관심을 추구할 수 있는 기회와 자기 충족감을 누리게 된다. 규칙적인 가정생활이나 긴장감을 주는 학교생활만으로는 이들에게 능동적이며 사회적인 참여를 기대할 수 없을 것이다.

오락활동이 아동의 건전한 성장발달에 크게 기여할 뿐만 아니라 또다른 한편으로는 비행과 매우 밀접한 관계를 맺는 기회도 제공하게 된다. 따라서 건전한 유희나 오락프로그램을 적극적으로 개발하여야 할 뿐 아니라 시설 및 지도자를 위한 대책도 수립해야 할 것이다.

7) 특수보호

아동들 중에는 특수한 문제나 요구를 지니고 있어서 특수한 법적 · 사회적 보호를 요하는 아동들이 있다.

불구자(지체부자유아, 맹농아아), 심신장애아, 결핵아(結核兒), 부랑아(浮浪兒), 정신박약아, 정서장애아, 비행아(非行兒)들에게는 특수한 보호와 치료의 기회를 부여해 주어야 한다. 그리하여 그들의 부자유함을 보충해 주어 자신을 가지고 사회에 적응할 수 있도록 필요한 시설적 제반서비스를 제공해야 하겠다.

또한 사회적 변천과 함께 많은 문제아동 특히 행동이나 정서장애아동이 증가일로에 있는바, 이들을 위해서는 아동상담, 치료시설을 통한 서비스가 절실히 요청된다.

요컨대, 아동복지는 이와 같은 모든 아동의 건전한 성장발달에 필수적인 기본요소들이 단독으로나 보완적으로 또는 포괄적으로 활용될 때 그 의의가 실현될 것이다.

3. 兒童福祉프로그램과 서비스

아동복지서비스의 내용에 대해 Alfred Kadushin은 지지적 서비스(supportive service), 보완적 서비스(supplemental service), 대리적 서비스(substitutive service) 등으로 범주를

정하고 있으며,[15] Laba B. Costin은 ① 부모의 능력을 지지하거나 강화시키는 서비스로서 가정 내 아동의 개별사회사업 서비스, 유기아동을 위한 보호적 서비스, 미혼부모에 대한 서비스, ② 부모의 보호를 보충하거나 부적절한 점을 보상해 주는 서비스로서 가정부서비스(homemaker service), 가족 및 집단 탁아서비스, ③ 부모적인 보호를 일부 또는 전적으로 대리해 주는 서비스로서 가정위탁보호서비스(foster family care service), 입양서비스(adoption service)로 분류하고 있다.[16]

이상의 두 견해는 그 표현에는 다소의 차이가 있으나 결국 아동복지서비스는 지지적 서비스, 보완적 서비스, 대리적 서비스로 분류될 수 있다.[17]

1) 지지적 서비스

지지적 서비스란 부모와 아동이 각자의 책임을 효율적으로 수행할 수 있도록 가족 외부의 아동복지기관으로부터 그들의 능력을 지원하고 강화시켜 주는 서비스를 말한다. 이러한 서비스는 아동들이 자신의 가정에 머물러 살면서 받을 수 있는 서비스이며, 가정복지관 · 아동상담소와 같은 아동복지기관은 부모나 아동의 역할을 대행하지 않고 외부에서 그 역할이 제대로 수행되도록 도와주는 역할만을 수행한다. 이러한 지지적 서비스를 필요로 하는 상황으로는 부모가 자녀를 양육하는 데 어려움이 있는 경우, 형제간의 갈등으로 가정이 불화한 경우, 불만스러운 부부관계로 인하여 자녀들에게 문제가 발생하는 경우 등을 열거해 볼 수 있다.

지지적 서비스의 내용으로는 케이스워크(case work service), 집단프로그램(group service), 가족치료(family treatment), 지역사회프로그램(community program) 등이 있다.

(1) 케이스워크서비스

케이스워크란 개별적인 면접을 통하여 서비스를 제공하는 것으로서 가족이 직면한 특수한 문제에 초점을 두고 도움을 제공함으로써 부모나 아동의 사회적 · 정서적 긴장을 감소시키고 만족스러운 사회적 역할을 수행할 수 있는 능력을 향상시켜 주는 것을 말한다.

(2) 집단프로그램

여기에는 가정교육프로그램과 집단상담프로그램이 있다. 전자는 치료적 기능과 교육적 기

15) Alfred Kadushin, *op. cit.*, pp. 23~24.
16) Lela B. Costin, *Child Welfare : Policies and Practice*, New York : Mcgraw-Hill Book Company, 1972, pp. 23~24.
17) 최항순, 「복지행정론」, 신원문화사, 1993, pp. 338~343.

능을 갖고 있기 때문에 일반적인 문제상황을 이루는 데 있어 정상적인 가족관계나 합리적인 문제해결절차 등을 주내용으로 하며, 후자는 부모와 자녀간의 병리적 관계를 해결하기 위하여 실시된다. 집단구성원들은 이 프로그램을 통해 부모자녀간의 관계에 대한 공통된 생활경험을 공유하게 되고 계획내용에 지적으로나 정서적으로 깊이 관여하게 됨으로써 부모로서의 역할에 대한 깊은 이해와 능력을 키우게 된다.

(3) 가족치료

이것은 가족 모두에게 행해지는 역동적인 면접을 근거로 하여 통합된 단위로서 가족에 초점을 두고 가족성원 모두를 변화시킴으로써 아동의 심적 · 행동적 태도를 변화시키고자 하는 것이다. 가족 전체의 면접을 통하여 가정에 대한 보다 정확한 상태를 파악할 수 있으며, 지도력과 통제형태, 역할분배, 가족 내 의사소통, 갈등관계 등을 직접 관찰할 수 있다.

(4) 지역사회프로그램

이것은 지역사회를 대상으로 한 사회복지의 전문적 제활동의 총칭으로서 개인이나 집단의 욕구를 지역사회의 수준에서 조직적 · 전문적으로 찾아내어 그 욕구를 개인 · 집단 · 지역사회의 상호관련 속에서 해결해 나가려는 방법이다. 아동복지와 관련하여 볼 때 지역사회프로그램은 지역사회 내 어린이의 건전한 육성이나 아동복지에 필요한 자원과 환경을 지역주민을 활동주체로 한 지역사회조직과 활동과정을 통하여 확보하려고 하는 것이다.

2) 보완적 서비스

지지적 서비스는 가족 외부에서 지지해 주는 서비스인데 비하여 보완적 서비스는 가족 내부에서 부모의 역할 일부를 보조하거나 대행하는 것을 말한다. 이 보완적 서비스에는 탁아보호 서비스(day care service), 프로텍티브 서비스(protective service) 가정부 서비스(homemaker service) 등이 있다.

(1) 탁아보호 서비스

이것은 아동이 여러 가지 이유로 낮동안 부모가 아닌 다른 사람에 의해서 보호를 받아야 하는 탁아들에게 주어지는 서비스를 말한다. U. N은 탁아서비스를 낮동안 자신의 가정으로부터 격리된 아동들의 보호를 위한 조직적인 서비스라고 정의하여 대리적 보호가 아니라 보충적 · 부모적 보호의 개념으로 보고 있다.[18] 이 서비스는 오늘날 핵가족화 경향, 여성의 사

18) Alfred Kadushin, *op. cit.*, p. 300.

회적 진출 또는 여성근로자의 격증으로 그 필요성이 증가하고 있는데, 그 유형으로는 ① 가정 내 보호(in-home day care), ② 가정 탁아보호(family day care), ③ 가정집단 탁아보호(family group day care) ④ 센터 내 탁아보호(center-based day care) 등 여러 가지를 들 수 있다.

(2) 프로텍티브 서비스

이것은 학대를 받거나 적절한 보호 · 감독을 받을 수 없는 아동을 위한 특수한 아동복지 서비스로서 사회단체나 시민의 호소에 의해서 이루어지며, 아동은 클라이언트가 되고 부모는 치료의 대상이 된다. 이 서비스의 목적은 부모에게 더 많은 책임을 지우고, 아동보호를 가로막는 문제를 해결하고, 아동을 재평가할 기회를 부여하여 아동이 유기나 학대에서 벗어나 건전하게 성장 · 발달할 수 있도록 조력하는 효율적 개별사회사업의 서비스이다.[19]

(3) 가정부 서비스

이것은 아동을 가진 가족에게 조력 서비스를 제공하기 위하여 여자를 고용한 공사보건복지기관에 의해서 지원되는 지역사회 서비스이다. 즉, 어머니가 부재중이거나 가정에 도움이 필요한 상황에서 어머니의 가사업무를 맡을 수 있도록 하고, 사회복지기관에서 훈련받은 여자를 고용하여 가정에 위탁하는 서비스를 말한다.

이러한 서비스의 목적은 어머니와의 별거에서 오는 충격을 감소시키기 위한 가정 밖의 위탁방지와 무질서한 가정관리 및 가정회복을 위하여 어머니를 훈련시키는 데 두고 있다.

그리고 가정부(homemaker)는 식모(housekeeper)나 파출부(maid-service)와 다른 것으로, 이는 소정의 교육을 받은 전문가로서 면허증을 소지하고 전염병이나 신체적 장애가 없어야 하며, 정서적 안정과 아이를 좋아하는 성격을 가진 자로 40대 이후가 적합하다. 이들의 임무는 아동의 지도감독, 세탁, 식단계획, 주택관리, 시장보기 등이다.

3) 대리적 서비스

대리적 서비스란 부모와 자녀 및 가족관계가 일시적 혹은 영구적으로 해체될 정도의 상황이 발생한 경우 개입하는 아동보호수단으로서, 여기서는 입양, 가정위탁보호, 시설보호 등의 방법이 있다. 이 서비스는 아동이 자신의 가족을 완전히 떠나서 타가족이나 기관에 의해 보호를 받는다는 점에 특징이 있다.

---

19) *Ibid.*, pp. 242~249.

(1) 입 양

입양(adoptation)이란 성인에게는 타아동을 법적 절차를 밟아 자기 아이로 삼는 것을 의미하며, 아동의 입장에서는 부모와 동등한 친자관계를 맺는 것을 의미한다. 미국의 사회사업사전에는 입양이란 부모가 되는 사회적이고 법적인 과정이며, 입양 후에 부모나 아동은 그들이 생물적으로 관련되는 것과 똑같은 상호권리와 의무를 갖는다고 한다.[20] 입양아는 주로 사생아, 기아, 고아, 부모가 입양을 원하는 아동, 외국아동이 되며, 입양의 형태로는 크게 국내입양과 해외입양으로 나눌 수 있다.

(2) 가정위탁보호

이것은 자기 가정이 일시적 · 장기적으로 아동을 보호할 수 없을 때나 입양이 바람직하지도 가능하지도 않을 때 아동에게 계획된 기간에 대리적인 가족보호를 제공해 주는 아동복지서비스이다.[21] 미국의 아동복지연맹에서 출판된 「가정위탁 서비스 교본」에 의하면 가정위탁보호란 아동복지 서비스의 하나로서, 자기 가정에서는 일시적으로나 장기적으로 돌보아질 수 없는 아동에게 어떤 계획된 기간이 주어지는 대리적인 가정적 보호라고 되어 있다.[22]

가정위탁보호의 형태로는 ① 위탁받은 가정이 아동보호를 위한 보수를 받는 것(boarding homes), ② 무보수로 아동을 보호하는 것(free homes), ③ 보호받는 아동이 숙식비 마련을 위해 어느 정도의 일을 해주는 것(work homes), ④ 아동이 숙식비 외의 비용도 벌 수 있는 것(wage homes) 등이 있는데, 이 서비스에서 무엇보다 중요한 것은 아동에게 행복을 줄 수 있는 가정을 선정하는 것이다.

(3) 시설보호

시설보호(institutional care)란 가정에서 욕구가 제대로 충족되지 못하는 아동을 위해서 집단보호와 치료를 마련해 주는 대리보호이다. 즉, 시설보호는 집단생활프로그램이나 각기 아동의 욕구에 따르는 특수서비스 등을 통해서 다양한 경험을 얻을 수 있는 좋은 기회를 마련해 주는 데 그 목적이 있다.

Hazel Fredericksen은 시설보호를 필요로 하는 아동으로 ① 부모가 질병이나 사고 중의 아동, ② 애인에게 실망한 아동, ③ 행동문제아, ④ 회복기의 아동, ⑤ 신체장애아, ⑥ 정신지체아, ⑦ 비행아 등을 들고 있다.

---

20) NASW, *Encyclopedia of social work*, 1971, p. 107.
21) Alfred Kadushin, *op. cit.*, p. 355.
22) Child Welfare League of America, *Standard for Foster Home care*, p. 15.

第 4 節 兒童福祉事業의 原則[23)]

1. 權利와 責任原則

아동의 건전한 성장과 발달을 위해서는 아동 · 부모 및 사회의 삼자간에 각각의 권리와 책임이 확립되어야 하겠다. 이 삼자는 각기 계속적인 균형유지와 아울러 적절한 상호작용 관계를 지녀야 한다. 이들 중 어느 한 부분의 권리나 책임에서 갈등이나 부적응 또는 지나친 욕구 등이 야기될 때에는 아동에게 문제점을 갖게 하는 원천이 된다는 것이다.

(1) 아동의 권리와 책임

모든 아동은 하나의 인간으로서 독자적인 권리를 가지고 태어나게 된다. 이들은 마땅히 생존하고 성장할 수 있어야 하며, 양호나 지도를 받아야 하는 미성숙한 인간이라는 점에 이들은 권리가 연유되는 것이다. 또한 이들의 권리는 법적 정의에 입각했을 뿐 아니라 아동복리 선언이나 헌장에 강하게 반영되고 있다.

아동은 권리와 함께 책임도 지니고 있다. '저들은 성인의 정당한 기대나 합리적 요망을 받아들여야 하고, 개인의 책임감을 발전시켜야 하며, 자신의 발전에 도움이 되는 기회를 적극 활용하는 책임의식을 명백히 해야 할 것이다.[24)]

사회로서는 이들을 비생산적 성원으로 간주할 것이 아니라 마땅히 성인과 같은 권리를 인정해 주어야 하며, 아동 자신들도 자기 책임의식을 망각하고 방종이나 무분별에 빠지는 일이 없어야 할 것이다.

(2) 부모의 권리와 책임

아동에 대한 일차적인 권리와 책임은 부모에게 주어지는 것이다. 부모는 후견인으로서의 권리와 아울러 자녀에 대한 재정적 지원, 신체적 보호, 정서적 보호, 그 밖에 광범위한 지도 · 감독 · 자기 발전의 기회를 부여하여야 하는 의무를 감당해야 한다.[25)]

부모가 일상생활에서 직면하게 되는 이러한 많은 책임과 역할기대에 부응할 수 없을 때에는 자녀에게 많은 갈등과 문제를 안겨 주게 되는 것이다.

---

23) 장인협, 「사회복지개론」, 한국사회개발원, 1981, pp. 162~165. ; 김영모 편, 「현대사회복지론」, 한국복지정책연구소, 1982, pp. 162~165.

24) Lela B. Costin, *child Welfare*, 1972, p. 7.

25) *Ibid.*, p. 8.

(3) 사회의 권리와 책임

사회(국가)는 사회생활에 필요한 질서유지와 아동의 복지증진을 위한 권리와 책임을 가지고 있다. 국가는 아동을 보호하기 위해서 단속이나 통제의 권한을 행사하고, 부모를 다스릴 규정을 설정하고, 연소자를 고용하는 기업주에 대해서는 법이나 규정을 부과하며, 또는 연소자들에게 술 · 담배를 금하는 제반규정을 설정할 권리를 가지고 있다.

국가는 아동들을 위한 책임을 최종단계에서 받아들여야 한다. 즉, 부모의 보호가 법정수준 이하일 때나 청소년들이 비행이나 범죄에 빠지게 될 때 또는 아동들이 자신의 가정에서 도저히 적응하지 못할 때 이들을 위탁가정이나 시설보호를 부여할 책임을 행사해야 한다.

이들 삼자간의 권리와 책임의식이나 실천성이 강하면 강한 만큼 우리의 아동복지의 전망은 밝을 것이다.

2. 普遍性과 選擇性의 原則

아동보호 육성대책에는 보편성과 선택성의 원칙이 함께 적용되어야 하겠다. 보편성이라 함은 거시적이고 총괄적이며, 기회균등적인데 비해 선정성이란 보충적이며 종별적이고 열등처우적(劣等處遇的)인 요소가 많다.

지금까지의 아동복지는 특정한 개인이나 가족 또는 일부 선정된 대상만을 위한 보완적 사업이 주종을 이루어 왔으나 앞으로는 전체 아동을 위한 거시적 수준에서 아동복지의 기반이 되는 의료 · 고용 · 사회보장제도 등에 대한 제도적 측면의 사업전략이 수립되어 시행되어야 하겠다.

일반 정책수립에 있어서도 아동 전체를 대상으로 하는 무상의무교육이나 국민보건서비스 등의 보편적 시여제도와 일부 도움을 요하는 사람들을 위한 선정적 대책이 함께 강구되어야 하겠다.

3. 統合性의 原則

아동도 하나의 전체성을 띤 인간이므로 이들에게 관련되는 대책적 원칙들을 상호보완하여 적용하여야 하겠다.

모든 아동에게는 안정된 가정생활, 경제적 안정, 교육, 보건, 노동, 오락 및 특수보호 등에 대한 프로그램이나 서비스가 총체적으로 제공되어야 하는 것이다. 이들 중 어느 한 측면만을 충족한다 할 때에는 그 속에서 아동은 건전한 성장을 누릴 수 없을 것이다.

이 원칙은 행정조정면에도 적용되어야 하겠다. 아동복지프로그램의 조직이나 운영에는 여러 부처에서 관여하고 있는데, 각기 부(部) · 처(處)가 그들의 소관사항에만 집착하게 되며, 부분적 측면의 해결은 가능하겠지만 포괄적 욕구는 충족될 수 없을 것이다.

따라서 아동복지사업에는 통합적인 서비스가 요망된다. 어느 부문의 분야에 종사하든지간에 상호의뢰 · 조정 및 보완으로 아동의 전인적 특성을 뒷받침해 주어야 하겠다.

4. 專門性의 原則

아동복지사업의 전문성과 중요성에 비추어 볼 때 종전과 같이 자원지도자(volunteer leader)만으로는 당면과제들을 다루어 나가기 어렵게 되었다. 아동의 요구 · 사고 및 행동문제에 관해서는 전문적 지식이나 기술이 요청되므로 이들을 위한 전문기구와 아울러 전문적 인력이 요구되고 있다.

전문직 교육이나 훈련제도는 일부 대학의 관련학과에서 실시되는 교육을 제외하면 별로 없다. 이 분야에서 전문교육이나 훈련을 받은 전문인들도 영구직으로서의 신분보장이나 생활보장을 받을 수 없기 때문에 타직종을 찾아 이탈하는 경향인 것이다.

아동복지사업을 효율적으로 전개하기 위해서는 사회사업학을 비롯하여 교육학 · 심리학 · 아동복지학 등의 전문인력의 활용이 복지정책에 반영되어야 하며, 현행 지도자에 대해서는 체계적 훈련을 통해서 전문직 인력으로 투입되어야 할 것이다. 또한 많은 아동복지시설이나 단체들도 전문직 인력에 대한 관심을 새롭게 하여 아동을 위한 프로그램의 개발과 실천에 진력해야 하며, 정부 수준에서도 강한 제도적 보장에 의한 지지와 격려가 수반되어야 하겠다.

第 5 節 兒童福祉政策의 現況

1. 兒童人口와 兒童相談事業의 現況

1960년대 이후 핵가족화 및 가족계획사업의 추진으로 아동인구는 계속 줄어들고 있으며 1980년도 아동인구는 15,621천 명으로 전체 인구의 41%를 차지하였으나 2000년에는

25.7%인 12,037천 명으로 감소될 것으로 보인다.

한편 이혼 등 가족해체의 발생증가, 현대생활의 긴장 및 각종 산업재해의 증가는 피해가정의 아동들을 요보호대상으로 만들 가능성이 많아지고 있으며, 일반가정 내에서 자라는 아동의 경우도 성격 및 정서장애 · 유기 · 학대 등 다양하게 표출되는 양상을 보이고 있다. 따라서 가족해체 등 요보호아동의 발생을 미연에 방지하기 위한 아동상담사업은 그 중요성이 더욱 커지고 있다.

〈표 13-1〉 아동인구추이

(단위 : 천 명)

구 분	1980	1985	1990	1994	1997	2000
총인구	38,100	41,056	44,056	44,453	45,642	46,789
아동인구	15,621	15,253	13,026	12,904	12,574	12,037
비율(%)	41.0	37.2	29.6	29.0	27.5	25.7

「보건복지백서」, 보건복지부, 1995, p. 326.

현재 아동상담소는 공립아동상담소 13개소를 포함하여 전국에 50개소가 설치되어 운영되고 있으며, 시 · 군 · 구 등에는 아동복지지도원 378명을 배치하여 상담과 지도를 실시하고 있고, 읍 · 면 · 동 단위로 아동문제에 관심을 가지고 있는 인사 가운데 7,112명을 아동위원으로 위촉하여 지역사회 내에서 발생하는 아동문제에 대한 일차적인 상담체계를 마련하고 필요한 경우 시 · 군 · 구에 필요한 복지조치 등을 의뢰하도록 하고 있다.

〈표 13-2〉 아동상담실적(1994)

(단위 : 명)

상담총계			상담아동유형						상담조치				
계	남	여	비행 가출아	기아	학대 방치아	미아	일반 아동	기타	귀가 연소자 인계	시설 입소 기관 의뢰	취업 알선 후원 연계	가정 위탁 보호	기타
34,041	19,493	14,548	6,325	1,396	968	1,705	14,119	9,555	13,262	3,478	1,401	598	15,302

「보건복지백서」, 보건복지부, 1995, p. 327.

아동상담은 아동문제를 사전에 예방하는 사업으로서 지역사회에서 문제가 발생할 소지가 있는 가정에 수시로 상담서비스가 제공되어야 하는 점을 감안하여 기존의 사회복지관이나 재가복지봉사센터의 상담기능을 적극 활용할 수 있도록 하는 등 상담창구를 다원화할 것이다.

또한 사립아동상담소의 설치를 적극 권장하여 일선에서 공·사립간의 협조관계 및 지역사회 아동위원과의 연계체계를 마련하여 아동상담소가 지역사회 내에서 아동과 가정의 보호기능에 중심적인 역할을 할 수 있는 방향으로 추진해 나아갈 것이다.

이상과 같은 상담창구의 확대뿐만 아니라 상담서비스의 질적 수준향상을 위해서도 공립상담소의 아동복지지도원의 처우향상, 상담요원의 연수회 개최를 통한 교육훈련의 기회제공을 적극 추진해 나아갈 것이며, 상담프로그램도 요보호아동에 국한하지 않고, 올바른 자녀양육을 위한 부모교육 등 가정문제 전반에 대한 전문적인 종합상담을 제공하도록 프로그램 개발에도 노력할 것이다.

2. 施設保護制度

1) 아동복지시설 보호

아동복지법령상 아동복지시설로는 아동상담소, 영아시설, 육아시설, 아동일시보호시설, 아동직업보도시설, 자립지원시설 등으로 구분된다. 이를 시설형태별로 보면 영·육아시설 등 수용보호시설과 아동상담소와 같은 이용시설, 그리고 어린이 놀이터, 아동회관, 수련장, 과학관 등 전용시설로 구분할 수 있는데, 1994년말 현재 수용보호시설 275개소에서 19,214명이 보호를 받고 있다.

정부에서는 시설수용아동의 보호수준을 향상시키기 위하여 1992년부터 시설아동 중·고생 교복비, 학용품비, 교통비, 영양급식비 등을 지원하고 있으며, 복지수당, 장기근속수당 신설 등으로 종사자 처우수준을 높여 나아가고 있다. 특히 시설의 수용규모의 대규모화보다는 소규모 가정 단위형태로 보호하며 안정된 생활을 하도록 하고 있다.

1980년대 이후 요보호아동의 감소로 인해 전체적으로 아동복지시설을 정비하여야 할 필요성이 대두되고 있는 실정으로 정부에서는 아동시설 전반에 대해 실태조사를 실시하고 아동전용시설 등 이용시설로 사업전환을 할 수 있도록 지도해 나가고 있다.

〈표 13-3〉 아동복지시설 수용보호 현황

('94년 말 현재)

구 분	계	영 아	육 아	직업보도	교 호	자립지원
시설수	275	37	217	7	7	7
수용인원	19,214	2,120	16,079	321	565	129

「보건복지백서」, 보건복지부, 1995, p. 331.

2) 施設年長兒童의 自立支援

18세가 되어 시설에서 퇴소하게 되는 연장아동들이 건전한 사회인으로 정착할 수 있도록 기술습득에 필요한 교육을 실시하는 직업보도시설과 숙소제공을 위한 자립생활관을 15개소 운영하고 있으며, 시설퇴소시에는 자립지원금을 지급하고 있다. 또한 1993년도 하반기부터는 서울 · 부산 · 경기 등 7개소에 아동복지자립지원센터를 설치하여 퇴소연장아를 대상으로 취업지도, 직업교육, 사회생활에 대한 상담 등의 서비스를 제공하고 있다.

앞으로 자립생활관과 아동복지자립지원센터를 전국적으로 확대, 그 기능을 활성화하여 시설퇴소연장아가 사회에 잘 적응할 수 있도록 하고, 시설아동에 대한 일반적인 편견이 불식되도록 시설을 지역사회에 개방하며, 시설아동의 사회공동양육 책임을 강조하는 대국민홍보도 강화해 나가야 한다.

3. 結緣後援事業

불우아동 결연사업은 1976년부터 시행되어 그동안 사회각계 인사의 참여로 인보복지 분야에 큰 기여를 하였으며, 불우아동은 결연사업을 통하여 사회적 관심과 사랑을 느낄 수 있는 계기가 되었다.

결연사업은 시설보호아동, 소년 · 소녀가장세대, 모자가정 등 불우아동을 대상으로 후원자를 개발하기 시작하였으며, 1981년부터는 민간의 자율적인 참여를 촉진하기 위하여 전문사회사업기관인 한국복지재단에 위탁하여 운영하고 있다.

동 사업의 시작이래 시설보호아동과 소년 · 소녀가장세대아동은 대다수가 사회각계 인사와 결연이 되어 물질적 · 정서적으로 도움을 받고 있으며, 모자가정 · 거택보호노인 · 장애인 등에까지 확대되어 전국민의 참여하에 불우이웃돕기 차원에서 이루어지고 있다. 결연사업은 불우이웃에 대한 일반인들의 관심을 제고시킬 수 있음과 동시에 정부에서 실시하고 있는 아동복지시책의 부족한 부분을 보조할 수 있으므로 향후에도 계속적으로 민간자원의 동원 · 활용이란 차원에서 조직적으로 이루어져야 할 것이다. 향후에는 지방자치제실시와 더불어 지역사회단위로 결연사업이 더욱 활성화 되어야 할 것이다.

〈표 13-4〉 불우아동 결연 후원실적

구 분	1990	1991	1992	1993	1994
결연아동	39,426	40,877	35,247	43,424	41,618
후원금액	4,882	6,201	6,297	6,969	8,236
후원자수	70,703	81,386	82,228	70,354	73,938

「보건복지백서」, 보건복지부, 1995, p. 332.

4. 保育事業 擴充 및 內實化

1) 보육사업의 발전과정

우리나라의 보육사업은 1921년 서울에서 태화사회관이 탁아프로그램을 개발함으로써 시작되었으며, 그 후 일부기관에서 탁아소를 설치 · 운영하고 인보관 프로그램의 하나로 탁아사업을 실시하는 등 극히 일부에서 탁아사업을 실시하였다. 이는 극빈자녀에 대한 임시구호적 성격을 벗어나지 못하다가 1961년 아동복지법이 제정 · 공포됨에 따라 탁아사업은 종래의 구빈사업적 성격을 벗어나 아동의 복리를 증진시키고 보호하기 위한 시설로서 그 성격이 변화 · 발전되어 왔다.

그러나 정부는 1982년 유아교육진흥법을 제정하여 기존의 어린이집, 새마을협동유아원 및 농번기탁아소를 새마을유아원으로 흡수 · 통합하여 운영하였으나 여성의 사회참여증가 및 가족구조의 핵가족화에 따라 보육수요는 급격히 증가한 반면, 기존 새마을 유아원의 보육기능이 미흡하고 보육시설의 절대부족으로 취업여성의 자녀양육문제가 큰 사회적 문제로 등장하게 되었다.

이에 따라 1987년 12월 노동부에서는 남녀고용평등법에 의한 직장탁아제도를 도입하였고, 1989년 9월 보건복지부에서는 아동복지법에 의한 보육사업을 다시 실시하는 등 영유아보육에 관련된 사업이 여러 부처에서 제각기 독자적으로 관리 · 운영하게 됨에 따라 정부재정의 비효율성은 물론 영유아에 대하여 체계적으로 보육을 실시하는 데 어려움을 겪게 되었다. 이에 국회에서는 보육사업의 통합일원화를 내용으로 한 보육에 관한 독립된 법률을 의원입법으로 추진, 공청회 · 토론회 등 각계각층의 폭넓은 여론 수렴과정을 거쳐 1991년 1월 영유아보육법을 제정 · 시행함으로써 보육사업 주관부처를 보건복지부로 일원화하고 종전의 단순 탁아사업에서 유아교육의 기능을 포함한 보육사업으로 발전적으로 전환하여 시행하게 되었다.

2) 보육사업의 추진현황

보육수요의 추계는 통계청에서 발표하는 각종 통계자료와 전국탁아수요 및 부모의 요구조사연구 결과를 토대로 보육대상아동을 추계하여 사용하고 있으며, 현재 취업모의 0~5세 아동은 1,810천 명으로 이 중 집에서 양육이 가능한 아동을 제외한 실제 보육을 필요로 하는 아동은 102만 여 명에 이르고 있다.

〈표 13-5〉 보육대상아동추계

(단위 : 천 명)

구 분	대 상 아 동		
	1995년	1996년	1997년
• 0~5세 아동 ①	3,977	3,987	4,002
• 취업모의 0~5세 아동 ②	1,810	1,828	1,846
• 보육대상아동 ③	1,021	1,031	1,041

「보건복지백서」, 보건복지부, 1995, p. 335.

주 : ① 통계청 장래인구 추계자료인(통계청(1991. 4), 장래인구 추계)

② 여성경제활동 참가율×모의 적생아수(통계청, 한국통계연감(19991) : 여성경제활동인구연보(1990))

③ 한국행동과학연구소, 탁아요구비율 56.4% 적용

3) 보육시설 및 보육아동

정부에서는 늘어나는 보육수요에 능동적으로 대응하고 아동의 건전한 보육과 맞벌이 가정의 자립생활지원을 도모하기 위하여 1990년부터 사회복지분야의 주요정책사업으로 보육사업을 추진하고 있다. 보육시설 및 보육아동 현황을 보면 보육시설의 경우 1990년말 1,919개소가 1994년말 6,975개소로서 연평균 65.9%가 증가하였고, 보육아동은 1990년말 48천 명에서 1994년말 219천 명으로서 연평균 89.1%가 증가하고 있다.

〈표 13-6〉 보육시설 및 보육아동 현황

(단위 : 개소, 명)

구 분		1991	1992	1993	1994	1995
합 계	시설수	3,670	4,513	5,490	6,975	7,643
	아동수	89,441	123,297	153,105	219,308	248,658
국공립 보육시설	시설수	503	720	837	983	1,010
	아동수	37,017	49,529	55,133	70,937	75,447
민간 보육시설	시설수	1,217	1,808	2,419	3,091	3,430
	아동수	36,099	57,797	80,400	119,968	140,389

직장 보육시설	시설수	19	28	29	37	44
	아동수	712	768	560	976	1,206
가정 보육시설	시설수	1,931	1,957	2,205	2,864	3,159
	아동수	15,613	15,203	17,012	27,427	31,616

「보건복지백서」, 보건복지부, 1995, p. 335.

4) 보육사업투자

그간 보육사업에 투자한 정부예산은 1991년도 419억 원, 1992년도 616억 원, 1993년도 985억 원, 1994년도 1,188억 원, 1995년도 1,774억 원으로서 연평균 44.2% 증가를 보이고 있으며, 1994년도의 경우 직장 및 민간보육시설 설치자금으로 국민연금기금 1,500억 원을 융자·지원하였다. 한편 정부가 지원하는 보육사업의 비용은 국가와 지방자치단체에서 공동·부담하고 있으나 지방자치제에 대비하여 이에 따른 재정부담으로 각 지방자치단체의 부담비율이 점차 높아지고 있는 추세이다.

〈표 13-7〉 연도별 보육예산 투융자 현황

(단위 : 억 원)

구 분	1991	1992	1993	1994	1995
• 예산	419	616	985	1,188	1,774
- 국고	284	455	474	583	830
- 지방비	135	161	511	605	944
• 국민연금 기금(융자)	-	-	-	1,500	1,000

「보건복지백서」, 보건복지부, 1995, p. 336.

第 6 節 兒童福祉의 政策方向

1. 兒童福祉에 대한 새로운 認識

아동은 국가발전의 원동력이요, 국가부강의 기본이며 국가안정의 바탕이다. 그러므로 각국은 아동의 권리선언과 어린이헌장을 마련하고 관계입법을 제정하여 복지증진에 매진하고 있다.

그러나 아직도 아동복지를 불우한 아동을 수용·보호하고 의식주를 제공하는 등의 소극적인 보호로만 인식하고 있다. 아동복지는 불우한 아동뿐만 아니라 전체 아동의 복지증진을 의미하며, 이들 아동이야말로 가정의 보배요, 국가의 희망인 것이다. 따라서 국가와 사회는 이들의 복지증진에 총력을 경주해야 한다.

2. 兒童福祉프로그램의 開發

아동복지프로그램은 아동의 욕구에 적합한 방향으로 개발 · 발전시켜야 한다. 우리나라 아동문제는 종전의 고아 · 기아 · 가출아 · 부랑아 등의 문제에서 점차 가치관의 다양화에 따른 비행 · 범죄 · 정서장애 · 심신장애 등 다양하고 복잡한 양상을 띤 문제로까지 확산되고 있다.

이에 따라 프로그램도 일반아동과 요보호아동 · 시설아동과 가정 내 아동 등의 욕구에 적합한 프로그램으로 개발해 가야겠다.

우리나라의 현행 아동복지 프로그램은 너무 단조롭다. 적어도 일반아동을 위한 프로그램으로서는 어린이공원, 어린이문고, 어린이유락장, 어린이스포츠센터, Youth-Hostel, 어린이클럽, YMCA와 YWCA활동 등이 확대 · 실시되어야겠으며, 요보호아동을 위해서는 가정위탁보호, 프로텍티브 서비스, 가정부서비스, 입양서비스 등을 확대 · 개발함이 바람직하겠다.

3. 社會事業方法論의 活用

우리나라에서 사회사업교육을 실시한 지가 약 반세기나 경과되었으며 전문교육기관만도 50여 개 대학에 이르고 있다.

그러나 사회사업교육의 중심이 되는 사회사업방법론이 아동복지사업의 실천면에서는 거의 활용이 되지 않는 듯싶다. 단지 몇몇 전문기관에 국한되어 활용되는 것에 그치고 있는 대부분의 아동복지사업은 아동의 의식주해결에 급급하고 부모중심의 보호형태를 벗어나지 못한 채 사회사업방법론을 활용한 사회적응력 배양과 개별사회사업이나 집단사회사업의 기술이 활용되지 못하고 있다.

그러나 요보호대상의 변화와 욕구의 다양화에 따라 종전의 보모로서는 감당키 어렵고, 따라서 전문가에 의한 사회사업방법론의 활용이 없이는 이들의 욕구를 충족할 수 없으며, 아동문제에 대처할 수 없다.

4. 財源과 專門要員의 確保

아동복지법이 1981년 4월 13일 법률 제3438호로 개정되었다. 이것을 뒷받침할 수 있는 예산의 할당없이는 법개정의 의의를 찾을 수 없는 것이다. 법에서는 보다 포괄적으로 다양한 전문적 서비스를 주도록 규정하고 있더라도 훌륭한 인간자원을 확보할 수 있는 재원의 지원 없이는 아동복지사업에 큰 차질을 가져올 것이다. 아동복지재원의 확보나 강화를 위해서는 정부나 민간단체가 각기 나름대로의 노력을 경주해야 할 것이다.

우리나라 아동복지서비스의 예산은 1993년도 현재 사회복지서비스 예산의 32.4%에 이르고 있고, 이러한 예산은 우리나라의 보건복지부예산이 정부예산의 4.35%이며, 정부예산의 0.6%가 사회복지서비스 예산임을 알아야 한다.

그러나 1984년의 아동복지법의 개정과 더불어 내용이 더욱 강화되었으며, 서비스의 대상도 일반아동으로 확대되어 기대가 요망되고 있다. 이러한 법개정의 의의는 바로 예산의 배정에서 찾아 볼 수 있다.

그리고 전문요원의 확보없이 바람직한 프로그램을 운영할 수 없다. 따라서 전문가로서의 사회적 대우가 전문직으로서의 인정함으로써 사명감을 가지고 종사할 수 있도록 배려해야 하며, 일선기관에서도 유자격 전문요원을 채용하여 프로그램을 개발 · 활용하여야 하며, 아동들의 욕구를 충족시켜 건전하게 성장 · 발달시켜야 할 것이다.

5. 施設의 社會化

시설의 사회화란 시설의 기능과 설비의 지역공개와 시설운영에 대한 지역주민의 참가와 시설처우의 사회화를 의미하는 것으로서 사회변천과 더불어 필연적으로 도래할 문제이다. 이러한 사회화에 대비하기 위해서는 먼저 시설측에선 노동조건, 직원의 전문성, 시설운영의 폐쇄성, 사고발생시의 보장문제, 재원과 설비의 부족, 일반가정에 대한 시설의 저열성(低劣性), 개척자로서의 마음가짐이 개선되어야 하며, 지역사회측에선 시설에 대한 자기의 편견과 이해, 주민들의 공동체의식이 진작되어야 한다.

그리고 기존시설도 가정적 분위기를 살릴 수 있는 소숙사제(cottage system)와 소규모 시설화로 지역단위별 아동의 욕구충족과 원거리시설에서 오는 폐단을 줄여감이 바람직할 것이다.

6. 託兒所의 質的 向上

가족제도가 핵가족화하고 있으며, 경제적 · 사회적인 구조의 급격한 변화는 부인의 취업이나 사회 · 진출을 불가피하게 하고 있다. 더욱이 이와 때를 같이 하여 영육아의 보육문제가 새롭게 등장하게 되고, 또한 취학전 아동교육의 중요성이 인식됨에 따라 유치원, 새마을협동유아원 등의 시설이 확충일로에 있다.

그러나 아동복지의 맥락에서 볼 때 수적인 증가만이 목적이 되어서는 안될 것이며, 얼마나 대내적으로 우수한 탁아소나 보육원들을 확보할 수 있을까 하는 점에 우리들의 관심이 집중되어야 하겠다. 이 일을 위해서는 잘 훈련받은 직원, 어린이 보육에 적절한 시설, 설비, 보육의 기준이나 교육내용, 적정한 배치 등 양적인 증가에 따라 해결해야 할 많은 과제들이 있는 것이다.

7. 入養 및 家庭委託프로그램의 積極的 實施

모든 아동은 가능한 한 가정적 환경에서 성장 · 발달해야 한다는 원칙을 수용해야 하겠다.

해마다 많은 기아들이 출현하고 있는데 일차적으로는 이들을 위해서 가정적 환경을 마련해 주는 일이다. 이러한 관점에서 볼 때 입양을 우선으로 하여야 하며, 이 일이 여의치 않을 때에는 가정위탁(정부의 재원 지원에 의한) 서비스를 제공할 수 있어야 하며, 그 다음으로 시도해 볼 수 있는 대리보호프로그램으로서는 시설적 양육서비스를 제공할 수 있는데, 이 것 또한 중요한 프로그램인 것이다.

금번에 개정된 아동복지법 제11조, 3, 4항에서도 위에서 언급한 바와 같이 대리양육을 원하는 연고자에 대하여 그 가정에서 아동을 보호 · 양육할 수 있도록 조치를 했고, 또한 아동보호를 희망하는 가정에 보호를 위탁하는 제도를 마련했다. 그리하여 점차로 시설보호에서 가정적 보호로 전환해 나가도록 이에 대한 연구와 정책적 배려가 있어야 하겠다.

8. 兒童福祉施設에 대한 새로운 概念, 體系, 機能의 適用

① 지금까지의 시설에 대한 수용 · 보호적인 개념에서 정상화, 재활, 사회통합 등의 시설의

의의를 강조하는 경향으로 나가야 하겠다.

② 시설의 체계적 분류, 통합 및 세분화 과업에 요청된다(수용형 · 상담형 · 통원형 · 이용형 등). 또한 시설 종별에 따른 위치 · 구조 · 설비 · 기구 등을 확보해야 한다.

③ 기능면에서 볼 때 지금까지의 수용이나 생활보호 위주의 기능에서 전문적인 예방 · 치료 · 재활 · 교육 · 상담 등의 기능을 강화하는 방향으로 발전시켜 나가야 하며, 동시에 이 일을 뒷받침할 수 있는 전문인력의 확보 및 활용도 이루어져야 하겠다.

그리하여 시설에서도 일반가정 이상으로 아동의 양호와 교육을 보장하며, 건전한 집단생활환경을 통해서 아동의 성장을 기할 수 있도록 그 기능을 수행해야 할 것이다. 따라서 앞으로의 아동시설은 어린이들의 생활공동체로서 그들의 개성을 발전시켜 건전한 성장발달을 보장할 수 있는 환경으로 변모시켜야 할 것이다.

9. 早期診斷과 治療를 통한 障碍兒의 社會復歸

아동의 신체나 정신의 크고 작은 장애에 대해서 발견되는 대로 가능한 한 빨리 조기진단과 치료 및 적절한 서비스를 제공하여 가정이나 사회에 복귀하여 사회적 제기능을 최대한도로 수행할 수 있게 하는 것이 중요한 과제 중의 하나인 것이다. 더욱이 해마다 장애자의 수는 증가일로에 있으므로 아동의 심신장애를 그대로 방치한다고 할 때 그만큼 개인적으로나 국가적으로 손실을 가져오게 됨을 유의하지 않으면 안 된다.

이미 선진제국에서는 장애자의 처우를 시설에만 의존하지 않고 지역사회 보호(community care)서비스를 강조하여 지역 내 제반서비스를 활용케 하며, 주로 사회복지기관이나 지역사회단체의 협조하에 행정기관이 주체가 되어 여러 가지 서비스를 제공하고 있다. ㉠ 거택서비스와 시설서비스의 알선, ㉡ 장애자복지센터나 클럽운영, ㉢ 교육 · 오락 · 휴양 · 보건 · 사고 · 고용 등의 서비스 제공 등이다.

장애자를 가정과 수용시설에 계속 한정한다면 사회적으로는 격리된 상태여서 성격이 비뚤어져 사회적응이나 자치능력을 기를 기회를 상실하게 되므로 지역사회를 통한 보호나 서비스 부여가 절실히 요청된다고 본다.

따라서 의사, 사회사업가, 심리학자, 교육자 team approach 등의 방법을 통해서 이들을 제치게 하여 사회에로의 통합의 질을 모색케 해야 할 것이다.

10. 情緖障碍兒童을 위한 精神健康 서비스

많은 아동들이 행동면에서 문제를 지니고 있으며(공격적 · 자폐적 · 신경증적), 심한 경우에는 법적인 보호대상이 되어 가정이나 사회환경에 적응하지 못하는 아동이 되어 간다. 이들 문제청소년들의 성격과 경향을 살펴보면 가정적 환경, 경제적 요인, 정서적 요인, 교육문제, 건강문제, 사회적 영향(불량교우) 등이 있는데, 이 중에서 경제적 요인보다도 정서적 요인이 더 많은 비율을 차지하고 있음을 알 수 있다.

이미 선진국에서는 이들을 위해서 지역사회 정신건강원(community mental health center)이나 아동진료소 및 정서장애아 단기치료센터를 설치하여 문제를 해결하고 있지만 우리의 경우는 이들에 대한 예방이나 진단 또는 치료가 매우 미약한 상태에 있다. 다만 새로 개정된 아동복지법에는 정서장애시설을 설치할 근거를 마련해 놓고 있는 바 앞으로 사회복지적 차원에서 관여해야 할 새로운 영역이라 하겠다.

11. 父母敎育의 광범위하고 체계적인 實施

'문제의 부모에게 문제아동이 있다' 라는 격언이 시사하는 바와 같이 문제아동의 배후에는 부모의 무관심 · 유기 · 학대 등의 문제를 파생케 하는 요인이 도사리고 있는 것이다.

사회의 급격한 변천에 부응해서 급증하는 이들을 지도 · 육성할 수 있는 능력을 부모들은 점차 상실해 가고 있다. 그리하여 부모를 세대의 인생관이나 가치관 · 양육관이 젊은 세대들의 표준이나 기대에 부응하지 못하며, 오히려 부모들의 기준으로서의 강압적 동일시는 아동에게 반발과 이탈을 조장시키는 결과를 초래할 뿐이다.

아동의 기본적 수요충족에 관한 교육 및 홍보활동을 강화하고, 가정의 기본적 수요와 정부기관의 서비스를 효과적으로 연결할 수 있도록 폭넓고 체계적인 사회교육적 프로그램이 개발되어야 하겠다.

12. 地域兒童을 위한 娛樂과 課外活動施設

경제개발이나 성장정책은 지역사회를 급격하게 변모시켜 놓았다. 언덕 위에는 집들로 가

득차게 했으며, 냇가는 도로로 변하여 그 속에서 놀던 아동들은 놀이장소를 잃고 길가에서 위험과 사고에 노출되고 있다. 이미 서울의 경우를 보면 국민학교 아동들의 놀이장소는 물론이고 소풍갈 마땅한 장소마저 찾기가 어려워 해마다 일정한 곳으로만 반복하게 되어 관심과 흥미를 잃어 가고 있다고 한다.

아동들에게 지역이란 단순한 물리적인 놀이터일 뿐 아니라 그들 생활의 민주적이며, 사회적인 공동체적 의식발달의 기반이 되는 것이다.

이와 같이 아동들이 힘차게 뛰어 놀 수 있는 지역적 생활환경을 잃어가고 있다는 사실은 아동의 건전한 성장발달을 저해하는 중요한 요인이 아닐 수 없다. 또한 건전치 못한 TV프로그램이나 불량도서 등 생활환경에 도사리고 있는 불량물에 대한 과감한 추방운동을 전개하여 아동의 생활환경개선에 만전을 기해야 할 것이다.

신설되는 주택단지나 도시계획에는 어린이놀이터, 아동회관 등의 어린이놀이시설이 구비되어야 하며, 어린이공원, 아동휴양숙박시설, 야영장 등 아동을 위한 시설이 확충되어야 할 것이다.

13. 零細地域 兒童들의 福祉事業에 특별한 優先順位 附與

취약한 농·어촌이나 도시의 변두리 지역에는 많은 어린이들이 위험하고 불우한 환경에 방치된 채 성장하면서 그들의 부모를 따라 빈곤과 불우한 생활을 되풀이 하는 악순환을 거듭하기 쉽다. 이들은 출산시부터 비위생적 환경불량한 의·식·주 생활환경으로 인하여 심신의 건강에 많은 지장을 가져오며, 정신박약아의 대다수가 이러한 영세지역의 생활환경에서 비롯되고 있으므로 이들을 위한 과감한 공적 투자나 민간단체의 적극적인 협조가 요청된다.

第14章
障碍者福祉政策

第 1 節 障碍者와 障碍者福祉의 概念

1. 障碍者의 概念

장애자에 대한 개념은 매우 복합적인 성격을 지니고 있어 명확한 정의를 내리기는 쉽지 않다. 장애의 연령이나 종류, 장애의 정도와 그 판별방법, 기타 조건, 장애자에 대한 판별시각(교육대상 혹은 복지대상) 등에 따라 장애인의 의미가 달라지고, 또한 시대의 변천에 따라 각기 다른 의미를 지니게 된 것이다. 장애자의 일반적 개념을 규정할 때 기능상실(impairment), 기능장애(disability) 및 사회적 장애(social handicap) 등의 용어를 중심으로 고찰하는 경우가 있다.[1)]

① 기능상실의 개념은 대체로 사지(四肢)중의 하나가 절단 · 상실 · 기형인 상태와 해부학적인 면에서의 기능상실을 의미한다. 따라서 간 · 허파 · 감각기관 · 정신 · 신장 등의 대체로 이 기능상실은 세 분야로 구분할 수 있다. 즉, 첫째 뇌인혈 · 뇌성마비 등의 뇌기능상실상실이나 기능장애를 포함하며, 주로 의학적인 진단에 의하여 부상의 범위와 정도가 책정된다. 둘째, 언어장애 · 시각장애 · 청각장애 등의 시청각상실, 셋째 심장 · 호흡기장애 등과 정신질환 · 백치 · 치우 · 노둔(魯鈍) 등의 심신질환 등이다.

② 기능장애란 위와 같은 기능상실로 인하여 일상생활이나 사업행위상의 제한이나 장애를 말한다. 기능상실이 반드시 기능장애를 수반하지 않는다. 기능상실이 일반적으로 영구적 성질을 지니는 반면 기능의 장애는 적절한 치유에 의해 제거 내지 완화될 수 있는 점에 차이가 있다.

③ 사회장애란 기능장애로 야기되는 사회적 결과를 총칭한다. 엄밀한 의미에서 보아 기능

1) 황진수, 『현대복지행정론』, 대영문화사, 1993, pp. 171~174.

상실과 기능장애는 상대적 의미를 지니고 있어 한 개인의 사회적 · 경제적 · 교육적 환경이나 성격구조에 따라 사회생활의 제한요소가 될 수도 있고 그렇지 않을 수도 있다. 만일 제한적 요소가 직접적으로는 되지 않는다 하여도 일종의 기능상실자가 되었다는 것은 통계학적 내지 규범적 보편성에 위배되는 것이기 때문에 이로 인해 야기되는 사회적 반응 · 선입관 · 편견 등으로 당하게 되는 모든 상황을 사회적 장애라고 할 수 있다. 이러한 개념을 강조하는 이유는 기능상실과 기능장애의 치료와 재활은 대체로 의학에서 전담해야 할 분야를 규정지울 수 있으며, 사회복지가 보다 직접적으로 개입해야 할 부분은 사회적 장애라는 점 때문이다.

ILO의 신체장애인의 직업갱생에 관한 권고에서 규정하고 있는 정의를 보면 "장애인이란 신체적 또는 정신적 결함의 결과가 적당한 직업을 확보하거나 그것을 계속 추진해 갈 전망이 없는 상당히 손상을 받은 개인을 말한다"라고 말하고 있는 바 이는 타고난 장애이든 환경적 · 사회적 장애이든간에 신체적 · 정신적 기능상의 차이 때문에 가족생활이나 사회생활에 있어서 자기 스스로 수행할 수 없는 사람을 의미한다고 하겠다.

장애인에 대한 실정법상의 개념정의는 다음과 같다. 미국의 재활법(1973)에서 장애인이란 주요 생활분야에 있어 한 분야 이상 실질적인 제한을 주는 신체적 · 정신적 결함을 갖고 있는 자라고 하는가 하면, 일본의 심신장애인대책기본법에서는 장애인이란 지체부자유, 시각장애, 청각장애, 심장기능장애, 음성기능장애, 언어기능장애, 평형기능장애, 호흡기능장애 등의 고정적 장기간 장애 및 정신박약 등의 정신적 결함이 있기 때문에 장기적으로 일상생활이나 사회생활에 상당한 제한을 받는 자라고 밝히고 있다.

1981년 제정된 한국의 심신장애인복지법에서는 심신장애인을 지체부자유, 시각장애, 청각장애, 음성 · 언어기능장애 또는 정신박약 등 정신적 결함으로 인하여 장기간에 걸쳐 일상생활 또는 사회생활에 상당한 제약을 받는 자로서 대통령령으로 정하는 기준에 해당하는 자로 규정하고 있다.

이상에서 살펴본 바와 같이 장애인은 선 · 후천적인 원인으로 신체적 또는 정신적인 능력이 낮아서 자기 스스로 개인적 · 사회적 생활을 하기가 곤란하므로 다른 보호대상자들보다는 달리 특별한 보호를 받아야 할 사람들인 것을 알 수 있다.

2. 障碍者福祉의 槪念

장애인복지의 개념은 두 가지 측면에서 고려되어야 한다. ① 장애인에 대한 바람직한 이념이나 목표의 정립과 관련되는 목적적 개념이다. 이것은 신체적 · 정신적 · 사회적 장애를 갖는다 하여도 인간의 존엄성과 가치가 인정되고 장애인 스스로 최선의 노력으로 만족된 생활을 영위해 나가는 것을 이상으로 하는 것이다. 이를 위하여 인간의 전면발달의 최적화된 기회를 보장하는 것이 장애인복지의 기본이념이며 목표이다. 이러한 장애인복지에 대한 목적론적 개념은 장애인의 존재를 인식하여 장애인들도 정상인과 같이 동등한 인권을 가진 사회구성원이라는 올바른 장애인관을 확립하고 인격체로서 정당한 대우를 받도록 하는 것을 의미한다. ② 장애인복지의 또다른 측면에서의 개념은 복지정책 · 제도 · 원조활동 · 교육 · 의료 등을 포함한 사회정책적 측면을 양극으로 하는 연속성 속에서 찾아지고 이 양자의 관계는 분리된 것이 아닌 통일체의 양극면이 되는 사회복지의 실체개념을 제시하였다. 이 개념을 장애인복지라는 측면에서 보면 장애인의 생존권과 발달권을 보장하는 정책의 제도적 측면에서부터 임상적 측면까지를 조직적으로 망라하는 대책이라 할 수 있다. 이러한 실체적 개념상 장애인복지는 연금이나 보험에 의한 소득보장에서 출발하여 심신의 기능회복 지도, 물리적 · 심리적 처우 및 노동환경의 정비 등 질병 · 교육 · 노동에 관한 장애인의 제욕구에 대응하는 정책에서부터 기술적인 측면에 이르기까지의 일련의 정책을 포함하는 것으로 볼 수 있다.

장애인복지는 사회복지의 한 분야로서 장애인들의 각종 장애로 인한 가족생활 및 사회생활의 곤란에 대하여 이들이 여러 분야의 재활활동을 통하여 안정된 삶을 영위하도록 도와주는 국가 및 사회의 조직적 활동과 노력이라고 말할 수 있다.[2] 장애인복지는 사회복지의 일분야로서 지체장애, 시각장애, 청각장애, 언어장애, 정신지체 등의 장애로 인한 가족생활, 사회생활의 곤란에 대하여 의료적 재활, 교육적 재활, 직업적 재활, 사회적 재활, 심리적 재활 등을 통하여 사회적 인식의 개선과 물리적 환경을 조성하며, 모든 분야에서 사회적 생활이 보장되고 심리적으로 안정된 삶을 영위하도록 원조하는 국가 및 사회의 조직적 노력의 총체를 말한다.[3]

장애인복지는 장애인이 가지고 있는 잔존능력을 최대한으로 개발하여 사회적응이 가능하도록 하고 국민운동과 주민운동을 통해 장애인을 그 지역사회 내에 포용할 수 있는 정상화(normalization)이념을 기초로 해야 한다. 그리고 재활사업을 통하여 장애인복지시설에 수용 · 보호하고 있는 장애인을 사회에 복귀하도록 하는 것이 장애인복지의 중요한 과제이다.

따라서 장애인복지는 장애인이 갖는 장애적 조건을 인적 · 물적 · 사회적 제자원의 활용과 협력을 통해서 가능한 한 경감 · 해소하고, 다른 모든 사람과 동등한 생활조건과 생활안정을 확보하게 하며, 더 나아가 그 장애 때문에 갖게 되는 사회적 · 심리적 · 물리적 장애와 이와 같은 사회적 상황을 만들어내는 일반 사람들의 장애인에 대한 편견을 극복 내지 개선하는 데

2) 최항순, 『복지행정론』, 신원문화사, 1996, p. 386.
3) 전재일 외 공저, 『사회복지론』, 형설출판사, 1993, p. 271.

에 깊은 관련을 갖고 있는 활동이라고 할 수 있다.

요컨대, 장애인복지는 생리학상의 문제를 개인의 불행으로 돌리는 일반사회인의 편견이나 약한 자를 더욱 불리하게 하는 경쟁사회의 구조에 대하여 장애인이 생활의 위기를 대처해 나가도록 예방적 · 사회경제적으로 개입하는 시책과 실천행동이라고 할 것이다.

第 2 節 障碍者福祉政策의 內容

1. 基本原則

장애인복지의 기본원칙은 이것을 실시하는 나라마다 각기 사회적 배경이 서로 다르며, 또한 관계분야가 서로 다른 사람들에 의해서 제시되고 있으므로 그 강조점에 차이가 있으나, 이 중에서 중요사항을 포괄적으로 망라한 영국의 〈신체장애인 갱생 및 취직위원회에 의한 장애자 복지사업〉의 제원칙을 살펴보기로 한다. 그 원칙의 내용은 다음과 같다.[4)]

① 갱생원호의 기본사상은 민주주의에 의한 사회연대정신에 입각한 것이어야 한다.

② 갱생원호의 수행자는 대부분의 장애자에 대해 적절한 원조가 제공되면 그들도 정상인과 똑같이 또는 정상인에 가까운 활동을 할 수 있다는 사실을 알고 있어야 한다.

③ 장애인복지사업은 장애의 초기부터 시작되어야 한다.

④ 장애인복지사업은 단절되지 않는 일관된 과정이어야 하며, 더욱이 의료 · 직업 · 교육 · 생활원조 등과의 공동사업이어야 한다.

⑤ 장애인복지사업은 장애인의 욕구의 특수성을 먼저 이해하고 이를 바탕으로 하는 개별적 서비스이어야 한다.

⑥ 장애인을 시설에 수용 · 보호할 필요가 있을 경우에는 그에 따른 이점과 단점을 먼저 알아보아야 하며, 일반 정상인 사회에 가능한 한 빨리 복귀시키도록 노력하여야 한다.

⑦ 장애인이 지니고 있는 문제를 심리학적으로 판정하고 이해하며, 장애자복지사업을 계획할 때 개개의 심리적 특징을 고려하여야 한다.

⑧ 장애인의 직업선택에 있어서는 그들의 능력에 적합한 것인지를 고려해야 한다.

⑨ 장애인 복지사업의 배경에는 사회의 올바른 인식과 지지가 필요하다. 또한 장애인에 대한 사회의 태도로서, 장애인의 잠재능력을 인정하고 정상인과 같은 인격적 존재로 인식하는

---

4) 최항순, 「복지행정론」, 신원문화사, 1993, pp. 395~399.

자세가 필요하다고 할 것이다.

2. 障碍者福祉對策

오늘날의 장애인복지대책은 장애인에게 의료적 · 직업적 · 사회적 · 교육적인 재훈련을 통합적으로 실시함으로써 각 개인이 가능한 한 최대한의 기능을 회복하도록 하는 재활사업에 초점을 두고 있다. 따라서 여기서는 장애인 재활사업을 중심으로 복지대책을 고찰해 보고자 한다.[5]

1) 의학적 재활

의학적 재활이란 질병이나 사고에 의한 후유증 · 만성질환 · 노인병 등 장기치료를 요하는 환자의 잠재능력을 개발하여 자연치료를 적극적으로 촉진시키는 기술로서 내과적 치료의 응용과 함께 모든 물지적 · 심리적 수단을 보충적으로 병용하는 일련의 의료조치인 것이다. 이것은 일상생활상의 동작훈련, 물리요법, 직업요법, 언어요법, 보조기구에 의한 처치와 이를 통한 훈련, 그리고 의료사회사업가에 의한 원조 등을 포함하고 있다.

2) 직업적 재활

ILO에 의하면 직업적 재활은 계속적이며 총체적인 갱생지도과정의 한 국면으로서 장애인이 적당한 직업을 확보하고, 그것을 유지할 수 있도록 직업상의 원조, 즉 직업훈련, 직업지도, 선택적인 직업소개를 하는 것을 의미한다. 또한 장애자의 여러 욕구중에서 직업적인 생활능력의 회복과 장애자의 직업적 신분보장을 위한 일련의 원조를 담당하는 분야를 직업적 재활이라고 한다.[6] 이것은 의학적 복지대책을 기반으로 하여 장애자의 생활을 일반의 경제사회수준에서 전개시킬 수 있도록 하는 것이다.

3) 사회적 재활

사회적 재활은 장애인이 의학적으로 치유되고 직업기술을 습득하는 것만으로는 충분하다고 할 수 없으므로 인간이 사회생활을 영위하는 데에 따르는 욕구 전반에 관심을 가지고 장애인이 일반사회의 한 성원이 될 수 있도록 장애인과 사회와의 관계를 물심양면으로 개선하

5) 장인협, 「사회복지학개론」, 서울대학교출판부, 1986, pp. 266~269.
6) 小島蓉子, 「心身障碍者福祉」, 誠信書房, 1970, p. 156.

는 것을 목표로 하고 있다. 따라서 사회적 복지대책은 장애인`개인의 문제해결을 위한 미시적 측면뿐만 아니라 장애인을 둘러싸고 있는 사회제도나 조직을 재편성하거나 발전시킬 수 있는 거시적 측면까지도 포함하고 있는 것이다.

4) 교육적 재활

교육적 재활이란 장애인이 가지고 있는 잠재능력을 최대한도로 발휘하게 하여 사회에 나가서 활용할 수 있도록 도움을 주는 교육제도나 기술을 총칭하는 말이다. 따라서 교육적 재활의 대상자는 교육적 욕구를 가지는 모든 장애인으로서 이들은 단적으로 특수교육을 필요로 하는 학령기의 장애아동뿐 아니라 대학교육 · 전문교육 · 사회교육 및 지능교육 등을 받음으로써 최대한도로 유용한 시민이 될 수 있다고 판정되는 모든 연령의 장애인을 포함하는 것이다.

여기서 특수교육이란 정상아에게 맞는 교육이 아니라 장애인의 조건에 맞는 교육을 뜻한다. 그것은 의학적 복지대책의 흐름에 따라서 심신의 장애부위를 복원시키려는 노력임과 동시에 독자적인 교육과정을 준비하여 장애인의 자질에 맞는 사회생활능력을 향상시키려는 노력인 것이다. 즉, 특수교육이란 장애인의 특성을 현실적으로 인정하면서 그 사람 나름대로 인간으로서 보람있는 생활을 영위할 수 있도록 능력을 키워 주려는 것이다.

5) 심리적 재활

육체적으로나 직업적으로 또는 의학적으로는 사회복귀가 비교적 용이한 장애인에 있어서도 장애인이라는 사실 때문에 갖게 되는 사실을 장애인 스스로 지각하고 극복할 수 있도록 원조하는 것이 물리적인 원조이상으로 중요하며, 전생애를 통해 영향을 미치는 것이다.

장애인에 공통되는 심리적 조건으로서 사회적 열등감과 불안감을 들 수 있다. 일반인이 장애인을 볼 때 신체의 일부위에 결함을 가지고 있는 인간이라는 생각 대신에 인간 전체에 결함이 있다고 오해하기 쉽다. 그런데 장애인 본인은 인간으로서의 기본적인 자기 존중의 욕구나 사회적 지위에 대한 욕구를 가지는 까닭에 정신내면의 세계에서 대립이 일어나게 되며, 따라서 여러 가지 욕구불만에 빠지기 쉽다. 장애인에게 흔히 있다고 생각되는 태도나 행동은 그들에게 공통되는 특이한 성격에 기인하는 것이 아니라 그들 개인의 성격이 사회적 요건에 의해서 영향을 받았기 때문이다.

장애인의 심리상태에 있어서 문제가 되는 열등감, 의존심, 몰이해에 대한 공포, 장애를 숨기려는 욕구 등을 극복할 수 있도록 원조하는 것이 임상심리학자, 카운셀러 및 정신과의사 등의 전문직에 의한 심리적 복지대책인 것이다.

6) 오락활동서비스

중증장애인은 비록 생산적인 작업에 참여하지 않더라도 인간인 이상 생활의 리듬을 느낄 수는 있다. 오락활동은 이들 중증장애인뿐 아니라 훈련중인 중·경증장애인에게도 모두 필요한 것이다. 장애인을 위한 오락활동 중에서 캠프프로그램은 이들에게 사회적 참여능력을 발전시키고 사회적 참여에 자신을 갖게 할 수 있다. 이러한 오락활동서비스를 폭넓게 제공함으로써 이들의 생활면이나 행동면에서 정서적 안정과 즐거움을 맛보게 할 수 있는 것이다.

7) 시설서비스

시설서비스로는 경증이나 중증장애인을 위한 통원시설과 중증장애인을 위한 수용보호시설을 들 수 있다. 통원형 장애인복지시설로는 ① 정신지체아 통원시설, ② 지체부자유아 통원시설 등이 있고, 수용형 장애인복지시설로는 ① 정신지체인 보호시설, ② 맹아·농아·양호시설, ③ 지체부자유아 보호시설, ④ 중증 장애인 보호시설 등을 들 수 있다.

이 밖에도 장애인을 위한 생활관이나 체육관·수영장 등의 시설을 제공하여 이들이 건전하게 성장·발달할 수 있는 환경을 마련하여야 한다. 또한 공공건물을 지을 때에는 장애인들의 욕구가 충족될 수 있도록 특수시설을 갖추어야 할 것이다.

第 3 節 韓國의 障碍者福祉政策의 現況

1. 障碍人 福祉增進

1) 개 요

1980년대에 들어서면서부터 사회복지서비스 부문의 하나인 장애인복지에 대하여 본격적으로 정책을 수립하고 추진하게 되었으며, 그 이전에는 한국전쟁으로 인하여 발생한 장애아동들에 대하여 수용구호위주의 지원이었고 장애인문제에 관한 인식은 지금처럼 보편화되지 못했다.

UN이 1981년을 세계장애인의 해로, 이어 1983~1992년의 10년 동안을 세계장애인을 10년으로 선포하는 등 전 세계적으로 장애인에 대한 관심이 증대되면서 우리나라에서도 1981년에 심신장애자복지법을 제정·공포하고, 1988년 대통령직속으로 장애자복지대책위원회를 설치, 같은 해 10월부터 장애인등록사업을 시작했으며, 제8회 서울장애인올림픽을 개최하는 등 장애인복지에 대한 관심을 많이 갖게 되었다.

또한 1989년 심신장애자복지법을 장애인복지법으로 전면 개정하고, 1990년 장애인고용촉진 등에 관한 법률의 제정 및 1994년 특수교육진흥법의 전면 개정 등 일련의 조치를 통하여 종합적이고 체계적인 제도적 기틀을 마련하는 한편 장애인에 대한 의료 · 직업 · 교육재활의 기초를 마련하였다.

1990년 한국보건사회연구원이 실시한 장애인실태조사 결과에 의하면 1990년 현재 전국 장애인은 956천 명(장애인출현율 인구 1천 명당 22.1명)으로 추정되고 있으며, 가구단위로는 전체 가구의 7.5%인 약 872천 가구에 장애인이 거주하는 것으로 나타났다. 이 중 등록 장애인은 1994년말 현재 347,275명이며, 연도별 등록장애인 추이를 보면 다음과 같다.

〈표 14-1〉 연도별 등록장애인 추이

(단위 : 명)

연 도	계	지 체	정신지체	시 각	청각언어	보훈대상
1990	248,447	125,267	31,686	14,698	28,721	48,075
1991	272,541	144,080	33,852	15,720	30,373	48,516
1992	293,467	158,477	35,619	16,721	31,602	51,048
1993	317,939	176,015	38,260	17,977	33,190	52,497
1994	347,275	197,628	41,644	19,876	35,098	53,029

보건복지백서, 보건복지부, 1995, p. 359.

2) 장애인복지정책의 기본방향

장애인복지의 기본목표는 장애인의 완전한 사회참여와 평등을 보장하는 것이며, 이를 달성하기 위한 기본정책 추진방향으로는 ① 장애인복지정책의 장기전략을 수립하여 2000년대의 복지수요를 예측하고 사회의 급변에 따른 복지수요에 적절하게 대처하며, 장애안의 사회통합을 위한 복지서비스의 제공, 정부 및 민간단체의 상호협력관계를 조성해 나가며, ② 장애인의 사회참여활동을 강화하기 위하여 일반인이 장애인에 대하여 가질 수 있는 부정적 편견을 바로잡기 위해 적극적인 홍보활동을 전개해 나가며, 장애인의 사회활동 촉진을 위해 각종 편의시설을 확충하고, ③ 장애인복지시책의 내실화를 위해 중증, 중복장애인의 완전한 보호를 위한 복지시설의 확충과 보호수준의 향상, 생계보조수당의 지급 등 장애인에 대한 각종 사회경제적 지원을 확대하며, 재가장애인이 일반인과 동등하게 사회생활을 할 수 있도록 자립능력향상을 위한 재활서비스 제공에 역점을 두어 추진하고 있다.

3) 장애인종합대책의 추진

장애인은 의료를 비롯한 교육, 직업, 사회적 재활을 위한 복합적이고 다양한 복지욕구를 갖고 있어 종합적인 복지대책의 수립추진이 요구되고 있다. 이에 따라 지난 1989년 장애자복지대책위원회가 건의한 종합대책을 토대로 법령 제 · 개정작업을 추진하는 등 내실화를 도모하여 나가는 한편 2천년대를 대비하고 우리의 경제발전수준에 걸맞는 장애인복지 장단기 대책을 수립하여 단계적으로 추진해 나갈 계획이다.

2. 在家障碍人 自立自活 支援

1) 의료재활서비스

장애인복지서비스 중에서도 의료재활서비스는 가장 우선적으로 이루어져야 할 부문이라 할 수 있는데, 이는 장애인의 의료재활은 전인적 재활의 첫 단계로서 다른 부문의 재활, 즉 직업재활, 사회심리재활을 이루기 위한 토대가 되기 때문이다.

그간 재활전문의, 물리치료사, 작업치료사 등 전문인력을 양성하고, 재활의료기관을 확대하는 한편, 생활이 빈곤한 장애인에게는 의료비를 지원하는 등 의료재활서비스대책을 확대 · 실시하고 있다.

〈표 14-2〉 의료재활전문인력 확보현황

(단위 : 명)

연 도	재활전문의	물리치료사	작업치료사
1981	-	965	14
1985	34	2,553	46
1990	102	6,661	161
1991	123	7,249	179
1992	148	7,921	214
1993	187	8,244	245
1994	232	8,100	266

보건복지백서, 보건복지부, 1995, p. 361.

(1) 국립재활병원 개원 및 재활의료기관 확대

의료비 부담이 과중한 장애인들이 저렴한 요금으로 의료재활 서비스를 제공받을 수 있도록 200병상 규모의 국립재활병원이 근골격재활과, 척수손상재활과, 뇌손상재활과, 정형외과, 내과, 진단방사선과, 약제과, 척추손상재활과, 뇌손상재활과, 정형외과, 내과, 진단방사선과, 약제과, 간호과 등의 직제를 갖추고 1994년 4월 6일 개원하였다. 또한 장애인복지시설에 부설된 재활의료기관 운영의 활성화를 위하여 1995년에는 12개소에 2,614백만 원(국고 980백만 원)의 운영비를 지원할 계획이며, 300병상 이상 종합병원에 재활의학과를 설치하는 등 전문의료기관을 확대해 나갈 계획이다.

〈표 14-3〉 '95 장애인복지시설 부설 재활병 · 의원 운영지원 계획

(단위 : 백만 원)

구 분	병상수	직원수(명)	지 원 액		
			계	국고	지방비
계	449	253	2,614	980	1,634
삼육재활병원(서울)	230	93	694	260	434
주몽재활의원(서울)	19	21	168	63	105
천성아동재활의원(부산)	20	14	168	63	105
인제재활병원(대구)	60	13	224	84	140
행복재활병원(광주)	45	18	218	82	136
성세재활병원(대전)	-	14	168	63	105
충북재활병원(충북)	-	8	168	63	105
신광재활병원(충남)	18	8	126	47	79
덕산부속재활병원(전남)	18	15	126	47	79
경북재활병원(경북)	-	8	168	63	105
홍익재활병원(경남)	39	33	218	82	136
제주재활의원(제주)	-	8	168	63	105

보건복지백서, 보건복지부, 1995, p. 362.

(2) 저소득장애인 의료비 및 보장구 지원

의료비 부담이 과중하여 장애치료에 어려움을 겪고 있는 저소득장애인에게 1990년부터 본인부담 의료비 전액을 정부가 지원하고 있으며, 1995년도에도 19,229명에 대한 의료비를 지원할 계획이다. 또한 장애인의 신체적 기능을 보완하고 일상생활에 불편을 덜어주기 위해 1995년도에 3,000여 명의 저소득장애인에게 600백만 원(국고 435백만 원)의 예산으로 휠체어 · 의수족 · 보청기 등 보장구를 무료로 지급해 줄 계획이다.

〈표 14-4〉 장애인보장구 교부실적

(단위 : 건)

구분 / 연도	계	교부실적					기 타
		의수족	보조기	휠체어	보청기	흰지팡이	
1980	1,442	957	186	299	-	-	
1985	1,268	406	209	309	344	-	
1990	3,351	1,702	490	1,193	454	142	
1994	2,716	881	334	797	411	293	

보건복지백서, 보건복지부, 1995, p. 363.

(3) 장애발생예방

선천적 장애발생 예방을 위해 선천성대사이상 검사(先天性代謝異常 檢査) 등 모자보건사업을 강화하고, 후천적 장애발생예방을 위해 관계부처 및 단체의 협조를 얻어 전 사업장을 대상으로 무재해운동확산 및 교통안전 대책을 강화하고, 장애의 조기발견 및 대처방안에 관한 내용의 교재를 개발하여 사회복지관, 보육시설, 보건의료기관, 유치원 기타 각종 교육기관을 중심으로 부모에 대한 교육을 강화할 계획이다.

〈표 14-5〉 선천성대사이상 검사

(단위 : 천명, 백만 원)

구 분	계	1990	1991	1992	1993	1994
검사인원	135	-	29	20	35	51
검 사 비	1,920	-	298	320	544	758

보건복지백서, 보건복지부, 1995, p. 363.

2) 직업재활서비스

장애인복지의 궁극적 목표는 모든 장애인이 자기 능력을 최대한 개발하여 적성에 알맞는 직업을 가지고 사회적 · 경제적 활동에 참여하여 자활자립을 도모하는 것이라 할 수 있다. 장애인의 고용촉진을 위해서는 장애유형과 장애 정도에 적절한 직업훈련의 실시와 취업직종의 개발이 선행되어야 할 것이다.

이를 위하여 근로시설과 보호작업장을 증설하여 근로기회를 확대하고, 취업에 필요한 기능을 습득하도록 직업훈련을 실시하는 한편, 취업알선과 의무고용제도를 실시하여 장애인의 직업재활을 도모하고 있다.

(1) 직업훈련 및 취업기회제공

장애인종합복지관 등 이용시설과 장애인재활시설의 직업훈련시설 및 장비를 보강하여 장애인직업훈련을 대폭 강화하는 한편, 일반기업에 취업이 어려운 장애인들에게 적성직종의 기능을 습득시켜 자립할 수 있는 일터를 마련해 주기 위해 현재 8개소의 장애인근로시설의 운영을 지원하고 장애인재활시설, 장애인종합복지관, 사회복지관 등에 장애인보호작업장을 부설 · 운영하도록 지원(117개소)하여 시설수용 장애인은 물론 지역 내 재가장애인고용촉진공단을 설립하고 장애인전용 직업훈련원(경기도 일산, 7개공과, 교육인원 210명)을 건립 · 개원함으로써 체계적인 장애인직업훈련을 실시하게 되었다.

(2) 장애인의무고용제 시행

장애인고용촉진 등에 관한 법률에 따라 300인 이상 사업체에 대하여는 2% 이상의 장애인을 의무적으로 고용토록 하는 장애인의무고용제가 실시되고 있으며, 국가 및 지방자치단체는 공개채용 공무원의 2% 이상이 장애인으로 채용되도록 시험실시를 의무화하고 있다. 이에 따라 1994년말 현재 9,097명의 장애인이 취업하고 있다. 또한 장애인을 고용하는 사업주에 대하여는 고용에 따른 장애인용 자립작업장을 갖추거나 기숙사를 신 · 증축하는 데 필요한 자금을 무상대여 또는 장기저리 융자하고 있으며 장애인에 대하여는 차량구입비를 융자하고 있다.

(3) 장애인 직업재활시설 확충 및 직업훈련기능 강화

장애 정도가 심하여 일반기업체에 취업이 어려운 장애인들의 기능훈련과 자립을 위하여 장애인 직업재활시설을 확충하는 한편 기존의 장애인 재활시설에 부설 · 운영 중인 장애인보호작업장 등 별개의 시설로 분류 · 정비하여 그 운영을 활성화할 계획이며, 또한 장애인재활시설에 직업훈련장비와 시설을 보강하여 장애인들의 직업훈련기능을 강화했다.

3) 장애인 소득보장과 생활안정지원

장애인들의 일상생활을 영위함에 있어서 필요한 소득을 보충시켜 주거나 금전적 지출을 감면해 줌으로써 장애인생활안정을 도모하기 위하여 '심신장애자복지법'을 '장애인복지법'으로 전면 개정하여 자녀학비지원, 생업자금대부, 생계보조수당지급, 공공요금감면 등 장애인의 소득보장을 위한 생업지원을 제도화하였다.

(1) 장애인 생계보조수당의 지급

일상생활을 영위하기 어려운 저소득 중증 · 중복장애인의 생계안정을 위하여 1990년부터 월 2만 원씩 지급하던 생계보조수당을 1995년에는 총 14,000명에게 월 3만 원씩 지급(5,040백만 원)할 예정이며, 연차적으로 그 대상과 금액을 확대했다.

(2) 장애인 자녀교육비 지원

정상인에 비하여 소득활동에 제한을 받으면서 의료비 · 교통비 · 보장구 구입비 등의 지출이 상대적으로 높은 저소득장애인 가구의 자녀에 대한 교육비를 지원하여 빈곤의 세습을 방지하며, 균등한 교육기회를 보장하고 장애인 가구의 생활안정을 도모하기 위해 1995년도에 3,450명의 입학금 및 수업료 전액을 지원할 계획인 바, 특히 1995년부터는 종전 중학생 자녀만 지원하던 것을 실업계 고교생자녀까지 그 대상을 확대하였다.

(3) 장애인 자립자금 대여

자활자립이 가능한 저소득장애인이 자영업을 할 수 있도록 장기저리의 장애인 자립자금 대부사업을 1992년도부터 시행하고 있으며, 1995년도에는 연리 6% 5년 거치 5년 상환의 조건으로 가구당 800만 원 한도 내에서 612가구에 정부 재정투융자 특별회계에서 자금을 대부하고 있다.

4) 재가장애인 이용시설 확충

1988년 서울장애인올림픽을 계기로 장애인에 대한 일반국민의 인식개선과 더불어 장애인들의 복지욕구 또한 급격히 증가하고 있다. 따라서 장애인들이 가정에서 생활하면서 치료와 교육 및 직업훈련서비스를 받도록 시설을 보다 다양하게 설치하여 이들의 이용기회를 확대하고 있다. 이러한 장애인 이용시설로는 재가장애인에 대한 상담, 치료, 교육훈련, 사회와의 교류촉진 및 여가활용 등의 종합적인 복지서비스를 제공하고 장애인문제의 계몽 · 홍보 및 조사연구를 통해 지역 재가장애인의 자활자립과 복지증진을 도모하기 위해 각 시 · 도 단위에 건립되는 장애인종합복지관과 지체 · 시각 · 청각 · 언어 및 정신지체 등 일정 유형 장애인의 복지서비스를 전문으로 하는 장애인 종별 복지관을 운영중이며, 1995년에는 종합복지관을 3개소 건립하고 재활병 · 의원 2개소에 신규로 운영비를 지원하는 등 재가장애인을 위한 이용시설을 연차적으로 확충해 가고 있다.

아울러 재가장애인에 대한 순회재활서비스를 확대하기 위하여 1994년도에 장애인복지관 36개소와 재가장애인 순회재활서비스센터 21개소에 운영비 12,578백만 원(국고 4,721만 원)을 지원하였으며, 1995년도에는 70개소에 15,445백만 원(국고 5,164백만 원)의 운영비를 지원할 계획이다.

〈표 14-6〉 재가장애인 이용시설 현황

(단위 : 개소)

계	장애인종합복지관	종별복지관	종합복지관분관	순회재활서비스센터
57	23	13	9	21

* 종별복지관 : 시각장애자복지관, 정립회관, 정신박약자복지관, 맹인복지관, 뇌성마비복지관, 상이군인복지관, 성분도복지관, 노틀담복지관, 엠마우스복지관, 전남명도복지관, 부산맹인복지관, 서울시각장애인복지관, 보건복지백서, 보건복지부, 1995, p. 369.

5) 맹인심부름센터 설치 · 운영

1984년 12월 20일부터 맹인심부름센터를 사단법인 한국맹인복지연합회에 부설 · 운영토록 하여 직장 출 · 퇴근, 민원업무대행, 일상생활을 위한 출타 · 귀가 등을 저렴한 비용으로 신속하게 대응하여 줌으로써 생활의욕을 고취시키고 일상생활에 대한 적응능력을 높이는 등 시각장애인의 복지증진에 기여하고 있다. 1995년 1월 1일부터 5개소를 확충 전국 15개 시 · 도에 각 1개소씩 총 15개소를 설치 · 운영하고 있다.

3. 障碍人 福祉施設의 擴充 및 內實化

1) 현 황

장애인복지시설이라 함은 장애인을 수용하거나, 장애인이 시설에 내왕케 하여 재활에 필요한 상담 · 치료 · 교육 · 훈련 및 요양 등의 장애인복지사업을 수행하는 사회복지시설을 말하며, 그 시설로는 장애인복지법 제37조에서 정한 바와 같이 장애인재활시설, 장애인요양시설, 장애인유료복지시설, 장애인이용시설, 장애인 직업재활시설, 점자도서관, 점서 및 녹음서 출판시설로 구분하고 있다.

1994년말 현재 전국 216개의 시설이 운영되고 있으며, 그동안 지속적인 시설확충과 의료 및 직업재활장비의 보강을 통하여 장애인재활기능을 크게 확충하고 전문화하였다.

〈표 14-7〉 장애인재활(수용)시설 현황

(1994년 말 현재)

구 분	계	수용 시설	요양 시설	근로 시설	단종 복지관	종합 복지관	기 타
시설수	216	106	46	8	13	23	20
입소자	13,936	10,291	3,261	384	-	-	-

* 기타 20(재활병 · 의원 12, 장애인체육관 8), 보건복지백서, 보건복지부, 1995, p. 370.

2) 장애인복지시설 운영개선

그동안 장애인복지시설의 수적인 증가는 물론 시설기능의 보강 및 서비스개선을 위해 부단한 노력을 경주하여 왔으나, 사회적 여건의 변화와 증대되고 있는 장애인욕구에는 부응하지 못하고 있는 실성이다. 따라서 장애인복지시설의 효율적 운영과 전문적인 재활서비스 개선을 위하여 다음과 같은 사항이 있다.

첫째, 장애인재활시설, 요양시설, 장애인이용시설 및 장애인근로시설을 대폭 증설하고, 이들 시설운영비의 지원을 현실화하는 방안을 강구해 나갈 계획이다.

둘째, 장애인복지수용시설에서 최선의 재활서비스 제공을 위하여 장애별(장애종류), 장애증세별(장애 정도 또는 장애부위), 작업가능 분야별로 구분하여 보호하고, 현재 법정기준에도 미달되게 배치되어 있는 장애인복지시설의 재활전문인력(의사, 간호사, 물리치료사 등 각종 치료사, 직업훈련교사, 보육사 등)과 관리직원(사무원, 영양사, 취사원, 세탁원 등)을 수용인원 규모에 따라 적정하게 확대 · 배치할 계획이다.

셋째, 사회복지시설종사자 처우개선을 위해 1990년도부터 근속호봉제를 시행하고 있으나 아직도 그 보수가 절대적으로 낮은 수준이므로 이들 시설종사자의 보수를 개선함과 아울러 보조원 · 생활지도원 등의 직종은 교대근무가 이루어질 수 있도록 근무여건을 개선해 나갈 계획이다.

〈표 14-8〉 연도별 장애인 복지시설 운영비 지원 현황

(단위 : 백만 원)

구 분	1993		1994		1995	
	사업량	금 액	사업량	금 액	사업량	금 액
계		26,052		32,841		37,578
1. 장애인복지시설운영		19,769		27,711		31,523
종사자 인건비	3,137명	13,175	3,277명	17,481	3,441명	20,213
종사자 수당	3,137명	2,487	3,277명	4,731	3,441명	5,023
수용자보호비	13,730명	1,045	14,088명	1,979	13,981명	2,568
시설관리운영비	151개소	1,565	160개소	1,638	161개소	1,709
의료재활사업비	195,295건	628	195,295건	785	195,295건	785
직업 · 재활사업비	5,146건	869	5,146건	1,097	5,146건	1,225
2. 재가장애인복지		7,408		5,130		6,055
이용시설운영비	33개소	5,269	34개소	4,275	37개소	5,074
재활병원운영비	8개소	1,014	10개소	855	12개소	981

보건복지백서, 보건복지부, 1995, p. 371.

第 4 節 障碍者福祉政策의 發展方向

1. 障碍發生의 豫防과 母子保健對策의 强化

오늘날의 사회복지서비스는 사후대책적 서비스에서 예방적 서비스로 전환되고 있으며, 장애인문제에 있어서는 특히 예방이 최선의 해결책이다.[7)]

모든 임산부가 정기진단을 받도록 의무화해야 하고 특히 저소득층의 임산부의 정기검진사업을 정부보조하에 실시하도록 하고 장애의 조기발견역할을 보건소가 해야 할 것이다.

모든 영 · 유 · 소아는 적어도 6세까지 5회 이상의 정기검진을 받도록 하여야 하며, 생후 1개월과 6개월의 검진시에는 선천적 기형이나 이상의 발견, 3세의 검진시에는 특히 청력 · 시력 · 지능의 정밀검사를 해야 한다.

학교교육과 대중매체를 통하여 모자보건교육을 강화해야 한다. 그리고 형식적이고 명목에 그치고 있는 정기신체검사를 장애조기발견 차원으로서 최소한 소아과 · 안과 · 이비인후과 · 치과 · 정신과 등 5개과의 전문의를 학교의로 지정하는 것을 검토해야 한다.

2. 醫療의 保障

저소득층 장애인이 부담없이 일반의료와 재활의료를 받을 수 있게 보인 부담의료비를 국가가 부담해 주어야 한다.

3. 再活用具의 交付

재활용구의 교부를 확대해야 한다. 장애인의 재활용구 구입을 도와주고 정보를 제공해 주기 위해 상설 판매장을 설치하고 지방의 장애인복지관 등에 소규모전시장을 설치할 것을 제안하고 있다. 현재 몇 개의 장애인복지관이 소규모의 재활용품 전시장을 설치하고 있으나 문제점은 장애인이 실제로 사용해 볼 수 없고 단지 눈으로 보는 전시용이며, 또한 품목이 아주

---

7) 이청자, "장애인복지 정책의 발전방향", 「사회복지」, 한국사회복지협의회, 1993, pp. 91~123.

한정되어 있을 뿐만 아니라 그 제품의 성능을 제대로 설명해 줄 수 있는 직원이 배치되어 있지 않다.

4. 敎育機會의 擴大

일반학교교사 모두가 특수교육을 이해하고 지도할 수 있도록 교직 필수과목에 특수교육개론을 포함시키고 특수교육설비를 비치하고 특수교육 전문교사를 배정하며 편의시설을 설치해야 한다. 그리고 특수교육기관의 증설이 요청된다. 또한 조기교육 및 중도장애인을 위한 교육기회의 확대가 필요하다. 정신지체 · 뇌성마비 · 자폐 등 언어장애를 수반하는 학생을 위한 언어훈련이 학교교육에 전무한 상태여서 대부분의 아동은 사설 언어치료클리닉에서 고액의 치료비를 부담하면서도 장기간 치료순서를 기다리고 있다. 언어치료라는 용어를 사용할 때는 현재 재활의학전문의의 처방하에서 이루어지는 물리치료와 작업치료처럼 의사의 처방하에 이루어져야 할 것이다.

장애인에게 교육기회를 제공하지 않는다면 장애인은 우리 사회의 열악계층으로서 남게 되며 시혜차원에서 장애인복지가 계속될 것이다. 장애의 특성이 교육의 방해요소가 되지 않도록 교육환경 · 교육방법 · 교육교재 등을 개발 · 연구 · 실천하여야 한다.

5. 就業의 保障

직업은 교육의 열매라고 할 수 있다. 장애인의 교육을 위해 투자된 시간과 물질이 직업으로 실현되지 않는다면 비용효과는 감소된다. 의무고용제도에 의한 고용이 성공을 거두고 많은 장애인이 사회의 각계각층에서 자신들의 능력을 발휘할 때 성장과정에 있는 장애아들의 자기 존중이 높아지고 직업의식이 증대될 것이다.

6. 所得의 保障과 經濟的 負擔의 輕減

모든 인간의 최저생활보호는 국가의 1차적 의무이다. 단편적 정책에 머무르지 말고 영세장애인과 경제력이 있는 장애인 모두를 대상으로 장단기 생활보호대책을 강구하여야 한다.

시대의 변화에 따라 서비스의 내용이 바뀌어야 하며, 10년 앞을 내다보는 계획을 수립하여야 한다. 따라서 생활보호대상으로서 장애인의 기준은 완화시키고 장애아와 노령장애인의 복지증진을 위해 아동복지와 노인복지분야에서 다양한 프로그램을 개발하도록 협력하고, 우리나라의 모든 제도 안에서 장애인을 위한 서비스가 주어지도록 비예산적 시책을 개발시켜야 한다.

7. 障碍人福祉施設과 프로그램의 專門化

장애인의 시설이란 재활을 목적으로 장애인의 질적 삶을 영위시키기 위해서 존재함을 염두에 두고 설치 · 운영되어야 한다. 따라서 기존의 시설기준과 기능을 재평가하고 정비하여야 한다. 현재 시설간의 기능이 평면적으로 이루어지고 있고 서비스의 연계나 고차원의 지도가 결여되고 있어 효율성이 감소된다. 또한 대다수의 재가장애인이 시설을 활용할 수 있도록 조치하여야 한다. 예를 들면, 현재 이용시설은 주간에만 운영되므로 학교생활이나 직장생활을 하는 장애인이 여가로 이용하거나 필요한 상담을 제대로 받을 수 없다. 막대한 건축비를 계속 투입하기보다는 기존의 시설을 2원화하여 주간과 야간에 프로그램을 실시하게 하는 등 연구 · 검토가 병행되어야 한다.

8. 生活環境의 造成

인간이 직립인간이 아니었다면 그 형태에 맞는 생활환경이 조성되었을 것이다. 다변화된 현대사회에서 누구나 편리하게 생활하기 위한 방안을 검토하면 부득이 장애인만을 위한 정책이 아니어도 함께 편리하게 살 수 있다. 생활환경의 개선은 노인 · 아동 · 임산부 · 장애인 등 모두에게 편리함을 인지하고 적극적으로 대처하여야 한다.

9. 國民의 理解增進

오늘날의 장애인문제를 서비스의 부족으로 보기보다는 장애인의 권리의 시각에서 접근하여야 한다는 것이다. 장애인이 동등한 시민으로서 당연히 누렸어야 할 권리의 회복인 것이다. 이런 의미에서 장애인복지정책은 동등한 시민의 평등한 권리를 회복하는 사회책임의 실천인 것이다. 우리나라는 복지국가도 사회주의 국가도 아니기 때문에 장애인이 가지는 약점이 더 많다고 할 수 있다. 오랜 세월 동안 누적된 장애인에 대한 편견은 단편적이고 전시적인 홍보만으로 해결될 수 없다. 정부의 책임자는 사회구조적 모순이 장애를 유발하고 심화시킨다는 원리를 인식하고 국민의 이해를 증진시키는 데 적극적으로 대처하여야 한다.

10. 專門家의 養成과 硏究의 活性化

장애자복지는 장애자복지의 객체인 장애자의 복지수요와 장애자복지주체에 의한 복지공급, 그리고 복지수요와 복지공급을 효과적으로 연결시키고 복지실천을 하는 전문가와의 함수관계에 있다. 따라서 장애인에게 양질의 서비스가 주어지려면 재활서비스를 제공하는 사람의 묘질이 높아야 한다. 양적 충당은 일시에 가능하나 질의 향상은 시간을 요한다. 현재 1차적 서비스를 위한 예산이 부족하다고 전문가 양성을 소홀히 하면 미래를 준비하지 않는 것과 같다. 정부는 현 상황이 어렵더라도 전문가 양성제도나 연구, 자격에 따른 정당한 대우 등에 과감한 예산을 배정하여야 할 것이다.

參考文獻

• 國內文獻

고영복 편, 「현대사회문제」, 사회문화연구소, 1991, p. 112.

김규정, 「행정학원론」, 법문사, 1996.

김광웅, "협력체제(Partnership)와 효과적인 국정운영", 「정부와 NGO」, 한국행정학회 2000년도 기획세미나 발표논문집, 2000.

김만두, "가족복지", 「한국사회복지연감」, 1972, p. 84.

김만두 · 한혜경, 「현대사회복지개론」 홍익재, 1993, p. 35.

김병진, 「정책학원론」, 박영사, 1995, pp. 284~295.

김상균, 「현대사회와 사회정책」, 서울대학교출판부, 1990, p. 27.

김신일, "청소년문제의 연구동향", 「청소년문제의 실태와 개선방안연구」, 현대사회연구소, 1983, pp. 1~41.

김영모, 「현대사회복지론」, 한국사회복지정책연구소, 1989, p. 4.

김유성, 「사회보장법」, 동성사, 1985, p. 307.

김정자, "저소득층 모자가족에 관한 연구", 「여성연구」, 제6권 제3호, 한국여성개발원, 1988, p. 7.

김준기, "정부-NGO관계에 관한 이론적 고찰 및 정부 NGO 지원사업 분석", 「한국행정학회 동계학술대회 발표논문집」, 1999.

김행범, "실증적 정책집행에 관한 연구", 「한국행정학보」, 제29권 제4호, 한국행정학회, 1995, pp. 1441~1462.

권해수, "시민단체의 조직화과정과 정책변화에 대한 영향력 비교연구", 「1999년도 한국행정학회 하계학술대회 발표논문집」, 1999.

남세진, "아동의 권리", 「사회복지」, 제57호, 한국사회복지협의회, 1978, p. 34.

노화준, 「정책평가」, 법문사, p. 32.

민진, "공공정책실패원인에 관한 연구", 「한국행정학보」 제19권 제1호, 1985, pp. 248~261.

박경효, "정책집행측면에서 본 한국가족계획사업실적의 결정요인", 「한국행정학보」 제24권 제2호, 한국행정학회, 1990, p. 1011.

박상필, "시민단체와 정부의 관계유형과 지원체제", 「한국행정학보」, 한국행정학회, 1999, 33-1.

박영도, "NPO의 활성화를 위한 입법방향", 「행정법제분석97-2」, 한국법제연구원, 1997.

백완기, 「행정학」, 박영사, 1993, p. 290.

변시민, 「사회정책론」, 박영사, 1983, p. 9.

송근원 · 김태성, 「사회복지정책론」, 나남출판, 1995, p. 33.

신건희, "시민복지운동에 대한 이론적 접근과 발전방향, 2002.

신광영, "비정부조직(NGO)과 국가정책", 「한국행정연구」, 제8권 제1호, 1999.

신섭중, 「사회보장정책론」, 복지출판사, 1980, pp. 173~183.

신희권, "지방정치의 변화와 자발적 조직의 역할", 「한국행정연구」, 제8권 제1호, 1999.

안해균, 「정책학원론」, 1995, pp. 450~466.

안해균, 「정책학원론」, 다산출판사, 1986, p. 78.

안향림, "가족치료를 통한 가족역동에 관한 연구", 「석사학위논문」, 이화여자대학교, 1975, p. 3.

양춘, 「청소년문제와 노인문제」, 정음사, 1984.

유훈, "정책유형과 정책집행", 「행정논총」 제21권 제1호, 서울대학교, pp. 97~117.

유훈, 「정책학원론」, 법문사, 1995, pp. 223~225.

윤영모, 「금일의 사회보장」, 정문사, 1962, pp. 13~14.

윤태범, "부패방지를 위한 NGO와 정부간의 역할체계", 「정부와 NGO」, 한국행정학회 2000년도 기획세미나 발표논문집, 2000.

伊藤修一郎, "NPO의 전략과 행정의 관계", 「도시문제」, 제88권제6호, 1997.

이계탁, 「복지행정학 강의」, 나남출판, 1994, p. 12.

이광규, 「한국가족의 구조분석」, 일지사, 1975, p. 28.

이종열, 「정책학원론」, 대왕사, 1984, p. 39.

이종우, "청소년지도방향과 대책", 「문교행정」 4호, 1982, p. 57.

임승빈, "한 · 일 지방정부의 정책과정에서의 NGO와 파트너십관계", 「정부와 NGO」, 한국행정학회 2000년도 기획세미나 발표논문집, 2000.

임승빈, 일본 지역사회에 있어 전통적 주민조직의 역할, 「지방행정연구」, vol.12.No 1, 한국지방행정연구원, 1997.

임희섭, 「사회적 평등과 발전」, 정음사, 1983, pp. 17~18.

장인협, 「아동복지론」, 서울대학교출판부, 1986, pp. 6~7.

전재일, 「사회복지론」, 형설출판사, 1996, 237~238.

정동근, "정부의 역할과 NGO의 기능", 「한국행정학회 2000년도 기획세미나 발표논문집」, 2000.

정정길 외 공저, 「정책평가」, 법영사, pp. 15~18.

정정길, "정책과정과 정책문제채택", 김운태 외, 「한국정치행정의 체계」, 박영사, 1982, pp. 247~248.

정정길, "정책의 성공적 집행을 좌우하는 요인", 「고시연구」, 1984년 11월, 1985년 4월.

정정길, 「정책학원론」, 대명출판사, 1989, p. 37.

최일섭, 「지역사회복지론」, 서울대학교출판부, 1990, p. 18.

최일섭 · 최성재, 「사회문제와 사회복지」, 나남출판, 1995, pp. 79~80.

최항순, 「복지행정론」, 신원문화사, 1933, p. 14.

황인정, "발전계획의 성공적 수행요인:가족계획사업을 중심으로", 「행정논총」 제11권 제1호, 서울대 행정대학원, 1973, p. 20.

황진수, 「현대복지행정론」, 대영문화사, 1993, pp. 272~273.

• 外國文獻

A. Dunham, *The New Community Organization*, Thomas Y. Crowel, New York, 1970, p. 20.

A. Kadushin, *Child Welfare Services*, Macmillan, N. Y., 1980. p. 5.

A. Wildavsky, *The Politics of Budgetary Process*, 2nd ed., Boston:Little, Brown, 1974, pp. 79~80.

Alfred Kadushin, *Child Welfare Services*, New York:Macmillan Publishing co., 1980, p. 421.

Andrew, Dunsire, *Implementation in Bureaucracy*, New York, St Martin's Press 1978, pp. 67~69.

B. E. Shenfield, *Social Policy for Older People*, Englewood, N. J.: Prentice-Hall, 1957, p. 23.

Bardach, "Policy Termination as a Political Process", *Policy Science*, Vol. 7, No. 2, 1976, pp. 128~130.

C. H. Weiss, *Evaluation Research*, New Jersey:Prentice-Hall, Inc., 1972, p. 38.

C. Jones, *An Introduction to the Study of Public Policy*, 3rd ed., Monterey, 1977, p. 139.

C. Tibbits, *Origin Scope and Field of Social Gerontology*, 1960, p. 10.

C. W. Blackburn, "Family Social Work", *Encyclopedia of Social Work 15*, 1965, p. 309.

Carol H. Weiss, *Evaluation Research*, Englewood Cliffs, N. J.:Prentice-Hall, Inc., 1972, p. 2.

Celia Bo Mitchell, "Integrative Theory of the Family Unit", *Social Casework*, Vol. 46, February 1965, p. 63.

Child Welfare League of America, *Standard for Foster Home care*, p. 15.

Coston J., "A Model and Typology of Government-NGO Relationships", *Nonprofit and Voluntary Sector Quarterly 27/3*, 1993.

Craig Gary & Manthorpe, "Unequal Partners? Local Government Reorganization and the Voluntary Sector", *Social Policy & Administration*, Vol 33, 1999.

D. E. Gelfand and J. K. Olsen, *The Aging Network*, Springer, N. Y., 1980, p. 10.

D. Marsh, "Social Security in Canada", *International Labour Review*, 47-5, 1943.

David Nachmias, *Public Policy Evalution*, New York:St. Martin's Press, 1979, pp. 10~11.

Donald van Meter and Carel van Horn, "The Policy Implementation Process:A Conceptual Framework", *Administration and Society*, Vol. 6, No. 4, 1975, pp. 445~488.

Donna H. Kerr, "The Logic of Policy Successful Policies", *Policy Science* 7, 1976, pp. 351~363.

Douglas R. Bunker, "Policy Science Perspectives on Implementation Process", *Policy Science*, Vol. 3. 1972, p. 71.

E. Bardach, *The Implementation Game:What Happens After a Bill Becoms a Law*, Cambridge, Mass:The MIT Press, 1977.

E. R. Kruschks and B. M. Jackson, *Public Policy Dictionary*, Santa Barbara, Calif.:ABC-Clio, Inc., 1987, p. 64.

E. S. Quade, *Analysis for Public Decision*, 2nd ed., New York:North Holland, 1982, pp. 45~47.

Edward A. Suchman, *Evaluation Research*, New York:Russel Sage, 1967, p. 68.

Edward A. Suchman, *Evaluative Research*, New York:Russell Sage Foundation, 1967, pp. 33~34.

F. E. Rourke, Bureaucracy, *Politics and Public Policy*, 2nd ed., Boston:Little, Brown, 1976, p. 33.

F. Kendrick, *et al.*, *Strategies for Political Participation*, 3nd ed., MA: Winthrop Publishers, Inc.,

1974, pp. 116~145.

F. L. Feldman and F. H. Scherz, Family Social Welfare, Atherton Press, 1968, p. 268.

G. B. Mangold, *Problems of Child Welfare*, 1942, p. 1.

G. C. Edwards Ⅲ, *Implementing Public Policy*, Washington D. C.:Congressional Quartely Press, 1980. pp. 7~9.

Gidron, B. Kramer, M & Salamon, L., *Government and the Third Sector: Energing Relationships in Welfare States*, San Francisco: Jossey-Bass, 1992.

G. Starling, *Strategies for Policy Making*, Chicago, Ⅰll.: The Dorsey Press, 1988, pp. 69~75.

H. Kaufman, *Administrative Feedback*, Washington:Brookings, 1973, p. 2.

Hochel Dionyz, "Public Policy in Slovakia: The Role and Status of the NGO Sector", http://www.newschool.edu/centers/ecep/dino.htm, 2002.

http://planningcommission.nic.in.in/nfech7.htm, "Role of NGO's in NFE SCHEME", 2002.

http://www.hanshin.ac.kr/-library/b1-07-006.htm, 시민운동단체의 사회복지활동에 관한 연구, 2002.

http://www.phrproject.com/globali/ngo.htm, "Special Innitiative on The Role of Non-Governmental Organizations in Health Sector Reform", 2002.

http:www.ngokim.pe.kr/jaryo/ngo.htm, NGO의 활성화 방향, 2002.

J. E. Anderson, *Public Policy-Making*, 2nd ed.. New York: Holt, RineHart and Winston, 1979, p. 56.

J. Haley, *Problem-Solving Therapy*, Harper Colophen Books N. Y., 1976.

J. K. Galbraith, *The Affluent Society*, Boston:Houghton Mifflin Company, 1958, pp. 325~327.

Jeffrey L. Pressman and Aaron Wildavsky, *Implementation*, Berkeley:University of California Press, 1973, p. 13.

John M. Romanyshyn, *Social Welfare*, New York: Random House, 1971, p. 3.

Lela B. Costin, *Child Welfare*, 1972, p. 7.

Lewis Jane, "Voluntary Organizations in New partnership with Local Authorities: The Anatomy of a Contract", *Social Policy & Administration*, Vol 28, 1994.

M. Cohen, J. March and J. Olsen, "A Garbage Can Mode of Organizational Choice", *Administative Science Quartely*, Vol. 17, No. 1, March, 1972. pp. 1~25.

Maslyukivska, Olena P., "Role of Novernmental Organiations in Development Cooperation", New Haven, 1999.

Merilee S. Grindle, *Politics and Policy Implementation in the Third World*, Princeton:Princeton University Press, 1980, pp. 3~34.

Michael Patton, *Qualitative Evaluation Methods*, Beverly-Hills, California:Sage Publications, 1980. pp. 97~98.

N. W. Polsby, "Policy Analysis and Congress", *Public Policy*, 17, Fall, 1969, pp. 66~71.

P. Klein, *From Philanthropy to Social Welfare*, Jossey-Bass. Sanfransisco, 1968. p. 7

P. Rossi and H. E. Freeman, *Evaluation*, Beverly Hills:SAGE, 1982, pp. 31~32.

Paul Appleby, *Policy and Administation*, Tuscalloosa, Ala:University of Alabama Press, 1949, p. 8.

Paul Streeten and Shahid Burki, "Basic Needs: Some Issues", *World Development*, Vol. 6. 1978.

Peter deLeon, "A Theory of Policy Termination", in Judith V. May and Aaron B., Wildavsky, *The Policy Cycle*, Berverly Hills:Sage, 1978, pp. 285~293.

R. Dolgoff and D. Feldstein, *Understanding Social Welfare*, Harper & Row, New York, 1980, p. 91.

R. H. Haveman, *The Economic of the Public Sector*, New York:John Wiley, 1970.

R. L. Lineberry, *American Public Policy:What Government Does and What Difference It Makes*, New York:Harper and Row, 1977, p. 27.

R. M. Titmuss, *Social Policy*, Allen and Unwin, London, 1974, pp. 19~20.

Randall B. Ripley and Grace A. Franklin, *Bureaucracy and Policy Implementation*, Homewood:Dorsey Press, 1982, pp. 70~92.

Robert L. Lineberry, *American Public Policy*, New York:Harper and Row, 1978, p. 70.

Robert Morris, *Social Policy of the American Welfare State*, Harper & Row, New York, 1979, p. 1.

S. Firestone, *The Dialectic of Sex*, 1970, pp. 19~20.

S. M. Miller and P. Roby, *The of Inequality*, Basic Books, 1970.

S. Minuchin, *Familiesand Family Therapy*, Harvard Univ. Cambridge, 1977.

T. J. Sullivan *et al.*, *Social Problems:Divergent Perspectives*, 1980, pp. 376~377.

T. Sullivan *et al.*, Social Problems, John Willey, New York, p. 379.

Talcott Parsons and Robert, F. Bales, *The Family:Socialization and Interaction Process*, 1956.

Thomas B. Smith, "The Policy Implementation Process", *Policy Science 4*, 1973, pp. 197~198.

Thomas J. Sullivan and Kenrick S. Thompson, *Introduction to Social Problems*, New York:Macmillan, 1988, p. 3.

V. Ostrom and E. Ostrom, "Public Choice:A Different Approach to the Study of Public Administration", *Public Administration Review*, Vol. 31, No. 2, March/April, 1971, pp. 203~216.

William H. Beveridge, *Social Insurance and Allied Services*, HMSO, London, 1942, p. 12.

저자소개

충청북도 진천군 출생
노량진초등학교 졸업
용산중학교 졸업
상문고등학교 졸업
인천대학교 행정학과 졸업(행정학사)
광운대학교 대학원 석사과정 행정학과 졸업(행정학 석사)
중앙대학교 대학원 석사과정 사회복지학과 졸업(사회복지학 석사)
광운대학교 대학원 박사과정 행정학과 졸업(행정학 박사)
한국행정학회 회원(교육취업위원), 한국지방자치학회 회원, 한국정책학회 회원, 서울행정학회 회원, 한국행정사학회 회원, 한국사회복지학회 회원, 한국사회복지정책학회 회원, 한국정책분석평가학회 연구위원, 인천의제21 복지분과위원회 위원, 인천광역시 지역보건의료심의위원회 위원, 안양시 생활보장위원회 위원, 수원시정실연 정책위원 및 연구위원
사회복지사 1급(보건복지부장관)
고려대학교, 인천대학교 대학원, 광운대학교 대학원, 가톨릭대학교 사회복지대학원, 한세대학교 사회복지대학원, 백석대학교 대학원, 성산효도대학원대학교, 명지대학교, 서울신학대학교, 을지대학교, 서일대학교, 수원여자대학교, 충청대학교, 명지전문대학교, 한양여자대학교, 서울현대전문학교, 삼육대학교 보건복지대학원, 호서대학교, 그리스도대학교, 서울원격평생교육원, 한울원격평생교육원, 한국보육교사교육원, 인천광역시 사회복지협의회, 행정자치부 지방행정연수원 외래교수, 광운대학교 사회과학연구소 연구원, 인천대학교 지역사회연구소 연구원, 서울YMCA 시민문화연구소 선임연구원, 인천발전연구원 부연구위원, 한국정책평가연구원 전문위원, 광운대학교 행정학과 겸임교수, 안양대학교 경영행정대학원 사회복지학과 교수, 선교청대학교 사회복지학과 교수
현재 지역사회연구소 소장

저서 및 논문, 연구보고서

「지방자치와 복지행정」, 홍익재, 1995. 「공무원관리론」, 대영문화사, 2000.
"정책집행에 영향을 미치는 요인에 관한 연구(광운대 석사학위논문)", "지방정부의 사회복지재정지출의 결정요인에 관한 연구(중앙대 석사학위논문)", "지방정부의 복지행정에 관한 분석적 연구(광운대 박사학위논문)".
「인천광역시직속기관 및 사업소조직진단」, 「계양구 장기발전계획」, 「2020인천드림」, 「강화 장기종합발전계획」.

사회복지학총서 5

사회복지정책론

2015년 8월 15일 발행

저 자 : 봉 민 근
발행인 : 봉 민 근
발행처 : 지역사회연구소

경기도 수원시 장안구 천천동
현대아파트 305동 203호
신고번호 제103호
H.P : 010-9552-8761

가격 30,000

ISBN 978-89-956837-4-3-93330

E-mail : bongminkeun@naver.com